KB182611

포룸. 포룸 로마노룸은 공화정 시대에 로마 정치의 중심지였다. 아우구스투스가 재건한 원로원 건물이 왼쪽에 보인다.

술라. 술라는 자신을 '펠릭스(행운아)'라고 명명했다. 최초로 파르티아인에 맞서 싸운 로마 총독이라는 행운을 다들 부러워했다.

궁기병. 이 테라코타는 파르티아의 궁기병을 묘사하고 있다. 합성활을 휴대한 궁기병은 아주 강력한 전사였다.

로마의 군단병. 로마 제국은 보병 군단병들에 의해 정복되었다. 서기전 1세기에 로마 군단병은 왼쪽의 병사들과 같은 장비를 갖추고 있었다.

마갑馬甲. 파르티아 군대는 궁기병뿐만 아니라 말과 기수 모두 무장을 한 중기병도 갖추고 있었다. 이 마갑은 두라 에우로포스에서 발굴되었다.

사르마티아 중기병. 반짝거리는 갑옷을 입은 중기병은 로마인들에게 큰 인상을 남겼다. 하지만 이 부조를 제작한 로마 조각가는 그 갑옷이 어떻게 기능을 발휘하는지 알지 못했다.

크라수스. 크라수스는 폼페이우스, 카이사르와 함께 3거두를 형성한 재력가이자 영향력 높은 정치가였다. 서기전 54년의 그는 로마 사령관치고는 고령이었다.

오로데스 2세. 그는 아버지를 퇴위시키고 형제를 살해한 다음 왕중왕이 되었다. 크라수스의 침공군을 맞이해 단호하면서 성공적인 반격 작전을 지휘했다.

안토니우스와 클레오파트라. 안토니우스는 내전을 통해 로마의 동부를 통치하게 되었고, 이집트의 클레오파트라 여왕과 그 유명한 연애를 시작했다. 여왕의 초상은 동전의 뒷면에 새겨져 있다.

아라 파키스(평화의 제단). 여러 파르티아 왕자들과 그 가족이 로마로 호송되고 있다. 왼쪽에 새겨진 아그리파의 겉옷 자락을 잡고 있는 소년은 왕자 가족의 일원이다.

마르스 울토르의 신전. 아우구스투스는 새로운 포룸 단지의 중심 건물로 마르스 울토르(복수자 마르스)의 신전을 건립했다. 파르티아로부터 반환받은 로마군의 군기들이 여기에 게양되었다.

테아 무사. 무사는 이탈리아 출신의 여성 노예였는데 프라아테스 4세의 정부, 애첩, 왕비가 되었다. 그녀는 아들 프라타케스와 공동으로 파르티아를 통치했다.

파르티아 왕자. 이 청동상은 '샤미의 왕자'라는 이름으로 알려져 있다. 파르티아 귀족답게 전통 복장인 앞이 열린 상의에 헐렁한 바지를 입고 있다.

트라야누스 장군. 트라야누스가 자신의 이름을 딴 포룸의 트라야누스 기둥에 다키아 전승을 축하하는 모습으로 새겨져 있다. 황제는 앉아 있고 보조부대 병사들이 상을 받으려고 그에게 다가오고 있다.

로마군. 조각상에 새겨진 트라야누스 부대는 일정한 양식을 따르면서 로마군에 복무하는 시민 군단병, 보조병, 궁수 등 다양한 병사들을 보여준다.

헤라클레스. 이 헤라클레스 청동상에는 그리스어와 파르티아어 비명이 새겨져 있는데, 볼로가이세스 4세가 151년에 카라케네를 패배시켰다는 내용이다.

근위대원. 아우구스투스는 신병 경호를 위해 근위대를 창설했다. 그러나 후대의 황제들은 이 부대가 신변 보호는커녕 아주 위협적인 존재라는 것을 발견했다.

세베루스 아치. 셉티미우스 세베루스는 내전을 통해 황제 자리에 올랐다. 그래서 그는 자신의 원정전 승리를 널리 알리고 싶어 했다. 이 아치는 포룸의 한가운데에 서 있다.

세베루스 아치의 부조. 셉티미우스 세베루스의 아치는 그가 파르티아인을 상대로 벌인 전쟁을 묘사하고 있다. 하지만 부조는 지나치게 양식적인 데다 보관도 제대로 되어 있지 않았다.

피루자바드 석벽. 아르다시르 1세는 파르티아의 마지막 왕중왕을 전복시키고 새로운 왕조를 창건했다. 피루자바드 석벽의 부조에 새겨진 선전문구는 그의 전쟁 승리를 강조하고 있다.

피루자바드 승리 장면. 이 장면의 오른쪽에서 아르다시르는 아르타바누스 4세를 전복시키고 왼쪽에서는 그의 아들 샤푸르가 파르티아의 수석장관을 패배시키고 있다.

로마 기병대원의 묘비. 바수스의 묘비. 원수정 시대의 전형적인 보조부대 기병대원을 보여준다. 그는 궁기병보다는 더 단단하게 무장을 했으나 중기병보다는 한결 가벼운 갑옷 차림을 하고 있다.

나크슈 이 루스탐 부조에 묘사된 아르다시르 1세의 대관식. 이 부조에서 왼쪽의 아르다시르 1세는 아후라 마즈다에 의해 왕으로 임명되었다. 그들의 말은 각각 패배한 적을 짓밟고 있다.

Ctesiphon as it looks from an aeroplane

R.A.F Official Photograph

크테시폰 왕궁. 크테시폰의 거대한 사산조 왕궁은 전통적인 파르티아 방식으로 지어졌고 방식과 위치 양면에서 두 왕조 간의 연속성을 강조한다.

두라 에우로포스. 이 유적은 1차 세계대전 직후 발견되었다. 도시는 256년 사산조 점령 이후 버려졌다.

두라 에우로포스에서 발견된 벽화. 이 그림에서 로마군 천부장 테렌티우스는 보병대 선두에서 제물을 바치고 있다. 그는 239년 사산조 군대의 공격을 받아 싸우던 중에 전사했다.

다바브게르드의 암석 부조. 샤푸르 1세는 로마인에게 여러 차례 대승을 거뒀고 그 승리를 기념했다. 이 부조에서 한 로마 황제가 그의 발 아래 쓰러져 있고, 다른 황제는 평화를 간청하고 있다.

파리 카메오. 이 카메오는 샤푸르 1세가 260년 발레리아누스를 생포했을 당시, 로마 황제의 손목을 붙들고 있는 왕중왕의 모습을 묘사하고 있다.

나크슈 이 루스탐 암석 부조. 샤푸르 1세가 거둔 여러 승리를 하나의 장면에 압축해놓은 부조. 그는 발레리아누스의 손목을 붙잡고 있고, 무릎을 꿇은 필리포스가 자비를 간청하고 있다.

베네치아에서 발견된 네 명의 황제. 디오클레티아누스는 4황제제라는 새로운 정치 체제를 창설했고 네 명의 황제가 공동으로 로마 제국을 통치했다. 하지만 이 조각에 묘사된 4황제의 조화로운 관계는 단명한 것이었다.

갈레리우스 아치에 묘사된 장면. 동서 두 제
국은 각자의 여러 성과를 기념했다. 이 장면
은 298년에 승리를 거둔 휘하 장병들에게 갈
레리우스가 말을 거는 모습이다.

팔미라 신들. 팔미라는 여행자와 상인의
도시였지만 고유하고 독특한 문화와 언어
를 유지했다. 이 조각은 팔미라의 가장 중
요한 세 명의 신들을 묘사하고 있다.

요르단의 카스르 바시르의 로마 전초기지. 디오클레티아누스가 건설했고 놀라울 정도로 훌륭하게 보존된 유적이다. 이 기지는 당시에 로마 기지가 비록 규모가 축소되었지만 전보다 훨씬 더 잘 방비되었다는 것을 보여준다.

헤라클리우스의 주화. 헤라클리우스는 사산조 군대와의 싸움에서 필사적으로 저항하면서 과도하게 기독교적인 언어와 상징을 활용했고 천국에서의 보상을 약속하면서 휘하 장병을 격려했다.

타크 이 부스탄의 조각. 여러 세기가 흐른 뒤에도 보존된 몇 안 되는 사산조의 승리 기념물 중 하나다. 중기병으로 전쟁에 참여한 호스로 2세의 모습을 보여준다.

하기아 소피아의 돔. 유스티니아누스의 장대한 하기아 소피아 돔은 고대 세계의 가장 뛰어나고 아름다운 건축물 중 하나다.

사산조의 최전방 전초기지. 최근에 엄청난 규모를 갖춘 복잡한 사산조 북부 전선의 방어시설이 발견되었다.

테오도시우스 성벽. 콘스탄티노플은 엄청난 방어시설을 갖췄다. 이 도시는 바다에 의해 사산조의 공격으로부터 보호 받았고, 드높은 테오도시우스 성벽은 636년의 아바르족 침공을 저지할 정도로 튼튼했다.

예루살렘. 이 도시는 614년 사산조에 함락되었다. 헤라클리우스는 그 후 도시를 수복했지만 638년에 또다시 아랍인에 게 빼앗겼다.

로마와
페르시아

THE EAGLE AND THE LION
Copyright © Adrian Goldsworthy 2023
All rights reserved
This translation of THE EAGLE AND THE LION is published by CUM LIBRO
by arrangement with Bloomsbury Publishing Plc.

Korean translation copyright © 2025 by CUM LIBRO
Korean translation rights arranged with Bloomsbury Publishing Plc.
through EYA Co.,Ltd

이 책의 한국어판 저작권은 EYA Co.,Ltd를 통해
Bloomsbury Publishing Plc.와 독점 계약한 도서출판 책과함께가 소유합니다.
저작권법에 의하여 한국 내에서 보호를 받는 저작물이므로 무단 전재 및 무단 복제를 금합니다.

THE EAGLE AND THE LION

로마와 페르시아

700년의 대결

책과함께

일러두기

• 이 책은 Adrian Goldsworthy의 THE EAGLE AND THE LION(Head of Zeus, 2023)을 우리말로 옮긴 것이다.
• 옮긴이의 짧은 설명은 〔 〕로 덧붙이고, 긴 설명은 각주로 덧붙이고서 끝에 '— 옮긴이'를 표기 했다. 그 외의 각주는 원서의 것이다.

머리말

역사는 나를 매혹시킨다. 어느 시대, 어느 주제가 되었든 쉽게 흥미를 느끼지만 그중에서도 로마인은 특히 나를 매료시킨다. 내 책을 읽어본 독자라면 잘 알 것이다. 어떤 의미에서 이 책 역시 로마인에 관한 또다른 책이다. 왜냐하면 로마는 배우고 이해해야 할 것이 아주 많기 때문이다. 후대에 전해지는 문헌, 글의 파편, 금석문, 동전, 고고학적 유물 등을 잘 종합해 보면 얼마든지 다른 각도에서 로마 역사서를 쓸 수 있는 것이다. 나는 성인이 된 후 평생을 로마에 대해 연구해왔고, 또 계속 배우고 있다. 단지 새로운 발견이 계속 나오고 있기 때문만은 아니다.

이 책은 또다른 제국인 파르티아와 사산 왕조 페르시아를 다룬 책이기도 하다. 파르티아 제국의 역사는 로마의 기록과는 다른 관점에서 이야기할 수도 있다. 파르티아인들은 서기전 3세기에 등장해 오늘날의 이란과 이라크, 시리아 대부분, 그리고 때로는 아프가니스탄, 투르크메니스탄, 아제르바이잔, 조지아를 포함하는 거대한 왕국을 수립했으며, 아라비아반도에서 강력한 영향력을 행사했다. 근 300여

년 이상, 파르티아인들은 로마 제국의 이웃이자 경쟁자였다. 파르티아 왕국이 서기 224년에 멸망하자, 그 뒤를 이어 사산 제국이 들어섰는데 사실상 파르티아와 동일한 판도를 400여 년간 통치했다. 파르티아도 페르시아도 로마에 정복당한 적이 없었고 두 제국은 로마군에게 심각한 패배를 안겨주기도 했다.

이 책은 종종 전쟁으로 이어지는 두 제국 사이의 경쟁을 다루고 있지만 두 제국이 이룩한 공존과 평화에 관한 이야기이기도 하다. 전성기 로마 제국은 규모나 인구, 부의 측면에서 파르티아-페르시아 제국보다 훨씬 컸다. 그렇지만 파르티아-페르시아 제국은 주변의 다른 어떤 국가나 민족보다 훨씬 큰 규모를 자랑했다. 중국은 예외였지만, 파르티아-페르시아와 너무 멀리 떨어져 있어서 실질적인 접촉이 어려웠고 로마와는 더 멀리 떨어져 있었다. 정부, 경제, 군사적 효율성 측면에서 파르티아-페르시아는 그 어떤 이웃 국가보다 정교했다. 이전부터 로마인들은 파르티아를 다른 국가들과 다르게 대우해야 한다는 것을 알았고, 그래서 그들을 훨씬 더 존중해주었다. 파르티아인과 후대의 페르시아인 또한 로마인들을 그와 비슷하게 대했다.

700여 년 동안 두 경쟁 제국은 이웃으로 살아왔기 때문에 로마인뿐만 아니라 파르티아-사산 왕조의 관점에서 두 제국의 역사를 이해하는 것이 중요하다. 동시에 제국 간의 경쟁에 휘말린 다른 국가들의 역할을 이해하는 것도 중요하다. 이런 국가들은 모두 적극적인 참여자들이었다. 심지어 소규모 국가라 할지라도 강대국들의 경쟁을 유리하게 활용하기 위해 전심전력을 다했다. 로마인이나 파르티아-사산인은 그들의 막강한 국력에도 불구하고 국경 너머의 정치적 지도자들과 집단을 비롯해 동맹국들조차 완벽하게 통제하지 못했다.

7세기는 무척 긴 세월이다. 30년을 한 세대로 본다면 두 제국이 처음 만나고 사산 왕조가 갑작스레 붕괴하고 아랍 정복에 직면한 로마 권력이 위축될 때까지 약 24세대가 지나간 것이다. 오늘날 비슷한 세월을 거슬러 올라간다면 우리는 흑사병으로 파괴되기 직전의 중세 유럽에 도착할 것이다. 당연한 이야기이지만 7세기 동안 일어난 모든 일을 한 권의 책으로 상세히 서술한다는 것은 불가능하다. 범위를 좁혀 두 제국 사이의 일들만 기록한다 해도 역시 벅찬 일이다. 따라서 어떤 주제가 두 제국의 역사 이해에 필수적인 것이 아니라면, 때로는 요약하고 단순화하는 것이 불가피했다. 전반적으로 그리 중요하지 않은 인명, 지명, 기술적 용어들은 생략했다. 참고문헌에 제시된 저서들은 이 주제에 관심 있는 독자들이 깊이 탐구하는 데 도움을 주고, 또 로마 제국과 파르티아–페르시아 제국의 국가 구조와 군대 운영에 대해 더 많은 것을 발견하도록 안내해줄 것이다.

이 책은 어떤 일이 일어났고 왜 일어났는지를 서술하면서도 이야기를 단순 명료하게 만드는 것이 목표다. 서사적 역사는 중요하다. 나는 가능한 한 많은 내용을 담으려 애썼고 특정 핵심 사건들에 대해서는 상당히 자세하게 설명하려고 노력했다. 서사적 역사는 학계에서는 그리 인기가 많지는 않지만, 이론적 분석은 물론이고 주제별 접근에 대해 하나의 대안을 제시한다. 어떤 생각, 어떤 이론, 어떤 통찰도 그런 일이 발생했을 법한 가능성 높은 증거와 일치할 때만이 유효하다고 인정이 되는데, 많은 세련된 학술적 이론들은 이런 검증을 통과하는 데 실패했다. 이 때문에 그런· 이론을 옹호하는 사람이 거의 없는 것이다. 일단 이야기를 완벽하게 이해했을 때만이 비로소 어떤 교훈을 이끌어내는 것이 가능하다. 이야기를 이해한다는 것, 혹은 인류사에서 일어날 다른 어떤 사건을 이해한다는 것은 개인이든 집단이든 인간에 대한 이해를 필수 전제조건으로 삼는다.

이어지는 페이지에는 많은 전쟁이 나온다. 로마인과 파르티아-사산인은 서로 싸우기보다는 평화롭게 공존하며 지낸 세월이 훨씬 더 길다. 그러나 역사적 사료들은 어쩔 수 없이 전쟁을 포함해 극적인 대규모 사건들에 집중하는 경향이 있다. 감동적이거나 극적인 사건이 벌어지지 않는 평화로운 시절은 사실 서술할 것이 그리 많지 않다. 긴 세월 동안 많은 전쟁이 벌어졌고, 어떤 전쟁은 상당히 오랜 기간 지속되었다. 일부 예외를 제외하고 두 제국은 상대를 향해 총력을 투입한 전면전을 벌이지는 않았다. 두 제국은 여러 번 교전했지만 전쟁이 끝나면 여전히 경계선 너머에는 상대 제국이 존재하기를 기대했다. 특히 과거에 로마인들은 적국이 완전히 로마에 흡수되거나, 영구적으로 무력화되어 충실한 동맹이 되거나, 정치적 실체가 소멸할 때까지 전면전을 지속적으로 밀어붙이는 경향이 있었다. 그러나 파르티아 혹은 페르시아를 상대할 때는 이런 일이 벌어지지 않았고, 로마인들이 그런 결말을 원했다는 암시조차 별로 없다. 그렇다고 해서 로마인이나 파르티아-페르시아인이 높은 각오나 결단력 없이 건성으로 전쟁에 응했다는 뜻은 아니다. 전쟁에서 승리는 중요했지만 전쟁 목표는 상대방의 완전한 섬멸 혹은 항구적 정복이 아니라, 그보다는 훨씬 낮은 것이었다. 두 제국 간의 전쟁에서 가장 특징적인 점은 전쟁의 규모, 기간, 결과 등이 아주 제한적이었다는 것이다.

오늘날 서구에서는 전쟁의 결정적 후과를 기대하는 경향이 있다. 이것은 부분적으로 점점 더 군사력이 축소되는 사회의 유산이기도 한데, 논평가들과 지도자들은 군사력이 이룩할 수 있는 것과 없는 것에 대해 점점 더 무지해지는 것 같다. 더 큰 이유는 두 번에 걸친 세계대전에 대한 기억과 매혹 때문이고, 특히 2차 세계대전에 대한 지속적인 관심과 영향력 때문이다. 1차 세계대전은 21년 후에 또 다른 세계대전을 유발했기 때문에 종종 무의미한 전쟁으로 간주된다. 대중의 관점에서 볼 때 1차 세계대전은 선언대로 전쟁을 종식시키지 못했을 뿐만 아니라, 연합국이 실제로 승리를 거두지도 못했다. 역설적이게도 이것은 히틀러가 주장한 상황과 상당히 유사하다. 독일 국가사회당(나치)과 일본 제국주의 정부는 전례 없는 규모로 야만, 죽음, 파괴가 일어난 전쟁을 시작했으나, 이번에는 연합국이 제대로 일을 해냈다. 루스벨트는 적국이 무조건 항복할 때까지 싸우겠다고 선언했고, 실제로 연합국은 그렇게 했다. 일본과 독일(처음에는 서독만)은 평화를 사랑하는 민주 국가로 탈바꿈했고, 다시는 전쟁을 일으키지 못하게 되었다. 두 나라는 전후에 없어지지 않고 계속 존속했고, 독일은 수십 년 동안 분단국가로 남았다.

독일과 일본에서 일어난 변화의 정도는 양차 세계대전이 그 규모와 기술 발전 면에서 차이가 있었던 것처럼 인류 역사상 대부분의 전쟁이 가져온 결과보다 훨씬 과격한 것이었다. 때로는 아주 강하고 무자비한 사회가 더 약한 공동체를 파괴하거나 흡수해 버렸다. 때로는 영구적으로, 때로는 수십 년 동안 그곳 사람들이 정복당하기도 했다. 잘 조직된 국가들은 지리적 특성으로 인해 경쟁자가 되어 상대 국가와 여러 세대에 걸쳐 전쟁을 벌였다. 유럽연합의 뿌리는 경제의 핵심 문제들을 연결해 독일과 프랑스가 다시는 전쟁을 할 수 없게 만들려는 열망에서 탄생했다. 그 이전에 프랑스와 독일 내 여러 지역 국가들은 수세기에 걸쳐서 여러 차례 전쟁을 벌였다. 때로는 그들 주변의 국가가 주도적 위치에 올라서려고 할 때 이를 견제하기 위해 서로 힘을 합치는 동맹국이기도 했다. 전쟁은 1814년의 나폴레옹 체제와 그가 코르시카섬에서 돌아온 후 성립된 1815년 체제에서 보이는 것처럼 어떤 정치 체제를 파괴할 수 있다. 하지만 전쟁이 반드시 어떤 나라를 파괴하기 위해 수행되는 것은 아니다. 프랑스는 일부 영토를 잃었지만 여전히 예전과 같은 강대국으로 남아 있다. 역사적으로 볼 때 대부분의 전쟁은 제한전으로서, 어떤 나라를 절멸시키기 위해 벌어지는 것이 아니라 그보다는 덜 항구적인 결과, 가령 협상을 통한 합의의 형태로 종결된다. 이 협상안을 가능한 한 유리하게 가져가기 위해 승전의 이점을 추구하는 것이며, 장단기적으로 세력 균형의 변화를 도모하는 것이다.

슬프게도 이 글을 쓰고 있는 지금, 우크라이나 전쟁은 몇 달째 계속되고 있으며, 전쟁은 상상조차 하기 싫다는 사람들에게 전쟁이 현대 세계에서, 그것도 유럽에서 발생할 수 있다는 사실을 상기시키고 있다. 우크라이나 전쟁 개전 초기에 나오는 여러 반응들 중에 놀라웠던 점 중 하나는 많은 논평가와 정치가가 유고슬라비아 해체 이후에 벌어졌던 전쟁들을 얼마나 빨리 잊어버렸는지였다. 그 전쟁은 유고슬라비아의 일부 지역에 소규모 병력이 투입된 작은 전쟁이었음에도 상당한 사상자를 양산했다. 현재 러시아 군대는 우크라이나 동부에서 느리지만 꾸준하게 전진하고 있다. 그들은 대포와 기타 화기의 파괴력 덕분에 우위를 얻고 있고 또 개전 초기보다는 군사력을 더 잘 발휘하고 있다.

미국과 나토 동맹국들, 그리고 유럽연합은 러시아에 경제 제재를 가하면서 무기, 장비, 돈, 군사훈련, 정보 등을 우크라이나에 제공하고 있지만 직접 전쟁에 가담하지는 않겠다고 선언했다. 그러나 각국에서 다양한 목소리가 전쟁의 목적에 대해 다양한 주장을 하고 있으며, 개전 이전에는 나라들 사이에 단합된 의견이 있었으나 지금은 분열이 일어나고 있다. 러시아도 나름의 경제 제재를 가해 유럽의 연료비를 상승시켰다. 또한 2대 식량 생산국의 전쟁으로 식량 가격이 올랐고, 전쟁 지역에서 수천 킬로미터 떨어진 국가들에서 식량 부족과 기근 사태가 발생하고 있다.

우크라이나 전쟁은 제한전이다. 러시아는 막대한 규모의 핵무기를 보유하고 있지만 아마도 그 무기를 사용하진 못할 것이기 때문이다. 러시아는 2014년 크림반도와 다른 지역을 점령한 이후, 그 전쟁이 치열한 전투 없이 신속하게 승리로 마무리되기를 바랐다. 서방 지도자들은 국가 러시아와 러시아 국민들에게 제재를 가하고 우크라이나에게 대대적인 군사 지원은 해주지만, 그 외에는 전쟁에 직접 가담하지 않으면서 직접적인 피해는 보지 않겠다는 전제하에 행동하고 있다. 전쟁을 바라보는 관점은 멀리 떨어져 있는 국가들과, 두 교전국에 인접한 국가들(대체로 구소련 공화국들) 사이에 큰 차이가 있다. 우크라이나 전쟁의 또다른 주요 요인은 전쟁과 관련된 국가 지도자들의 인품과, 각국의 정치적 상황이다. 앞으로 닥쳐올 겨울 동안 고물가와 에너지 부족에 직면해 우크라이나에 대한 열정적 지원이 계속 유지될 것인지도 확실히 알 수가 없다. 이 책이 출간된 후에 이 몇 달은 이미 지나가 버렸을 테고, 그동안 벌어진 일은 누구나 다 알게 되겠지만 말이다.

이 모든 것은 우리가 그 내막을 알지 못하는 여러 세기 전에 일어난 사건을 포함해 역사적 사건들이 어떻게 전개되는지를 상기시켜준다. 역사는 멈추는 법이 없고, 인간의 본성은 석기 시대 이래로 변하지 않았다. 인간은 똑똑하면서도 어리석고, 친절하면서도 냉담하고, 관대하면서도 인색하고, 용감하면서도 비겁하고, 유능하면서도 무능하다. 지도자들도 마찬가지여서 유능함, 현실적 태도, 행운 등이 제각각으로 따라온다. 길이 나지 않은 곳에서 행군을 허용할 만큼 지반의 단단함을 결정짓는 날씨나 도로 기반의 수준도 역사의 상수다.

역사는 우리가 사는 세상을 더 잘 이해하는 데 도움을 주기 때문에 중요하다. 물론 로마와 파르티아-페르시아의 경쟁 관계를 연구하는 것이 21세기의 전쟁을 해석하는 방법을 가르쳐준다고 주장하는 것은 어리석은 일일 것이다. 그러나 그것은 인간의 본성을 이해하는 데 어느 정도 도움이 된다. 또한 가능한 한 많은 역사를 살펴보는 것은 과거로부터 교훈을 얻으려 할 때 좋은 원칙이다. 2차 세계대전에 사람들이 매혹되기 때문에 오늘날에 모든 지도자를 처칠이나 체임벌린 중 하나로 분류하는 경향이 있다. 또 회유책의 위험성에 대해서는 널리 이야기되지만 대신에 합리적인 대안이 있는지는 많이 논의되지 않는다. 모든 상황이 근본적으로 1930년대 후반과 같지 않고, 또 모든 호전적 지도자가 히틀러인 것도 아니며, 나치당과 같은 군사력과 산업력을 배후에 둔 지도자도 아니라는 것은 말할 것도 없다. 그렇다고 해서 위협을 가볍게 여기라는 의미는 아니다. 단지 모든 상황은 그것을 있는 그대로 보아야 하며, 과거에 벌어졌던 익숙한 한두 가지 사건이 기계적으로 반복되는 것으로 보아서는 안 된다는 뜻이다. 따라서 역사의 많은 시대를 검토할수록 소득도 그만큼 더 커진다.

로마인과 파르티아-사산인의 경우 두 제국의 전쟁 수행에 가해진 제약에 어느 정도 공통점이 있다. 두 제국은 상대방의 잠재력에 대해 존경과 두려워하는 마음과, 아무리 좋은 상황에서 수행되는 전쟁이라고 해도 그 이점이 어느 정도로 광범위할 것인지 회의적인 생각을 갖고 있었다. 이런 생각들은 두 제국의 야망과 행동에 어느 정도 자발적인 제약을 가했다. 즉, 적국을 너무 밀어붙이면 위험한 사태가 발생할 수 있다는 상황 판단이 어느 정도 억지력으로 작용했다. 이러한 제약이 대부분 위력을 발휘했고 그래서 두 제국 사이의 전쟁은 생사가 걸린 총력전으로 비화하는 일이 없었다. 현재 시점에서 우크라이나 전쟁이 가진 불확실성 중 하나는 이 전쟁에 관여하는 누구도 전쟁의 확산을 막기 위한 규칙이 무엇인지, 군사 행동에 어떤 제약을 가해야 하는지 잘 알지 못한다는 것이다. '규칙 기반의 국제적 체계'(혹은 이와 비슷한 개념)에 대해서는 특정한 심리적 전제 조건이 있다. 그것은 모든 당사자들이 동일한 전쟁 규칙을 이해하고 준수한다는 걸 전제로 삼는 것이다. 그러나 그런 규칙들은 확실히 단속할 수단이 없으면 규칙 준수를 보장할 수 없다는 게 문제다. 즉 살인을 범죄로 규정한다고 해서 더 이상 살인이 일어나지 않을 것임을 보장하지 못한다는 것이다. 그 행위를 가능한 한 줄이기 위해서는 철저한 감시와 처벌이 필요하며, 그런 단속 수단이 아주 효율적으로 발휘된다고 하더라도 범죄 건수를 줄일 수 있을 뿐 근절하지는 못한다.

로마인, 파르티아인, 페르시아인은 오래 전에 살았고, 우리와는 매우 다른 사회와 문화의 산물이다. 그러나 그들은 우리처럼 결점과 장점을 동시에 지닌 인간들이었다. 그들을 연구한다는 것은 곧 우리 자신과 세계에 대해 더 잘 알게 해준다.

차례

지도

서론

이 책은 고대 로마와 오늘날의 이란에 중심부를 두었던 제국인 파르티아-사산 페르시아 왕조의 경쟁 관계를 다루고 있다. 로마인은 다른 어느 곳에서도 이처럼 광대하고 정교한 제국을 상대로, 그처럼 오랫동안 국경을 마주한 적이 없었다. 로마는 이전에 카르타고와 대적했지만 그 기간은 1세기 남짓이었고 카르타고가 정치적으로 절멸하면서 대결은 끝이 났다. 이와는 대조적으로 로마가 파르티아를 처음으로 만난 것은 서기전 1세기 초엽이었고, 그 후 서기 3세기에 파르티아 왕조가 무너지고 그 자리에 사산 왕조가 들어서면서 7세기까지 존속했다. 통치 왕조와 정부 형태가 일부 바뀌었으나 사산 왕조는 여전히 페르시아 왕조로서 동일한 지역, 동일한 민족을 다스렸다. 변화보다는 연속성의 측면이 더 강했고, 두 왕조를 서로 다른 단계의 동일한 정체政體로 본다면 이 제국은 800년 이상 존속해온 것이다. 약 7세기 동안 파르티아-페르시아는 로마와 직접 접촉하며 때로는 전쟁을 벌이고 때로는 평화를 유지했으나 언제나 상대방을 의식하며 경쟁했다. 이 책은 돌이켜보면 성취한 것이 별로 없고 예기치 못한 새로운 세력의 갑작스러운 등장에 의해 끝나 버린 두 제국 간의 오랜 경쟁을 다루고 있다. 새로운 세력은 이슬람의 기치를 높이 들고 두 제국에 도전해온 아랍 전사들이었다. 불과 20년 사이에 아랍 군대는 사산 제국은 물론이고 동로마 제국에 남아 있던 속주들도 대부분 정복했다. 7세기 동안의 대립은 끝이 났고, 세상은 갑작스럽고도 크게 변모했다. 그래서 이전의 경쟁에 대한 이야기는 거의 언급되지 않고, 오늘날 대다수의 현대인들에게 그 이야기는 낯설게 느껴진다.

하지만 이것은 정말로 이상한 일이다. 그 경쟁 관계는 로마의 역사에서 중요하기 때문이다. 게다가 로마와 그 제국은 지속적으로 우리의 관심을 끌고 있으며, 다른 어떤 고대 문화도, 심지어 파르티아–사산 제국보다 더 잘 알려진 문화조차도 그 매력을 따라잡을 수 없다. 해마다 나오는 연구서, 논문, 다큐멘터리 등의 양을 볼 때 그나마 파라오의 이집트가 로마의 인기에 가장 근접하다. 이에 비해 그리스인이나 유럽의 다른 민족(후대의 바이킹족은 예외다)과 관련된 자료는 훨씬 적게 발간되며, 또 아프리카, 아시아, 아메리카에 대한 자료도 거의 없다. 드라마의 경우 로마인은 훨씬 높은 성적을 올리고 있는데, 이집트의 파라오에 대한 사료는 드라마의 이야기에 아주 빈약한 소재를 제공하기 때문이다. 물론 클레오파트라 7세는 여기에서 예외적이긴 하지만, 그녀는 사람들이 생각하는 고대 이집트와는 별로 관계가 없고 시간적으로 피라미드를 건설했던 파라오들보다 오늘날의 우리와 더 가깝다. 더욱이 그녀의 이야기는 로마에 의해 지배되었고, 그 일대기는 율리우스 카이사르나 마르쿠스 안토니우스 같은 저명한 로마인들과 얽혀 있다. 그 화려한 드라마에도 불구하고 클레오파트라의 통치는 실패로 끝났고, 여왕이나 휘하의 이집트는 후대의 역사에 별로 영향을 미치지 못했다.

이와는 대조적으로 로마 이야기는 놀라운 성공을 거두었고 그리스-로마 문화는 서방 세계의 발전에 결정적 역할을 했다. 사상, 정부 및 법률, 건축 분야는 말할 것도 없고, 독수리 깃발과 개선문 등과 같은 권력의 상징에서도 찬연히 빛났다. 로마인들은 우뚝 솟은 송수교, 거대한 건축물, 광범위한 전천후 도로망, 사치스럽고 값비싼 대중목욕탕 등을 건설한 아주 뛰어난 기술자로 대중의 기억 속에 각인되어 있다. 로마인들이 생활을 편리하고 유익하게 만드는 실용적인 것들에 그처럼 많은 기술과 자원을 투자했다는 것은 그 사회의 풍요로운 부와 안정성을 보여주는 표시이다. 요컨대 로마의 업적은 다양하고 인상적이며, 그들의 역사는 좋든 나쁘든, 위대하든 끔찍하든 실제보다 더 커 보이는 인물들로 가득하다. 이처럼 빛나는 업적과 함께 어두운 측면, 즉 광적이고 사악한 황제, 노예 제도, 검투사 경기, 십자가형의 세계도 존재한다.

로마의 성공의 거대함은 부인할 수 없다. 160년*에 고령의 안토니누스 피우스 황제는 아드리아해에서 라인강과 도나우강까지 뻗었고, 브리튼 북부에서 사하라 사막을 거쳐 유프라테스강까지 이어진 제국을 통치했다. 조심스럽게 추산하더라도 약 6000만 명이 제국의 영토 내에서 살았고 당시 세계 인구의 5분의 1을 차지했다. 이들은 같은 종족이 아니었고, 언어, 종교, 예식 등의 측면에서 지역과 속주에 따라 아주 다양했다. 그중 어떤 민족의 전통은 로마의 도래 이전부

• 모든 연대는 서기전이라고 특별히 표시되어 있지 않는 한 모두 서기 연대다.

터 이어져온 것이기도 했다. 그러나 모든 곳은 하나의 제국임이 분명했으며, 통화, 법률, 정부 제도 등이 단일했고, 문화의 공통적 측면은 예술, 음식, 의상, 머리 모양에까지 확대되었다. 의사소통과 물류가 아주 느리게 진행되던 시대에 로마 제국은 정말 광대한 국가였고, 쇠락하여 몰락하기 전까지 아주 오랜 기간 지속되었다. 4세기 말까지 안토니누스 피우스가 다스렸던 제국의 판도가 대부분 유지되었다가(일부 지역은 명목상으로만 제국의 관할에 있었지만) 그 후에는 동로마 제국과 서로마 제국으로 분할되었다. 서로마 제국은 그로부터 1세기 후에 사라졌다. 동로마 제국은 판도가 크게 줄어들기는 했지만 그 후 1000년간 존속했다. 로마 제국은 오랫동안 성공을 이어갔기 때문에 어떻게 그리고 왜 몰락했는지를 이해하는 것은 중요하다.

　로마의 성공은 다른 많은 국가의 체제가 파괴되거나 병합되는 것을 의미했다. 카르타고 제국이나 헬레니즘 왕국들처럼 일부는 규모가 컸고, 대부분은 훨씬 작은 국가들이었다. 로마가 승리했기 때문에 우리는 전쟁이 다르게 전개되었더라면, 가령 한니발이 로마 공화국을 무너뜨렸다면 어떤 세상이 펼쳐졌을지 알지 못한다. 로마가 후대의 역사에 미친 영향은 너무나 크고 다면적이어서 로마가 부흥 초창기에 실패했다면 어떤 일이 벌어졌을지를 상상하는 것은 대단히 어렵다. 로마인들은 서유럽, 북아프리카, 근동에 막대한 영향을 끼쳤으며, 그 지역의 모든 사람을 로마인으로 만든 것은 아니지만 그들을 상당히 변화시켰다. 그리스 문화는 그리스-로마 문화로 변모했고, 가톨릭과 정교회로 나뉜 기독교 교회도 로마 사회가 형성해놓은 것이었다.

　이 모든 일을 해낸 로마 제국은 군사력에 의해 창조되고 유지되었다. 그렇다고 해서 로마의 지배를 받게 된 모든 사람이 처음부터 로마에 맞서 싸웠다는 뜻은 아니다. 많은 지도자들은 점점 강해지는 로마의 국력을 보면서 그 힘을 이용해 더 위협적으로 여겨지는 가까운 경쟁 국가를 제압하려고 했다. 클레오파트라의 가문인 프톨레마이오스 왕가는 아주 초기 단계부터 로마 공화국과 동맹을 맺었고 로마인을 상대로 전투를 벌인 적은 없었다. 그녀의 불행은 로마 내전에서 패배한 쪽에 섰다는 것에서 비롯되었다. 로마의 침략을 자신들의 입지를 강화할 기회로 파악한 공동체와 지도자들도 많았고, 그처럼 강한 침략자를 상대로 자신을 지킬 수 없기 때문에 로마의 지배를 받아들이는 편이 낫겠다고 실용적 판단을 내린 지도자들도 많았다. 이 경우 상당수의 지도자들이 로마의 항구적 지배라는 현실을 받아들인 반면, 처음부터 어떤 대가를 치르더라도 저항하겠다고 단호하게 결심한 지도자들도 있었다. 8년간의 유혈 전쟁을 통해 갈리아를 정복한 율리우스 카이사르는 이 전쟁이 자신과 공화국을 위해 정당한 것이라고 생각했다. 동시에 그는 갈리아인들이 자유를 위해 저항하는 것은 당연한 일이라고 인정했다.[1]

로마인은 으레 어디에선가 전쟁을 벌이고 있었지만, 제국의 판도가 넓어지면서 로마에서 멀리 떨어진 곳에서 전투가 벌어지기도 했다. 팍스 로마나는 제국의 많은 지역에서 엄연한 현실이었다. 특히 1세기와 2세기에 이탈리아와 대부분의 속주 사람들이 여러 세대에 걸쳐서 전쟁 없는 평화로운 세상을 살았다는 점에서 항구적 평화의 느낌을 받았다. 그렇지만 국경 너머에서는 계속 전투가 벌어지고 있었다. 로마인이 세계 어딘가에서 어느 나라와도 전쟁을 하지 않는 기간은 너무 드물어서, 그런 시절은 로마의 야누스 신전의 문을 폐쇄하는 의식으로 기념할 정도였다.● 이 의식은 아주 드물게 거행되었지만, 제국의 판도는 아주 광대했기 때문에 한두 건의 전쟁은 제국에 살고 있는 다수의 사람들에게는 아무런 영향을 미치지 못했다.

전쟁은 흔했지만 특정 지역에 국한된 국지전이었고, 로마의 적들은 부족, 국가, 혹은 왕국이었는데 그들의 자원은 로마 제국의 자원에 비하면 왜소한 것이었다. 넓은 의미에서 그 전쟁들은 세력이 비슷한 국가들 사이의 전쟁이 아니었다. 그렇다고 해서 그 전쟁이 쉬운 전쟁이었다거나 결론이 미리 정해져 있었다는 것은 아니다. 왜냐하면 한 부족에 맞서 싸우는 로마군은 군사력이 총동원된 상태는 아니었기 때문이다. 안토니누스 피우스는 이론상 휘하에 35만 명의 병력을 갖고 있었고, 육군과 해군의 수는 전체 인구를 놓고 볼 때 대략 170분의 1이 된다(제국의 총인구 숫자가 어느 정도 정확하다고 가정한 경우). 이 병력의 10분의 1을 투입해야 할 정도의 전쟁은 아주 드물었고, 그보다 더 큰 규모의 군사작전은 정말로 예외적인 것이었다. 대다수의 전쟁은 그보다 훨씬 적은 병력을 가지고 수행했다. 60년에 브리튼에서 대규모 반란이 터져서 진압군을 보내 진압했을 때 로마 사령관 휘하의 병력은 1만 명이 채 되지 않았다(물론 사령관은 더 많이 배정해주기를 바랐을 것이다). 로마 군대는 전투를 잘 수행했고, 여기에 남들을 지배하고 통제하는 능력이 결합되어 제국의 원활한 운영을 가능하게 했다. 로마군이 모든 전투, 모든 전쟁에서 이긴 것은 아니었지만, 대다수의 전투에서 승리한 것은 사실이었다.

● 야누스(Janus)는 두 개의 얼굴을 갖고 있는데 하나는 앞을, 다른 하나는 뒤를 보았다. 1월 (January)은 정치적 해와 종교적 해가 시작되는 달이기 때문에 야누스의 이름을 따서 명명되었다.

로마인들은 정복자였으나 14년 아우구스투스 황제의 사후에 새로운 정복 사업은 드물었다. 43년에 브리튼섬(아우구스투스는 점령할 가치가 없다고 생각한 섬)을 쳐들어가 대부분 지역을 점령했으나, 나중에 스코틀랜드가 된 지역의 최북단에는 영구적인 주둔지를 확립하지 못했다. 아일랜드 부족들은 그대로 방치되었다. 아우구스투스는 엘베강에 이르는 동쪽 지역까지 게르마니아 속주를 확대했으나 9년에 3개 군단과 사령관이 현지 부족의 매복 작전에 걸려들어 전멸하면서 엘베강 일대를 포기했다. 그 지역은 결코 회복되지 않았고 수세기 후에 이 지역의 부족은 게르만어를 사용하는 야만족 군대의 일부가 되어 서로마 제국을 침략하고 멸망시켰다.

　　그리스-로마 문학과 역사는 최근까지 현대 서구 교육을 지배했으며, 많은 강대국이 로마 제국과 문명의 후계자를 자처했다. 로마인과 연결된 것은 무엇이든지 높게 평가되었고, 이는 19세기 고고학 발전의 원동력으로 작용했다. 먼 과거를 숭상하는 마음과 함께, 어떤 이들은 '자신들'이 로마의 강력한 힘에 맞서본 적이 있다는 사실에 특별한 쾌감을 느꼈다. 스코틀랜드인은 로마 제국이 나중에 스코틀랜드가 된 땅을 전부 점령한 것은 아니라는 사실에서, 아일랜드인은 제국이 그들의 나라를 아예 침공하지 못했다는 사실에 자부심을 느꼈다. 게르만인이 로마인의 구속을 받지 않았다는 사실은 독일 지도자들의 단골 대사였으며, 이는 19세기 후반 독일 통일을 추진하면서 나치 치하에서 끔찍한 결실을 맺게 한, 자신들이 독특하고 우월한 인종이라는 의식을 반영한 것이었다. 이러한 의식은 게르만인이 갈리아인이나 다른 부족과는 달리 소박하고 덕성스러운 야만인이라고 보았던 로마인의 고정관념에 영향을 받은 것이었다. 이것이 설사 사실이라 할지라도 후대의 독일인들은 정치적·문학적 이유로 그 사실을 지나치게 과장했다. 또한 외부인의 관점에서 이 야만 민족들이 서로 관련이 있다고 보고, 게르만인, 갈리아인, 브리튼인이라는 개념으로 발전시킨 것도 로마인이었다. 정치적 의미는 물론이고 어떤 의미로든 단일 민족이라는 인식은 당시 철기 시대 사람들에게는 확립되어 있지 않았다. 따라서 로마 제국과 접촉하는 이웃 국가는 여러 부족과 공동체로 나뉘어 있었고, 개별 지도자도 많았다.[2]

  하지만 파르타아인과 사산인은 달랐다. 그들의 최고 통치자는 왕중왕으로 불렸다. 왜냐하면 그의 제국에는 지역 왕들이 다스리는 소규모 독립 왕국이 많았기 때문이다. 때때로 지역 왕들은 중앙 정부에 저항하면서 내전을 일으키기도 했으나 그것은 항상 있는 일이 아니라 예외적인 사례였다. 로마와 접촉한 대부분의 기간에 파르티아-사산 제국은 본질적으로 동일한 영토를 지배했다. 그들의 판도는 북쪽의 카스피해에서 남쪽의 아라비아만, 그리고 동쪽으로 오늘날의 아프가니스탄에서 서쪽의 티그리스강과 유프라테스강까지 뻗어 있었다. 제국의 경계는 보통 주로 산맥을 기준으로 정의되었는데, 북쪽에는 캅카스 산맥이 있었고, 동쪽에는 엘부르즈 산맥과 자그로스 산맥, 극동에는 힌두쿠시 산맥, 그리고 서쪽에는 타우루스 산맥이 있었다. 이 산맥들은 그 형세가 모두 달랐다. 어떤 산맥은 통신을 가로막는가 하면, 어떤 산맥은 그렇지 않았고, 어떤 산맥은 특정한 도로를 따라 동서로 펼쳐져 있었다. 무역 행상과 원정군은 이러한 지형의 흐름에 따라 움직여야 했고, 이것은 이어지는 모든 사건에서 하나의 상수가 되었다. 이처럼 산맥으로 둘러싸인 광대한 땅에는 사막, 고원, 계곡, 경작이 가능한 스텝 지역이 넓게 펼쳐져 있었다. 북쪽과 동쪽으로는 중국까지 이어지는 유라시아의 거대한 스텝 지역과 맞닿아 있었다.

안토니누스 피우스의 시절에 중국의 한漢나라 황제는 로마 제국에 못지않은 많은 인구와 넓은 땅을 다스렸다. 파르티아–사산 제국은 이 두 제국에 비하면 규모가 작았지만, 그래도 로마 제국 인근의 다른 국가들에 비하면 훨씬 큰 영토를 갖고 있었다. 파르티아–사산인과 중국인 사이에는 원거리의 외교적 접촉이 있었지만, 그것은 제한적인 것이었고 중국 황제들의 흥망에 따라 변폭이 커서 두 제국의 거리도 멀어지거나 가까워지거나 했다. 반면에 로마인과 중국인은 서로의 존재를 의식했지만, 제국의 상거相距가 너무 멀어 이렇다 할 정치적 접촉은 없었다.

지중해를 중심으로 성장한 로마 제국과는 달리, 파르티아–사산 제국은 중앙의 바다가 중요한 특징은 아니었다. 로마의 속주에도 다양한 풍경과 독특한 기후가 있었지만, 왕중왕이 다스리는 영토는 그보다 더 변폭이 크고 극단적인 격차가 있었다. 인구는 식량의 생산 능력에 비례해 성장했는데, 이는 동물의 사료이든 인간을 위한 곡식이든 식물을 키울 수 있는 풍부한 강수량에 달려 있었다. 사막 지대는 물이 아주 귀했다. 이처럼 건조한 환경에서는 농업보다 목축업이 더 실용적이었지만 인구 성장에는 아무래도 농업이 더 유리했다. 자연 강수량이 풍부한 곳에서 농업을 하기는 훨씬 더 쉬웠지만, 잘못된 시기에 너무 비가 많이 오거나 아예 비가 오지 않는다면 가을 수확에 큰 영향을 미치기 때문에 농부가 날씨에 의존해야 한다는 단점이 있었다. 가능한 한 넓은 지역에 관개사업을 하기 위해서는 인근 강물로부터 물을 끌어와야 했는데, 이렇게 하려면 큰 규모의 재원, 조직, 공력이 필요했다. 천수답 영농보다 훨씬 비싸고 까다롭지만 관개 영농은 예측 가능한 물 공급을 보장해주었고, 장기적으로 인구 증가에 기여할 수 있었다.

토지 경작은 문명, 조직화된 정부, 그리고 제국과 마찬가지로 대부분의 로마 속주들(이집트와 동쪽의 일부 지역은 제외)에 비해 왕중왕이 다스리는 지역에서 훨씬 더 오래된 뿌리를 갖고 있었다. 파르티아 시대, 그리고 그 후의 사산 왕조 시대에 관개 사업은 전보다 더 넓은 지역으로 확대되었다. 예전의 아케메네스 왕조하의 페르시아인들이 그랬던 것처럼, 파르티아-사산 제국 치하의 상대적 안정은 인구 증가에 기여했다. 실제로 많은 도시가 생겨났는데 일부는 아주 오래된 도시였고, 일부는 신도시였으며, 그중에는 아주 큰 도시도 있었다. 그렇지만 그 도시들은 특정 지역에만 집중되었고, 파르티아-사산 제국 영토의 상당 부분은 이런 인구가 밀집된 도시를 지원하거나 먹여 살릴 수는 없었다.

이와는 대조적으로 로마는 도시들의 제국이었다. 기후와 기타 조건이 영농에 유리한 땅을 많이 가지고 있었기 때문이다. 간단히 말해, 로마 제국의 속주들은 천연 강수량이 풍부했고 날씨도 온화해 여름에는 덥지 않고 겨울에는 춥지 않았다. 전성기 로마 제국은 파르티아-사산 제국 영토 크기의 두 배였고, 비록 정확한 수치를 가늠하는 것은 불가능하지만 훨씬 더 많은 인구를 거느리고 있었다. 안토니누스 피우스 시대에 제국의 인구가 대략 6000만 명이었다는 추정은 학계의 통설이기는 하나 상당한 추측이 가미된 것으로, 정확한 것일 수도 있고 아닐 수도 있다. 파르티아인과 사산인에 대해서는 로마인보다 관련 증거가 희박하다. 하지만 학자들의 추산에 의하면 대략 900만 명에서 1400만 명이라고 하는데, 이보다 더 적을 수도 혹은

많을 수도 있고, 시기에 따라 상당히 달라졌을 것이다.[3]

로마 제국은 파르티아-사산 제국보다 규모가 더 컸고, 부, 인력, 천연자원도 훨씬 많았다. 5세기 서로마 제국이 무너졌을 때, 두 제국이 동등한 수준까지는 아니지만 이러한 우위는 크게 줄어들었다. 하지만 자원과 영토 크기가 결정적 변수는 아니었다. 왜냐하면 두 제국은 본질적으로 다른 책임과 야망을 갖고 있었고, 상대방과의 경쟁에 모든 것을 걸 수는 없었기 때문이다. 두 제국은 여러 차례 전쟁을 벌였지만 몇 건의 예외를 빼놓고, 적을 파괴하려는 필사의 전면전은 아니었다. 파르티아 군대나 페르시아 군대가 로마 영토 깊숙이 뚫고 들어가 이탈리아나 로마까지 진군한 적은 없었다. 이 책에서 맨 마지막 시대에 이르러 사산 왕조의 페르시아 군대가 콘스탄티노플 목전까지 왔으나, 소규모든 대규모든 그들의 군대는 보스포루스 해협을 건너 유럽 땅에 들어서지는 못했다. 이와는 대조적으로 로마 군대는 유프라테스강과 티그리스강의 계곡을 타고 내려가 그 지역의 대규모 왕도들을 여러 차례 약탈했다. 그러나 로마군은 그곳에 오래 머무르지 못했고, 파르티아-사산 제국의 동부 이란 중심지에서 무장한 로마군의 모습은 보이지 않았다.

크고 강인하고 공격적인 로마 제국은 그리스인과 로마인에게 알려진 3대 대륙의 대부분을 정복했었다. 그러나 로마는 과거 카르타고를 잔인하게 무너뜨렸듯이 파르티아-사산 제국을 정복하지도, 파괴하지도 못했다. 승전의 팡파레를 울린 이후 굴욕적인 패배를 당하기도 했다. 파르티아아인들은 카이사르의 동료인 마르쿠스 리키니우스 크라수스를 죽이고, 마르쿠스 안토니우스를 굴복시켰다. 사산인들은 260년에 발레리아누스 황제를 포로로 잡았는데, 이는 로마 황제가 외국군에 생포된 유일한 사례였다. 그들은 또한 로마와 알렉산드리아 다음의 최대 도시인 시리아의 안티오크를 여러 차례 약탈했고 그 외에도 크고 작은 도시들을 여러 차례 침공했다. 두 제국은 영광과 굴욕을 나누어 가졌으나 상대를 정복하여 파괴하기는커녕 상대를 항구적으로 지배할 정도의 확실한 우위를 확보하지도 못했다.

공격적인 두 경쟁자 제국은 상당히 오랜 기간 평화적으로 공존했지만, 이런 사실은 극적인 분쟁과 갈등의 사건보다 그리 뚜렷하게 드러나지 않는다. 이 책의 주제는 두 제국 간의 접촉과 경쟁 관계를 다루는 것이지만, 두 제국의 경쟁에 휘말린 넓은 지역의 많은 지도자와 사회도 다루고 있다. 이들은 단순히 강대국 간의 갈등에서 졸병 같은 신세가 아니었고, 단순히 친로마, 친파르티아로 규정해버릴 수 있는 존재도 아니었다. 이들은 저마다 나름의 야망을 가지고 두 강대국의 경쟁에 적극적으로 참여한 조연들이었다. 두 제국은 주변의 동맹국에 크게 의존했지만, 동맹국들은 다루기 까다로운 존재였고, 그들은 자신의 이익을 위해 기꺼이 두 제국의 싸움을 부추겼다. 그러니 이 책에는 두 강대국의 경쟁 외에도 훨씬 많은 이야기들이 포함되어 있다.

7세기에 걸친 두 제국의 경쟁과 그 맥락은 아주 큰 주제다. 고대 세계의 여러 면모가 그러하듯이, 후대에 전해지는 정보는 제한적이고 불충분하다. 앞서 지적했듯이 인구에 대해서는 신뢰할 만한 수치는 없으며, 두 제국의 경제 규모나 전염병, 자연재해의 영향, 기타 자연현상의 결과에 관한 통계도 문헌 기록에는 존재하지 않는다. 문헌 증거는 저자들의 지식만 반영하는데, 그들이 틀렸을 수도 있고, 그들의 편견이 작용하거나 그들의 관점에서 독자들이 알고 싶어한다고 생각하는 정보만 기록했을 수도 있다. 로마인을 상대로 싸웠던 이들은 전혀 기록을 남기지 않았기 때문에 고전 고대의 역사와 관련해 이야기를 전달하는 것은 그리스-로마의 목소리뿐이다.

다행스럽게도 파르티아-사산 제국에 대해서는 그런 편중이 덜한 편이다. 로마 측에서 나온 문헌 기록이 여전히 관련 사료의 대종을 이루지만, 다른 전승도 존재한다. 가령 훨씬 후대인 무슬림 왕조 시대에 집필된 아르메니아 역사나 아랍 역사를 다룬 책들은 훨씬 이전의 시대도 다루고 있다. 하지만 이런 역사서들은 전반적으로 중세 시대를 다루고 있어서 그 이전 시대에 관한 이야기들이 얼마나 신뢰할 만한지 판단하기는 어렵다. 한 가지 흥미로운 점은 사산인들이 파르시아 선조들에 관한 기억을 철저히 억제하여서 파르티아 관련 역사는 실제보다 훨씬 덜 알려지게 되었다는 점이다. 파르티아 통치자들의 목록은 매우 축소되어 파르티아인이 제국을 통치한 4세기 반의 시간은 3분의 1로 줄어들었다.

이런 후대의 역사서는 파르티아-사산인의 관점에서 어느 정도 역사를 파악할 수 있지만, 이것 또한 압도적으로 로마의 증거에 의존해 구성된 이야기로 남아 있다. 그렇게 하지 않으면 이야기 자체를 구성할 수 없기 때문이다. 파르티아인과 사산인은 역대 군주의 통치를 추적하는 데 도움이 되는 동전을 주조했으며, 또 일부 기념물과 비문이 남아 있기 때문에 당대 통치자들이 신민에게 최근의 사건들을 어떻게 설명하려고 했는지 엿볼 수 있다. 보다 일반적으로 고고학은 정착촌, 요새, 무역, 산업 등에 대한 정보를 제공하고, 정부의 공식 문서를 보관하는 데 사용했던 진흙 인장에 새겨진 이름과 직함들은 사산 왕조의 행정을 엿볼 수 있게 해준다. 시간이 지남에 따라 더 많은 사실이 알려지고 더 많은 정보가 수집되면, 시대별 혹은 지역별 정착촌 양식과 인구의 재구성에 더욱 확신을 가질 수 있을 것이다. 하지만 이런 증거들은 발굴의 행운이 따라야 하고, 각국의 물리적·정치적 환경에 따라 다르게 진행되는 발굴 작업 현황도 영향을 미치기 때문에 불완전한 것이다. 예를 들어, 튀르키예나 시리아보다는 이스라엘의 로마 민간·군사 정착촌에 대한 정보가 훨씬 많이 알려져 있는데, 이스라엘에서 더 많은 관측과 발굴 작업이 이루어졌기 때문이다. 이는 로마 제국의 증거와 관련해서도 우리의 지식에 빈 공간이 많다는 것을 의미한다. 어떤 지역은 현장 탐사가 별로 진행되지 않았고 문헌 기록도 너무 없기 때문에 많은 사실이 아직 미지의 상태로 남아 있고, 비문이나 문헌에서 나온 정보가 어느 정도까지 광범위한 경험을 반영한 것인지 판단하기 어렵다.

정확히 어떤 사건이 일어났는지 확신하지 못하는 지점이 있고, 대부분의 이야기는 로마 측 자료에 의거해 작성된 것이다. 그리고 로마의 자료는 상당수가 파르티아인과 사산인을 외국인 혹은 적으로 보고 있다. 그리스와 로마 문헌에서는 아시아인이나 동부인에 대한 경멸적인 논평이나 일반화를 쉽게 발견할 수 있으며, 이러한 고정관념은 예술 분야에서도 종종 발견된다. 그러나 모든 것을 동서양 간의 경쟁의 일환으로 바라보는 것은 위험할 수 있다. 이런 접근 방식은 두 제국의 경쟁의 역사에서 마지막 몇 세기에만 집중할 뿐만 아니라 연구자 개인의 고정관념과 정치관에 입각한 전제조건이 역사에 투영되기 때문이다. 그리스인과 로마인은 모든 국외자를 서쪽, 북쪽, 남쪽의 '야만인들'이라며 경멸했고, 또 자기들끼리도 서로 경멸했다. 그리스인들의 이런 태도는 제국이 커지고 인구의 상당수가 로마 시민이 되어 자신을 로마인으로 여기게 되면서 약간 바뀌었을 뿐이다. 갈리아인, 게르만인, 시리아인, 이집트인, 이전의 노예들과 그들의 후손, 시골의 농민, 도시의 빈민이라는 전형적인 인간 구분은 아주 뚜렷하게 자리잡았고, 심지어 이런 집단의 사람들이 로마정의 고위직으로 진출할 때에도 그런 구분은 여전히 남아 있었다.[4]

파르티아인과 사산인도 모든 외국인과 제국 내의 다른 민족 집단들에 대해 로마인과 비슷한 우월의식을 가지고 있었다. 그들은 자신을 '동부인'이라고 생각하지 않았는데, 이는 로마인이 자신을 '서부인'이라고 생각하지 않는 것과 마찬가지였다. 특히 조로아스터교는 사산인들에게 자신을 물리적·정신적·도덕적 측면에서 세계의 중심으로 생각하기를 장려했다. 하지만 이것은 대제국을 비롯해 대다수의 민족이 갖고 있는 자연스러운 신념이었다. 로마인과 파르티아-사산인은 공격적인 제국주의자들로서 군사적 영광을 숭상했으며 많은 다른 민족을 정복하고 지배했으며, 그들의 통치에 도전해오는 세력은 무자비하게 진압했다. 또한 두 제국은 장기간에 걸쳐 광대한 지역에 안정, 평화, 법치, 번영을 가져다주기도 했다.

역사가는 과거를 이해하고, 실제로 일어난 일들을 잘 조합하여 왜 그런 일이 일어났는지 알아내는 것을 목표로 한다. 이 과정에서 어떤 시대, 국가, 지도자를 선과 악, 가해자와 피해자로 나누어 묘사하는 것은 별로 도움이 되지 않는다. 꼭 해야 한다면 실제로 무슨 일이 일어났는지를 면밀히 분석해야 한다. 모든 증거를 점검하고, 치밀하게 검토하고, 그 정확성에 대해 아주 조심스럽게 평가해야 한다. 알려지지 않은 것을 받아들이는 것은 알려진 것을 진술하는 것만큼이나 중요하며, 각 사안에 따라 의심 혹은 확신의 수준을 명확히 밝혀야 한다. 어떤 사람들은 잠정적이고 신중한 태도의 서술을 별로 좋아하지 않는다. 하지만 너무 확실하게 단정하는 것은 부정직한 접근 방식이 될 것이고, 기껏해야 모호한 결론으로 인도할 가능이 높다. 이 책의 목적은 로마와 파르티아 제국을 동등하게 대하면서 그들의 의도, 능력, 강점, 약점에 대해 동일한 질문을 던지고, 양측에서 나온 증거를 동등하게 다루는 것이다. 이러한 질문들이 결정적 답변을 얻지 못한다 하더라도 가장 중요한 쟁점이 무엇인지를 보여주기 때문에 그 자체로 가치가 있다.

이 책은 두 제국의 경쟁 관계에 초점을 맞추고 있기 때문에 로마 제국이나 파르티아-사산 제국의 전체 역사를 다룰 수는 없다. 여러 장으로 구성되어 있는 이 책의 어느 한 장만 가지고도 이 정도 분량의 책을 쓸 수 있을 것이다. 경우에 따라서는 그런 책들이 이미 나와 있어서 주석에 제시해두기도 했다. 아무튼 지면 관계상, 모든 이야기를 똑같이 상세하게 서술할 수는 없으므로 핵심 주제와 무관한 소재는 간략하게 처리했다. 예를 들어 종교는 대외 관계에 직접 영향을 미치지 않는 한 간단한 서술을 택했다. 파르티아-사산 제국에서 조로아스터교가 발달한 과정과 역할, 또는 그 교리에 대해서 훨씬 더 많은 내용을 다룰 수도 있었을 것이다. 마찬가지로 콘스탄티누스 대제가 기독교를 국교로 제정한 이후에 기독교 교회 내에서 벌어진 신학 논쟁과 분열, 특히 삼위일체의 정의와 그리스도의 본성에 대한 치열한 논쟁과 의견 차이 등은 자세히 언급하지 않았고, 이런 것들이 당시의 정치에 영향을 미칠 때만 간략히 다루었다. 이러한 주제들은 매우 복잡하다. 법적 정확성을 원하는 라틴인은 추상적인 개념과 철학적 논쟁의 전통을 숭상하는 그리스인들과 충돌했다. 진리에 도달하는 것은 올바른 예배, 신앙, 영생을 위한 핵심적 길이었기 때문에 이러한 충돌에는 위기의식이 감돌았다. 이런 종교적 논쟁들을 묘사하는 것에는 상당한 지면을 필요로 하지만 이 책의 주제에는 별로 기여하지 못하는 것들이다. 따라서 이 문제는 간략하게 다루는 것이 좋겠다고 판단했다. 정치, 행정, 군사 구조에 대해서도 마찬가지로 핵심적인 요점들만 서술했다.

수세기에 걸친 두 제국의 경쟁 관계를 추적해갈 때의 장점 중 하나는, 그 시대의 측면에 대해 학자들이 치열하게 논쟁한 사안들의 중요성이 사라진다는 것이다. 로마인이 파르티아인과 조우한 것은 두 제국이 팽창적인 제국을 수립한 이후였다. 따라서 양측의 제국주의가 발달한 과정과 이유를 설명할 필요가 별로 없게 되었다. 로마인의 경우, 제국주의는 아주 열정적으로 논의된 문제였다. 이에 따라 로마인이 제국의 국경을 어떻게 보았는지, 주로 방어적인 것이었는지, 아니면 더 많은 정복을 원했던 것인지, 그것도 아니면 기존 속주들을 잘 통제하는 것에 집중했는지와 같은 문제도 치열한 논쟁을 불러일으켰다. 로마 당국의 공식 성명과 열정적인 로마 시인들은 한계도 끝도 없는 제국에 대해 말했고, 온 세상을 통치해야 하는 로마의 권리와 운명을 역설했다. 물론 많은 로마인이 해외 정복 사업을 아주 좋고 바람직한 것으로 보았다는 사실에는 의문의 여지가 없다.[5]

이처럼 오랜 세월에 걸쳐 벌어진 사건을 연구할 때는 사람들의 태도가 단순하고 변하지 않을 것이라고 단정하는 것에 즉각적인 주의를 요한다. 이러한 논쟁의 가장 큰 약점은 로마의 제국주의와 국경만 강조하면서 다른 국가들이 수행한 역할은 무시해버리는 경향이 있다는 것이다. 로마인들은 종종 먼저 공격을 감행했지만 때로는 그들이 공격을 받아서 전쟁을 시작하는 경우도 있었다. 로마인이 늘 일정하게 동일한 방식으로 공격했던 것도 아니다. 엄청난 영토 확장을 하던 시기에도 다른 국가의 영토를 몰수하려 하지 않고 또 적당한 구실이 있으면 전쟁을 피하려 했던 경우들도 있었다. 로마인은 수세기에 걸쳐 파르티아-사산인과 경쟁했지만 그들을 정복하려는 노력은 별로 기울이지 않았다. 일부 파르티아 영토를 장기간 점령하기도 했지만 이는 맞수 카르타고를 무자비하게 섬멸했던 것에 비하면 훨씬 약과였다. 로마의 포에니 전쟁은 서서히 갈등이 고조되다가 서기전 149년에 최종 충돌이 발생했는데, 이 전쟁은 당시 카르타고의 실제 힘보다는 로마의 불안정을 보여주는 전쟁이었다. 만약 로마인이 가는 곳마다 정복하고 지배하면서 무한의 제국을 추구한 것이 사실이라면 이런 핵심 질문이 떠오른다. 왜 로마인은 동부에서 실패했는가? 이에 대한 여러 해명이 낮은 수준의 전략과 전술에서부터 정치적, 군사적 측면에서 시도되어 왔다.

하지만 그런 질문은 타당한가? 또다시 그에 대한 답변은 로마인에게 집중하면서 다음 두 가지 가정을 제시한다. 첫째, 로마인은 기회가 있을 때마다 정복하려고 나섰다. 둘째, 로마인은 자신들이 가지고 있는 여러 제약 때문에 그렇게 하지 못했을 뿐이다. 이 가정에 의하면 파르티아인과 사산인은 자신만의 독자적인 목표가 있는 것이 아니라 단순히 로마에 저항하는 수동적 역할에 머물렀다는 결론이 나온다. 실제 일어났을 만한 사건에 대해 이런 고정관념을 가지고 접근하는 것은 현명치 못하다. 대신 실제로 벌어진 일들을 정밀하게 추적한 다음에 이런 거대한 질문으로 다시 돌아와야 한다. 마찬가지로 중요한 것은 모든 상황은 로마의 관점뿐만 아니라 파르티아-사산 왕조의 관점, 그리고 그 경쟁에 관여했던 다른 국가들의 관점을 모두 아우르며 검토해야 한다는 것이다. 또한 사건이 벌어지던 당시에 로마인, 파르티아인, 그리고 나머지 민족 중 누구도 장차 일이 어떻게 전개될지 아무도 알지 못했다는 것을 인식하는 게 중요하다.

7세기에 걸친 접촉, 대결, 협상의 과정은 많은 주역, 장소, 지역이 등장하는 길고 복잡한 이야기다. 어떤 결론의 근거가 되는 서사와 이를 둘러싼 의구심을 이해하는 것이 필수적이기 때문에 세부 사항을 훤히 파악하는 것이 필요하다. 따라서 우리가 갖고 있는 사료들의 많은 정보는 장단점을 기준으로 취해야 할 것과 유보해야 할 것들이 있다. 나는 이야기 전개에 필수적이지 않은 많은 인물, 장소, 세부 사항을 생략하며 각 장의 가독성을 높이려고 최선을 다했다. 안타깝게도 많은 멋진 인물과 사건들을 건너뛰어야 했다. 어떤 독자는 특정 문장이 반복적으로 나온다고 느낄지도 모르겠다. 하지만 두 제국이 동일한 지역에서 제한전을 수행한 경우도 있었기에 불가피한 일이었다. 후반의 장들에서 니시비스, 아미다, 다라 같은 도시들이 자주 나온다. 이러한 요충지를 점령하기 위한 전쟁이 반복적으로 벌어졌고 이것이 서사의 핵심이었다. 두 제국의 경쟁과 전쟁의 성격을 제대로 보여주기 위해서는 이런 반복이 필요했다.

이 책은 로마 제국●과 수세기 동안 그들의 막강한 경쟁 상대가 될 만큼 크고 강력했던 또다른 제국에 관한 책이다. 파르티아와 사산은

● 이 책에서 로마 혹은 로마 제국을 언급할 때 나는 수도를 콘스탄티노플에 둔 동로마 제국도 함께 포함했다. 동로마 제국은 5세기에 서로마 제국이 멸망한 후에도 1000년간 지속되었다. 동로마 제국을 가리켜 비잔틴 제국이라고 하는 것이 일반적인 관습이지만, 동로마 제국의 지도자와 주민들은 자신을 로마인이라고 생각했다. 그들의 이웃인 사산인을 포함해 다른 민족들도 그들을 로마인이라고 보았다.

고대 세계에서 큰 성공을 거둔 왕조였다. 하지만 그 국력의 규모와 장수의 기간은 너무 자주 잊혔다. 그들이 로마와 만난 이야기는 그들의 성공 규모가 어느 정도였는지 잘 보여주는 동시에 기존의 로마인 연구가 보여주는 것과는 다른 방식으로 로마인을 보여준다. 두 거대한 제국—한 쪽이 다른 쪽보다 강력했지만 압도할 정도는 아니었던—은 아주 오랜 기간 서로 이웃하며 살아왔다. 어떻게 그런 일이 벌어질 수 있었는지, 어떻게 그런 세력 균형이 유지될 수 있었는지, 어떻게 그런 경험이 서로를 변화시키고 주변 국가들에 영향을 주었는지를 검토하는 것이 이 책의 주제다. 이 모든 것을 이해하려면 접촉의 역사 전체를 추적해야 하고, 이전에 시도되지 않은 새로운 작업 과정에서 낯선 영토를 통과해 아주 놀라운 결론에 도달할지도 모른다.

1

펠릭스

서기전 90년대

로마인들은 웅장한 볼거리를 좋아했다. 이것은 고대 대부분 사회가 마찬가지였다. 할리우드 영화계가 고대 세계를 잘못 묘사한 것이 무엇이든 간에, 장대한 행렬, 열병식, 수천 명의 등장인물에 대한 역사적 서사시를 즐긴다는 것은 당대의 현실을 어느 정도 반영했다고 할 수 있다. 사회나 지도자의 삶에서 벌어진 중요한 사건들은 공개적 기념물로 표시되었고, 기존의 잘 확립된 전통에 따라 조심스럽게 관리되었다. 따라서 파르티아 왕의 대표가 로마 공화국의 대표를 처음 만났을 때 그 사건은 정중한 의식으로 기념되어야 마땅했다. 실제 협상은 막후에서 벌어졌다 하더라도 회담은 사람들이 훤히 보는 데서 이루어졌다. 공개적으로 협상을 하려는 태도는 선의의 표시로 여겨졌기 때문이다.

파르티아 사절의 이름은 오로바주스로, 그 회담과 회담의 여파를 제외하고 이 인물에 대해서 알려진 것은 전혀 없다. 그는 파르티아에서 가까운 카파도키아(오늘날의 튀르키예 동부)에 새로운 로마 총독이 부임했다는 소식을 듣고 유프라테스강을 건넜다. 오로바주스는 파르티아 왕이 다스리는 지역에 가까이 진출한 로마인들을 만나려고 했다. 두 제국이 직접 관할하는 지역은 서로 상당히 떨어져 있었으나 이제 그들이 관심 갖고 지켜보는 지역들은 서로 일치하기 시작했다. 양측은 모두 보고를 통해 상대를 알고 있었고 논리적으로 그다음 수순은 공식적인 접촉이었다.

아마도 오로바주스는 수행원을 데리고 왔을 것이지만, 상당수의 병사들과 동행했다는 암시는 없다. 반면에 로마 총독은 군대의 선두에 서서 카파도키아로 진군해 들어갔는데, 현지 경쟁자들 대신 로마 원로원이 복권을 결정한 원래 왕의 왕권 회복을 위해서였다. 로마가 선호하는 카파도키아 왕은 현지 고위 인사 겸 이해 당사자로서 그 회담에 참석했다. 중요한 행사는 열병으로 격을 높이는 것이 로마의 관례였기 때문에 로마 군대 또한 회담 현장에 입회했다. 병사들은 밀집 대형으로 도열하고 서서 회담장의 배경이 되어주고 로마의 막강한 군사력을 자랑할 것으로 기대되었다. 창과 칼은 깨끗이 닦아서 광을 냈으며, 방패는 먼지를 털어서 장식 그림이 잘 보였고, 투구에는 문장을 달았으며, 군대의 전면에는 나팔수들이 둘러싸고 있는 군기들이 하늘 높이 펄럭이고 있었다.

열병식의 목적은 로마의 국력을 과시하려는 것이었고, 방문객들에 대한 대우 문제는 외교의 전 과정에서 중요한 부분이었는데, 그것이 회담 참여자의 지위를 반영했기 때문이다. 평화를 호소하는 패전국들, 심지어 작은 왕국이나 도시나 부족의 대표자들까지도 높은 단위에 앉아 그들을 내려다보는 로마 사령관 앞에 앉아야 했다. 파르티아와 로마 사이의 최초의 회담에서 그런 노골적인 우위의 과시 같은 것은 없었다. 대신 똑같은 높이의 단 위에 있는 세 개의 의자가 마련되었다. 그러나 로마인은 가운데 의자에 앉고, 파르티아 사절 대표와 현지 왕이 그의 좌우에 각각 앉게 되었을 때, 그것은 사절에 대한 가벼운 모욕이자 파르티아에 대한 로마의 우위를 내세우는 것처럼 인식되었다. 아마도 이런 기조가 회담 과정과 협상 내용에도 그대로 반영되었을 것이고, 합의된 내용이 무엇이든 사절 대표가 자신의 왕에게 보고했을 때 왕은 불쾌감을 표했고, 이후 오로바주스를 처형했다.

이것은 그리스인이자 로마 시민이었던 플루타르코스가 전한 이야기다. 그는 사건이 벌어진 지 200년 후에 이것을 기록했다. 그가 아니었다면 로마와 파르티아의 첫 공식 회담은 후대에 전해진 사료들에 기록되지 않았을 것이고 오로바주스와 그의 추후 운명에 대한 기록도 없었을 것이다. 대사가 처형되었다는 이야기는 그리스나 로마의 관점에서 지어낸 것일 가능성이 높다. 동방 군주들의 타고난 횡포, 특히 파르티아 왕의 횡포를 증명하기 위해 지어냈을 수도 있고, 아니면 로마 사령관 개인의 적들이 사령관을 공격하기 위해 만들어냈을 수도 있다. 플루타르코스는 로마 총독이 형편없는 예의와 오만한 태도로 비난받았다는 이야기를 쓰고 나서, 그러한 자리 배치가 정당했고 외국인을 대하는 가장 좋은 방식이었다고 말하는 이들도 있었다고 덧붙였다. 플루타르코스가 기록한 세부 사항 중 일부는 로마 사령관의 회고록에서 나왔을 수도 있는데, 그렇다면 그 정보는 당연히 사령관에게 유리한 내용이었을 것이다. 만약 오로바주스가 정말로 처형되었다면 그것은 그의 임무 중 발생한 실수보다는 파르티아 궁정 내의 정치적 갈등과 개인적 관계와 관련되었을 가능성이 높다.

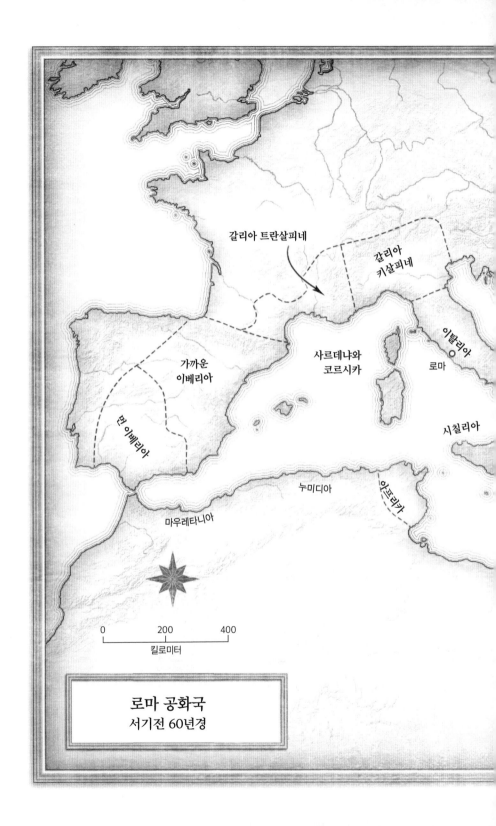

갈리아 트란살피네

갈리아
키살피네

이탈리아

로마

가까운
이베리아

사르데냐와
코르시카

먼 이베리아

시칠리아

누미디아

아프리카

마우레타니아

0   200   400
킬로미터

로마 공화국
서기전 60년경

대략적인 속주 경계 ----------

로마 속주 **킬리키아**

주요 '피보호' 왕국 **카파도키아**

일리리아

마케도니아

아시아

갈라티아

비티니아와 폰투스

카파도키아

킬리키아

시리아

유프라테스강

흑 해

크레타

키레네

지 중 해

이집트

나일강

하지만 후자에 대해서는 알려진 것이 거의 없다.[1]

로마와 파르티아의 첫 공식회담은 돌이켜보면 당시에 생각했던 것보다 훨씬 중요한 의미를 가진 사건이었다. 플루타르코스는 이후에 벌어진 일들을 알고 있었기 때문에 이를 중요하게 여겼고, 향후의 사건과 갈등 중 일부도 다른 곳에 상세히 기록했다. 좀더 광범위한 관점에서 회담에 대한 그의 기록과 자료들은 두 제국의 역사를 이해하려고 할 때 직면하게 되는 많은 문제를 예증한다. 그중 대표적인 것은 현존하는 기록들이 모두 로마 측에서 나온 것이고, 파르티아에서 나온 것은 전혀 없다는 점이다. 오로바주스의 처형과 같은 사건은 그리스-로마 사료들이 파르티아에서 일어났다고 생각하는 일과 그 이유에 근거하고 있는데, 전적으로 신뢰할 수 없는 정보다.

그리스어나 라틴어 문헌에 상세한 서술이 남아 있는 경우—이는 매우 예외적이긴 하지만—로마와 파르티아의 첫 공식회담과 같은 사건이 언급되는 경향이 있으며, 그 사절이 아주 강력한 통치자나 민족이 보냈을 경우에는 더욱 그러하다. 사상 처음 다른 민족의 사절을 만나 로마의 위엄과 체통을 지키는 가운데 외교 관계를 수립하는 것은 로마의 총독에게는 가치가 있는 업적이었다. 그것을 막강한 야만족이 로마의 우월한 무력과 도덕적 가치를 인정하는 사건으로 묘사할 수 있다면, 전쟁에서 승리한 것만큼은 아닐지라도 그에 버금가는 군사적 영광과 위신을 세우는 것이라 할 수 있었다.

현존하는 사료들은 그리스-로마의 입장에 치우쳐 있다는 점 외에도, 또다른 중요한 요인의 영향을 받았다. 플루타르코스는 당시 로마 총독이었던 루키우스 코르넬리우스 술라의 전기에서 이 사건을 기록했는데, 이는 오로바주스보다 술라에 대한 정보가 훨씬 많다는 점을 의미한다. 회담은 술라의 전기 앞부분에 사소한 일화로 지나가듯이 언급된다. 만약 술라가 그 후에 로마 역사에서 핵심적인 인물로 등장하지 않았다면 오로바주스는 언급되지 않았을 것이고, 기록 속의 세부 사항도 보존되지 못했을 것이다. 회담의 후기에는 '칼데아인'이 고대 바빌로니아의 전설을 바탕으로 술라의 용모와 인품을 평가하며, 로마 사령관이 세계에서 가장 위대한 인물이 될 것이라고 예언했다는 주장이 나온다. 이런 일화 등을 바탕으로 플루타르코스는 카파도키아 왕위 문제를 해결하는 능력, 파르티아 사절이 처음으로 찾은 로마인이 될 수 있었던 행운, 사절을 모욕하는 오만, 그리고 위대한 인물이 될 것이라는 예언 등 술라의 여러 면모를 부각시킬 수 있었다. 그러나 플루타르코스는 회담의 내용이나 합의된 친선 관계의 유형에 대해서는 언급하지 않는다. 왜냐하면 그의 주된 관점은 술라의 성품을 드러내는 것이지 역사 전반을 다루는 것이 아니었기 때문이다. 이러한 상황을 종합적으로 살펴볼 때 회담은 로마와 파르티아의 상호 친선 의사를 표시한 것 외에 별다른 조약은 체결되지 않았을 가능성이 높다.[2]

당연하게도 유명하고 중요한 인물들이 저술가들의 관심을 끌고, 그런 인물이 외교와 연관되거나 파르티아와 페르시아의 접촉에 관여했을 때가 덜 유명한 사람들이 연루되었을 때보다 사료에 언급될 가능성이 훨씬 높다. 하지만 이런 사료들은 그리 신뢰할 만한 것은 아니다. 예를 들어, 당시의 술라는 물론이고, 그 후 2세기에 트라야누스나 베루스가 파르티아를 상대로 벌인 전쟁에 대해서는 많은 정보가 기록되었으나, 후대에 전해진 것은 짧고 파편적이며 혼란스럽고 왜곡된 것들뿐이다. 로마 시대의 문헌은 상당수 유실되어서 역사가들이 주요 사건을 기본적 수준에서 재구성하는 것도 그리 쉬운 일이 아니다. 그러나 중요한 인물(거의 언제나 남자인)이 관여한 사건이라면 적어도 무언가가 남아 있을 가능성이 높다. 그럴 때조차도 공백이 있을 가능성이 높기 때문에 오로바주스와 술라의 만남에 대한 시기도 확정지을 수가 없다. 회담은 서기전 96년이나 94년, 혹은 92년에 일어났을 것으로 보인다. 그 만남 뒤에 술라가 하게 되는 여러 중요한 역할 때문에 회담은 후대의 관점에서 중요하게 조명되는 것이다. 우리는 그 회담이 개최되었을 때 그가 아직 공화국의 주요 거물이 아니었다는 사실을 간과하기 쉽다.

　로마의 공직 생활에서 가문은 다른 모든 것을 배제할 정도로 중요했다. 한때 왕들의 통치를 받았던 로마는 서기전 6세기 말에 공화국이 되었고, 이후 개인은 물론이고 사회의 한 계층이 항구적으로 권력을 잡는 일을 방지하기 위한 국가 제도를 발전시켰다. 전시와 평시에 국가를 다스리는 고위 행정관은 투표로 선출되어 정해진 임기 동안(대체로 1년) 봉직할 수 있었고 임기가 만료되면 그 후 10년 동안 같은 보직에 취임할 수 없었다. 최고위 행정관은 해마다 선거로 뽑히는 두 명의 집정관인데 그들이 취임한 한 해는 그들의 이름을 연호^{年號}로 사용했다. 개인이 고위직에 한 번 이상 취임하는 것은 드문 일이었지만, 형제, 아들, 조카, 손자가 대를 이어가며 취임한 까닭에 같은 가문의 이름이 역대 집정관 목록에 반복적으로 등장했다. 이들은 명성 높은 귀족 가문이었고, 영향력, 연줄, 재산으로 유권자들의 표심을 자신 쪽으로 가져올 수 있었다. 로마인들은 저명한 가문의 후손들이 그들의 조상의 위대한 업적에 부응하기를 기대했고, 유명 가문들은 과거의 업적과 영예를 널리 알리기 위해 노력했다. 아주 저명한 가문에 태어난 소년은 집정관직을 따놓은 것이나 마찬가지였지만, 42세가 되지 않은 남자는 입후보할 수 없었기 때문에 오래 살 필요가 있었다.

술라는 이런 황금 가문에 태어나지 않았다. 그의 가문은 오래된 귀족 가문이었고 공화국 초창기를 주름잡는 인물을 많이 배출했지만, 많은 세월이 흐르면서 일부 귀족 가문과 방계는 영락하여 망각 속으로 사라졌다. 반면에 인구가 훨씬 많은 평민들이 고위직으로 밀고 들어와 새로운 귀족 계층을 형성했다. 서기전 1세기 초엽에 이르러 중요한 평민 가문들이 공직생활을 주름 잡았고 소수의 유서 깊은 귀족 가문만이 명맥을 유지했다. 성공은 전적을 바탕으로 더욱 강화되는 경향이 있었다. 일단 성공하면 고위 공직과 전시의 중요한 지휘관 보직을 맡게 되고, 이것이 다시 영광과 부를 가져오고, 그 힘으로 주요 선거에서 이길 가능성이 높아지고, 그리하여 해당 가문의 개인이나 후손이 더욱 영달할 수 있었다.[3]

국정을 논의하는 상설 기관인 원로원에는 약 300명의 의원이 있었다. 집정관과 법무관을 포함한 고위 행정관은 원로원 의원이었고, 그들은 재임 기간보다 원로원에서 더 많은 시간을 보냈다. 그들이 역임한 직위에 따라 논의에서 의견을 구하는 빈도와 발언의 무게도 달라졌기 때문에 이전의 직급이 중요했다. 1년에 단 두 명의 집정관이 선출되기 때문에 300명의 의원 중 이 최고위직에 오르지 못한 사람이 과반을 훨씬 넘었다. 자신이 집정관 출신이거나 조상이 집정관이었던 사람은 귀족 신분을 얻었고, 귀족 계층 출신인 것은 집정관에 오를 가능성을 높여주었다. 그러나 신분의 가치는 시간이 흐르면서 점점 퇴색되었다. 술라 가문에서 가장 최근에 집정관에 오른 경우는 서기전 3세기 초였는데, 너무 오래전 일이어서 유권자의 표심을 흔들 정도는 되지 못했다. 이후에 술라 가문 사람들은 공직 진출에 별로 성과를 거두지 못해서 하위 행정직에도 부임하지 못했고, 점차 공직 생활의 주변부로 밀려났다.

귀족의 기준으로 볼 때 술라는 가난한 무명인이었다. 술라는 청소년 시절에 로마의 고급 주택 지구인 포룸 근처 팔라티노 언덕 기슭에 있는 대저택이 아니라 수수한 주택 지구의 남루한 집에서 성장했다. 나중에 그는 자신의 행운을 자랑하며 펠릭스felix('행운의 남자')라는 별명을 얻었다. 행운의 가장 초기 사례는 상당한 금액을 상속받은 것이었는데, 일부는 계모로부터 일부는 부유한 애인으로부터 물려받았다. 그는 이 유산을 밑천으로 남들보다 다소 늦은 나이에 정계에 뛰어들 수 있었다. 서기전 107년에 술라는 12명의 하급 행정직인 재무관에 취임했다. 주로 재정 관련 업무를 담당하는 재무관은 속주에 발령받아서 총독을 돕게 되는데 총독 외에 유일한 선출 관리였기 때문에 다양한 업무를 수행했다. 술라가 먼저 아프리카로 발령받았을 때 그곳의 총독 가이우스 마리우스는 누미디아 왕 유구르타를 상대로 전쟁을 벌이고 있었다. 그 과정에서 얼마 전까지만 해도 유구르타의 동맹이었던 또다른 통치자가 로마 쪽에 붙으며 유구르타를 포로로 넘겨주겠다고 제안해 왔다. 술라는 이 업무를 처리하기 위해 현지에 파견되었고 그 일을 성공적으로 수행하여 전쟁을 끝냈다. 이는 훌륭한 쾌거였고 그의 재능과 행운을 잘 보여주는 또다른 사례였다. 몇 년 뒤 술라는 지난 10년간 로마 병사들을 살육했던 켈틱계나 게르만계의 킴브리족과 테우토니족을 상대로 하는 전쟁에서 군단장 밑의 수석 장교로 참전했는데, 그 전쟁도 승리로 이끌면서 야만족이 이탈

리아에 가하는 위협을 종식시켰다.[4]

술라의 참전 경력은 상당한 업적이었고 다른 원로원 의원이었다면 그런 업적을 자랑하며 정계에서 더 좋은 연줄을 얻을 수도 있었을 것이다. 술라는 후보로 나설 수 있는 나이에 도달한 첫 해인 서기전 98년에 총 6명인 법무관 자리에 도전했으나 낙선했다. 그는 12개월 후에 다시 도전해 당선됐고, 로마시의 운영 관련 업무를 관장하는 권위 있는 자리인 프라이토르 우르바누스praetor urbanus('도시 법무관')에 보임되었다. 술라는 법무관으로 근무했던 해에 값비싸고 호화로운 대중 연회를 많이 개최했는데, 이를 위해 많은 동맹군을 확보한 것이 그의 당선에 도움이 되었을 것이다. 술라는 1년 임기를 마치고 해외로 파견되었다.[5]

제국을 운영하는 것은 로마 공화국에 상당한 문제를 안겨주었고, 정치 및 군사 체제에 부담을 주었다. 해마다 2명의 집정관과 6명의 법무관이 선출되어 총 8명의 고위 행정관이 속주를 통제해야 했는데, 이들은 군대 통솔은 물론이고 민간 행정 업무도 담당해야 했다. 그러나 집정관들은 때로는 임지로 출발하기 전에 로마에 여러 달 머물면서 입법 활동을 해야 했다. 술라 같은 법무관들은 상당수가 도시에 그대로 머물면서 임기 한 해 내내 도시의 업무를 처리해야 했다. 게다가 선출된 행정관 중 일부는 특정 속주에 부임하기를 거부하거나 몸이 너무 허약해 격무를 감당할 형편이 되지 못했다. 그래서 지방으로 파견 나갈 수 있는 인재 범위는 더욱 좁아졌다.[6]

로마인들이 볼 때 속주provincia는 본래 책임의 영역을 의미하는 용어였다. 예를 들어 '유구르타와의 전쟁'이 그런 책임의 영역이었는데, 이는 지리적 요소를 암시하거나 구체화하는 의미를 담고 있진 않았다. 로마 공화국이 이탈리아 바깥의 특정 영토를 직접 관할하면서 '속주'라는 말은 구체적 지역과 연관성을 갖게 되었다. 해마다 원로원은 어떤 속주를 새롭게 설치하고, 또 기존 속주들에게 어떤 군사적·재정적 자원을 배분할 것인지를 결정했다. 그리고 속주를 담당할 총독은 추첨으로 뽑았다. 서기전 3세기 초에 이르러 로마는 포강 이남의 모든 이탈리아 영토를 통제하게 되었다. 정복 사업으로 연간 2개 정도의 속주가 생겼는데, 두 명의 집정관이 각각 하나의 속주를 맡았고, 로마에 남아 있는 법무관은 단 한 명이었다.

카르타고와의 대전쟁은 점점 더 넓어지는 전역戰域에서 벌어졌다. 로마가 제1차 포에니 전쟁(서기전 264~241)에서 승리를 거두면서 시칠리아에 최초의 영구적인 해외 속주가 생겼고, 이 속주를 다스릴 총독을 보내기 위해 두 번째 법무관이 추가되었다. 코르시카와 사르데냐 섬들도 얼마 뒤에 점령되어 속주로 편입되었다. 제2차 포에니 전쟁(서기전 218~201)으로 이베리아반도에 2개의 속주가 추가되었고, 제3차 포에니 전쟁(서기전 149~146)으로 아프리카에 또 하나의 속주가 생겼다. 동시에 옛 마케도니아 왕국을 통치하려던 시도는 접고 대신 마케도니아 속주가 만들어졌다. 여기에 갈리아 키살피네(알프스 이남)와 갈리아 트란살피네(알프스 이북, 오늘날 프랑스의 프로방스 지역)에 각각 하나의 속주가 마련되어, 두 명의 행정관과 대규모 군대를 이탈리아 북부로 파견하는 것이 하나의 관행이 되었다. 서기전 129년에는 아시아 속주가 창설되어 속주의 숫자는 총 9개가 되었다. 속주의 경계는 명확하게 설정되었고 때로는 다른 곳에서 비상사태가 발생하여 전체 속주의 숫자가 늘어나기도 했다. 이처럼 속주가 늘면서 법무관의 숫자도 늘어나서 총 6명이 되었지만, 팽창하는 제국의 수요를 충족하진 못했다.

해마다 선출되는 행정관보다 더 많은 속주가 추가되었기에 원로원은 점차 임기 연장이라는 편법을 사용했다. 어느 속주에 임명된 집정관 혹은 법무관에게는 1년 임기가 끝난 후에도 집정관대리proconsul 혹은 법무관대리propraetor라는 직함을 부여해 계속 근무하게 했다. 이 제도는 새로운 선거를 필요로 하지 않았고 원로원의 재량권에 달려 있었기 때문에 다른 행정 문제와 마찬가지로 보직 당사자들—임기가 끝난 현역 집정관이나 법무관—의 영향력과 관심사, 그리고 실용적인 고려가 작용했다. 속주 내에 자원을 분배하는 일이 생길 때에도 동일한 현상이 벌어졌다. 집정관은 가장 중요하고 영예로운 속주나 전쟁의 지휘권을 원했고, 업무와 전쟁 수행에 필요한 군대, 자금, 보급품을 기대했다. 여러 지역에서 동시에 전쟁이 벌어지면서 자원 배분의 부담이 늘어났고, 원로원에서 지원해줄 수 있는 자원은 한계가 있었기 때문에 법무관은 중요하지 않은 임무를 배정받고 최소한의 병력과 자금만 지원받았다.[7]

술라가 속주의 지휘권을 부여받은 것도 그런 사례다. 과거에 원로원은 제국 내 동맹 왕국의 왕위 계승 분쟁이 발생하면 칙령을 반포해 모든 관련자가 이를 따르기를 기대했다. 원로원의 결정을 강제하기 위해 총독과 군대를 현지에 파견하는 것은 최후의 조치였고, 다른 속주의 지휘권에 비해서 그리 중요한 임무도 아니었다. 술라가 아시아(아마도 이 시기에 속주로 편입된 킬리키아) 총독으로 발령받은 것은, 그가 특별히 중요한 인물도 아니고 그 보직이 그리 탐나는 자리도 아니었기 때문이다. 누구도 그가 개입한 전쟁이 상당 규모의 군대를 투입하고 명성과 영광을 가져다줄 중요한 전쟁이 되리라고 기대하지 않았다. 따라서 원로원은 술라에게 대규모 병력을 지원해주기보다는 소아시아에 있는 동맹국으로부터 별동대를 지원받기를 바랐다. 이는 그가 오로바주스에게 깊은 인상을 남기기 위해 열병식을 했을 때 동원된 병사들 대다수가 현지 조달 병력이었음을 암시한다. 술라가 이탈리아에서 이끌고 온 병사는 수천 명에 불과했을 것이고, 이마저도 기존 군단이 아니라 라틴 도시 출신의 병사들로 구성된 파견대였을 것이다(물론 이런 차이점은 숙달된 군사 전문가 외의 사람들에게는 크게 눈에 띄지 않았을 것이다). 술라는 이러한 혼성 병력을 가지고 로마 원로원의 지시를 따르지 않는 카파도키아의 파벌과 아르메니아 동맹국들을 굴복시켰고, 파르티아 사절에게 로마의 군사력을 과시하기 위해 최선을 다했다.[8]

　대규모 로마군이 소아시아 원정에 나선 것은 몇 차례 되지 않는다. 로마와 지중해 동부의 많은 왕과 국가 간의 외교적 접촉은 서기전 3세기에 시작되었고 서기전 2세기에 들어서서는 더욱 빈번해졌으나, 로마군이 항구적으로 현지에 주둔하게 된 것은 그보다 훨씬 후대의 일이었다. 카르타고와의 전쟁은 마케도니아를 상대로 한 전쟁으로 이어졌다. 이 전쟁은 그리스 내의 세력 균형을 뒤흔들었고, 알렉산드로스 대왕이 동방을 정복하면서 차지했던 땅의 대부분을 점유한 셀레우코스 제국의 왕 안티오코스 3세의 개입을 불러왔다. 로마인은 그리스로 원정 나온 안티오코스의 군대를 격파했고, 몇 년 뒤 재개된 전쟁에서 대규모 군대를 거느린 집정관이 소아시아로 파견되어 서기전 189년 마그네시아 전투에서 대승을 거두었다. 새해에 새로운 집정관이 전쟁의 지휘권을 인수받기 위해 현장에 도착했을 때 이 전쟁은 이미 끝나고 평화조약이 체결되어 있었다. 하지만 어떻게든 전쟁을 수행해 영광을 얻고 싶었던 새 집정관 크나이우스 만리우스 불소는 안티오코스 왕을 자극해 전쟁을 재개하려 했으나 실패했고, 그 후에는 소아시아 중부지방에서 이웃 부족을 약탈하던 갈리아 이민족의 후손인 세 갈라티아 부족을 공격했다. 불소는 이 전쟁에서 승리해 영광을 얻었고 또 두둑한 전리품을 챙겨서 휘하 군단과 함께 본국으로 돌아갔다. 이때 소아시아에 어떤 속주도 설립되지 않았고, 주둔 군대도 남겨놓지 않았으며, 그 후 서기전 2세기 내내 로마의 관심은 서쪽에 집중되었다.[9]

로마 공화국은 이웃 공동체와 평화롭게 지낸 적이 별로 없었다. 이탈리아 북부의 갈리아 부족과 리구리아 부족은 한 세대 동안 로마 식민지 개척자들의 침입에 저항해서 두 집정관이 대규모 군대를 이끌고 이 지역에 파견되었다. 이베리아반도의 점령은 이보다 더 규모가 크고 장기적인 개입이 필요했고, 수차례 대규모 전쟁이 벌어졌다. 실제로 전쟁이 벌어지지 않았어도 2세기 내내 그리고 그 후에도 이 지역의 여러 속주에 상당한 주둔군이 남겨졌다. 마찬가지로 점령지인 갈리아 키살피네 지역도 방어해야 했는데 이는 알프스와 일리리쿰 지역 부족과의 갈등을 야기했다. 서로 공격과 반격을 되풀이하다가 로마는 마침내 갈리아 트란살피네 지역까지 세력을 확장했다. 상당한 노력 끝에 마케도니아도 무너뜨렸고, 속주를 세울 수 있었다. 발칸반도의 적들로부터 이전 왕국이었던 이 지역을 방어하려면 영구적으로 주둔군을 주둔시켜야 했다.[10]

로마 공화국이 카르타고 공화국을 물리칠 수 있었던 것은 로마가 포에니 전쟁에서 엄청난 규모의 피해를 기꺼이 감당할 의지가 있었고 또 감당했기 때문이다. 한니발과의 전쟁 첫 3년 동안 로마인과 이탈리아인 10만 명 이상이 죽었고, 원로원 의원 3분의 1이 사망했다. 고대 세계에서 이 정도의 피해를 입고도 아랑곳하지 않고 전쟁을 계속 할 수 있는 나라는 없었다. 그러나 로마는 전쟁을 계속했고 다른 민족을 전쟁에 끌어들이는 데 탁월한 능력을 발휘했다. 다른 도시국가는 외부인에게 시민권을 내주는 것을 아까워했으나 로마인은 예전에 적이었던 이탈리아인들에게 온전한 시민권을 부여했고, 그 외의 민족들에게도 하급 계층인 라틴인 신분이나 동맹국 시민에서 온전한 로마 시민으로 격상할 수 있다고 말했다. 무기를 구입할 수 있는 정도의 재산을 갖고 있는 남자 시민들은 공화국이 소환하면 군단에 복무할 수 있었고, 이와 동일한 의무가 라틴인과 동맹국 시민에게도 적용되었다. 야전에서 로마 군단은 이탈리아 출신의 병사들로 구성된 보조부대의 도움을 받았고, 때로는 술라의 경우처럼 로마 시민이 아닌 병사들로 구성된 부대가 소규모 전쟁에 독자적으로 파견되기도 했다. 한니발이 서기전 218년에 로마를 침공했을 때 로마 공화국이 거느린 병력 수는 70만 명 정도로 추산되는데, 이는 다른 도시국가들의 병력과 비교해 보면 10~20배 규모이고, 어떤 왕국의 병력보다도 상당히 큰 숫자다. 게다가 이 병사들은 동기가 확실하고 어떤 고된 훈련도 기꺼이 받을 각오가 되어 있었다. 유능한 장군과 병사들의 오랜 훈련 기간을 볼 때 로마군은 어떤 군대라도 상대할 수 있었다.

로마 군대의 병력은 거대한 규모였지만 그렇다고 해서 무한인 것은 아니었다. 해외 주둔군의 증가는 로마에게 큰 부담이었다. 제2차 포에니 전쟁 때 동원했던 병력 수준을 상시적으로 유지하는 것은 불가능했다. 전형적인 군단병은 소규모 농장을 가진 농부였고, 국가에

52

대한 의무감과 지역사회가 그에게 가지는 기대감 때문에 군에 복무하는 것이었다. 과거 이탈리아 내부에서 전쟁이 벌어졌을 때는 군복무가 일상생활과 농업을 방해하는 시간이 비교적 단기간이었고, 전쟁의 목적도 분명했다. 그러나 스페인에서 복무하거나 마케도니아 정착촌에 주둔하면서 트라키아인의 침공을 물리치며 10년 가까이 지내야 한다는 것은 전혀 다른 문제였다. 병사들은 오랫동안 고향과 가족으로부터 떨어져 있으면서 영광을 얻을 기회도 없고 두둑한 전리품을 챙길 건수도 없이 전사나 병사의 위험을 안고 살아야 했던 것이다. 동시에 로마가 해외에서 수십 년간 승리를 거두면서 이탈리아에는 노예들이 넘쳐났고, 주요 전쟁에서 로마군을 지휘한 사령관에게는 막대한 재산을 가져다주었으며, 전쟁 지원과 관련된 계약을 따낸 이들도 큰 이익을 올렸다. 서기전 2세기 후반에 이르러 과거의 농부-군인 계층은 쇠퇴하고 있다는 인식이 널리 퍼졌다. 너무 많은 농민들이 군단을 따라 해외에서 군복무를 했기 때문에 본국에 남아 있는 그들의 가족들은 농장을 유지하기 위해 고군분투해야 했으며, 반면에 많은 부자들이 빚에 넘어가는 땅을 사들여서 원래의 소유자를 소작인으로 만들거나 노예 노동자로 그 인력을 대체했다. 비상사태가 발생한다 하더라도 기존 속주에서 병력을 빼내 대응해야 한다고 말하는 사람은 없었다. 원로원 또한 기존 속주 외에 다른 영토에 병력을 주둔시키는 항구적 책임을 지지 않으려 했다.[11]

이것이 로마가 지중해 동부 지역과 교섭해야 하는 당시의 상황이었다. 원로원은 가능한 한 이곳이든 다른 지역이든 현지 통치자나 세력과 동맹을 맺음으로써 로마의 이해관계를 보호하려 했으며, 직접적인 군사적 개입은 피하려 했다. 동맹국을 구하기는 어렵지 않았고,

종종 먼저 로마와의 우호 관계를 제안하는 곳도 있었다. 헬레니즘 세계에는 두 사회 간의 분쟁이 발생하면 제3자에게 중재를 요청하는 전통이 있었다. 일반적으로 제3자가 더 강했기 때문에 관련자들은 모두 존중하는 태도로 평화로운 분쟁 해결 방법을 제시했다. 모든 제도가 그러하듯이 이 전통에도 제3자에게 영향을 미치는 배후 조작 등에 노출되어 있었기 때문에 어떤 결정도 반드시 준수할 것이라는 보장이 없었다. 중재자가 자신의 판결을 무력으로 강제하는 경우는 매우 드물었다.[12]

로마는 마케도니아 속주를 창설한 이후에 중재자 역할을 해달라는 요청을 자주 받았다. 여러 민족의 사절들이 먼 로마까지 오기 전에 속주의 총독을 먼저 찾아갈 수 있었기 때문이다. 국가 간 조약은 원로원의 논의를 거쳐야만 로마에서 비준되었지만, 그럼에도 속주 총독은 추천의 권한이 있고 요청을 위해 해야 하는 여정의 효율성과 수락 가능성을 높일 수 있으며 간단한 문제라면 직접 해결해줄 수도 있었다. 로마 공화국은 막강한 군사력 덕분에 권위 있고 유익한 동맹으로 널리 인식되었으며, 무엇보다도 동맹국의 입장에서는 이웃 경쟁 국가가 로마의 친구가 되어 분쟁 발생 시 로마의 도움을 받도록 방치하는 것보다는 자신이 먼저 동맹을 맺는 것이 더 나았다. 셀레우코스 제국의 지배에 항거한 마카베오 반란 이후에 탄생한 하스몬 유대 왕국은 건국 초창기부터 로마에 손을 내밀어 공식 인정을 받았다. 로마와 동맹을 맺으면 실질적인 이득은 거의 없더라도 국가의 위신을 높여줄 뿐만 아니라 분쟁 발생 시 로마가 우방이 되어 주리라는 희망이 있었다.

로마군이 소아시아나 그 너머 지역에 나타날 가능성은 없었지만 로마 사절단—한 명의 원로원 의원이나 세 명으로 구성된 의원단—은 빈번하게 소아시아를 방문했다. 그들은 원로원으로부터 특정 임무를 부여받고 파견된 이들이었다. 원로원 의원은 평소에 총독이나 총독의 보좌관으로 부임하지 않는 한 이탈리아 밖으로 여행하는 것이 허용되지 않았다. 사절단을 파견한 것은 칙령을 반포했음에도 현지인들이 결정을 따르지 않을 때의 다음 단계로 취해지는 조치였다. 만약 사절단이 임무에서 실패한다면 그다음에 원로원은 술라를 카파도키아에 파견한 것처럼 직접적인 행동을 취했다. 원로원 의원들은 자신이 현지 왕과 동급이라 생각했기에 화려하고 영광스러운 환영식을 기대했다. 그들이 현지 통치자들을 언제나 정중하게 예우하는 것은 아니었다. 제3차 마케도니아 전쟁에서 로마군이 대승을 거둔 전적에 고무되어, 이집트에 파견된 세 명의 의원단 대표는 이집트를 쳐들어온 셀레우코스 왕에게 즉각 철군하라고 요구했다. 셀레우코스 왕이 깜짝 놀라면서 결정을 망설이자, 의원은 자신의 지팡이로 그 왕의 주위에 원을 그리고선 이 원에서 빠져나오기 전에 결정을 내리라고 요구했다. 왕은 로마인을 분노하게 만드는 것이 두려워서 철군하여 자신의 왕국으로 돌아갔다. 이런 조치에 비하면 술라가 같은 높이의 단에 의자 세 개를 놓고 중앙에 앉은 것이 그리 오만하다고 할 수는 없을 것이다.[13]

로마인들은 외교에 있어서 퉁명스럽기도 하고 더러는 잔인할 수도 있었다. 그러나 그들이 근동 문제에서 주도적 세력이었다고 보는 것은 명백한 오류다. 오늘날 돌이켜보았을 때 그들의 진출이 불가피해 보이는 것이라는 사실도 잊어서는 안 된다. 로마인 사절은 가끔 찾아오는 방문객이었고, 그들은 대체로 겸손하게 행동했다. 극단적인 사례이긴 하지만 한 전직 집정관이 살해되었을 때에도 그 사건은 아무런 보복 조치를 야기하지 않았다. 원로원은 한 지역만을 다루는 것이 아니었고, 외교 문제 이외에도 고려해야 할 문제들이 많았으며, 통상적으로 로마의 이해관계를 아주 모호하게 규정했다. 지중해 동부의 국가와 왕들은 이러한 사실을 잘 알고 있었기 때문에 로마의 관점이 그들의 계획과 실행에 있어서 그리 중요한 고려사항이 되지는 못했다. 로마인들이 어떤 통치자를 반대하기로 결정했을 때에도 그들의 결정이 현지에서 실행되는지 점검하지 않았고, 시간이 지나면서 다른 대안을 받아들일 가능성이 컸다.[14]

지중해 동부의 주요 국가와 왕국 간의 경쟁은 시대 전반에 걸쳐 계속되었다. 암살과 쿠데타로부터 안전한 왕은 거의 없었고 왕위 경쟁자들은 후계 구도에 대한 의구심을 만들어냈다. 국력이 강한 지도자들은 인근 왕국 내의 권력 투쟁의 경쟁자들 중 한 명을 지원함으로써 그들의 권력과 영토를 확장하고자 했다. 때때로 이것은 직접적인 군사 지원으로 이어지기도 했으나, 대체로는 금전 지원과 은밀한 후원의 형태를 취했다. 더 시급한 문제에 몰두하고 있던 로마는 어떤 사태가 발생하면 신속하게 반응하는 경우가 드물었고, 때로는 아예 반응하지 않았다. 그 지역의 모든 주요 국가와 통치자는 로마와 동맹을 맺고 있었으나, 그러한 동맹이 그들이 서로 싸워서는 안 된다거나 로마인들이 그 갈등에 반드시 개입할 가능성이 있다는 의미는 아니었다.

이러한 사정은 로마인들을 비롯해 모두를 놀라게 한 아시아 속주의 추가로 약간만 바뀌었다. 서기전 133년 페르가몬의 아탈로스 3세가 사망하면서 자신의 왕국을 로마에 물려주었다. 왕은 젊은 데다 후계자가 없었지만 그의 죽음은 예기치 못한 것이었고, 유언장 속의 해당 조항은 잠정적인 것이거나 암살자가 왕을 살해하려는 것을 제지하려는 의도였을 수도 있다. 로마가 왕국을 물려받는다는 사실이 알려지면 암살자가 왕위를 차지하는 것이 더 어려워질 수 있기 때문이었다. 왕이 더 오래 살아서 아들을 낳았더라면 해당 조항은 변경될 수도 있었는데, 그렇다 하더라도 로마는 왕과 후계자들이 계속 로마의 충실한 동맹으로 남아 있는다면 그것을 그리 신경쓰지 않을 터였다. 아무튼 왕은 후사 없이 죽었고 원로원은 복잡한 문제에 직면하게 되었다. 야심 찬 젊은 행정가 티베리우스 그라쿠스가 페르가몬 왕국의 부를 이용해 자신의 말 많은 토지 재분배 계획의 자금원으로 삼자고 제안하면서 문제가 급격히 복잡해진 것이다. 원로원에서는 분노가 폭발했고 그라쿠스의 사촌들을 포함해 여러 의원들이 떼 지어 몰려가 그라쿠스와 그의 지지자들을 몽둥이로 때려죽여 버렸다.[15]

소아시아의 치열한 경쟁적 분위기에서 권력의 공백은 오래 지속될 가능성이 없었고, 이는 고대 세계 어디에서나 마찬가지였다. 로마의 엘리트들이 국내 문제에 집중하는 동안 페르가몬에서는 인기 높은 지도자가 등장하여 광범위한 지역으로부터 지지를 이끌어냈다. 로마의 동맹국들은 이 지도자를 처리해달라는 요청을 받았지만 실패하고 말았다. 서기전 131년, 한 집정관이 군대를 이끌고 현지로 갔으나 패배하고 살해당했다. 이듬해에 선출된 집정관은 전년도 집정관보다 전쟁을 더 잘 수행하기는 했으나 반란을 완전히 진압하는 데에는 여러 해가 걸렸다. 페르가몬 왕국의 상당 부분이 카파도키아와 폰투스에 할양되었고, 남아 있는 작은 땅은 로마 직할 속주가 되었는데 소규모 수비대만 주둔시켜 관리할 것으로 예상되었다.[16]

로마가 서기전 146년에 카르타고와 코린토스를 파괴하면서 그리스 세계 전역에 로마의 지배권이 확립되었다. 우리는 로마의 힘이 그후로도 계속 팽창할 것이고 제국은 아주 오랫동안 존속할 것임을 안다. 그러나 서기전 1세기 초엽에 로마를 관찰한 외부 관찰자는 이러한 세력 확대를 예상하지 못했을 것이다. 아시아에서 집정관이 패배하여 사망한 사건은 전장에서 벌어진 대규모 참사 중 일부였고 전쟁의 승리는 아주 힘들게 가까스로 얻어낼 수 있었다. 킴브리족과 테우토니족의 침략 공격에 연달아 패배하면서 로마는 한니발 전쟁 이후로 일찍이 보지 못했던 손실을 입었고, 거의 같은 시기에 또다른 로마군이 트라키아인들에게 대규모 살육을 당했다. 로마로 향해 오는 야만인 부족들이 이탈리아를 침공할 태세를 보이자 로마인들은 특단의 조치를 취했는데, 역사상 처음으로 신들에게 인신 공양을 바치기로 결정했고 유구르타 전쟁의 승자인 마리우스를 서기전 104년부터 100년까지 연속으로 다섯 번이나 집정관에 선출했다. 이는 모두 선례를 깨트린 조치였고, 마리우스는 가문에서 처음으로 원로원을 배출한 신인 계층 사람이었기에 더욱 놀라움을 자아냈다. 그는 부족한 가문의 배경을 자신의 군사적 능력으로 보완했고, 유권자들은 그가 야만인 부족들을 상대로 하는 전쟁에서 계속 지휘해주기를 바랐다. 그는 두 번의 전투에서 야만인 이주자들을 패퇴시킴으로써 그런 기대에 충실히 부응했다.[17]

　　10년 후, 이탈리아 동맹국들 사이에서는 로마로부터 충분히 대우받지 못했다는 인식이 널리 퍼지면서 '동맹국 전쟁'이 벌어졌다. 다시 한번 패배는 흔했고 손실은 컸다. 양측은 결연한 의지만큼 두려움에 떨었고, 동일한 전략·무기·맹렬함을 가지고 싸웠기 때문에 전투는 값비싼 소모전으로 변질하는 경향이 있었다. 로마는 충성스러운 동맹국 병사와 전투 중에 항복해오는 반군에게 온전한 로마 시민권을 부여함으로써 승리를 쟁취했다. 이제 60대 후반이 된 마리우스는 다시 한번 야전으로 나갔고 전보다 덜 공격적이고 활동적이긴 했지만 그래도 승리하는 습관을 이어나갔다.[18]

동맹국 전쟁은 술라에게 좋은 기회였다. 서기전 92년 혹은 91년에 동방에서 돌아온 그는 아시아 총독으로 근무하는 동안 부정부패를 저질렀다는 혐의로 고발당했고, 그것이 정식 재판으로까지 번지지는 않았지만 그의 명성을 적잖게 훼손했다. 여러 해 전 누미디아에서 올린 전공이 그의 명성을 다시 회복하는 데 어느 정도 도움을 주었고, 이는 마리우스를 화나게 만들었다. 그렇지만 술라의 명성은 연줄이 좋은 적수들을 상대로 집정관직을 획득할 정도로 회복되진 못했다. 이즈음에 술라는 동맹국 전쟁에서 집정관대리 자격으로 군단을 지휘하게 되었고 좋은 활약을 펼쳤다. 서기전 89년 후반의 선거에서 그는 이듬해의 집정관으로 선출되었다. 이때 소아시아에서는 폰투스의 미트리다테스 6세 왕에게 맞선 전쟁이 발발했고, 왕은 현지에서 급조된 반란군을 격퇴했다. 동맹국 전쟁의 압박에서 벗어난 원로원은 폰투스 왕을 제압하기 위해 소아시아에 집정관을 보내기로 했고, 이 임무에 술라가 임명되었다.[19] 귀국한 지 10년도 채 안 되어 술라는 동방으로 다시 갔다. 이번에는 휘하에 6개 군단을 거느리고 있었다.•

• 동맹국 전쟁 이후에 사실상 모든 이탈리아인이 로마 시민권자가 되었다. 그 결과 동맹국 병사들로 구성된 보조군대인 알라(ala)가 사라졌고, 대신 모든 이탈리아인이 정규 군단으로 편성되었다. 과거에 집정관이 거느리는 군대가 2개 군단에 2개 보조부대였다면, 이제는 4개 군단으로 전환되었다. 술라의 6개 군단은 이례적일 정도로 대규모였다.

마리우스는 질투를 느꼈다. 역사가들은 과거를 재구성할 때 개인의 감정은 무시해야 한다고 훈련받았지만, 이어지는 이야기는 개인적인 경쟁의식이라는 감정과 관련이 있다. 마리우스의 경력은 공직 생활의 여러 규칙을 깨트린 것이었고, 과거 한때 그리스인들로부터 아주 안정된 제도라고 찬양받았던 정치 제도에 큰 부담을 안겨주었다. 서기전 133년에 원로원 의원들이 폭도에게 몽둥이로 맞아죽은 사건이 발생했는데, 서기전 121년과 서기전 100년에 같은 사건이 훨씬 더 크고 조직적인 규모로 반복되었다. 특히 가장 마지막 사건은 당시 집정관이었던 마리우스가 배후 사주했다가 진압한 사건이었다. 이제 마리우스는 술라의 지휘권을 박탈하고 자신을 집정관대리로 내세워 권력을 이양하기 위한 투표를 준비했다. 이는 의회가 어떤 사안도 의결할 수 있다는 점에서 합법적 절차이기는 했지만, 전통적 관습을 무시하는 행위였다. 마리우스의 야심 외에는 왜 그런 선택을 했는지 설명할 길이 없다.

술라는 이 결정을 거부했고, 그가 아시아 전쟁을 위해 이미 편성해 놓은 군대에게 호소했다. 거의 모든 장교와 병사들이 그런 조치에 분개했다. 그들은 마리우스가 폰투스 전쟁에 나오는 많은 전리품을 노리고 자신의 군대를 일으키려 하는 게 아닌지 의심했다. 사상 처음으로 로마 집정관(술라)이 로마시로 쳐들어왔고 방해하는 자들은 모조리 죽여 버렸다. 마리우스와 다수의 지지자들은 도망쳤고 그렇지 못한 자들은 처형되었다. 얼마 후 술라는 동방으로 떠났지만 살육은 계속되었다. 1년 안에 마리우스는 다시 돌아왔고 로마는 이전보다 더 악랄하고 유혈 낭자한 두 번째 내전에 휩싸이게 되었다. 고령의 마리우스는 일곱 번째로 집정관에 취임한 지 며칠 사이에 죽었고, 다시 한번 로마 시내에는 폭력이 난무했다. 원로급 의원들은 권력을 위해 싸웠고 일부는 술라가 돌아온다면 그에 맞서 싸우겠다고 단단히 결심했다. 로마 공화국은 이제 파멸의 벼랑 위에 서 있는 듯했다.[20]

2

왕중왕

서기전 247-70

로마 공화국의 지도자들이 서로 내전을 벌이고 있는 동안 파르티아인들이 그 사태를 주시했을 가능성은 별로 없다. 로마는 멀리 떨어져 있었고, 주요 관심사라기보다는 잠재적 관심사였으며, 로마의 이익은 아직 파르티아의 이익과 직접적으로 연관이 되지는 않았다. 그보다 중요한 것은, 기묘한 역사적 우연의 일치로 인해 거의 같은 시간대에 파르티아인들도 내부에서 왕좌를 놓고 경쟁자들이 서로 싸우고 있었다는 것이다. 고대 세계의 여러 공동체에서는 정치적 폭력, 쿠데타, 내전이 난무했다. 특히 그리스 도시국가들 사이에 전쟁이 자주 벌어졌고, 그보다 약간 후대에는 소아시아의 여러 왕국에서 내전이 자주 발생했는데, 아탈로스 왕이 로마에 요청해 술라가 진압의 임무를 띠고 카파도키아로 건너간 것도 내전 때문이었다. 로마는 여러 세기 동안 이례적으로 정치적 안정을 누린 국가였고 그래서 그리스 관찰자들로부터 많은 존경을 받았다. 그리고 이 시점까지는 파르티아인들도 다른 왕국에서는 흔한 권력 투쟁을 모면했던 것으로 보인다. 안타깝게도 우리는 로마 공화국이 혼란에 빠진 과정은 추적할 수 있지만, 파르티아의 정치적 안정이 어떻게 파괴되었는지 그 과정과 이유가 사료에는 나와 있지 않다.

파르티아인과 그 역사에 대해서는 알 수 없는 것이 너무 많아서 그들의 기원을 추적하다 보면 즉시 답변할 수 없는 많은 질문이 제기된다. 파르티아(파르타바)라는 지역은 그리스인과 로마인들 그리고 후대 역사가가 파르티아인이라고 지목한 사람들이 등장하기 훨씬 전부터 존재했다. 그곳은 서기전 6세기부터 아케메네스 페르시아 제국의 북부 총독부가 있던 곳으로서, 도시들이 있고 체계적인 영농이 이루어지고 있었다. 파르티아인들은 아케메네스 왕들의 소환에 부응해 서기전 480년 그리스 침공 작전에 참여했고, 서기전 330년대에는 알렉산드로스의 마케도니아 군대의 공격에 맞서 싸웠다. 그러나 이들은 그 지역에 이미 정착한 인구로부터 선발한 병사들이었고 우리가 알고 있는 파르티아인은 아직 등장하기 전이었다.[1]

그로부터 10년도 채 지나지 않아, 알렉산드로스 대왕은 아케메네스 페르시아를 무너뜨리고 마케도니아에서 오늘날의 파키스탄까지 이르는 광대한 제국을 수립했다. 대왕은 이어서 아라비아 정벌에 막 나서려 했다가 33세 생일을 맞기 몇 주 전(서기전 323) 바빌론에서 병에 걸려 사망했다. 그의 뒤를 이을 분명한 후계자는 없었고, 격렬한 논쟁 끝에 타협이 이루어져 그때까지 정신이 미약하여 공직을 맡은 적이 없었던 대왕의 형과 알렉산드로스의 여러 아내 중 한 명이 임신한 유복자가 공동 왕으로 지명되었다. 다행히도 유복자는 남자아이로 태어났지만, 알렉산드로스 휘하의 마케도니아 장군들이 치열한 권력 투쟁을 벌이는 동안 아이와 삼촌은 상징적 인물 그 이상은 되지 못했다. 이른바 알렉산드로스의 '장례 경기'는 수십 년간 지속되었고, 살인, 처형, 배반, 대규모 전쟁으로 점철되었다.

알렉산드로스의 제국은 심하게 요동치더니 마침내 분열되어 3대 후계자 왕조가 등장했다. 마케도니아의 안티고노스 왕조, 이집트의 프톨레마이오스 왕조, 시리아와 동부의 셀레우코스 왕조가 그들이며, 각 왕조의 이름은 창립자 이름에서 따온 것이었다. 설사 알렉산드로스가 더 오래 살고 유능한 후계자를 남겼다 할지라도 제국이 온전하게 유지되었을지는 의문이지만, 그래도 하나의 거대한 제국이라는 꿈은 그 후에도 오랫동안 살아남았다. 각 왕조는 자신이 마케도니아 왕이자 정복왕이었던 알렉산드로스의 진정한 후계자라고 주장했다. 각 왕조의 중심부는 여러 세대 동안 안정된 상태를 유지했지만 옛 제국의 모습을 복원해야 한다는 욕망은 아주 강렬했다. 그런 상황에서 장례 경기는 세 왕조가 모두 붕괴하면서 가까스로 종료되었고, 이후의 경기는 부패한 후계 왕국들 사이에서 산발적으로, 전보다 훨씬 더 소규모 자원을 가지고 수행되었다.

최고 전성기의 셀레우코스 왕조는 시리아의 지중해 연안에서 시작해 일찍이 알렉산드로스가 도착했던 인도까지 세력권을 뻗치고 있었고, 아나톨리아(오늘날의 튀르키예)를 지배하려고 오랫동안 고군분투해왔다. 아나톨리아에서는 여러 왕국이 흥망성쇠의 부침을 계속했고 어떤 왕국도 항구적으로 이 지역을 지배하지 못했다. 하지만 셀레우코스 왕국은 아나톨리아에 대해 계속 관심을 가졌고, 또 그곳에서 벌어지는 일에 상당한 영향력을 행사했다. 셀레우코스 1세는 서기전 324년 정복자 대왕이 거행한 합동결혼식에서 하사받은 페르시아인

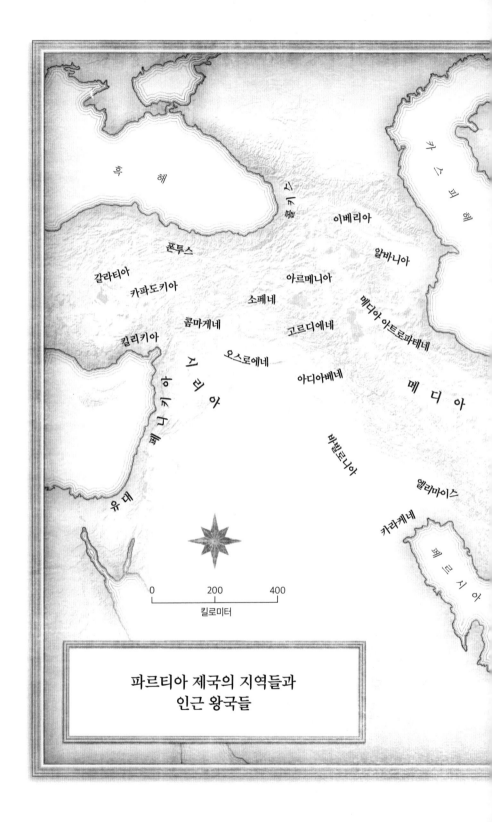

흑 해

카스피해

이베리아

알바니아

폰투스

콜키스

갈라티아

아르메니아

카파도키아

소페네

메디아 아트로파테네

콤마게네

고르디에네

킬리키아

오스로에네

아디아베네

메 디 아

시리아

바빌로니아

엘라마이스

유 대

카라케네

페르시아

0   200   400

킬로미터

파르티아 제국의 지역들과
인근 왕국들

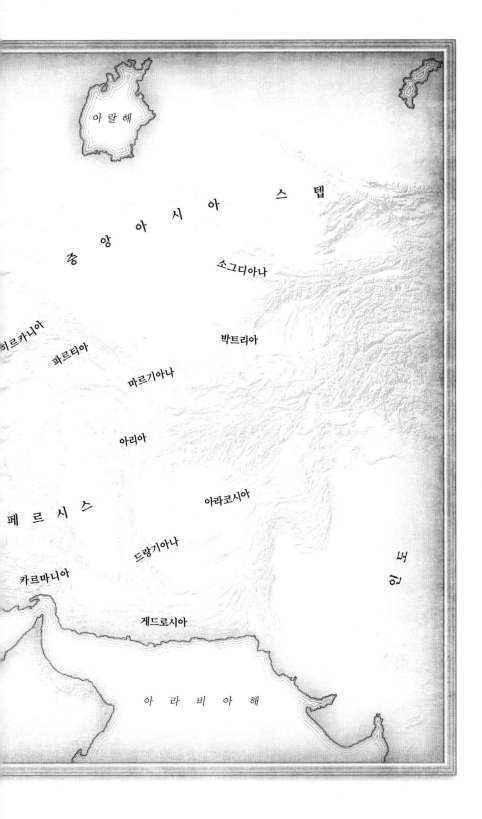

아내를 유일하게 내치지 않은 장군이었다. 뿐만 아니라 나중에 아내를 기려 아파메아라고 명명한 도시를 여럿 건설했다. 이러한 혼인 관계와 알렉산드로스의 정복 군대에서 장군으로 근무했던 이력이 당시 그가 통치하는 땅에 대한 유일한 관련성이었다. 이집트의 프톨레마이오스와 마찬가지로, 셀레우코스는 무력으로 영토를 빼앗아 왕국을 건설했는데, 알렉산드로스의 정복 사업이 이들 왕국 건설의 바탕이었다.

그렇게 왕국에 편입된 땅들은 제국의 통치를 모르는 지역은 아니었다. 알렉산드로스가 점령한 페르시아 제국만 해도, 광대한 지역에서 때로는 짧은 기간, 때로는 몇 세기에 걸쳐 흥망성쇠를 거듭해온 일련의 왕조와 제국이 이어진 곳이었다. 페르시아인은 과거에 메디아인을 전복시켰고 그 이전에는 바빌로니아인, 아시리아인, 기타 민족이 있었다. 제국이 세워지기 전보다 더 과거에 이미 성벽을 두른 도시, 강력한 지도자, 체계적인 영농, 법률, 문자, 역사 기록 등의 문명 전통이 확립되어 있었다. 유프라테스강과 티그리스강 사이에 있는 비옥한 초승달 지대에서는 이집트의 나일강 유역, 중국의 황하강 유역, 인도의 인더스강 유역과 마찬가지로 서기전 4000년대가 끝나기 전에 공동체들이 들어와 거대한 강에서 물을 대어 영농을 위한 토지를 관개하는 공사를 진행했다. 그 결과 농업 생산량은 크게 증가했고, 사회의 번영과 인구 성장이 이루어졌으며, 이런 천혜의 땅을 외적으로부터 지켜야겠다는 의식이 고조되었다. 유럽에서는 훨씬 후대까지 이와 비슷한 수준의 발전이 이루어지지 않았다. 알렉산드로스는 이들 초기 4대 문명보다는 시간적으로 오늘날의 우리와 더 가까운 시대에 살았지만, 그가 정복했던 많은 영토에서는 이미 지난 수세기 동안 그랬던 것처럼 농사를 지으며 살아가는 공동체가 많이 있었다. 바빌론에서는 신전 숭배자들이 수세기 전의 천문 관찰 사항과 중요한 사건들을 기록했고, 유대인 공동체와 같은 다른 집단은 자신들의 정체성과 역사의식을 보존했다. 문명과 중앙 정부가 유럽과는 다른 방식으로 아시아의 많은 지역에 깊이 뿌리내리고 있었다.

성공적인 제국은 페르시아의 키루스, 마케도니아의 필리포스와 알렉산드로스처럼 모두 막강한 군사력과 역동적인 지도자가 함께 있었다. 정복 사업은 종종 잔인했다. 때때로 아시리아인들은 전쟁을 수행하면서 야만적 행위를 즐기는 것처럼 보였다. 본질적으로 이런 제국들은 아주 공격적이었으며 피정복민을 상대로 공포 정치를 했다. 제국주의적 확장이 언제나 대규모 인구 이동을 수반하는 것은 아니었고, 정복자들이 제국 내에서 소수파에 지나지 않을 때도 있었다. 알렉산드로스는 약 10만 명의 식민지 주민을 자신의 새로운 제국에 정착시켰는데, 대다수가 마케도니아인이거나 그리스 출신 군인들이었다. 새로운 지역에는 이미 정착한 그리스인들이 있었고 이후 후계 왕조 시대에 더 많은 그리스인이 정착하려고 이주해 왔다. 그렇지만 그리스인은 전체 인구 중 일부에 불과했고, 그마저도 알렉산드로스 대왕이나 후계 왕조인 셀레우코스 왕조의 왕들이 건설하거나 재건한 그리스 도시들에 과도하게 밀집해 있었다. 셀레우코스 제국 내의 인구 중 압도적 다수는—프톨레마이오스의 이집트나 소아시아의 여러 왕국들이 그러하듯이—현지 원주민들의 후예였고, 언어, 종교, 전통은 이미 단단히 확립되어 있었다.

고대 세계에서 통신은 아주 느렸고 새로운 소식과 정부의 명령은 말들이 달리는 속도만큼만 전달되었다. 물론 수로가 있는 곳에서는

배들도 통신의 수단이 되었다. 왕과 궁정과 대규모 군대는 말할 것
도 없고, 정부 관리들조차 파발마보다 더 느리게 움직였다. 아케메네
스 페르시아 왕들은 이전의 어떤 제국보다 더 많은 영토를 거느렸으
나, 중앙 정부가 각 지역으로부터 멀리 떨어져 있어서 통치 능력은
제한적일 수밖에 없었다. 이것은 페르시아의 페르세폴리스나 메디아
의 수사 같은 도시에서 대부분의 시간을 보냈던 왕과 각 지역에 내려
간 지방관 사이에 타협이 필수적이었음을 의미한다. 지방관들 중에
서 가장 중요한 것은 총독이었다. 총독은 현지 왕조와 지역 유지, 사
제, 행정관 등 다양한 지역 고위층의 지원을 받으며 관할 지역을 통
제, 관리, 방어했다. 이런 다양한 집단 사이의 경계는 흐릿했고, 그들
의 행동은 서로 유사했다. 전반적으로 총독들은 왕이 요구하는 것을
충실하게 이행했으나, 노골적인 반란을 통해 불복종 의사를 표시하
기도 했다. 페르세폴리스에서 열린 공개적인 대규모 행사에서는 제
국 각지의 대표들이 찾아와서 왕중왕에게 복종을 선서하고 공물을
헌납했다. 실제로는 제국 내 여러 지역의 지도자들과 공동체는 상당
한 자율권을 누렸고 그들의 전통은 존중되었으며 중앙 정부에서도
과도한 요구를 하지 않았다. 이러한 사항이 철저히 지켜졌을 때, 외
국 왕조의 통치에 대한 적개심과 반란의 가능성은 낮아졌다.

　알렉산드로스는 페르시아를 정복한 이후 본질적으로 이와 유사한
통치 제도에 의존했다. 모든 피정복 사회에 자신의 행정을 일방적으
로 강제할 상황이 아니었기 때문이다. 그 또한 총독을 임명했는데 대
부분 마케도니아인이거나 그리스인이었으나, 페르시아인이나 현지
귀족 출신도 상당수였다. 현지 왕조와 지도자, 귀족은 알렉산드로스
에게 충성을 바치겠다고 서약하고 충성심을 적기에 법도에 맞추어

표시하는 한 기존의 특권을 그대로 유지할 수 있었다. 바빌로니아 신전에서 출토된 쐐기문자 점토판 파편은 한 지역의 고위층의 태도에 대해 많은 것을 말해준다. 점토판에는 서기전 331년 초가을에 페르시아의 다리우스 3세를 "세계의 왕"이라고 기록했다. 그리고 뚜렷한 감정 없이 다리우스 3세가 가우가멜라 전투에서 패배했고 휘하 군대 대다수가 도망쳤다고 서술했다. 이어서 이런 기록을 남겼다. "세계의 왕 알렉산드로스가 바빌론으로 들어왔다." 왕의 정체성이나 소속 민족보다는, 왕이 현지 전통에 대해 보여준 존중이나 왕의 요구사항의 규모가 훨씬 더 중요했다. 현지 전통을 충분히 존중하고 요구사항이 그리 과도하지 않다면 왕의 군사력에 대한 공포가 노골적 반란의 욕구를 억제해줄 것이었다. 그렇다고 해서 왕의 정복이 피정복자에게 전혀 정신적 상처를 입히지 않았다는 말은 아니다. 과거의 몇몇 관행들, 가령 아케메네스 왕조 문화의 핵심인 조로아스터교의 의식과 교리는 외국인 군주에게는 받아들여지지 않았다. 마케도니아와 그리스의 종교와 권력에 대한 인식, 그리고 그들에 대한 공식적 상징이 페르시아와는 달랐기 때문이다. 따라서 일부 사제단, 신전 숭배 및 이와 관련된 사람들은 새로운 정치 체제하에서 어려움을 겪었지만, 이러한 불만 세력이 적극적으로 군사적·정치적 저항을 시도할 정도로 강력한 것은 아니었다.[2]

셀레우코스 왕조도 왕국을 다스리는 데 있어서 동일한 접근 방식을 채택했다. 그리스인과 마케도니아인—민족적이라기보다 문화적인 구분—은 그들이 살았던 도시에서와 마찬가지로 특권층이었지만 영토의 작은 부분만 소유하고 있었다. 대부분의 지역에서는 일상생활이 예전처럼 계속되었고, 현지 공동체들은 자신들의 관습을 따랐

고, 자신들의 언어를 사용하고, 자신들의 법률을 따랐으며, 자신들의
신을 숭배했다. 셀레우코스 왕에게 세금과 공물을 바치라는 명령이
가끔 내려왔고, 이의가 있을 때에는 왕에게 탄원을 제출하기도 했다.
많은 현지 지도자들이 새로운 체제에 동참했고 이를 위해서는 궁정
과 행정의 언어였던 그리스어를 잘 알아야 했다. 이는 페르시아인들
이 제국의 공용어로 아람어를 사용한 것과 똑같은 현상이었다. 왕은
국정을 운영하려면 지역 지도자들의 협조가 필요했는데, 이 역시 페
르시아 제국과 고대의 다른 제국들이 겪은 일과 유사했다.[3]

한 가지 변화는 초점의 문제에서 나타났다. 셀레우코스 1세는 왕
국의 수도로 티그리스강 유역에 셀레우키아라는 도시를 건설했는데
바빌론에서 그리 멀지 않은 그리스 도시였다. 그러나 다른 후계 국가
들과의 계속되는 경쟁으로 인해 이집트, 소아시아, 마케도니아의 경
쟁자들에게 신경쓰지 않을 수가 없었다. 나중에 셀레우코스 제국의
실질적 수도는 지중해 연안에 가까운 도시이자 아시아에 들어선 또
다른 그리스 도시인 시리아의 안티오크로 옮겨갔다. 곧 셀레우키아,
안티오크, 이집트의 알렉산드리아(이 도시는 이집트와는 구분된 도시처럼 인
식되었다)는 도시 규모가 커져서 아테네나 다른 그리스 도시들을 압도
하게 되었고 인구는 수십만 명에 이르렀다. 이들은 국제적인 도시였
지만 외관, 법률, 공식적 의례 등은 절대적으로 그리스풍이었다.

중앙 정부에 대한 아케메네스 왕들의 빈번한 반란은 주로 제국의
변방에 있는 지역에서 벌어졌다. 반란이 지역 주민들, 특히 현지 엘
리트들이 소외감을 느꼈기 때문인지, 자신들의 독립적인 정체성을
완강하게 보존하고 싶어서였는지, 왕의 무력이 덜 무서워였는지, 아
니면 독립을 해야 더 많은 기회가 생길 것이라고 생각했기 때문에 일

어난 것인지는 불분명하다. 어쨌든 반란이 자주 일어났다는 것은 지중해 연안에 가까운 지역을 통제한다는 것이 언제나 까다로운 일이었음을 의미했다. 제국의 인도 영토는 이미 초창기에 상실했는데, 셀레우코스 1세와 인도 중북부에서 제국을 창건한 카리스마 넘치는 찬드라굽타 사이의 협상으로 영토의 양도가 이루어졌기 때문이다. 셀레우코스 왕조는 인더스강 근처의 땅에서 자발적으로 철수했고 대신에 장례 경기에 투입할 전투용 코끼리들을 제공받았다. 그럼에도 알렉산드로스의 제국을 복구하겠다는 꿈은 서쪽 영토들이 더 관심을 끄는 순간에도 동쪽 영토로까지 확대되었다. 왕들은 동쪽과 서쪽으로 군대와 사령관을 파견할 수는 있었지만 그 어떤 통치자도 모든 곳에 동시에 있을 수는 없었다. 인력, 보급품, 재원 등의 자원도 제국의 모든 지역에 골고루 배치할 정도로 충분하지는 못했다. 결국 셀레우코스 왕조의 왕들 개개인의 능력과 행운에 따라서 제국이 얼마나 잘 결속되고 통제되느냐 하는 문제가 결정되었다.

서기전 3세기 전반에 셀레우코스 제국의 행운은 서쪽에서 일진일퇴를 반복했다. 셀레우코스 1세(서기전 305~281)는 그런대로 자신의 제국을 잘 유지했다. 그의 맏아들 안티오코스 1세(서기전 281~261)는 왕위를 굳건히 확보하기 위해 일련의 반란을 진압해야 했지만, 그 후에는 아버지가 확보해 놓은 제국의 판도를 더욱 공고히 했다. 그의 아들 안티오코스 2세(서기전 261~246)는 아버지보다는 실적이 좋지 못했고, 이집트와의 동맹을 강화하기 위해 첫 번째 아내와 이혼하고 프톨레마이오스 공주와 결혼한 것은 그의 사후에 폭력적인 권력 투쟁을 촉발했다. 이 무렵 파르티아의 총독인 안드라고라스와, 동쪽 박트리아(오늘날의 아프가니스탄)의 총독인 디오도투스는 자신이 독립된 왕국의 통치자라고 선언했다. 안드라고라스는 현지인이었을 가능성이 높고, 디오도투스는 그리스계나 마케도니아계였을 것이다. 어느쪽이든 그리스 통치에 반발하는 민족적 혹은 아시아적 반란은 아니었다. 두 사람은 그리스어가 새겨진 동전을 주조했고 셀레우코스 왕조와 비슷한 권력의 상징물을 사용했으며, 갑작스러운 문화적 변화의 표시는 없었다.[4]

서기전 248년 또는 247년, 셀레우코스 왕조의 통치 범위를 넘어 오늘날 카스피해 남동쪽 투르크메니스탄에 위치한 파르티아 속주 북쪽에서 한 지도자가 등장해 외부에 파르니족이라고 알려진 민족 사이에서 권력을 잡았다. 파르니족은 동유럽에서 중국까지 이어지는 대규모 스텝 지역에 살고 있는 여러 민족 중 하나인 유목 민족이었다. 고대 세계의 정착촌에 사는 사람들은 이런 동쪽 지역의 유목민들에 대해 아는 바가 별로 없었다. 이리 저리 돌아다니면서 목축과 사냥을 하는 파르니족은 우호적인 무역과 교환을 하는 공동체부터 약탈하는 공동체까지 다양한 농경 공동체와 관계를 맺었다. 그리스와 로마 쪽의 사료들은 파르니족이 다하이라는 더 큰 부족의 일원이었고, 다하이족은 인근 사카족과 마찬가지로 다리우스를 도와 알렉산드로스와 싸웠다가 자신들의 이익을 위해 알렉산드로스의 후기 원정에서는 알렉산드로스의 밑에 들어가 싸웠다고 한다. 그들은 척박한 생활환경으로 인해 아주 노련한 기수, 궁수, 전사들이 되었고, 침략자로서, 동맹으로서, 혹은 용병으로서 군사적 무용을 자랑했다. 이들 내부의 집단, 부족, 경쟁자들은 권력을 잡기 위해 또는 가장 좋은 목초지나 교역과 자원의 접근로를 지배하기 위해 서로 싸웠다. 스텝 지역에 있는 이들 민족과 다른 유목민들은 생활방식이 유사하여 그리스인과 로마인은 이들을 통틀어 스키타이인이라고 불렀다. 이는 외부인이 크고 다양한 인구 집단을 하나의 동일한 민족 집단으로 묶어서 보는 경향을 보여주는 또다른 예다.

서기전 280년대에 파르니족 군대가 마르기아나 속주(오늘날의 투르크메니스탄)를 침공했다가 셀레우코스 장군에게 격퇴당했다. 이러한 침공은 새로운 것이 아니었고 유목민들이 무엇 때문에 공격을 감행했는지는 명확하게 알 수 없다. 그렇지만 알렉산드로스와 셀레우코스 1세가 박트리아 변경을 강화함으로써 기존의 농민과 목축민 사이의 관계가 혼란에 빠지고 그 일대에서 긴장감이 높아졌을 가능성이 있다. 그러나 통치자들이 실제로 문제를 일으킨 것이 아니었고, 스텝 지역 유목민들의 공격은 오랫동안 이 지역에서 잠재적이거나 실질적인 위협이었으며, 서기전 3세기뿐만 아니라 그 이후에도 계속 그런 상태로 남았다.[5]

파르니족의 새 지도자는 아르사케스('영웅을 다스리는 자')라고 불렸는데, 이 이름은 나중에 파르티아인으로 알려진 사람들이 세운 왕조의 명칭이 되었다. 아르사케스가 처음부터 개인의 이름이었는지 아니면 직함이었는지는 불분명하지만, 모든 파르티아 왕은 발행한 동전과 공식 문서에 아르사케스라는 이름을 사용했다. 이 때문에 특정 군주의 연대나 사건을 확정하기가 어렵다. 최초의 아르사케스에 대해서는 알려진 것이 거의 없으며, 두 명의 형제가 있었다는 전설은 후대에 만들어진 것이 분명하다. 단 한 명의 전쟁 지도자가 있었고 그가 상당수의 부족을 자기 영도 아래 단결시켰으며 이어서 새로운 왕국을 건설했다. 그는 파르니족의 일원이었거나 박트리아 귀족 출신이었을 것이고, 아마 둘 다였을 확률이 높다. 왜냐하면 지도자들 사이에서 외교적 교섭을 위해 흔하게 통혼을 했기 때문이다. 그는 침략 부대의 대장을 지내고 박트리아 왕국와 파르티아 왕국을 건설하기 위한 초창기 전투에서 용병 혹은 동맹군으로 활약했을 것이다.[6]

서기전 239년 또는 238년에 아르사케스는 휘하 군대를 이끌고 파르티아를 침공하여 안드라고라스를 전복시켰다. 곧 서쪽의 히르카니아(카스피해 연안 지역으로 오늘날 조지아의 일부)도 점령하여 새로운 영토를 확보했다. 이것은 일회성 약탈이나 다른 지역에 유목생활을 확대하려는 시도가 아니었다. 당시 박트리아에서 이미 일어났고 페르가몬과 소아시아의 여러 지역에서 벌어지고 있던 것과 유사한 왕국과 통치 왕조의 출현이었다. 다른 강력한 지도자들이 그랬던 것처럼 아르사케스와 그의 파르니족이 권력을 장악했지만, 그들은 기존 인구 중 특권을 누리는 소수파에 불과했다. 한 세대가 가기 전에 그들은 기존의 관개시설을 보수하고 확장했고 도시들의 성장을 촉진시켰다. 아르사케스가 왕위에 오른 후 유목생활을 계속했는지 여부와는 상관없이, 그는 니사를 수도로 삼았다. 니사와 다른 곳에서 발행된 동전들은 고대 그리스의 주요 통화인 드라크마 은화의 기준을 준수했고 동전 표면에는 그의 이름과, 때때로 아우토크라토르autokrator(통치자)라는 직함이 새겨졌다. 때로는 깨끗하게 면도한 아르사케스가 유목이나 스키타이인 양식의 부드러운 펠트 모자를 쓴 모습이 동전 앞면에 새겨졌고, 뒷면에는 활을 들고 앉아 있는 인물이 그려졌다. 이 동전들은 마케도니아 이전 시대에 페르시아 총독들이 발행한 동전 형식에 영향을 받았으나, 최근 전통과의 급격한 단절이나 그리스-마케도니아 점령에 대한 현지인들의 거부감 혹은 더 광범위한 '아시아인'의 적개심의 흔적은 보이지 않는다. 동전 속 통치자는 군사력을 바탕으로 기존 인구의 제반 상황과 공동체에 수용되기를 바라고 있었다. 파르티아와 히카르니아는 자연스럽게 국가나 왕국이 된 것이 아니라, 아르사케스가 점령한 후에 비로소 그렇게 되었다.[7]

아르사케스는 반란을 일으킨 총독을 물리쳤지만, 그렇다고 해서 자동으로 셀레우코스 왕조의 눈에 합법적인 통치자로 보인 것은 아니었다. 셀레우코스 2세(서기전 246~225)—안티오코스 2세가 내친 첫 번째 아내의 아들—는 프톨레마이오스 왕조의 지원을 받는 이복형제와의 권력 투쟁을 승리로 끝낸 후에야 비로소 왕국에 대한 통치권을 확립할 수 있었다. 그는 바빌로니아의 반란은 진압했으나 파르티아와 박트리아를 상대로 한 싸움에서는 별로 큰 성공을 거두지 못했다. 전투에 대한 세부 사항은 불분명하나, 아르사케스가 셀레우코스 2세를 패배시키고 잠시 포로로 잡았을 가능성이 있다.

분명한 것은 파르티아와 박트리아가 셀레우코스 왕조로부터 독립된 상태로 남아 있었고, 셀레우코스 2세는 제국의 서부 지역에서 발생한 문제들을 처리하느라 이쪽에는 별로 신경을 쓰지 못했다는 것이다. 그의 장남은 왕위에 올라 불과 3년 만에 살해되었고, 막내아들 안티오코스 3세(서기전 223~187, 로마를 상대로 싸웠다가 패배한 왕)는 아르사케스의 아들인 아르사케스 2세를 공격했을 때 전임 왕들보다 나은 전적을 거두었다. 이번에 셀레우코스 왕조는 파르티아 군대를 상대로 여러 차례 승리를 거두어 파르티아 왕과 박트리아 왕이 강화 조약을 요청하게 만들었다. 두 왕은 폐위되지 않았고 대신 안티오코스의 봉신 지위를 받아들였다. 아르사케스 2세는 히르카니아 대부분과 파르티아 일부 지역을 잃은 것으로 보인다. 그의 힘은 약화되었지만 강성한 셀레우코스 제국에 맞서는 여러 번의 전투에도 살아남았다.[8]

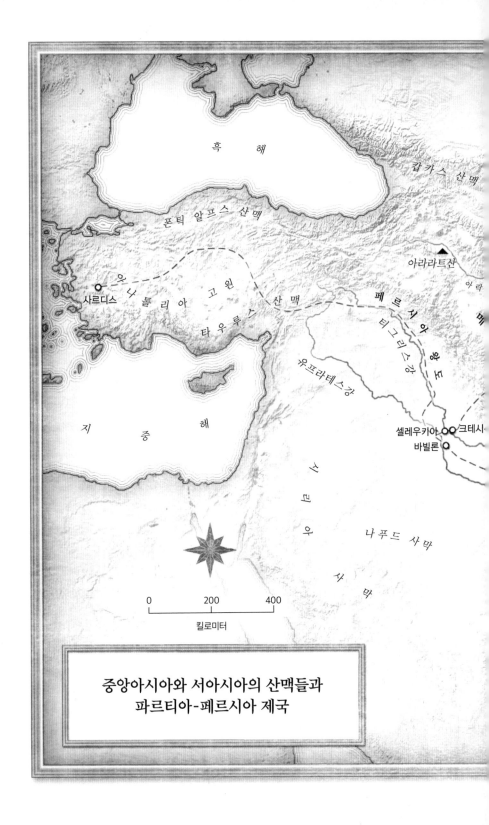

흑해

캅카스 산맥

폰틱 알프스 산맥

아라라트산

아락

페르시아왕도

사르디스

아나톨리아 고원

타우루스 산맥

티그리스강

유프라테스강

지중해

시리아 사막

셀레우키아
바빌론

크테시폰

나푸드 사막

0   200   400

킬로미터

중앙아시아와 서아시아의 산맥들과
파르티아-페르시아 제국

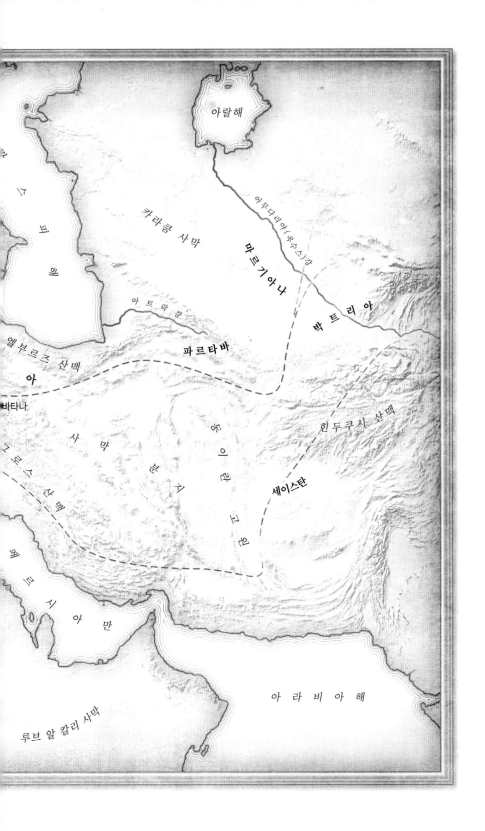

안티오코스는 곧 제국 내의 다른 문제들에 집중해야 했고, 아르사케스 2세와 파르티아는 다른 곳에서 발생하는 위협에 비해 그리 큰 문제가 아니었다. 안티오코스는 프톨레마이오스 왕조와 로마인의 손에 몇 차례 패배하기는 했지만 그래도 평생 동안 '대왕(메가스megas)'으로 불렸다. 그는 셀레우코스 왕조를 과거 최전성기 수준으로 되돌리는 데 크게 기여했다. 먼저 시리아를 수복했고, 중부와 동부의 총독부를 원상회복시켰으며, 인도까지 밀고 들어갔다. 그러나 고대 세계에서 권력은 언제나 외부의 도전을 받았고 오랫동안 평화가 유지되는 경우는 거의 없었다. 재위 후반기에 그는 또다른 동방 원정을 계획했으나 서기전 187년에 사망하면서 원정은 중단되었다.

그의 아들 셀레우코스 4세(서기전 187~175)는 소아시아와 서부 지역에 더 관심이 많았기 때문에 아르사케스 왕조는 회복하면서 좀더 독립적인 정책을 추구할 수 있게 되었다. 이는 다른 왕조들도 마찬가지였다. 박트리아 왕국은 경쟁자로 떠오른 반은 그리스계 반은 인도계인 왕조에게 영토를 잃어서 파르티아에 도전할 시간이 별로 없었다. 다음 셀레우코스 왕조의 왕인 안티오코스 4세(서기전 175~164) 또한 지중해 쪽에 더 신경을 써야 했다. 그는 과거에 로마 사절단의 압력 때문에 이집트에서 철수했던 사람이었다. 그는 또한 유대 인구를 헬레니즘화하려고 시도하여 마카베오의 반란을 촉발했고, 그 결과 하스몬 유대 왕조가 탄생했다. 만약 안티오코스 4세가 반란을 진압하기 위해 모든 자원을 동원했다면 이런 일은 일어나지 않았을 것이지만, 그는 다른 셀레우코스 왕들과 마찬가지로 이 지역에서 저 지역으로 왔다 갔다 하면서 소방관 역할을 해야 했다. 중부와 동부 총독부의 질서를 회복시키기 위한 주요 원정 작전이 계획되었으나 서기전 164년이 시작되기 전에 왕이 예기치 않게 사망하면서 다시 중단되고 말았다.

이 무렵 아르사케스 파르티아는 영토를 확장하고 있었고 이는 안티오코스 4세가 이 지역에 관심을 갖게 된 이유 중 하나였다. 잃어버린 파르티아와 히카르니아 영토는 다시 파르티아의 수중에 들어왔다. 대략 서기전 165년이나 164년에 미트라다테스 1세가 아르사케스 왕조의 왕이 되었고, 다른 모든 왕들과 마찬가지로 그의 동전에는 그저 아르사케스라고 표기되었다. 그는 박트리아의 국력이 허약해진 틈을 타서 마르기아나와 아리아(오늘날 아프가니스탄 서부 지역)를 점령했다. 나중에 셀레우코스 왕조가 일련의 내전으로 바쁜 틈을 타서 미트라다테스 1세는 현지 셀레우코스 군 사령관의 완강한 저항에도 불구하고 부유한 땅 메디아를 점령했다.

이 무렵 파르티아인만이 셀레우코스 왕조에게 피해를 입히며 영토를 확장한 세력은 아니었다. 엘리마이스(성경의 엘람, 아라비아만에 위치) 왕은 반란을 일으켜 자신의 영토를 독립 왕국으로 만들었다. 바빌로니아에는 또다른 통치자가 나타났을 가능성도 있다. 그러나 셀레우코스 왕조에 대한 반감이 이 새로운 왕국들 사이에서 어떤 동질감을 형성하지는 않았다. 파르티아의 미트라다테스 1세는 바빌로니아를 점령했으며, 아마도 셀레우코스의 군대와 현지 통치자의 군대를 모두 격퇴했을 것이다. 엘리마이스 왕도 바빌로니아를 공격했는데 파르티아인들은 그의 군대를 패퇴시켰다. 이어 미트라다테스 1세는 엘리마이스의 본국을 공격했으나 점령에는 실패했다.[9]

이러한 아르사케스 왕의 대규모 확장은 셀레우코스 왕조에게는 심각한 도전이었다. 그들은 계속해서 분열했고, 셀레우코스 4세의 손자인 데메트리오스 2세(서기전 145~138, 129~126)는 왕위를 노리는 여러 경쟁자를 상대해야 했다. 왕권에 심각한 도전이 제기되고 있음에도 불구하고, 데메트리오스 2세는 파르티아 미트라다테스 1세의 세력 확장이 자신에게 미치는 명예 훼손과 영토 상실로 인한 심각한 세수 부족을 받아들일 수 없다고 결정했다. 1년 이상 준비한 끝에 그는 서기전 138년에 바빌로니아로 진격했다. 그 무렵 미트라다테스 1세는 다른 곳에 있었고 바빌로니아 방어는 그 지역과 메디아의 총독이었던 그의 동생이 맡고 있었다. 동생을 총독으로 앉힌 것은 탁월한 선택이었다. 셀레우코스 군대는 크게 패했고 데메트리오스 2세는 생포되어 당나귀 등에 실린 채, 지역의 여러 도시를 돌면서 조롱을 당했다. 이러한 수모를 겪은 후에 데메트리오스 2세는 별다른 학대가 없는 편안한 감금생활을 했고, 미트라다테스의 딸 한 명을 아내로 하사받았다. 로마인들은 데메트리오스 2세의 아버지와 그와 이름이 같은 셀레우코스 왕실의 인사를 인질로 잡아 두었는데, 그들은 탈출에 성공해 셀레우코스 왕위를 차지하기 위해 돌아왔다. 데메트리오스 2세는 거의 파르티아 국경까지 도망쳐 나왔으나 체포되어 엄중한 문책 후에 그의 아내와 슬하의 여러 자녀에게 돌려보내졌다.[10]

미트라다테스 1세는 데메트리오스 2세를 물리치고 얼마 지나지 않아 병에 걸렸고, 몇 년간 투병생활을 하다가 결국 숨을 거두었다. 그러나 후계자로 왕권이 이양되는 과정에서 정권은 전혀 분열되지 않았기 때문에 그의 사망이 왕국을 약화시키지는 않았다. 엘리마이스 군대가 다시 한번 바빌로니아를 쳐들어왔으나 격퇴당하고, 이번에는 파르티아인들이 이곳을 정복함에 따라 지역 경쟁자들과의 분쟁이 계속되었다. 직접 점령하거나 다른 왕들을 복속시키는 방식으로 아르사케스 왕국에는 점점 더 많은 영토가 추가되었다. 이 무렵 파르니 기병들의 후예는 전체 인구 중 아주 소수에 불과했다. 그들은 군대 내의 핵심 세력이었고, 더 나아가 궁중의 주요 고위직을 거의 독차지했으며, 광대한 땅을 소유한 영주로서 실세로 떠올랐다. 그러나 왕국은 각 지역의 엘리트와 더 많은 인구와 조화를 이루었다. 특히 귀족들은 더 이상 파르티아의 공격을 받지 않아도 된다는 것을 의미했기 때문에 아르사케스의 통치를 받아들였다. 파르티아인은 그들을 외부인들로부터 보호했을 뿐만 아니라 강성한 왕국에서 나오는 일부 혜택을 나누어주었다.

불과 20년 사이에 미트라다테스 1세는 전쟁에서의 끊임없는 승리와 점령지를 통제하는 능력을 결합해 아르사케스 왕조를 셀레우코스 제국의 중부와 동부를 석권하는 중심 세력으로 성장시켰다. 국력의 성장에 따라 동전에 새겨지는 그의 얼굴도 변화했다. 초창기 동전은 전임자들의 것과 상당히 비슷했지만 시간이 어느 정도 흐른 뒤 그는 아케메네스 페르시아 왕들이나 총독들처럼 턱수염을 길렀는데 이는 광범위한 지역에 퍼져 있는 동부의 전통에 부합하는 것이었다. 또한 시간이 흐르면서 유목민의 펠트 모자는 점차 모양이 바뀌더니 헬레니즘 전통의 왕관으로 대체되었다. '아르사케스' 동전은 '아르사케스 왕'의 동전으로 바뀌었고 그다음에는 '아르사케스 대왕' 동전이 되고, "그의 아버지는 신"이라는 문구가 추가되었다. 티그리스 강변의 셀레우키아에서 주조된 동전에는 "그리스 애호가Philhellene"라는 문구가 들어갔고 초상화도 이전의 앉아 있는 궁수 대신에 그리스인들의 눈에 더 친숙한 권력의 상징인 벼락을 손에 들고 앉아 있는 제우스로 바뀌었다. 궁수 대신에 아폴로가 들어가기도 했고, 어떤 동전들은 의

자 대신에 그리스 전통에서 세상의 배꼽으로 여겨지는 옴팔로스(델포이 신전에 위치)가 들어가기도 했다. 미트라다테스 1세는 자신이 정복한 지역들에 획일적인 문화를 강요하지 않았고, 대신 예하의 모든 공동체에게 자신의 힘과 상대적인 자비를 설득시키며 그의 통치를 받아들이는 것이 저항하는 것보다 더 이득이라고 호소하기 위해 최선을 다했다.[11]

그러나 결국 알렉산드로스와 그의 후계자들, 이전 세기의 제국들과 이후의 모든 왕국이 그랬던 것처럼 제국의 성공을 결정하는 것은 군사적 우위였다. 데메트리오스 2세가 파르티아에 포로로 잡혀 있는 상황에서 그의 동생 안티오코스 7세(서기전 138~129)가 셀레우코스 왕조의 왕이 되었다. 오랫동안 왕위 후계자를 주장해온 경쟁자를 물리치고 하스몬 왕국의 성장과 서부의 다른 위협들을 저지한 안티오코스 7세는 지난 몇 세대 동안 보지 못했던 대규모 병력을 동원하여 파르티아와 결판을 내기 위해 동쪽으로 쳐들어갔다. 동원된 병사들 중 상당수가 용병이었는데 이들은 급여를 받고 복무했으며 식량과 보급품을 공급받아야 했기 때문에, 영토 상실로 인해 세수가 부족한 왕에게는 큰 부담이 아닐 수 없었다. 안티오코스 7세의 파르티아 원정은 제국에게 파르티아인들이 얼마나 큰 위협이 되었는지, 그리고 그토록 많은 영토의 상실이 셀레우코스 왕조에게 얼마나 큰 타격을 입혔고 명예를 훼손시켰는지 여실히 보여준다. 로마는 통치 중인 왕을 인질로 잡은 적이 결코 없었지만 파르티아인은 데메트리오스 2세를 인질로 잡아두었다.

서기전 130년, 안티오코스 7세는 바빌로니아로 진군했다. 곧 바빌론과 셀레우키아를 탈환하고 메디아와 엘리마이스로 진격해 들어갔다. 세 번의 큰 전투가 벌어졌는데 파르티아군은 모조리 패배했다. 곧 겨울이 닥쳐와 다음 전쟁은 이듬해 봄까지 기다려야 했다. 이 맹공격에 휘말린 아르사케스 왕 프라아테스 2세는 스텝 지역 유목민들로부터 용병을 구하려 했고 또 데메트리오스 2세를 시리아로 돌려보내기로 결정했다. 안티오코스 7세는 형 데메트리오스 2세를 구하겠다는 의사를 표명했지만, 그다음에 어떻게 할 것인지는 불분명했다. 셀레우코스 왕조 내에서 가족 간의 불화는 아주 유명했으므로 돌아온 형은 동맹자라기보다는 경쟁자가 될 가능성이 더 높았다.

서기전 130~129년 사이의 겨울에 상황이 바뀌었다. 셀레우코스 병사들은 재점령된 도시들에 분산 배치되어, 부분적으로는 방어군 역할을 하면서 손쉽게 식량을 공급받을 수 있도록 했다. 그러나 많은 병사들이 비행을 저질렀고, 지역 사회에 너무 많은 요구를 했으며, 현지 총독과 기타 고위 관리들의 잘못된 선택이 이러한 상황을 악화시켰다. 셀레우키아와 바빌론은 처음에는 점령자들을 환영했고, 특히 바빌론은 과거에도 알렉산드로스 대왕의 군대를 환영한 바 있었다. 알렉산드로스는 가능한 한 점령지를 잔혹하게 대하지 않으려고 애쓴 반면에, 안티오코스 7세는 그렇게 하지 않았다. 그 결과 주민들 사이에서는 예전의 온화한 파르티아 통치에 대한 향수가 생겼고, 많은 도시에서 동시다발적으로 반란이 터져 나왔다. 안티오코스는 반란 소식을 듣자마자 모든 병력을 집결해 포위 공격을 당하고 있는 셀레우코스 주둔군을 구하러 갔다. 왕이 진군하는 동안 프라아테스 2세가 그를 급습했다. 셀레우코스 왕은 과감하게 응전했으나 곧 적에게 포위되었고 휘하 병사들 중 상당수가 무기력, 경계, 배신 등의 이유로 그를 지원하지 않아서 고립되고 만다. 안티오코스 7세는

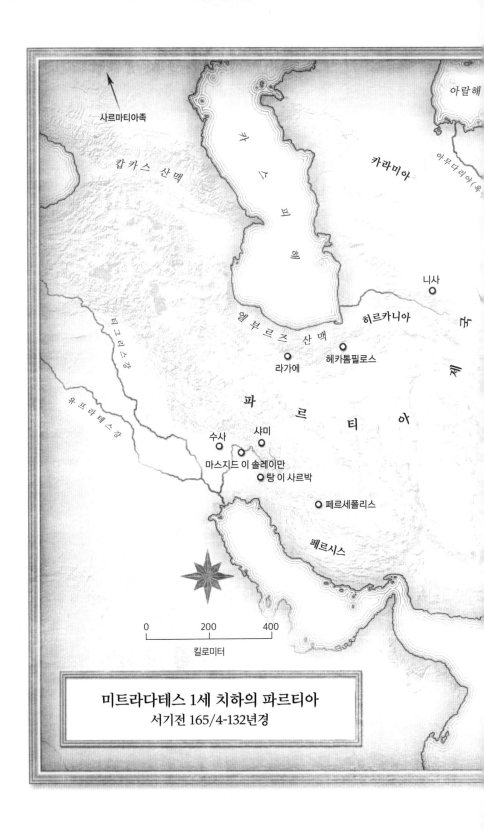

사르마티아족

아랄해

캅카스 산맥

카

스

피

해

카라미아

아무다리아(우

니사

히르카니아

엘부르즈 산맥

헤카톰필로스

라가에

티

그

리

스

강

파

르

티

아

수사

샤미

마스지드 이 솔레이만

탕 이 사르박

유

프

라

테

스

강

페르세폴리스

페르시스

0   200   400

킬로미터

미트라다테스 1세 치하의 파르티아
서기전 165/4-132년경

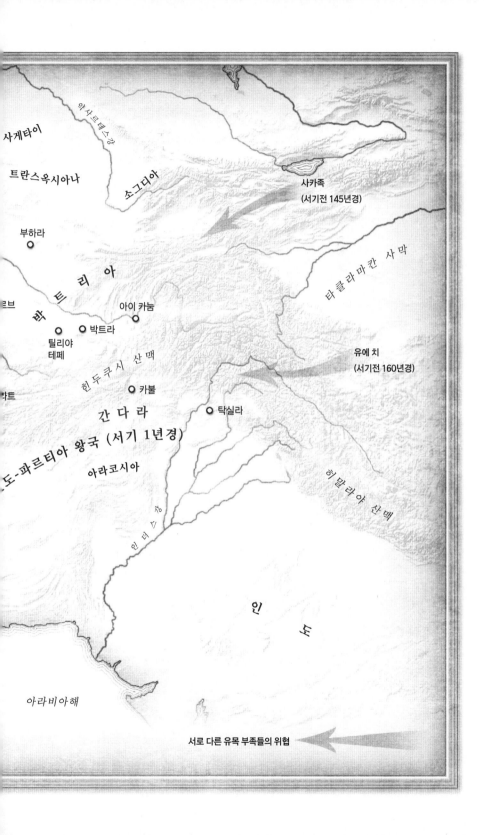

사게타이

트란스옥시아나

소그디아

아르다스강

사카족
(서기전 145년경)

부하라

박트리아

아이 카눔

타클라마칸 사막

박트라

틸리야
테페

힌두쿠시 산맥

카불

유에치
(서기전 160년경)

간다라

탁실라

도-파르티아 왕국 (서기 1년경)

아라코시아

인더스강

히말라야 산맥

인 도

아라비아해

서로 다른 유목 부족들의 위협

싸우다가 죽었고, 이미 셀레우코스 왕 한 명을 포로로 잡고 있는 파르티아인들은 두 번째 왕도 살해하고 전사한 왕의 아들과 딸을 생포했다. 공개적인 조롱은 없었고 안티오코스의 시신은 적절한 장례의식을 치르고 화장되었다. 프라아테스 2세는 데메트리오스 2세의 아들을 인질로 잡고 그의 딸과 결혼했지만, 데메트리오스 2세를 본국으로 돌려보내기로 한 결정을 뒤늦게 후회했다. 데메트리오스는 이번에는 무사히 도망쳐서 다시 본국의 왕위에 올랐다. 이는 파르티아에게는 불행한 일이었지만 그리 큰 문제는 아니었다. 대규모의 병력을 동원한 원정이 실패로 끝나면서 셀레우코스 왕조는 가까운 장래에 전쟁을 치를 능력이 없었기 때문이다.[12]

프라아테스 2세에게는 이미 다른 문제가 있었다. 스텝 유목민이 있는 북부 국경 문제는 셀레우코스 왕조나 페르시아인들이 그랬던 것처럼 아르사케스 왕조에게도 큰 관심사였다. 부족 간의 전쟁에서 패한 일부 부족은 다른 지역에서 새로운 목초지를 찾아야 했고, 여러 집단을 통합하는 데 성공한 야심찬 지도자들은 그들의 지위를 유지하고 강화하기 위해 지속적인 영광과 약탈이 필요했다. 모든 정권에 공통적으로 적용되는 한 가지 안전장치는 부대에서 함께 싸울 전사와 용병을 고용하는 것이었지만, 이것은 예전에 아르사케스 1세와 파르니족이 했던 것과 같은 반란을 누군가가 반복할 위험이 있었다. 안티오코스 7세와의 전쟁을 위해 고용된 사카족 용병부대는 너무 늦게 현장에 나타나는 바람에 참전하지 못했다. 그러나 그들은 일단 출정했으니 보상받기를 원했고, 프라아테스 2세는 이에 대해 적절히 대응하지 못해 새로운 전쟁으로 번졌다. 프라아테스 2세는 사로잡은 셀레우코스 부대의 포로들, 특히 용병들을 동원하여 자신의 약점을 파고들려 하는 사카 부대와 다른 무리에 맞서 싸웠다. 그러나 셀레우코스 병사들은 믿을 수 없는 것으로 판명났고, 프라아테스 2세는 전투에서 대패하여 전투 직후 화살에 맞아 사망했다. 일단 약점이 노출되면 언제나 새로운 공격을 불러왔다. 유목민 부대가 공격해올 수도 있었고 다른 지역의 강자들, 가령 아라비아만에 있는 카라케네 왕국 등이 공격해올 수도 있었다. 프라아테스 2세가 사망한 지 몇 년 후에 또다른 아르사케스 왕이 유목민 침략군과 싸우다가 전사했다.[13]

이 시대에는 여러 왕국이 빠르게 생겨났다가 사라졌다. 전투의 승패에 따라, 또는 유능한 지도자의 사망과 등장에 따라 급작스런 변화를 맞이했다. 운이 큰 역할을 했고, 아르사케스 왕조는 서기전 121년에 즉위한 미트라다테스 2세의 영도 아래 서기전 2세기의 나머지 시기를 잘 헤쳐 나가는 행운이 따랐다. 선왕인 미트라다테스 1세와 마찬가지로 그는 재위 기간 대부분을 전장에서 보냈고, 과거 수십 년 동안 잃었던 영토를 꾸준히 회복했다. 지역의 유목민 부족과 다른 지도자들에 맞서 싸운 기간에 대한 사료는 부족하지만, 미트라다테스 2세는 상실한 영토를 다시 되찾았을 뿐만 아니라 제국의 판도를 크게 넓혀 놓았다. 그는 곧 서쪽으로 진출해 서기전 112년 혹은 111년에 아르메니아를 동맹 속국으로 만들었다. 이 무렵 '왕중왕'이라는 호칭이 그가 발행한 동전에도 나타나기 시작했다. 이는 아케메네스 시대의 전통을 되살린 것인데 어디까지가 의도적인 방침인지, 의도적인 것이라면 예전 시대의 기억이 어떻게 보존되었는지는 불분명하다. 그런 동전들의 발행은 아르사케스 군주가 대제국의 주인이고, 다른 지역의 왕조는 봉신국에 지나지 않는다는 직접적인 선언이었다.[14]

플루타르코스에 따르면, 오로바주스를 사절로 파견해 술라를 만나게 하고 그를 처형해버린 왕도 파르티아의 미트라다테스 2세였다. 아르메니아 왕이 죽자 미트라다테스 2세는 젊은 시절 파르티아 궁정에 인질로 잡혀 있던 왕의 아들을 아르메니아로 돌려보내 아버지의 뒤를 이어 티그라네스 2세로 즉위하게 했다. 셀레우코스 왕조는 다시 한번 후계 문제를 놓고서 자기들끼리 싸우느라 바빴지만, 서기전 90년대 후반에 사상 처음으로 아르사케스 왕가의 경쟁 왕자가 현왕에 반기를 들었다. 이 경쟁자는 미트라다테스 1세의 다른 아들이었는데 곧 파르티아 제국의 동부 지역 대부분을 석권했다. 미트라다테스 2세는 이 반란을 진압하려 했으나 뜻을 이루지 못하고 서기전 91년경에 사망했다. 그 직후 또는 그 이전에 미트라다테스 2세의 아들이자 총독을 지낸 것으로 추정되는 인물이 나타나서 바빌로니아를 통치했다.[15]

그 후 수십 년 동안 아르사케스 왕위를 노리는 여러 왕위 주장자들이 나타났고, 내분으로 인해 미트라다테스 2세의 통치하에서 이루어졌던 급속한 영토 확장은 반복되지 않았다. 많은 영토를 상실하고, 또 그곳에서 나오는 세수, 인력, 자원도 모두 빼앗겼기 때문에 셀레우코스 왕조도 반격할 수 있는 입장이 아니었다. 파르티아인들은 또 다른 셀레우코스 왕을 죽인 다음, 계속되는 권력 투쟁에 개입하여 한 왕위 주장자를 죽이고 군대를 파견해 다른 왕위 주장자를 왕좌에 앉혔다. 동쪽에서는 박트리아 왕국이 새로운 기회를 찾아 침입해온 유목민 부족들에게 포위되고 내부 갈등으로 분열되어 자멸하고 말았다. 파르티아 제국의 한쪽 끝에 있는 아르메니아의 티그라네스 2세는 아르사케스 왕조에 영토를 양도하며 통치를 시작했으나, 파르티아의 혼란상을 틈타서 내어준 땅을 되찾고, 더 많은 영토를 점령했다. 그는 시리아까지 영토를 확장했고, 함락시킨 도시의 주민들을 강제로 이주시켜 새로 건설한 수도 티그라노체르타에 살게 했다. 티그라네스 2세는 자신을 '왕중왕'이라 선언했고, 이제 아르사케스 왕은 더 이상 이런 호칭을 주장할 수가 없었다. 파르티아와 다른 지역이 유능하고 운 좋은 지도자 아래에서 급속히 영토를 확장했던 것처럼, 아르메니아도 급속히 커졌다. 티그라네스 2세의 가장 강력한 적수는 폰투스의 미트리다테스 6세였는데, 당장은 로마가 더 큰 위협이었기 때문에 그들은 서로 싸울 이유가 없었다.

파르티아는 로마와 마찬가지로 최초의 내전들을 잘 극복하고 살아남았다. 좌절을 겪고 국력이 쇠약해지는 시기도 있었지만 파르티아나 로마에게 심각하고 항구적인 피해를 입힐 만한 이웃 국가는 없었다. 파르티아의 경우, 초창기 왕들은 큰 성공을 거두었다. 그중에서도 미트라다테스 2세의 공로가 혁혁한데 그는 어떤 당대의 통치자보다 옛 셀레우코스 제국의 영토를 더 많이 빼앗았다. 아르사케스 왕조는 아주 효율적이고 잘 조직된 군대를 가동하여 패배보다 승리한 전투가 훨씬 많았고 그에 따라 많은 영토를 제국에 편입시킬 수 있었다. 제국은 점령지의 현지 엘리트들에게 제국에 협력하는 것이 이롭다는 것을 납득시키는 방식으로 여러 공동체들을 흡수했다. 이러한 승리와 합병의 이야기는 비록 세부 사항은 다를지라도 로마 제국에게도 그대로 적용된다. 두 제국은 아주 강성하여 빈번한 내전의 시기를 견뎌내고 번창하면서 계속해서 역토를 확장했다. 이것이 두 제국이 최초로 격돌하게 되는 배경이다.

3

전쟁과 소문

서기전 70-54

술라와 오로바주스가 처음 만난 후 로마와 파르티아가 다음 외교적 접촉을 하기까지 20여 년이 걸렸다. 고대 국가들은 서로의 수도에 상설 대사관을 두거나 계속 접촉해야 할 필요를 느끼지 않았고, 대신 뭔가 긴히 할 말이 있을 때에만 사절단을 파견했다. 격렬한 내부 갈등과 적군과 아군이 영토에 가까이 와 있는 상황에서 로마나 파르티아는 서로에게 관심을 기울일 여유가 없었다.

로마 1차 내전이 가져온 끔찍한 파괴적 상황은 이후 율리우스 카이사르가 독재관으로 등극하고 결과적으로 최초의 황제 카이사르 아우구스투스의 출현으로 이어진 갈등에 비하면 아무것도 아니었다. 그렇지만 술라는 동맹국 전쟁의 마지막 불씨가 완전히 꺼지지 않은 상태인 서기전 88년에 로마로 휘하 군단을 이끌고 진군해왔다. 그리고 1년 후에 가이우스 마리우스와 그의 동맹군이 도시를 습격했고, 서기전 82년에 술라가 다시 도시를 점령하기 위해 돌아왔다. 이 침공 사이의 몇 년은 내전을 준비하거나 내전을 벌이는 데 소비되었다. 서기전 78년에 두 명의 집정관 중 한 명이 술라처럼 휘하 군대를 이끌고 로마로 진군하려 했다가 전투에서 패배했다. 서기전 73년부터 71년까지 스파르타쿠스와 휘하 도망 노예 군대가 이탈리아반도를 휩쓸면서 로마군을 차례대로 격파했다. 이로 인해 이탈리아의 상당히 넓은 지역이 근 20년간 전쟁에 시달려야 했다. 내전은 시칠리아, 북아프리카, 스페인 대부분 지역으로도 확대되어 마리우스의 동맹이자 카리스마 넘치는 지휘관 세르토리우스는 술라의 지지자들에 맞서 싸우다가 서기전 72년에 암살되고 만다. 그는 패전했지만, 그의 경력만큼은 공화국 정신에 충실하게 복무한 진정한 로마 행정관이었다.

내전이 전개되면서 야만성의 수위도 급등했다. 술라가 두 번째로 로마를 점령하고 자신을 독재관으로 선포했을 때 포로로 잡은 많은 적병을 처형했고 포룸에 사망자 명단을 게시하는 징벌 고시를 도입했다. 정치 제도의 관점에서 그가 은퇴하기 전에 설립한 체제는 국가 행정에서 원로원의 역할을 강조하고 정치적 경력을 철저히 규제하는 아주 보수적인 성격을 띠는 것처럼 보였지만, 이는 그가 설립한 체제의 혁명적 성격을 은폐했다. 국정 운영을 담당한 원로원은 순전히 그의 작품이었는데, 의원 수도 300명에서 600명으로 증원했으며, 그중 상당수가 내전 당시 술라를 지지한 이들이었고, 많은 사람들이 술라에 의해 지위가 상승했을 뿐만 아니라 내전 중에 중립을 유지했던 일부 인사도 소수파로 있었다. 술라 반대파는 죽거나 유배를 떠났고, 생존자와 그 후손들은 모두 공직 진출이 금지되었다.

그러나 술라의 적들에 맞서 함께 싸웠다는 것 외에 술라의 옛 동지들을 결속시켜 줄 수 있는 것은 별로 없었다. 경쟁을 벌이려는 귀족적 충동은 여전히 강했고, 폭력의 전망은 실질적인 위협이었다. 야심 넘치는 사내들은 경쟁자들이 언제라도 폭동, 살인, 공개 전투를 벌일 태세임을 알고 있었고, 선제공격을 하는 것이 더 나을지 고려해야 했다. 서기전 60년대와 50년대는 비교적 안정되는 기미를 보였다. 이는 부분적으로 서기전 63~62년 사이에 터져 나온 내전이 단 한 차례의 전투로 종식되었기 때문이고, 웅변가 키케로가 남긴 엄청난 분량의 편지들이 그 시절의 일상생활을 아주 세부적으로 알려주고 있기 때문에 평온의 시기가 다른 때보다 더 길게 느껴진다는 점도 있었다. 아무튼 키케로는 동맹국 전쟁에 참여했고, 그 후의 내전에서도 몸을 낮추며 살아남았고, 권력 남용을 이유로 술라의 부하 한 명을 고발해 법정에서 명성을 날렸으며, 자신의 가장 큰 업적으로 서기전 63년에 카틸리나의 쿠데타를 진압한 것을 꼽았다. 그의 시대에 모든 저명한 원로원 의원들이 그랬던 것처럼 키케로는 로마의 적들에 의해 아주 끔찍한 최후를 맞이했다. 키케로의 공직생활 내내 공화국은 불안정했고, 엄청난 폭력에 직면하거나 갑작스러운 권력 교체를 겪는 일이 많았다. 다른 왕국이나 국가들이 볼 때 로마 공화국은 위험할 뿐만 아니라 예측 불가능한 국가였다.

지중해 동부 지역에서 로마인은 오랫동안 폰투스(오늘날 튀르키예 동부에 위치한 왕국)의 미트리다테스 6세의 국력이 점점 강성해지는 것을 우려의 시선으로 지켜보았다. 술라가 카파도키아에 개입한 것은 그를 감시하기 위한 목적이었고, 그보다 더 일찍 마리우스는 미트리다테스 6세를 만나 조용히 로마의 요청을 들어주라고 충고한 바 있었다. 그러나 서기전 89년에 로마 집정관대리는 소아시아의 다른 관리들의 도움을 받아 폰투스를 상대로 전쟁을 도발했다. 이때 로마군은 주로 현지에서 동원된 병사들로 구성되어 있었다. 미트리다테스 6세는 도발에 즉각 반응하여 아주 효율적으로 군대를 운용해 침략군을 패퇴시키고 아시아 속주를 점령했다. 왕은 현지 공동체에게 그곳에 살고 있는 로마인과 이탈리아인을 모조리 죽이라고 명령했다. 몇몇 도시가 로마인을 내보내거나 보호해주기는 했지만, 수만 명이 학살되었다. 술라가 마침내 미트리다테스 6세와 대결하기 위해 동쪽으로 건너갔고, 그는 먼저 소아시아를 횡단하여 유럽으로 건너온 폰투스 군대를 그리스에서 만났다. 로마군은 힘든 전투에서 승리하여 그리스뿐만 아니라 소아시아의 잃었던 영토까지 되찾았다. 술라는 폰투스 왕이 기꺼이 굴복하고 영토와 권력의 상실을 받아들이는 태도에 아주 흡족해했다. 그로서는 빨리 본국으로 돌아가 적수들을 상대해야 했을 뿐 아니라, 적국을 공손하고 종속적인 속국으로 만드는 것이 로마 전쟁의 만족스러운 결론이었기 때문이다.[1]

갈등을 재개하려는 야심만만한 총독의 첫 번째 시도는 신속하게 종료되었지만 평화는 지속되지 않았다. 서기전 74년에 이르러 원로원은 또다시 미트리다테스 6세의 행위가 적대적인 것이라고 판단하여 그해 집정관 중 한 명인 루키우스 리키니우스 루쿨루스에게 광범위한 군사적 지휘권을 주면서 폰투스 왕을 처치하라고 명령했다. 루쿨루스는 서기전 88년에 술라 밑에서 재무관으로 근무했고 술라가 로마로 진군할 때 유일하게 동참했던 술라 휘하의 고위 장교였다. 그후 그는 미트리다테스 6세와의 전쟁과 그에 따른 내전에도 참전했으며, 술라에게 충성했고 능력도 뛰어났기에 계속 승진할 수 있었다. 루쿨루스의 동부 전쟁 작전은 전략적 공격과 신중한 전술적 판단이 적절히 혼합된 것이었다. 미트리다테스 6세와의 첫 번째 대규모 전쟁에서 로마인들은 축성을 튼튼히 해 강력한 진지를 구축하고 직접적인 교전은 피하면서 폰투스 군대의 보급선을 절단시켰는데, 이 작전에는 '적의 밥줄 끊기'라는 별명이 붙었다. 미트리다테스 6세의 군대는 병사들이 굶주리자 철수하기 시작했고, 이때 루쿨루스 군대는 그 뒤를 추격해 적에게 막대한 피해를 입혔다. 이어서 로마군은 폰투스로 진격하여 왕의 본거지에서 왕을 패퇴시켰다.[2]

폰투스의 미트리다테스 6세는 아르메니아로 달아났고, 그곳에서 티그라네스 2세는 경계하며 그를 맞이했으나 결국에는 그와 동맹을 맺고 로마인과 맞서기로 했다. 두 왕은 파르티아도 공동전선에 합류할 것을 설득하기 위해 아르사케스 왕 프라아테스 3세에게 접근했다. 그와 거의 동시에 루쿨루스도 아르사케스 궁정에 사절을 보내 로마군에 대한 지원을 요청했다. 프라아테스 3세의 입장에서 볼 때, 아르메니아는 예전의 동맹 속국이었으나 지금은 위협적인 경쟁자로 변한 상태였다. 그는 티그라네스 2세가 더 강해지는 것을 원하지 않았다. 그렇다고 해서 아르메니아의 패배로 제3자가 이익을 얻는 것도 원하지 않았고, 아르메니아를 도발하여 그 나라가 승리하는 꼴도 보고 싶지 않았다. 전쟁에 돌입한 양측은 파르티아가 중립을 지키는 것에 만족해야 했고, 실제로 프라아테스 3세는 어느 쪽에도 개입하지 않고 양측 모두에게 우호적 관계를 약속하는 신중한 행보를 보였다.[3]

수적으로 열세인 루쿨루스 군대는 서기전 69년 10월경에 티그라노체르타 근처에서 아르메니아 군대와 교전했다. 티그라네스 2세는 로마군을 가리켜 "사절이라고 하기에는 너무 많고 군대라고 하기에는 너무 적다"라고 일축한 뒤 로마군이 신속하고 조직적인 공격으로

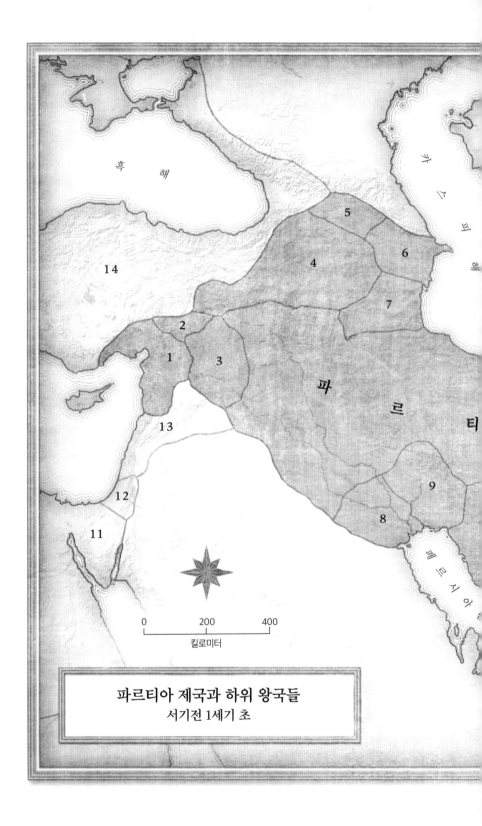

흑 해

카 스 피 해

파 르 티

페 르 시 아

5

6

4

7

14

2

1

3

9

8

13

12

11

0   200   400

킬로미터

파르티아 제국과 하위 왕국들
서기전 1세기 초

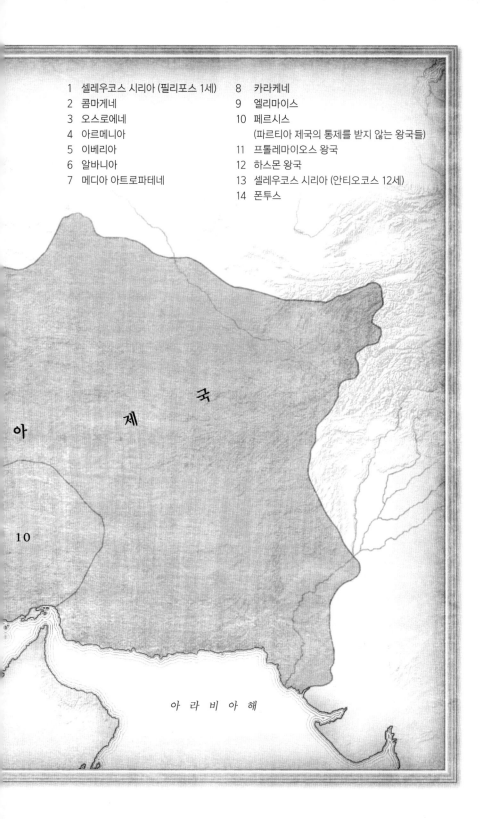

1 셀레우코스 시리아 (필리포스 1세)   8 카라케네
2 콤마게네   9 엘리마이스
3 오스로에네   10 페르시스
4 아르메니아   (파르티아 제국의 통제를 받지 않는 왕국들)
5 이베리아   11 프톨레마이오스 왕국
6 알바니아   12 하스몬 왕국
7 메디아 아트로파테네   13 셀레우코스 시리아 (안티오코스 12세)
                                14 폰투스

아 제 국

10

아 라 비 아 해

자신의 군대를 무찌르는 것을 직접 지켜보았다. 그러나 두 왕은 항복할 의사가 없었고 전쟁은 계속되었다. 루쿨루스는 많은 승리를 거두었지만 이미 오랫동안 속주의 지휘권을 유지하고 있는 상태였다. 일부 로마인들은 어서 전쟁이 끝나기를 바랐고, 일부 원로원 의원들은 그에게 생긴 큰 영광의 기회를 부러워했다. 지방에서 세금을 징수하기 위해 국가와 계약한 영향력 높은 각 속주의 기업들은 그들의 징세 활동에 대한 로쿨루스의 제한이 공정하고 실용적이었음에도 불구하고 불만을 품었다. 과도한 세금 징수를 제한하지 않으면 절망에 빠진 민중이 반란을 일으킬 위험은 언제든지 있었다. 하지만 루쿨루스를 귀국시키고 새로운 사령관을 임명해야 한다는 요구가 힘을 얻었다. 먼저 루쿨루스는 과거에 별도의 속주였으나 그의 지휘 아래 통합된 아시아와 킬리키아의 지휘권을 박탈당했다. 이로 인해 그의 군대 규모와 야전에서 군대를 지원할 수 있는 능력은 크게 축소되었고, 아르메니아와 폰투스를 상대로 하는 전쟁을 빨리 종결시킬 수 없게 되었다. 서기전 67년에 미트리다테스 6세는 젤라에서 로마군을 압도하여 사실상 괴멸시켰다. 비록 루쿨루스는 현장에 있지 않았고 그 참사에 책임이 없었지만, 즉각적인 승리를 거두겠다는 그의 호언장담은 허풍이 되고 말았다. 1년 뒤 민회는 로쿨루스의 남아 있는 지휘권을 모두 박탈했고, 그의 후임으로 로마에서 가장 인기 높은 장군인 그나이우스 폼페이우스 마그누스(통칭 '위대한 폼페이우스')를 지명했다.

폼페이우스의 경력은 내전에서 시작되었고 공화국의 모든 법률과 관습을 깨뜨리며 출세를 거듭했다. 19세에 그는 자신의 영지에서 얻은 수입으로 3개 군단을 모병하여 술라 군대에 합류했고 위풍당당하게 자신의 '사병'을 지휘했다. 술라는 약간 냉소적으로 그에게 '위대한'이라는 수식어를 붙여주었으나, 그가 반대편으로 넘어가는 것을 막기 위해 휘하에 편입시켰다. 원로원의 지도자들도 같은 생각을 했기에 그를 이용해 서기전 78년의 쿠데타를 진압했고, 그를 스페인으로 보내 세르토리우스를 진압하게 했다. 서기전 70년, 이제 36세인 폼페이우스는 집정관에 올랐고 마침내 원로원 의원으로 진출했다. 서기전 67년, 또다른 민회는 투표를 통해 폼페이우스에게 지중해 전역의 모든 해적을 소탕하는 임무를 맡겼다. 충분한 권력과 자원을 제공받은 폼페이우스는 그 일을 신속하게 아주 잘 해냈다. 그는 경력 내내 군대를 조직하고 운영하는 일에 탁월한 재주를 발휘했다. 이듬해에 그는 루쿨루스를 대신했고, 이번에도 전임자보다 훨씬 많은 병력, 물자, 권력을 부여받았다. 그는 현지 작전이 완료될 때까지 아무도 자신을 대체할 수 없을 거라고 확신했기 때문에 매 작전마다 충분한 시간을 가지고 철저하게 준비할 수 있었다.[4]

단 4년 만에 폼페이우스는 전쟁을 종식시키고 근동 일대를 재형성했다. 그 과정에서 실제 전투보다는 외교와 행정에 더 많은 노력과 시간을 쏟았다. 왕국의 판도를 확장하고 오랫동안 로마와 싸워왔던 폰투스의 미트리다테스 6세는 결국 전쟁에서 패한 후 근위병에게 자신을 죽여달라고 명했다. 오랫동안 해독제를 복용하여 독에 내성이 생겨서 독약으로 자살할 수 없었기 때문이다. 사망했을 때 그의 나이는 57세였다. 폰투스는 영토의 상당 부분을 상실했지만 왕국으로서 살아남았고, 로마에 충성 맹세를 한 미트리다테스의 아들들 중 한 명이 그 왕국을 통치하게 되었다. 아르메니아의 티그라네스 2세는 폰투스보다는 사정이 나았다. 왕은 폼페이우스에게 아주 공손하게 항복하여 아르메니아 왕으로 인정받았다. 아르메니아는 광대한 지역이 왕국으로부터 떨어져 나갔지만 그래도 그 지역의 중요한 국가로 남았다. 이와는 대조적으로 셀레우코스 왕조의 마지막 왕은 너무 허약하고 로마의 국익에 별로 쓸모가 없다고 폼페이우스가 판단하여 폐위되었다. 유대에서 폼페이우스는 현지 경쟁 지도자들의 분쟁에 개입했고, 도피한 지도자를 잡기 위해 예루살렘의 신전을 포위했다가 습격했다. 폼페이우스는 로마의 관점에서 볼 때 믿을 만한 인물로 여겨진 히르카누스를 유대의 대제사장 겸 통치자로 인정했다. 그는 가능한 한 현지 지도자들의 지위를 그대로 인정했고, 동맹 왕국들은 로마의 속주로 편입시키기보다는 해당 지역을 다스리는 왕국으로 그대로 두었다. 그럼에도 아시아와 킬리키아는 확대하고 시리아라는 새로운 속주를 만들었다.[5]

비교적 최근에 파르티아인들은 시리아에 개입한 적이 있었다. 미트라다테스 2세 시절 그들은 메소포타미아, 고르디에네, 오스로에네, 아디아베네를 점령했다가 아르메니아의 티그라네스 2세가 영토를 확장하면서 이 땅의 전부 혹은 일부를 잃었고 메디아의 일부 지역도 잃었다. 나중에는 이 지역들이 모두 아르사케스 통치하에 들어오게 되지만, 당시의 파르티아와 로마의 관계를 이해하기 위해서는 이 시점에는 그렇지 않았다는 점을 기억하는 것이 중요하다. 루쿨루스는 과거에 파르티아 영토였으나 당시에는 아르메니아의 지배를 받고 있거나 어느 정도 독립해 있던 지역을 통과해 행군했다. 마찬가지로 폼페이우스도 부하들에게 명령해 넓은 지역을 행군하게 했다. 어떤 경우에 이 지역을 되찾기 위해 현장에 도착한 파르티아 군대가 로마군이 도착하기 전에 철수함으로써 실제로는 교전이 벌어지지 않았을 가능성이 높다.[6]

폼페이우스도 루쿨루스와 마찬가지로 프라아테스 3세와 협상을 시도했다. 아르메니아와 폰투스를 물리치기 위한 지원을 확보하거나 최소한 왕의 중립적 태도를 보장받기 위해서였다. 협상 결과는 비슷했다. 파르티아 왕은 양측의 비위를 맞추기 위해 최대한 노력하면서 전쟁에 개입하는 것은 거부했다. 그러나 티그라네스 2세의 동명同名의 아들이 그에게서 도망쳐와 아버지로부터 왕위를 빼앗는 일을 도와달라고 하자 개입하기로 했다. 프라아테스 3세는 망명한 왕자와 함께 공격에 나섰으나 곧 아르메니아의 제2도시인 아르탁사타에서의 공방전에서 피로감을 느끼고 귀국하고 만다. 그는 귀국하면서 일부 군대를 남겨두어 왕자를 지원하도록 했다. 티그라네스 2세는 그의 아들을 공격해 격퇴했고, 왕자는 이번에는 폼페이우스 쪽으로 도망쳐서 로마인들에게 협력해 한동안 인근 지역 소페네의 통치자로 임명되었다. 그러나 왕자는 곧 로마의 지시를 따르지 않아 체포되었다. 딸 하나를 왕자에게 시집보낸 프라아테스 3세는 왕자의 석방을 요청했지만, 로마인의 거절과 함께 젊은 티그라네스는 장인보다는 아버지와 더 가깝다는 대답을 들었다.[7]

이 지역의 동맹관계는 아주 유동적이었고, 경쟁 왕국들 사이의 국경이 명확하게 설정되지 않았기 때문에 폼페이우스가 취한 영토 분할 조치는 일시적인 것이 될 가능성이 높았다. 그렇지만 대체로 폼페이우스의 조치들은 아주 성공적이었고 그가 내린 단속 규정들은 여러 세기 동안 그대로 준수되었다. 그렇다고 해서 그런 조치들이 아주 간단하거나 신속하게 이행되었다는 뜻은 아니다. 이해관계가 걸린 통치자들은 그들이 유리한 쪽으로 사건을 전개시키기 위해 열심히 로비하고 책략을 썼다. 다른 군주들과 마찬가지로 프라아테스 3세도 폼페이우스를 만나러 갔다. 로마인은 파르티아 통치자를 정중하게 대하며 '왕'이라고 불렀지만 '왕중왕'이라고 하지는 않았다. 왕의 방문 전에 파르티아 사절이 먼저 방문해 로마와 파르티아 사이의 국경을 유프라테스강으로 하자고 제안했지만 거부당했고, 그 대신 폼페이우스는 자신이 합당하다고 생각하는 경계선을 강요하려고 했다. 로마군이 파르티아인들을 쫓아냈던 고르디에네는 아르메니아의 티그라네스 2세에게 배분되었다. 다른 분쟁 지역들에 대한 결정은 3명의 로마인 위원에게 맡겨졌는데, 그들은 상당히 공정한 입장을 취한 것으로 보인다. 프라아테스 3세는 이전에 티그라네스 2세가 점유했던 땅의 일부를 회복했고, 그가 현재 점유하고 있는 땅을 포기하라는 요구는 받지 않았다.[8]

플루타르코스는 루쿨루스가 파르티아를 침공하려 했으나 그의 군대가 출정을 거부해 시도하지 못했다고 말했다. 하지만 이것이 진실인지, 설혹 진실이라 하더라도 루쿨루스가 실제로 무엇을 계획했는지는 알기가 어렵다. 폼페이우스는 파르티아를 상대로 한 전쟁 계획을 아주 신속하게 접었다고 한다. 그는 이미 동부에서 여러 활동을 통해 거대한 영광을 성취했고 막대한 부를 얻었을 뿐만 아니라, 지역의 왕들과 사회에서 막강한 정치적 영향력과 위세를 과시하고 있었다. 더 중요한 것은 프라아테스 3세가 로마와 공화국 대표인 폼페이우스에게 심심한 존경의 뜻을 표했다는 것이었다. 아르사케스 왕조와 일련의 로마 총독 사이에서 벌어진 초기의 접촉 전반에는 어느 측이든 적극적으로 전쟁을 하겠다는 암시는 전혀 없었다. 술라 때에 그러했던 것처럼 양측 사이에 공식적인 조약이 맺어졌는지에 대한 명확한 증거도 없다. 최소한 프라아테스 3세(그리고 그 전의 미트라다테스

2세)를 로마인의 '친구' 정도로 인정했을 가능성은 있다. 로마의 속주 너머에 있는 지역의 왕들과 이런 친선관계를 유지하는 것은 로마의 일반적인 관습이었다. 훨씬 후대의 사료는 이보다 더 강력한 공식적 조약이 체결되었다고 주장하지만, 실제로 그런 동맹이 형성되었을지에 대해서는 학계의 의견이 엇갈리고 있다.[9]

서기전 58년 혹은 57년경에 프라아테스 3세는 두 아들 미트라다테스 3세와 오로데스 2세의 음모에 의해 살해되었고, 곧 형제들은 서로 분쟁하게 되었다. 처음에 성공을 거두었던 미트라다테스 3세는 귀족들의 지지를 잃고, 당시 시리아의 로마 총독이었던 아울루스 가비니우스에게로 도망쳤다. 가비니우스는 호민관 시절에 폼페이우스에게 해적 소탕 전권을 부여하는 법을 도입한 후에 해적 소탕 작전과 동부 원정에서 폼페이우스의 고위 부장副將이 되어 그를 섬겼다. 그는 시리아 속주에 파견된 최초의 집정관 출신 총독으로서, 이전의 법무관 출신의 시리아 총독들보다 지위가 높았기 때문에 상당한 자원과 병력을 거느리고 3년간의 지휘권을 확보할 수 있었다. 원로원은 그가 페트라를 수도로 두고 로마의 동맹 지역을 광범위하게 침략한 아라비아 왕국을 점령해주기를 기대했다. 가비니우스는 그 대신 도망쳐온 미트라다테스 3세를 환영해주었고 추방된 왕을 다시 왕위에 복귀시킬 준비를 했다. 그러나 침공이 시작되기 전에 프톨레마이오스 12세(유명한 클레오파트라의 아버지)가 총독을 찾아왔다. 그는 맏딸이 일으킨 쿠데타로 인해 자신의 왕국에서 쫓겨났고 지난 몇 년간 로마의 지원을 받아 복위할 계획을 품고 있던 인물이었다. 폼페이우스는 막대한 보상금을 지불하겠다는 약속에 현혹되어 그를 지지하겠다는 서한을 보냈다. 가비니우스 또한 비슷한 사례금을 약속받았기에 행군의 방향을 바꾸어서 파르티아 대신 이집트로 갔다. 프톨레마이오스 12세는 왕위를 되찾았고 쿠데타를 일으킨 맏딸은 처형되었다(이때 10대 소녀였던 클레오파트라는 가비니우스의 기병대장인 늠름한 마르쿠스 안토니우스를 보고 사랑에 빠졌다고 한다). 로마로 돌아온 가비니우스는 불법 개입 혐의로 기소되어 1심에서는 무죄 방면되었으나 2심에서는 유죄 선고를 받았다. 가비니우스는 루쿨루스와 마찬가지로 로마의 세금 징수 기업과 투자자들의 징세 권한 남용을 억제한 것이 재판에서 불리하게 작용했다.[10]

서기전 54년 초, 새 총독이 시리아에 도착했는데 그는 단순히 전직 집정관이 아니라 로마에서 가장 영향력 있는 인물 중 한 명이었다. 마르쿠스 리키니우스 크라수스의 아버지와 형은 내전에서 마리우스의 동맹자들에 의해 처형당했고, 크라수스는 스페인으로 달아났다. 그곳에서 그는 몇몇 동지, 과거 그의 집안으로부터 후원을 받았으며 이제는 그에게 식사를 제공해주는 사람, 그리고 그의 신변 관련 일을 도와줄 두 명의 노예 소녀와 함께 동굴에 숨어 시간을 보냈다고 한다. 후에 그는 술라의 군대에 합류하여 로마를 탈환하는 전투에서 큰 공을 세웠다. 그는 술라의 숙청 때 징벌고시에 오르는 희생자들의 부동산 처리를 아주 잘 해냈고, 로마 시내에 있는 많은 주택과 주택 단지를 헐값에 사들였다. 이것이 그가 꾸준히 확장한 부동산 제국의 시작이었다. 크라수스는 노예 기사와 장인을 사들여 자신의 건물을 유지하고 개선하는 일을 맡겼으며, 로마에 없던 소방대도 조직했다. 당시 로마는 거리가 비좁고, 건축법은 아예 무시하고 허술하게 지은 고층 주택들로 인해 대규모 화재가 자주 발생하는 도시였다. 그는 어떤 주택 단지에 화재가 나기를 기다렸다가, 불길이 번질 만한 곳에 있는 집들을 헐값에 사들인 후에 자신의 소방대를 투입해 화재를 진압하고 타버린 집을 수리하거나 아니면 허물고 새로운 집을 지어 올렸다.

크라수스는 큰 부자였고, 자신의 군대를 양성하고 봉급을 줄 정도가 아니라면 부자라고 할 수 없다고 자랑했다. 하지만 막상 그는 자신이 고용한 이들에게 임금을 지불할 때에는 아주 검약하고 신중한 것으로 악명이 높았다. 그는 돈을 그저 쌓아두지 않았고, 특히 원로원 의원들에게 관대한 조건으로 잘 빌려주었다. 그에게는 돈 자체보다 돈을 통해 얻을 수 있는 정치적 영향력이 훨씬 중요했기 때문이다. 그는 아주 적극적이면서 근면하게 일하는 법률가였고, 피고측 변호사로서 패소한 사건보다 승소한 사건이 훨씬 많아서 많은 사람들이 그의 신세를 지게 되었다. 크라수스는 엄청난 영향력을 갖고 있었다. 아무도 법정에서 감히 그를 공격하지 못했고 원로원에서는 그를 지나치게 비판하지 못했다. 그렇다고 해서 그가 항상 원하는 것을 얻을 수 있었던 것은 아니다. 크라수스는 가비니우스가 실제로 성공하기 몇 해 전에 프톨레마이오스 12세의 복위를 시도했다가 실패한 적이 있었다.[11]

로마의 정치 체제 내에는 위대한 사람들과 여러 귀족들 사이에 경쟁이 붙으면 자연히 그들의 영향력이 상쇄될 것이라는 믿음이 존재했다. 크라수스는 거부巨富였고, 다수의 원로원 의원들이 그에게 신세를 지기는 했으나 그렇다고 공화국의 정치를 좌지우지할 정도는 아니었다. 그는 내전 중에 잘 싸웠고 서기전 72년에는 여러 사람이 실패한 스파르타쿠스 진압 작전의 지휘권을 부여받았다. 크라수스는 군대를 잘 조직했고, 세밀하게 계획을 세웠으며, 전략 실행에 있어서 무자비했다. 1년 만에 스파르타쿠스는 죽었고, 그의 군대는 포획되어 살해되거나 흩어졌으며, 그의 부하 5000명은 십자가형을 받아 로마에서 카푸아에 이르는 거리에 전시되어 사람들에게 무시무시한 경고를 날렸다. 어려운 일을 잘 수행했지만 외국 군대를 굴복시킨 것과 같은 영광은 없는 승리였다. 일단 위험한 고비가 지나가고 나면 로마인들은 끔찍하고 무서운 일을 잊어버리고 싶어했다. 크라수스는 대규모 개선식보다는 영예가 떨어지는 소규모 개선식을 수여받았고, 군사적 영광에 있어서는 해외 전쟁에서 승리를 거둔 장군들, 가령 루쿨루스나 특히 폼페이우스 같은 사람들에게 가려졌다.[12]

폼페이우스와 크라수스는 둘 다 술라 밑에서 싸웠으면서도 사이가 그리 좋지는 않았다. 크라수스가 열 살 정도 연상이었으나 용맹함과 카리스마에 있어서 폼페이우스에게 밀렸다. 폼페이우스는 실제로 자기 돈으로 1개 군단을 편성했고(크라수스가 말한 진정한 부자에 걸맞게), 자수성가한 것이 아니라 집안으로부터 큰 재산을 물려받아서 군사적 모험에 집중할 수 있었으며, 결과적으로 약탈을 통해 더 많은 부를 획득할 수 있었다. 서기전 71년, 폼페이우스는 스페인에서 이탈리아로 돌아와 노예 군대의 잔당을 생포하여 살육하고 나서 자신이 그 전쟁을 완수했다고 자랑했다. 큰 성공을 거둔 다른 많은 사령관과 마찬가지로 폼페이우스도 다소 쩨쩨한 기질이 있어서 다른 사람이 그가 개입하지 않은 전쟁에서 승리를 거두는 것을 받아들이지 않으려 했다. 서기전 70년, 폼페이우스와 크라수스는 과거의 불화를 묻고 2인 집정관 자리에 올랐다. 둘 사이의 협력은 제한적이었고, 그 후 10년간 가끔 상대에 대한 경쟁의식을 드러내 보인 적도 있었지만 대체로 상대를 무시하기 위해 최선을 다했다.

그러나 서기전 60년에 이르러 두 사람은 좌절을 겪었다. 폼페이우스는 동부를 대상으로 한 국정 운영 계획안에 대해 원로원에게 건별 승인이 아닌 일괄 승인을 요구했지만 거부당했다. 이는 부분적으로 그의 체면을 깎아먹는 일이기도 했고, 계획이 면밀하게 균형을 유지하고 있었기 때문에 건별로 승인하면 계획 전체가 무너질 우려도 있었다. 크라수스는 지역에서 활동하는 세금 징수 기업과 투자자들에게 많은 돈을 투자했기에 폼페이우스가 국가에 약속한 세금 징수 억제책을 다소 완화하고 싶어했다. 몇년 동안 자신의 계획을 여러 차례 달성하려고 시도했으나 성공을 거두지 못한 가장 부유하고 영향력 있는 로마의 두 정치가는 가이우스 율리우스 카이사르와 사적인 계약을 맺었다. 가이사르는 유서 깊지만 최근에는 영락한 가문 출신의 장군이었다. 크라수스는 카이사르가 과거에 진 빚을 갚아주면서 그를 지원했지만, 세 사람 사이에 맺어진 정치적 동맹을 누가 먼저 제안했고 또 누가 핵심적 역할을 했는지는 불분명하다.[*] 크라수스와 폼페이우스를 후원자로 삼은 카이사르는 서기전 59년에 집정관으로 선출되었고 동부의 국정 운영 계획안을 통과시켜 크라수스의 동맹자들에게 큰 혜택을 주었다. 반대 세력은 큰소리로 제압당하거나 조직적인 군중에게 협박을 당하고, 오물을 뒤집어쓰는 등 거친 대접을 받았다. 카이사르는 지역이 크게 확대된 갈리아 속주의 임기 5년 집정관대리급의 지휘권을 부여받았다. 이 기간 동안 그는 일련의 공격적 정벌 작전을 수행했는데 그 과정은 유명한《갈리아 전기》에 아주 침착하고 평이하고 노련한 문장으로 서술되어 있다.

---

[*] 학자들은 이 동맹을 제1차 삼두정치라고 부르는데 간편한 명칭이기는 하지만 공식적인 동맹인 듯한 뉘앙스를 풍기는 것이 흠이다. 그런 공식 동맹은 존재하지 않았다. 이 동맹의 가장 구체적 표시는 카이사르의 딸 율리아가 폼페이우스와 결혼했다는 사실이었다.

카이사르는 서기전 58년에 갈리아로 갔고, 그가 임지로 떠난 뒤에 폼페이우스와 크라수스의 사이는 더욱 벌어졌다. 그 사이 공직생활은 더욱 변덕스럽고 폭력적으로 변했으며 카이사르를 임지로부터 소환하려는 움직임이 있었다. 서기전 56년, 두 사람은 갈리아 키살피네에 있는 루카로 가서 3자 간의 협력을 갱신하는 회담을 가졌다.* 크라수스와 폼페이우스는 두 번째로 집정관에 선출되었고 카이사르의 지휘권을 5년 더 연장하는 법안을 통과시켰다. 폼페이우스는 집정관 임기가 끝난 후에 스페인의 모든 속주에 대한 지휘권을 5년 더 보장받았고, 크라수스는 시리아에서 이와 비슷한 지휘권을 부여받았다. 이 조치는 세 거두에게 상당한 규모의 군대를 제공했고, 지휘권을 행사하는 동안에는 소추에 대한 면제권을 부여했다. 카이사르는 영광을 획득하고 부를 쌓는 데 아주 바빴다. 폼페이우스는 이미 충분한 무훈을 올린 상태였기에 로마 밖에 있는 안락한 저택에 머물면서 스페인 현지에 부장들을 보내 통치를 대신하게 할 계획을 세웠다. 이와는 대조적으로 크라수스는 신속하게 시리아로 돌아가 전쟁에서 승리를 거두고 싶어했다. 원로원이 그에게 정식으로 임무를 부여한 것은 아니었지만, 그가 로마를 떠나기 전부터 파르티아 전쟁이 벌어질 것이라는 소문이 파다했다.[13]

이 무렵 파르티아는 아주 취약한 상태였다. 가비니우스에게 실망한 파르티아의 미트라다테스 3세는 로마군의 지원 없이 귀국하여 동생에게 도전했다. 바빌로니아의 여러 파당이 그를 환영했거나 그의

• 카이사르는 지휘권을 내려놓지 않는 한 갈리아를 떠날 수 없었기 때문에 두 사람이 찾아와야 했다.

통치를 받아들인 듯했다. 그는 셀레우키아를 통제하게 되었고, 그 도시에서 자신의 이름이 새겨진 동전을 주조했다. 오로데스 2세는 반격에 나섰지만, 그가 전장에 직접 나타나지 않았다는 사실은 전쟁이 상당히 넓은 지역까지 확대되어 그가 다른 지역에서 싸워야 했던 것이 아닌지 추정케 한다. 그는 자신의 부장을 보내 셀레우키아를 고립시키고 공성전을 펼치게 했다. 그 부장은 아르사케스 제국의 가장 중요한 7대 가문 중 하나인 수렌가의 우두머리 수레나였다(그의 이름은 스코틀랜드 부족장의 그것처럼 상속 호칭이고 개인 이름은 알려지지 않았다). 그는 카리스마 넘치는 20대 청년이었고, 미남이 많은 고대 이란의 기준으로 보아도 키가 크고 잘생긴 사람이었다. 그는 또한 용감하고 유능했다. 셀레우키아는 수레나의 급습으로 함락되었고, 수레나는 성벽 위에 가장 먼저 올라간 공격자들 중 한 명이었다고 한다. 미트라다테스 3세는 포획되어 동생에게 넘겨졌고 동생은 즉각 형을 처형했다. 미트라다테스 3세가 주조한 동전들은 녹여서 다시 주조되었는데 이번에는 오로데스 2세의 얼굴과 이름이 새겨졌다.

이 전쟁의 연대는 그 세부 사항 못지않게 불확실한 점이 많지만, 곧 끝이 나서 그 소식이 크라수스가 집정관으로 재직하고 있는 동안 로마에 전달되지는 않았을 것이다. 아마도 크라수스는 가비니우스와 마찬가지로 '진정한' 아르사케스 왕을 지원하기 위해 파르티아 전쟁에 개입해야 하고, 어느 쪽이 되었든 파르티아 군대를 직접 공격하기보다는 로마의 친구 혹은 동맹을 지원해야 한다고 판단했을 것이다. 카이사르의 《갈리아 전기》에는 공격적인 총독이 갈리아 전역에서 공화국의 이익을 위해 현지의 정치 상황에 적극적으로 개입하는 것을 정당화하는 사례들이 많이 나오는데, 이러한 개입은 로마의 이익뿐만 아니라 우호적인 지도자나 공동체를 돕는 길이기도 했다. 이를 비판하는 사람들은 언제든지 있는 법이고, 로마인들은 개입한 전쟁이 성공을 거두는 한 이러한 정당화를 받아들였다. 카이사르는 갈리아에서 서한을 보내 크라수스의 파르티아 원정을 격려했다고 한다. 폼페이우스 또한 현지의 복잡한 관계와 사정을 잘 알고 있음에도 전쟁 계획을 받아들인 것으로 보인다.[14]

그러나 로마의 모든 사람이 삼두체제나 그들의 계획을 받아들인 것은 아니었다. 몇 년 전 카이사르가 집정관이었던 때보다 크라수스와 폼페이우스의 선거 과정과 그 후의 집정관 직무 수행 기간에 훨씬 더 많은 폭력이 일어났다. 어느 날은 폼페이우스가 사람들의 피가 튀는 공공집회를 마치고 집으로 돌아왔는데, 그의 끔찍한 모습을 본 아내 율리아는 충격을 받고 유산했다. 돈, 영향력, 노골적 무력(휴가 중인 백부장과 카이사르 군단 출신의 병사들을 동원하는 등) 덕분에 그들이 승리를 거뒀지만 갈등 없이 선거가 끝난 것은 아니었다. 10명의 호민관 중 한 명은 크라수스의 출발과 전쟁 계획에 대한 징조가 좋지 않다고 선언했다. 그런 수법은 새로운 것은 아니었다. 예전에 카이사르의 집정관 동료였던 비불루스는 1년 내내 자기 집에 틀어박힌 채 신들이 로마의 행태를 불쾌하게 여기는 징조들을 보았다고 발표했다. 그는 정부의 공식 업무를 중단해야 마땅하고 카이사르가 하는 모든 조치는 무효라고 주장했다. 호민관은 자신의 거부권(호민관이 오래 전부터 갖고 있었던 특권)을 사용해 크라수스가 도시에서 떠나는 것을 막아보려 했으나, 다른 동료들에 의해 제지되었다. 그러나 여러 사람이 그 호민관의 견해에 동의하면서 크라수스가 로마를 떠났을 때 시내에서 벌어질 혼란상을 두려워했다. 일반 대중에게 여전히 인기가 높았던 폼페이우스는 크라수스의 출발을 배웅했고 그의 존재는 대중적 항의를 사전 차단하는 효과가 있었다. 그러나 플루타르코스에 의하면 그 호민관은 집요했다. 그는 행렬에 앞서 성문 앞으로 달려가서 화로에 불을 피우고 기다리고 있다가 크라수스가 가까이 오는 것을 보고 향을 피웠다. 이어 고대 언어와 시를 인용하고 절반쯤 잊힌 괴상한 신들과 귀신들의 이름을 불러내며 크라수스를 향해 무서운 저주를 퍼부었다.[15]

당시 로마에 있었던 키케로는 이 사건에 대해서는 언급하지 않았다. 그는 나중에 크라수스가 패전하고 목숨마저 잃었을 때 그 나쁜 징조를 인용하면서 결국 그것이 입증되었다고 말했다. 크라수스가 떠난 직후인 서기전 55년 11월에 쓴 편지에서 키케로는 이런 냉소적인 논평을 한다. "우리의 크라수스는 루키우스 파울루스(파울루스는 집정관 재임 중 3차 마케도니아 전쟁에서 승리를 거두었다)보다 군사적 명성이 떨어지는 편이다. 두 사람이 나이도 비슷하고 집정관을 두 번 역임한 것도 비슷한데도 말이다." 결론적으로 크라수스는 "가치 없는 사람o hominem nequam"이었지만, 이것은 크라수스의 야망보다는 성품에 대한 판단이었을 수도 있다. 크라수스는 그때 60세가 약간 넘었으나 실제 나이보다 더 들어 보이고 이미 인생의 전성기는 한참 지난 것처럼 보였다. 플루타르코스는 그가 아직 확보하지도 않은 성공에 대해 어린아이처럼 자랑하는 우스꽝스러운 행동을 했다고 기록했다. 아마도 키케로 또한 같은 생각이었을지도 모른다. 크라수스가 노예들을 상대로 전쟁을 벌인 지 16년이 흘렀고 두 번째 집정관직을 맡을 때까지 추가 군복무 의향을 보여주지는 않았다. 그는 속주를 다스려본 적도 없고 해외 전쟁에 나가 싸워본 적도 없었다. 그는 생애 후반에 들어서서 군사 작전에 나서기 시작했다. 그가 왜 이런 행동을 했는지 그 동기를 정확히 알기는 어렵다. 하지만 그가 폼페이우스와 카이사르를 부러워하고 특히 그들의 군사적 명성을 시기했다는 것만큼은 부인하기 어렵다.[16]

미트라다테스 3세는 크라수스가 시리아에 도착할 무렵에 이미 사망했겠지만, 그렇지 않았을 가능성도 있다. 미트라다테스 3세와 오로데스 2세 사이의 내전이 여전이 진행 중이었다 하더라도 크라수스의 군사 작전을 언급한 사료들은 그 사실을 기록하진 않았다. 그렇다고 해서 이 내전이 크라수스의 생각에 전혀 영향을 미치지 못했다는 의미는 아니다. 설사 내전이 끝났다 하더라도 최소한 아르사케스 왕이 허약한 틈을 타서 로마가 개입할 수 있는 기회를 제공해 왕이 로마에게 굴복해올 수도 있었고 다른 현지 지도자들이 왕을 배신하고 로마와 동맹을 맺을 수도 있었다. 상황이 변하더라도 사람의 머릿속에 어떤 생각이 고착되어버리면 쉽게 바뀌지 않는 법이다.[17]

안타깝게도 후대에 전해지는 사료는 크라수스의 전쟁의 맥락에 대해서는 거의 언급이 없고 대신 그의 성품을 언급하면서 사건들을 설명하려 한다. 여러 사료 중에서 플루타르코스의 것이 가장 자세한데, 그는 파르티아 전쟁은 명분이 약한 전쟁이었고 크라수스의 개인적 탐욕과 허약한 성품이 불러온 참사였다고 말했다. 크라수스는 평소에 돈을 밝혔는데 이제 영광까지 얻겠다고 나섰지만 너무 늦어서 원하는 것을 성취할 수도 없었다는 것이다. 플루타르코스의 서술에는 비극적 비장미마저 느껴지는데 그가 의도한 것은 무엇인지 짐작하기는 어렵다. 크라수스의 어리석음이 일정하게 작용했겠지만, 당시 상황은 플루타르코스가 말하는 것처럼 그리 간단하지는 않았을 것이다. 크라수스는 집정관대리 자격으로 현지에 총독으로 나갔던 이들에 비해 상당한 자원과 권력, 권한이 있었다. 여기에는 관할 속주 외의 지역에서 활동하고 필요에 따라 전쟁을 할 수 있는 재량권이 포함되어 있었기 때문에 자신이 취한 모든 조치에 대해 정당성을 만들어낼 수 있었을 것이다.[18]

동기와 목적이 무엇이든 간에 대규모 전쟁은 신속하게 준비될 수 없었다. 크라수스는 7개 군단으로 구성된 군대의 지휘권을 부여받았다. 이는 이미 시리아에 나가 있는 2개 군단을 포함한 숫자였지만, 나머지 5개 군단은 처음부터 새로 모병해야 했다. 당시에 카이사르는 갈리아 전투에 투입할 추가 병력을 모집하고 있었고, 폼페이우스도 스페인 주둔군의 병력을 충원해야 했으며, 다른 속주의 총독들에게도 병사들이 필요했기 때문에 모병은 쉬운 일이 아니었다. 그나마 동방 전투는 다른 지역의 전투보다 수익이 높고 수월하다고 소문 난 것이 병력 모집에 도움이 되었다. 크라수스는 폼페이우스 휘하의 여러 지역에서 근무했던 노련한 장교들을 선발할 수 있었다. 하지만 열성적이고 유능한 백부장百夫長과 천부장千夫長* 기타 고위 장교들은 이미 다른 곳에서 근무하고 있었을 가능성이 높다. 일반 병사들도 모집하기 어려웠고, 특히 역전의 용사들은 더 구하기가 어려웠기 때문에 크라수스는 각 군단의 병사들을 완전히 충원할 수가 없었다. 아드리아해를 건너갈 때에도 풍랑을 만나 병사들이 바다에 빠져 익사해서 병력 손실이 있었다. 전반적으로 살펴볼 때 크라수스 원정군의 평균

---

* 천부장의 원어는 트리부누스 밀리툼(tribunus militum)인데 바로 밑의 장교 켄투리온(centurion)을 백부장으로 옮긴 것에 준해 이렇게 옮겼다. 백부장은 현대식 군대 편제로 볼 때 중대장에 해당하고, 천부장은 대대장에 해당한다.—옮긴이

병력은 각 군단마다 4000명 정도였을 것이고, 실제로는 이것보다 훨씬 적었을 수도 있다. 즉 총 병력은 2만 8000명 정도였고, 여기에 궁수를 포함한 4000명의 경보병과 현지에서 조달한 3000명의 기병이 추가되었다. 그의 아들 푸블리우스가 지휘하는 1000명의 기병은 카이사르가 크라수스에게 보내준 것이었다. 이 기병들은 대다수 갈리아인에 일부 게르만인으로 구성되어 있었고 아주 능력이 뛰어난 것으로 평가되었지만, 서기전 54년 후반이 되어서야 크라수스 군대에 합류했다.[19]

로마인은 상비군을 두고 있지 않았다. 각 군단의 병사를 모집하면 먼저 훈련을 시켜 어느 정도 군기를 세운 다음 기존의 병사들과 함께 일하도록 했다. 이 일은 상당한 시간과 노력이 들었는데 사료의 기록에 따르면 크라수스는 이 일을 대체로 하급 장교에게 맡기고 자신은 주로 전쟁 준비의 군수적·재무적 사항에만 집중했다. 군사 작전에 들어간 첫 해에 그의 작전은 제한적이었다. 그는 제우그마에서 유프라테스강을 건너는 부교를 건설했고 그다음에 오스로에네로 밀고 들어갔다. 그 지역을 관할하는 파르티아 총독 실라케스는 즉각 소규모 부대를 동원해 맞섰으나 패배했다. 이것은 로마와 파르티아 사이에 벌어진 최초의 정식 교전이었으나 전초전에 불과했다. 이 지역은 한동안 파르티아인들에게 빼앗겼다가 폼페이우스가 아르메니아를 격퇴한 이후 조금씩 영토를 회복하고 있는 곳이었다. 누가 이길지 알 수 없었고 또 적극적으로 아르사케스 왕조를 지지한 것도 아니었으므로 지역의 거의 모든 도시가 로마인을 환영하고 로마 수비대를 받아들였다. 유일한 예외는 제노도티아(정확한 위치는 알 수 없다)였는데, 이 도시의 참주는 100명의 로마 병사를 받아들였다가 모두 학살했다. 크라수스는 이 도시를 포위하여 함락시켰는데 군사 작전은 여러 주 혹은 여러 달이 걸렸을 것으로 보인다. 이어서 그는 주력 부대를 시리아로 철수시켜 겨울을 나도록 했고, 새로 점령한 지역에는 7000명의 보병과 1000명의 기병을 남겨서 도시의 치안을 유지하고 방비하도록 했다.[20]

플루타르코스와 3세기 초의 역사가 카시우스 디오는 크라수스가 공격 작전을 계속 밀고 나가지 않았다고 비난했지만 이는 비현실적인 주장이었다. 겨울에 크라수스는 병사들을 훈련시키고, 군대 유지 비용을 조달하고, 군수품과 운송 장비를 사들이며 전쟁 준비를 했다. 사료들은 그가 현지 동맹으로부터 특별 기동대를 파견하라고 요구했다가 그들이 군대 대신에 돈을 주겠다고 하자 받아들였다는 이야기를 전하며 크라수스가 탐욕스럽다고 비난했다. 그의 본래 목적은 군인이 아니라 금전이었다는 것이다. 신전의 지성소 안으로 들어가 신성함을 훼손했지만 황금을 취하지 않았던 폼페이우스와 달리 크라수스는 예루살렘 신전에서 황금을 가져왔다. 안티오코스 3세와 다른 셀레우코스 왕들은 전쟁 자금을 마련하기 위해 성지에서 보물을 강탈했다는 비난을 받아왔고, 안티오코스 3세가 갑자기 사망하고 다른 왕들이 실패한 것도 이 때문이라고 여겨졌다. 크라수스를 둘러싼 나쁜 징조는 고대 역사가의 기준으로 봐도 너무 많은데, 아마도 그가 패전한 이후 지어낸 것들일 것이다. 그가 탐욕스러운 사람이든 아니든(우리는 당시 지방 총독의 윤리 기준이 그리 엄격하지 않았음을 감안해야 한다), 크라수스는 작전 기지를 확보하고 젊은 병사들에게 참전 경험과 손쉬운 승리를 안겨주면서 괜찮은 출발을 했다.[21]

이쯤에서 크라수스는 시리아의 집정관대리로서 큰 행동의 자유를 보장받았다는 사실을 기억할 필요가 있다. 그는 로마 공화국의 고위 행정관이었고, 다른 총독들과 마찬가지로 본국에서 멀리 떨어진 곳에서 작전을 펼치고 있었으므로 로마 원로원이 일일이 간섭할 수가 없었다. 원로원은 총독에게 지시를 내렸고 전임 총독들의 선례를 참고할 수는 있었지만, 주어진 권한을 갖고 어떻게 행동할 것인가는 전적으로 현역 총독이 알아서 할 일이었다. 만약 많은 원로원 의원이 총독의 행동을 직권 남용이라 판단한다면 투표를 통해 그를 교체하거나, 군사적 지원을 박탈하거나, 귀국시킨 후 기소할 수 있었다. 그러나 당장은 크라수스와 그의 동맹들은 확신에 차 있었다. 그들의 영향력은 막강하여 그가 속주에 나가 있는 동안 그의 행동에 제동을 걸 수 있는 사람은 없고, 그를 귀국시켜 법정에 세우겠다는 어리석은 생각을 하는 사람도 없을 것이라고 생각했다.

로마 지도층은 크라수스를 알았고, 그의 지위를 인정했으며, 그의 비위를 거스르면 좋을 게 없다는 것을 이해하고 있었다. 그러나 오로데스 2세와 그의 측근들에게 크라수스는 정체를 알 수 없는 인물이었다. 그들은 그가 어떻게 행동할지 알지 못했고, 과거 로마인들과의 접촉 경험으로 볼 때 새로 부임해오는 총독은 저마다 예상치 못한 방식으로 행동했다. 게다가 로마와 파르티아는 상대방의 군사적 잠재력을 시험해볼 기회가 별로 없었다. 로마의 공화정 제도는 개인의 야망과 국가의 관심사가 결합해 새로운 총독이 전임 총독과 아주 다른 방식으로 행동할 수 있다는 점에서 이웃 국가들에게 문제를 제기했다. 왕중왕은 로마인을 제대로 파악하고 가장 최근에 부임해온 자가 군주가 이끄는 국가의 지도자와 비교해 어떤 다른 행동을 할지 감을 잡기가 어려웠다. 동시에 로마의 총독들은 현지에 대한 개인적 경험

이 거의 없는—크라수스는 아예 없는—상태로 부임해 왔다. 이것이
지난 몇 년 동안 두 강대국 사이에 벌어진 교섭의 문제를 더욱 예측
불가능하게 만들었다.

4

전투

서기전 53-50

오로데스 2세는 크라수스가 원하는 게 무엇인지, 어떻게 수월하게 그와 타협할 수 있을지 그 방법을 알지 못했다. 로마인들은 과거에 진군하여 이제는 끝나버린 내전에 개입했었다. 로마군 침략자들은 개입 초기에 어느 정도 소득을 거두었고 막강한 군대를 보유하고 있었지만 군대가 얼마나 파괴적일지 판단하는 것은 불가능했다. 어느 쪽도 상대방의 힘, 결단력, 진정한 목적 등을 알지 못했기 때문에 추후에 어떤 상황이 벌어질 것인가도 예측할 수 없었다.

서기전 53년에 크라수스는 전보다 더 과감한 작전을 준비했다. 그의 아들 푸블리우스는 갈리아인 기병대를 이끌고 와서 기존의 기병대를 상당히 강화시켰다. 그러나 아르메니아 쪽에 기대했던 병력 증강은 허사가 되었다. 티그라네스 2세의 아들이자 후계자인 아르타바스데스 2세는 6000명의 정예 기병대를 이끌고 크라수스에 합류하겠다고 약속했으나 곧 크라수스가 아르메니아를 통과해 파르티아로 들어갈 의사가 없다는 것을 알고는 기병대를 자기 왕국으로 돌려보냈다. 그 경로에는 나름 매력적인 부분도 있었지만 출발 지점에 도달하기 위해 너무 멀리 돌아가야 했고, 킬리키아 주재 로마 총독의 주권을 침해할 우려도 있었다. 또 지난해에 이미 확보한 이점도 포기해야 했다. 그래서 크라수스는 아르메니아 쪽은 포기하고 북부 메소포타미아에 있는 로마 수비대를 활용하여 보급선을 방어하도록 하는 계획을 세웠다.[1]

작전에 나서기 전에 파르티아 사절단이 도착해 크라수스의 공격 이유가 무엇이냐고 날카롭게 물어왔다. 플루타르코스에 따르면 사절단은 이렇게 말했다. 만약 로마가 파르티아와 전쟁을 하기로 결정했다면 파르티아는 온 국력과 용기를 모아 항전할 것이다. 그러나 이것이 원로원의 승인을 받지 않은 개인적 원정이라면 파르티아는 늙은 노인의 어리석은 행위를 동정하면서 휘하의 병사들이 아무런 괴롭힘을 받지 않고 무사히 고국에 돌아가도록 해주겠다. 카이사르는 게르만인 전쟁 지휘관이 로마의 정치에 대해 어느 정도 알고 있었다고 주장했기 때문에 파르티아인들도 로마 원로원을 운운했을 가능성이 있고, 아니면 크라수스에게 전적으로 전쟁에 대한 책임을 지우기 위해 지어낸 말일 수도 있다. 아무튼 파르티아인들은 진정으로 협상할 생각이 있었다. 그들은 과거에 양측이 위협만 하다가 그만두었다는 사실을 알고 있었기 때문에 이번에도 그럴 것이라고 생각하는 듯했다. 오로데스 2세는 최근 로마인이 점령한 영토를 돌려달라고 요구했지만, 과거에 부왕이 로마인을 상대로 그러했던 것처럼 협상 과정에서 일부 양보할 생각도 있었다. 크라수스는 파르티아 사절의 무력 과시와 자신감에 찬 언변이 헛소리라 생각했을 가능성이 있고, 파르티아 사절단은 로마인이 전면전을 피할 것이라고 생각했을 수 있다. 양측은 상대방의 군사력을 두려워할 이유가 없었고, 전쟁이 벌어지면 자신들이 이길 것이라고 확신했을 것이다.

크라수스는 전혀 물러설 기색이 없었다. 그는 사절단의 질문에 대해 셀레우키아에서 답변하겠다고 말했다. 오로데스 2세가 로마의 권위에 복종하도록 만드는 것이 그가 생각하는 전쟁의 합당한 결론이었다. 그런 다음 티그라네스 2세가 아르메니아를 통치하도록 내버려둔 것처럼 파르티아 왕도 자율권을 행사하게 할 생각이었다. 만약 오로데스 2세가 복종할 생각이 없다면 과거의 경험에 비추어볼 때 로마의 도움을 받아 왕좌에 오를 다른 후보들은 얼마든지 있었다. 로마가 전쟁에서 승리한다 하더라도 항구적 점령은 불필요했다. 크라수스가 회담 전에 파르티아를 통과해 인도까지 진군함으로써 알렉산드로스 대왕을 능가하겠다고 말했다는 플루타르코스의 주장은 지어낸 것일 가능성이 높다. 서기전 54~53년에 그가 그런 계획을 세웠다는 증거는 전혀 없다.

그러나 파르티아 사절단은 크라수스의 위협에 전혀 겁먹지 않았다. 한 사절은 오른손을 들고 손을 활짝 펴서 손바닥의 맨들맨들한 부분을 가리키며 다음과 같이 말했다. "당신이 셀레우키아에 가려면 여기에 털이 나야 할 거요." 당시 파르티아인들은 몇 년 전보다 전쟁에 대한 대비를 훨씬 더 잘하고 있었다. 그들의 제국은 광대했지만 왕이 즉시 부릴 수 있는 상비군은 없었다. 왕실에 봉사하는 상근직 병사들, 지역 수비대, 총독과 기타 귀족의 저택에서 근무하는 병사 등이 다였다. 큰 전쟁이 벌어지면 왕은 고위 귀족들을 소집해 군대를 제공할 것을 요구했고, 그러면 고위 귀족들은 다시 하급 귀족들을 소집해 그들이 관할하는 공동체에서 병사들을 모집하라고 요구했다. 이런 방식으로 비상시 군대를 소집하는 것은 시간이 오래 걸렸고, 그 군대가 병력을 필요로 하는 지점까지 이동하는 데에는 더 오랜 시간이 걸렸다. 오로데스 2세는 형과의 내전을 위해 이미 군대를 동원해둔 상태였다. 서기전 53년에 미트라다테스 3세는 전쟁에서 패배해 처형당했고, 이로써 왕은 내전에 투입했던 병력을 곧바로 로마인과 그들의 동맹이 제기한 위협적 사태에 다시 투입할 수 있었다.[2]

이어진 전투의 묘사에서 플루타르코스는 파르티아 군대의 보병에 대해서는 전혀 언급하지 않는다. 카시우스 디오를 비롯한 다른 출처에서는 파르티아 보병이 너무 수준이 낮아서 척후병에 불과하다고 일축했다. 이것은 상황을 지나치게 과장한 것이며, 가령 셀레우키아를 공격할 때나 축성이 강화된 도시들을 공격할 때 파르티아 보병과 말에서 내려서 싸우는 기병들이 핵심적 역할을 한 것은 분명하다. 그러나 야전군의 경우 정말 중요한 것은 기병대였다. 기병대는 두 유형이 있었다. 가장 흔하고 로마인이 생각할 때 파르티아 기병대의 정수라고 여겨진 것은 궁기병弓騎兵이었다. 튼튼한 말을 타고 달리며 곡선형 합성활composite bow*을 사용하는 궁기병은 속도전에 능할 뿐만 아니라 멀리 떨어진 곳에서도 공격할 수 있는 능력이 있었다. 그들은 갑옷을 입지 않았고 말에도 불필요한 장식을 달지 않아서 날렵하게 이동할 수 있었기 때문에 날아오는 발사체 무기도 재빠르게 피해버려서 타격하기 어려웠다. 백병전에서 승리하는 것이 진정한 군인의

---

* 합성활은 두 가지 이상의 나무를 서로 붙여서 만든 혼합식 활로, 한 종류의 나무로 만든 활보다 한결 강한 힘과 유연성을 제공한다. 곡선으로 휜다는 것은 화살을 쏘았을 때 활의 두 팔이 정반대 방향의 앞쪽으로 기울어진다는 뜻이다.

미덕이라 여겼던 그리스인과 로마인에게 달아나는 척하다가 갑자기 몸을 돌려 적에게 화살을 쏘아대는 궁기병의 전투방식은 당혹스러운 것이었다. 이것이 그 유명한 '파르티아 사격'인데 오늘날에는 이 용어가 왜곡되어 '이별 사격'이라고 불린다. 궁기병들은 흩어져서 달아나거나 망설이는 적을 공격할 수는 있지만 무력 과시를 위해 스스로를 불필요한 위험에 빠트리는 것은 아무 의미가 없으며 특히 활을 쏘면서 공격하는 이점을 잃는 행위이므로 금기로 여겼다.[3]

그리스-로마의 전형적 기병은 중기병重騎兵으로서 적진을 향해 맹렬하게 돌진하는 것이 주된 임무였다. 이 기병은 방패를 휴대하지 않으며 투구를 쓰고 갑옷으로 동체, 양팔, 양다리를 단단하게 보호했다. 갑옷은 미늘, 쇠, 청동 조각이거나 때로는 얇은 금속으로 만든 것일 수도 있었다. 기병이 타는 말, 적어도 선두에 있는 대열의 말에는 머리, 목, 동체를 보호하는 금속 미늘 형태의 갑옷을 입혔다. 기병의 주된 무기는 자루가 달린 3.6미터 길이의 가느다란 창 콘토스kontos로, 기병은 이것을 두 손으로 잡고 휘둘렀다. 만약 창이 부러지면 중기병은 긴 자상용 칼을 사용했다. 후대에는 많은 기병이 활을 사용했는데, 사냥터에서 사용했거나 이 무기가 가진 명성 때문에 이미 대다수가 활을 쏘는 방법을 알고 있었을 것이다. 하지만 서기전 1세기에 기병들이 전장에 활을 가지고 나갔는지는 불분명하다. 콘토스를 사용하는 동시에 활을 쏘려면 각각 양손을 사용해야 했기 때문에 수준 높은 기마술이 필요했다. 당시에 등자는 아직 발명되지 않았고 기병은 서기전 4세기경에 스텝 유목민들이 처음 사용한 것으로 보이는 뿔 달린 안장의 도움을 받았을 뿐이었다.[4]

전투에서 초창기 파르티아는 스텝 유목민의 기술을 받아들인 것이 분명해 보이지만, 약간의 주의가 필요하다. 동방의 넓은 지역에서 아케메네스 왕조의 페르시아인과 다른 초창기 문화권은 말과 기마술을 아주 중요하게 여겼고 전쟁에서는 기병대를 적극 활용했다. 일부 스키타이인과 유목민이 무거운 갑옷을 입고 갑옷 입힌 말을 탔을 가능성은 있지만 이런 기병들이 대규모로 전투에 가담했을지는 불분명하다. 반면에 셀레우코스 왕조는 중기병을 전투에 활용했다. 따라서 우리는 파르티아의 형태가 스텝 지역의 전술보다 그리스 전통과 더 관련이 있는 것인지 여부는 자신 있게 말할 수 없다. 마찬가지로 궁술도 페르시아인들에게 아주 중요했고, 활이라는 상징은 때때로 왕이나 왕의 대리자인 총독의 지위를 드러내는 장식물로 자주 사용되었다.[5]

파르티아인은 다양한 전통을 종합하여 그들 나름의 전쟁 수행 방식을 정립했다. 궁기병의 능력과 용맹함은 페르시아인보다 파르티아인에게 훨씬 더 중요했다. 파르티아가 페르시아나 셀레우코스 전통으로부터 벗어났음을 보여주는 또다른 특징은 군대의 규모보다는 양질의 전투력을 더 중시했다는 점이다. 궁기병이나 중기병으로 잘 싸우려면 상당한 기술이 필요했고 그것은 오랜 훈련 끝에 얻을 수 있는 것이었다. 높은 장비 비용 때문에 주로 귀족과 부유층이 중기병으로 근무하는 경향이 있었다. 그리스-로마 사료들은 파르티아 사회를 소수의 귀족으로 구성된 '자유인'과 귀족에게 의존하는 일반 대중으로 구분되는 엄격한 신분사회라고 기록했는데, 일반 대중을 그릇되게도 '노예'라고 묘사했다(카이사르도 당대의 갈리아에 대해 이와 비슷한 말을 했다. 따라서 이런 설명은 과거에 그리스인들이 동방인들을 '노예 같다'라고 표현한 것에서 '열등한' 외국인들에 대한 경멸이 추가된 것이었다). 파르티아의 '자유인'은 말을 타고 아무 데나 갈 수 있었지만 그들에게 종속된 '노예'들은 귀족의 저택에서 숙식을 해결하며 전쟁에 나가기 위한 훈련을 받았다. 플루타르코스에 따르면 파르티아 장군 수레나는 친척, 하급 귀족, 의존식객 등으로 구성된 약 1만 명의 전사들을 소집해 전쟁에 나갔는데, 이들 중 약 1000명은 중기병으로, 나머지는 궁기병으로 참전했다.[6]

　서기전 53년 오로데스 2세는 직접 아르메니아 침공을 지휘하기로 결심했다. 이 소식이 전해지자 아르메니아의 아르타바스데스 2세는 크라수스와 협력할 생각을 버리고 급거 귀국했다. 아르메니아 병력의 규모는 이미 잘 알려져 있었고, 그들의 교전 방식이나 정치적 상황도 로마인보다 잘 파악되어 있었다. 아르메니아는 크라수스의 중요한 현지 동맹국이었고, 그들이 크라수스와 힘을 합친다면 로마군 기병대의 전력을 크게 향상시킬 것이었다. 따라서 오로데스 2세는 아르메니아를 직접 처치하려고 했고, 수레나를 보내서 로마군을 상대하도록 했다. 로마군에 대적하는 파르티아군의 규모가 어느 정도였는지 말해주는 사료는 없다. 기이하게도 많은 학자가 수레나의 개인 사병의 규모에 대한 플루타르코스의 언급을 근거로, 그가 1만 명만 데리고 로마군과 대적했다는 잘못된 주장을 하고 있다. 하지만 이 주장을 뒷받침하는 증거는 어디에도 없다. 플루타르코스는 또한 서기전 54년에 로마군에게 패배했던 실라케스도 참전했다고 말한다. 그렇다면 다른 귀족들과 그 수행원들이 현장에 나왔을 가능성 또한 배제할 수 없다. 과거에 아르사케스 왕들은 외적이 침공해올 때 하급 지휘관을 파견하여 요격하도록 했다. 가령 미트라다테스 1세는 데메트리오스 2세가 침공해왔을 때 동생을 전장에 내보냈다. 크라수스의 맞상대로 수레나를 보낸 것은 파르티아의 이런 전통에 따른 것이며,

형식적 대응, 지연전술, 저명한 귀족의 희생 등을 염두에 둔 것이 아니라 잘 조정된 전쟁 계획의 일환이었다. 이 전쟁의 연대별 선후 관계가 어떻게 되는지는 불분명하지만, 아르메니아의 아르타바스데스 2세는 파르티아가 자신의 왕국을 실제로 침공하려 한다는 걸 알게 된 이후에 크라수스를 떠났을 가능성이 높다.[7]

크라수스는 이른 봄 제우그마에서 유프라테스강을 건넜다. 그가 도강을 끝내자 일진광풍이 불어와 강 위의 부교를 파괴했다. 그것은 작전 내내 그를 따라다녔던 여러 나쁜 징조 중 하나였다. 그의 말들 중 한 마리가 갑자기 강물에 뛰어들어서 익사하거나, 군단의 독수리 군기 하나가 땅에서 쑥 뽑히는가 하면, 또다른 군기는 고개를 돌려 적과는 정반대 방향을 바라보기도 했다. 나중에 크라수스는 통상적 장군의 복장인 붉은 망토 대신 문상객처럼 검은 망토를 입고 병사들 앞에 무심하게 나타났다. 그는 부교가 파괴된 것을 보고 아무도 그 것을 다시 사용하지 않을 테니 괜찮다고 말해서 병사들을 화나게 했다. 이는 부교가 아닌 다른 경로로 갈 것이라는 의미 대신 모든 병사가 죽어서 다리를 건널 일이 없을 것이라는 뜻으로 받아들여졌다. 그러나 노련한 웅변가들도 때때로 실수를 하는 법이다. 겨울 석 달 동안에 주둔군을 배치한 일부 도시에서도 소규모 접전이 있었고, 그 이후 파르티아인들의 용맹한 전투력을 증명하는 소문들이 돌기 시작했다(이것은 또다시 《갈리아 전기》에서 게르만 전사들의 규모와 군사력이 한때 로마군을 겁먹게 했다는 이야기를 연상시킨다).[8]

로마 군대는 당초 계획대로 셀레우키아로 향하는 직선 도로를 따라 행군했다. 그러다가 로마 척후병이 길에서 많은 말이 다녀간 흔적을 발견했다. 지난해 로마인을 따뜻하게 맞이한 도시 중 하나였고,

그 지역을 통과하는 무역로의 중요 경유지였던 카레(구약성경의 하란) 너머에 파르티아 군대가 있다는 보고들이 올라왔다. 크라수스는 당연히 카레 인근까지 접근해온 파르티아군과 교전하려 했다. 승리하면 후방과의 통신이 더 좋아질 것이고, 로마군을 환영한 도시들을 보호해줄 수 있으며, 더욱 중요하게는 야전에서의 승리가 휘하 병사들의 사기를 높이는 동시에 적들의 간담을 서늘하게 만들 수 있기 때문이었다. 여러 사료들은 순진한 크라수스를 의도적으로 함정에 빠트렸다며 현지 동맹들의 악랄한 배신행위를 비난한다. 물론 동맹들이 의도적으로 속임수를 썼을 가능성도 있지만, 그보다는 인간의 실수가 더 큰 요인이었을 수 있으며, 크라수스 군대의 대패를 변명하기 위해 지어낸 이야기일 가능성도 높다. 한 가지 전승은 크라수스의 재무관 가이우스 카시우스 롱기누스(9년 후 브루투스와 함께 율리우스 카이사르의 암살을 주도할 인물)*에게 아주 우호적이었다. 전승에 따르면 카시우스는 사령관에게 여러 번 현명한 조언을 했고 배신자들의 충성 맹세가 가짜임을 간파하고 진언했으나 그때마다 사령관은 듣지 않았다는 것이다.[9]

일주일 만에 크라수스는 카레를 지나 발리수스(발리크)강에 접근했다. 그 강은 카레와 무역로의 다음 기착지인 이크네아이 사이에 있었다. 관련 사료들은 이 지역이 사막지대라고 극적으로 설명했으나, 실제로는 건조하면서도 구불구불한 목초지였다. 전투가 벌어진 6월 초

---

* 카시우스는 아마도 서기전 54년에 재무관으로 선출되었을 것이다. 로마의 폭동 사태로 인해 이듬해 선거는 연기되었다가 그해 후반에 실시되었으므로 후임 재무관이 크라수스의 군대에 합류할 수 없었다. 이런 사실들로 미루어볼 때 전투가 벌어지던 당시에 카시우스는 대략 31세였을 것이다.

에 기온은 낮에 화씨 90도(섭씨 30도 중반)였고 때로는 더 높아지기도 했다. 도로는 치중차는 물론이고 병사들이 이동하기에는 알맞지 않았으므로 행군은 고난의 연속이었다. 게다가 로마군은 아직 전투 환경에 익숙하지 않은 미숙한 군대였다. 대부분의 수비대는 아직 도시에 남아 있었기 때문에 야전군은 약 2만 명의 군단병, 4000명의 경보병, 3000명의 기병(이 병력이 기존 수비대에서 모집한 것이라면 4000명)에 달했던 것으로 보인다. 이 숫자는 대략적인 추정치이며 전체 병력수는 이보다 더 많을 수도 있고 적을 수도 있다. 어느 쪽이든 거기에다 노예, 하인, 진지 관리자 등을 추가해야 한다. 우리가 가진 사료들에 제시된 수치는 사망자와 생존자에 대한 것이며 선뜻 믿기 어려운 개괄적인 수치일 뿐이다. 로마군 병력이 수레나의 병력보다 많으며 그것도 아주 압도적으로 우세했을 가능성이 있지만, 한 가지 확실한 것은 파르티아군이 기병대에서는 훨씬 우위에 있었다는 것이다.[10]

아르타바스데스 2세가 오로데스 2세와 싸우고 있다는 보고가 올라왔으나 크라수스는 왕과 합류하기에는 너무 멀리 떨어져 있었고, 또 아르메니아에 가까이 접근할 특별한 이유가 없었다. 그는 계속해서 온 길로 나아갔다. 그의 척후병들은 적의 정찰대를 만나 다수가 살해당했지만, 살아남은 병사들이 돌아와 대규모의 파르티아 군대가 로마군을 향하여 진군해오고 있다고 보고했다. 로마군은 전투 대형을 짜고 전선 양 옆에 기병대를 배치한 채 적군을 기다렸다. 잠시 뒤 크라수스는 전투 대형을 속이 빈 사각형 형태로 바꾸고 네 변에 각각 12개 부대를 배치했고, 기병대가 사각형 밖에서 엄호하도록 했다. 이것은 적이 어느 방향에서 공격해올지 모를 때 로마군이 자주 사용하는 사각 전투 대형agmen quadratum 중 하나였다. 그리고 대대 전체 규모에 따라 추가 예비 대대를 두었을 것이다. 치중차는 보통 사각형의 빈 공간에 두었다. 행진하기에는 다소 거북한 대형이었으나 그래도 길게 늘어선 종대보다는 적의 공격을 예상하며 진군하기에 더 적절한 대형이었다.[11]

여전히 적이 다가오는 기색은 없었고 크라수스는 발리수스강에 이를 때까지 계속 전진했다. 로마 사령관들은 중요한 결정을 하기 전에 고위 장교들로 구성된 작전회의를 열었다. 크라수스의 일부 장교들은 강물에 가까운 현재 위치에 진지를 놓자고 제안했다. 행군 도중에 진지를 설치하는 것은 로마의 전쟁 수행 과정에서 잘 확립된 특징으로, 적의 직접적 공격으로부터 병사들을 보호하고 휴식 기회를 부여하며 진출 지역에서의 작전 수행을 위한 준비도 가능하게 해주었다. 또 치중차를 진지 안의 하인들과 소규모 수비대에게 맡기고 작전을 나갈 수도 있었다. 행군 도중의 진지 설치가 로마군의 관행이라고 해도 결정을 내리는 것은 쉬운 일이 아니었다. 바로 전투를 치를 것이 아니라면 과감한 사령관의 경우 적들이 보는 앞에서 진지를 설치할 수도 있었을 것이다. 이후에 벌어진 사건들로 미루어볼 때 아직 한낮이었고, 크라수스는 행군을 멈추기에는 너무 이른 시간이라고 판단했을 것이다. 그의 아들 푸블리우스 크라수스는 계속 행군할 것을 강력히 건의했고 논의 끝에 병사들에게 잠깐 휴식을 취하고 물과 음식을 섭취한 후 계속 행군하라는 지시가 내려졌다.[12]

수레나는 로마군이 다가오기를 기다리고 있었다. 대규모 군대는 행군할 때 먼지 구름을 일으키기 마련이었고, 메소포타미아의 뜨거운 여름에 기병이 많이 편성된 군대라면 더욱 그러했다. 로마인들은 그들 앞에 일어나는 먼지 구름을 보지 못했고, 그것은 파르티아군이 진지를 정하고 그들에게 익숙한 길을 따라 오는 로마군과 대적할 준비를 끝냈다는 뜻이었다. 크라수스는 어서 교전을 해야 한다는 욕심에 가능한 한 행군 속도를 높이려고 애썼지만 치중차와 사각 대형이 행군 속도를 느리게 만들고 있었다. 마침내 적의 모습이 보였고 그들은 보고 내용과는 다르게 그리 많은 병력은 아니었다. 수레나는 병력을 아주 조심스럽게 배치해 전투 대형 중 그리 두텁지 않은 선두 대열을 적이 훤히 볼 수 있게 형성했고, 주력 부대는 선두 대열 뒤쪽에 배치하거나 아니면 구불구불한 구릉지의 움푹 팬 곳에 숨겨두어 적의 눈에 띄지 않게 했다. 중기병들은 갑옷을 천이나 가죽으로 덮어서 한여름 무더위에 신체를 보호하고, 햇빛에 갑옷이 반사되어 그들의 위치가 발각되지 않도록 했다.[13]

갑자기 북소리가 크게 울리면서 로마 병사들의 귀청을 찔렀다. 플루타르코스에 따르면 파르티아인들은 그런 소음이 병사들의 심리에 강력한 공포심을 불러일으킨다는 것을 잘 알고 있었다. 그들은 소리에 시각적 효과까지 더했다. 파르티아군은 투구와 무기를 감추고 있던 덮개를 일제히 벗었고 중기병들이 눈부시게 반짝이는 예리한 창을 앞세우고 번쩍거리는 대형으로 전진했다. 수레나는 갑작스럽고 극적인 기병들의 등장이 로마군 병사들을 겁먹게 만들기를 기대했다. 이런 위압적인 광경이 병사들의 심리에 어떤 파문을 일으켰는지와는 무관하게, 로마군의 사각 대형은 질서정연하고 침착한 태도를 보였다. 파르티아 병사들은 이렇게 잘 훈련된 보병을 전투 상황에서 만나본 적이 없었다. 로마군 또한 훌륭한 지휘관이 통솔하는 대규모 파르티아군을 대적해본 경험이 없었다. 어느덧 중기병들은 뒤로 빠지고 궁기병들이 앞으로 달려 나오면서 사각형의 네 변에 위협을 가해 왔다. 크라수스는 보병 소부대를 전투 대대의 최전선 바깥으로 내보내서 요격하게 했다. 이 보병들은 적보다 수가 적었고 장창을 들고 있었는데 투창을 하려면 사정거리 27미터 내로 접근해야 했다. 그러자 화살 세례가 비처럼 쏟아졌다. 소수가 화살을 맞아 쓰러졌고 나머지 병사들은 군단병들이 마련한 피난처로 황급히 돌아왔다. 파르티아인들은 거리를 바싹 좁히며 다가왔다.[14]

플루타르코스에 따르면 파르티아군은 병사 개개인을 겨냥하지 않고 로마군 진영이 자리잡은 곳에 화살 세례를 퍼부었다. 로마군이 밀집해 있어서 누구라도 맞게 될 것이기 때문이었다. 그 공격은 14세기와 15세기 잉글랜드와 웨일스의 궁수들이 쏘아댄 것과 같은 화살 폭풍이었다. 공격이 규칙적이지는 않았는데, 그들이 대형 대열로 걸어다니는 궁수들이었기 때문이다. 파르티아 궁기병들은 속도를 최대한 활용해 공격했다. 적을 향해 직선으로 달려가면서 활을 쏘고, 오른쪽으로 방향을 바꾸어서 오른손잡이 궁수가 왼쪽을 향해 화살을 날렸다. 그다음에는 적의 대열을 따라 나란히 달리면서 활을 쏜 후에 적진에서 물러섰다. 퇴각을 하면서도 상체만 뒤로 돌려 다시 활을 쏘았다. 이동 중에 정확하게 목표물을 맞히는 것은 쉽지 않았고 달리는 말은 안정된 발판이 아니었다. 중세에 나온 사라센의 궁기술 교범은 말이 중간 속도로 달릴 때 화살을 날릴 것을 권하고 있고, 숙달된 궁수는 1.5초에 세 발의 화살을 날릴 수 있다고 설명한다. 이렇게 하자면 궁수에게 충분한 공간이 확보되어야 하고 밀집 대형은 이런 형태의 화살 공격에는 어울리지 않는다. 궁기병들은 보통 종대로 이동하면서 한 궁수 뒤에 다른 궁수가 따라가고, 앞 사람이 화살을 날리고 나서 옆으로 빠지면 뒷사람이 곧바로 앞으로 나와서 발사하는 방식으로 공격했다. 화살이 연달아 날아오기보다는 파도처럼 로마 전선의 위아래로 날아오면서 어느 특정 지점에 공격이 집중되었다가 그 다음 지점으로 옮겨가는 식이었다.[15]

로마군 병사는 투구, 미늘갑옷, 세 겹의 합판으로 만들고 송아지 가죽을 씌운 길고 넓적한 타원형의 방패를 사용했다. 아주 가까운 거리를 제외하고는 이 장비들은 화살을 충분히 막아낼 수 있었다. 정강이받이는 당시 장교들만 사용했기 때문에 얼굴과 오른팔, 다리는 보호되지 않았다. 노출된 신체를 보호하는 방법은 방패 뒤에 웅크리는 것뿐이었다. 지상에서 활을 날리는 궁보병弓步兵은 궁기병보다 사거리가 더 멀리 떨어져 있는 목표물도 더 정확히 맞힐 수 있었지만, 로마군 내에 이런 궁수들이 너무 소수였으므로 사각 대형을 따라 달리는 파르티아 궁기병을 격퇴하기에는 역부족이었다. 군단병은 각자 27미터 사거리의 투창과 그보다 절반쯤의 사거리를 가진 장창을 휴대했다. 산병散兵〔소규모 접전을 위해 산개 대형으로 배치된 보병〕들은 그보다 훨씬 가볍고 사거리도 긴 장창을 휴대했다. 그러나 궁기병들은 빠르게 움직였고 곧 장창의 사거리를 벗어나는 방법을 파악했다. 로마군 보병들이 국지적으로 앞으로 내달리면서 궁기병에게 가까이 다가가 단창이나 장창을 던지거나 직접 궁기병을 찌르는 것은 대단히 어려운 일이었다. 오히려 로마군 보병들이 파르티아 궁기병의 좋은 목표물이 되었다. 그들은 무장한 채 도망치기는커녕 전진하는 것도 어려웠고, 방패 뒤로 숨는 것도 여의치 않았기 때문이다.

파르티아군은 로마군을 학살하기보다는 로마군의 사기와 자신감을 서서히 박탈하는 작전을 취해 로마군을 피곤하게 만들었다. 화살 세례를 퍼부으면 결국에는 화살이 방패 밑의 다리나 노출된 얼굴을 맞히는 등 공격을 피하기가 어려웠다. 화살이 공중에서 천천히 날아오기 때문에 민첩한 병사들은 재빨리 피할 수 있었지만, 방패에는 언제나 빈틈이 있었고 정확한 각도를 유지하면 병사의 몸을 맞힐 수도 있었다. 이 단계에서 사망자는 잘 나오지 않았지만 화살을 맞은 병사는 화살을 빼내고 상처를 묶을 때까지 전선에서 빠져야 했다. 전투는 일방적이었고 궁기병이 계속 활을 쏘아댔다. 로마 병사들은 대열을 형성하고 방패 뒤에 웅크리고 있어야 했는데, 때때로 옆의 동료가 화살을 맞는가 하면 화살이 방패에 꽂히기도 했다. 몇 년 뒤 벌어진 내전에서는 한 백부장의 방패에 120발의 화살이 꽂혀 있기도 했다. 파르티아 궁기병을 공격하려는 시도는 실패로 끝났고 그 대가도 아주 처참했다. 화살은 공중에서 요란한 소리를 내면서 계속 날아왔고 병사들에게 부상을 입혔다. 어떤 면에서 이러한 전투 경험은 여러 세기 뒤 참호에서 대포 공격을 피하는 병사의 상황과 비슷했다.[16]

크라수스와 병사들은 적들의 소나비 같은 화살 세례로 곧 화살이 동나서 그들이 퇴각하거나 아니면 백병전을 치를 것을 기대했다. 근접전은 로마 병사에게 상당히 유리한 전투방식이었기 때문이다. 그러나 화살 세례는 끝나지 않았다. 수레나는 최전선에서 얼마 떨어지지 않은 곳에서 대형 화살통을 적재한 낙타들을 대기시켜 궁수들이 화살을 다시 보충할 수 있도록 했다. 이를 두고 수레나의 뛰어난 군사적 전략을 칭송하는 이들도 있지만, 조직적으로 통솔되는 파르티아 군대에서 이렇게 화살을 보충하는 방식은 잘 정립된 절차에 불과한 것이었다. 화살이 부족한 궁기병이 화살을 충전하는 동안 다른 궁기병들은 계속해서 로마군의 사각 대형을 향해 화살을 날릴 수 있었다.[17]

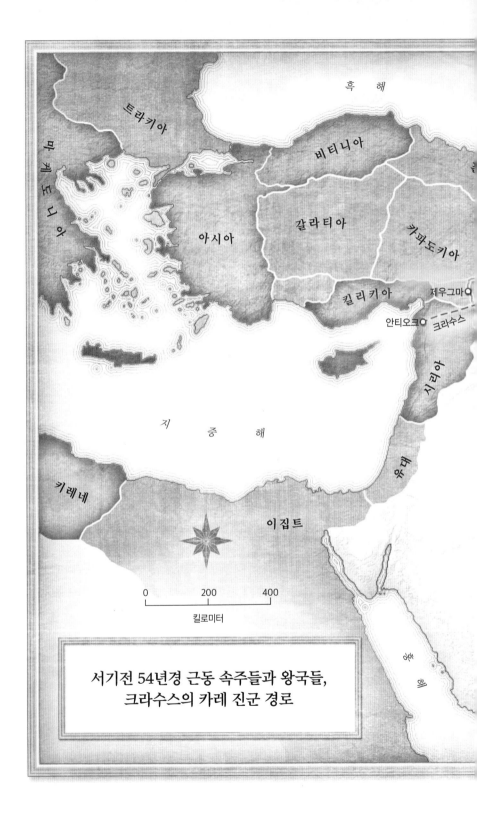

흑　해

트라키아

마케도니아

비티니아

갈라티아

아시아

카파도키아

킬리키아

제우그마

안티오크　크라수스

시리아

유대

지　중　해

키레네

이집트

홍해

0　　200　　400

킬로미터

서기전 54년경 근동 속주들과 왕국들,
크라수스의 카레 진군 경로

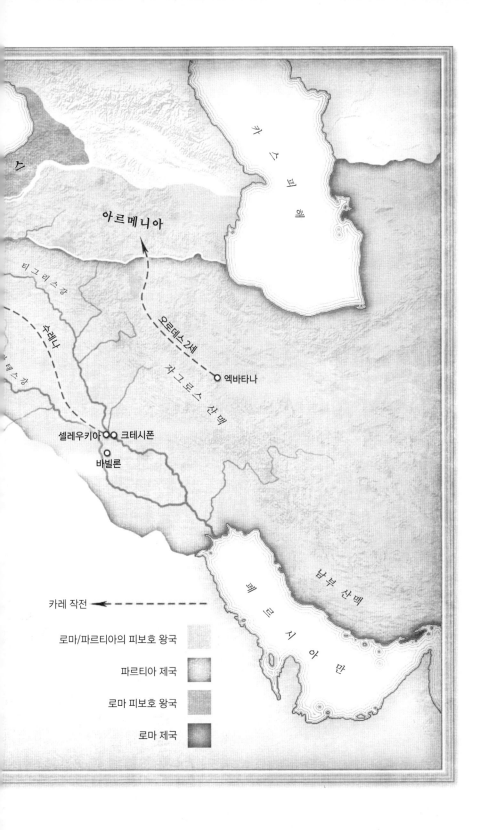

아르메니아

카스피해

티그리스강

수레나

오론테스 2세

자그로스 산맥

엑바타나

셀레우키아 크테시폰

바빌론

남부 산맥

페르시아만

카레 작전

로마/파르티아의 피보호 왕국

파르티아 제국

로마 피보호 왕국

로마 제국

크라수스는 이 지루한 고문 행위가 저절로 끝나지 않을 것임을 깨닫고 아들에게 특사를 보내 그의 군대가 적의 공격을 저지할 수 있는지 확인해보라고 명령했다. 푸블리우스는 8개 보병대대, 500명의 궁수, 갈리아 기병을 포함한 1300명의 기병을 거느리고 아버지의 지시를 이행했다.• 푸블리우스는 갈리아의 주요 전투에서 주도권을 발휘해 과감하고 올바른 결정을 내렸고 그 공로를 인정받아 독립적으로 기병대를 지휘해왔다. 그는 신속하게 공격에 나섰고 파르티아군은 뒤로 물러섰다. 과거 갈리아에서 휘하 기병대의 선봉대가 매복 공격에 당했을 때 그는 신속하게 증원군을 파견해 어려운 전투를 승리로 이끈 적이 있었다. 이제 파르티아 병사들이 달아나자 그는 집요하게 그들을 추격했다. 사각 대형 주변의 압박은 곧 해체되었고 대형을 둘러싼 파르티아 궁기병들도 철수했다.[18]

푸블리우스의 보병들은 빠른 기병들을 따라잡기 위해 황급히 달려갔다. 추격은 본진으로부터 몇 킬로미터 떨어진 곳까지 계속되었다. 거리가 멀어진 데다 들판이 움푹 패여 있어서 푸블리우스 부대는 시야에서 사라졌다. 이때가 전투에서 가장 중요한 순간이었는데, 크라수스는 큰 실수를 범했다. 그가 그날 일찍 강 옆에 진지를 설치하고 적의 군사력과 의도를 파악할 때까지 기다렸다면 신중한 처사라고 할 수 있을 것이다. 그러나 그것은 교전 이전까지 해당되는 이야기이고 일단 전투에 들어가면 그는 사령관으로서 군대의 다른 요소들을 조율하면서 각 요소들이 서로 지원할 수 있도록 해야 했다. 아들이

• 플루타르코스는 이 병력이 사각 대형에 소속된 병사들—대형의 가장자리나 3분의 2 지점을 차지한 병사들—인지 혹은 그때까지 예비부대로 대기하고 있던 병사들인지는 구체적으로 밝히지 않았다.

지평선 너머로 사라졌다면 아들을 다시 불러오거나 사각 대형을 변경해 느린 속도이지만 아들을 따라갔어야 했다. 그러나 그는 적의 공세가 느슨해진 틈을 타서 사각 대형을 후방으로 철수해 고지대에서 재배치하도록 했다. 그리고 그는 기다렸다.[19]

파르티아 지휘관에게 전투용 진지 확보는 그리 중요한 문제가 아니었다. 적어도 이런 태도에는 예전의 유목민 전통이 그대로 남아 있었다. 세상에 스텝 지역은 얼마든지 있었고 어떤 특정한 목초지를 위해 목숨 걸고 싸운다는 것은 우둔한 일이었다. 반면에 그리스인과 로마인은 전투 후에 일정한 영토를 확보하는 것이 중요하다고 생각했고, 또한 전사자를 묻고 부상병을 돌봐야 했기 때문에 전장 기념비를 세우는 전통이 있었다. 푸블리우스 크라수스가 휘하 부대를 이끌고 전력으로 추격할 때 파르티아인이 맞서 싸우지 않고 달아난 것은 전적으로 합리적인 대응이었다. 그리고 상황이 그들에게 유리하게 바뀌면 다시 반격을 가하는 것 역시 자연스러운 반응이었다. 수레나의 하급장교는 이제 상황이 일변했다는 것을 파악했다. 푸블리우스 크라수스와 휘하 병사들은 도망자들을 집결시켰을 뿐만 아니라 새로운 부대와 직면했기 때문이다. 도망가던 파르티아 중기병들이 파르티아 진지의 중심에서 밀집 대형을 이루고 금방이라도 공격할 듯이 위협적인 태도를 취했으나 직접 공격해오지는 않았다. 그러나 궁기병들은 로마군을 에워쌌고, 커다란 먼지구름을 일으키며 달려 나와 활을 쏜 다음 퇴각했다. 파르티아군은 이전과 동일한 전투 방식을 전개했는데, 이번에는 로마군이 고립되었고 수적으로 크게 열세였다.

푸블리우스 크라수스는 후방에 있는 아버지에게 전령을 보냈으나 그 전령은 붙잡혀서 살해당했다. 부대가 고립된 상황에서 사상자가 계속 늘어났고, 부상자가 전사자보다 훨씬 많았다. 푸블리우스는 기병대를 이끌고 돌격에 나섰다. 파르티아 궁기병들은 뒤로 물러났고 이번에는 중기병이 앞으로 나왔다. 갈리아 기병들은 투구, 방패, 미늘 갑옷을 장착했으나 파르티아 중기병에 비해서는 보호 장비가 허술한 편이었다. 그들은 파르티아 기병의 콘토스와 단검 공격에 쓰러졌으나 그래도 앞으로 돌진하면서 파르티아 기병의 갑옷을 뚫으려 했다. 일부 절박한 로마 기병들은 말에서 내려 중기병을 끌어내리거나 적의 말을 칼로 찔렀다. 용감하고 대담한 공격이긴 했으나 노련하고 더 나은 장비를 갖춘 적들을 상대로 전세를 뒤집을 수 있는 정도는 아니었다. 로마 기병대의 공격은 격퇴되었고 살아남은 자들은 말에서 내려 군단병들과 함께 야트막한 언덕에서 원형의 방어 대형을 이루었고 남은 말들은 원의 안쪽에 두었다. 그러나 언덕 등성이는 후방 병사, 부상병, 말들을 적의 화살에 무방비 상태로 노출시켰다. 푸블리우스는 손에 화살을 맞았으나 부하들을 두고 혼자 살겠다며 도망치지 않았다고 한다. 결국 그는 수행원에게 칼을 건네 자신을 찔러 달라고 명령했다. 그의 절친한 친구 두 명도 함께 죽었는데, 한 친구역시 부상으로 인해 수행원의 도움을 받아 죽었고, 다른 친구는 자결했다. 로마인들이 외국을 상대로 한 전장에서 자결하는 것은 오래된 전통은 아니었고, 내전에서는 흔한 현상이었다. 당시 귀족들 사이에서 이 방법은 특별한 영향력을 발휘한 듯하다. 지도자가 죽어버리자 나머지 병사들은 화살에 맞아 죽어가며 힘겹게 버틸 수밖에 없었다. 결국에 그들의 방패 장벽은 무너졌고 파르티아 중기병들이 전선을 뚫고 들어와 그들을 마구 짓밟았다. 살아남아 포로로 붙잡힌 로마 병사는 500명이 채 되지 않았다.[20]

푸블리우스의 공격과 추격, 적의 반격, 마지막의 저항은 순식간에 벌어진 일이 아니었다. 그가 본진에서 사라진 지 한 시간, 어쩌면 두 시간 이상 지났을 때 비로소 도움을 요청하는 전갈이 크라수스에게 전달되었다. 그러나 너무 늦었다. 상황을 오랫동안 오판한 로마 사령관은 계속 망설였다. 만약 그가 주력 부대를 이끌고 아들을 뒤따라갔더라면 푸블리우스 부대의 전멸을 막을 수 있었을 것이다. 물론 그렇게 한다고 해서 로마군이 자동적으로 승리했을 것이라는 뜻은 아니다. 적어도 무승부를 이끌어냈을 가능성은 높았고, 하다못해 심각한 패배를 모면할 수 있었을 것이다. 마침내 크라수스는 아들에게 가겠다고 결심하고 부대에게 전진 명령을 내렸다. 행군 길에 오르니 점점 더 많은 파르티아 군대가 시야에 들어왔고, 적의 북소리는 더욱 요란했다. 적군의 소수 병력이 로마군 근처로 말을 타고 달려오더니 푸블리우스의 잘린 머리를 흔들며 소리쳤다. 플루타르코스는 수레나의 부하 중 일부가 라틴어를 썼다고 언급했지만 아마도 그들은 그리스어로 소리쳤을 것이다. 그들은 이 용감한 영웅이 누구냐고 물으면서 이 자가 비겁한 크라수스의 아들은 아닐 거라고 조롱했다.[21]

로마 장군은 군대가 패주하거나 적병에게 학살당했을 때에도 절대로 절망해서는 안 되었다. 얼마간 크라수스는 이런 전통에 걸맞은 행동을 했다. 그는 사각 대형을 돌면서 부하들에게 슬픔은 개인적인 것이며 다른 날에 생각해볼 일이지만, 지금은 모두가 힘을 합쳐 승리해야 할 때라고 말했다. 하지만 병사들은 이미 사기가 땅에 떨어진 상태였다. 장교들은 목청껏 함성을 질렀지만, 그 소리는 미약하고 설득력이 없었다. 파르티아인들은 공격을 재개했다. 궁기병은 로마군을 향해 화살 세례를 퍼부으면서 그들의 진영을 야금야금 잠식해 들어갔다. 중기병들은 뒤에 대기하고 있다가 로마군이 국지적으로 반격을 시도할 때만 드물게 앞으로 나서서 공격했다. 플루타르코스는 일부 중기병들이 한 개의 창을 던져서 로마 병사 두 명의 몸을 꿰뚫었다고 말한다. 카시우스 디오는 일부 로마의 현지 동맹군들이 배신하여 후방에서 군단병을 공격해왔다고 서술했다.[22]

시간이 가면서 적의 공격은 점차 느슨해지더니 해질 무렵에야 끝이 났다. 파르티아군은 적과 안전거리를 유지한 채 진을 치는 것을 선호했는데, 밤중에는 그들의 전략적 이점이 사라지고 또 야영지에는 말들과 역축들이 가득해 적과 가까이 있으면 보호하기 어렵고 기습 공격을 당할 우려가 있었기 때문이다. 여러 시간 말을 타고 달리면서 싸우다 보면 사람도 말도 지칠 수밖에 없었고 또한 낙타 등에 실린 화살도 어느 정도 바닥을 보였을 것이다. 그들이 다음 날 또다시 전면전을 벌일지는 두고 봐야 할 일이었지만 수레나와 병사들은 그날 성취한 업적에 큰 만족을 느꼈다.[23]

전투 성과가 형편없는 로마 병사들은 지친 동시에 우울했다. 약 4000명이 다치거나 죽었다. 로마군은 붕괴되기 시작했고 아무도 사상자들을 돌볼 생각을 하지 않았다. 그들이 급조한 진지의 방어시설을 강화하려는 움직임도 없었다. 크라수스의 사기도 땅에 떨어진 상태였다. 플루타르코스에 따르면 그는 얼굴을 가린 채 어둠 속에 홀로 누워있었다. 카시우스와 옥타비우스(아마도 부사령관)가 마침내 야음을 틈탄 철수 작전을 수립했다. 그들은 통상적인 나팔 소리나 기타 신호 없이 진지를 떠날 생각이었으며, 피를 많이 흘리거나 다리에 화살을 맞아 거동하지 못하는 부상병들은 모두 남기기로 했다. 부상병들은 작전을 눈치채고 고함을 치면서 함께 데려가달라고 애원했다. 일대는 혼란과 경악의 도가니였다. 그러나 건강한 병사들은 그들을 뒤로 하고 카레로 행군을 시작했다. 철수 대열은 여러 집단으로 흩어지고 많은 병사가 어둠 속에서 길을 잃으면서 곧 붕괴되고 말았다. 별로 이름이 알려지지 않았던 에그나티우스라는 장교가 300명의 기병을 데리고 재빨리 달려갔다. 그는 약 32킬로미터 떨어진 카레에 먼저 도착해 성벽 위 초병들을 향해 파르티아군과의 대대적인 전투가 벌어졌다고 소리쳤다. 그리고 그는 휘하 부하들과 함께 계속 달려 시리아로 돌아갔다. 그 소식을 접한 수비대장은 뭔가 일이 단단히 잘못되었다고 생각해 척후병을 보내 사태를 정탐하도록 했고, 척후병은 곧 돌아와서 크라수스와 카시우스를 포함한 많은 병사들이 후퇴해오고 있다고 보고했다.[24]

다음 날 아침 수레나는 로마의 진지를 침공해 남아 있던 부상자들을 모두 학살했다. 파르티아군은 집요하게 추격 작전을 벌여 고립된 로마군을 발견할 때마다 포위하고 살육했다. 마지막으로 남아 있던 로마군 4개 대대는 뚝 떨어진 언덕 위에서 저항을 시도했으나 무자비한 화살 세례를 받았다. 플루타르코스에 따르면 그들 중 소수의 병사들이 대열에서 떨어져 나와 마지막으로 항전하려 하자, 파르티아군은 그들의 용감한 태도에 감동해 그냥 통과시켜주었다고 한다. 수레나는 크라수스가 어디로 갔는지 확신하지 못했고 가능하다면 생포하고 싶어했다. 크라수스가 이미 시리아로 돌아가는 길에 들어섰다는 보고를 받고서 수레나는 카레로 전령을 보내 협상할 용의가 있으며, 단 크라수스나 카시우스가 직접 협상에 임해야 한다는 메시지를 전했다. 로마인들은 이에 동의했고 이전에 로마 진지에 있었던 현지 부족민들은 재무관 카시우스를 직접 보았다고 증언했다. 이튿날 아

침, 대규모 파르티아군이 카레 성벽 앞에 나타나 크라수스의 항복을 요구했다.[25]

그러나 로마인들은 적들이 야간에는 싸우지 않으려 한다는 것을 알고 밤이 될 때까지 기다렸다가 몰래 성 밖으로 빠져 나왔다. 그러나 일이 잘못되었고, 현지의 길 안내자가 적의 첩자였을 수도 있는데, 크라수스를 호위한 부대를 포함해 여러 별동대가 도중에 길을 잃었다. 카시우스는 결국 카레로 되돌아가 단독으로 500명의 기병을 이끌고 무사히 시리아로 돌아갔다. 가장 병력을 많이 거느린 부사령관 옥타비우스는 서쪽에 있는 구릉지대에 도착했고 그곳이라면 어느 정도 진지를 방어할 수 있겠다고 생각했다. 그러나 다음 날 아침 해가 떴을 때 들판에 그대로 머물러 있는 크라수스를 발견했고, 충성심 강한 부사령관은 언덕 아래로 내려가 사령관 부대와 합류했다. 마침내 파르티아군이 그들을 따라잡았을 때, 로마군은 여전히 들판에 있었고 기병대가 교전하기 딱 알맞은 상황이 되었다. 그러나 수레나는 싸우지 않으려 했다. 그의 부하들은 지난 며칠 동안 소규모 접전을 포함한 대규모 전투를 치르는 등 장기간에 걸친 힘든 전투를 수행해왔다. 보급품을 아껴서 사용했지만 또다른 장기 전투를 벌이기에는 화살이 부족한 상태였을 수도 있었다. 그는 협상을 더 선호해 회담을 제안하는 전갈을 보내왔다. 크라수스는 회담을 받아들이지 않으려 했으나, 부하 장교들은 생존의 기회를 간절히 붙잡으려 했고 휘하 병사들도 싸우고 싶은 의사가 전혀 없었다. 결국 그는 협상에 동의했다.

로마인들은 자신들의 관습에 따라 걸어서 회담장에 나갔고, 파르티아인들도 그들의 관습에 따라 말을 타고 참석했다. 수레나는 그것이 회담에 어울리지 않는다고 생각해 크라수스를 태울 말을 한 필 가져오라고 지시했다. 크라수스가 말에 올라타기를 거부해 강제로 태워지는 과정에서 전투가 벌어졌고, 혼란 속에서 그는 살해당했다. 옥타비우스는 파르티아인 한 명을 찔러 죽인 다음에 부하들과 함께 적의 공격을 받고 쓰러졌다. 이런 우발적 상황에서는 그것이 의도적인 배신 행위인지, 혹은 서로 긴장하고 의심이 높은 상태에서 벌어진 사고였는지는 명확히 구분하기 어렵다. 만약 크라수스를 생포했다면 비록 그가 과거에 생포된 셀레우코스 왕과 같은 지위의 인물은 아니었지만 그래도 엄청난 전리품이 되었을 것이다. 설사 죽었다 하더라도 크라수스는 여전히 가치 있는 대상이었다. 수레나는 그의 머리와 손을 절단해 놓으라고 지시했다. 들판에 남아 있던 로마군은 항복했고 파르티아군은 그들을 학살하지 않았는데, 파르티아군도 지쳐 있었고 화살도 얼마 남아 있지 않았기 때문일 가능성이 높다. 살아남은 로마군 병사들이 뿔뿔이 흩어져서 유프라테스강을 건너 시리아로 돌아가려 했으나 이번에는 파르티아 주력부대가 아니라, 현지 아랍 부족과 왕국 사람들에게 추격당해 많은 병사들이 죽음을 맞았다.[26]

크라수스가 패배하기 전에 오로데스 2세는 아르메니아 왕에게 압력을 넣어서 협상장에 나오게 했다. 아르타바스데스 2세는 파르티아와의 동맹에 동의하면서 적대적 관계를 끝냈으나 아르메니아가 로마를 상대로 교전해야 한다는 조항은 받아들이지 않았다. 오로데스는 그들의 동맹관계를 공고히 하기 위해 자신의 딸을 아르메니아 왕에게 주었고 결혼식은 아주 성대하게 거행되었다. 두 왕은 그리스어를 유창하게 사용했고 헬레니즘 문화를 아주 좋아했다. 플루타르코스에 따르면, 수레나의 승전 소식이 전해졌을 때 두 왕은 에우리피데스의 연극 공연 〈바카이〉를 보고 있었다고 한다. 승전 소식과 함께 크라수스의 머리가 승리의 증거품으로 전달되었다. 우연의 일치인지는 모르지만 마케도니아에서 집필되고 처음 공연되었던 연극에서 두 왕이 보고 있던 장면은 바쿠스 신의 위엄과 권능을 의심하던 테바이 왕이 바쿠스의 여신도들에 의해 온몸이 갈가리 찢기는 장면이었다. 이 여신도 중 한 명이 왕의 머리를 테바이로 가지고 가는 장면이 나오는데, 플루타르코스에 따르면 여신도 역의 배우가 크라수스의 머리를 소품으로 사용했다고 한다. 이는 멋진 이야기이고 반복해서 언급할 가치가 있지만 지어냈을 가능성이 훨씬 높다. 디오는 이와 다르게 수레나가 녹인 황금을 죽은 크라수스의 입에 부어넣었다고 서술했다. 이전에 한 로마인이 폰투스의 미트리다테스 6세에게 똑같은 모욕적 조치를 취했다는 이야기도 전해진다. 하지만 두 이야기 모두 사실일 가능성은 희박하다.[27]

그 사이에 수레나는 셀레우키아로 가서 도시를 통과해 행진하는 화려한 개선식을 거행했다. 죽은 로마 장군을 닮은 로마인 포로에게 여자 옷을 입히고 "내가 크라수스다"라고 선언하도록 지시했고, 그 뒤로 살아남은 몇 명의 길나장이들과 기타 의례적인 수행원들이 따라가게 했다. 도시의 전문 여가수, 예인, 매춘부들이 행렬에 합류해 죽은 사령관에 관한 음란한 노래를 불렀다. 이러한 전리품의 과시와 로마에 대한 공개적 모욕은 도시의 시민들과 지도자들에게 강렬한 인상을 심기 위한 것이었다. 이는 최근까지도 로마의 지원을 받았던 미트라다테스 3세를 지지한 도시 시민들이 여전히 의심의 대상이었음을 암시한다. 이제 미트라다테스 3세도, 크라수스도 죽었고, 로마군의 위엄은 땅에 떨어졌다. 수레나는 로마군 고위 장교의 짐에 들어

있는 음란서적을 셀레우키아 의회에 보여주면서 로마인들을 노골적으로 조롱했다.[28]

오로데스 2세가 아르메니아에서 수행한 전쟁도 순조롭게 진행되었지만, 하급자가 다른 전역에서 큰 성공을 거두고 그처럼 화려한 개선식을 치른 것은 왕의 입장에서는 괘씸한 일이었다. 이후 몇 달 사이에 수레나는 불충 혐의로 기소되어 처형당했다. 아버지를 죽이고 형과의 오랜 내전 끝에 왕좌에 오른 오로데스 2세는 반란의 가능성 때문에 제국 내 귀족들과 도시들의 충성심에 대해 늘 의심을 품었다. 이는 그가 그해의 남은 기간에 승리를 등에 업고 진격해 들어가지 않은 이유를 설명해준다. 또한 그는 최근의 승리를 바탕으로 로마인과 유리한 조건으로 강화 조약을 체결하고자 했지만 크라수스가 죽은 상태에서 협상의 대상이 마땅치 않았다. 카시우스는 살아서 시리아로 돌아간 최고위 선출직 행정관이었다. 그는 재무관대리 자격으로 시리아 속주의 임시 총독이 되었다. 이는 로마 본국에서 새로운 총독을 임명할 때까지 치안 유지를 위해 임시방편으로 내린 조치에 불과했다. 그러나 시간이 가도 카시우스를 대신할 신임 총독은 부임해오지 않았다. 카시우스는 근 2년간 시리아를 통치했으며 카레 전투에서 살아남은 병사들로 구성된 군대를 지휘했다. 마침내 임시로 급조된 이 부대의 병사 수가 5000에서 1만 명에 이르게 되었는데, 아마도 대다수의 병사들이 유프라테스강을 건너 무사히 합류했기 때문에 가능한 일이었을 것이다. 로마 원로원은 정식 시리아 총독을 임명할 의사가 없었으므로 증원군도 보내지 않았다.[29]

얼핏 보기에 로마 지도자들의 이러한 무관심은 오로데스 2세가 전쟁 중 유리한 상황을 이용해 계속 밀고 들어오는데도 증원군 파견을 지연한 것보다 더 놀라운 일이었다. 오늘날 카레는 로마인이 겪은 대규모 전쟁 참사 중 하나이자, 로마 군단이 전략적으로 아주 다른 전술을 수행하는 만만치 않은 상대를 만났음을 보여주는 증거로 제시된다. 그러나 당시의 로마인은 물론이고 후대의 로마인들이 카레 패전을 그런 식으로 인식했다는 증거는 거의 없다. 물론 이 전쟁이 로마의 패배가 가장 잘 묘사된 채로 후대에 전해졌기 때문에 눈에 띄는 전쟁임은 분명하다. 게다가 당시에 크라수스는 외국 군대와의 전투에서 사망한 가장 저명한 원로원 의원이었다. 하지만 로마의 대규모 패전이 카레 전투가 유일한 것은 아니었다. 다른 로마군도 패배하거나 거의 전멸했고, 때로는 그 군대를 지휘한 집정관대리도 휘하 병사들과 함께 전사했다. 50년 전, 킴브리족과 테우토니족은 아라우시오에서 크라수스의 군대보다 훨씬 더 큰 규모의 로마군을 패퇴시켰으며, 리비우스의 추산에 따르면 약 8만 명이 죽었다고 한다. 보다 최근인 서기전 67년에 폰투스의 미트리다테스 6세는 젤라에서 로마군을 물리쳤고, 카이사르는 카레 패전 몇 달 전에 1개 군단과 또 다른 군단의 절반 정도 병력을 잃었다. 로마인들은 많은 전투를 치렀고, 패배하는 경우보다 승리하는 경우가 훨씬 많았지만, 때로는 패배했고 어떤 경우에는 아주 심각한 패배를 당하기도 했다. 동맹국 전쟁과 내전 때에는 이탈리아 출신 군인들의 사상자 수가 높았다. 이러한 패전의 원인에는 여러 가지 진단이 내려졌는데, 나쁜 점괘와 징조를 무시한 것, 지휘관들의 잘못된 결정, 동맹국 군대의 배신 등이 꼽혔다. 크라수스가 카레에서 대패를 당했을 때 이러한 원인 진단이 고스란히 적용되었다. 크라수스는 이미 죽었기 때문에 그의 변명을 들어볼 수가 없었고, 로마 정계에서 핵심적 지위를 차지하고

있던 그가 사라졌다는 것은 로마 지배층의 역학관계가 재조정되어야 한다는 것을 뜻했다.[30]

시리아에서 볼 때 파르티아 왕의 힘은 무시무시했고, 크라수스가 그의 영토를 침공한 후 오로데스 2세가 반격에 나설 것이라고 예상되었다. 로마와 유프라테스강은 멀리 떨어져 있었고, 로마인들이 마음만 먹으면 언제든 파르티아와 대적할 수 있다고 보지 않을 이유가 없었기 때문이다. 당장은 다른 위협, 다른 문제가 좀더 시급하고 중요했다. 서기전 53년에 로마의 공직생활은 혼란에 빠져들고 있었다. 정치적 소요가 빈번하고 대대적으로, 또 조직적으로 발생했고, 선거 기간에는 뇌물 수수와 협박과 강압이 자주 벌어졌다. 폭동과 협박 때문에 그해에는 선거가 치러지지 못했고, 한 저명한 원로원 의원이 칼에 맞아 사망한 후 원로원 건물은 불타서 내려앉았다. 서기전 52년은 새 집정관을 맞이하지 못한 채 시작되었고 마침내 원로원은 폼페이우스에게 질서 회복을 위한 특별권한을 부여했다. 그는 로마 시내로 군대를 끌고 들어가서 강제로 질서를 회복했고 그다음에는 단독 집정관으로 부임했다. 하지만 얼마 지나지 않아 그는 동료 집정관을 선임했다.[31]

이 위기가 지나가자 새로운 위기들이 다가왔는데, 그중에서도 대표적인 것이 카이사르가 갈리아에서의 총독 임기 10년을 마치고 귀국한 다음에 사태가 어떻게 돌아갈 것인가 하는 것이었다. 카이사르의 적들은 그를 기소하고 싶어했으나 그가 관직을 내려놓고 야인으로 돌아갈 때에만 가능한 일이었다. 카이사르는 이런 사태를 방지하기 위해 곧바로 두 번째 집정관에 취임하여 다른 속주로 발령받아 나가기를 원했다. 폼페이우스가 협조를 하다면 그것은 수월하게 진행되었을 것이다. 그러나 폼페이우스는 언제나 마음을 명확히 읽기 어려운 사람이었고 현 상황에서 그의 의도는 매우 모호했다. 카이사르를 철저히 반대하는 적들은 두 거물을 이간질할 좋은 기회라고 보았다. 크라수스는 이미 죽어서 3거두의 동맹은 약화되었고 폼페이우스의 아내 율리아(카이사르의 딸)는 아이를 낳다가 죽었다. 폼페이우스는 카이사르의 다른 여성 친척의 결혼 제안을 거절하고 푸블리우스 크라수스의 미망인 코르넬리아와 결혼했다. 그녀는 매력적이고 지적이고 널리 존경을 받는 젊은 여인이었지만 카이사르에 대한 가혹한 비평가의 딸이기도 했다. 많은 사람이 예전에 동맹이었던 두 거물 사이에서 긴장이 높아지는 것을 목격했고, 시인 루카스는 다음과 같이 두 사람의 관계를 요약했다. "폼페이우스는 동급자를 용납하지 못했고 카이사르는 상급자를 용납하지 못했다."[32]

이후 몇 년간은 이처럼 임박한 위기가 주름잡았고 늘 그러했듯이 많은 경쟁관계와 야망이 서로 부딪혔다. 이는 결국 내전으로 이어졌고, 이 단계에서는 많은 원로원 의원이 실제 전투는 피할 수 있으리라고 믿었다. 폼페이우스나 카이사르를 파르티아 원정에 보내자는 이야기도 나왔다. 두 사령관은 각자 휘하의 1개 군단을 동방에 파견 보내야 했다. 폼페이우스는 수년 전 카이사르에게 빌려주었던 1개 군단을 선뜻 내놓겠다고 했다. 따라서 카이사르는 자기 휘하의 2개 군단을 제공해야 했다. 이 2개 군단은 이탈리아로 가서 계속 머물렀고 내전에 돌입하자 폼페이우스 군대 중 가장 노련한 주력부대가 되었다. 시리아는 크라수스 군대의 잔여 병력으로 치안을 담당해야 했고, 현지의 미숙한 임시 총독은 카레 전투에서 자신의 사령관을 내팽개치고 도망갔기에 그 충성심을 의심받았다. 서기전 51년이 되어서야 집정관대리가 시리아 총독으로 배정되었다. 새 총독은 서기전 59년 카이사르의 집정관 동료였던 비불루스였는데, 그는 집정관 이후에는 속주 통치를 맡지 않으려 했고 임명 당시에도 지역 부임을 그리 서두르지 않았다.[33]

또다른 신임 총독은 킬리키아로 배정받은 키케로였다. 키케로 또한 그때까지 속주 총독 임명을 교묘하게 피해왔던 원로원 의원이었다. 그의 편지들은 이 시기에 대한 놀라운 통찰력을 제공하며, 특히 당시 로마인들이 동방의 사건들에 대해 얼마나 무지했는지를 여실히 보여준다. 키케로는 파르티아의 위협에 대해서는 알고 있었지만, 그것이 앞으로 어떻게 전개될 것인가는 알지 못했다. 처음부터 그는 법률로 정한 총독 임기를 얼른 채우고 다음 총독이 제때 오기만을 간절히 바랐다. 킬리키아에 도착한 키케로는 수비대를 맡고 있는 2개 군단이 턱없이 병력 수가 부족하고 사기도 땅에 떨어져서 거의 폭동을 일으키기 직전임을 발견했다. 또한 일부 기병대가 파르티아 군대와 만나 크게 부상당했다는 소문도 들려왔다. 키케로는 여러 보고와 자신이 직접 관찰한 것을 종합해볼 때 카파도키아 같은 이웃 왕국들이나 속주 내의 여러 도시들이 과거 총독들(특히 그의 바로 전임자)과 로마 사업가 및 세금 징수원에게 가혹한 대우를 받았기에 전쟁이 발생할 경우 이들이 로마를 위해 싸울 것을 기대하기는 힘들다는 것을 깨달았다.[34]

서기전 52년, 파르티아의 소규모 부대와 그 동맹군 부대들이 강을 건너 시리아로 들어왔다. 카시우스는 안티오크 방어에 집중하여 그들을 물리치는 데 성공했다. 서기전 51년에 키케로는 오로데스 2세의 아들 파코루스가 고위 장군과 함께 더 강력한 군대를 이끌고 시리아를 다시 침공해왔다는 보고를 받았다. 카시우스를 돕고 자신의 속주로 침략군이 들어오는 것을 막기 위해 키케로는 국경의 비좁은 산간 고갯길에 병력을 집중시켰다. 키케로의 소규모 별동대가 파르티아 소부대를 쓰러트렸으나 곧 그들의 주력부대가 키케로의 속주 방향으로 오지 않는다는 것이 분명해졌다. 대신 그들은 안티오크 주변으로 병력을 집중했는데 카시우스는 개활지에서 전면전을 벌이는 것을 거부했고, 파르티아군은 장기간 공성전을 수행할 생각은 없었다. 그들은 이웃 도시로 이동했고 카시우스는 근처 숲이 우거진 고장으로 파르티아군을 유인하여 매복 작전에 걸려들게 했다. 이때 파르티아 장군은 부상을 당해 사망했다. 혼자 지휘를 담당하게 된 파코루스는 나머지 군대를 철수시켜 월동 진지로 들어갔다. 그해 말, 비불루스가 시리아에 도착했고, 카시우스는 영웅적으로 시리아를 방어하여 지난 카레 전투에서 취했던 모호한 행동을 만회한 후에 귀국할 수 있었다.[35]

키케로는 파르티아 군대가 자신의 속주를 공격해오지 않는다는 사실에 크게 안심했고, 이어서 독립적이고 습격에 취약한 아마누스산의 여러 부락을 공격했다. 이는 부분적으로는 휘하 부대를 훈련시키기 위한 것이었고, 부분적으로는 주변 지역의 산간 부족과 동맹들에게 로마군의 무력을 과시하기 위한 것이기도 했다. 군인 출신이 아닌 웅변가였던 키케로는 총독 자리에 마지못해 취임한 인물이긴 했으나, 공격 작전을 잘 전개해 승리를 기대할 정도가 되었다. 얼마 지나지 않아 비불루스가 키케로를 흉내 내 그와 유사한 작전을 펼쳤으나 큰 패배를 당했고 휘하 군단의 제1대대 병력을 거의 다 잃었다. 그는 파르티아군과 교전을 벌였을 가능성도 있지만 그보다는 산간 부락에 대한 징벌적 원정을 수행하다가 이런 낭패를 당했다고 보는 것이 더 자연스럽다. 역사가 디오는 비불루스가 협상에 참여해 파르티아의 동맹군 일부를 이탈시키고 심지어 파코루스를 아버지와 맞서도록 유도하려 했다고 말했다.[36]

자세한 사정이야 어찌 되었든 키케로는 파르티아 군대가 서기전 50년 봄이나 여름에 다시 침공해올 것을 두려워했고 그가 속주 총독을 위임할 때까지 그럴 일이 벌어지지 않기를 바랐다. 결국 키케로가 이탈리아에 도착한 직후 카이사르가 루비콘강을 건너와 모두가 내전에 휘말렸지만 그의 바람은 이루어졌다. 로마 지도자들이 서로 골육상쟁을 벌이는 동안에 파르티아는 다시 한번 사소한 관심사가 되어 로마인들의 관심 밖으로 밀려나게 되었다.

카레 전투는 로마와 파르티아 사이의 첫 번째 중요한 교전이었다. 게다가 두 강대국 사이에 벌어진 그 어떤 전투보다 자세한 내용이 후대에 전해지고 있어서 더욱 시사하는 바가 많다. 이 전투는 지금까지 너무 포괄적인 결론이 도출되어 왔는데 그것이 실제 증거와는 별로 부합하지 않기 때문에 깊이 검토할 필요가 있다. 마찬가지로 중요한 것은 이 전쟁의 파급 효과다. 양측은 크라수스가 시작한 이 전쟁의 초기에는 별로 열의가 없었던 듯하다. 우리의 사료들은 이 시기에 로마가 다른 일에 몰두하고 있었음을 보여주며 파르티아는 로마 원로원, 그리고 후대 황제들의 많은 관심사 중 하나에 불과했음을 상기시킨다. 그리고 실제로 전투가 벌어졌을 때에도 이 전쟁이 로마인들의 가장 중요하거나 우선순위의 관심사는 아니었다. 관련 기록이 많지 않은 로마 시대의 역사에 대해서는 이 점을 기억하는 것이 중요하다. 마찬가지로 파르티아의 내부 문제에 대해서 우리는 로마보다 더 잘 알고 있는 게 없지만, 아르사케스 왕조는 종종 로마인들과의 거래보다 더 중요한 관심사들이 많았다는 것을 기억해야 한다. 그럼에도 불구하고 공화국이 내전에 휩싸여 있는 동안 로마 문제는 왕중왕과 그의 고문들이 볼 때 정말 예측하기 어려운 문제 중 하나였다고 말할 수 있다.

5

침공

서기전 49-30

"주사위는 던져졌다Alea iacta est." 율리우스 카이사르가 제13군단을 이끌고 갈리아 속주에서 출발할 때 한 것으로 전해진 말이다. 군단이 갈리아에 있을 때에는 카이사르가 합법적으로 지휘할 수 있었지만, 통제지역을 벗어나서 이탈리아로 들어선 순간부터 군단을 지휘하는 것은 불법이었다. 그러므로 그를 도박꾼이라고 부른 것은 적절했고, 카이사르가 폼페이우스와 그 동맹들을 상대로 대결을 펼쳤을 때 주사위가 어디로 떨어질지는 아무도 몰랐다. 전투는 곧 이탈리아, 스페인, 시칠리아, 북아프리카를 휩쓸었고, 이어 마케도니아와 그리스까지 확대되었다. 카이사르의 군단들은 서기전 48년 8월 그리스의 파르살루스 전투에서 폼페이우스의 군대를 격파했다. 패장 폼페이우스는 프톨레마이오스 13세로부터 은신처와 도움을 받기 위해 이집트로 달아났다. 프톨레마이오스 13세는 몇 년 전 폼페이우스의 하급 장교였던 가비니우스의 도움을 받아 빼앗긴 왕좌를 되찾았던 왕의 아들이었다. 10대의 젊은 군주와 그의 고문관들은 바람이 이제 반대쪽으로 불고 있다는 걸 깨달았고 그래서 위대한 폼페이우스를 해안으로 유인한 다음에 칼로 찔러 죽이고 머리를 베었다. 과거 푸블리우스 크라수스의 과부였던 코르넬리아는 자신의 두 번째 남편이 잔혹한 최후를 맞이하는 것을 배 위에서 지켜보아야만 했다.[1]

내전은 계속되었고 카이사르는 폼페이우스를 추격하여 알렉산드리아까지 도달했는데, 그곳에서 프톨레마이오스 13세의 누나 클레오파트라를 만나 연인이 되었고, 그로 인해 로마의 소규모 군대는 프톨레마이오스 왕조의 내전에 휘말리게 되었다. 그는 전쟁에서 늘 그러했던 것처럼 내전에서도 승리했고, 그다음에는 폰투스 왕 미트리다테스 6세의 아들이 일으킨 반란을 손쉽게 제압한 후 그 유명한 말 "왔노라, 보았노라, 승리했노라Veni, vidi, vici"를 남겼다. 아프리카와 스페인에서는 폼페이우스 잔존 세력을 소탕하는 작전이 벌어졌다. 카이사르는 별다른 선택의 여지가 없었던 원로원과 로마 시민에 의해 종신 독재관에 임명되었지만, 계속되는 내전의 여파로 인해 막상 그가 로마에 머무른 시간은 얼마 되지 않는다. 언제나 정력적이고 가만히 있는 것을 못 견디었던 카이사르는 짧은 시간에 많은 일을 했다. 예를 들어 오늘날 우리가 사용하는 달력은 약간의 수정을 제외하고는 율리우스력을 진행한 것이다. 하지만 모든 일을 너무 서둘러 진행하다 보니 정작 완결한 것은 그리 많지 않다. 카이사르는 전장에서 모든 적들을 패배시켰으나, 술라와는 다르게 자발적으로 항복한 사람들은 용서해주었다. 그러나 한 사람이 공화국의 최고 권력을 영구적으로 휘두른다는 사실에 분개한 귀족들이 많이 있었다. 브루투스와 카시우스(카레 전투 이후 안티오크에서 총독대리를 지낸 인물)가 이끈 음모자들은 서기전 44년 3월 15일 카이사르를 칼로 찔러 죽였다.

내전은 신속히 재개되었다. 그해에 카이사르와 동료 집정관이며 고위층 지지자들 중 한 명이었던 마르쿠스 안토니우스는 곧 피살된 독재관의 옛 병사들을 가능한 한 많이 규합했다. 다른 사람들은 카이사르의 종손이며 할아버지의 이름과 재산을 물려받은 후계자를 지지했는데, 그는 현대에 들어와 간단히 옥타비아누스라고 불린다. 동시에 음모자들 중 여럿이 자기들의 군단을 모병하기 시작했고, 그것은 다른 행정관들도 마찬가지였다. 안토니우스와 옥타비아누스는 처음에는 적대적 관계였으나 곧 그것이 적들만 이롭게 한다는 것을 깨닫고 힘을 합쳐 로마를 장악했다. 일단 정권을 장악하자 그들은 카이사르보다는 술라를 모방해 징벌고시를 반포하여 명단에 들어 있는 사람들을 살해하고 그들의 재산을 몰수하는 것을 합법화했다.

브루투스와 카시우스는 지중해 동부 지역으로 갔고 카시우스는 자신이 이전에 총독대리로 근무했던 시리아를 장악했다. 서기전 41년 안토니우스와 옥타비아누스가 마케도니아의 필리포이에서 브루투스, 카시우스와 대적했을 때, 그들의 군대 규모는 파르살루스에 투입되었던 병력의 두 배 규모였다. 두 번의 전투에서 음모자들—그들은 자신들을 '해방자'라고 불렀다—은 패배하여 자살했다. 위대한 폼페이우스의 아들 섹스투스는 항전을 계속했고 그가 거느린 강력한 선단은 시칠리아를 근거로 바다에서 횡행했다. 다른 곳에서 그보다 덜 성공한 지도자들이 출몰했다. 결국 섹스투스 폼페이우스는 패배했고 전력을 재건하기 위해 아시아로 도망쳤다. 옥타비아누스가 그를 처치한 것은 서기전 35년이 되어서였다. 그로부터 4년 뒤 이전의 동맹 관계가 긴장관계로 변해 있던 옥타비아누스와 안토니우스는 마침내 결전에 나섰다. 안토니우스는 패배했고 서기전 30년에 자살했다.

근 20년 동안 로마 공화국과 휘하의 속주 및 동맹국들은 내전이 계속되는 음울한 현실에 살면서 광범위한 지역에 죽음과 파괴를 퍼뜨렸다. 파르티아인들에게 그런 상황은 로마인을 더욱 예측하기 어렵게 만들었으나, 당장은 그다지 위협이 되지 않았다. 폼페이우스는 한 원로원 의원을 사절로 오로데스 2세에게 보냈는데, 아마도 카이사르와의 전쟁에서 군사적 지원을 얻으려는 목적이었을 것이다. 크라수스의 도발로 일어난 최근의 전쟁 사태를 감안해볼 때, 이러한 접근은 오히려 이상했으며 모든 이웃 국가는 열등하고 오로지 동맹으로만 쓸모 있다고 생각하는 로마식 사고방식을 보여주었다. 오로데스 2세는 사절을 감금하고 아무런 도움도 주지 않았다. 그렇지만 로마가 내전에 몰두하는 상황을 기회로 여기고 시리아를 또다시 침공할 생각은 하지 않았다. 파르티아는 중립을 유지했다. 파르살루스 전투에서 패배한 후에 폼페이우스는 처음에는 이집트가 아니라 파르티아로 달아나려고 했다가, 오로데스 2세의 궁정은 아름답고 위엄 있는 코르넬리아가 갈 만한 곳이 못 된다고 생각해 마음을 바꾸었다. 관련 사료들은 그가 크라수스와 그의 아들 푸블리우스를 의식해서 그런 것이 아니라, 페르시아인과 파르티아인이 잘생기고 육감적인 호색한이라는 로마와 그리스의 편견 때문에 그런 것이라고 말한다. 하지만 이 이야기는 폼페이우스에 관한 기억에 먹칠하기 위해 지어낸 것일 가능성이 높다. 그가 적이었던 파르티아로 도망갈 것을 고려할 정도로 애국심이 없다고 악선전하려 했던 것이다.[2]

카이사르는 서기전 47년 시리아에 짧게 방문했을 때 파르티아와의 결판에 대해 말했으나 북아프리카의 적들과 상대하기 위해 황급히 서쪽으로 돌아와야 했다. 동방은 분명 긴장상태에 있었고, 카이사르가 시리아 통치를 위해 남겨놓은 총독은 키케로에게 편지를 보내 파르티아의 침공을 우려하고 있다고 말했다. 폼페이우스의 옛 부하로 시리아에서 근무하던 일부 병사들이 반란을 일으켰을 때 파르티아 군대가 그들을 도우러 왔다. 이 군대는 오로데스 2세의 아들 파코루스가 통솔했을 가능성이 있지만, 오로데스 2세가 직접 파견한 것인지 아니면 용병들인지는 분명하지 않다. 파르티아인이 아니라 아르사케스 왕조가 지배하는 여러 왕국 중 하나에서 병력을 차출하여 보낸 것일 수도 있다. 나중에 카시우스는 안토니우스와 옥타비아누스와의 결전에 대비하여 오로데스 2세의 궁정에 도움을 요청하는 사절을 보냈으나, 또다시 거절당했다. 카시우스의 군대에는 소수의 파르티아인이 있었으나 이들은 동맹 왕국 출신의 용병이거나 유배자였을 뿐 아르사케스 왕이 직접 보낸 파견 부대는 아니었다.[3]

　전반적으로 오로데스 2세는 서기전 40년대의 로마 내전에 직접 개입하는 것을 피했다. 다른 더 시급한 일들이 있어서 그랬을 수도 있지만 어쨌든 로마 문제에는 개입하지 않기로 했다. 그러나 로마의 속주와 가까운 동맹국들은 그런 사치를 누리지 못했다. 키케로는 원로원에게 킬리키아와 인근 왕국 및 도시들은 근년에 로마의 총독, 대금업자, 기업가 들에게 너무 심하게 착취를 당해 파르티아의 공격에 저항할 능력도 의지도 없다는 보고를 보냈다. 얼마 지나지 않아 폼페이우스는 동방 지역 전역을 샅샅이 뒤져서 카이사르와의 결전에 필요한 금전, 물자, 인력을 제공하라고 요구하며 과거에 그의 도움을 받았던 동방의 여러 속주와 나라가 이제 호의의 빚을 갚아야 할 때라고 말했다. 폼페이우스가 패배한 후 카이사르는 이 속주들에 대한 통제권을 확보해야 했고 휘하 병사들의 봉급을 신속하게 지급해야 했기 때문에 다시 한번 이들 지역에 손을 벌렸다. 브루투스와 카시우스는 자신들의 요구를 거부하는 도시의 지도자를 노예로 팔아넘기고 해당 도시를 무자비하게 약탈하는 등 속주와 도시들을 더욱 압박했다. 브루투스와 카시우스가 패배한 후 안토니우스는 속주의 도시들에 편지를 보내 "신의 은총으로 얻은 평화에 우리 동맹들이 동참하길 바라며 아시아는 이제 심각한 질병에서 회복되고 있다"고 말했다. 그러나 안토니우스 역시 충성스러운 지지자들에게 보상을 해주어야 했고, 무엇보다 당시에 군벌로 존속하기 위해서는 대규모 군대에 봉급을 지급해야 했기에 다시 동맹국과 속주민들은 지갑을 열어야 했다.[4]

그 시절 로마에 충성을 바치는 것은 아주 까다로운 일이었다. 어떤 한 지도자를 성실하게 따르며 지원할 경우 그가 실각하면 다른 쪽 지도자가 볼 때는 아주 수상한 태도가 되었다. 폼페이우스는 자신의 결정과 호의에 의해 형성된 동방으로 갔다. 카이사르는 여러 왕국과 도시국가를 좌지우지하면서 일부 군주와 체제는 우대하고 다른 군주는 처벌하거나 해임했다. 이와 비슷한 일이 브루투스와 카시우스 치하에서도 벌어졌고 안토니우스는 서기전 41~40년 겨울에 동방 지역의 속주와 왕국을 전면적으로 개편했다. 가문이 폼페이우스에게 진 빚을 중시하던 클레오파트라는 카이사르를 정치적으로나 육체적으로 받아들이고 카시우스의 지시사항을 따르다가 나중에는 안토니우스를 찾아가 그의 호의를 얻으려고 적극적으로 구애했다. 플루타르코스가 기록하고 셰익스피어가 멋지게 그려냈듯이, 여왕은 호화로운 유람선을 타고 타르수스의 안토니우스를 찾아갔고, 그녀의 용모, 매력, 정치적 수완은 소기의 효과를 냈다. 안토니우스는 이미 카파도키아에 다른 후보를 제치고 새 왕을 임명한 상태였는데, 그가 청년의 어머니와 내연관계였기 때문이다. 그는 확실히 육체적 매혹에 취약한 사람이었지만 동시에 클레오파트라가 이집트의 엄청난 부를 안토니우스의 사업을 위해 내놓겠다는 제안을 했다는 사실도 간과해서는 안 된다. 그 시대에 살아남아 번영을 누린 지도자들은 자신의 왕국이나 도시에 어떤 부정적 영향을 미칠지는 전혀 고려하지 않고 로마 군벌들이 요구하는 것을 갖다 바치는 사람들이었다. 만약 그들이 백성을 생각해 그렇게 하는 것을 꺼려했다면 그들 대신 로마 군벌의 요구를 들어줄 경쟁자들은 얼마든지 있었다. 클레오파트라는 카이사르가 암살된 직후 살아 있던 남동생을 처치했다. 그리고 안토니우스와 동맹을 맺은 후에는 그에게 요청해 마지막으로 남은 형제인 언니 아르시노에를 살해했다.[5]

　　로마인들은 강했지만 내전으로 인해 예측할 수 없는 사람들이었다. 요구가 많고 세금을 많이 뜯어가기는 했지만 가끔 나타났고 그들의 관심사는 종종 다른 곳에 있었다. 본질적으로 현지의 정치, 야망, 경쟁이 그들에게는 더욱 급박하고 통상적인 문제였다. 로마 내전에서 이념은 별 힘을 발휘하지 못했고, 해방자라고 자처하는 사람들도 급변하여 다른 군벌과 다름없는 행동을 하고 그들의 입지를 군사력에 의존했다. 이런 상황에서 속주민이나 동맹들이 내전의 양측 중 어느 쪽에도 강력한 충성심이나 책임의식을 느끼기는 어려웠다. 로마의 힘은 현실이고 중요한 요소였지만, 자신들의 공동체 안팎에서 지위, 신분, 부를 추구하고 경쟁자를 제압하려고 할 때 유일하게 중요한 요소는 아니었다. 왕조들 간의 경쟁은 말할 것도 없고, 도시 내부에서도 경쟁이 만연해 있었고, 로마 내전이 가져온 사회의 불안정성은 평소보다 더 많은 변화의 기회를 만들어냈다.

　로마 공화국 직할의 속주들이 차지하는 동방의 영토는 그 지역 전체를 두고 보면 작은 부분에 불과했다. 협소한 지역이지만 얼마 안 되는 로마 총독의 관리들은 일상적 행정을 자체적인 행정관리, 법률, 제도를 갖춘 도시국가들에 위임해야 했다. 도시국가들 외에는 소규모 왕국들이 있었는데 위대한 고대 왕국은 거의 없었다. 서기전 2세기에 로마와 파르티아가 이 지역에 개입했을 때 국경이 명확하게 확정되고 그 존재를 인정받았던 왕국들은 그 숫자가 더 적었다. 각 왕국의 후계 문제는 대체로 원활하게 이루어지지 않았고, 현재 통치하는 왕조가 권력을 잡고 있는 동안에도 왕가 내부 또는 다른 가문에서 왕위를 넘보며 도전해오는 자들이 나타났다. 귀족과 자치 도시는 그들의 영역 내에서 강력한 힘을 갖고 있어서 왕에게 도전하거나 현왕의 경쟁자를 지원할 수도 있었다. 사회의 모든 영역에서 야심 넘치는 자들이 활개를 쳤고, 자신의 안위를 위해 최선을 다했다. 이런 세력들 사이의 경쟁은 종종 살육으로 이어졌고 폭동과 전쟁도 마다하지 않았다.

　아르사케스 파르티아 제국은 여러 면에서 이런 왕국들의 조직이었고 일부 지역에서는 규모가 큰 도시국가들이 있었다. 왕조가 시작된 초창기부터 파르티아 왕들은 예하의 소규모 왕국들을 통제하기 위해 최선을 다했다. 자신들이 선호하는 왕의 계승을 적극 지원하고, 오로데스 2세가 자신의 아들 파코루스를 아르메니아 왕의 딸과 결혼시킨 것처럼 결혼 동맹을 맺었다. 하지만 결혼 동맹도 아르메니아가 로마의 동맹으로 남는 것을 막지 못했고, 각자가 어떻게 행동할 것인지는 상대방, 즉 파르티아, 로마, 아르메니아의 군사력에 대한 인식에 따라 달라졌다. 여러 사료에 따르면 술라, 루쿨루스, 폼페이우스를 만난 파르티아 사절단은 유프라테스강을 로마와 파르티아 사이의 경계선으로 삼자고 제안했지만, 이 초창기 단계에서 확정된 것은 별로 없었다. 당시 사람들의 기억에서 폰투스와 아르메니아는 동방의 넓은 지역을 지배하고 있었다. 파르티아는 이 지역으로 세력을 확장했다가 후퇴했으며, 로마와 마찬가지로 악랄한 내전과 무기력한 쇠퇴의 시기를 거쳤다. 다른 왕국들과 군주들의 운명도 흥망성쇠를 거듭했기 때문에 역내의 세력 균형이 장차 어떻게 전개될 것인지는 아무도 알지 못했다.

오로데스 2세는 크라수스 원정군을 격파함으로써 메소포타미아의 왕국과 도시국가들이 파르티아를 존중하도록 만들었다. 시리아로의 진군은 왕의 명성을 더욱 높여주었고 그곳에서 입은 패배는 너무 사소하여 별로 영향을 미치지 못했다. 디오는 비불루스가 파코루스와 부왕 사이의 신뢰를 훼손시켰다고 말했는데, 이 말의 진위 여부를 떠나서 파코루스가 매우 영향력 높은 왕자였음은 분명하다. 오로데스 2세에게는 후계자로 간주될 수 있는 아들이 약 30명 있었지만 파코루스가 거의 분명한 왕세자였으며, 심지어 자신의 얼굴을 새긴 동전을 발행했을 정도였다. 이러한 파코루스의 지위가 그의 재능 덕분인지, 귀족가의 지원 덕분인지, 부왕이 정말로 선호했기 때문인지, 아니면 이 모든 것이 복합적으로 작용한 결과였는지는 알기 어렵다.[6]

각 왕국과 도시국가에서 벌어진 권력 투쟁에는 언제나 패배자들이 있었다. 그들은 잃어버린 권력을 되찾기 위해 아주 강력하고 부유한 우군을 찾고 싶어했다. 로마의 내전은 이런 패자들의 숫자를 크게 증가시켰다. 일부는 그들의 경쟁자를 지원하는 로마 군벌을 찾아가 호의를 얻으려 했고, 다른 일부는 파르티아 편에 붙었다. 파르티아 궁정에는 카시우스의 사절이 있었는데, 그는 필리포이 전투 때 파르티아의 도움을 요청하기 위해 찾아왔으나 거절당한 후 돌아가면 목숨이 위태로울 것으로 예측해 거기에 눌러앉은 것이었다. 그의 이름은 퀸투스 라비에누스였으며, 그에 대해 알려진 바는 별로 없다. 그의 아버지 티투스 라비에누스는 갈리아 전쟁 때 율리우스 카이사르 휘하에서 유능한 장교로 복무했지만, 막상 내전 때는 예전의 우정을 중시해 폼페이우스 편에 서서 열심히 싸우다가 서기전 45년 스페인 원정전에서 사망했다. 고대 세계의 많은 왕궁에서 유배당한 귀족들이 식객 노릇을 하는 일은 아주 흔했고, 이들은 종종 자신들의 고향으로 돌아가 옛 원수에게 복수하고 싶어했다. 하지만 공화국 내에서만 권력과 영광을 위해 경쟁해야 한다고 믿었던 로마 원로원 의원들 사이에서는 결코 볼 수 없는 일이었다.

라비에누스는 오로데스 2세가 로마의 동부 지역이 취약한 곳이라고 믿도록 부추겼다. 로마의 적대감은 분명했다. 서기전 44년, 카이사르는 다키아와 파르티아를 상대로 대대적인 원정을 떠나기 며칠 전에 원로원 회의에 참석했다가 암살당했다. 동부 속주에 군단과 자원을 집결시키는 등의 준비는 사람들이 훤히 보는 데서 공개적으로 전개되었다. 그러나 음모자들의 칼에 의해 원정은 불발로 끝이 났고, 얼마 지나지 않아 안토니우스와 다른 지도자들은 병력을 차출해 내전에 투입시켰다. 하지만 장래에 언젠가 크라수스의 복수를 할 로마인이 없을 것이라고 확신할 수 없었다. 서기전 41년 후반에 안토니우스는 팔미라를 공격했는데 부분적으로는 돈 때문이었지만 그 도시가 시리아의 변방에 있어서 향후 파르티아를 공격할 때 거점이 될 수 있기 때문이라는 소문도 돌았다. 이 모든 상황은 로마인들이 현재 내전으로 경황이 없다 하더라도 여전히 적국임을 암시했다. 우리가 알 수 있는 한에서 당시 파르티아 제국 내에서는 큰 분쟁이 없었기 때문에 오로데스 2세와 다른 파르티아 지도자들은 로마의 공격을 기다릴 것이 아니라 빠르게 먼저 공격하는 것이 낫다고 판단했던 것 같다.[7]

서기전 40년 파코루스와 라비에누스는 함께 시리아 원정전에 나섰다. 처음에 군대의 대부분은 파르티아 병사와 동맹국 병사로 이루어져 있었기 때문에, 라비에누스가 소수의 로마인 병력 이상을 거느렸을 가능성은 높지 않다. 당시 시리아와 이웃 속주들에 주둔해 있던 로마 군단들은 많은 수가 과거에 폼페이우스나 해방자들 밑에서 복무했기 때문에 안토니우스가 임명한 지휘관들에 대해 별로 애착이 없었다. 선동에 넘어간 상당수 군인이 반란을 일으키고 라비에누스에게 합류했기 때문에 곧 그는 로마인 병사들로 구성된 군대를 이끌게 되었다. 시리아의 저항은 신속하게 붕괴되었다. 아파메아는 처음에는 저항했지만 대다수의 도시는 아무런 저항 없이 항복했다. 파코루스가 시리아 정복을 마무리 짓는 동안 라비에누스는 병력을 이끌고 소아시아로 쳐들어갔고 그곳에 주둔해 있던 많은 군단병이 탈주해 그에게 합류했다. 일부 도시는 항전했고 일부 도시는 공격자들을 물리쳤으나 안토니우스가 임명한 총독들이 살해되거나 달아나자 조직적인 저항은 붕괴되었다.

라비에누스는 자신을 로마의 행정관이라고 내세웠고 관직의 상징이 새겨진 동전도 발행했다. 그는 파르티아 연계를 감추지 않고 자신을 파르티쿠스라고 불렀는데, 전통적으로 정복한 민족의 이름만

취하고 동맹국의 이름은 사용하지 않는 로마인들이 볼 때 그 이름은 다소 이상했다. 그럼에도 라비에누스의 진격은 로마의 내전에서 새로운 막이 추가된 것으로 간주되었을 뿐이었다. 언제나 그렇듯이 그의 외국 동맹들은 로마의 하급자 혹은 열등한 자로 취급되었다. 그가 시리아를 떠났을 때 이렇다 할 규모의 파르티아 군대는 따라오지 않았다. 따라서 소아시아의 속주와 왕국들은 아르사케스 대표에게 굴복한 것이 아니라, 로마군을 이끄는 로마 사령관에 굴복한 것뿐이었다.[8]

시리아에서는 그렇지 않았지만 파코루스와 파르티아 병사들은 그와 싸우려는 도시들이 거의 없다는 사실을 발견했다. 10년 전, 카시우스와 비불루스 치하에서 파르티아에 저항했던 안티오크는 이제 서서히 성문을 열어주었다. 곧 파르티아군은 자신들에 대한 조직적인 위협이 없다는 것을 확인하고 여러 종대로 나뉘었다. 해안 도시들은 티레를 제외하고 모두 항복했지만 파코루스는 티레를 점령하려고 하지 않았다. 왜냐하면 자체 함대가 없으면 바다를 통해 티레로 들어오는 보급품이나 군사적 지원을 차단할 길이 없었기 때문이다. 본국으로 돌아온 유배자, 변화를 열망하는 각 도시국가의 파벌, 그리고 로마의 도움 없이는 침략자를 물리칠 수 없다고 생각해 동맹을 바꾼 지도자들 모두가 파코루스의 전진을 도왔다.

이 무렵 유대에는 왕이 없었고 히르카누스라는 대사제가 통치하고 있었다. 대사제의 명목상 지지자인 파에셀과 헤롯 형제가 상당한 권력을 장악했지만 아직 전면에 나선 상태는 아니었다. 히르카누스의 조카인 안티고누스는 동맹들을 통해 만약 파코루스가 삼촌을 전복시켜준다면 1000탈란톤과 여성 500명을 바치겠다고 제안했다. 여성들은 왕실의 하렘을 위해 선발되었고, 주로 귀족 출신의 고위 사제와 그의 지지자 집안의 여식이 모두 포함되었다. 이러한 제안은 동방의 광대한 지역에서 국제관계를 형성하는 아주 전통적인 방식 중 하나였다. 인질 역할을 하는 여자들은 본국에서의 지위가 높을수록 그들의 봉사를 받는 왕의 위신도 더욱 높아졌다. 후궁으로, 때로는 아내로서 그들은 지역 왕국의 잠재적 후계자를 낳기도 했다.

그 제안은 히르카누스의 어떤 회유책과도 비교할 수 없는 좋은 제안이었고, 파코루스는 이를 수락하여 자신과 이름이 같은 비서실장 격의 신하 파코루스에게 500명의 기병을 하사해 예루살렘으로 보냈다. 이는 큰 숫자는 아니었지만 전투의 대부분은 안티고누스와 그의 지지자들이 수행할 것이었으므로 파르티아 병사들의 제한적인 도움과 개입만으로도 사태의 균형을 한쪽으로 기울게 할 수 있었다. 히르카누스와 파에셀은 협상하자는 제안을 받아들였지만 결국 포로가 되고 말았다. 한 사료에 의하면 온전한 신체를 갖춘 사람만이 대사제를 할 수 있었기 때문에 안티고누스는 삼촌의 귀를 잔인하게 물어뜯었다. 그 후에 히르카누스는 오로데스 2세에게 인질로 보내졌다. 파에셀은 자살했다. 그의 동생 헤롯은 의심이 많은 성격으로 함정을 피하고 추종자들과 함께 파르티아인들이 포함된 추격자들을 따돌린 후 예루살렘에서 달아나는 데 성공했다. 그는 당초 왕의 하렘을 위해 약속된 여자들을 상당수 데리고 탈출했는데, 안티고누스가 예루살렘에서 왕으로 선포될 때 얼마나 많은 여인을 제공할 수 있었는지는 불분명하다.[9]

티레를 제외하고 사실상 예전 시리아의 셀레우코스 왕국과 인근 지역이 모두 파르티아의 지원을 받는 정권의 통제 아래 놓이게 되었다. 그것은 아주 순식간에 벌어진 일이었고, 파르티아 병사들의 희생이 거의 없거나 아예 없는 상태에서 이루어졌다. 라비에누스를 진정으로 독립적인 로마 사령관으로 내세우고 싶어했던 열망과는 별개로, 파코루스가 시리아를 넘어 소아시아나 이집트까지 진출하는 것을 거부한 것은 의미심장했다. 아르사케스 왕조는 셀레우코스 왕조를 전복시켰고, 최근에 달성한 군사적 성공 덕분에 셀레우코스 제국의 영토 대부분을 장악할 수 있었다. 로마의 방어가 허약하고 주둔군의 붕괴가 예기치 않게 신속한 것이었다면, 초창기 파르티아 왕들의 정복 사업 중 일부도 그런 경향을 보였다. 동방에서 로마의 권력은 이미 점정에 도달하여 쇠퇴하는 중이라고 보는 것이 합리적이었고, 그것은 폰투스, 아르메니아, 셀레우코스 왕조가 걸어간 길이었다. 설사 로마인들이 이 지역에 다시 돌아온다고 해도 카레의 패전 사례는 로마 군대가 파르티아 군대에 상대도 안 된다는 것을 보여줄 뿐이었다. 파코루스는 자신이 정복한 땅들이 향후 오랫동안 아르사케스 왕조의 통치 아래에 있게 될 것이라고 믿을 만한 충분한 이유가 있었다.

파르티아의 공세는 로마인들의 허를 찔렀다. 필리포이 전투 이후 동방의 여러 속주를 관장하게 된 안토니우스는 그 지역을 재편해 돈을 거두어들이는 일에 전념했고, 그 후에는 알렉산드리아에 있는 클레오파트라에게 가서 겨울 동안 흥청망청하며 시간을 보냈다. 그러나 여가를 즐기는 동안에도 그의 시선은 이탈리아에 집중되어 있었다. 강력한 섹스투스 폼페이우스는 로마와 여러 도시로 들어가는 곡식 보급로를 차단하여 옥타비아누스의 인기에 찬물을 끼얹었다. 이전에 옥타비아누스는 제대 병사들의 은퇴 자금을 마련하기 위해 이탈리아 내의 토지들을 강제 몰수한 적이 있어서 인기가 매우 없는 상태였다. 안토니우스의 동생 루키우스도 옥타비아누스를 상대로 전쟁을 벌이면서 긴장상태를 더욱 고조시켰다. 루키우스 안토니우스가 전쟁에서 신속하게 패배하면서 마르쿠스 안토니우스와 옥타비아누스의 관계가 영구적으로 단절되지는 않았다. 그러나 서기전 40년 봄에 티레에 잠깐 머물렀던 안토니우스는 이탈리아 내의 상황이 심상치 않았기 때문에 서쪽으로 향했다. 그리고 라비에누스와 파코루스를 처리하기 위한 구체적인 조치를 취하기까지 1년이 걸렸고, 그때에도 그는 직접 가지 않고 부하 장교 벤티디우스를 보냈다.[10]

푸블리우스 벤티디우스 바수스의 이야기는 상당히 흥미롭다. 어린 시절 그는 폼페이우스의 아버지가 동맹국 전쟁에서 반군들을 상대로 승리를 거두고 진행한 개선식에서 어머니 품에 안겨 가거나 옆에서 걸어가면서 다른 포로들처럼 구경거리로서 행진했다. 어른이 된 후에는 노새를 길렀다. 산간 지대가 많은 이탈리아에서 말을 기르는 것보다 노새를 기르는 것이 더 수익이 높았기 때문이다. 시간이 흘러 그는 로마군의 주요 납품업자가 되었는데, 율리우스 카이사르가 그의 재주를 알아보고 부하로 고용해 갈리아 전투의 군수품 조달 업무를 맡겼다. 카이사르 휘하에서 그는 꾸준히 승진해 고위 장교가 되었다. 독재관의 암살 직후 안토니우스 편에 섰던 벤티디우스는 서기전 43년에 집정관에 올랐고, 서기전 39년에는 시리아 침략자들과 대적하기 위해 파견되었다.[11]

벤티디우스는 동맹군의 보조부대를 포함해 여러 군단으로 편성된 군대를 거느렸다. 그의 병력은 라비에누스의 군대보다 많거나, 아니면 더 잘 훈련되고 군기가 잡힌 병력이었을 것이다. 지난 몇 년간 동부 속주에서 로마 병사들의 충성심은 물에 선 갈대처럼 이리저리 흔들렸고 그로 인해 효율성을 발휘하지 못했다. 벤티디우스는 전투가 거의 없거나 아예 없는 상황에서 전진했고 라비에누스는 후퇴했다. 라비에누스는 병력을 한곳에 집중시키려 애썼으나 그러는 와중에도 파르티아 동맹군에 합류할 희망을 품고 있었다. 동맹군은 이미 시리아의 변경 지대인 타우루스 산맥의 킬리키아 관문 통로 근처에 와 있었다. 그 지역은 키케로가 방어하는 지역이기도 했다. 벤티디우스는 그 통로를 점령했고 파르티아인들을 유인해 그들이 라비에누스의 지원이 없는 상태로, 그가 선택한 지점에서 싸움을 걸어오게 했다. 파르티아인은 엄청난 사상자를 내고 패주했고, 그 후에 라비에누스의 군대는 신속히 창설된 것보다 더 빠르게 와해되었다. 휘하 병사들은 다시 배신하거나 탈주했다. 라비에누스는 변장을 해서 생포를 모면하려 했으나 결국에는 붙잡혀서 처형되었다.

첫 번째 전투에 이어 두 번째 전투가 벌어졌고 벤티디우스는 동일한 유인 작전을 써서 성공을 거두었다. 파코루스는 그곳에 없었으나 서기전 38년에 그는 더 큰 군대를 이끌고 현장에 나타났다. 로마측 사료에 따르면 벤티디우스는 거짓된 정보를 동맹 왕국에 흘려서 파코루스에게 전달되도록 했다. 이는 파코루스가 시간이 걸리는 경로로 행군하도록 유인하고, 그동안 로마 군단이 월동 진지로부터 집결할 시간을 벌게 해주었다. 이것이 사실이든 아니든, 벤티디우스는 마침내 긴다루스산 근처에서 파코루스와 교전했고 다시 한번 파르티아군을 패퇴시켰을 뿐만 아니라 파르티아 왕자를 살해했다.[12]

역사는 승자의 기록이라는 말이 있다. 그러나 이상하게도 로마와 파르티아 전투에 관한 로마측 사료는 로마 승전의 세부 사항이 결여

돼 있다. 이는 카레가 두 경쟁자 사이에 벌어진 전쟁의 전형적 사례라는 그릇된 인상을 강화하는 또다른 요인이기도 했다. 카레 전투와 비교해볼 때 벤티디우스의 승전은 세부 사항은 빈약하지만 다음과 같은 세 가지 공통점을 갖고 있다. 첫째, 벤티디우스는 자신이 선택한 전장에서만 전투를 수행했다. 각 전투에서 그는 진지를 지키고 있었고 파르티아인들은 기꺼이 공격에 나섰으나 로마 사령관이 작전의 의도와 많은 병력을 감추고 있었다는 사실을 뒤늦게 발견하는 경우가 많았다. 둘째, 로마인은 그저 진지에서 수비만 하는 것이 아니라 군단병과 보조부대를 동원하여 반격했고 백병전에 돌입해서도 용맹하게 싸워 승리를 거두었다. 셋째, 벤티디우스는 발사체 무기를 갖춘 다수의 경보병들로 하여금 군단병을 지원하게 했다. 투석기投石器〔가죽 조각의 양쪽 끝에 끈을 달아 돌을 얹고서 두 가닥의 끈을 모아잡고 휘두르다가 돌을 날려보내는 고대 무기〕를 지닌 경보병 중에서 특히 돌을 잘 투척하는 병사들을 선발해 파르티아의 궁기병들을 제압하게 했다. 투석기에서 발사된 돌은 목표물을 향해 화살보다 훨씬 빠르고 정확하게 날아서 발견하기 어렵고 피하기는 더 어려웠다. 발사된 돌이 적의 투구에 맞는다면 비록 관통하지는 못하더라도 강한 충격을 가해 병사를 혼절하게 만들었다.

파르티아인들은 카레에서의 승리로 자신감이 상승했고, 시리아를 손쉽게 점령한 후에 자만심이 더욱 커져서 로마인을 경멸하는 지경에까지 이르렀다. 따라서 벤티디우스 군대를 만났을 때에도 쉽게 승리할 수 있을 거라고 기대하면서 공격에 나섰다. 하지만 서기전 39년과 38년에 벤티디우스 휘하의 로마인들은 과거에 수레나와 그의 부대가 크라수스를 상대로 했던 것처럼 파르티아 군대를 농락하면서 훨씬 더 잘 싸웠다. 파르티아인들은 벤티디우스를 공격할 때 병력을 한 곳에 집중시켰기 때문에 그가 반격했을 때 전통적인 방식대로 재빨리 후퇴할 수 없었다. 그리하여 그동안 많은 싸움을 했지만 서기전 40년의 소득을 단 두 번의 전투로 다 잃고 말았다. 파코루스의 시신은 머리만 따로 떼어져 시리아의 여러 도시를 순회하며 행진할 때 전시되었다. 이는 수레나가 패배한 크라수스의 수급을 널리 전시했던 것과 같은 방식이었다. 이제 대다수의 시리아 도시는 과거에 로마를 배신했던 것처럼 파르티아를 배신했다. 그들은 로마가 더 세다는 것을 인정하면서 즉각 항복했다. 유대에서는 로마가 그들을 받아주지 않을 거라고 의심하는 몇몇 지도자들 사이에서 약간의 싸움이 벌어졌다. 벤티디우스는 서기전 39년에 파르티아가 안티고누스를 지원했던 것보다 더 많은 군대를 헤롯을 돕기 위해 보냈지만, 대부분의 전투는 헤롯의 병사들이 담당했다.

파르티아인들은 전쟁의 결과를 뒤집으려는 시도를 하지 않았다. 오로데스 2세는 아들이 전사했다는 소식을 듣고 무척 상심했고, 그의 신체적·정신적 건강은 급속히 나빠졌다. 파코루스는 공인 후계자였으나 이제 그가 사망했으므로 프라아테스라는 또다른 아들이 행동에 나섰다. 그는 아버지를 독살하려 했으나 실패했다는 소문이 돌았다. 그 무렵 혹은 그보다 약간 뒤에 프라아테스는 서른 명에 달하는 형제들을 살해하고 아버지는 교살한 다음에 왕위에 올라 자신을 프라아테스 4세라고 선포했다. 그것을 모두가 환영한 것은 아니었고, 귀족들에 대한 대규모 숙청이 뒤따르자 시리아 공격에 참여했던 한 귀족은 로마로 달아났다.[13]

프라아테스 4세는 국내 통치 기반을 강화하느라 너무 바빠서 제

172

국 바깥의 지역을 공격하는 건 엄두도 내지 못했다. 서기전 38년 늦여름, 안토니우스가 시리아에 도착했고 벤티디우스를 본국으로 보내 파르티아인을 상대로 한 최초의 승리를 기념하는 개선식을 올리게 했다. 많은 사람들이 이 승리가 크라수스와 그의 군단에 대한 복수를 해준 것이라고 생각했다. 전쟁의 맥락이야 어찌되었든 크라수스의 패전은 그동안 로마인의 명예에 오점으로 남아 있었다. 벤티디우스의 긴다루스 전투가 카레 전투와 같은 날, 혹은 비슷한 날에 벌어졌다는 주장도 있었다. 안토니우스의 부하인 벤티디우스는 이 전투 이후 은퇴한 것으로 보이며 다른 직책을 맡지 않았기 때문에 임무를 너무 잘 수행한 전투였을지도 모른다.[14]

안토니우스와 그의 하급 지휘관들은 시리아와 소아시아의 동맹국들을 상대로 로마의 권위를 분명하게 확보하려고 노력했다. 그러나 서기전 37년 안토니우스는 당시 섹스투스 폼페이우스와의 전쟁이 잘 풀리지 않았기 때문에 또 한번 이탈리아를 방문하여 옥타비아누스를 만나야 했다. 안토니우스는 장래에 군단병을 지원받는 조건으로 동맹국의 전함들을 빌려주기로 했고, 이때 그가 동방에서 대규모 전쟁을 계획하고 있다는 것이 분명해졌다. 그러는 동안 그의 휘하 부장 중 한 명이 아르메니아에서 무력을 과시하며 흑해와 카스피해 사이에 있는 캅카스 왕국인 알바니아와 이베리아를 정복했다. 안토니우스는 이듬해에 거창한 원정전에 나설 준비를 했다. 플루타르코스에 따르면 그가 준비한 병력은 로마 군단병 6만 명, 갈리아와 이베리아(스페인 쪽 이베리아인지 동부 이베리아인지는 불분명) 병력 1만 명, 아르메니아의 아르타바스데스 2세가 제공한 6000명의 기병과 7000명의 보병으로 이루어져 있었다. 이 수치가 맞다면 진영 관리자들은 포함하

다키아

마케도니아

도나우강

트라키아

흑

스코드라
리수스
디라키움
아폴로니아
오리쿰

필리포이

테살로니카

코르시카

악티움

파르살루스

페르가몬

아시아

사르디스

갈라

비티

파트라이
코린트   아테네

에페수스

크산투스

질리

지   중   해

0   200   400

킬로미터

알렉산드리아

펠루

안토니우스의
메디아 출정

이 집 트

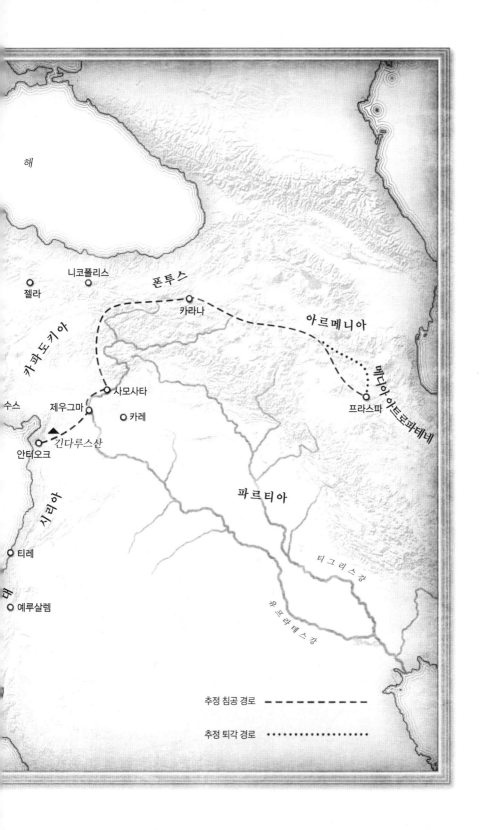

해

니코폴리스

젤라

폰투스

카라나

아르메니아

카파도키아

수스

사모사타

제우그마

카레

메디아 아트로파테네

프라스파

안티오크

긴다루스산

시리아

파르티아

티레

티그리스강

예루살렘

유프라테스강

추정 침공 경로 ----------

추정 퇴각 경로 ••••••••••••

지 않은 이 군대의 규모는 그때까지 로마에서 편성된 야전군으로서 는 최대 규모였다. 고대 저술가들은 과장하는 경향이 있으므로 이런 수치는 조심스럽게 다룰 필요가 있지만, 그래도 이례적일 정도의 대 규모 원정군이라고 분명하게 말할 수 있다.[15]

47세의 안토니우스는 언제나 자신을 새로운 헤라클레스라고 칭 하면서 강인하고 거친 전사의 이미지로 내세우기를 좋아했다. 그러 나 그가 실제로 세운 군사적 업적은 많은 사람들이 생각한 것처럼 그 리 대단한 것은 아니었다. 그는 갈리아의 카이사르 밑에서 1년 반 근 무했고 파르살루스 전투에서는 좌익을 담당했었지만 독재관은 안토 니우스를 군사적 역할보다는 정치적 역할에 더 많이 활용했다. 안토 니우스는 외적과 싸우기보다는 다른 로마인들과 싸우는 데 더 많은 시간을 보냈고 그 경우에도 서기전 43년 이탈리아에서 벌어진 전투 에서는 실적이 별로 좋지 못했다. 그가 거둔 가장 큰 성공은 필리포 이 전투에서의 승리였다. 대다수 사람들은 승전의 공로가 옥타비아 누스가 아니라 안토니우스에게 돌아가야 한다고 생각했다. 필리포이 는 병력의 규모로 보면 대규모 전투였지만 실시된 작전은 몇 가지 되 지 않았다. 전역戰域은 두 명의 서툴고 경험 없는 적들(브루투스와 카시우 스) 사이의 지역으로 제한되어 있었다. 안토니우스는 서기전 36년에 동원한 군대처럼 대규모 병력을 지휘해본 적이 없었다. 급조된 부대 였으므로 병사들은 훈련이나 실전 연습을 해볼 시간이 별로 없었고, 파르티아에 이르는 장거리 행군이 동반되는 작전을 계획하거나 수행 해본 적도 없었다. 그의 군대는 과거에 크라수스가 파르티아에 데려 갔던 군대의 두 배 규모였으며 당초에 율리우스 카이사르가 파르티아 원정을 위해 계획한 병력 규모와 거의 비슷한 수준이었다.

카이사르가 구상했다는 파르티아 원정에 대해서는 너무 많은 소문이 있기 때문에 조심스럽게 검토할 필요가 있다. 수에토니우스는 카이사르가 파르티아에 적대적인 아르메니아를 통과하여 행군함으로써 적의 힘과 용기를 시험한 후에 본격적인 대전을 펼치려 했다고 말한다. 그가 파르티아를 정복해 새로운 속주 건설을 희망했을 수도 있지만, 아르사케스 왕의 항복을 받아내거나 로마에 우호적인 새로운 왕을 왕좌에 앉히는 것도 그에 못지않은 영광이 될 터였다. 안토니우스의 궁극적인 목표 역시 재구성하기가 어렵다. 동방에서 벌어진 주요 전쟁과 관련한 사료들은 알렉산드로스 대왕을 거론하면서—이는 크라수스나 카이사르의 경우도 마찬가지다—항구적인 포괄적 정복이 최종 목표라고 서술하고 있다. 이러한 경우 실제 벌어진 일을 세심하게 검토하면서 그 목적을 추론해내는 것이 더 낫다.[16]

안토니우스는 처음에 크라수스가 잃어버린 군기와 생존 포로를 돌려달라고 요구했지만 거절당하자 유프라테스강의 도하 지점인 제우그마에 주력 부대를 집결시켰다. 프라아테스 4세도 강의 건너편에 병력을 집결시키며 상대방의 무력 과시에 굴복할 생각이 조금도 없음을 보여주었다. 프라아테스 4세는 많은 귀족을 회유해 자기편으로 끌어들여 더 강해져 있었다. 한 가지 예로, 그는 안토니우스에게 망명 가 있던 귀족을 설득해 귀국시킨 후 자신을 섬기도록 만들었다. 파르티아의 신속한 대응 속도는 로마인들을 놀라게 했을 것이다. 과거에 크라수스가 아무런 저항을 받지 않고 강을 건넜고, 파르티아인이 그에게 대적하기 위한 병력을 소집하는 데 시간이 걸렸기 때문이다. 반면에 안토니우스는 적이 기대하는 대로 행동하는 척하면서 결국에는 적을 놀라게 하려는 일종의 양동작전을 계획했을지도 모른다. 확실한 것은 그가 도하를 포기하는 대신 부대를 이끌고 산을 넘어 아르메니아로 들어갔고, 왕국의 서쪽에서 시작해 동쪽으로 뻗어 있는 계곡을 따라가면서 이웃 왕국인 메디아 아트로파테네를 공격했다는 것이다. 그의 군대 중 일부는 이미 아르메니아에서 근무한 적이 있었고 아마도 이것이 처음부터 안토니우스가 세운 계획의 일부였을지 모른다. 문제는 최초의 목표를 달성하는 데 작전 기간의 상당 부분이 허비되었다는 사실이었다. 플루타르코스는 로마 군단이 1600킬로미터 이상 행군했다고 말했다.[17]

안토니우스는 왕의 금고와 하렘이 있는 메디아의 주도 프라스파(프라타)를 표적으로 삼았다. 해당 도시의 정확한 위치는 알 수 없지만 나라의 오지에 있었고 잘 요새화되어 있었다. 안토니우스는 투석기와 24미터 길이의 파성퇴를 실은 300대의 마차를 포함한 공성전차를 동원했다. 무거운 수송 수레는 어쩔 수 없이 느리게 움직이는 황소가 끌었고, 지형이 허술하거나 험준한 곳에서는 이동 속도가 더욱 느려졌다. 안토니우스는 마음이 조급해졌고 공성차를 호송하기 위한 2개 군단을 남겨둔 다음, 로마군이 갑자기 나타나면 적이 겁을 먹고 곧바로 항복할지도 모른다는 희망을 품은 채 나머지 병력을 이끌고 프라스파로 향했다. 프라스파는 항복하지 않았고, 잘 요새화된 도시를 기습으로 함락시키기도 어려웠다. 그즈음에 프라아테스 4세도 대군을 이끌고 그 지역에 나타났다. 그때까지 안토니우스의 작전이 적을 속이기 위한 양동작전이었다면 그 효력은 단명하게 사라지고 말았다.[18]

적의 공성차가 고립되어 있다는 것을 알게 된 기동력 좋은 파르티아군과 메디아군은 안토니우스의 주력부대를 피해 공성차를 공격했다. 공성차를 호송하는 2개 군단이 정규 병력 1만 명이 충원되고 또 보조부대의 지원까지 받았다 하더라도, 그처럼 길고 거추장스러운 공성차 대열을 외부의 대규모 공격으로부터 보호하기에는 너무 숫자가 적었다. 그 결과는 전투라기보다는 학살이었고, 군단병들은 무참하게 죽어나갔고 공성차는 약탈당했으며, 가지고 갈 수 없는 것들은 불에 타거나 파괴되었다. 아르메니아 파견부대가 현장 가까이에 있었으나 도움을 주지 않았고 전투가 로마군의 대패로 끝나자 아르메니아 왕은 전투 부대를 이끌고 귀국해 버렸다. 서기전 53년에 파르티아는 그들의 주력부대를 동원해 아르메니아를 침공한 적이 있었으므로 이번에도 그런 만약의 사태를 우려하는 것은 당연한 일이었다. 안토니우스는 부하들을 구출하기 위해 휘하 부대를 이끌고 갔으나, 이미 2개 군단 병사들은 전사했거나 포로로 끌려간 후였다.[19]

로마 장군들은 어떤 경우에도 단호해야 했다. 안토니우스는 공성용 중장비나 좋은 목재가 부족했음에도 불구하고 공성전을 포기하지 않았다. 그의 병사들은 흙을 퍼와서 공성용 둔덕을 만드는 원시적인 방법을 써야 했다. 파르티아군과 메디아군이 근처에서 맴돌았기 때문에 주변의 민가를 약탈하는 것도 쉽지 않았다. 빈틈을 보여 상대방이 싸움을 걸어오도록 하기 위해 안토니우스는 주력부대의 상당수를 물자 조달 원정에 내보냈다. 수송 부대는 진영으로 돌아오면서 초승달 형태의 적진을 향해 가까이 진군해갔고, 지휘관의 신호를 받고 적을 향해 돌진했다. 파르티아인들은 충격을 받은 상태로 처음에 공격해온 기병대에 맞서 버텼으나 그 뒤로 보병들이 다가오자 전투의 함성을 외치고 적의 말을 놀라게 할 목적으로 방패를 세게 내리치면서 후퇴했다. 군단병들이 말을 타고 달아나는 파르티아인들을 몇 킬로미터까지 쫓아갔고, 기병대는 그보다 더 멀리까지 추격했다. 파르티아군은 반격하지 않았다(이는 카레 전투에서 크라수스가 아들 푸블리우스의 기병대를 곧바로 쫓아갔더라면 어떤 일이 벌어졌을까를 생각하게 만든다). 그러나 그날 하루가 끝날 무렵 로마군은 30명을 생포하고, 80명의 적군을 사살했을 뿐이었다. 벤티디우스와 달리 안토니우스는 파르티아인을 한 곳에 몰아놓고 싸움을 벌일 수가 없었기 때문에 양군은 전면전을 벌이지 않았다. 안토니우스가 프라스파로 다시 진군했을 때 적의 수성군이 성 밖으로 나와 공격하면서 공성병들을 위협하고 공성 보루도 파괴하고 있었다. 안토니우스는 너무 화가 나서 군대의 10분의 1을 처형하고 처형을 모면한 나머지 병사들에게 밀 대신 보리를 먹였다. 참담하게도 그는 최근의 교전에서 적병을 죽인 것보다 자신의 부하를 더 많이 죽였다.[20]

계절은 가을로 접어들었고 전쟁을 계속 하기에는 아주 늦은 시기였다. 공성전은 진전의 기미가 보이지 않았고 양측은 군수 물자를 조달하기가 점점 더 어려워졌다. 프라아테스와 안토니우스는 모두 출구를 원했으나 동시에 체면도 유지하고 싶어했다. 곧 협상이 벌어졌고 디오에 따르면 프라아테스 4세가 로마 사절을 만났다고 한다. 그는 왕좌에 앉아서 합성활의 줄을 만지작거렸는데 아르사케스 동전에 찍혀 있는 모습 그대로였다. 그는 로마의 포로와 군기를 돌려달라는 요구는 즉각 거부했지만, 로마군이 아르메니아로 퇴각한다면 안전한 통행을 보장하겠다고 말했다. 적의 배신을 사전에 경고받았다는 이유로 로마군이 정해진 것과 다른 경로로 퇴각하자 메디아군과 파르티아군은 그들의 행군을 방해하기 시작했다. 안토니우스는 벤티디우스의 경험에서 배운 것처럼 다수의 투석병과 발사형 무기로 무장한 산병들을 원정에 데려왔다. 직사각형 전투 대형을 형성하고 사각형 안에 치중차를 둔 채 로마군은 천천히 행군했다. 적의 궁기병들이 가까이 다가올 때면 투석병과 산병들이 그들과 대적하면서 적의 압력이 거세지면 행군 중인 대열의 맨 뒤로 갔고, 곧이어 갈리아 기병이나 보조부대의 기병들이 앞에 나서서 적들을 쫓아냈다. 파르티아군은 멀리까지 추격해오지는 않았다. 작전의 핵심은 로마군 내의 여러 전투병과 부대들이 서로 긴밀히 협조하며 행군하되 절대 단독으로 교전하지는 않는 것이었다. 양측에서 소수의 사상자들이 발생하기는 했으나 로마군은 질서정연하게 퇴각했다.[21]

퇴각 행군에 오른 지 나흘 째 되는 날, 안토니우스는 이제 적에게 공격을 가해도 되겠다는 한 장교의 제안을 허락했다. 후위 부대의 일부를 배정받은 그 장교는 파르티아군에게 반격을 가했고 도망치는 적들을 추격하다가 본대로부터 멀리 떨어지게 되었다. 그때 엄청난 적의 대군이 그의 소규모 부대를 공격해왔다. 본대에서 증원군을 조금씩 보내주기는 했으나 큰 차이가 날 정도는 아니었고 안토니우스가 전군을 이끌고 공격해오자 그제야 적은 뒤로 물러났다. 공격을 제안했던 장교는 부상을 당해 사망했고 플루타르코스에 따르면 그의 시도는 로마군에게 3000명의 전사자와 5000명의 부상자라는 결과를 안겨주었다. 그것은 로마군의 사기에 큰 타격을 입혔고, 탈주자들을 그 자리에서 살해하는 파르티아 궁기병들 때문에 낙담한 병사들은 탈주할 생각도 하지 못했다.[22]

로마군은 원래의 계획대로 돌아가서 그다음 날 다시 퇴각 행군에 나섰다. 파르티아인과 메디아인은 어제의 성공에 고무되어 또다시 압박에 나섰으나 그런 성공을 되풀이할 수는 없었다. 일부 궁기병 부대가 아주 가까이 따라붙자 군단병들은 테스투도testudo, 즉 거북이 등딱지 모양의 방어 대열로 맨 앞줄의 병사들이 방패로 벽을 형성하고 뒷열의 병사들이 방패를 머리 위로 올려 서로 긴밀하게 연결하는 형태를 취했다. 이러한 형태의 전투 대열을 본 적이 없는 파르티아인들은 맨 앞줄의 로마 병사들이 무릎을 꿇고 방패 뒤로 숨는 것을 일종의 무질서 혹은 항복 의사로 오해했다. 궁기병들은 좋은 기회라고 생각하여 돌격해왔고 과거에 벤티디우스와의 전투에서 그러했듯이 본격적인 백병전이 벌어져 크게 부상을 당하고 혼쭐이 나서 도망쳤다.[23]

로마군은 행진을 재개했다. 철저한 통제와 기강 아래 일사불란하게 움직이는 균형 잡힌 군대의 행군을 파르티아군은 막을 수도, 심각한 피해를 입힐 수도 없었다. 반면에 로마군은 파르티아군으로 하여금 전면적인 백병전을 유도할 수 없었기에 공격을 가한 적은 큰 피해 없이 아무 때나 물러갈 수 있었다. 양측의 이러한 균형, 혹은 대치는 장차 벌어질 두 경쟁자 간 전투의 주된 특징이 된다. 그러나 양군 중 어느 한쪽의 전투력이 신통치 않거나 지휘관이 무능할 때면 사정은 달라졌다. 순전히 전술적 관점에서 볼 때 그러한 전쟁은 상대방이 실수하기만을 기다리는 일종의 인내심의 문제였다.

안토니우스의 문제는 장기간의 전투와 공성차와 함께 있던 저장고 손실로 인해 보급품이 매우 부족해졌다는 것이었다. 파르티아군의 공격으로부터 방어하기 위해 천천히 행군해야 한다는 것은 문제를 더욱 악화시켰다. 식량이 부족해 운반용 말과 역축을 잡아먹기도 했고, 부상자들을 태우기 위해 동물의 등에 있던 짐을 내려서 다른 곳에 두어야 했다. 밀은 어느 정도 남아 있었으나 그것을 빻아서 밀가

루로 만들 절구가 너무나 부족했다. 어떤 병사들은 배가 고픈 나머지 길가의 풀을 뜯어먹고 사망했다. 대다수의 병사가 영양실조에 걸려 질병이 쉽게 퍼졌다. 로마군 진영은 늘 사람이 붐비는 곳이어서 질병이 빨리 전파되기도 했다. 병이 퍼지면 병사들이 죽어나갔고 일부 아픈 병사들은 수레에 실어서 수송해야 했는데 이는 행군의 속도를 더욱 늦추고 보급품 조달 문제를 악화시켰다.[24]

프라아테스 4세는 사절을 보내 협상을 재개할 뜻이 있으며 협상 중에 교전을 끝내고 싶다는 의사를 전했다. 단, 로마군이 탁 트인 고장을 지나는 경로로 행군할 때에만 그렇게 하겠다고 말했다. 안토니우스와 휘하 장교들은 제안의 진정성을 의심했고, 파르티아 진영의 누군가가 왕이 그런 식으로 로마군을 파르티아 기병에게 유리한 장소로 유인해 공격할 속셈이라는 이야기를 전해왔을 때 그들의 배신을 확신하게 되었다. 그런 제보를 한 사람이 누구였는지는 사료마다 약간 다르게 말하고 있다. 1년 전 안토니우스가 받아들인 파르티아 망명 귀족으로 로마군의 길 안내자를 하고 있는 사람이다, 예전에 크라수스의 군단병이었는데 포로로 잡혔다가 자유의 몸이 된 사람이다 등등이 그러했다. 로마군은 진영에서 출발하여 강행군에 나섰고 약 48킬로미터를 가는 동안 휴대한 물은 곧 바닥이 났고 병사들은 적의 기병대에 시달렸다. 병사들은 행군길에 처음 마주친 시냇물의 오염된 물을 마셨고 병이 났다. 그날 밤 로마군 진영에서는 병사들이 음식과 귀중품을 약탈하고 약탈을 방해하는 자들을 죽여버리는 등 일대 혼란이 일어났다. 혼란 속에서 안토니우스는 적이 공격해올까 봐 두려워했고 자살하고 싶은 마음까지 들었으나, 문득 사령관의 체통을 생각해 마음을 접었다. 새벽이 되자 질서가 회복되었고 로마군은 파르티아의 공격을 막기 위한 대형을 유지하며 또 하루를 걸었다. 그것이 전투의 마지막 날이었다. 전투가 끝나자 일부 파르티아 병사들은 상징적으로 활의 줄을 풀어버리며 더 이상 싸울 뜻이 없음을 내비쳤고 로마인의 용기를 칭송한 후 말을 타고 떠났다. 그러나 로마군은 아직 안전한 것이 아니었다. 그들이 아르메니아의 산간지대를 통과할 때는 이미 늦가을이었고, 날씨는 추위, 비, 강풍을 동반했고 심지어 눈이 휘날렸다. 수천 명에 달하는 로마 병사들이 악천후와 질병으로 사망했다.[25]

안토니우스는 메디아 아트로파테네를 점령하는 데 완전히 실패했고 또 파르티아인들을 상대로 유리한 협상을 이끌어내지도 못했다. 이는 그의 장기적인 계획이 무엇이었든지 간에 1차적 목표였을 것이다. 원정 실패의 대가는 혹독했다. 플루타르코스는 그가 약 3만 2000명의 장병을 잃었다고 기록했다. 다른 사료들은 다른 수치를 제시한다. 그가 원정에 나섰을 때 최초의 병력 수가 들쑥날쑥하므로 이러한 차이는 그리 놀라운 것은 아니다. 그의 병력 손실은 전체 병사 중 3분의 1 혹은 4분의 1 정도일 것으로 추정되나 진영 관리자까지 합치면 그보다 더 높을 것이다. 안토니우스는 서기전 53년에 크라수스가 잃은 병사보다 더 많은 병사를 잃었다고 말해도 무방할 것이다. 거기에다 기병대의 말, 운반용 말과 역축, 수송용 수레, 각종 장비의 손실을 더해야 한다. 설령 사령관과 고위 장교들 그리고 휘하 병사들 중 상당수가 살아남았다 하더라도 그 손실은 아주 엄청난 것이었다. 안토니우스가 입은 명예 훼손은 회복 불가능할 정도로 심각했다. 안토니우스가 로마에 보낸 보고서는 그런 원정 실패를 장밋빛으로 해석한 것이었지만, 옥타비아누스도 로마에서 제 코가 석 자라서 그에 대해 반박할 입장은 아니었다. 어쨌든 안토니우스의 파르티아 원정은 대승리도, 정복도 아니었다. 안토니우스의 명성은 그 순간부터 내리막길을 걸었고, 그에 비례해 자신감도 떨어졌다.[26]

프라아테스 4세의 입지는 확고해졌고, 귀족들은 그가 유혈사태를 통해 왕좌에 오른 사실을 눈감아주었다. 서기전 36년에 왕은 셀레우코스 왕조의 전성기 이래로 그 일대에서는 일찍이 본 적 없는 안토니우스의 대규모 침공군을 격퇴시켰다. 프라아테스 4세의 권력은 강고해졌지만 그 결과는 완벽한 것은 아니어서 카레의 대승과는 비할 바가 못 되었다. 왕이 친히 4만 여 명의 병력을 인솔하고 전투에 나섰으나 화려한 승리는 없었다. 로마군이 상당한 인력과 물자의 손실을 보기는 했지만 안토니우스의 자원은 막대했고 그가 앞으로 몇 년 사이에 또다시 쳐들어와 지금보다 많은 성과를 거둘 가능성은 언제든 남아 있었다. 설사 안토니우스가 아니더라도 공화국 내에서 출세한 또다른 고위직 장군이 나설 수도 있는 일이었다. 카레의 대승 덕분에 파르티아인은 자신들이 로마인들보다 군사적으로 더 우월하고 기량이 뛰어나며 더 용감하다고 생각하게 되었다. 반면에 로마군은 벤티디우스의 승리 덕분에 정반대의 생각을 했다. 두 제국이 타고난 군사적 우위를 과시하는 것은 자연스러운 일이었다. 안토니우스의 원정은 기존의 생각에 약간은 다른 시각을 부여했다. 전술적 관점에서 보자면 교전은 무승부에 가까웠다. 파르티아인은 상대가 실수하지 않는 한 로마군을 격파하거나 로마군의 퇴각을 막지 못했고, 로마군 역시 파르티아인들이 스스로 실수하지 않는 한 그들에게 심각한 타격을 입힐 수 없었다.

이후 몇 년간 세력 균형은 로마인 쪽으로 약간 기울었다. 서기전

34년, 안토니우스는 아르메니아로 쳐들어가 협상하자는 구실로 아르메니아 왕을 생포했다. 일단의 귀족들은 왕의 아들을 후계자로 선포했고 그 아들은 체포를 피하기 위해 파르티아로 달아났다. 아르메니아 귀족들은 당장은 로마의 힘을 존중하면서 노골적으로 반기를 드는 것은 삼갔다. 놀랍게도 프라아테스 4세의 위협을 더 걱정한 것이 분명한 메디아 아트로파테네의 왕은 로마인들과 동맹을 맺었고, 안토니우스와 클레오파트라 사이에서 나온 아들이 왕의 딸과 혼인했다. 둘 다 아직 어린아이였으므로 실제 결혼식은 먼 장래의 일이 되었고, 그 장래는 결국 오지 않았다. 그러나 로마인은 그 지역의 주요 왕국 사이에서 영향력을 얻은 반면 파르티아는 세력을 잃고 있었다. 혼인 동맹은 로마인의 기준으로 보면 전례 없는 일이었지만 현지의 외교 전통에서는 흔한 일이었다.[27]

이보다 더 기괴한 것은 나중에 '알렉산드리아의 기증'으로 알려진 의식으로, 여기에서 안토니우스는 클레오파트라를 '왕의 여왕'으로 그의 아들은 '왕의 아들'로 선언했다. 아주 넓은 영토가 여왕과 그녀의 자녀들에게 '기증'되었는데, 가령 여섯 살인 알렉산더 헬리오스는 메디아 왕가와 결혼하면서 아르메니아·메디아·파르티아의 왕으로 선언되었다. 이 의식에서 발표한 조치들은 어느 것도 실질적 결과를 가져오지는 못했지만 옥타비아누스가 로마의 분위기를 안토니우스에게 불리한 방향으로 몰아가는 데 도움이 되었다. 마침내 두 영웅 사이에 전쟁이 벌어졌을 때 안토니우스는 장군다운 기상을 발휘하지 못했고 무기력하면서 서투른 모습을 보였다. 설상가상으로 악티움 해전에서 너무 초기에 전투를 포기하고 해상에 나온 자신의 함대와 해안에서 대기 중인 군단들을 버린 채 클레오파트라의 배에 올라 달아나버렸다. 설사 패배하더라도 용감하게 패배해야 하고, 부하들을 보호하는 데 최선을 다하면서 훗날을 도모해야 하는 로마 귀족으로서는 아주 수치스러운 행동이었다. 그 순간부터 전쟁은 사실상 진 것이나 마찬가지였다. 안토니우스는 그로부터 1년 반 이상 끌다가 시종에게 죽여달라고 부탁해 자살했다. 평생 로마의 충실한 동맹이었던 클레오파트라는 옥타비아누스와 만족스러운 타협을 이루지 못했기 때문에 안토니우스가 죽은 이후 일주일 뒤에 따라서 자살했다.[28]

당시 로마는 물론이고 파르티아와 더 넓은 세계의 사람들도 내전이 끝났다는 사실이나 공화정이 폐지되고 군주제가 들어서면서 항구적이고 대대적인 변화가 일어날 것이라는 사실을 알지 못했다. 우선 당장은 새로운 로마 지도자가 나타났다. 그는 파르티아를 상대로 대대적 원정을 벌이려 했던 카이사르의 후계자였다. 프라아테스 4세와 그의 왕궁은 옥타비아누스가 어떤 인물인지 알지 못했다. 그는 안토니우스와 내전을 벌이기 이전에는 동부라고는 마케도니아에 가본 것이 전부였다. 파르티아인들이 앞으로 로마와의 거래가 한결 예측 가능하고 손쉬울 것이라고 생각할 이유는 전혀 없었다.

6

독수리와 왕자

서기전 30 – 서기 4

로마 공화국을 붕괴시킨 격렬한 동요의 끝은 갑자기 찾아왔다. 장기적으로 이것은 두 제국 간의 관계를 이전보다 더 안정적으로 이끌었다. 부분적으로는 여러 요인이 겹쳐서 로마인과 파르티아인으로 하여금 대규모 공격을 자제하게 만들었기 때문이다. 적어도 단기적으로 가장 큰 변화는 로마의 정치 제도와 지도력이 바뀌었다는 것이었다. 군주와 그의 고문관들은 그 특성상 태도와 정책에 있어서 원로원보다는 더 일관성이 있었다. 수백 명의 의원들로 구성된 원로원은 거의 매일 영향력이 바뀌었다. 간단히 말해 역대 왕중왕에게는 로마의 내전 중에 등장한 군벌이나 그보다 영향력이 약한 총독을 상대하는 것보다 역대 황제들을 상대하는 것이 더 쉬웠다. 그러나 로마의 새로운 군주제는 아르사케스 왕조의 제도와는 크게 달랐고 이는 여러 사건에 영향을 미쳤다. 따라서 로마 제국의 변화를 어느 정도 이해하는 것이 중요하며, 이를 위해서는 새로운 정치 체제를 만든 지도자를 이해하는 것이 필요하다.

지금까지는 안토니우스의 적을 옥타비아누스라고 부르는 것이 편리했다. 정작 그는 그런 이름을 사용한 적이 없었지만 말이다. 율리우스 카이사르의 종손인 그는 독재관의 유언에 따른 주된 상속자였으며, 흔히 그러하듯이 할아버지의 이름을 따서 자신을 가이우스 율리우스 카이사르라고 칭했다. 독재관은 그를 아들로 입양하지 않았지만 옥타비아누스는 그것이 카이사르의 의도였다고 확신했고, 카이사르 사후에 원로원이 입양을 비준하도록 했다. 그 무렵에 그는 이미 카이사르를 신격화했기 때문에 자신은 신성한 율리우스의 아들이 되었다. 정계에 등장했을 때부터 옥타비아누스는 자신을 카이사르라 칭하면서 다들 그렇게 부르라고 강요했다. 안토니우스는 처음에 그 십 대 소년을 "모든 게 이름뿐인 소년"이라며 경멸했으나 차츰 미숙한 그 청년이 정치적 수완을 갖추었음을 인정하지 않을 수 없었다. 죽은 독재관의 지지자들로부터 지지를 이끌어낼 수 있다는 점에서도 이름은 매우 중요했고, 후계자를 옥타비아누스라고 부르면 사람들 사이에서 혼란을 일으킬 염려도 있었다. 마찬가지로, 우리에게는 목적에 따라 그가 안토니우스를 제압한 이후에 아우구스투스라고 부르는 것이 가장 간편하다. 비록 그보다 몇 년 뒤에 정식으로 카이사르 아우구스투스가 되기는 했지만 말이다. 공화정(이 경우 공화정보다는 연방이라고 하는 것이 더 정확하다)을 회복하겠다고 주장하면서 그는 자신을 원수, 제1행정관, 공화국의 종복이라고 지칭했다. 이런 새로운 체제를 정립하는 것은 점진적인 과정이었고 늘 순탄한 것만은 아니었다. 그 과정에서 여러 가지 문제와 의미심장한 방향 전환이 있었기 때문이다. 이는 흥미로운 이야기이기는 하나 여기에서 세부 사항까지 언급할 필요는 없고 최종 형태에 대한 요약을 제시하고자 한다. 한 가지 기억할 점은, 아우구스투스와 그의 동료들은 외교관계를 포함하여 이런 저런 영역에서 어떤 고정된 계획에 따라 일을 벌인 것은 아니라는 점이다.[1]

아우구스투스의 권력은 궁극적으로 군대의 통제에서 나오는 것이었다. 먼저 그는 악티움 전투를 승리로 이끈 후 남아 있던 60여 개 군단을 정비하여 28개 군단의 상비군을 창설했다. 군단병들은 공화국과 그에게 충성 맹세를 했고, 그에게서 봉급을 받았으며, 그에 의해 승진되고 서훈되었고, 25년간의 복무를 마치고 제대한 후에는 그로부터 농장과 상당한 은사금을 받았다. 일부 예외를 제외하고 군단은 아우구스투스가 통제하는 속주들에 주둔했다. 우선 갈리아, 스페인, 시리아 속주가 있었고 그 다음에 더 많은 속주들이 생겨났다. 그리고 각 속주에는 황제의 레가투스legatus(문자 그대로 '대리인')인 원로원 의원급의 총독이 파견되어 관할 지역을 다스렸다. 이러한 방식으로 원로원 의원들은 여전히 군사적 지휘권을 행사할 수 있었으며, 또 비무장한 원로원의 속주에서는 집정관대리로 활동하는 등 원수정이 수립된 이후에도 집정관이나 고위 행정관직은 예전처럼 유지되었다. 그러나 실제로는 누구도 아우구스투스의 총애 없이는 최고위직으로 올라갈 수 없었고 그의 레가투스(보통 총독이나 군 사령관)가 거둔 전쟁 승리는 모두 원수의 공로로 돌아갔다. 서기전 19년 이후에 원수와 무관한 사람이 개선식을 하사받은 적은 없었다.

아우구스투스의 초상은 어디에서나 볼 수 있었다. 카이사르는 살아 있는 로마인이 자신의 얼굴을 동전에 새긴 최초의 사례였다. 브루투스나 카시우스를 비롯한 다른 사람들도 카이사르의 피살 이후에

브리타니아
43

게르마니아

벨기카

루그두넨시스

아퀴타니아

나르보넨시스

알프스
포에니아이
100

알프스
코티아이
64

알프스
마리티아이

라에티아

노리쿰

이탈리아

로마

테라코넨시스

루시타니아

바에티카

마우리타니아 44

누미디아

아프리카

지

해

0   150   300
킬로미터

아우구스투스와
후계자들의 로마 제국

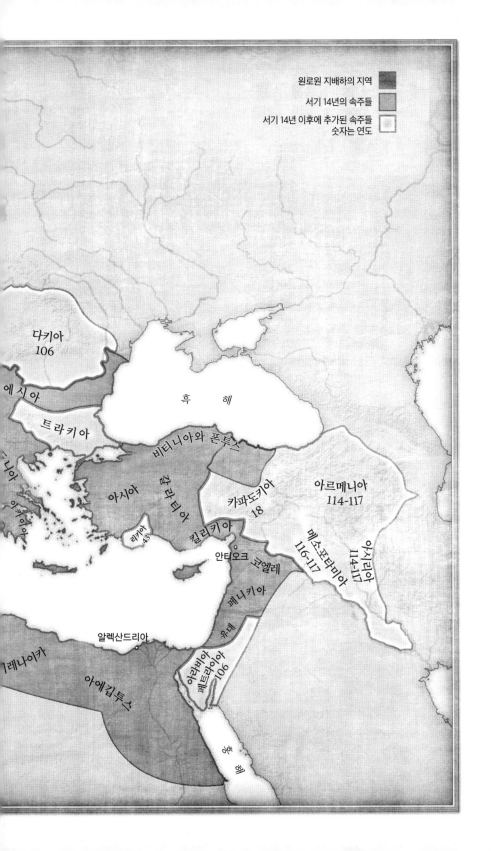

원로원 지배하의 지역

서기 14년의 속주들

서기 14년 이후에 추가된 속주들
숫자는 연도

다키아
106

에시아

트라키아

흑   해

비티니아와 폰투스

아시아

갈라티아

카파도키아
18

아르메니아
114-117

리키아
43

킬리키아

안티오크   코엘레

아시리아
114-117

메소포타미아
116-117

페니키아

유대

레나이카

알렉산드리아

아에깁투스

아라비아
페트라이아
106

홍   해

동전을 발행해 자신의 얼굴을 새겼다. 그러나 이것이 보편적 관행으로 굳어진 것은 아우구스투스 치하에서였다. 동전 외에도 이탈리아와 해외 여러 속주에서는 그의 업적을 기리는 기념비, 조각상, 흉상이 널리 세워졌다. 동상에서 원수는 언제나 잘생기고 평온하고 나이를 먹지 않은 청년의 모습인데, 이런 양식은 로마의 전통에서 벗어나는 것이었다. 그보다 더 전통에서 벗어나는 것은 아우구스투스의 이름, 직함, 명예, 얼굴, 그리고 육체적·정신적 부흥을 강조하는 것이었다. 그는 자신이 "진흙 벽돌의 로마를 대리석의 도시로 바꿨다"고 자부했다. 그는 대규모에 높은 품질을 자랑하는 도시 건설 계획을 세워 도시를 대대적으로 혁신했고 제국 내의 모든 지역에 유사한 건설 계획이 고스란히 수행되었다.[2]

그는 로마에 아우구스투스 평화 제단Ara Pacis Augustae을 건설하는 등 평화를 유독 강조했는데 평화와 함께 번영과 안정이 찾아오기 때문이었다. 내전은 마침내 끝났고 무엇보다 국가의 안정이 새로운 평화가 의미하는 것이었다. 로마인들이 평화를 느낄 때 거행하는 의식인 야누스 신전의 문을 닫는 의례가 세계 곳곳에서 거행되었다. 아우구스투스는 44년의 긴 통치 기간에 거의 매일 전쟁과 대규모 확장을 시도했기 때문에 평화 의식은 딱 두 번 거행했다. 정복 사업 중 일부는 미완성 과제로 남았다. 가령 알프스 정복과 이베리아반도의 황량한 북서부 지역 정복이 그러했는데, 아주 힘들고 실익도 별로 없는 사업이었다. 발칸반도도 정복되어 도나우강 일대가 변경 지역이 되었고, 한동안 엘베강 유역까지 게르만 부족들이 로마의 직접적인 통제를 받았다. 아우구스투스의 평화—팍스 로마나의 일부이기도 한—는 이웃들 간의 평화적 공존에서 온 것이 아니라 군사적 무력과 승리의 결과였다. 예술 작품에서 원수는 주로 장군이 아니라 토가를 입은 시민의 모습으로 등장하지만, 아우구스투스의 정복 사업은 대대적으로 진행되었고 많은 기념물이 이런 군사적 업적을 칭송하고 있다.

아우구스투스는 로마에 안정과 내부적 평화를, 그리고 해외에서의 성공을 가져다주었다. 하지만 이는 단기간에 이루어진 일은 아니었고 악티움 전투 승리 이후에 승자가 그토록 오래 통치하리라고 내다본 사람은 거의 없었다. 무엇보다 그는 신체가 튼튼한 사람이 아니었고 여러 차례 중병을 앓은 이력도 있어서 그리 오래 살 것으로 기대되지 않았다. 오늘날 돌이켜보면 사건의 진행이 필연적인 것처럼 보인다. 그래서 우리는 당대의 사람들, 가령 로마인, 속주민, 동맹국 사람, 파르티아인 등이 미래에 대해서는 전혀 알지 못한 채 매일, 매달, 매년 살아가면서 중요한 결정을 내렸다는 사실을 잊기가 쉽다. 아우구스투스는 병에 걸렸을 때마다 다시 건강을 회복했고, 그에 대한 몇 가지 암살 음모는 학자들이 실제 사건이 아니라 지어낸 이야기가 아니냐고 할 정도로 모두 실패했다. 원수는 살아남아 지고의 권력을 잃는 법 없이 자신의 지위를 바꾸었으며, 집권 초창기부터 후계자들을 키우기 시작했다. 비록 후계자로 지목된 이들이 빈번하게 사망하자 당시나 그 이후에 살해한 것이 아닐까 하는 의심이 나돌기도 했지만, 그것은 우연의 일치일 뿐이었다.

역사는 황제들 중 하드리아누스를 원수정 元首政, principate(아우구스투스가 수립한 정치 제도에 학자들이 붙인 이름) 초기 2세기 동안 가장 많이 여행을 다닌 황제로 기억하고 있다. 이 무렵 로마 황제들은 대체로 이탈리아에서 통치 기간의 상당 부분을 보냈다. 그러나 이것은 종종 해외 속주들의 순방에 나섰던 아우구스투스에게는 해당되지 않는 이야기다. 위대한 사령관도 타고난 장군도 아니었던 그는 원수 취임 몇 년 안에 군대를 직접 지휘하는 것은 그만두었고 전역 가까운 곳에서 작전을 감독하는 것으로 만족했다. 주요 전쟁은 그가 가장 신임하는 장군들이 담당했는데 그들은 대체로 친척들이었다. 처음에는 그의 친한 친구이자 장래에 사위가 되는 아그리파가 있었고, 이후에 그의 의붓아들들인 티베리우스와 드루수스, 그다음 손자 세대로는 가이우스와 루키우스, 그리고 종손인 게르마니쿠스가 있었다. 여러 면에서 로마의 정치 제도는 단 한 명의 통치자가 아니라 두 명이나 그 이상의 원수 집단에 의존했는데, 그중에서도 아우구스투스는 언제나 변함없는 최고 통치자였고, 신성한 율리우스의 아들이었으며, 그 누구도 따라올 수 없는 아주 긴 명예의 목록을 갖고 있었다.

주요 전쟁을 지휘하거나 감독하는 것 외에도 시민들의 호소를 들어주고 지역 분쟁을 해결하는 데 많은 시간이 들었다. 하드리아누스 황제(혹은 그보다 이전의 알렉산드로스 대왕)가 어느 날 가마를 타고 도시를 통과하면서 가는데, 한 노파가 그의 이름을 간절히 부르며 자신의 사건을 해결해달라고 호소했다는 이야기가 전해진다. 하드리아누스가 시간이 없다고 대답하자 애타게 호소하던 노파가 "그럼 황제 노릇을 그만두시든지" 하면서 도발하자 그는 가마를 멈추고 노파의 하소연을 들어주었다. 원수의 주요 업무 중 하나는 호소의 최종 종착지가 되는 것인데 평화로울 때에도 이것은 시간이 많이 걸리는 일이었다. 내전의 후유증은 심각해서 속주의 행정을 마비시켰을 뿐만 아니라 여러 도시에서 폭동과 갑작스러운 체제 변화를 야기했다. 속주의 책임자는 누가 되었든지 간에 전쟁 노력을 지원하기 위해 가렴주구를 할 수밖에 없었고, 자연히 미해결된 문제와 분쟁이 산적하게 되었다. 원수정의 한 가지 이점은 누구나 아우구스투스가 절대 권력을 갖고 모든 문제를 다 해결할 수 있다는 걸 안다는 점이었다. 속주에 사는 사람들은 이제 자기에게 도움을 줄 사람을 만나기 위해 멀리 로마까지 가서 원로원 의원을 접촉하지 않아도 되었다. 황제가 속주들을 장거리 순행하는 것은 문제 해결에 더욱 도움을 주었다. 로마로 올라가서 오랫동안 기다려야 하는 것보다는 도시를 경유하는 황제를 찾아가서 알현을 호소하는 것이 훨씬 값싸고 빠른 길이었다. 마찬가지로 원수정의 설립 덕분에 파르티아인 또한 로마와 거래하는 것이 전보다 더 간편해졌다. 내전이 만들어낸 속주 총독이나 군벌들보다는 황제의 태도가 훨씬 이해하기도 쉽고 예측 가능했다.[3]

다시 말하지만, 초창기에 파르티아인은 아우구스투스의 통치와 그가 창설한 제도가 오래 가리라고 생각하지 않았다. 서기전 31년 이후(그 전은 아닌), 프라아테스 4세는 로마인의 도전보다는 왕위 도전자 티리다테스의 위협을 더 즉각적이고 위험한 것이라고 생각했다. 왕이든 도전자든 악티움 전쟁 이전에 아우구스투스에게 사람을 보내 우호를 구하거나 아니면 경쟁자의 이익을 위해 개입하지 말아달라고 호소했다. 파르티아인이 안토니우스에게도 접촉했는지는 불분명하다. 어느 쪽이 되었든 로마가 도움을 제공한 적은 없었다. 아우구스투스는 국내 문제에 몰두해 해외로 지원을 보낼 형편이 못 되었고 또한 파르티아인들이 자기들끼리 싸우느라 바빠서 로마의 속주를 넘보지 못할 거라는 생각에 만족감을 느끼고 있었다.

서기전 30년 후반 안토니우스와 클레오파트라가 모두 사망하고 이집트가 정복되었을 때, 아우구스투스는 최초로 시리아 방문 길에 나섰다. 그의 주된 관심사는 로마 내전 때 세 번이나 패배한 쪽(폼페이우스, 카시우스, 안토니우스)을 지원한 시리아 속주와 이웃 동맹국을 안정시키는 것이었다. 그 지역을 안정시키는 가장 좋은 방법은 헤롯 대왕처럼 패장 안토니우스가 내정한 인사를 그대로 인정하면서 현직에 있는 통치자들을 자기 편으로 돌려놓는 것이었다. 티리다테스는 파르티아 내전에서 패배한 상태로 프라아테스 4세의 아들 중 한 명을 데리고 시리아에 왔다. 다시 한번 아우구스투스는 그를 지원하는 것을 거부했고 당분간 왕자를 아버지에게 돌려주는 것도 거부했다. 티리다테스는 로마 제국 내에서 편안한 유배 생활이 허락되었고, 어린 왕자는 아우구스투스와 함께 로마로 가서 손님 대접을 받았다.[4]

몇 년 뒤 티리다테스는 로마를 떠나 파르티아로 가서 내전을 새롭게 재개했고, 한동안 상황은 그에게 유리하게 돌아갔다. 프라아테스 4세는 퇴각했고 추격을 당했다. 어느 순간 그는 너무 절망적인 상태에 빠져서 티리다테스에게 다 빼앗길지도 모른다는 불안감에 후궁들을 모두 죽이라고 명령하기도 했다. 후대에 남겨진 문서에 따르면 프라아테스는 네 명의 정식 아내를 두었는데, 이들과 다른 왕실의 여자들은 그 무렵 목숨을 건졌거나 아니면 다른 곳에서 안전하게 거주하고 있는 것으로 기록되었다. 물론 이들이 난리통 이후에 다시 결혼한 여자들일 수도 있다. 이처럼 티리다테스의 위협은 심각한 것이었고, 곧 셀레우키아가 그의 편에 붙었으며, 그는 동전을 발행하여 아우토크라토르('단독 통치자')라는 직함 외에 '로마인의 친구'라는 전례 없는 표어를 새겨 넣었다. 그가 로마인으로부터 직접적인 지원을 받았다는 증거는 없기 때문에 아마도 이는 자신의 무력을 널리 과시하고 또 자신이 집권하면 로마와의 관계가 좋아질 것임을 암시하기 위한 것이었을 것이다. 힘들게 권력 투쟁을 벌인 끝에 프라아테스 4세는 다시 한번 티리다테스를 축출했다. 티리다테스는 파르티아에서 쫓겨난 이후 로마의 속주들을 항구적 거처로 삼았다. 아우구스투스는 프라아테스 4세의 아들을 아버지에게 돌려보냈는데 아마도 친선을 도모하려는 호의의 표시였을 것이다. 그러나 파르티아와의 관계는 황제의 많은 관심사 중 하나일 뿐이었고 대부분 다른 일들이 그보다 화급했다. 아무튼 그가 스페인에 나가 있을 때 파르티아의 사절단이 그를 찾아오기도 했다.[5]

　　그러나 다른 로마인들은 다르게 생각했을 수도 있다. 서기전 20년대에 시인 호라티우스는 이렇게 선언했다. "브리튼인과 치명적인 파르티아인이 우리 제국에 추가될 때 아우구스투스는 지상의 신으로 여겨질 것이다." 시인은 이어서 카레에서 생포된 로마 병사들 중 수십 년이 지난 지금까지 살아 있는 이가 있을지 의문을 던진다. 그들은 자신의 본명과 전통적인 토가와 이탈리아 신들을 잊어버린 채 "야만인 여자"와 결혼해 "메디아 왕 아래에서" 병사로 복무하고 있을지도 몰랐다. 약 1만 명의 로마 병사들이 서기전 53년에 포로로 사로잡혔고, 그 뒤의 전투에서 더 많은 병사가 포로가 되었다. 우리가 알고 있는 바로는 그들 중 상당수가 파르티아 제국의 극동 지역인 마르기아나로 보내졌다. 그곳에서 그들은 로마식 요새를 건설했고 아마도 베르브시를 수비했을 것이다. 내전에 휩쓸린 로마에서 이 포로들이 중요 관심사였다는 것을 보여주는 증거는 별로 없다. 하지만 파르티아가 만만치 않은 상대라고 느끼고 있었고, 또 크라수스가 그들에게 도전한 것은 잘못된 일이었다고 여기는 이들도 많았다. 로마인들의 자존심은 구겨졌고 벤티디우스의 승리가 어느 정도 자존심을 회복시켜주었으나 안토니우스의 실망스러운 원정전은 자존심에 더욱 먹칠을 했다. 호라티우스 외에 다른 시인들도 파르티아를 굴복시켜 온 세상에 로마의 지고한 권위를 선양해야 한다고 열렬하게 주장했다. 동방의 전쟁 이야기가 나오면 필연적으로 알렉산드로스 대왕 이야기가 나오고 아우구스투스가 그에 맞먹는 혹은 능가하는 정복 사업을 펼칠 거라고 예측했다.[6]

아우구스투스는 동방의 속주들을 방치하지 않았다. 지리적으로 그리 크지 않은 속주인 시리아에 4개 군단이 주둔하면서 수비를 담당했고, 갈라티아에는 2개 군단이 더 배치되었는데 이런 상황이 수십 년 동안 지속되었다. 이 시기의 군단들은 후대 군단들보다 더 자주 이동했는데, 후대에는 원수정 체제가 확고히 자리잡으면서 대부분의 군단들이 주둔 중인 곳을 항구적 기지로 삼게 되었고 군단을 다른 곳으로 이동시키는 것은 더욱 어려웠기 때문이었다. 아우구투스 시절, 군단들은 한 전역에서 다른 전역으로 즉각 이동했고 그것도 여러 차례 옮겨 다녔다. 갈라티아 수비대가 소요 사태가 벌어진 마케도니아 국경 지대로 파견되었다는 증거도 있다. 이처럼 군단의 기동성이 높다는 것은 이집트에 주둔 중인 3개 군단이 시리아 군단의 후방 증원 부대로 이동할 수도 있다는 뜻이었다. 특이하게도 아우구스투스는 이집트 주둔 군단들을 한 명의 총독과 여러 명의 사령관 밑에 두었는데, 이들은 원로원 의원이 아니라 기사 계급이었고 공식 직함도 레가투스가 아니라 프라이펙투스praefactus(장관)였다. 이 외에도 로마 시민은 아니었으나 항구적인 새로운 보조부대에서 직업 군인으로 일하는 상당수의 보조병들이 있었다. 전체적으로 볼 때 로마 군단의 약 3분의 1이 파르티아를 위협하거나 그들의 공격을 요격할 수 있는 지역에 집중되어 있었다. 그러나 그것만이 로마군의 유일한 임무는 아니

있다. 그 지역은 아주 부유하고 또 중요해서 동맹국이 로마의 경쟁자에게 넘어가는 것을 결코 방치할 수가 없었다. 하지만 최근 몇 년 동안 현지 주민들을 심하게 착취한 탓에 공포에 의한 강압 외에 그들의 충성심을 담보할 방법이 없었다. 제국의 여러 지역과 로마의 대부분 지역에 밀을 공급하는 이집트는 특히 보안에 신경을 써야 하는 곳이었다. 따라서 아우구스투스는 이집트를 원로원 의원의 통치 아래에 두는 것을 거부했고, 심지어 로마 귀족이 황제의 사전 승인 없이 이곳을 방문하는 것도 금지했다.[7]

로마 정규군은 전체 그림의 일부일 뿐이었다. 왜냐하면 과거와 마찬가지로 이 일대는 여러 왕국이 산재해 있었고, 그 왕국들은 각자 고유한 군대와 군대를 동원할 수 있는 능력을 갖추고 있었기 때문이다. 로마인들은 동맹국 지도자들이나 도시국가들이 요청할 때마다 군대와 자원을 공급해주기를 기대했다. 따라서 로마 야전군의 상당 부분은 동맹국의 군대로 채워졌다. 동맹국 왕들이 로마의 요청에 따라 이웃에 전쟁을 거는 일이 그리 이례적인 일이 아니었으며, 그들은 로마군의 지원 없이 전쟁에서 승리하기를 희망하곤 했다. 왕실의 군대는 침략자, 산적, 정치적 반란 세력들과 싸우는 전투에 투입되었고 어떤 때는 로마의 동맹국일 수도 있는 다른 왕국을 상대로 로마의 사전 승인 없이 싸움을 걸었다. 때때로 이것은 로마 측의 반응을 불러오거나 불러오지 않거나 했다. 공격당한 왕국이 파르티아 제국의 영향권 안에 있는 왕국이라면 아르사케스 왕의 반응을 이끌어낼 수도 있고 또 그렇지 않을 수도 있었다. 이런 점에서 각 제국이 동방에 도착한 이래로 행태가 달라진 것은 거의 없었다.[8]

안토니우스가 옥타비아누스를 상대로 하는 권력 투쟁에 집중하면서 아르메니아 왕의 아들은 파르티아에서 돌아와 자신의 왕국에 대한 통치권을 되찾았다. 한 사료에 따르면 그는 눈에 보이는 족족 모든 로마인을 죽였다고 한다. 그러나 그 수가 얼마나 되는지, 그들이 군인인지 혹은 민간인 사업자인지 여부는 불분명하다. 그러한 조치가 로마인들의 반응을 이끌어내지는 못한 듯하다. 비슷한 시기에, 과거 안토니우스와 동맹을 맺었던 메디아 아트로파테네의 왕은 프라아테스 4세와도 동맹을 맺은 듯하다. 두 경우 모두 메디아 왕이 로마와의 대결을 모색한다는 의미는 아니었다. 이 지역의 지정학적 관계를 이해하는 데 방해가 되는 것은 로마와 파르티아에 대해 찬반으로만 따지려 드는 단순한 시각이다. 로마와 우호적인 관계 혹은 굳건한 동맹을 맺는 것이 자동적으로 파르티아와는 그런 유사한 관계를 맺을 수 없다는 것을 의미하지는 않았고, 그 반대도 마찬가지였다. 동맹 왕국들은 자유 국가였고 그들의 일상적 국가 운영은 외부 세력의 검열을 받을 필요가 없었다. 그들이 자신의 왕국을 안정되게 유지하고, 그 주변 지역에 소요를 일으키지 않고 로마나 파르티아의 중요한 관심사들과 직접적인 충돌을 일으키지 않는 한, 두 제국은 왕들이 무슨 일을 하는지 별로 신경 쓰지 않았다.[9]

예를 들어 안토니우스가 임명하고 이후에 아우구스투스에 의해 유대와 인근 지역의 왕으로 승인받은 헤롯 대왕은 로마와 원수에 대한 충성심을 입증하기 위해 엄청난 돈과 노력을 쏟아부었고, 또 대다수의 이교도들이 사는 속주의 여러 도시에 관대한 태도를 보였다. 파르티아 제국 내에는 상당히 많은 유대인 공동체가 있었는데, 순례자들이 유월절을 예루살렘 대신전에서 보내기 위해 정기적으로 유대 땅을 찾았다. 헤롯은 프라아테스 4세에게 정기적으로 사절단을 보내 파코루스가 생포해간 폐위된 대사제 히르카누스의 귀환을 협상해 성공적으로 마무리지었다. 헤롯은 히르카누스의 손녀와 결혼했는데 아내의 할아버지는 유서 깊은 하스몬 왕가의 직계 혈통을 대표하는 인물이었고, 절반은 이두메아인 절반은 유대인의 피가 섞인 헤롯은 그런 유서 깊은 혈통을 부러워했다. 사료에는 헤롯의 협상이 로마의 도움을 받았다거나 두 제국의 친선관계를 도모할 목적이었다는 식의 명시적 언급은 나오지 않는다. 우리가 알 수 있는 것은 헤롯이 독립적인 군주로서 왕국의 위신과 자신이 결혼한 가문의 이익을 위해 활동했다고 주장했다는 점이다. 그러나 히르카누스와 헤롯의 아내는 결국 음모 혐의로 처형당했는데, 그들은 왕실 내에서 왕의 잔혹한 의심으로 인해 희생당한 여러 사람들 중 일부일 뿐이었다. 이런 처사는 헤롯이 로마의 믿을 만한 동맹으로 남아 있는 데 아무런 지장을 주지 않았다. 충성심을 꾸준하게 유지하는 것은 그의 주요 우선순위 중 하나였지만, 그의 개인적 안전, 성공, 부, 위신 등을 얻기 위한 수단이기도 했다.[10]

아우구스투스는 동방의 여러 속주에 상당한 병력을 유지했고 또 동맹 국가들의 보조부대를 지원받았다. 그러나 그는 카이사르가 계획했고 안토니우스가 서기전 36년에 파르티아 원정전에서 실행했던 것처럼 대규모 군대를 한 군데에 집중시키는 일은 절대 하지 않았다. 유럽, 때때로 북아프리카, 이집트의 남부 국경 등에서 아우구스투스 통치기에 대규모의 공격적인 전쟁이 벌어졌는데, 그 결과 로마는 아주 넓은 영토를 직접 통치 아래 두게 되었다. 서기 6년에 판노니아에 10개 군단이 집결되었고 서기 9년에 게르마니아에서 대참사를 당한 후에 그와 비슷한 규모의 군단이 게르마니아에 집결되었다. 그러나 아우구스투스는 시인들의 진언을 듣지 않았고 파르티아를 상대로 하는 대규모 전쟁을 준비하지 않았다. 더불어 브리튼 침공도 계획하지 않았다. 고대 사료에서는 언급이 없었지만 학자들은 비록 뛰어난 장군은 못 되지만 영리했던 아우구스투스가 침공을 시도하지 않은 것은 비용만 많이 들고 실익은 적다는 실용적 판단에 따른 선택이라는 그럴 듯한 주장을 펼친다. 크라수스와 안토니우스의 고사는 파르티아인이 가공할 적수라는 것을 보여주었다. 그래서 그들을 상대로 싸우는 것은 철기 시대의 야만 부족들을 상대로 하는 것보다 훨씬 더 위험했다. 야만 부족은 전술적으로 덜 세련되었고, 정착촌들은 잘 방어되어 있지 않았으며, 무엇보다도 그들은 정치적으로 단결되어 있지 않았다. 그래서 정착촌들을 차례대로 굴복시키는 것이 쉬웠고 참사의 위험도 별로 없었으며, 설사 낭패를 당한다 하더라도 소규모에 그칠 가능성이 높았다. 이와는 대조적으로 왕중왕은 위대한 제국의 인력과 자원을 동원할 수 있었고 장기간 대규모 전쟁을 수행할 능력을 갖추고 있었다. 또 정치적 단일성을 갖추고 있어서 로마의 황제와 아르사케스 왕 사이의 협상을 한결 쉽게 만들었다. 요약해 보자면, 많은 왕과 부족장과 씨족장을 상대로 평화를 유지하는 것보다는 제국의 단독 통치자와 평화를 유지하는 게 훨씬 더 나았다.[11]

아우구스투스와 프라아테스 4세 사이에 벌어진 협상의 세부 사항은 재구성하기가 불가능하지만 그 협상 결과는 로마 제국 전역에서 널리 칭송되었다. 서기전 20년, 아우구스투스는 동방 속주들의 순회 방문의 일환으로 시리아에 왔다. 그때 아르메니아의 한 당파가 그를 찾아와 현왕에 대해 불만을 표현하면서 그의 동생으로 왕을 대체하고 싶다고 말했다. 그 동생은 과거에 안토니우스가 인질로 잡아 로마로 보냈었다. 아우구스투스는 왕권 교체에 동의하고 무력으로 그 일을 뒷받침하고자 했다. 그는 당시 21세였던 의붓아들 티베리우스에게 그 일을 맡겼고 여러 명의 고문관을 붙여주었다. 아마도 현지의 로마군단과 보조부대 등에서 병력을 새로 뽑아 원정대를 편성했을 것이다. 그러나 로마군이 행동에 돌입하기도 전에 인기 없던 왕은 살해되었고, 티베리우스 부대는 싸울 필요도 없이 죽은 왕의 동생을 아르메니아 왕국까지 호송할 수 있었다. 이 모든 사건에서 국내 정치가 핵심적 역할을 했고 아우구스투스를 찾아왔던 당파는 과거에 파르티아의 도움이 필요할 때 그렇게 했던 것처럼 로마의 도움을 적극적으로 받아들이고자 했다. 이 경우 새로 옹립된 왕은 로마에 대해 호의를 갖고 있을 것으로 기대되었다. 그는 인질로서 로마에 오랜 기간 머물렀기 때문에 그 도시와 지도자들에 대해 많이 알고 있었다. 이것이 아르메니아에 영향을 미치고 또 동맹을 강화할 수는 있겠지만 그렇다고 해서 로마가 아르메니아를 통제한다거나, 그 나라를 위성국가로 만들거나, 파르티아와 적대하도록 만들었다는 뜻은 아니다. 그 무렵 메디아 아트로파테네와도 동맹이 갱신되었는데 그렇다고 해서 그 왕국과 파르티아 사이의 유대관계가 끊어졌다는 뜻은 아니었다. 그럼에도 불구하고 아우구스투스는 그 지역에서 동맹을 강화한 것에 대해 전반적으로 만족했다.[12]

원수는 파르티아와의 전쟁을 원하지 않았고, 프라아테스 4세도 마찬가지였다. 왕중왕은 티리다테스의 도전은 물리쳤지만 새로운 도전자가 나타나지 않는다는 보장이 없었으므로 로마와 전쟁을 벌일 형편이 되지 못했다. 그 결과 양측에 유리한 조약이 체결되었고 고국의 동포들에게 커다란 성공으로 선전할 수 있었다. 프라아테스 4세는 적어도 당분간은 로마의 침공 위협으로부터 벗어날 수 있었다. 유프라테스강 지역 일부를 경계선으로 삼자는 얘기가 나왔으나, 양측이 주장한 한계선이 어디까지였는지는 불확실하다. 조약 체결의 대가로 파르티아는 그들이 가지고 있는 독수리 군기와 기타 군기를 돌려주었다. 왜냐하면 안토니우스가 이전에 메디아인들로부터 빼앗긴 로마의 군기를 일부 반환받은 적이 있었기 때문이다. 프라아테스 4세는 생존 중인 로마 포로들도 명단을 파악하여 전원 로마로 돌려보냈다. 고국보다 파르티아 제국에서 보낸 시간이 더 많은 일부 로마인은 귀국하지 않고 숨어버렸고, 억류돼 있는 동안 아내를 취하고 아이를 낳은 다른 일부 로마인은 가족을 떠나는 대신 자살했다. 포로들의 귀환은 사료들에 좋은 일로 기록되었으나, 빼앗겼던 독수리 깃발의 반환에 더 많은 관심이 쏟아졌다. 술라의 경쟁자였던 마리우스는 독수리 군기를 각 군단의 대표 깃발로 제정했는데 깃발의 가장자리에는 60개 켄투리아centuriae〔중대〕의 표시가 새겨져 있다. 동전을 발행할 때에도 양 옆에 독수리를 표시하는 등 독수리 표식은 자부심의 커다란 원천이었다.[13]

"나는 파르티아인들을 압박해 과거에 로마 3개 군단이 잃었던 깃발과 전리품을 반환하게 했고, 그들이 탄원자로써 로마 인민들과 선린관계를 맺기를 간청하도록 이끌었다." 아우구스투스가 그의 능묘 밖에 세운 커다란 비문에 기록한 말이다. 그는 이 선언문을 복제해 제국 전역에 돌리도록 했다. 그가 볼 때, 파르티아의 깃발 반환 조치는 로마의 강성한 무력을 인정하고 통치자의 권위를 존중한다는 뜻을 드러낸 것이었다. 《아이네이스》에서 시인 베르길리우스는 로마의 운명은 "정복된 자를 보호하고 오만한 자를 전쟁으로 제압하는 것"

이라고 말했다. 파르티아는 전쟁으로 정복된 것은 아니었다. 그렇지만 동방 속주들에서 아우구스투스, 티베리우스, 로마 군단, 보조부대의 존재와 위세는 파르티아인에게 깃발을 반환하도록 '강요'했고 또 '탄원자' 자격으로 평화를 간청하게 만들었다. 적병 수천 명이 죽어나가는 전쟁에서 승리한 영광은 언제나 대단한 것이지만 로마의 무력 앞에 자발적으로 굴복해온 것도 로마 시민들로서는 기꺼이 받아들일 만한 것이었다. 그 소식이 로마에 전해지자 원로원은 새로운 영예의 목록을 길게 작성해 투표로 의결했다. 그 목록에는 말이 아닌 코끼리가 끄는 전차를 타고 거행하는 개선식도 포함되어 있었다. 아우구스투스는 평소와 다름없이 반응하면서 먼저 원로원의 관대함에 감사하고 이어 영예의 목록에 올라 있는 항목의 대부분을, 특히 아주 화려한 행사 같은 것을 거절했다. 그가 마침내 로마로 돌아왔을 때는 밤중에 조용히 성내로 들어왔고, 코끼리가 있든 없든 개선식은 아예 진행하지 않았다. 친구를 위해 연전연승을 거두었던 아그리파도 승리 때마다 원로원이 수여했던 개선식을 단 하나도 받아들이지 않았다.[14]

이런 겸손한 태도가 위력을 발휘할 수 있었던 한 가지 이유는 아우구스투스의 업적과 명예가 로마의 어떤 위대한 영웅들보다 뛰어났기 때문이다. 마침내 독수리 깃발과 군기, 그리고 다른 전역에서 획득한 깃발들은 성대한 의식 속에서 마르스 울토르Mars Ultor(복수자 마르스)의 신전에 새롭게 안치되었다. 이 신전은 아우구스투스 포룸의 중심 건물이 되었는데 기존의 포룸 로마눔의 오른쪽 부분을 확장한 것이었다. 신전 바깥의 구내에는 율리우스 가문의 위대한 인물들과 과거에 개선식을 거행한 인물들의 조각상들이 세워졌다. 아우구스투스의 업적은 개선식 장군들이 모는 전차와 비슷한 네 마리 말이 끄는 전차의 조각상에 새겨졌다. 이 기념물을 관람하다 보면 로마의 모든 과거가 아우구스투스와 그의 업적으로 자연스럽게 수렴된다는 것을 알 수 있다. 발행된 동전에는 독수리 깃발의 반환에 이르는 모든 단계가 묘사되었다. 기념물과 사건들의 이미지를 새겨 넣었고 심지어 원수가 거부했음에도 불구하고 전차를 끄는 코끼리들까지 등장했다.[15]

원로원이 그에게 수여한 파르티아 개선문이 실제로 건설되었는지 아니면 기존의 악티움 승리 기념 개선문이 수정, 확대되었는지에 대해서는 학자들 사이에서 의견이 엇갈린다. 그 시기에 발행된 여러 동전을 살펴보면 후자가 맞는 듯하고, 그 거대한 기념물은 포룸 로마눔으로 들어가는 여러 도로 중 하나의 인근에 지어진 신성한 율리우스 능묘 옆에 우뚝 솟아 있다. 기념물의 맨 꼭대기에 네 마리 말이 끄는 전차에 올라탄 아우구스투스가 조각되어 있고, 양 옆과 밑에는 파르티아인들이 서 있는데 한 명은 독수리 깃발을 바치고 있고 다른 한 명은 평화로운 몸짓으로 활을 흔들고 있다. 이는 파르티아인의 호전적인 성격을 강조하려는 것이었다. 프리마 포르타에 있는 유명한 아우구스투스 조각상 흉갑에는 서 있는 파르티아 전사가 로마의 여신에게 독수리 깃발을 건네는 풍경이 새겨져 있다. 패배를 당한 민족은 보통 여성으로 의인화되고 탄원자의 모습으로 종종 앉아 있거나 양 손목을 묶인 자세를 취하고 있는 경우가 많았다. 아우구스투스 시대의 예술 작품들은 로마의 우월성을 인정하면서도 파르티아인들을 더욱 강력해 보이도록 묘사했다. 이로 인해 서기전 20년의 무혈 승리는 더욱 위대한 업적이 되었고, 유럽의 여러 부족을 상대로 힘겹게 싸워서 이긴 승리보다 더 많이 칭송받았다.[16]

아우구스투스 덕분에 로마는 자부심 강한 무서운 적을 상대로 우위를 점하게 되었다고 믿을 수 있었고, 저 멀리 떨어져 있는 프라아테스 4세도 다른 왕들과 마찬가지로 로마에 복종을 맹세한 동맹국의 왕들과 같다고 여길 수 있었다. 반면에 파르티아인들이 두 제국의 관계를 그런 식으로 바라볼 이유는 전혀 없었다. 우리는 로마인들이 독수리 군기와 다른 깃발들에 대해 상당히 중요한 의미를 부여한다는 것을 알았지만 파르티아인들이 그런 전리품을 얼마나 소중하게 여겼는지는 알지 못한다. 개인적인 관점에서 볼 때 프라아테스 4세는 당시에 점령한 땅을 하나도 포기하지 않고 깃발을 건네줌으로써 싼값에 평화를 확보한 셈이었다. 로마인들이 과거 전투에서 빼앗긴 군기를 돌려달라고 요청해온 것은 파르티아 국민들에게 과거의 승리를 상기시키는 것이었다. 고대 지도자들과 국가들은 조약이나 협약을 항구적인 것이라고 생각하지 않았다. 티리다테스의 왕위 도전을 물리친 후 권력을 계속 잡고 현재의 지위를 공고히 하는 것이 프라아테스 4세의 당장의 주요 관심사였기 때문에 로마와 평화 조약을 맺은 것이었다.

다른 많은 외교적 회담이 그러하듯이 이번 회담에도 선물 교환이 있었다. 아우구스투스는 이 회담에서 프라아테스 4세에게 무사라는 노예 소녀를 선물한 듯하다. 그녀를 언급한 유일한 문헌인 요세푸스에 따르면, 소녀를 이탈리아 노예라고 말하고 있지만 정확히 의미하는 것이 무엇인지는 분명하지 않다. 아마도 그녀는 이탈리아에 사는 노예 어머니에게서 태어났을 것이다. 그렇지만 이것으로 그녀의 민족에 대해서는 알 수가 없다. 무사는 아주 흔한 노예 이름이었고, 그녀가 순전히 아름다운 용모 때문에 뽑힌 게 아니라면 황실 소속에 잘 교육받은 노예였을 가능성이 높다. 매력적인 여성은 왕에게 좋은 선물임에 틀림없다. 하렘을 유지하고 있고 내전 중에 첩을 모두 살해한 왕에게 있어서는 더욱 소중한 선물이었다. 선물의 상호 교환은 프라아테스 4세가 협상을 동등한 관계의 만남으로 선전할 수 있는 좋은 수단이었다. 그렇지만 그와 아우구스투스가 직접 만난 적은 없었다.[17]

요세푸스의 기록은 짧고, 한담이며, 적대적이기 때문에 세부 사항은 알 수 없지만 무사는 분명 뛰어난 여성이었다. 이야기의 골자만 추려보자면 그녀는 프라아테스 4세의 애첩 중 한 명이 되었다. 그녀가 아들을 낳자 왕은 그녀를 평범한 첩이 아니라 여러 아내 중 한 명으로 승급시켰다. 요세푸스는 무사가 이제 중년의 나이 혹은 그보다 더 나이든 왕을 완전히 지배, 조종하게 되었다고 기록했다.

아우구스투스에 따르면, 서기전 11년 혹은 10년경에 "오로데스의 아들이자 파르티아 왕인 프라아테스는 모든 아들과 손자를 이탈리아로 보내왔다. 전쟁에 패해서 그렇게 한 것이 아니라, 아들을 볼모로 우정을 얻기 위해서였다." 네 명의 아들과 그 부인들, 그리고 그들 사이에서 난 손자들이 아우구스투스의 황실과 관련을 맺으면서 많은 외국 왕자들 사이에 섞여 살게 되었다. 요세푸스는 이런 결정의 배후에 무사가 있었으며, 자기 아들의 장래에 방해가 되는 경쟁자를 모두 외국으로 내보내고 싶어했다고 말한다. 또다른 사료에 따르면, 프라아테스 4세가 아들들이 왕위에 도전하거나 왕에게 반대하는 귀족들의 대표 인물이 되는 것을 막기 위해 선제적으로 그런 조치를 취했다고 한다. 프라아테스 4세가 왕위에 오르기 위해 아버지, 형제들, 그리고 아들 중 한 명을 죽였다는 사실을 감안할 때 후자의 주장이 더 그럴 듯해 보인다. 그러나 왕위 후계자들을 그처럼 외국에 다 넘겨주

는 것은 위험도 따르는 일이었다.[18]

'인질hostage'이라는 현대 용어는 고대 라틴어와 그리스어에는 없는 부가적 함의를 많이 갖고 있다. 앞서 언급한 셀레우코스 왕조의 왕자들이 그러했듯이 여러 외국의 지도자들이 로마에 체류했고, 아우구스투스와 그 후계자들 시대에 들어서서는 그 숫자가 엄청나게 증가했다. 설사 이 인질들이 조약의 담보로 요구되었다 할지라도 조약이 나중에 파기될 경우에도 그들이 처형되거나 처벌을 받는 일은 없었다는 것을 기억해둘 필요가 있다. 고대 세계의 많은 문화권에서는 '손님과의 우정'이라는 오래된 전통이 있었고, 민족적이기보다는 개인적인 유대감을 형성했다. 로마 안팎에서 파르티아인들은 다른 왕족 및 귀족들과 마찬가지로 로마식 교육을 받았고, 원수와 그 가족들과 어울리는 사교적 활동을 했다. 그들은 임의로 로마를 떠나지 못했을 뿐 상당한 독립, 사치, 자금을 향유했다. 프라아테스 4세의 한 아들은 이탈리아에 머무는 동안 사원 한 채를 기증했다. 아우구스투스는 친선의 표시로 그들에게 공개적인 행진을 열어주었고 운동 경기를 구경할 때는 잘 보이는 좋은 자리를 배정해줬다. 아우구스투스의 평화 제단의 양옆 프리즈〔고전 건축물에서 띠 모양으로 장식한 조각품〕에는 종교 의식에서 원로원 의원들을 이끄는 아우구스투스, 아그리파, 기타 황실 가족들이 묘사되어 있다. 동방의 옷을 입은 작은 소년이 아그리파의 망토를 붙잡고 있고 특이한 왕관을 쓴 고개 숙인 여인이 그 소년을 위로하고 있다. 어떤 사람들은 이 두 사람이 프라아테스 4세의 손자와 그 어머니일 거라고 추측한다. 하지만 이 기념물에 새겨진 이미지에 대해 확실하게 알려진 것은 없다. 이 소년은 동양인의 대표로, 반대편에 새겨진 서양인을 대표하는 맨발과 맨몸의 아이와 대칭

을 이루는 것일 수도 있다.[19]

로마인과 파르티아인은 평화를 유지했고 긴장의 순간이 발생하면 외교로 해결했다. 아그리파는 20대에 동방의 속주에서 여러 해를 보냈고, 서기전 16년에서 13년 사이에 그곳에 다시 부임했는데 이번에는 전임 총독들의 권력을 능가하는 통치권을 부여받았다. 1년 뒤 그는 죽었고 서기전 9년에 아우구스투스의 의붓아들 드루수스가 그 자리에 들어섰다. 이는 상당한 부담이 티베리우스의 어깨 위에 떨어졌다는 뜻이었고 그는 동방으로 가서 감독하라는 지시를 받았다. 그러나 티베리우스는 아직도 이해할 수 없는 측면이 많은 어떤 사건을 계기로 은퇴를 선언하고 로도스섬의 야인 생활로 돌아갔다. 이 무렵 티베리우스가 아르메니아 왕위에 앉힌 왕이 사망하여 장기간에 걸친 권력 투쟁이 벌어지는데 그 후 15년 동안 여섯 명의 왕이 등장했다가 사라졌다.

서기전 2년 프라아테스 4세의 장기 통치도 끝이 났다. 무사가 자기 아들 프라아타케스('작은 프라테스'라는 뜻)를 왕위에 올리려고 왕을 독살했다는 소문이 돌았다. 다른 왕위 후계자들이 모두 로마에 가 있었기 때문에 가능한 일이었다. 왕위의 승계 자체는 로마와의 관계를 바꾸지 못했지만 젊은 프라아타케스가 아르메니아 왕위 도전자를 지원하면서 문제는 심각해졌다. 요세푸스는 무사가 배후조종했다고 서술했고 심지어 모자간의 근친상간을 주장하기도 했다. 실제로 그녀는 중요한 존재였고 파르티아 역사상 처음으로 왕실 여성의 얼굴이 동전에 새겨졌다. 동전의 한쪽에 '여신 무사'라고 새겨졌고 다른 한쪽에는 아들의 초상이 찍혀서 안토니우스와 클레오파트라가 함께 있는 모습이 한 면에 찍힌 일부 동전처럼 모자가 나란히 같은 면에 나온 것은 아니었다. 어떤 학자들은 무사와 아들이 결혼했다고 여기지만 분명한 증거가 없어서 이것이 얼마나 가능성이 있는지 그 맥락을 충분히 파악하기가 어렵다. 파르티아인들은 혈연 결혼을 받아들인 아케메네스 왕조의 붕괴 이후 수립된 조로아스터 본류의 전통을 철저히 준수하지 않았다. 한 가지 예로, 파르티아인들은 시신을 노출시키기보다는 사망 직후에 망자를 매장했다. 그들은 조로아스터교의 신들 중 일부를 숭배했으나 최고신 아후라 마즈다는 거의 강조하지 않고 다른 신들, 가령 서기전 2세기 이후 파르티아인이 이 신의 이름을 많이 사용한 것에서 알 수 있듯이 미트라를 크게 숭배했다. 모자와 같은 친족 사이의 결혼을 그들이 어떻게 생각했는지 알 수 없기에 무사가 기존의 관습을 무시한 것인지 여부는 판단할 수 없다. 요세푸스에 따르면, 아내-연인 혹은 배후 조종하는 어머니 역할의 왕비가 파르티아 정계에 미치는 영향 때문에 많은 파르티아인들이 현 정부를 혐오하게 되었다고 한다.[20]

서기 1년에 아우구스투스는 입양한 아들(실제로는 손자) 가이우스 카이사르를 동방의 대규모 속주의 총독으로 부임시켜, 황제의 통치권이 속주 총독들보다 훨씬 크다는 것을 대내외에 과시하게 했다. 청년들이 동방으로 출발할 때 마르스 울토르 신전이 성대한 의식과 화려한 축하 행사 속에서 봉헌되었다는 사실에 힘입어 시인들은 대규모 전쟁과 승리에 대해 다시 노래하기 시작했다. 의식에는 급히 조성된 인공호수에서 수십 척의 배에 분승한 수천 명의 검투사들이 페르시아 군대를 상대로 그리스 해군이 대승을 거둔 유명한 살라미스 해전을 재현하는 행사도 포함되어 있었다. 그렇지만 아우구스투스가 동방에서 대규모 전쟁을 일으킬 것이라는 암시는 어디에서도 찾아볼 수 없었다. 19세의 미숙한 청년 가이우스에게는 대규모의 노련한 고문관들이 따라붙었고 또 상당히 큰 군부대도 제공되었을 것이다. 이 군대가 기존 속주의 군대를 강화한 것인지 아니면 독자적 군대인지 여부는 알기 어렵다.

원정은 로마인들이 프라아타케스를 왕중왕이라고 부르기를 거부하며 왕의 합법성에 의문을 표시하는 등 격렬한 분노가 담긴 외교적 교류로 시작되었다. 이에 맞서 프라아타케스는 로마에 있는 형제들을 고국으로 돌려보내 달라고 요구했다. 하지만 분위기는 신속하게 바뀌었고, 1년 뒤 가이우스와 프라아타케스는 사전에 수많은 계획과 협상을 통해 신중하게 조율된 회담장에서 서로 마주보게 되었다. 회담 첫날에 두 지도자는 동수의 측근을 대동하고 유프라테스강 유역에 있는 한 섬에서 만났다. 다음 날 파르티아 왕은 강을 건너 로마 쪽으로 와서 저녁 식사를 했고, 그다음 날은 강 건너편 파르티아 쪽에서 가이우스를 위해 만찬을 준비했다. 몇 년 뒤 가이우스 군대에서 천부장으로 근무했던 저술가 벨레이우스 파테르쿨루스는 이렇게 회상했다. "강의 한쪽에서 로마 군대가 행진하고 반대쪽에서 파르티아 군대가 행진하는 장관이 펼쳐지는 가운데 두 지도자가 만났다."[21]

로마와 파르티아 사이의 선린관계는 재확인되었고, 로마의 관점에서 볼 때 프라아타케스가 아우구스투스가 아니라 그 아들을 만났기 때문에 의식의 등급은 로마가 우위에 서 있었다. 로마인은 아무 것도 양보하지 않았고 로마에 체류 중인 프라아테스 4세의 아들들을 돌려주기를 거부하고 그들을 로마에 그대로 머무르게 하겠다는 데에만 동의했다. 파르티아 왕은 가이우스에게 그의 수석 측근 중 한 명이 대규모 뇌물을 받았다고 알려주었고 이에 연루된 원로원 의원은 엄청난 굴욕을 겪고 며칠 후에 살해되거나 자살했다. 반면에 로마인들은 요구사항이 별로 없었다. 아르메니아 내전에 대한 파르티아의 개입은 끝났고, 가이우스는 그 문제를 해결해야 했다. 처음에 왕위에 오른 사람은 메디아 아트로파테네 왕실 사람이었는데 곧 반란에 의해 폐위되었기 때문에 문제는 생각보다 복잡했다. 가이우스는 어리석게도 반란군의 지도자 한 명을 회담장에서 만나기로 했는데, 그 지도자는 회담장에 들어서자마자 가이우스를 공격했다. 가이우스는 큰 부상을 입었고 신체적, 정신적 건강을 회복하지 못하고 서기 4년 2월에 죽었다. 마침내 로마의 위협과 무력이 동반된 추가 개입 끝에, 아우구스투스가 흡족해할 만한 후보가 왕위에 올라 오랫동안 버티면서 안정된 왕권을 확보했다.[22]

프라아타케스는 가이우스와의 회담을 성공작이라고 생각할 만했다. 로마인들은 그의 통치권을 정식으로 인정했을 뿐만 아니라 그에게 위엄과 존경의 태도를 보여주었고 그가 파르티아 국민들 앞에서 로마와 동급자로 우뚝 설 수 있도록 해주었다. 당초 의도대로 형제와 조카들을 본국으로 송환받아 모조리 없앨 기회는 확보하지 못했지만, 그들은 멀리 떨어진 로마에 있었고 로마인들은 도발을 받지 않는 한 파르티아를 공격하지 않겠다고 약속했다. 어떤 이들은 로마를 잘 아는 무사가 그 어떤 측근들보다 세련되게 로마인을 대하는 방법을 가르쳐주었을 것이라고 추측한다. 이는 사실일 수도 있고 아닐 수도 있다. 어느 쪽이든 프라아타케스의 성공은 일시적인 것이었다. 서기 4년에 이르러 그는 내부의 적들에게 쫓겨서 파르티아를 떠났고 역설적이게도 시리아로 피신했으며, 로마인들은 그에게 은신처를 제공했다. 장기적인 관점에서 볼 때 파르티아의 체제 변화가 로마와의 평화

를 뒤흔들었다는 표시는 어디에도 없었다.[23]

시인들이 아우구스투스에게 기대했던 정복전—혹은 그의 후계자가 물려받을지도 모르는 정복전—은 결코 시작되지 않았다. 이러한 태도는 카이사르가 계획하고 안토니우스가 시도했던 전통에서 벗어나는 것이었고, 많은 면에서 루쿨루스와 폼페이우스 시절의 로마식 행태로 회귀하는 것이었다. 우리가 이미 살펴본 바와 같이 카이사르, 안토니우스, 크라수스 등이 로마의 종주권을 주장하고 아르사케스 왕조의 왕위에 친로마 인사를 앉히는 데 그치는 것이 아니라, 대대적인 원정전을 목표로 했다는 확실한 증거는 없다. 아우구스투스 치하에서 로마의 이해관계는 잘 보호되었고 로마의 영향력은 동방 지역의 여러 왕국으로 확대되었다. 이를 위해 무력 과시, 직접적인 위협, 협상 의지를 적절히 결합한 수단을 사용했다. 로마인들에게 지역 지배권을 확보하는 것인 직접적인 분쟁보다 더 선호되었고, 그런 관점에서 볼 때 아우구스투스는 기대 이상의 목적을 달성했다. 로마인들이 볼 때 파르티아인들은 로마의 군사력을 엄연한 현실로 받아들였고 그에 따라 정중한 태도를 보였다. 아르사케스 왕조의 왕자들과 그 가족이 로마로 건너와서 체류한 반면에, 원수의 가족은 물론이고 로마의 고위급 인사가 파르티아로 건너간 적은 없었다. 어느 로마인이 라비에누스의 선례를 따라 파르티아 궁정에 합류하는 일은 그로부터 수세기 뒤에 일어났다. 양측은 당시에 서로 원하지 않는 전쟁 대신에 평화를 선택했고 그로부터 큰 이득을 보았다. 그렇다고 해서 상황이 변하지 않을 것이라는 의미는 아니었고, 종주권에 대한 주장은 언제나 일시적일 가능성이 높았다.

7

두 위대한 제국 사이에서

5-68

아우구스투스의 통치기는 로마와 파르티아의 관계를 재구성했고 향후 여러 세대 동안 두 제국 사이의 경계선을 확정하는 시기였다. 이러한 조치의 핵심에는 상징주의가 작용했고, 양측은 서로의 합의를 영광스러운 무혈 승리로 제시할 수 있었다. 아우구스투스는 로마 시민들에게 파르티아인들은 로마가 아무런 요구를 하지 않았음에도 로마에 종속된 자신들의 위치와 처지를 깨닫고 받아들였다고 말했다. 반면에 프라아테스 4세는 제국 내의 왕들과 귀족들을 상대로 서쪽에 있는 로마 제국이 파르티아의 위대함을 깨닫고 존중의 의사를 표시했다고 말했다. 그러나 통치자는 언제 어떤 위협을 받을지 모르기 때문에 언제라도 자신의 무력을 상대방에게 상기시킬 필요가 있고, 군사적으로 강성한 상태를 유지하는 것은 매우 중요하다. 두 제국 사이의 대규모 전쟁 가능성은 완전히 사라진 것은 아니어도 상당히 낮아졌기 때문에 아우구스투스와 프라아테스 4세는 통치권을 유지하고 제국 내의 안정과 번영을 도모하는 일에 집중할 수 있었다.

서기 8년 무렵, 귀족들로 구성된 파르티아 사절단이 로마를 방문해 아우구스투스에게 프라아테스 4세의 맏아들 보노네스를 왕으로 삼고자 하니 돌려달라고 요구했다. 아우구스투스는 당시 로도스섬에서 자진 유배생활을 끝내고 돌아와 황제의 아들로 입양되어 왕세자나 다름없던 티베리우스와 상의한 후에 파르티아 사절단의 요구를 들어주었다. 보노네스는 로마 황실에서 인질로 약 18년을 보낸 후 이탈리아를 떠나 고국으로 돌아갔다. 이때 로마 당국은 많은 돈을 주었으나 직접적인 군사적 지원은 하지 않았다. 처음에는 사태가 순조롭게 진행되어 돌아간 왕자는 왕으로 선언되었고 열광적인 환영을 받았다. 그러나 분위기는 서서히 바뀌었다. 새로운 체제에서는 불만을 느끼는 귀족들이 있기 마련이었다. 로마의 상원의원이자 역사가인 타키투스는 1세기 뒤에 다음과 같은 논평을 남겼다. 보노네스가 해외에 오래 체류했기 때문에 말을 타고 사냥하는 것보다 가마를 타고 편안하게 다니는 것을 익숙하게 여겼고, 당시 로마에서 흔히 볼 수 있었던 그리스식의 궁정 신하들을 친숙하게 여긴 것이 문제였다는 것이다. 오랫동안 고국을 떠나 있었던 그는 고국의 정치와 경쟁, 문화 등에 대해 잘 알지 못했을 것이다.

메디아 아트로파테네의 왕이자 아르사케스 가문의 방계 후예인 아르타바누스 2세가 그의 경쟁자로 등장했다. 불만을 품고 변화를 원했던 세력이 아르타바누스에게 붙었고 마찬가지로 파르티아 제국의 동부 지역과 그 너머 많은 지역의 사람들이 그의 대열에 합류했다. 그가 동부 지역의 다하이족과 인척 관계에 있었기 때문이다. 보노네스의 군대는 권력을 찬탈하려는 도전자의 첫 번째 시도를 물리쳤고, 그 후에 자신의 승리를 기념하는 주화를 발행했다. 12년에 아르타바누스 2세는 다시 돌아왔고, 이번에는 보노네스를 왕위에서 축출했다. 보노네스는 최근에 왕이 폐위된 아르메니아로 달아나서 아르메니아 왕으로 즉위하는 데 성공했고 언젠가 파르티아로 다시 돌아갈 희망을 품었다. 오늘날 학자들은 타키투스의 의견에 동의하면서 보노네스가 왕으로서 실패할 수밖에 없다고 보았다. 과거에 적대적이었던 외국의 수도에 오래 살면서 외국의 풍습을 익히고 외국인들의 지원을 받았으니 고국에서 분위기가 좋을 수 없었던 것이다. 이는 분명 실패의 한 요인이긴 하지만, 이에 못지않게 그가 4년 동안 왕위에 있었다는 사실 또한 중요하다. 파르티아에서 계속 살아온 사람들이 살해되거나 축출되기 전까지 그는 왕권을 유지했다. 새로 왕위에 오른 아르타바누스 2세는 재주가 많고 결단력이 높은 무서운 적수였다. 보노네스의 실패 못지않게 아르타바누스의 성공에 대해서도 같이 이야기해볼 수 있다. 몇 년 동안 두 경쟁자는 서로 경계하며 지켜보았고, 마침내 아르타바누스 2세가 아르메니아 귀족들 사이에 불만을 조장해 침략을 위협할 수 있었다.[1]

보노네스는 로마의 지원을 요청했으나 로마는 파르티아와 직접적으로 충돌할 의사가 없었다. 시리아 총독은 보노네스를 설득해 로마 제국으로 달아나게 했다. 퇴위한 왕은 예우를 받았고 망명 궁정을 유지하는 게 허용되었지만 엄중한 감시를 받았다. 그 무렵 아우구스투스는 이미 사망했고, 로마의 공화제가 잘 작동하던 시절을 기억하는 사람은 아무도 없었다. 티베리우스가 그 뒤를 이어 왕위에 올랐는데, 그는 아우구스투스의 이름을 존중하고 자신의 모든 조치가 선왕의 유지를 따르는 것이라고 대내외적으로 선언했으나 그의 지도력은 아우구스투스와는 아주 다른 것이었다. 당시 54세였던 티베리우스는 변경 지역에서 성공적인 원정전을 수행하고 원활한 외교술을 발휘한 오랜 경력을 갖고 있었다. 그러나 그는 제국을 순방하며 정사를 돌보는 것을 좋아하지 않았고, 끝없는 탄원, 호소, 연설을 들어야 하는 일을 피곤하게 여겼다. 몇 년 뒤 그는 로마에서 시골로 거주지를 옮겼고 결국 카프리섬의 빌라에 기거하게 되었다.

처음에 그는 아우구스투스의 방식을 따라 왕실 가족들을 파견해 문제를 해결하도록 했다. 아르타바누스 2세가 자기 동생을 아르메니아 왕으로 앉히겠다는 뜻을 보이자, 티베리우스는 조카이자 양아들인 게르마니쿠스를 동방으로 파견했다. 게르마니쿠스는 황제의 전권 대사였고 과거에 가이우스에게 부여되었던 것과 비슷한 권력을 부여받았다. 다시 한번 로마군이 아르메니아로 출동했고 게르마니쿠스는 아르탁사타에서 폰투스 왕의 아들을 빈자리에 임명했다. 새로 옹립된 왕은 친로마 인사였고, 더욱 중요하게는 아르메니아에 한동안 살아서 현지 귀족들과도 사이가 좋았다. 아르타바누스 2세는 당분간 아르메니아 사태를 있는 그대로 받아들이면서 로마에 사절단을 보내 동맹을 갱신하고 싶다는 뜻을 전했고, 과거 가이우스와 프라아타케스 사이에서 진행되었던 것과 같은 회담을 유프라테스 강변에서 개최하자고 제안했다. 양측이 이 회담에 대해 어떤 생각을 했든지 간에 회담은 성사되지 않았다. 아르타바누스 2세는 보노네스가 여전히 파르티아 내부에서 지지 세력을 규합하려 하고 있다고 불평했다. 그러자 게르마니쿠스는 보노네스를 현재 묵고 있는 시리아에서 파르티아로부터 더 멀리 떨어진 킬리키아로 보냈다.

19년에 보노네스는 사냥 여행 중에 달아났다. 타키투스가 그를 가리켜 사냥에는 별로 흥미 없는 사람이라고 했는데 실제로는 그렇지 않았던 모양이다. 소문은 빠르게 퍼졌고, 킬리키아에서 아르메니아로 가는 여러 경로의 다리들을 파괴하라는 지시가 내려졌다. 보노네스는 어느 순찰 기병에게 붙잡혀서 과거에 그를 감시했던 장교에게 다시 넘겨졌고, 그 장교는 곧바로 보노네스를 살해했다. 타키투스는 간수가 뇌물을 받고 왕을 도망치게 도와주었다가 자신의 비위가 발각될까 봐 왕을 살해했을 것이라는 의혹을 반복해서 말했다. 게르마니쿠스 사령부에서 로마 장교들과 고위 측근들의 부정부패는 늘 있는 일이었고, 과거 동방에 파견되었던 가이우스 사령부에서도 마찬가지였다. 로마 당국자에게 영향을 미치려는 현지인들은 많았고 뇌물을 챙기면서 젊은 사령관이 눈치채지 못하거나 묵과하기를 바라는 로마인들도 많이 있었다. 이 경우 게르마니쿠스와 시리아 총독 피소 사이의 불화로 문제는 더욱 악화되었고, 결국 피소는 총독직에서 해임되었다. 19년 말에 게르마니쿠스는 병에 걸려서 사망했는데 독살된 것이 아니냐는 소문이 돌았다. 피소는 게르마니쿠스 사망 후에 다시 돌아와 시리아가 '자신의 속주'라고 주장함으로써 내전을 야기했다는 혐의로 기소되었다. 그는 유죄 판결을 받기 전에 자살했고 원로원은 그의 비행을 자세히 알리는 포고령을 제국 전역에 하달했다.[2]

당시에 그리고 그 후에 티베리우스와 게르마니쿠스 사이에 불신이 깊다는 소문이 돌았다. 용감한 게르마니쿠스는 라인강 너머 지역에서 상당한 군사적 성공을 거두고 있었는데 이를 시기한 티베리우스가 갑자기 그를 동방으로 발령냈다는 것이었다. 이런 소문의 진실 여부는 차치하더라도, 게르마니쿠스가 죽고 티베리우스의 친아들인 드루수스마저 죽어버리자 황제가 주요 사령부를 맡길 만한 가까운 남성 친척이 전혀 없게 되었다. 자신이 직접 속주들을 순회하면서 정사를 돌볼 생각이 없었던 티베리우스는 이제 속주 총독들의 능력에 의존해야 했다. 아우구스투스가 티베리우스에게 남긴 서면 유언 중에는 제국의 규모를 현재 수준으로 유지하라는 것도 있었는데, 이는 공격적인 원정전을 수행하기 싫어하는 티베리우스에게 신격화된 초대 황제의 승인까지 더해주는 모양새가 되었다. 티베리우스의 통치 방침은 현재의 제국 판도를 단단히 굳히는 것이었고, 동방과의 관계 특히 파르티아와의 거래는 로마의 직접적인 개입과 군사적 충돌을 피하는 것이 목적이었다.[3]

아르타바누스 2세에게는 로마 외에 다른 문제들도 있었기에 로마와 평화를 유지하는 데 만족했다. 프라아테스 4세의 사망 이후 왕들은 겨우 몇 년을 버텼고, 아르타바누스 2세는 이런 추세에서 간신히 벗어났지만 당시 사람들은 장기적 통치를 예측하지 못했고, 그것은 상당한 노력을 통해서만 달성할 수 있는 결과였다. 이 무렵 왕은 제국의 극동 지역에서 현지 경쟁자들에게 일부 영토를 빼앗겼다. 아르사케스 왕은 언제나 그렇듯이 현지 왕들과 영향력 있는 귀족들 사이에서 절묘한 균형을 유지해야 했고, 특히 수렌, 카렌, 미흐란을 비롯한 같은 7대 귀족 가문들은 넓은 영지를 소유하고 손쉽게 병력을 동원할 수 있었기에 더욱 주의해야 했다. 이 귀족 가문들은 왕에게 고위 사령관, 장관, 궁정 신하, 야전군 병력 등을 제공했다. 또 여러 자치 도시들도 중요했다. 수사에서 출토된 그리스어 비문은 왕이 어느 현지 행정관의 선출을 확인하는 편지였다. 그 편지에는 행정관이 한 보직에서 다음 보직으로 이동할 때는 몇 년이 경과되어야 한다는 도시 법률이 있는데 새 행정관이 그 법을 준수하지 않았다고 이의를 제기하는 내용이 기록되어 있었다. 아르타바누스 2세는 새 행정관을 옹호하면서 그가 왕에게 보여준 충성심과 행정 능력을 칭찬했다. 이처럼 왕중왕은 자신의 통치 기반을 안전하고 효과적으로 확립하기 위해 애쓰는 한편 제국 내의 여러 다른 집단들의 요구도 충족시켜주어야 했다.[4]

그것은 때때로 어려운 일이었다. 제국은 넓고 중앙 정부의 자원은 한정되어 있었기 때문이다. 따라서 그 어떤 왕중왕도 동시다발적으로 무력에 의지해 의사를 관철시킬 수 없었다. 요세푸스는 이 시절에 대한 기이한 이야기를 하나 들려주는데, 권력 투쟁이 장기간 지속된 후유증으로 중앙 정부 혹은 일부 지방 정부의 권위가 약화되었음을 보여주는 사례로 그럴 듯해 보인다. 바빌로니아의 유대인 공동체에 두 명의 유대인 형제 아시나이우스와 아닐라이우스가 살았는데 그들은 어린 나이에 직공의 도제로 들어갔다. 형제는 직공이 그들을 구타하겠다고 위협하자 무기를 찾아내 도망쳤다. 그들은 산적이 되었고 시간이 흐르면서 많은 추종자를 거느리게 되었는데 대다수가 유대인이었다. 그들은 마침내 강성한 요새를 건설하고 농장, 마을, 대규모 촌락으로부터 보호금 명목으로 돈을 뜯어냈다. 이 산적들의 소식이 널리 퍼졌고 바빌로니아의 총독은 군대를 편성하여 산적 소굴을 점령하러 나섰다. 그는 종교적 금기사항이 그에게 유리한 이점을 제공하여 손쉽게 승리하리라 생각하고 유대인들이 신의 계율에 따라 일하지(싸우지) 않는 안식일에 산적 소굴을 공격했다. 그러나 두 형제와 그들의 부하는 이 계율을 지키지 않았고 공격자들에게 막대한 피해를 입히면서 그들을 패주시켰다.

전투 소식이 아르타바누스 2세에게 보고되자 그는 왕실의 믿을 만한 전령을 보내 두 형제를 왕궁으로 소환했다. 형이 초청에 동의해 왕궁을 찾아가서 융숭한 대접을 받은 후에 동생을 설득하여 초청에 응하도록 했다. 아르타바누스 2세는 산적들을 소탕하기보다는 그들을 활용해야겠다고 생각했다. 왕은 두 형제에게 그들이 장악한 지역을 다스리도록 하고 왕의 대리인 자격을 부여했다. 그러한 결정이 궁정에서 만장일치로 지지를 받은 것은 아니었지만 반대하는 사람들은 자신의 입장을 겉으로 드러내지 않았고 또 단결하지도 않았다. 요세푸스에 따르면 두 형제는 15년 동안 넓은 지역을 통치했고 파르티아 귀족들은 형제를 정중하게 대했다. 그들의 통치는 폭력에 바탕을 둔 것이었고 사람들이 자발적으로 세금을 내려 하지 않을 때에는 힘으로 강탈했다. 그러던 중 아닐라이우스는 한 아름다운 귀족 여성에게 매혹되어 그녀의 남편을 범법자라고 선언하며 싸움을 걸어 살해한 다음, 그 과부와 결혼했다. 그녀는 조로아스터교 신자였는데 유대교로 개종하지 않고 계속 이교도로 남아 있었고, 두 형제의 부하들은 그것을 못마땅하게 여기며 분개했으나 아닐라이우스는 그런 불평을 묵살해버렸다. 요세푸스는 그 이교도 아내가 남편의 단독 통치를 위해 아시나이우스를 독살했다고 주장한다.

산적 출신 총독은 미트리다테스라는 귀족의 영지에 있는 마을들을 약탈하기 시작했고, 마을 사람들을 노예로 잡아가고 가축과 돈을 강탈해갔다. 미트리다테스는 아르타바누스 2세의 딸과 결혼한 사람이었지만 왕실의 도움 없이 자신의 영지를 방어하는 것이 옳고 적절하다고 생각해 집안 사람들 중에서 전사를 모집했다. 그는 산적 총독에 대한 공격을 시작했지만, 안식일에는 유대인들이 방어만 할뿐 공격하는 일은 없다고 생각해 휴식을 취했다. 또다시 산적들은 계율을 어기고 야간 공격을 감행하여 깜짝 놀란 적들을 패주시켰다. 미트리다테스는 생포되어 알몸이 된 채로 당나귀 위에 태워져 도시 한가운데에서 조리돌림을 당했다. 이후에 산적들은 그를 풀어주었다. 왕중왕이 개인적 굴욕에 대해서는 무시할지 모르지만 사위가 살해당한다면 반드시 보복 공격을 해올 것이고 산적 요새보다는 더 넓은 유대인 공동체를 표적으로 삼을 것이라고 보았기 때문이었다. 일단 풀려난 미트리다테스는 공주인 아내의 재촉으로 더 큰 병력을 모집하여 두 번째 공격을 가했다. 그는 자신감 넘치게 공격에 응했지만 피곤하고 목마른 상태였던 산적들을 제압했다. 요세푸스는 이 전투에서 산적 1만 명이 학살되었다고 주장하나 그가 이런 수치를 과장하는 경향이 있다는 것도 감안해야 한다.

아닐라이우스는 도망친 후에 휘하 군대를 재건하기 시작했다. 그렇지만 그가 잃어버린 병사들에 비해 경험이나 자신감이 부족한 병사들로 군대를 충원했다. 산적들은 전보다 약해졌고 절망에 내몰려 더욱 사악해졌기 때문에, 지역 주민들은 산적들을 수용해야 하는지 아니면 저항해야 하는지 헷갈렸다. 이교도 도시들은 유대인 주민들을 설득해 산적들을 포기하게 하려고 애썼다. 그러한 접근 방법은 실패했으나 현지에서 모병된 군대는 아닐라이우스가 어디에 있는지 알아냈다. 그들이 은밀하게 산적 소굴에 접근했을 때 산적 무리는 술에 취한 무기력한 상태였고, 지도자를 포함한 모든 산적이 살해되었다. 그 여파로 유혈 낭자한 도시 간 폭력 사태가 발생했는데, 이는 많은 고대 도시들 사이에서 언제든지 일어날 수 있는 현상이었으며, 산적들에 대한 증오는 유대인 사회 전체에 대한 증오로 확대되었다.

요세푸스가 바빌로니아 유대인들의 운명을 묘사하기 위해 소개한 산적 이야기는 그의 책의 광범위한 주제들, 특히 66년의 유대 대반란에서 산적 지도자들이 맡은 역할을 서술하는 데 있어서 적합했다. 산적은 고대 세계에서 그러했듯이 로마 제국의 여러 지역에서도 흔한 문제였다. 그러나 전체적인 그림이 정확하다 하더라도, 당시 파르티아의 크고 중요한 지역들은 현지 왕의 느슨한 통제 아래 있었고, 그 왕은 무력을 가진 사람들을 진압하기보다는 지원하려는 경향이 있었다는 것을 암시한다. 산적이 미트리다테스의 영지를 공격할 때도 아르타바누스 2세는 개입하지 않았고, 미트리다테스는 2차 공격 때 순전히 자신의 힘으로 산적을 제압했다. 지위가 있는 사람이라면 자신의 집안과 필요에 따라 부를 수 있는 사람들과 전사들을 유지했고, 어떤 특정 민족이 이 고위층의 부하가 되는 데에서 배제되었다는 증거는 없다. 이 이야기보다 앞서서 요세푸스는 한 유대인 남자에 대해 언급한다. 그는 로마 제국으로 달아날 때 가족과 500명의 기병 전사를 데려왔고, 결국 헤롯 대왕에게 영지를 하사받았다. 주목할 점은 사병을 소유하는 것이 의무의 상징이기 때문이 아니라 권력의 실체를 확증해준다는 점에서 중요하다는 것이다. 이는 원수정 치하의 로마 제국과 기타 안정기와는 극명한 대조를 이루는 현상이다. 적어도 평화기에는(내전 시기에는 그렇지 않았지만) 아시나이우스와 아닐라이우스 같은 자들이 사병을 유지하고, 소굴 주위의 지역을 약탈하고, 결국 현지 총독으로 인정받는다는 것은 생각조차 하기 어려운 일이었다.[5]

티베리우스는 황제의 임무가 "늑대의 두 귀를 거머쥐는 것"이라고 규정했다. 통치자는 늑대에게 잡아먹히지 않기 위해 아주 단단하게 문제를 틀어쥐어야 한다는 뜻이었다. 이 말은 아르사케스 왕중왕에게는 더욱 잘 들어맞았다. 로마나 파르티아나 불안정하고 내전이 오래 지속될수록 통치자의 역할을 수행하기는 더욱 어려웠다. 그렇기 때문에 아르타바누스 2세의 성공이 눈에 띄는 것이다. 왕은 자신에게 반기만 들지 않는다면 귀족이든 산적이든 현지의 토호들에게 상당한 자유를 부여함으로써 서서히 왕의 입지를 굳혀갔다. 게르마니쿠스가 앉힌 아르메니아 왕이 사망하자 아르타바누스 2세는 그 빈자리에 자신의 아들을 앉혔다. 동시에 티베리우스에게 사절단을 보내 보노네스가 로마 현지에 남겨둔 상당한 재산을 돌려달라고 요구했다. 또 아케메네스 페르시아와 알렉산드로스와 그의 후계자들이 다스렸던 모든 땅을 왕중왕이 되찾을 권리와 의사가 있다고 거창하게 선언했다.[6]

그처럼 자신의 무력을 과시하는 왕중왕은 귀족들에게 높은 지지를 받을 수는 없었다. 귀족들은 왕이 자신을 공격하거나 그들의 독립적 권한을 제한하려 하지 않을지 걱정했기 때문이다. 한 귀족 집단은 서로 단결해 한 명의 귀족과 궁정 출신의 고위 환관을 대변인으로 내세워서 티베리우스와 비밀 협상을 했다. 로마 황제는 다시 한번 파르티아 왕으로 옹립하고자 하니 파르티아 왕자 한 명을 귀국시켜달라는 요구를 받았다. 티베리우스는 프라아테스 4세의 막내아들을 선택했으나 그 왕자는 불운하게도 시리아에 도착했을 때 사망했다. 그 사이에 황제는 충분한 자금을 제공하면서 이베리아 왕에게 아르메니아 문제에 개입해달라고 요청했다. 앞서 아르타바누스 2세가 아르메니아 왕좌에 앉혔던 아들은 살해되었고, 그 자리에 이베리아 왕의 동생이 즉위했다. 그 동생의 이름 또한 미트리다테스였다.

아르타바누스 2세는 아르메니아를 되찾기 위해 또다른 아들 오로데스에게 자금과 군대를 주며 급파했다. 양측은 북쪽에 있는 사르마티아 알란 부족의 용병을 고용하기 위해 최선을 다했다. 그러나 이베리아족이 캅카스를 통과하는 경로를 통제하고 있었기 때문에 용병부대가 적군에 합류하는 것을 막을 수 있었다. 아르사케스 왕이나 그일대의 통치자들이 병사들을 가장 손쉽게 동원하는 방법은 스텝 지역의 사나운 기병들을 고용하는 것이었다. 아마도 양측 군대에는 아르메니아인들이 포진되어 있었을 것이다. 미트리다테스는 이베리아족과 알바니족 보병과, 사르마티아족 기병을 모집했고, 반면에 오로데스는 파르티아인을 선발했는데 여기에는 메디아 아트로파테네와 기타 지역 출신의 보병들을 포함되었다. 오로데스의 주된 전력은 사르마티아인들보다 뛰어난 궁기병이었다. 사르마티아 기병들도 활을 사용했지만 백병전을 더 선호했다. 미트리다테스의 병사들은 거리를 좁히기 위해 돌격해왔고 오로데스의 병사들은 그들을 저지하기 위해 활쏘기에 의존했으나, 전투 지형과 병력 구성이 파르티아군에게 불리하게 작용했다. 이베리아 왕은 오로데스를 발견하고 달려들어 부상을 입혔으나 적수를 완전히 죽이기 전에 파르티아 근위대가 달려와 사령관을 안전한 곳으로 후송했다. 당장은 위기를 모면했지만 사령관이 단순히 부상을 입은 것이 아니라 죽어버렸다는 소문이 돌자 오로데스의 병사들은 이미 죽어버린 사람을 왕위에 앉히기 위해 싸우는 것은 무의미하다고 여기며 전장에서 달아났다. 로마인들은 그 전투에 참여하지 않았고 심지어 파르티아 파견부대도 왕실을 대표하는 것은 아니었다. 하지만 아들이 패배하자 아르타바누스 2세가 직접 이베리아를 공격했다.[7]

파르티아 왕위에 오를 첫 번째 후보가 시리아에서 사망해버리자 티베리우스는 다음 세대인 프라아테스 4세의 손자 티리다테스를 보냈다. 티리다테스는 시리아 총독과 예하 군대의 호송을 받으며 유프라테스강까지 갔다. 로마인들은 침공하겠다고 위협하며 강경한 자세를 취했고, 아르타바누스 2세는 위협이 심상치 않다고 여겼다. 왕이 대응에 나서기도 전에 다수의 귀족들이 노골적으로 반기를 들고 왕위 도전자를 지지한다고 선언했다. 근심에 빠진 아르타바누스 2세는 제국의 동부 지역으로 물러나 군대를 재정비하려 했으나 그의 지지자들도 슬금슬금 사라졌다. 로마 군단은 제우그마 근처에서 유프라테스강을 건널 부교를 건설한 후에 티리다테스를 강 너머로 보냈다. 그는 지지자들의 환영을 받았는데 그중에는 오스로에네 왕, 티베리우스와 협상했던 귀족, 한동안 로마에서 파르티아 파견대를 지휘해 로마 시민권을 수여받은 군 장교도 있었다. 물론 거기에는 왕자나 궁정의 저명한 신하 등 다른 특권층도 있었으나 환영 나온 부대 중에 로마군 부대는 없었다. 그는 자신의 적법한 상속권을 주장하는 파르티아 왕자였고 그가 티그리스강에 있는 셀레우키아까지 행군하는 동안에 여러 도시들이 그를 환영했다. 그들은 왕자가 아르타바누스 2세—그는 통치 초기에 발행한 동전에서 "그리스 애호가"라는 문구를 사용하지 않았다—보다 자신들의 도시를 더 좋아한다고 생각한 것인지 아니면 승리의 가능성이 더 높은 쪽을 응원하는 것이 낫다고 판단한 것인지는 알 수 없다.

물론 냉정한 수지타산도 함께 작용했다. 이는 두 저명한 귀족이 티리다테스를 왕중왕으로 추대하는 행사에 늦게 도착한 이유를 변명했을 때 더욱 분명하게 드러났다. 새 왕은 더 기다릴 필요가 없다고 판단하고 전통적 관례에 따라 현 수레나가 씌워주는 왕관을 썼다. 그렇지만 아르타바누스 2세를 향해 곧바로 반기를 들 마음은 없었다. 대신 새 왕은 경쟁자가 남겨둔 하렘과 거대한 금고가 있는 성채를 포위했다. 금전은 어느 통치자에게나 소중한 것이었고, 다시 한번 왕실 여성의 명성과 인맥이 그 가치를 발휘했다. 요세푸스는 아시나이우스와 싸운 미트리다테스가 아르타바누스 2세의 딸과 결혼한 사실을 강조했는데, 이러한 왕실과의 인연 덕분에 그는 왕실과 인맥이 없는 여느 귀족들과는 다른 대접을 받았고, 남다른 지위를 갖게 되었다. 아르타바누스 2세 스스로도 아르사케스 왕의 딸과 다하이 왕자의 동맹을 통해 아르사케스 피를 물려받았을 가능성이 높았다.

티리다테스는 프라아테스 4세의 손자였으나 로마에서 생애의 대부분을 보냈다. 이러한 성장 배경은 그에게 불리한 요소였고, 그 때문에 새로 다스리게 될 신하들을 잘 이해하지 못했다. 그보다 더 심각한 결격 사유는 그에게는 과감한 감투 정신과 살인 본능이 없다는 것이었다. 그를 기다리는 동안 점점 더 많은 귀족이 아르타바누스 2세가 더 나은 선택이라고 판단했다. 이렇게 생각하는 사람들 중에는 대관식에 나타나지 않은 두 명의 귀족도 포함되었다. 어느 낭만적인 이야기에 따르면, 몇몇 귀족이 아르타바누스 2세의 소재를 추적하다가 그가 머나먼 히르카니아 변경 지역에서 사냥꾼으로 살면서 아주 검소한 생활을 하고 있는 것을 발견했다. 그 후에 이어진 원정에서 그는 왕의 화려한 비단옷이 아니라 먼지 묻은 평민 옷을 계속 입었다고 한다. 그는 먼저 다하이족과 사카족의 강력한 기동부대를 선발해 제국 외부에서 온 전사들의 중요성을 입증했다. 그런 다음 예상보다 빠르게 셀레우키아에 도착해 신속하게 공격을 감행했다. 티리다테스는 나약했고 망설였으며, 지지자들은 그를 떠났다. 그가 퇴각하면서 빠져나가던 물줄기는 급류가 되었다. 그가 유프라테스강을 다시 건너 시리아의 피신처에 도착했을 때 소수의 지지자들만 그의 곁에 남아 있었다.[8]

아르타바누스 2세는 살아남았고, 다시 한번 그의 성공은 경쟁자의 실패만큼이나 본인의 재주, 기량, 행운이 작용한 결과였다. 로마인들은 티리다테스에게 자금을 지원하고 격려했으며, 조금 더 멀리 떨어진 곳에서는 아르메니아의 경쟁자들을 지원했지만, 로마인들이나 로마의 공식 대표가 작전에 참여하는 일은 없었다. 아르타바누스 2세나 티베리우스는 직접적인 충돌은 원하지 않았으므로 평화로운 친선 관계와 과거의 조약들이 다시 확증되었다. 이번에 파르티아 왕과 시리아 총독 사이의 회담은 유프라테스강 위에 놓인 다리의 한가운데에서 개최되었다. 이곳은 과거에 갈릴리와 페라이아의 왕인 헤롯 안티파스가 왕과 총독을 위해 화려한 연회를 준비했던 곳이었다. 아르타바누스 2세는 아들과 다른 가족들을 로마로 보내 황제의 손님 자격으로 머물게 했다. 티베리우스가 보낸 선물 중에는 키가 아주 큰 유대인 남자도 있었는데, 요세푸스는 그의 키가 3미터 15센티미터라고 주장했다.[9]

회담 직후 아르타바누스 2세를 제거하려는 또다른 음모가 발생했다. 왕중왕은 한 지역의 왕을 찾아가 피신해 있다가 군대를 모집해 다시 돌아와 왕위를 되찾았다. 이것이 왕의 마지막 성공이었다. 그로부터 1년이 채 안 되어 왕중왕은 사망했다. 그러자 본국에 남아 있던 그의 아들들이 서로 자기가 왕위를 잇겠다고 싸우면서 살육을 했고 다른 경쟁자들도 나타났다. 이후 여러 해 동안 아르타바누스 2세의 두 아들이 제국을 분할 통치했는데 한 아들은 서쪽을, 다른 아들은 동쪽을 다스렸다. 본국의 백성들에게 무력을 보여주기 위해 로마의 속주들을 공격하자는 이야기가 나왔으나 성사되지는 않았다. 파르티아 습격대가 제우그마 근처와 로마 속주 내의 두 마을을 침공해 점령하자 속주 총독은 반격할 태세를 취했고, 습격대는 철수했다. 우리는 이들이 자발적으로 편성된 부대인지 현지 왕의 지시를 받은 자들인지 아니면 왕위 주장자들 중 하나인지 알지 못한다.[10]

티베리우스는 37년에 사망했는데, 가장 신임하는 측근인 근위대장이 주도한 쿠데타를 간신히 진압한 후 말년에 비참한 최후를 맞이했다. 로마의 많은 유지급 인사들이 쿠데타 뒤에 벌어진 숙청의 희생자가 되었고 목숨을 건졌다 하더라도 공포스러운 황제의 의심의 눈길을 피할 수 없었다. 게르마니쿠스의 살아남은 아들인 새 황제에 대한 시민들의 열광은 대단했다. 그는 바로 칼리굴라, 즉 '작은 군화'라는 별명으로 널리 알려진 가이우스였다. 이는 그의 집안에서 그가 어릴 때 작은 군단병 복장을 차려 입힌 것을 보고 게르마니쿠스의 병사들이 붙여준 별명이었다. 하지만 열광적 기대와는 다르게 새 황제는 실망스러운 모습만 보여주었다. 그는 즉위 4년 만에 원로원 의원들의 음모에 의해 살해되었다. 그의 사후 몇 시간 동안 의원들은 황제제를 폐지하고 해마다 통치자를 선출하는 공화정으로 돌아가야 한다고 논의했다. 공화정은 비현실적인 생각이라며 배척되었고 누구를 후계 왕으로 앉힐 것인가를 두고 토론했다. 하지만 이미 때늦은 논의였다. 그동안 근위대 병사들이 황제의 숙부인 클라우디우스가 황궁의 커튼 뒤에 숨어 있는 것을 발견하고 그를 황제로 선언해버렸기 때문이다. 자체 군대가 없었던 원로원은 마지못해 그것을 받아들였다.

아우구스투스와 티베리우스와는 다르게, 칼리굴라나 클라우디우스는 황제 자리에 오르기 전에 군사 원정의 경험이 없었다. 이로 인해 두 황제는 티베리우스보다 더 공격적인 성향이었지만 영광을 얻기 위해 동방을 노리지는 않았다. 물론 칼리굴라가 이베리아의 왕이었던 미트리다테스를 폐위시켰지만 동맹국의 왕을 임명, 폐위, 이동시키는 조치는 그리 이례적인 일은 아니었다. 티베리우스는 아르메니아 인근의 콤마게네 왕을 폐위시키고 그 지역을 로마의 직할로 편입시켰다. 칼리굴라는 그 왕을 복위시켰다가 마음을 바꾸고 다시 폐위시켰다. 나중에 그 결정은 다시 번복되었고, 클라우디우스는 왕을 콤마게네로 다시 보내 콤마게네는 상당히 오랜 기간 로마의 충실한 동맹으로 남았다. 클라우디우스는 또한 이베리아인 미트리다테스에게 소규모 경호부대를 붙여서 아르메니아로 돌려보냈다. 하지만 황제의 주된 관심사는 다른 데 있었다. 43년에 클라우디우스는 1세기 전 카이사르가 두 번 침공한 적이 있는 브리튼 침공을 위해 4개 군단과 보조부대를 파견했다. 고령에다 허약한 몸이었지만 황제는 그래도 몸소 섬을 잠시 방문하고 로마 군단의 승리를 성대한 의식으로 축하하는 동시에 자신의 어린 아들에게 브리타니쿠스라는 이름을 붙여주었다.[11]

한편, 파르티아에서는 아르타바누스 2세의 두 아들 중 한 명이 살해되어 남아 있는 아들이 제국 전역을 통치하게 되었다. 일단의 파르티아 귀족들은 세 번째로 클라우디우스 황제를 방문해 프라아테스 4세의 후손을 귀국시켜달라고 요청했다. 이전과 마찬가지로 시리아 총독―카이사르를 암살했던 카시우스의 후손이자 크라수스의 재무관을 역임했던 자―은 왕자를 유프라테스강의 도하 지점까지만 호송했고 그 이상은 따라가지 않았다. 프라아테스 4세의 손자는 조언을 받아들여 위대한 카렌 가문 등 현지 귀족과 왕들이 제공한 군대를 거느리고, 아르메니아 산간 지대의 경로를 따라갔다. 한참을 가다가 현왕과 도전자 사이에 전투가 벌어졌는데, 전투가 벌어지기 전 몇몇 중요한 동맹국은 현왕 쪽으로 붙었다. 전투의 승부가 아직 나지 않았을 때 카렌 휘하의 군대가 너무 멀리까지 적을 쫓아갔다가 제압되어 학살당했고—이 장면은 푸블리우스 크라수스의 운명을 연상시킨다—승부도 결정되었다. 카렌 군대가 절망적으로 궤멸되어버리자 한 동맹도 도전자를 배신했다. 그러나 승자는 왕자의 두 귀를 잘라버리는 것으로 만족했고, 그를 안락한 연금상태에 두고 감시했다.[12]

50년 무렵에 아르타바누스 2세의 남아 있는 아들이 사망했는데 자연사인지 사고사인지는 불분명하다. 메디아 아트로파테네의 왕이 빈자리에 올랐다가 그해에 사망했고, 그에 대해서는 알려진 것이 거의 없다. 승계 문제는 순조롭게 진행되었고, 사망한 왕의 형제나 아들로 추정되는 그리스인 첩의 자식 볼로가이세스 1세가 왕중왕으로 즉위했다. 이 왕에게는 두 형제(아마도 이복형제)가 있었는데 아마도 왕이 무척 좋아했거나 영향력이 너무 강해서 무시할 수 없는 존재였을 것이다. 한 형제는 메디아 아트로파테네의 왕이 되었고, 볼로가이세스는 다른 형제에게 당시 내전 중인 아르메니아의 왕 자리를 주려 했다. 아르메니아 왕궁에는 이베리아의 미트리다테스의 조카인 라다미스투스가 와서 살고 있었는데, 그는 아르메니아 귀족들에게 왕에 대한 불만을 부추기면서 숙부의 따뜻한 환대를 배신했다. 결국 라다미스투스는 아버지인 이베리아 왕의 후원을 받고 노골적인 반란을 일으키면서 아르메니아 왕을 호위하고 있던 로마 부대를 포위했다. 부대 지휘관은 뇌물을 받고 왕에게 항복하라고 설득했고, 왕을 호위하는 병사들의 사기를 꺾어놓았다. 미트리다테스는 마지못해 그들의 요구에 굴복했고 그와 그의 가족은 항복한 후에 반군에 의해 살해되었다. 이어서 라다미스투스가 자신이 아르메니아 왕이라고 선언했다.[13]

52년, 볼로가이세스 1세는 형제 티리다테스를 위해 아르메니아를 침공했다. 라다미스투스는 달아났고 파르티아인과 일부 아르메니아인들은 아르탁사타를 포위 공격했으나 겨울이 닥쳐와 군용 마필의 사료를 충분히 얻을 수 없게 되자 파르티아 군대는 철수했다. 티리다테스는 부실한 군대를 거느리고 남게 되었다. 라다미스투스는 다시 돌아와 티리다테스를 아르메니아에서 쫓아냈고 경쟁자의 지지자들을 무자비하게 학살했다. 볼로가이세스 1세는 한동안 아르메니아로 올 수가 없었는데, 대규모 귀족 집단이 현지 통치자에게 반란을 일으킨 아디아베네에 개입해야 했고, 그 후 스텝 유목민들의 대대적 침략을 막기 위해 동쪽으로 가야 했기 때문이다. 그런데 아르메니아 내부에서 또다시 반란이 터져 나와 라다미스투스는 아르메니아에서 두 번째로 달아나야 했다. 그는 이번에는 임신한 아내 제노비아를 동반했는데 그녀는 몸이 무거워 추격자들을 따돌릴 정도로 말을 빨리 달리지 못했다. 명예로운 죽음을 보장해달라는 아내의 요구에 따라 라다미스투스는 그녀를 칼로 찌르고 다시 출발했다. 그러나 왕비는 죽지 않았고 목동들이 발견하여 보살펴주자 회복했다. 목동들이 왕비를 파르티아인들에게 데려다주자 그들은 그녀를 매우 정중하게 예우했다.[14]

클라우디우스는 54년 가을에 죽었고 그의 의붓아들인 17세의 네로가 황위를 이어받았다. 제국은 네로와 그보다 세 살 어린 브리타니쿠스와 공동으로 통치할 예정이었으나, 편리하게도 동생은 곧 사망했고 아마도 살해되었을 거라고 널리 추측되었다. 그때까지 황좌에 오른 황제들 중 가장 어리고 경험 없는 네로에게 첫 번째 까다로운 문제는 아르메니아였다. 티리다테스가 다시 아르메니아로 돌아와 왕위에 올랐는데 그 과정에서 로마의 승인을 전혀 받지 않은 것이었다. 그에 대한 대응은 아우구스투스 황제 이래 모든 황제들의 전통적 방식을 따라서 현지 로마군을 강화하면서 외교 활동에서 우위를 확보하는 것이었다.

시리아 총독은 거리상 그리고 지형상 메소포타미아와 맞닿아 있는 변경을 감독하기가 어려웠고 아르메니아 국경 근처에서 직접 작전을 수행하기도 여의치 않았다. 따라서 카파도키아와 갈라티아에 새로운 총독 사령부가 창설되어 필요한 기간만큼 존속하게 되었다. 그리고 시리아에 주둔 중이던 4개 군단은 둘로 나뉘어 각 지역에 2개 군단이 주둔하게 되었는데, 다른 곳에서 병력이 유입되면서 이 숫자는 늘어났고 각 총독은 3개 군단을 휘하에 거느리게 되었다. 그 외에도 현지 동맹국 왕들이 제공한 보조부대도 있었다. 속주에서는 병사 선발 운동이 전개되어 시민 중에서 어느 정도 징집을 했을 것이다. 군단의 병력수를 채워야 하고 또 현역 근무가 부적당하여 제대시킨 병력도 충원해야 했기 때문이다.[15]

새로운 사령관으로 부임해온 인물은 클라우디우스 치하에서 라인 강 유역 군단의 사령관으로 명성을 날렸던 그나이우스 도미티우스 코르불로였다. 그가 부여받은 임무 중 하나는 병사들을 소집해 엄격하게 훈련시키는 것이었다. 그는 군대를 겨울 내내 막사에서 생활하게 하면서 산간지대에서 작전을 수행하고 눈과 추위에 단련되도록 했다. 이런 상황은 그들이 아르메니아에서 전투를 벌인다면 충분히 벌어질 수 있는 것이었다. 코르불로는 엄정한 군기 유지를 강제했으며, 일반적으로 탈주자는 두 번 세 번 반복해야 처형했던 것을 단 한 번이라도 탈주하다가 잡히면 곧바로 처형했다. 동시에 코르불로는 단지 훈련 주임에 그치는 것이 아니라 "강건한 병사를 칭찬하고, 지친 병사를 위로하며, 모든 병사들 앞에서 모범을 보임으로써" 병사들의 어려움에 동참했다. 그는 여느 로마 사령관들처럼 중년의 나이였으며 왕실 출신은 아니었고 잘생긴 외모, 강인한 체력, 활기 넘치는 성격에 웅변 실력도 지닌 매력적인 인물이었다.

여러 가지 미덕을 갖추었으나 역사상 성공을 거둔 사령관들이 그러하듯이 그는 자기 자신을 대단하게 평가했고, 다른 고위 장교들을 우습게 보는 경향이 있었으며, 자신의 명성을 과도하게 지키려 들고 사소한 일에도 질투를 했다. 볼로가이세스 1세의 동생인 티리다테스와의 협상은 코르불로가 보낸 장교들과 시리아 총독 사이에서 누가 왕의 사절단을 호송할 것인가를 두고 벌인 설전으로 시작되었다. 이는 안타까운 일이었지만 더 심각한 것은 본질적으로 명성과 체면치레에 관한 문제인 만큼 이것을 명쾌하게 해결하지 못했다는 것이었다. 네로와 로마인들은 티리다테스를 아르메니아 왕으로 받아들일 준비가 되어 있었다. 단, 그가 로마 황제에게 왕위를 하사해달라고 요청하는 탄원자의 모습으로 나타나기를 바랐다. 반면에 티리다테스는 자신의 능력에 자신감이 있었고 형의 지원도 확신했기에 로마에 의존하는 나약한 모습을 보이고 싶지 않았다. 왕들이 역속적으로 전복된 이후는 물론, 어느 때나 아르메니아는 통치하기 쉬운 왕국은 아니었다. 귀족들은 독립 정신이 아주 강했고 그들 중 다수가 함락시키기 어려운 높은 계곡 지대에 요새를 갖고 있어서 사세가 여의치 않으

면 얼마든지 그곳으로 피신할 수 있었다.[16]

티리다테스는 아르메니아 귀족들 사이에서 지지자도 있고 반대파
도 있었다. 그가 과연 승자로 떠오를 것인지 사태를 관망하면서 어떤
약속도 하지 않으려는 귀족들도 많이 있었다. 티리다테스는 자신이
이곳에 오래 머물 것임을 모두에게 납득시키기 위해 아르메니아 군
대, 가문의 군대, 형이 제공한 병력 등으로 구성된 혼합 부대를 이끌
고 와서 반대파를 공격했다. 코르불로는 휘하 병력 대부분을 아르메
니아 국경에 집결시켰는데, 보조부대는 일련의 요새에 배치되어 있
었다. 그는 이 보조군 초소들을 전부 프리무스 필루스primus pilus(군단
의 수석 백부장) 출신의 한 장교에게 맡겼다. 하지만 그 장교가 사령관
의 지시를 어기고 티리다테스의 파견부대를 공격했다가 패퇴당한 사
실을 알고서 격노했다. 그것은 경험이 별로 없는 군대로서는 불길한
시작이었다. 보조부대의 기병대를 맡고 있는 한 지휘관이 부하들 관
리와 훈련을 너무 소홀히 한다는 이야기가 돌자 코르불로는 그 지휘
관에게 공개적으로 모욕을 주었다. 그는 사령관의 막사로 소환되어
알몸이 된 채로 여러 시간 막사 밖에 서 있어야 했다. 참패한 병사들
은 진영의 보루 밖에 막사를 세우라는 지시를 받았고 식사도 밀이 아
니라 보리(동물, 빈자, 노예의 식량)를 배급받았다. 잠시 뒤 장교단에서
관면을 요청하는 탄원서가 올라오자 코르불로는 명령 불복종의 후과
를 톡톡히 가르쳐주었다고 생각해 그 탄원을 받아들였다.[17]

군기, 엄격한 통제, 조직적인 전진이 코르불로의 전투 수행 방식
이었다. 이듬해 봄, 그는 아르메니아로 쳐들어가 티리다테스와 대적
했다. 로마군이 보병, 기병, 보조병이 서로 긴밀하게 협조하도록 엄
밀하게 전투 대형을 유지하자 적군은 로마군에게 심각한 피해를 입

힐 수 없었다. 그렇지만 로마군이 기동성 좋은 적군을 백병전으로 유도할 수도 없었다. 결국 대면 회담이 이루어졌는데, 코르불로는 비무장 병사들만 데리고 회담에 나와 달라는 적의 요청을 무시하고 다른 군단에서 빌려온 병사들까지 정원수를 가득 채운 1개 군단을 이끌고 나타나서 실제보다 더 많은 병력이 자기 휘하에 있는 것처럼 양동 작전을 썼다. 그러나 회담에서 양측은 상대방이 흡족하게 여길 정도의 타협안을 내놓지 않았으므로 전투는 속개되었다. 아무리 적을 자극해도 전면전을 이끌어낼 수 없자 코르불로는 예하 부대를 4개의 공격 부대로 나누고 동맹국 왕들이 지원 공격을 나서게 했다. 공격 목표물은 티리다테스를 지원하는 귀족들의 요새였다.

로마군은 공성 기술이 뛰어났고, 공성전에 필요한 장비와 보급품을 잘 준비하고 있었다. 서기전 36년, 파르티아 원정에서 안토니우스가 저지른 결정적 실수는 공성 장비와 치중차를 무방비 상태로 두어 적이 공격하고 파괴하도록 한 것이었다. 코르불로는 그런 실수를 반복하지 않도록 아주 조심했고 주요 보급선에 초소들을 세웠을 뿐만 아니라 공성 장비들을 보호하는 충분한 호송 병력을 배치했다. 코르불로가 4개로 나눈 각 부대는 놀랍게도 독자적으로 작전을 수행할 능력이 있는 것으로 드러났다. 이는 병사들의 전투력이 고르게 일정 수준을 유지하고 각급 지휘관의 능력이 뛰어났기 때문에 가능한 일이었다. 또다른 중요한 요소는 아르메니아의 지형이 험준하다는 것과 티리다테스의 군대가 상대적으로 약하다는 것이었다. 그의 형 볼로가이세스 1세는 또다시 제국의 동부 지역에 주력 부대를 투입해야 했기에 동생에게 강력한 증원군을 보낼 형편이 되지 못했다.

귀족들의 요새는 하나씩 차례대로 로마군에게 함락되었다. 어떤

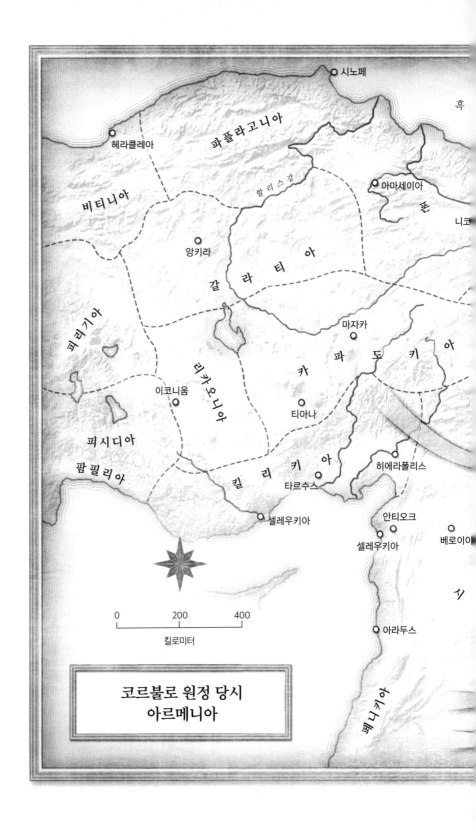

시노페

헤라클레아

파플라고니아

흑

비티니아

할리스강

아마세이아

폰

니코

앙키라

갈 라 티 아

프리기아

마자카

리카오니아

카 파 도 키 아

이코니움

티아나

피시디아

팜필리아

킬 리 키 아

히에라폴리스

타르수스

셀레우키아

안티오크

셀레우키아

베로이아

0   200   400

킬로미터

아라두스

시

페니키아

코르불로 원정 당시
아르메니아

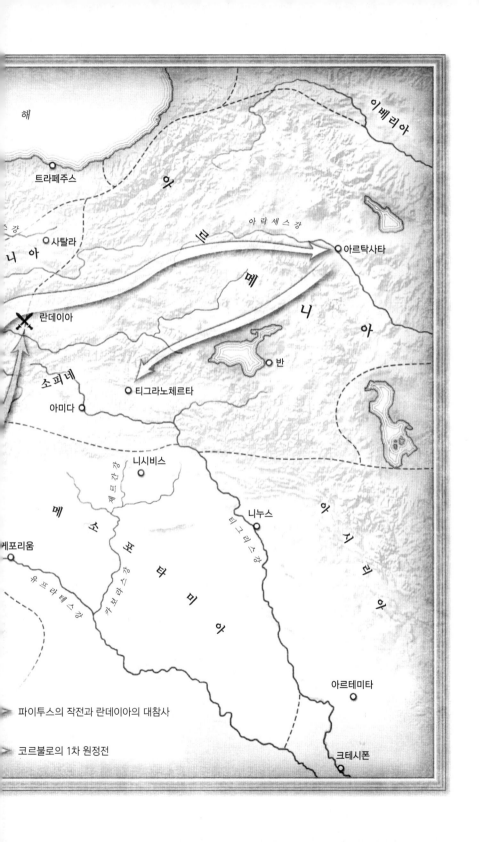

해

이베리아

트라페주스

사탈라

아락세스강

아르탁사타

니아

스강

란데이아

반

소피네

티그라노체르타

아미다

니시비스

메

소

니누스

케포리움

포

타

미

아

아르테미타

우프라테스강

아 시 리 아

크테시폰

> 파이투스의 작전과 란데이아의 대참사

> 코르불로의 1차 원정전

요새는 급습으로 함락되었고, 어떤 요새는 사전에 준비된 세심한 공격으로 함락되었다. 잔인한 무력 행위에 대한 코르불로의 태도는 도덕보다는 실용성을 중시하는 것이었는데 이는 로마군의 일반적인 특징이기도 했다. 어느 주요 정착촌에서 그는 의도적으로 공포 행위를 벌였다. 마을의 남자들은 모조리 죽였고 나머지 주민들은 병사들에게 넘겨 노예로 판매하도록 했다. 그 소식에 경악한 많은 마을이 허약한 왕에 대한 충성심과 가족과 재산을 보호해야 한다는 이기심 사이에서 망설이다가 무자비한 적에게 항복하는 것을 선택했다. 항복한 자들은 고대 전투의 기준에 따라 관대한 처분을 받았다.[18]

  마을들의 연속적 함락은 티리다테스의 입지를 더욱 취약하게 만들었다. 따라서 그는 병력을 집결해 아르탁사타로 진군해오고 있는 코르불로 군대와 대적할 수밖에 없다고 생각했다. 그러나 대전 결과 대치 상태에 봉착했고, 상대방이 실수를 하지 않는 한 어느 쪽도 상대에게 타격을 입힐 수가 없었다. 이러한 상황은 보조부대 기병대를 지휘하는 한 장교가 무모하게 돌격에 나섰다가 화살 세례를 맞고 전사한 사실로 입증되었다. 코르불로는 휘하 군대를 엄격히 통제하고 중앙이 빈 사각형 전투 형태를 유지하며 계속 전진했다. 전투 결과에 실망하고 할 수 있는 게 별로 없던 티리다테스는 야음을 틈타서 퇴각했다. 로마군은 아르탁사타로 육박해 들어가서 포위했고, 자신을 버리고 달아난 왕을 위해 싸울 의사가 없던 시민들은 즉각 항복했다. 코르불로는 항복한 시민들은 살려주고 경멸스러운 방어시설을 일부 불태웠다. 로마군은 네로 황제를 임페라토르(최고 사령관)라고 칭송했는데, 코르불로는 황제의 대리인일 뿐이고 진정한 공로는 3200킬로미터 떨어진 곳에 있는 황제에게 돌아가야 했기 때문이다. 원로원은

승전을 반기면서 여러 가지 영예를 수여했다.[19]

　이후 코르불로는 왕국의 다른 주요 도시인 티그라노체르타를 향해 진군했는데, 그것은 모험에 가까웠다. 왜냐하면 보급품이 부족해지고 있었고 병사들은 목초지에 도달해 식량을 조달할 수 있기 전까지는 고기만 먹어야 했기 때문이다. 티그라노체르타는 항복하지 않고 저항하기로 결정했고 로마군은 도시를 함락시키기 위해 공성 장비를 조립하기 시작했다. 한편 어떤 젊은 귀족이 로마군에게 살해당해 그의 잘린 머리가 투석기를 통해 성벽 위로 발사되는 일이 있었다. "우연히도 그 머리는 야만인 주요 인사들이 참석한 국무회의 장소 한가운데에 뚝 떨어졌다. 그것은 아주 불길한 징조로 여겨졌고 그들은 너무 놀란 나머지 황급하게 항복하기로 마음을 바꾸었다." 다시 한번 다른 도시들에게도 항복을 유도하기 위해 로마군은 그 도시와 시민들을 모두 살려주었다. 그동안 로마의 동맹국들은 계속해서 파르티아를 침공했으며, 그중 하나가 이베리아 왕이었다. 그는 숙부를 죽이고 왕위에 오른 아들 라다미스투스를 처형하고 자신을 아르메니아 왕으로 선언했지만, 백성들의 인심을 잃어서 두 번이나 왕좌에서 쫓겨났던 인물이었다. 그 무렵 히르카니아에서 로마에 사절단을 보내왔다. 히르카니아는 아르사케스 제국의 극동 지역에 위치한 나라인데, 이곳의 지도자들은 볼로가이세스 1세를 상대로 무력 항쟁을 벌이는 중이었다. 그들은 로마와 동맹을 요청해왔는데, 이것이 수락되었는지 혹은 실질적인 도움을 주었는지 여부와 상관없이 코르불로는 그들이 파르티아를 거치지 않고 카스피해를 통해 귀국하도록 배려해주었다.[20]

　로마인들은 계속해서 요새를 점령해나갔고, 티리다테스가 이듬해에 공세를 펼쳤을 때 로마인들이 그를 향해 진군해오자 그는 재빨리 퇴각했다. 네로는 그를 대체할 인물로 카파도키아 왕의 아들이자 헤롯 대왕의 후손이며 젊은 시절을 로마 황가에서 보냈던 티그라네스를 지명했다. 코르불로는 티그라노체르타에 수천 명의 군단병과 보조부대를 남겨 놓고 나머지 병력을 이끌고 로마의 속주로 돌아왔다. 시리아 총독이 자연사했기 때문에 코르불로가 그 자리를 차지하고 위기 사태의 초창기에 둘로 나누었던 속주 사령부를 다시 하나로 합쳤다.[21]

따라서 새로 앉힌 아르메니아 왕이 기록에 나타나지 않은 원인 불명의 상황에서, 아디아베네를 습격하기로 하지 않고 그 변경의 영토를 항구적으로 차지하겠다는 야심을 내비치지 않았다면 동방의 사태는 잘 수습되었을 것이다. 아르메니아 왕에게는 불운하게도, 볼로가이세스 1세가 이 일을 계기로 자신이 동부 원정에서 돌아오는 것이 정당하다고 느꼈다. 아디아베네 왕이 왕중왕으로부터 아무런 보호도 받지 못했다고 불평을 터뜨리고 티리다테스 또한 그의 형이 너무 허약하다고 비난했기 때문이었다. 많은 파르티아 왕들이 약하거나 신뢰할 수 없다고 판단되면 폐위되었기 때문에 자신의 안전을 위해서라도 볼로가이세스 1세는 아르메니아를 최우선 과제로 삼고자 했다. 아디아베네 왕에게는 증원군이 붙었다. 위협을 느낀 아르메니아의 티그라네스는 철수했고 곧 티그라노체르타에서 포위되었다. 코르불로는 유프라테스 강변에 군대를 집결시키며 무력시위를 했다. 볼로가이세스 1세에게 공식 항의서가 전달되었고 마침내 침공군은 물러나고 로마와 협상하기 위해 사절단을 파견하는 것으로 합의되었다. 거래의 일부로 티그라노체르타에 남겨두었던 로마군도 철수한 것으

로 보인다.[22]

전쟁 초기에 그랬듯이, 한 명의 총독이 시리아를 보호하는 동시에 아르메니아는 물론이고 아르메니아와 국경이 닿아있는 카파도키아에서 수행되는 작전까지 감독한다는 것은 아주 어려운 일이었다. 따라서 코르불로는 자신이 이전에 맡았던 사령관직을 담당할 또다른 대표를 보내달라고 요청하고 나서 시리아에 계속 머물렀다. 네로는 루키우스 카이세니우스 파이투스를 사령관으로 선택했지만, 파르티아 사절단이 로마에 도착했을 때 협상은 분쟁을 해결하지 못했다. 전쟁은 재개되었고 파이투스는 티그라노체르타를 목표로 아르메니아 내부로 진군했다. 코르불로와는 다르게 파이투스는 기존에 충분한 군사적 명성을 쌓지 못한 상태로 동방 지역에 부임했고 세심한 사령관도 아니었다. 그의 휘하 부대는 파견 부대와 휴가 장병 때문에 정원에 미치지 못했다. 게다가 그는 보급 문제에 충분한 주의를 기울이지 않아서 겨울이 닥쳐오는데도 목표 지점에 도착하지 못했고, 유프라테스강으로 흘러드는 아르사니아스강에서 가까운 란데이아에 막사를 설치했다.[23]

코르불로는 제우그마 근처에 머물면서 유프라테스강을 건너가는 부교를 만들었다. 그는 이 공사를 엄호하기 위해 활보다 사거리가 길고 파괴력도 더 강한 투석기를 사용했다. 파르티아 기병들은 그저 구경만 할뿐 부교 건설 공사를 막기는커녕 늦추지도 못했다. 일단 부교가 완성되자 로마인들은 교두보를 보호하기 위해 멀리 떨어진 강둑에다 초소를 세웠으나 그 이상의 공격적인 움직임은 보이지 않았다. 코르불로는 자신이 마음만 먹으면 강을 건너 진격할 수 있지만, 로마군이 굳건하게 진지를 지키고 있는 상황에서 파르티아군이 유프라테

스강을 건너 로마 속주로 들어오는 것은 대단히 어려울 것이라는 점을 분명히 보여줬다.[24]

시리아에서의 위협이 좌절된 볼로가이세스 1세는 아르메니아에서 더 좋은 기회를 포착하고 왕실 군대의 상당수를 투입해 동생이 왕국을 되찾는 일을 지원했다. 파이투스는 왕실 군대와 맞서 싸워 승리를 거두겠다고 떠벌리는가 하면, 적이 가까이 다가오자 뒤로 물러서는 등 과도한 자신감과 신경질적인 긴장감 사이에서 동요했다. 그는 군대를 여럿으로 나누었는데, 전방 기지에 배치된 수천 명의 병사들은 고립되고 곧 적에게 제압당했다. 나머지 병사들이 란데이아에 있는 주요 막사에 틀어박혀 있는 동안 파이투스는 코르불로에게 전령을 보내 증원군을 이끌고 와달라고 요청했다. 그러나 이 증원군이 도착하기도 전에 그는 절망에 빠져서 항복했다. 로마군은 진지, 중장비, 보급품을 모두 적군에게 내주었고 파르티아인들이 도하할 수 있도록 아르사니아스강 위에 부교를 설치했다. 볼로가이세스 1세는 코끼리를 타고 그 부교를 건넘으로써 더욱 장엄한 풍경의 도하 작전을 연출했다. 로마 군단병들이 멍에 밑으로 기어갔다는 소문도 돌았는데, 이는 고개를 푹 숙이고 세 자루의 창으로 만든 문 밑으로 기어서 지나가야 하는 고대의 굴욕적 처우였다. 이런 일이 실제로 벌어졌는지 여부는 알 수 없지만, 이 일화는 파르티아의 강성함과 로마의 나약함을 대비시켜 보여주는 것이었다. 게다가 파이투스는 너무 황급하게 철수하면서 부상으로 행군할 수 없는 부상병들을 모두 포기함으로써 사태를 더욱 악화시켰다. 도망자들은 곧 빠르게 행군해오는 코르불로의 증원군을 만났다. 증원군은 군수 물자를 낙타 등에 가득 싣고서 강행군으로 오는 길이었는데 겨우 며칠 늦었을 뿐이었다.[25]

협상이 이어졌고 볼로가이세스 1세는 아르메니아에서 군대를 철수하는 데 동의하면서 그의 동생이 스스로를 방어하도록 했고, 그 대가로 유프라테스강 전역에 로마의 전초 기지와 군대가 철수하기로 했다. 다시 한번 파르티아 사절단이 로마를 방문했으나 이전과 마찬가지로 합의에 도달하지 못했다. 네로는 티리다테스가 로마로 찾아와 왕관을 받고 아르메니아 통치권을 정식으로 인정받아야 한다고 요구했다. 티리다테스는 조로아스터교 사제단의 일원으로서 마기Magi〔페르시아의 마법을 익힌 승려 계급〕였으므로 강을 건너는 것이 금지되어 있었다.* 그는 네로를 직접 만나 복종하는 대신에 네로의 초상화 앞에서 복종하겠다고 제안했다. 이듬해 봄이 되자 코르불로는 야전군을 소집했고, 그 과정에서 란데이아 패전에 참여했던 사기 떨어진 병사들은 모두 야전군에서 배제했다. 그는 아르메니아로 쳐들어가서 저항하는 요새를 함락시켰다. 그러자 볼로가이세스 1세와 티리다테스는 새로운 협상을 제안했고, 회담장에서 그들은 지난해 란데이아에서 거둔 승전을 언급하면서 얼마든지 로마군과 대적할 수 있음을 상기시켰다. 자존심과 체면이 중요했고 양측은 갈등 상태를 길게 끌거나 그것이 로마와 파르티아 사이의 전면적으로 격화되는 것을 원하지 않았다.[26]

회담이 끝나자 티리다테스는 상징적으로 왕관을 벗어서 그것을 네로의 초상화 앞에 내려놓았다. 그는 꺼려지는 마음을 억누르고 친

---

* 마기(동방박사)는 마태복음에 나오는 예수 탄생의 이야기 덕분에 아주 친숙한 이름이지만, 동방에서 찾아온 방문자들이 이 마기 계급의 일원이었는지 아니면 일반적 용어인지는 불분명하다. 아르사케스 파르티아 시대에는 그들이 중요한 사람이고 왕실의 국무회의에 참석했다는 것 정도를 제외하고는 알려진 것이 거의 없다.

히 로마로 가서 네로에게 왕위를 요청하겠다고 동의했다. 하지만 양측은 서두르지 않았다. 4년이 지난 후 그는 3000명의 기병과 왕국의 여러 신하를 거느리고 로마로 향한 여정길에 올랐다. 볼로가이세스 1세는 자신의 동생을 정중히 맞이해줄 것을 로마에 요청했다. 네로의 총독들은 로마의 고위급 행정관에 걸맞은 존중과 예우로 그를 환영했다. 그는 가능한 한 물을 건너지 않는 경로를 선택했으므로 로마까지 가는 데 몇 달이 걸렸다. 네로는 여행비용을 모두 지불했고 그 방문을 아주 장대한 행사로 연출하는 데 노력을 아끼지 않았다. 파르티아 왕실 일행을 먹이고 재우는 데만 하루 80만 세스테르케스가 들었다.• 방문객들에게는 각종 경기와 볼거리가 제공되었는데, 그중에서 가장 절정은 티리다테스가 네로 앞에서 고개를 숙이는 장면이었다. 자랑스러운 민족 출신에 자존심 강했던 티리다테스는 비무장 상태로 이런 의식을 거행하는 걸 못마땅하게 생각했다. 그래서 다들 볼 수 있게 자신의 칼을 칼집에 못 박은 채 현장에 나왔다. 그는 미트라스Mithras(미트라의 라틴어식 표현으로 조로아스터교의 중요한 신들 중 하나)를 경배하는 것처럼 네로를 경배한다고 선언했고, 이미 모든 일이 해결되었음에도 황제가 내리는 모든 판단에 따르겠다고 말했다. 네로는 그에게 왕관을 씌워주면서 자신 외에는 누구도 왕권을 수여할 수 없고, 오직 자신만이 왕권을 주거나 회수할 수 있다고 말했다. 공개적으로 감사 표시를 한 로마인들은 코르불로에 의해 부분적으로 파괴되었던 아르탁사타의 재건 사업을 도왔다. 이를 위해 왕에게 2억 세스테르

• 1데나리온(흠정판 성경에 나오는 1페니 단위)은 4세스테르케스이다. 대략적인 지표로 원로원 의원이 되려면 최소한 100만 세스테르케스의 재산을 갖고 있어야 했지만, 대다수 의원들은 그보다 훨씬 많은 재산을 갖고 있었다. 네로 시대에 군단병은 1년에 900세스테르케스를 벌었다.

케스가 선물로 제공되었고, 한동안 그 도시는 황제의 영예를 기념하기 위해 네로니아라고 개명되었다.[27]

의식은 66년에 진행되었고, 호화롭기 짝이 없는 장대한 행사로 네로의 무분별한 지출을 잘 보여주었으며, 당연하게도 제국의 국고가 크게 축났다. 양국 간의 분쟁은 거의 10년 전에 시작되어 계속 진행되었기 때문에 전투의 정확한 연대를 추정하는 것은 불가능하다. 그동안 아르메니아 왕위를 주장하는 여러 도전자들이 비협조적인 백성들을 상대로 강압적 권위를 부과하려고 애썼고, 동맹국 왕들은 로마 황제나 아르사케스 왕중왕의 지원을 받으며 자신의 목적 달성을 위해 이웃 왕국을 침략하거나 불태우는 등 많은 전투가 벌어졌다. 코르불로의 병사들은 성벽을 두른 여러 정착촌들을 습격했고, 아르탁사타와 티그라노체르타를 함락시켰으며, 다른 도시들의 주민들을 살육하거나 노예로 생포했다. 파르티아 기병대도 공격에 나섰는데, 이 기병대는 정체가 다소 모호하다. 기병들의 민족에 대한 정보가 거의 없고 제국의 왕실이나 귀족들이 파견한 별동부대 혹은 용병으로 고용된 전사들이었기 때문이다. 아무튼 이들은 아르메니아인들과 기타 현지 군대와 합류하여 티그라노체르타를 포위하여 로마 수비대를 공격했고 파이투스의 외곽 진지들을 공격하고 또 로마군의 진영을 봉쇄했다. 구체적 숫자는 제시되지 않았지만 로마인들은 한 곳에 3개 군단과 보조부대 이상을 주둔시키지는 않은 듯했다. 모든 부대가 정원수를 거의 채웠다 하더라도 코르불로는 크라수스가 메소포타미아로 이끌고 갔던 것만큼 대규모의 야전군을 동원하지는 못했다. 동방 여러 지역의 로마군 숫자를 모두 합친다 하더라도 서기전 36년에 안토니우스가 인솔한 군대 규모에는 미치지 못했다. 파르티아인들도 그들의 최대 전력을 투입하지는 않은 듯했다.

이 수년간의 대결은 실제로 일어나지 않은 일로 더 눈길을 끈다. 우선 로마와 파르티아 사이에는 주요 전면전이 없었다. 코르불로가 유프라테스강을 건너 반대편 강둑에 올라섰을 때 1.5킬로미터나 3킬로미터의 짧은 거리만 진군했다. 아르메니아와 동맹국들도 시리아 등 로마 속주 지역은 공격하지 않았고 대신에 싸움은 주로 아르메니아에서 벌어졌다. 비록 사소한 전투가 여러 차례 벌어지기는 했지만 로마인과 파르티아인은 아르메니아 통치권 문제로 인한 분쟁이 전면전으로 격화되는 것은 가능한 한 피하려 했다. 처음에는 양측 간 협상이 있었고, 이후에는 군사 작전들 사이에 빈번하면서도 충분한 휴지기가 있어서 추가적으로 협상을 할 수가 있었다. 양측은 허세를 부리고 가짜 위협을 해댔지만 상대방을 막다른 길로 밀어붙이지는 않았다. 이러한 제한전으로 인해 어느 쪽도 극한으로 내몰리지 않았고 아주 절망적인 상태로 여력이 안 되는 전쟁을 치르지도 않았다. 이것이 아우구스투스 사후 1세기 이내에 벌어진 가장 직접적인 대치라는 점을 생각해볼 때 비교적 소규모의 잠정적인 전투는 눈에 띄는 특징이 아니라 할 수 없다. 따라서 서기 1세기는 로마와 파르티아 사이에서 평화가 두드러지는 시기였다.[28]

66년에 파르티아 왕중왕의 동생이 로마 황제에 의해 아르메니아의 통치자로 선포되었다. 그때부터 아르메니아는 아르사케스 통치자들이 다스렸는데 몇몇 단명한 도전자들을 제외하면 통치는 계속되었다. 여러 학자들이 볼 때 이것은 파르티아가 거둔 중요한 성공이었고, 로마인들은 이를 실질적 권력과 지배가 아니라 이론적인 주장으로 은폐하려고 했다. 아르메니아 당파들을 친로마 또는 친파르티아로 묘사되면서 익숙한 냉전의 언어가 지배적인 경우가 많았지만, 진실은 그보다 훨씬 더 복잡한 것이다. 로마의 목적은 지배하는 것이었고, 이 지배권은 영토의 통제나 구체적 무력보다는 이미지와 더 깊은 관련이 있었다. 이런 점에서 네로 정부의 업적은 의미심장한 것이었다. 내전과 정치적 불안정에 시달리는 아르메니아는 로마의 속주들이나 동맹 왕국들이 볼 때 불편한 이웃이었다. 비록 티리다테스의 여행에는 큰 비용이 들어가기는 했지만 그의 로마 방문은 그를 로마의 동맹으로 만들어주었다. 로마인들은 동맹국 왕들로부터 적절한 복종적 태도 이상의 것을 요구하지 않았다. 티리다테스는 로마 지배권을 인정하는 또다른 표시로 로마에 가족과 귀족 가문의 자제들을 남겨두고 갔다. 두 제국 사이에 인질이 상호 교환되는 일은 없었다.

최근에 로마군은 아르메니아로 쳐들어가 왕국의 두 거대 도시를 포함해 그 어떤 도시도 점령할 능력이 있음을 보여주었다. 이 시기의 또다른 교훈은 로마 제국의 직업 군인들로 구성된 군대와 파르티아 군대 사이에 어느 정도 힘의 균형이 이루어졌다는 것이다. 만약 아르메니아 같이 지형이 험준하지 않은 나라였다면 이런 세력 균형은 어느 한쪽으로 기울어졌을 것이다. 하지만 파르티아와 그들의 동맹국들은 카레 때와 같은 승리를 거두지 못했고, 전반적으로 로마군은 적군의 공격을 안토니우스의 군대보다 훨씬 더 잘 물리쳤다. 로마인들은 그들이 원하는 곳은 어디든 진격할 수 있었다. 설령 파르티아군에게 전면전을 강요할 수 없다 할지라도 임의로 공격하여 아무 요새나 점령할 수 있었다. 양국의 세력 균형은 상호 친선관계에 달려 있었다. 파이투스는 여러 차례 신통치 못한 결단을 내리기는 했지만, 파르티아인이나 로마인이나 어느 한쪽이 결정적 실수를 하여 상대방에

게 승리를 헌납해줄 것을 기대하기는 어려웠다.[29]

페르시아와 셀레우코스 제국의 옛 영토를 모두 되찾겠다는 이야기와 로마의 한계 없는 권력—구체적으로 영토를 차지하는 권력이 아니라 제국으로서의 권력—에 대한 자랑이 있었으나, 양측은 상대방을 정복할 생각을 하지 않았다. 이 시기의 전투에서 드러난 전략적 균형은 그보다 더 범위가 넓은 균형을 반영하는 것이었다. 양측은 상대방을 향해 전면전을 벌이는 것은 아주 중대한 사업이고 위험한 일이라는 것을 잘 알았다. 그래서 그들은 체면을 살리려 했고 상대방이 내심 자신을 경계하고 공식적으로는 수용 가능한 방식으로 행동하기를 바랐다. 그런 공식적 행동은 두 제국의 백성에게도 중요한 문제였을 뿐만 아니라 두 제국의 국경 근처에 있는 왕국들의 군주나 귀족들도 예의 주시하는 사항이었다.

타키투스는 아르메니아를 "두 위대한 제국 사이에 있는 땅"이라고 서술했다. 볼로가이세스 1세는 아주 힘들게 동생을 위해 왕국의 왕위를 확보해주었지만 이러한 조치의 속뜻이 무엇이었는지 고려해볼 필요가 있다. 모든 것을 강대국의 경쟁관계로 보아 이제 아르메니아가 로마의 영토가 아닌 파르티아의 속령이라고 보는 것은 너무 편협한 견해다. 동방의 여러 나라의 역사가 그러했듯이 아르사케스의 역사에서 형제 혹은 친척은 동맹이라기보다는 경쟁자인 경우가 더 많았고, 이는 티리다테스가 형이 자신을 도와주지 않자 불평을 터뜨렸던 경우에도 잘 드러났다. 어떤 의미에서 티리다테스는 아르메니아의 반항적 귀족들을 제압하느라 정신이 없었기 때문에 덜 위협적인 존재가 되었다. 동생은 형의 지원을 절실히 바랐을 것이고, 따라서 인근 군주들과 분쟁이 있을 때 한결 협조적으로 나올 가능성이 높았다. 왕중왕은 66년 대관식의 결과로 유리한 상황에 놓이게 되었으나 그렇다고 해서 그가 아르메니아를 실질적으로 통제하게 되었다고 말할 수는 없었다.[30]

근동 지역은 국내 정치가 불안정한 왕국과 도시들로 이루어진 곳이었다. 66년에 유대라는 소규모 속주의 로마 총독에 대한 불만이 노골적인 반란으로 터져 나왔다. 로마는 반란을 진압하기 위해 황급히 군대를 소집해 현지에 파견했는데, 예루살렘 외곽 지역에서 반란군에게 참패했다. 로마군은 5000명의 병사가 전사했고, 과거 파이투스의 전투에 참전했던 한 군단은 군기를 빼앗겼다. 그 후로 몇 년 동안 유대 독립국이 세워졌고, 그 나라 고유의 동전이 발행되었고, 반군 내의 서로 다른 당파들 사이의 폭력적 경쟁을 억제하느라 바빴다. 유대 반란을 진압하는 데는 3개 군단(나중에 4개 군단으로 확대 개편)과 다수의 보조부대와 동맹군들이 투입되었음에도 3년의 시간이 걸렸다. 그 후로도 여러 해 동안 소규모 부대들이 주둔하면서 잔여 반란군을 소탕했다. 이런 전투의 일부는 정치적 혼란 때문에 벌어진 것이었다. 68년에 이르러 네로의 악정은 너무나 많은 원로원 의원들과 사회 유지들을 실망시켰고 결국 그는 권좌에서 쫓겨나 도망치다가 충실한 하인에게 칼을 건네주면서 자신을 죽여달라고 해 사망에 이르렀다. 그다음에 서기전 30년 이래 처음으로 노골적인 내전이 발생했던, 소위 '4황제의 해'(69년)가 이어졌다. 과거에 네로가 유대 반란을 진압하라고 파견한 장군 베스파시아누스가 황위에 오르면서 내전은 막을 내렸다. 그는 국가의 안정을 회복했고 황제 즉위 후 타락하지 않고 성품이 개선된 유일한 황제로 기억되었다.

볼로가이세스 1세는 로마 내전의 혼란을 이용하거나, 그의 제국

내의 대규모 유대인 인구를 감안해 유대가 반란을 일으켰을 때 개입할 것으로 예상되었다. 왕중왕은 어느 쪽도 하지 않았고 오히려 황위 장악에 나선 베스파시아누스를 위해 4만 명(다소 믿기 어려운 비현실적인 숫자)의 기병을 지원하겠다고 제안했다. 로마인은 그 제안을 거부했다. 그런 군사적 도움이 필요 없었을 뿐만 아니라 외국의 도움을 받는다는 것은 장차 황제가 되려는 사람의 위신에 먹칠을 하는 일이었기 때문이다. 볼로가이세스 1세의 태도는 자신의 이해관계에 손해가 없는 한 로마와 좋은 관계를 유지하려는 마음가짐을 잘 보여준다.[31]

파이투스는 베스파시아누스와 친척관계였고 란데이아에서 치욕적인 패전을 당했음에도 불구하고 시리아 총독으로 임명되었다. 코르불로는 내전에서 어느 한 편을 들 수 있을 정도로 오래 살지 못했다. 항상 철저하게 충성을 바쳤지만 그는 황제의 의심을 받게 되었고 네로로부터 자살하라는 명령이 내려왔다. 원칙을 철저히 지켰던 코르불로는 동방 국경에서 그토록 오랫동안 사령관으로 지냈지만 명령을 받아들여 자살했다.[32]

코르불로의 경력은 아우구스투스 치하에서 정립된 로마 제국과 파르티아 제국 사이의 새로운 현실을 잘 보여준다. 그는 근 10년 동안 동방의 군 사령관으로 봉직했고, 구체적으로 아르메니아 전쟁에서 큰 공로를 세웠다. 그러다 보니 자연스럽게 아르메니아의 광범위한 지역에서 군사 작전을 지휘했고 파르티아인들을 상대로 전쟁보다 협상을 더 많이 수행했다. 양측의 목적은 제한적이었고 어떤 분쟁이 두 제국 사이의 전면전으로 격화하지 않도록 철저하게 조심했다. 대신 그들은 불안정한 아르메니아에서 제국의 영향력을 만들어내고, 보존하고, 회복하기 위해 서로 위협하기도 하고 협상하기도 하고 때로는 싸우기도 했다. 갈등의 범위와 규모가 제한적이라고 해서 양측이 실제 전투가 벌어졌을 때 이겨야겠다는 결단력이 높지 않았다는 뜻은 아니다. 제한적 전투도 실은 중요했고 그 전투가 어떻게 마무리되느냐에 따라 그 상징적 가치는 공허한 말보다 훨씬 더 무게가 있었다. 네로에게 왕위를 인정받기 위한 티리다테스의 로마 방문에서 보이는 저 기이한 타협—칼집에 칼을 못 박은 행위—은 관계의 본질을 드러내기 때문에 정말 중요했다. 두 제국은 상대방의 민감한 부분들에 대해 서로 존중해야 했다. 상대방을 너무 압박하면 서로가 원하지 않는 전면전을 야기할 수 있었기 때문이다.

8

상업에 능숙한 사람들

1-2세기

아르사케스 파르티아와 로마 제국은 상대의 권력을 경계했고, 서로의 명성과 체면을 질투했다. 그렇지만 두 제국 사이의 갈등은 아주 드물었고 설사 있었더라도 허세를 부리는 경우가 훨씬 더 많았으며, 그들은 실제로 싸우기보다는 대화를 더 많이 했다. 우리의 사료들에서는 이런 대화 노력이 드물게 언급되어 있어서 외교적 접촉이 얼마나 자주 벌어졌는지 판단하기가 어렵다. 아르사케스 왕이나 왕자가 황제의 대표(으레 시리아 총독이 대표로 나섰다)를 만나는 자리 같은 고위급 회담은 더 드물었다. 이런 중대한 회담은 사전에 세심하게 관리되고 연출되어 다리, 승강장, 섬 등에서 공식 회담이 진행되었고 축하 행진과 화려한 연회가 동반되었다. 소규모 회담이라 할지라도 로마로 가는 파르티아 사절단은 여행의 각 단계마다 그리고 로마에 도착하고 나서 의례적 환영을 받았다.

파르티아 왕중왕이나 현지의 소왕국을 방문한 로마 사절단이 어떤 대접을 받았는지는 잘 알려져 있지 않다. 이 사절은 원로원 의원이나 황실 가족은 아니었고 군 장교였던 듯하다. 따라서 이들에 대한 환대는 그리 성대하지 않았을 것으로 보인다. 사절로 나가는 군 장교는 대부분 백부장으로서 이들은 병사는 아니고 초급 장교 급이었다. 각 군단에는 약 60명의 백부장이 있었고 보조부대와 해군 함대, 기타 부대 등을 모두 포함하여 제국 산하의 전 군단에는 약 4000명의 백부장이 근무했다. 이들 중 일부는 졸병으로 입대하여 능력, 지지도, 전쟁 시의 군공 등의 평가를 통해 진급했다. 대다수 사람들은 처음부터 백부장으로 임명되었는데, 이들 중에는 아우구스투스와 후계 황제들이 만들어놓은 사회 출세의 경로를 거부하고 군인의 길로 들어선 기사 계급 출신들도 있었다. 백부장은 본질적으로 주임 상사에 불과하다는 지속적 믿음은 증거로 입증된 바가 없다. 출신 계급이 무엇이든 간에 그들은 임무를 수행하기 위해서는 일정 수준의 교육을 이수해야 했고, 총독의 참모로 근무하기 위해 소속 군단에서 선발돼온 백부장은 물론이고 아르사케스 같은 이웃 왕국에 사절로 파견될 정도의 백부장이라면 교육 수준이 더 높아야 했다.[1]

백부장이나 때때로 그들 대신 파견된 기병대장은 황제를 대표하기는 했지만 주요 결정을 내릴 수 있는 권한은 없었다. 그들이 두 제국 사이의 믿을 만한 사절로 활용되었다는 것은 양측 사이에서 전언이 오가면서 심사숙고할 시간을 충분히 가졌다는 것을 의미한다. 타키투스의 자세한 이야기에 따르면 그런 전갈을 꽤 자주 주고받은 것 같은데, 그 시기가 긴장의 시기였다는 걸 감안하면 그것이 일반적 현상이라고 보기는 어렵다. 우리는 지방 총독이 아르사케스 왕에게 얼마나 자주 사절을 보냈는지 또 파르티아 사절이 얼마나 자주 총독을 찾아왔는지 알지 못한다. 로마 총독들이 파르티아의 동정이나 태세에 대해 얼마나 많은 정보를 축적했는지, 그 반대의 경우는 어떠했는지에 대해서도 그저 막연하게 짐작만 할 수 있을 뿐이다.

키케로가 서기전 51년과 50년에 킬리키아의 집정관대리로 근무했을 때, 시리아와 그의 속주에 대한 파르티아의 위협에 관한 정보는 대체로 동맹국 왕들에게서 나온 것이었기 때문에 왕국들의 충성도, 개인적 속셈, 정보를 얻을 수 있는 능력 등을 기준으로 정보의 정확도를 평가해야 했다. 동맹국들은 지방 총독으로 파견된 이들에게 중요한 정치적·군사적 정보의 원천이었다. 황제 치하에서 로마 총독과 수비대가 속주에 상시 근무한다는 것은 믿을 만한 현지 체험을 상당히 갖춘 장교들이 그 주위에 많이 있다는 뜻이었다. 그러나 우리는 이런 정보 수집 활동이 얼마나 많이, 얼마나 잘 이루어졌는지, 그리고 그 정보 중 어느 정도가 황제에게 정기적으로 보고되었는지 알지 못한다.[2]

72년에 시리아 총독인 루키우스 카이세니우스 파이투스는 베스파시아누스 황제에게 콤마게네 왕과 그의 아들 중 한 명이 로마와의 동맹에서 벗어나 아르사케스 왕조와 좀더 긴밀한 관계를 맺으려 한다는 내용의 보고를 올렸다. 이 사건을 기록한 요세푸스는 총독이 자신이 말한 것을 정말로 믿고 보고한 것인지, 아니면 콤마게네 왕에게 불만이 있어서 지어낸 것인지 아무도 확신하지 못했다고 말했다. 어쩌면 파이투스가 아르메니아에서 불명예스러운 개입을 한 것과 관련이 있을지도 몰랐다. 그의 주장은 심각한 것이었고, 베스파시아누스는 이를 반박할 만한 설득력 있는 증거도 가지고 있지 않았다. 콤마게네는 민감한 지역이었는데 무엇보다도 주요 도시 사모사타가 유프라테스 강변에 위치해 있어서 "만약 파르티아가 침공할 계획을 갖고 있다면 편리한 통행과 확실한 환대를 제공할 것"이기 때문에 민감했다. 따라서 파이투스는 필요에 따라 행동하라는 전결권을 부여받았다. 그는 즉각 제6페라타 군단을 주축으로 하고, 에메사와 칼키데케의 통치자들이 제공한 보조부대를 이끌고 콤마게네로 쳐들어갔다. 현지 왕은 기습 공격에 허를 찔렸고 아내와 가족을 데리고 허겁지겁 달아났다. 파이투스는 사모사타를 점령하고 왕을 추격했으나 그는 여전히 맞서 싸울 생각이 없었다. 파이투스가 황제에게 올린 보고서에서 모반을 일으키려 한다고 고발했던 아들을 포함한 두 아들들은 소규모 군대를 조직하여 항전에 나섰으나 승패 없는 전투 끝에 부하 장병들을 버리고 달아났고 적의 병사들은 흩어졌다.[3]

이후 콤마게네는 즉각 로마의 직할 통치령이 되었고 시리아 속주로 병합되었다. 속주에 편입된 직후나 초창기에 보조부대가 딸린 1개 군단이 수비부대로 배치되었는데, 이 군단이 콤마게네 주민을 통치하기 위한 것인지 아니면 다른 이웃들의 위협으로부터 보호하기 위한 것인지는 불분명하다. 콤마게네 왕은 킬리키아에 도착한 후에 파이투스가 보낸 백부장에게 체포되었다. 쇠사슬에 묶인 채 로마로 끌려간 왕은 베스파시아누스 황제의 지시에 따라 안락한 스파르타 유배형에 처해졌다. 항전에 나섰던 두 왕자는 호위병 10명만 데리고 간신히 유프라테스강을 건너 아르사케스 왕중왕에게로 갔다. 왕은 그들을 손님으로 환영해주었다. 그러나 아버지 왕이 포로로 잡혀 있는 게 아니고 로마 제국 내에서 사는 것을 선호한다는 이야기를 듣고서, 그들은 본국으로 돌아와서 이탈리아로 갔다. 폐위된 왕은 두 아들을 만났고 재결합한 가족은 로마 시내나 그 인근에 정착했다. 아마도 이러한 조치는 황제가 그들을 면밀히 감시하기 위한 것이었을 수도 있고, 아니면 콤마게네 왕족의 반란에 관한 이야기가 상호간의 오해에서 빚어진 일이었음을 인정하는 것일 수도 있다. 우리는 이 일이 황당무계한 실수였는지 아니면 파이투스가 정직한 바보였거나 혹은 영리한 악당이었는지 알 수가 없다. 어쨌든 그는 과거 패전의 얼룩을 성공적인 군사 개입으로 설욕할 수 있었다.[4]

볼로가이세스 1세는 도망쳐온 왕자들을 친절히 대했으나 어떤 단계에서도 그들에게 도움을 주지는 않았다. 그러나 요세푸스는 다음과 같은 가능성을 명시적으로 언급했다. 즉 콤마게네가 로마를 버리고 파르티아와 긴밀한 동맹 관계를 맺는다면 그것은 장래 어느 날 파르티아 군대가 유프라테스강을 건너 손쉽게 로마의 시리아 속주를 공격하는 빌미가 될 것이었다. 비록 지난 1세기 동안 파르티아의 침공이 없기는 했지만, 그런 가능성은 로마에게 중요한 관심사가 아닐 수 없었다. 시리아와 로마 사이에는 원거리 통신만 가능했기 때문에 의견을 주고받는 데 몇 달이 걸렸음에도 불구하고 파이투스가 베스파시아누스 황제의 승인을 받고 행동에 나선 것은 시사하는 바가 많다. 황제의 승인은 현재 상황에 대한 제한적이면서도 잘못된 정보에 근거하여 내려진 것이었고, 황제가 근동 지역에 대해 알고 있는 개인적 경험이나 측근 고문관들의 조언도 어느 정도 작용했을 것이다. 측근들 중에는 당시 로마에 살고 있던 외국 왕자들이나 손님들도 있었고 곧 콤마게네 왕실 가족들도 합류해 왔다. 하지만 이런 사람들의 정보는 인상 비평에 불과한 낡은 것이었고 그들의 의견은 정치적·개인적 관심사에 의해 왜곡되었다. 동맹 왕국을 확보하는 것은 로마가 현지에서 일정 수준의 지배권을 확보하고 평화를 유지하는 소기의 목적을 달성하기 위한 값싸고 손쉬운 방법이었지만, 직할 속주에 비해서는 안정적이지 못했다. 로마의 개입과 관련해 실수, 역정보, 현지 총독의 개인적 야망 등이 작동하는 것이 새로운 일은 아니었지만, 제정帝政이 확고하게 수립된 이후에 총독들이 독자적으로 행동에 나서는 일은 더욱 어려워졌다.[5]

파르티아가 새롭게 시리아와 그 외의 지역을 공격해올지 모른다는 위협은 로마 황제와 시리아 총독에게 관심사이기는 했지만 여러 가지 문제 중 하나일 뿐이었다. 파이투스가 군대를 이끌고 콤마게네로 쳐들어갔을 당시에 유대 반란은 아직도 여진이 꺼지지 않은 상태였고 사해 근처의 마사다 요새는 여전히 버티고 있었다. 유대는 원래 기사 계급 출신의 지방장관이 보조부대를 거느리고 다스리던 소규모 속주였으나, 이제 옛 동맹 왕국들의 일부 지역까지 포함하는 본격적인 대규모 속주로 재편되어 있었다. 원로원 의원급이 황제의 대리인 자격으로 총독에 부임해 있었고 1개 정규군단을 주력 수비대로 두고 있었다. 장기적인 추세는 근동 지역에 더 많은 군대를 주둔시키고 직할 속주는 늘리면서 동맹국이 다스리는 지역을 축소하는 것을 목표로 하고 있었다. 이는 대규모 전쟁이 벌어질 시 로마군이 파르티아군보다 군사적으로 우위에 있음을 의미했지만, 양측에 과도한 긴장이나 무력시위의 징후는 없었다. 직할 체제로 재편된 동맹국들의 영토는 수세대 동안 로마의 지배 아래 놓여 있었다. 이 지역에 군대를 증강한 것에는 많은 다른 이유가 있었다. 유대 반란은 진압하는 데 7년의 세월과 노력이 들어갔고 근동 지역의 여러 도시 사이에서 일련의 도시 간 폭력을 유발했다. 현지 주둔군은 건설공사와 치안 단속을 주로 했으나 도시들의 내부 안정을 유지하는 것도 주둔군이 맡은 역할

중 하나였다.

시간이 가면서 점점 더 많은 군사 기지가 유프라테스 강변이나 국경지대의 주요 도로에 건설되었다. 그러나 이런 군 기지는 본질적으로 군사 행정이 이루어지고 다른 지역에서 다른 임무를 수행해야 할 필요가 없는 병사들이 휴식을 취하며 대기했던 보충부대로 이루어져 있었다는 것을 기억하는 게 중요하다. 이 시기 로마군 기지는 어떤 진지를 필사적으로 방어할 목적으로 지어지는 성채의 개념은 아니었다. 기지들은 병사와 역축을 수용하여 잘 훈련된 건강한 상태로 유지하는 게 1차적 목표였고, 전투가 예상되는 곳에 설치되는 것이 아니라 병사와 역축을 관리하다가 필요한 곳으로 이동시키기 위한 중간 시설로 지어진 곳이었다.[6]

일부 학자들은 로마 제국의 경계가 명확하게 규정되어 있었던 것은 아니라고 주장하나, 그것은 증거의 흐름에 역행하는 주장이다. 로마 총독들은 자신의 권한과 책임이 어디에서 시작하여 어디에서 끝나는지 명확하게 알고 있었다. 이 시기에 로마의 속주들 중에 아르사케스 왕의 직할 영토와 맞닿아 있는 곳이 없었기 때문에 로마와 파르티아 사이에는 공통된 국경이 없었다. 그러나 로마 영토가 아르메니아와 오스로에네 같은 왕국의 국경과 맞닿은 지역에 대해서는 다들 그 경계선을 명확하게 인정하고 있었다. 일정 거리까지는 이것은 유프라테스강으로 표시되었지만 국경의 구분이 정확히 어떻게 되어 있건 간에, 군대를 거느리고 강을 건너는 것은 우발적 소행이 아니라 의도적 침략으로 간주되었다.[7]

그렇다고 해서 이곳이 철저히 감시되는 군사 지역이었다는 의미는 아니며, 더 나아가 무역이 통제되고 폐쇄된 국경이었다는 의미는 더욱 아니다. 역사가 요세푸스는 아시나이우스와 아닐라이우스 형제의 모반 사건을 논하기 전에 바빌로니아 일대에 퍼져 있는 유대인 인구가 니시비스나 네아르다 같은 도시에 예루살렘의 대신전에 보낼 특별 은화를 모으고 보관해두었다는 점에 주목했다. 그는 70년에 예루살렘 대신전이 파괴되기 전에 "수만 명의 사람들이" 은화를 예루살렘까지 수송하는 업무의 호송대를 맡았다고 전한다. 이는 로마 제국 전역의 유대인들 중 대신전으로 향하는 사람들만 따진 숫자다. 그들은 대신전에서 거행되는 대축제와 그 주위에서 벌어지는 공공 의식과 희생 제의에 참석하기 위해 예루살렘까지 순례했으나 70년에 신전이 파괴되면서 이런 의식과 축제는 모두 사라지고 말았다. 순례 이외에 다른 개인적 이유로 여행을 하는 사람들도 있었다. 마태복음에는 "동방박사들"이 예수의 탄생 때 유대 땅을 찾아왔다는 기록이 있다. 이들은 당시 아르사케스 왕조의 영토와 바빌로니아를 통과하여 예루살렘에 들어왔고 이어서 베들레헴에 도착했을 것이다. 후대에 나온 위경인 도마복음과 철학자 겸 기적을 일으키는 자인 티아나의 아폴로니우스 전기(필로스트라투스의 작품) 등에는, 로마 제국의 사람들이 파르티아의 영토를 통과해 인도로 갔다는 이야기가 나온다. 이런 이야기들은 역사적 정확성은 차치하더라도 당시 사람들이 그런 여행이 가능하고 빈번하게 이루어졌다고 믿었음을 암시한다. 개인들은 로마 제국과 파르티아 제국을 방해 없이 넘나들 수 있었고, 어느 쪽에서든 여행자들이 파괴분자나 첩자로 간주되지도 않았다.[8]

순례자, 전도사, 철학자, 방랑자, 여행자 들이 저마다의 사업을 위해 그 길을 오갔다. 실크로드는 현대적인 명칭이고 아주 멋진 심상을 불러일으키지만, 그 길을 너무 단순화하는 경향이 있다. 그 길은 유럽에서 중국, 스텝 지역에서 인도, 스리랑카, 아라비아, 동아프리카의 해안 지역까지 이르는 아주 방대한 무역 경로의 연결망을 형성했다. 이 무역의 규모를 수량화하고 경로를 추적하기는 어렵지만, 문헌 자료와 고고학적 증거들은 이 무역의 폭넓은 형태와 엄청난 규모를 잘 보여준다. 물품을 더 빠르고 쉽게 운송하는 수단은 육로보다는 해로라는 점을 감안할 때, 순전히 물량의 측면에서만 살펴본다면 가장 많은 거래가 이루어진 경로는 인도양을 항해하는 무역로였을 것이다. 고대 시대에 이 무역 경로는 서기전 1세기경부터 개발되었다. 먼저 프톨레마이오스 왕조가 있었고 그다음에 로마인들이 뒤를 이었다. 이 나라의 선원들은 계절풍을 이용할 줄 알았고 계절에 맞추어 항해 시간표를 짰다. 이집트의 홍해 연안에 있는 항구들은 로마의 통치 아래에서 개발되었고, 사막을 관통하여 항구들로 가는 길은 로마군이 경찰하고 감시했다. 하지만 이런 단속의 문제는 단지 보안과 보호로 그치는 것이 아니라 무역상들이 도로를 통과할 때 제국이 부과한 관세를 거두는 문제도 포함했다. 군대는 무역상들의 안전한 여행을 보장했을 뿐만 아니라 그들이 세관을 통과해 가져오는 물품들에 대해 세금을 내도록 요구했다. 고대 세계에서는 노예의 형태로 들여오는 인력도 물품으로 취급했다. 다른 모든 무역로에서도 일률적으로 관세가 부과되었다.[9]

아라비아반도는 향신료와 향연의 원천지였다. 특히 후자는 종교의식과 장례식에서 많이 사용되었으므로 수요가 많았다. 이런 향료들 중 일부는 페르시아만을 거쳐 홍해 항구들로 수송되었으나, 상당한 분량(그래도 전체 무역을 놓고 보면 일부분에 불과하다)은 대상隊商들에 의해 육로로 수송되었다. 이는 파르티아 영토를 거치지 않는 유일한 육상 무역로였다. 그러나 일부 호송대는 메소포타미아를 관통해 유프라테스강까지 올라가기도 했다. 과거에 안토니우스가 침략했던 도시 팔미라는 무역을 조직하고 대상을 보호함으로써 아주 번창하는 도시로 성장했다. 이 도시의 호송력과 지도력은 너무나 탁월하여 상당히 많은 상인과 여행자들이 최단거리 경로가 아님에도 불구하고 이 도시를 통과하는 도로를 이동로로 선택했다. 제정 시대에 이르러 팔미라는 로마의 동맹 도시가 되어 제국의 일부로 간주되었고 상당히 많은 자율권이 부여되었다. 그것이 로마와 팔미라 시민 모두에게 이익이었기 때문이다. 로마 병사들은 낙타와 수레 대열이 로마와 파르티아 영토를 통과하는 것을 호송했다.[10]

무장 경호대의 보호를 받는 대상들은 로마의 속주, 로마 동맹국, 그리고 파르티아 동맹국 사이를 자유롭게 넘나들었지만, 두 제국 사이에 전쟁이 벌어지고 있는 지역은 가지 않거나 우회해서 다녔다. 그러나 서기전 1세기에 전쟁은 드문 현상이었고 주로 아르메니아에 국한되어 있었다. 로마 당국은 호송 업무 이외에 이들 여행자들을 철저하게 감시하여 관세와 각종 세금을 부과했다. 이처럼 수익을 올려주었기 때문에 그들을 위협이라고 여기지 않고 환영했으며, 이런 여행자들이 군사적·정치적 정보의 원천이 된다는 것도 잘 알았지만 무역의 혜택은 다른 관심사를 압도했다. 로마 당국은 외부에서 제국 내부로 들어오는 물품에 대해 상품 가치의 약 25퍼센트를 관세로 부과했다.[11]

이들 물품 중 일부는 아주 먼 거리를 거쳐서 로마에 도착했다. 가장 유명한 것이 진짜 비단이었는데 이 제품을 만드는 비법은 오로지 중국인만 알고 있었다. 코스와 기타 그리스 섬들에서 거친 비단이 생산되기는 했지만 너무 조잡하고 진짜 비단보다 생산하기가 더 힘들어서 점점 번창하는 제국의 여러 도시들이 요구하는 충분한 물량을 제공할 수가 없었다. 중국에서 양잠은 이미 오랫동안 해온 일이었고 그 기술의 발견은 까마득한 신화 시대에 이루어졌으며, 외부에는 그 기술을 철저히 비밀로 했다. 중국 문명이 그리스-로마 세계와 그 인근 국가들보다 훨씬 발전한 또다른 분야는 무쇠를 강철로 바꾸는 기술이었다. 무쇠는 성질상 아주 무거웠기 때문에 강철이 아무리 높이 평가되어도 그것으로 장거리 무역이 활성화되기는 어려웠다. 그 중 일부만 장거리 수송이 가능했고, 파르티아 고위층은 '마지언 강철Margian steel'로 만든 무기와 갑옷을 선호했다. 그러나 전반적인 무역 물량은 아주 적었고, 로마까지 도착한 것은 매우 소수였다.[12]

이 시기에 중국은 기술적으로 발달해 있었고, 정치적으로는 서기전 3세기 말에 집권한 한漢 왕조 아래에 통합되어 있었다. 중국에서 내전과 반란이 가끔 일어나기는 했으나, 전반적으로 이 시기는 국력 강화와 영토 팽창의 시기였고 대표적인 황제가 무제였다(서기전 141~87년경). 중국 제국의 중심부에서 볼 때 유목 기마민족은 정착된 공동체를 위협하는 세력이었고, 이들에 대한 방어 조치로 향후 만리장성으로 알려지게 될 일련의 요새와 성채들을 국경 지역에 건설했다. 중국 황제의 잘 훈련된 군대가 대외적으로 공격적인 작전을 펼치는 것도 역시 중요한 사업이었다. 전투는 종종 힘들었고 패배하는 경우도 있었지만 서기전 2세기가 지나는 동안에 한 왕조는 서쪽으로 영토를 꾸준히 확대하여 힌두쿠시와 접한 땅까지 통제하게 되었다. 한나라 군대는 박트리아 왕국과도 접촉했는데, 그 왕국은 처음에는 그리스 왕조였고 그 후에는 유목민 침략 군대에게 함락당한 곳이었다. 그 유목민 군대는 중국의 점령사업으로 밀려난 다른 유목민 군대로 인해 고향 목초지로부터 서쪽으로 이동했을 것으로 짐작된다. 중국 측 보고서에 따르면 중국은 쇠퇴하는 셀레우코스 왕조와 파르티아 제국의 부상에 대해 알고 있었던 것으로 보인다. 그들을 파르티아를 안시安西, Anxi라고 불렀는데 아르사케스라는 이름에서 유래한 것이었다.[13]

미트라다테스 2세가 파르티아 영토를 크게 확장했던 서기전 2세기 말엽, 서기전 115년에 서쪽 정벌에 나선 중국군 원정대장이 보낸 사절이 파르티아를 찾아왔다. 그들은 정중한 환영을 받았을 테지만 사절단장이 2만 명의 파르티아 기병의 호송을 받았다는 주장은 과장된 수사법일 것이다. 중국인들은 안시의 수도(아마도 엑바타나)에 있는 파르티아 왕에게로 가서 먼저 인사를 나누고 선물을 교환한 후 친선의 뜻을 표시했다. 중국 측 사료는 타조와 타조알, 뿔 없는 유니콘 등 기이한 생물을 선물로 주었다고 기록하고 있는데 유니콘은 아마도 영양羚羊의 일종이었을 것이다. 중국 사료는 파르티아에서는 마술사(아마도 동방박사)가 중요한 인물이라고 기록했고, 파르티아 제국의 크기와 기타 왕국과 도시들에 대한 영향력도 어렴풋이 파악한 것으로 보인다. 모든 여행자들이 그렇지만 중국 사절은 그들이 보거나 들은 것을 그들의 고정관념에 비추어서 해석하는 경향이 있었다. 그들은 곡식을 재배하는 농부를 목축민보다 더 높게 쳤으며 농부들이 다른 곡류는 물론이고 벼도 재배할 것으로 짐작했다. 그러나 아르사케스 제국의 대부분 지역에서 벼농사는 하지 않았다. 파르티아의 동전은 왕의 두상을 새기는 것으로 유명한데, 만약 새로운 왕이 즉위하면 기존에 찍혀 있는 왕의 초상 위에 새 왕의 초상을 덧씌워 사용했다. 그러나 중국 사료에서 의아한 대목은 각 동전의 뒷면에 왕비가 새겨져 있다고 기록한 부분이다. 우리가 아는 한 그것은 무사 혹은 테아 무사 시대에만 일어난 일이기 때문이다. 따라서 이 기록은 후대에 그녀의 초상이 새겨진 동전을 발견한 사람이 추가한 것으로 보아야 한다.[14]

외교적 접촉이 오로지 무역을 위한 것만은 아니었지만, 무역을 장려했다. 중국 사료는 구입 가능한 물품, 대상들의 이동의 자유, 물품을 사고팔려는 현지인들의 적극적인 자세 등도 기록했다. 한 기록자는 중국과 안시 사이의 길목에 있는 많은 사람들이 "상업에 능숙하고 푼돈이라도 깎으려고 적극적으로 흥정한다"라고 썼다. 적극적인 외교적 접촉은 무역의 진흥을 도왔고, 특히 중국이 적극적인 확장 정책으로 국경이 힌두쿠시에 닿아 인도와 중앙아시아로 진출하는 발판을 마련하면서 상대적으로 안정적인 왕국이 제공하는 안보가 훨씬 더 중요해졌다. 한동안 인더스 계곡에서는 부분적으로 그리스의 영향을 받은 왕국이 번창했고, 그다음에는 아르사케스 왕조의 본류에서 벗어난 아르사케스 방계 왕들이 세운 인도-파르티아 왕조가 들어섰다. 1세기에 한 유목 민족이 박트리아에서 강성한 세력으로 등장하여 주변 지역으로 영토를 확장하면서 쿠산 제국이 건설되었는데 이 제국은 때때로 인더스 계곡의 인도-파르티아 왕조를 공격했다. 대체로 무역 물품들은 통행의 안전에 대한 대가로 관세나 기타 보호비를 지불하면서 이전보다 이 지역들을 통과하기가 더 쉬웠다. 산악과 사막 지대가 많았으므로 여행은 힘들었고, 온갖 자연현상, 맹수, 산적들 때문에 위험했지만 이런 제약에도 불구하고 많은 사람들이 여행에 나섰다. 중국에서 로마까지 혹은 로마에서 중국까지 전 구간을 답파한 사람은 거의 없었다. 특히 육상 여행은 더 애로가 많았다.

한 사료에 따르면 2세기에 아마도 시리아 안티오크에서 온 로마 제국의 상인이 직원들을 멀리 동쪽으로 파견해 중국 국경 인근까지 다녀오게 한 적도 있으나, 이런 일은 예외적인 것이었다. 반면에 인도를 왕복하는 사람들은 많았다. 로마 무역업자들이 스리랑카나 인도에 살았다거나, 인도 상인들이 로마 제국 치하의 홍해 항구들에 살았다는 증거가 남아 있다.[15]

서기전 1세기에 비단은 로마의 부유층이 특별히 선호하는 사치품이었다. 과거 공화국 시대 때부터 사치품으로 인정되었던 먼 나라에서 온 비단, 향신료, 향료, 후추 등이 제정 시대에 들어서서 더 많이 수입되고 물량이 크게 증가했다. 일부 로마인들은 이 모든 사치품들의 수입에 따른 비용으로 인해 공적·개인적 사기에도 해악을 미칠 뿐만 아니라 재정적 파급 효과도 심각하다고 우려했다. 가령 대★플리니우스는 해마다 인도산 물품을 사들이기 위해 5000만 세스테르케스가 지불되는데 그 제품들은 원산지 가격보다 100배나 비싼 가격에 수입되고 있다고 지적했다. 다른 곳에서는 중국, 인도, 아라비아산 수입품들에 대한 연간 지불 금액이 1억 세스테르케스쯤 될 것이라는 계산을 내놓기도 했다.[16]

사치품 수입이 증가하면 정신적 타락을 개탄하는 오랜 문헌적 전통이 있었는데 특히 부유한 여인들의 의상, 향수, 보석 등이 공격 대상이었다. 이는 우리가 플리니우스의 불평을 받아들이는 데 신중해야 한다는 것을 의미한다. 그의 수치가 정확하다 하더라도 로마인들이 이런 제품을 구입하는 데 소비한 돈의 액수를 말하는 것인지, 이런 제품을 제국 내로 들여오는 데 들어간 비용에 대해서 언급한 것인지는 분명하게 밝히지 않았기 때문이다. 해마다 상당량의 금화와 은

화가 로마 제국 밖으로 빠져나갔으나, 외국의 동전이나 금괴로 대체되지는 않았다. 플리니우스의 견해에 얼마나 많은 로마인들이 동조했는지는 알 수 없지만 비록 그것이 제국의 전반적인 경제에 있어서 일부분에 불과하다 할지라도 이런 금전의 유출은 우려할 만한 것이었다. 그러나 그 수치가 극동의 사치품에 대해 로마인이 지출한 돈을 의미하는 것이라면 그 이익 중 상당량은 기업가들과 행정 당국에 돌아갔다. 제국 정부는 모든 수입품에 관세를 부과하고 상업 거래에 대해서도 과세하여 수입을 올렸기 때문이다.[17]

동방의 수입품에 대한 로마인들의 욕구는 아주 컸다. 제정 시대에는 과거처럼 고위층들만 아니라 사회의 상당한 계층이 수입품을 사들일 여력을 갖게 되었다. 로마의 소비자 역할에 대해서는 문헌과 고고학적 증거들이 많이 있지만, 언제나 그렇듯이 이것은 전체 이야기의 일부일 뿐이다. 마찬가지로 중국과 로마라는 두 위대한 문명의 연결고리만 강조하다 보면 훨씬 더 흥미로운 큰 그림을 놓치기 쉽다. 중국에서 생산된 비단은 먼저 인도로 가서 인도양을 거쳐서 이집트의 항구나 아라비아만 쪽으로 갔다가, 육로로 지중해 항구로 수송되거나 아니면 또다시 해로를 이용해 최종 목적지인 로마로 들어갔다. 또는 처음부터 육로를 이용해 로마 제국까지 곧바로 갈 수도 있었다. 이 경우에는 부족들이 지배하는 땅이나 왕국, 아르사케스 영토를 통과해야 했다.

어떤 경로로 가든 수천 킬로미터에 달하는 여행이었고 여러 까다로운 단계들을 거쳐야 했다. 비단의 경우 그 과정에서 소유주가 여러 번 바뀌었다. 관련 무역업자들은 단지 양쪽 끝에 있는 두 제국의 문화적·경제적 전통에만 의존하는 중간 연락책에 그치지 않았다. 친로마 왕국들이나 친파르티아 왕국들이 그들 나름의 정치적 의제를 가진 독립적인 행위자였던 것처럼, 이 무역도 여러 대소 무역 연결망의 한 구성 요소였다. 로마 제국으로 가는 길에는 여러 단계에서 비단과 사치품을 거래하여 이익을 올릴 수 있는 시장들이 많이 있었다. 오로지 장거리 무역만 검토하면 무역에서 최선의 이익을 올리려 했던 여러 왕국과 도시의 현실을 도외시하게 된다. 장거리 비단 무역의 최대 수혜자는 인도에 있던 여러 왕국과 도시들이었다. 인도양을 건너는 항해는 조랑말과 낙타의 등에 화물을 싣고 산간 지대와 사막 지대를 통과하는 낭만은 없었지만 그래도 나름의 위험이 있었다. 아무튼 1세기와 2세기에 육로와 해로 둘 다 번창했고, 이 시기 이전에도 그리고 이후에도 이런 흐름은 어느 정도 계속되었다.[18]

플리니우스와 다른 로마인들의 우려에도 불구하고 무역은 어느 한쪽으로 일방적으로 진행되지는 않았다. 무역로에 형성된 현지 연결망과는 무관하게 물품들은 로마 제국을 떠나 동쪽으로 흘러 들어갔다. 많은 학자들이 그 사실을 잘 인정하려 들지 않지만, 멀리 떨어진 시장으로 물품을 운송하여 판매하는 사람들은 현지 시장에서 다른 물품들을 구매하여 귀국해 얼마든지 다시 판매할 수 있었다. 로마의 동전들도 이런 물품들 중 하나였는데 많은 경우에 화폐라기보다 금괴로 간주되었다. 중국은 인도나 파르티아 제국처럼 국내 수요를 충당할 정도의 충분한 귀금속 자원을 갖고 있지 못했다. 지중해 세계에서는 흔해서 별로 가치를 쳐주지 않는 산호珊瑚는 중국에서는 이국적인 제품이었으므로 많은 사람들이 귀중하게 여겼다. 중국 한나라에서는 유리 제조법이 알려지지 않았고 그래서 로마의 여러 속주에서 생산된 잘 깨지는 청록색 유리그릇들을 조심스럽게 중국으로 수송하면 큰 이익을 올릴 수 있었다.

다른 제품들도 그들의 여행 중에 로마 제국을 통과했다. 상아는 아프리카에서 건너왔으며, 이는 무역망을 로마와 파르티아와는 무관한 아프리카 대륙의 동부 해안으로까지 확대시켰다. 상아는 로마 장인들의 가공을 거친 후에 다른 곳으로 팔려나갔다. 호박琥珀은 스칸디나비아에서 로마 제국을 통과해 중국 제국까지 흘러들어갔다. 더욱 기이한 것은 시리아와 여러 로마 속주로 수입된 중국 비단의 경우 정성스럽게 그 올을 풀어서 좀더 가는 실로 가공하고 염색하여 아주 고급스러운 비단으로 다시 제작한다는 것이었다. 이처럼 화려한 다채색비단은 로마 제국 내에 충분한 시장이 있었고 그중 상당 물량이 중국으로 역수출되어 팔려나갔다. 중국인들은 이러한 진상은 짐작하지 못하고 로마인들이 나름의 독특한 비단을 생산한다고 생각했다.[19]

로마인과 중국인이 서로의 존재를 어렴풋이 인식하기는 했지만, 그들의 지식은 제한적이었다. 1세기 후반 한 중국 사절이 티그리스강과 유프라테스강 하구에 위치해 있고 아르사케스 왕조에 복속된 카라케네 왕국의 한 해안에 도착했다. 로마 제국에 가서 황제를 만나고자 했던 중국 사절은 그곳의 선원들이 항해가 너무 멀고 위험하다고 말해주자 로마 제국으로 가려던 뜻을 접었다. 이는 아마도 오해에 근거한 답변일 수 있으며, 사절은 아프리카 남단을 돌아서 가겠다고 말했기 때문에 그 여행이 2년 넘게 걸릴 것이라는 답변을 받았을 것으로 추정된다. 166년, 중국 한나라 궁정에서는 타친의 왕 안툰安敦이 보낸 사절단의 방문을 받았다. 아마도 안툰은 당시 로마의 저명한 철학자 황제인 마르쿠스 아우렐리우스 안토니누스나 그의 전임자인 안토니누스 피우스를 가리키는 것일 수 있다. 로마 사절단은 상아, 코뿔소 뿔, 거북 등껍질 등을 선물로 가져왔는데, 이런 물품들은 로마 제국 내에서 생산된 것은 아니지만 제국에서 유통되었을 가능성이 있다. 이 사절단이 진짜 로마 사절단인지를 아무도 반박하지 못할 것임을 알고 일부러 사절단인 척한 상인들이었는지는 불분명하지만, 그 만남에서 지속적인 어떤 성과가 나오지는 않았다. 로마와 중국은 국토의 크기나 문명의 세련도가 비슷했지만 너무 멀리 떨어져 있어서 실질적인 관계를 맺기가 어려웠다.[20]

가끔 소수의 무역업자들이 한쪽 제국에서 다른 쪽 제국 끝까지 여행하기는 했지만 그것은 아주 드문 일이었다. 중국에는 아주 먼 곳에서 온 예인들을 좋아하는 경향이 있었다. 그래서 음악인, 춤꾼, 곡예사, 기타 신기한 직종으로 훈련받은 노예들이 로마 속주에서 중국으로 건너갔다. 이들은 여행의 여러 단계에서 서로 다른 소유주들이 사고파는 '물건'과 다름없는 대우를 받았다. 이런 시장들의 연결망과 무역망은 유럽과 아시아를 지나 아프리카까지 뻗어 있었고, 다른 많은 사회의 많은 사람들의 생활에 영향을 미쳤다. 인근 공동체의 사람들을 더 가까워지게 만드는가 하면 다른 언어에 다른 관습을 가진 멀리 떨어진 곳의 사람들과도 연결시켰다. 발틱 지방에서 난 한 조각의 호박은 멀리 중국까지 가서 한나라의 궁정에서 많은 칭송을 받았으나, 중간 과정에서 그 물품의 산출지가 어디이고 최종 목적지는 어디였는지 따져 묻는 사람은 별로 없었다. 마찬가지로 로마인이 즐겨 입은 비단옷은 그 소재가 어떤 경로를 따라 이동했고 중간에 어떻게 수정되었는지 아무도 묻지 않았다. 무역로에 있는 공동체들은 물론이고 각 개인들도 커다란 상호 간의 혜택을 얻었으며, 더 넓은 세상을 막연하게나마 의식하게 되었다. 무역로의 모든 단계에서 사람들은 자신의 이익을 추구했다. 이것은 그 무역로가 아주 다양하다는 사실에서 알 수 있는데, 어떤 무역로에서 단 하나의 물품이 주도적 상품이 되는 경우는 별로 없었다. 예를 들어, 중국 사료에서 일부 왕국들을 피해 가는 대체 경로를 언급하고 있듯이 새로운 경로를 찾기 위해 많은 대안이 고려되었다. 무역에 직접 종사하는 사람들은 소수였지만, 인구가 많은 넓은 지역에서 무역은 일부 도시의 주요 관심사가 될 수 있었다. 하지만 이런 것들이 고대의 대다수의 사람들이 양식을 생산하기 위해 들판에서 밭을 갈거나 목축을 했으며 무역로를 따라 멀리 이동하는 일은 드물다는 사실을 바꾸지는 못했다. 물론 이런 사람들에게도 일부 지역에서는 보다 넓은 세상과 약간의 접촉을 하는 일이 생기기는 했다. 부자들이 소유하거나 혹은 스스로가 우연히 소유하게 된, 아주 멀리서 건너온 물건들을 보면서 그런 세상을 희미하게 인식했던 것이다.[21]

관련 증거를 제대로 평가하기 어렵기 때문에 고대 세계의 경제는 그리 잘 알려져 있지 않다. 황제와 측근 등 로마 고위층들이 무역, 과세, 재정에 대해 남긴 문헌 기록이나 문학 서적에 나와 있는 경제 활동 등이 우리가 알고 있는 지식의 대부분이다. 원로원과 후대의 황제들이 내린 판단 속에서 자세하고 합리적이고 일상적인 상업활동을 보여주는 증거는 거의 없거나, 일부 학자들에 따르면 아예 없다. 이런 견해를 아주 극단까지 밀고 가서 원로원 치하의 공화정이나 황제 치하의 제정에서 무역이나 상업이 의사 결정에 일정한 역할을 한 것이 없다고 말하는 것은 타당하지 않다. 돈은 고대 지도자들에게 아주 중요한 요소였고, 특히 직업 군인들에게 봉급을 지불해야 하는 로마 제국의 지도자들에게 금전 조달이 무엇보다도 중요했다. 장거리 무역을 포함하여 무역이 좋고 유익한 것이어서 널리 권장할 만하다는 인식이 고대 세계에 널리 퍼져 있었다. 무역에 직접 종사하거나 투자를 통해 간접적으로 종사하는 개인들은 로마의 지배층들이었고 이들은 무역을 통해 큰 이익을 올렸다. 국가는 수입품에 대한 관세와 과세로 큰 혜택을 보았다. 제국 내에서 정부는 도로, 운하, 항구 같은 여행에 이바지하는 하부 기반시설을 적극 권장하고 개발했으며, 해적과 산적들이 발호하지 못하도록 철저히 해당 지역을 감시하고 단속했다. 이런 시설들은 주로 군대의 이동이나 로마 시민들의 곡식과 필수품 이동을 위해 건설된 것이었지만, 여행과 무역이 더욱 원활하게 돌아가는 데에도 기여했다.[22]

무역에 대한 파르티아의 태도 역시 비슷했다. 중국 측 사료는 파르티아인들이 중국 무역업자가 로마와 직접 접촉하는 것을 막으면서 그들의 영토를 통과하는 무역에 대해 독점하려고 했다는 기록을 남겼다. 오늘날 일부 학자들은 이것이 사실일 가능성이 높다고 믿는다. 설사 사실이라고 할지라도 이것은 아르사케스 왕과 궁정뿐만 아니라 상인들의 입장이었을 수 있으며, 그렇다고 왕이 상인들의 영향을 받지 않았다는 의미는 아니다. 왕중왕, 대가문의 수장, 소왕국의 왕, 주요 도시의 지도자들은 무역로가 그들의 영토를 통과할 때 혜택을 얻었다. 로마인이든 쿠샨인이든 그 밖의 다른 민족이든 무역을 하게 되면 관세 소득이 생겼고 또 무역업자들이 들여오거나 그들이 현지 권력자의 호의를 얻어낼 수 있다고 생각하는 물품을 즉각 손에 넣을 수 있었다. 상업은 좋은 것이었고 충분히 보호하고 권장하고 이용할 가치가 있었다. 그러나 세금을 너무 과도하게 물려서 무역업자들이 다른 대체 무역로를 찾아 나서지 않게 하는 범위 내에서 그런 혜택을

누려야 했다.[23]

로마 제국은 소규모 민간 관료제로 운영되었다. 일부 지역에서는 군 장교들의 지원을 받기도 했지만 대체로 현지 공동체와 지도자들에게 상당한 권한과 일상적 행정이 위임되었다. 이로 인해 로마 제국은 소위 경제 정책에 극적인 방식으로 개입할 수 있는 능력이 제한되어 있었다(아마도 학자들은 이 시대에 어떤 종류의 경제가 있었느냐, 근대적 기준으로 볼 때 과연 황제들이 정책이라는 걸 수립했느냐 따위를 두고서 길게 논쟁할 것이다). 고대 세계의 정부는 현대 세계의 정부처럼 많은 분야에 개입하려 들지는 않았지만, 고대의 현지 지도자나 공동체가 공통적인 열망으로 서로를 지지했다는 것은 주목할 만하다. 가령 헤롯 대왕은 지중해 연안에 있는 카이사리아 마리티마에 인공항구를 건설하는데 많은 돈과 노력을 투자했으며, 이 항구 덕분에 전보다 더 원활하게 이어지는 무역로가 만들어졌고 헤롯 왕국 이외의 여러 지역에서도 이 항구의 혜택을 보았다. 인공항구에 투자한 비용이 그보다 더 큰 소득을 가져오리라 믿었기 때문에 헤롯은 그런 투자를 아끼지 않은 것이다. 지역별, 도시별, 개인별로 경쟁이 있었고 상업으로부터 큰 이익을 보고 싶어하는 욕망이 있었는데 이것이 전반적으로 무역을 더욱 활성화하고 확대시켰다.[24]

아르사케스 왕들은 로마 제국에 비해 공식적인 관료제를 갖추지 않았고, 그래서 제국 유지와 관련해서는 중앙 정부의 권위를 현지 정부에 대폭 위임했다. 다시 한번, 무역을 촉진하는 것이 지역 왕, 귀족, 시市당국에게 이득이 되었다. 아우구스투스 이후의 로마 황제들보다 왕중왕은 계절의 변화에 따라 제국 내의 여러 지역을 자주 순행했다. 원래 수도였던 니사는 서기전 3세기 말에 이르러 헤카톰필로스에 의해 대체되었으나 그래도 의례와 의식의 중심지로 중요한 기능을 발휘했다. 나중에는 라가이, 엑바타나, 크테시폰 같은 도시들의 중요성이 크게 증가했다. 크테시폰은 인근 티그리스 강변에 세워진 그리스 도시 셀레우키아의 파르티아 자매 도시였다. 크테시폰에서 왕은 궁정을 유지했고 수비대는 1년 내내 거주했는데 헬레니즘 문화나 관습 그리고 다른 도시의 난폭한 파당적·민족적 경쟁을 전혀 우려하지 않아도 되는 이점이 있었다. 서기 1세기 들어 볼로가이세스 1세—네로를 상대로 호혜적인 협정을 맺었던 왕중왕—는 바빌론 근처에 또다른 도시인 볼로가시아를 건설했는데, 이 신도시는 셀레우키아로부터 무역 물량의 일부를 가져왔고 그리하여 팔미라에서 출발한 대상들의 종착점이 되었다.[25]

왕중왕과 그의 궁정은 1년 내내 이들 왕도를 모두 찾아가거나 아니면 일부를 방문했다. 이러한 순행 덕분에 왕중왕은 제국의 여러 지방들을 친히 둘러보고 각 지역의 신하들, 현지 왕족들, 귀족들, 기타 지도자들을 만나볼 수 있었고, 그의 신하들 역시 왕중왕을 직접 알현할 수 있는 기회를 잡았다. 전달 사항이나 지시 사항은 구두로 혹은 문서로 제국 전역에 하달되었다. 훌륭한 군주는 왕실 여성이 포함된 왕실 가족회의의 건의나, 대가문 수장과 다른 고위 귀족, 사제 대표 등 원로 회의의 조언을 잘 들어주어야 했다. 그러나 이런 단체의 운영방식, 가령 얼마나 자주 회의가 소집되었는지 또는 일부 대표들만 참석한 가운데 의사결정을 내릴 수 있었는지 등에 대해서는 알려진 바가 거의 없다. 로마 제정 시대에 들어서서 점점 더 많은 원로원 의원이 속주의 부유한 가문 사람들 중에서 선발되었다. 그러나 이 의원들은 이탈리아 내에 반드시 재산을 소유해야 했고 공식적 업무나 황제의 명시적 사전 허락이 없으면 로마 이외의 지역으로 여행하는 것이 금지되었다. 그렇게 해서 원로원 의원들은 정기적으로 자주 만날 수 있었고, 한 해에도 많은 수의 의원들이 여러 번 회의에 참석했으며, 언제든 황제의 자문 요구에 응할 수 있었다. 비록 그것이 형식적인 보여주기에 지나지 않을지라도 말이다. 아르사케스 왕조하의 파르티아는 이런 단일한 정치적·사회적 중심이 없었고, 비록 그 정치 체제는 다소 불안정했지만, 여러 독립 왕국들, 지역들, 도시들로 이루어진 제국을 다스리는 데에는 그런 신축성 높은 비형식적 체제가 더 적합했다. 그 체제는 왕중왕이 제국 내 전역의 일상생활에 직접 개입하는 것을 제약했고, 왕중왕 자신도 개입하려는 의사가 별로 없었다. 단지 농업활동을 향상시키기 위해 관개체계를 제국 전역에 도입한 것은 예외적인 경우라 할 수 있겠다.

파르티아 통치자들은 중국과 더 빈번하게 접촉했으며, 비단이나 기타 사치품을 구입할 수 있는 더 좋은 위치에 있었다. 동쪽의 인도-파르티아 제국과의 관계는 불분명한데 아마도 긴장과 갈등의 시기가 있었을 것이다. 이것은 로마나 파르티아도 마찬가지이고 후대의 쿠샨 제국도 마찬가지였다. 이러한 사연들과 지속적인 불신이 존재한다고 해서 원하는 상대와의 상업이 방해를 받은 것은 아니었다. 물건은 이동하고 사람들 또한 이동했다. 도시와 개인은 오로지 국가만을 위해 일한 것은 아니고 자신의 이익을 위해서도 일했다. 사람들은 자신의 사상도 널리 전파하고 싶어했기 때문에 여러 사상이 널리 퍼져나갔다. 토마 사도에 대한 전통의 역사적 진실과는 무관하게 기독교 신자들이 1세기 동안 박트리아와 인더스 계곡 지역에 실제로 등장했다. 불교 신자들도 있었는데 그들은 불법을 박트리아와 중국까지 전파했다. 이 시대의 많은 사람들이 그들의 믿음, 사상, 그림, 건축 양식을 다른 사람들에게 전했고 전달받은 사람들 역시 다른 사람들에게 전했다. 문화의 전수자들은 그들이 원하는 것을 받아들였고 종종 그것을 현지 상황에 맞게 각색했다. 가령 간다라 예술 형식과 사상이 종합된 사례는 그것을 잘 보여준다.[26]

로마와 파르티아는 서로 다른 문화, 정치 제도, 전통을 갖고 있었다. 그들은 서로 권력을 다투는 강대국이었는데 특히 과거에 셀레우코스 왕조의 영토였던 땅과 그보다는 덜하지만 알렉산드로스 대왕이 점령했던 땅에서 전투를 벌였다. 그렇지만 그런 경쟁관계는 제정이 시작된 첫 세기 동안에는 아주 조심스러운 탐색전의 형태로 나타났다. 두 제국의 경쟁에는 어떤 이념의 밑바탕이 있었던 것은 아니다. 두 제국은 상대방에 대해 폐쇄적인 태도를 취하지는 않았는데, 주된 이유는 각자 자신들의 전통이 더 우월하다고 생각했기 때문이다. 로마 제국 내에서 미트라스교는 비밀 의례에 매혹된 신자들을 상당히 끌어 모았고, 시간이 가면서 그런 신자들은 종단 내에서 높은 지위로 올라갔다. 미트라는 고대 이란의 신이었고 조로아스터교의 판테온에 모셔졌으며, 많은 파르티아인들, 특히 귀족들이 예배하는 신이었다. 로마의 종교는 이 종교의 전통으로부터 많은 영감을 받았는데, 멀리 떨어진 곳에서 온 이국적인 것들이 사람들을 매혹시켰기 때문이었다. 미트라 신은 동방의 옷을 입은 상태로 묘사되었고 신전들은 미트라 신에 대한 옛 이야기들을 환기시키는 동굴 형태로 지어졌다. 그러나 이 종교의 예배 행위 중 여러 세부 사항은 원래의 미트라스 숭배자들이 알아볼 수 없을 정도로 변형되었고, 모든 것이 그리스-로마 세계의 취향에 알맞게 윤색되었다. 미트라스교 신자들 중 상당수가 군 장교 등 기사 계급이었고, 이 종교가 장교들을 로마인의 애국적 전통으로부터 벗어나게 만들었다는 증거는 전혀 없다. 마찬가지로 그리스 전통을 숭배한다고 해서 아르사케스 왕조의 신하들이 자동적으로 불충한 사람이 되는 것도 아니었다.[27]

권력과 패권을 놓고 경쟁한다고 해서 로마나 파르티아가 상대방을 폐쇄적으로 대하지는 않았다. 그들은 서로 경계하고 모욕에 대해서는 민감하게 반응했지만 전반적으로 여러 세대에 걸쳐 공존하는 것을 만족스럽게 여겼다. 황제들과 왕중왕들은 이렇게 평화 공존하는 것이 더 현명하다는 것을 알았다. 평화는 그들에게 충분한 시간과 자원을 벌어주어 제국 내의 다른 위협이나 문제들을 해결하게 도와주었다. 강력한 상대방에 대하여 전쟁을 건다는 것은 돈이 많이 들어갈 뿐만 아니라 위험한 것이었다. 그래서 양측의 통치자들은 오랜 세월 평화가 훨씬 더 바람직하다고 생각했다. 그러나 2세기에 들어서서 이러한 평화 공존은 더 이상 유지하기 어렵게 되었다.

9
영광과 눈물
70-198

두 제국 내의 정치적 불안정은 그들의 향후 행동을 예측하기 어렵게 만들었다. 그들은 상대방 제국에서 누가 새로운 통치자로 등장할 것인가를 예의 주시했다. 크라수스는 아르사케스 왕조에서 형제들끼리 후계 문제를 두고 다투고 있던 정치적 불안정 시기에 공격을 가했고, 로마 공화국이 심하게 분열되어 있을 때 파르티아의 지원을 등에 업고 있던 라비에누스가 로마의 영토를 대대적으로 공격해왔다. 아우구스투스가 확립한 제정은 장기간 정치적 안정을 가져왔고 파르티아의 입장에서 보자면 훨씬 예측 가능하고 상대하기 좋은 이웃이 되었다. 그와 동시에 연달아 황위에 오른 황제들은 아르사케스의 내부 갈등에 너무 깊이 개입하는 것을 꺼렸다. 그들은 자기들에게 유리하다고 생각되는 개별 왕위 도전자는 지원했지만 전쟁을 치를 정도로 적극적으로 후원한 것은 아니었다. 이처럼 정치적 동요가 심한 시기에도 선린관계를 유지하는 것이 양측에 이익이 되었다.

제정은 로마 국가의 정치적 안정을 회복하기 위해 많은 일을 했다. 그러나 원로원 의원 겸 역사가인 타키투스는 이런 의견을 개진했다. 네로 사망 이후의 내전 상황은 "제국의 비밀"을 폭로했는데, 황제는 로마 원로원이 아닌 속주에서 군대의 지원을 받아 만들어질 수 있다는 것이었다. 베스파시아누스는 내전에서 자신의 승리가 공고해지자 70년 늦여름에 로마에 입성했다. 원로원은 하나의 법률로 그에게 황제의 권력과 특권을 모두 부여했다. 과거에 여러 단계를 거쳐 일정한 지위를 획득하고 질서정연한 승계가 이루어졌던 방식과는 차이가 있었다. 베스파시아누스는 휘하 군단들이 그를 황제로 선포하고 동방의 다른 군단들과 속주 총독들, 그리고 동맹국 왕들이 인정한 이래 1년 만에 법적으로 황제 자리에 올랐다. 원로원은 이 문제에 대해 아무런 선택권이 없었다. 로마는 이미 전년도인 69년에 베스파시아누스에게 복종하는 휘하 군단들에 의해 점령된 상태였기 때문에 그들은 법률을 통과시켜 이미 모든 면에서 현실화된 것을 합법화할 수밖에 없었다.[1]

베스파시아누스와 맏아들 티투스(아버지를 돕고 뒤이어 황제 자리에 오른 인물)는 관련 사료에서 널리 칭송을 받고 있다. 하지만 그들의 가문은 귀족 가문이 아니었고, 지방의 소규모 향신鄕紳에 불과했기 때문에 경멸을 받았다. 베스파시아누스의 부모는 기사 계급이었고, 외삼촌을 제외하고 그가 가문에서는 최초로 원로원에 들어간 인물이었다. 그는 노새를 쳐서 공직 출세의 자금을 마련했고—이 대목은 푸블리우스 벤티디우스 바수스를 연상시킨다—공직 생활을 상당히 잘했다. 만약 평화기였다면 그는 황제 후보에 들어가지도 못했을 것이다. 네로가 그를 유대 방면 사령관으로 임명한 것도 그의 집안 배경을 볼 때 아무리 유능한 장군일지라도 제국에 위협이 안 될 거라는 의심 많은 황제의 판단이 작용했기 때문이었다. 여기에 더해 네로의 뒤를 이어 황제 자리에 올랐던 두 사람이 급속하게 죽음을 맞이하면서 휘하에 강군을 거느렸던 그가 황제 자리에 도전할 수 있게 되었다. 수에토니우스는 기사 계급 출신으로 궁정 관리까지 올라간 사람인데 율리우스 카이사르의 전기를 썼고 그 후에 황위에 오른 10인 황제의 전기도 썼다. 그는 베스파시아누스를 가리켜 황제가 된 이후에 성격이 나빠진 게 아니라 좋아진 유일한 인물이라고 기술했다. 티투스도 훌륭한 황제로 평가되고 있으나 그는 황제 자리에 오른 지 겨우 2년 만에 사망했고 그의 남동생 도미티아누스가 황제가 되었는데 그는 로마 제국의 암군暗君 중 한 명으로 평가되고 있다.[2]

수에토니우스는 《황제열전》을 도미티아누스로 끝맺고 있다. 타키투스의 《역사》는 도미티아누스가 96년에 사망할 때까지의 기간을 다루고 있으나 70년 이후의 사건들에 대해서는 파편들만 전해질 뿐이다. 1세기 말과 2세기 전체에 대해서는 당대의 믿을 만한 역사는커녕 자세한 서사적 역사도 남아 있지 않다. 이 시대는 종종 로마 제국의 황금기라고 일컬어지는데, 역사가 디오는 혼란스러운 3세기에 과거를 돌아보면서 이 시대는 건축과 예술 분야에서 많은 위대한 업적을 이룬 시기였다고 회상했다. 이 시기는 제국의 인구가 가장 많고, 번영이 절정에 도달했고, 트라야누스, 하드리아누스, 마르쿠스 아우렐리우스 같은 유명한 황제들이 통치하던 시대였다. 그러나 이 시기의 사소한 사건들은 물론이고 큰 사건들에 대해서도 알려진 것이 별로 없다. 당연히 아르사케스 파르티아에 대한 증거는 그보다 더 열악하여 일련의 군주들이 발행한 동전들을 보면서 재구성하는 수밖에 없다. 연대 부여와 시간 순서는 절대 확실한 것이 아니기 때문에 이런 재구성 작업은 대체로 추측일 뿐이고, 동전을 발행한 왕들 사이의 관계도 그다지 분명한 게 아니다. 한 명 이상의 왕중왕이 발행한 당대의 동전들은 내전의 갈등을 암시하지만 이런 통치자 중 누가 당사자이고 그들이 어느 정도 오래 사람들의 지지를 받았는지 전혀 알 수가 없다. 이들이 항구적으로 전쟁 상태에 있었는지 어느 정도 타협에 도달해 제국을 분할 통치했는지에 대해서도 알 수가 없다. 이 때문에 이 시대는 제대로 파악하기가 어려우며, 로마와 파르티아 사이에 세 차례 중대한 갈등이 있었고 다른 긴장 상태도 있었다는 것을 알기에 이런 정보 부족은 더욱 실망스럽다. 아우구스투스가 확립한 평화적 관계가 1세기 이상 지속되었다가 갑자기 방향이 전환된 것은 주목할 만한 현상이며 그래서 우리는 얼마 되지 않는 빈약한 증거를 가지고 그것을 설명하는 데 최선을 다해야 한다.[3]

전반적으로 베스파시아누스와 그의 두 아들은 파르티아 문제와 관련하여 이전 황제들의 관행을 답습한 것으로 보인다. 우리가 이미 살펴보았듯이, 콤마게네는 왕이 위험할 정도로 파르티아와 우호적인 관계를 맺고 있다는 우려 때문에 로마 직할 체제로 들어갔다. 루키우스 카이세니우스 파이투스는 1년 안에 시리아 총독에서 교체되었는데, 베스파시아누스가 그를 더 이상 신임하지 않았기 때문인지 아니면 단순히 총독들의 정기적인 보직 이동 때문인지는 불확실하다. 그의 후임자는 마르쿠스 울피우스 트라야누스였는데, 베스파시아누스 밑에서 1개 군단을 지휘하며 높은 무공을 쌓았고 유대 전쟁 때에는 티투스 밑에서 군단장으로 근무했던 자였다. 스페인 출신의 트라야누스는 로마 공화국 시절에 로마 속주에 정착한 식민 이주자의 후예였다. 원로원은 의원의 범위를 넓히기 위해 여러 속주에서도 의원을 선발했는데 그도 그런 사례였다. 그가 시리아 총독으로 근무하던 시절에 파르티아의 볼로가이세스 1세와 약간의 마찰이 있었으며 이로 인해 로마는 무력시위를 펼치게 되었고 어떤 경우에는 교전이 벌어지기도 했다. 그러다가 로마인은 그들의 지배권과 패권을 충분히 주장했다고 판단해 군사적 움직임을 중단했다. 이 사태에 대해 자세한 사항은 알려지지 않았고 아마도 이것은 두 제국 사이에 흔히 있었던 무력시위의 한 사례였을 가능성이 높다고 추정된다.[4]

이 시대에 대한 한 가지 흥미로운 점은 동부 속주들에서 자신이 네로라고 주장하는 사람들이 여러 명 나타났다는 것이다. 그중 두 명이 어느 정도 추종자를 거느리게 되었는데, 그 이유는 그리스를 좋아했던 네로 황제가 이 일대에서 우호적으로 기억되고 있는 데다가 어느 정도 개인적인 카리스마를 지닌 참칭자들이 지역의 불평분자들에게 효과적으로 호소했기 때문이다. 두 참칭자는 비무장 추종자들을 확보했을 뿐이었고, 속주 당국이 그들을 주목하자 모두 아르사케스 왕궁으로 달아났다. 왕중왕은 과거 네로 황제와 맺었던 평화 협정이 양측에 명예로운 것이었기 때문에 그들을 환영했다. 이는 소위 황실 가족을 참칭한 사람들이 외교 활동의 결과로 파르티아 궁정에 들어가게 된 유일한 사례였다. 볼로가이세스 1세는 손님 대접은 잘했을지 모르나 군대를 동원하거나 적극적인 외교 활동을 펼쳐서 '네로'들을 지원해줄 의사는 없었다. 그러던 중에 첫 번째 네로는 가짜로 판명되어 즉각 처형되었고 두 번째 네로는 도미티아누스가 송환을 요청하자 포로로 보내졌다. 어느 경우든 이 문제가 중요 외교 문제로 비화하지는 않았다. 도미티아누스는 통치 후반기에 대규모 동방 원정전

에 대해서 자주 말했으나 실제로 성사되지는 않았다.[5]

　두 제국 사이에 평화는 계속되었고, 상호 간의 의심 또한 사라지지 않았다. 콤마게네의 병합은 근동 지역에서 벌어진 광범위한 행정 개편과 군사적 배치의 일환이었고, 그 일은 트라야누스의 총독 시절에 이루어진 것으로 보인다. 베스파시아누스는 유대 사령관으로 근무하면서 지중해 동부 세계에 대해 어느 정도 개인적 지식을 쌓았고 황제 자리를 노리면서 그 지역의 지지를 확보했다. 그는 군인 시절에 트라케, 크레타, 라인란트, 브리튼, 북아프리카에서 근무한 바 있었다. 근동 지역에서는 과거 경력을 바탕으로 인사를 발령하는 일이 드물었기 때문에 같은 속주에서 한 번 이상 연임하는 것은 일반적인 것이 아니라 예외적인 사항이었다. 황제에게 조언할 수 있도록 원로원 의원 중에서 선발된 수석 의원들은 과거 근무 경력 덕분에 제국의 여러 다른 지역에 대한 상당한 지식을 갖고 있었다. 게다가 현 총독과 전 총독이 보낸 편지와 보고서, 현지 통치자나 도시 국가들이 보내온 정보도 있었고, 로마에 들어와 있는 인질이나 손님들이 알려주는 첩보도 있었다. 영토를 자세하고 완벽하게 측량하여 지도화하는 작업이 이루어진 것은 비교적 최근의 일이다. 영국에서는 나폴레옹 프랑스의 침공 위협에 대비하여 국토를 지도화하는 부서인 국토측량부가 설치되었다. 국토 측량 작업은 워털루 전투가 끝나고 수십 년이 지나서도 완성되지 못했다. 로마인들은 이런 정부 기관을 갖고 있지 않았고 18세기와 19세기의 근대 국가들도 그런 게 없기는 마찬가지였다. 로마가 합리적으로 계획하고 결정을 내리는 능력이 부족했다고 보는 학자들은 이를 수행하기 위해 국가가 필요한 것에 대해 너무 높은 기준을 부과하고 있는 것이다.[6]

그러나 베스파시아누스와 그의 고문관들이 내린 결정은 그 자리에서 바로 실행에 옮겨졌다. 시리아에 주둔하던 4개 군단 중 2개 군단은 옛 콤마게네 왕국 지역으로 이동시켜 하나는 제우그마에, 다른 하나는 사모사타에 주둔하도록 했다. 이 2개 군단이 위수한 지역은 모두 유프라테스강 서쪽 둑에 있었다. 거의 같은 시기에 카파도키아라는 신규 군사 속주가 설립되었는데 관할 지역은 갈라티아, 폰투스 일부 지역, 소아르메니아로 알려진 지역 등이었다. 총독은 황제의 대리인이고 전직 집정관으로서 2개 군단과 보조부대를 통솔했다. 그의 휘하에 있는 2개 군단은 카파도키아의 2대 도시인 메틸레네와 사탈라에 주둔했다. 베스파시아누스와 그의 두 아들들 시대에 카파도키아와 인근 지역, 그리고 제국의 여러 지역에 도로를 건설하려는 계획이 수립되었다. 도로들은 흑해를 건너서 물자와 군대를 수송하는 데 도움을 줄 것이고 또 소아시아와 유럽 사이의 통신을 훨씬 개선시킬 것이었다.

그리하여 4개 군단과 보조부대는 아르메니아를 들고나는 길목, 그리고 시리아에 접근하기 제일 좋은 유프라테스강 일부 유역에 주둔하게 되었다. 이러한 행정 구역 재편에는 코르불로의 전투 경험이 어느 정도 영향을 미쳤다. 가령 한 사람이 갈라티아-카파도키아 지역과 시리아 지역을 동시에 지휘하기는 어렵다는 생각이 그것이다. 이 시기의 경험들과 한 저명한 지휘관—베스파시아누스는 코르불로를 알고 있었고, 그의 친구 겸 동료 원로원 의원이기도 했다—의 의견이 결정적으로 행정 개편에 영향을 주었는지 여부는 단정적으로 말하기 어렵지만, 지리적으로도 정치적으로도 이런 분할은 합리적인 조치였다. 그러나 시리아 총독은 유프라테스 강변의 군대를 지휘하는 것 외에도 다른 많은 임무를 부여받았기 때문에 시리아 속주는 제국 내에서 가장 권위 높은 속주였고 황제가 아주 신임하는 인사가 총독 자리를 맡았다.

4개 군단은 유프라테스강 너머나 아르메니아 쪽에서 오는 공격에 대비하여 좋은 지역에 진지를 구축하고 있었다. 마찬가지로 그들은 로마가 공격에 나서기 좋은 길목을 확보했기 때문에 방어를 하거나 공격에 나설 때 군의 배치가 방어용인지 공격용인지 판단할 필요가 없었다. 군단은 기지에 묶여 있는 수비대는 아니었다. 시리아, 때에 따라서는 도나우강, 이집트, 그리고 더 먼 곳에서 증원군을 받을 수 있는 것처럼, 그 부대가 다른 전선에서의 소요사태, 반란, 전쟁 등을 지원하기 위해 일부가 파견대로 혹은 군단 전체가 다른 곳으로 이동할 수도 있었다. 아르사케스 왕중왕과 인근의 소규모 왕들(특히 아르메니아 왕)은 그들의 국경 지대에 대규모 로마 군대가 주둔하고 있는 것을 하나의 위협으로 느꼈을 법하지만, 무력과 허세로 뒷받침되는 오랜 협상 경험 속에서 로마 주둔군은 하나의 상수로 여겨져 왔다. 외교는 계속되었고 파르티아 또는 로마의 지원을 받는 현지 왕국들은 자국의 이익을 실현하기 위해 최선을 다했다. 베스파시아누스는 기술자들을 보내 이베리아 왕의 수도에서 축성을 강화하도록 해주었고, 한 비문에 따르면 도미티아누스 시절 카파도키아에 주둔 중이었던 한 군단 소속의 백부장이 알바니족을 방문했다고 되어 있는데, 아마도 사절로 갔을 것이다.[7]

언제나 그렇듯이 로마 황제와 파르티아 왕중왕은 서로 경쟁하며 싸우는 문제보다 시급한 문제들이 많이 있었다. 75년경에 사르마티아 부족의 일원인 알란족이 동부 아르메니아와 메디아로 쳐들어와서 두 지역의 왕을 전투에서 패배시켰다. 파르티아의 볼로가이세스 1세는 베스파시아누스에게 군사적 지원을 요청했는데 그는 로마가 개입할 일이 아니라며 거절했다. 침공해온 부족들이 로마 속주를 위협했다는 증거는 아직까지 나온 게 없으며, 침략자들과 이베리족이나 알바니족 같은 로마의 동맹들 사이에서 협력이 이루어지기는 했지만 이것을 로마가 지원했다는 증거 또한 없다. 볼로가이세스 1세는 로마 측의 답변을 이해했고 별로 놀라지 않았을 것이다. 왜냐하면 양국 간에 맺어진 조약에는 다른 곳에서 위협이 있을 때 서로 도와야 한다는 조문 같은 것은 없었기 때문이다.

볼로가이세스 1세의 통치 후반기에 도미티아누스는 유럽 쪽 변경 문제에 골몰했다. 특히 유능한 왕 데케발루스가 이끄는 다키아(오늘날 루마니아 지역과 매우 유사함)의 반란을 진압하기 위해 전개한 일련의 작전들이 황제의 주된 관심사였다. 데케발루스는 로마 속주에 쳐들어와서 총독을 죽였고 그의 군대를 물리쳤으며, 이에 대한 보복에 나선 첫 번째 로마 원정대 역시 처참하게 패배시켰다. 두 번째 원정대는 좋은 성과를 냈지만 로마의 압도적 승리까지 미치지는 못했다. 관련 사료들은 그 승리가 조작된 것이라고 주장하지만 실상은 그렇게 허상은 아니었을 것이다. 원로원 의원들은 도미티아누스를 주변 사람과 의원들을 제멋대로 살해하는 잔인한 자라고 보았고, 그가 음모에 의해 암살되자 그를 비판하는 목소리가 높아졌다. 제정이 시작된 이래 처음으로 원로원 의원들이 함께 모여 새로운 황제를 선출했다. 그들은 의원들 중에서 나이가 많은 편인 네르바를 황제로 지명했다. 네르바는 그동안 일련의 황제들과 사이좋게 지낸 것 외에는 이렇다 할 특출한 재주가 없는 사람이었다.[8]

네르바는 당시 나이가 60대 초반이었고 자식은 없었으며 그리 강건해 보이지도 않았다. 장래에 대한 의문을 불식시키고 귀족들 사이의 여러 당파를 달래기 위해 그는 후계자를 성인 남자들 사이에서 고르기로 하고 상부 게르마니아에 총독으로 나가 있던 장군을 양자로 지명했다. 상부 게르마니아는 시리아, 브리튼, 판노니아 등에 비해 규모가 작은 속주였으나 그래도 새 황제는 군부에서 나와야 했다. 그 총독은 아버지와 같은 이름을 쓰는 트라야누스였다. 그의 아버지는 유대 전쟁 때 베스파시아누스와 티투스 밑에서 근무했던 장교였고 그 후에 시리아 총독을 지냈다. 트라야누스는 아직 아버지의 군사적 명성에 걸맞은 업적을 보여주지는 못했지만, 군생활에 열정적으로 임했고, 경력에 필요한 것보다 더 오랜 기간 군단과 함께 시간을 보냈다. 그는 베스파시아누스와 그의 가족에게 충성을 바쳤다. 가장 대표적인 사례가 라인란트의 한 총독이 도미티아누스를 상대로 반란을 일으켰을 때 스페인에서 군단을 지휘하고 있던 트라야누스가 반란을 진압하기 위해 멀리 라인강 유역까지 진군해왔던 것이다. 이러한 인물이 옛 왕조 밑에서 충실하게 봉사했던 사람들에게 복수심을 품을 것 같지는 않았다.[9]

98년 초 네르바는 열병에 걸려서 곧 사망했다. 트라야누스는 자신의 통치에 반발하는 세력이 있을까 봐 곧바로 로마로 오지 않고 속주에 계속 머물면서 여러 유력 인사와 군 사령관들과 편지를 주고받았다. 그러나 아무런 저항도 없었다. 오늘날의 관점에서 보면 이것이 당연한 일인 것처럼 보일지 모르지만 당시에는 예측 가능한 것이 아니었다. 4황제의 해(68년)의 혼란이 당시 살아 있는 사람들의 기억 속에 여전히 남아 있었기 때문이다. 그러나 필요하다면 곧바로 응전해올 태세가 되어 있는 황제를 상대로, 감히 도전에 나설 정도로 야심과 배짱이 좋은 사람은 아무도 없었다. 트라야누스는 당시 45세 정도였고 선정을 베풀어 모든 황제들 중에서 가장 우호적으로 회상되고 존경받는 통치자가 되었다. 무엇보다도 그는 원로원 의원들을 공손하게 대했고 존중했다. 그가 탄원서에 내린 답변이나 소小플리니우스 (110~112/3년 사이에 비티니아 총독을 지낸 인물)와 주고받은 서간집 등은 법률을 준수하면서 공정하게 통치하려는 진지한 마음가짐의 황제를 보여준다.[10]

트라야누스는 황제로서의 명성을 아주 소중하게 여겼다. 하지만 로마인이 볼 때 가장 큰 영광은 외적들을 물리치는 데서 오는 것이었다. 101년, 트라야누스는 대규모 군대를 이끌고 다키아 왕 데케발루스를 향한 원정길에 친히 올랐다. 원정군은 제국 전역에서 모병했고, 30개 군단의 정원을 채우기 위해 2개 군단을 새로 편성하기도 했다. 원정에 나선 지 1년 후 데케발루스는 강화 조약을 요청해왔고 조약에 의해 그에게는 자율권을 보장받는 로마 동맹 속국의 왕이라는 지위가 부여되었다. 그러나 전쟁은 105년에 갑작스레 재개되었고, 트라야누스는 개전 이후 도나우강까지 도착하는 데 몇 달이 걸렸다. 다키아는 산악 지대라 지형이 험준했고 성채가 견고해 로마군의 공성술과 결단력에 있어서 큰 도전이었으나, 106년 말에 이르러 다키아 요새는 함락되었고 데케발루스는 달아났다. 그러나 로마군이 계속 추격해오자 그는 사로잡히는 것을 두려워해 자살했다. 다키아는 새로운 속주로 제국에 편입되었고 그 승리는 제국 전역, 특히 로마에서 널리 축하를 받았다. 게다가 부유한 왕국으로부터 약탈해온 금덩어리는 제국의 국고를 풍성하게 해주었다. 이때 조성된 로마의 트라야누스 포룸은 일부가 아직도 남아 있어서 사람들이 직접 볼 수 있는데 축하의 규모가 어느 정도였을지 어렴풋이 짐작할 수 있게 해준다. 포룸에는 나선형으로 투쟁 장면들을 새긴 기둥이 들어서 있다. 기둥의 높이는 새롭게 포룸 단지를 조성하기 위해 언덕을 굴착했던 깊이도 가늠할 수 있게 해준다.[11]

제2차 다키아 전쟁이 끝나갈 무렵에 나바테아 왕이 후사 없이 죽었다. 로마군은 나바테아로 쳐들어갔고 몇 년 뒤 그곳에 아라비아 속주를 신설하기로 결정했다. 현지 총독에게는 1개 군단과 보조부대가 주어졌다. 속주에 대한 세부 사항은 불분명하며, 현지 왕으로 즉위할 수 있는 적당한 후보가 없었던 것인지, 아니면 동맹 속국보다는 직할 통치가 더 낫다고 판단한 것인지는 알 수 없다. 그곳은 향신료와 다른 사치품들을 수송하는 도로가 있었기 때문에 통치자들과 부족들이 이웃과 끊임없이 싸운 오랜 역사를 가진 민감한 곳이었다. 게다가 산적들의 출몰도 빈번했다. 사정이 이러하다 보니 왕으로 임명하여 치안을 맡길 만한 능력자가 없었거나, 당시 로마 내부에서 동맹국보다는 직할 체제가 더 좋다고 보는 흐름이 강력했을 수도 있다.[12]

파르티아 상황은 그보다 더 불분명하다. 볼로가이세스 1세는 79년경에 죽었다. 왕은 통치 만년에 아들 파코루스 2세를 공동 통치자로 지명했을 것이다. 파코루스 2세는 어렸고 통치 초기에 발행된 동전에는 턱수염이 없는 초상이 찍혀 있다. 그의 뒤에는 한동안 섭정이나 보호자가 있었을 것으로 추정된다. 반면에 아르타바누스라는 자는 80년경에 동전을 발행했는데 파코루스 2세의 경쟁자이거나 현지 통치권을 위임받은 지역 총독이었을 것이다. 파코루스 2세는 110년경까지 살았으나 그의 통치 말기에 볼로가이세스 3세라는 경쟁자가 나타났다.* 파코루스 2세가 죽기 전에 아들 오스로에스 1세가 공동 통치자가 되었거나 아니면 그 아들이 스스로 왕중왕임을 선언했을 것이다. 그리하여 오스로에스 1세와 볼로가이세스 3세는 왕위 경쟁자가 되어 약 20년 동안 서로 싸웠다. 그렇지만 이것이 실제 전쟁으로 번졌는지 어느 지역이 어느 시점에 두 사람 중 누구에게 충성을 바쳤는지 등은 알려져 있지 않다(로마인들은 오스로에스 1세를 왕중왕으로 본 듯하다. 왜냐하면 그는 로마 제국과 접해 있는 서쪽에 많은 영지를 갖고 있었기 때문이다). 이 무렵 쿠샨 왕국이 번창하고 있었고 박트리아와 히카르니아는 강력한 독립 왕조의 지배를 받고 있었다. 그리고 남부 지역인 카라케네에 대한 중앙 정부의 권위는 제한적이었다. 결론적으로, 2세기 초의 파르티아는 아주 강성한 국가는 아니었으나 과거와 같은 무질서와 동요를 이겨내고 계속 회복의 길로 나아가고 있었다.[13]

113년 가을에 트라야누스는 지중해 동부 지역으로 가기 위해 로마에서 출발해 안티오크로 가는 도중에 아테네에서 잠시 걸음을 멈추었다. 이 무렵 세계 각지에서 대규모 전쟁을 지원하기 위해 선발한 로마 군대와 군수품들이 시리아와 카파도키아에 집결하고 있었다. 오늘날 학자들의 추산에 따르면 이때 집결된 군대는 10개 군단 내지 12개 군단이며, 그중 일부는 파견 부대였고 일부는 정원을 제대로 채운 군단들이었다.** 트라야누스가 언제부터 이런 대규모 전쟁을 준비

• 오늘날 전문가들은 과연 볼로가이세스 3세라는 인물이 실존했는지 의문을 품고 있다. 하지만 이러한 왕명(王名)의 전통을 바꾸는 것은 혼란을 일으키는 일이다. 언제나 그렇듯이 이런 숫자는 현대에 들어와 부여한 것이다.

•• 이 파견부대를 가리켜 벡실레이션(vexillation)이라고 했는데 이 부대가 군단기인 독수리 깃발 대신 들고 다니던 네모난 깃발 벡실룸(vexillum)에서 따온 명칭이다. 파견부대는 일정한 정원이 없었고 수십 명에서 수천 명까지 변화가 심했다. 그러나 대부분의 전투에서는 500명에서

했는지에 대해서는 논쟁이 계속되고 있다. 어떤 학자들은 아라비아의 병합이나 소플리니우스의 비티니아 총독 부임을 이 대규모 원정전과 연결시키는 것을 선호한다. 그러나 이 원정전의 직접적인 계기는 종종 그러했듯이 아르메니아의 통치 문제였을 확률이 높다. 볼로가이세스 1세의 동생 티리다테스—로마를 방문했을 때 칼을 칼집에 박은 채 네로 황제에게 고개를 숙였던 인물—는 80년대 후반에 사망하기 전까지 아르메니아를 통치했다. 그의 후계 왕들은 로마의 승인을 기다리는 형식적 절차를 취했을 것이다. 112년 후반이나 113년 초반에 오스로에스 1세는 아마도 그의 동생이었을 아르메니아 왕을 폐위하고 그 자리에 파르타마시리스라는 또다른 동생을 앉혔다. 아마도 이것은 파르티아 제국 내에서 벌어지던 대규모 권력 투쟁의 일환이었을 것이며, 이런 문제에 골몰하고 있었기 때문에 왕중왕은 로마의 승인을 받는 절차를 이행하지 못했을 것으로 보인다.[14]

그래서 다소 늦은 시기에 파르티아 사절단이 아테네에 머무르던 트라야누스를 찾아와 아르메니아 왕의 교체를 인정해줄 것을 요구하면서 전임 왕은 로마인이나 파르티아인에게 이롭지 않은 통치자라고 주장했다. 트라야누스는 협상하기를 거부했고 관례상 사절단이 가지고 온 선물도 받지 않았다. 이후 그는 안티오크로 갔고 그곳에는 여러 지역의 왕들이 보낸 사절과 편지들이 트라야누스를 기다리고 있었다. 오스로에스 1세는 다시 한번 사절단을 보냈으나 트라야누스는 자신이 적절한 조치를 취할 것이라는 포괄적인 대답만 했을 뿐이었

1000명의 병력이 가장 흔했다. 따라서 어떤 전역에서 1개 군단이 파견 부대로 참여했다면 전체 군단의 20퍼센트밖에 안 되는 병력이 참전했다고 볼 수 있다.

다. 이런 고압적인 태도는 여러 해 전에 폼페이우스가 보였던 태도를 연상시킨다. 114년 봄, 황제는 시리아에서 카파도키아로 갔고, 그곳에서 대규모 군대가 사탈라 근처에 집결해 있었다. 그는 병사들의 열병식을 사열했고 그들의 훈련에도 동참해 과거 폼페이우스가 마지막 전투를 앞두고 그랬던 것처럼 실제 나이보다 훨씬 더 젊은 사람의 활력을 과시했다. 트라야누스는 당시의 폼페이우스와 비슷한 60세나 61세였다. 더불어 크라수스가 유프라테스강을 건너서 불운한 원정전에 나섰던 때의 나이도 그와 비슷했다.[15]

파르타마시리스는 트라야누스에게 편지를 보냈으나 황제는 그가 자신을 아르메니아 왕이라고 지칭했기 때문에 답장을 거부했다. 그 후 그는 왕이라는 호칭을 쓰지 않은 채 다시 편지를 써서 카파도키아 총독을 보내 직접 협상을 하게 해달라고 요청했다. 트라야누스는 총독이 아니라 총독의 아들을 대신 보내라고 명했다. 그 사이에 트라야누스는 아무런 저항도 받지 않고 아르메니아로 진군해서 아르사모사타를 점령한 후 엘레게이아로 나아갔다. 황제는 그곳에서 파르타마시리스를 만나기로 했는데 그는 회담장에 늦게 도착했다. 파르타마시리스는 도착하자마자 아주 공손하게 행동했고 왕관을 벗어서 황제의 발밑에다 놓았다. 그는 예전에 폼페이우스가 아르메니아의 티그라네스 2세에게 그렇게 했던 것처럼 황제가 왕관을 다시 자신에게 돌려줄 것이라고 기대했다. 황제는 움직이지 않았고, 열병 중인 그의 병사들은 사령관 만세를 외치면서 적을 이긴 황제라고 칭송했다. 파르타마시리스는 속으로 분개했으나 침착함을 유지하면서 주장을 개진했지만 아무런 결과도 이끌어내지 못했다. 트라야누스는 앞으로 아르메니아는 로마의 속주가 되어야 한다고 선언했다. 폐

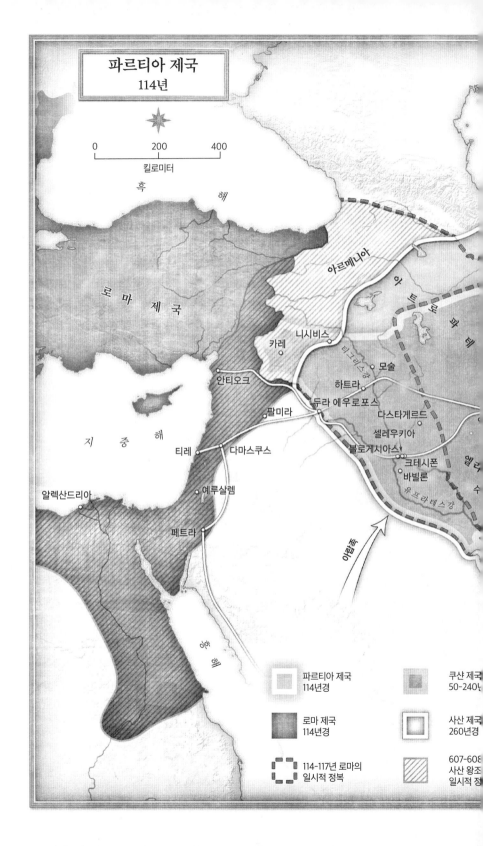

파르티아 제국
114년

0   200   400
킬로미터

흑   해

로 마 제 국

아르메니아

아 트 로 파 테

니시비스
카레
모술
티그리스강
안티오크   하트라
팔미라   두라 에우로포스
                다스타게르드
지 중 해   셀레우키아
티레   다마스쿠스   볼로게시아스
                크테시폰   엘 라
알렉산드리아   바빌론   수
            예루살렘   유프라테스강
페트라

아랍족

홍 해

파르티아 제국
114년경

쿠샨 제국
50-240년

로마 제국
114년경

사산 제국
260년경

114-117년 로마의
일시적 정복

607-608
사산 왕조
일시적 정

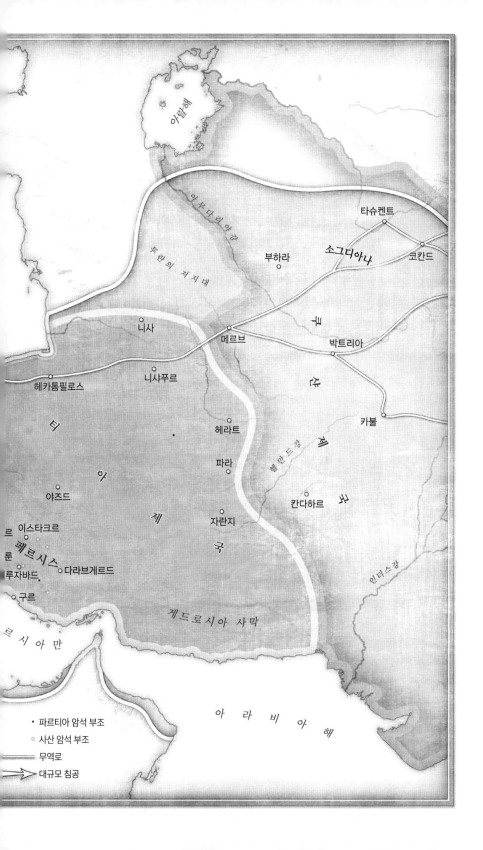

아랄해

타슈켄트

소그디아나

코칸드

부하라

아무다리아 강

투란의 저지대

니사

메르브

박트리아

헤카톰필로스

니샤푸르

쿠

산

헤라트

카불

티

아

파라

헬만드강

제

야즈드

제

자란지

칸다하르

국

이스타크르

르

페르시스

룬

다라브게르드

루자바드

구르

인더스강

르

게드로시아 사막

시아 만

아 라 비 아 해

• 파르티아 암석 부조
○ 사산 암석 부조
━━━ 무역로
⟹ 대규모 침공

위된 왕은 로마군 진영을 떠났고 로마인 호송대에 의해 살해되었다. 트라야누스는 파르타마시리스가 약속을 위반하고 달아나려 했다고 주장했다.[16]

이후에 벌어진 일들은 우리에게 남아 있는 부실한 자료를 가지고 추측해볼 수 있을 뿐이다. 알렉산드로스 대왕 원정기를 완벽하게 기술하여 후대까지 전한 아리아노스가 이 시기에 대해 기록한 문헌들이 다른 자료들과 함께 인멸되었기 때문에 더욱 안타까움을 더한다. 114년의 대부분은 아르메니아 전역을 점령하고 그 지역을 새로운 속주로 만드는 작업에 바쳐졌다. 그해 남은 기간 동안에 그 인근의 땅들에 대한 침략 작전도 전개되었다. 첫 번째 로마군 부대는 반호수 남쪽에 살고 있는 마르디족을 공격했고, 두 번째 부대는 카스피해의 해안까지 밀고 나갔으며, 세 번째 부대는 아르메니아 산간 지대에서 군사 작전을 펼쳤다. 이곳에서 총독과 휘하 병사들은 설상화를 신고서 눈밭을 걸어가며 동계 전투를 수행했다. 트라야누스는 군사 작전에 직접 참가하는 대신 외교를 하느라 바빴다. 그는 아르메니아 귀족들을 소환했고 인근 왕국으로부터 온 사절들을 맞이했다. 당시의 사절들로서는 로마의 막강한 무력을 받아들일 수밖에 없었으므로 충성을 맹세했고, 고개 숙이는 법을 훈련시킨 말을 선물로 바쳤다. 이 무렵 트라야누스는 알바니족 왕을 포함하여 여러 새로운 왕들을 지명하거나 공식적으로 승인했다.[17]

군사 작전은 겨울 내내 계속되어 이듬해 봄까지 이어진 듯하다. 승리의 개선문이 두라 에우로포스 외곽에 세워졌는데, 3개의 대규모 행군 진영과 함께 이 개선문의 비문에 유일하게 이름이 새겨진 제3키레나이카 군단을 중심으로 로마군이 승리를 거두었다고 해석되었다. 아디아베네는 함락되었고 현지 왕은 전쟁이 확산되는 가운데 전투 도중 사망했다. 전체 로마군의 4분의 1 정도가 이 작전에 투입되었지만 과거 안토니우스의 대군과 달리 이들이 어느 한 지역에 집결해 있었다는 암시는 거의 없다. 대신 부대가 여러 지역에 흩어져서 배치되어 여러 사령관의 지휘를 받았다. 이들은 1개나 2개 군단에 파견부대와 보조부대를 거느렸는데 휘하 전투병은 1만 내지 2만 정도였을 것이다. 여기에 노예와 진영 관리자들을 포함시킨다면 숫자는 더 늘어날 것이다. 이는 네로의 아르메니아 전쟁 때와 상당히 유사한 규모로, 당시 코르불로와 파이투스가 각각 비슷한 규모의 야전군을 지휘했었다. 현지 지형 탓도 있고 또 파르티아의 정치적 상황과도 관련이 있어서 그에 따라 로마군에 맞설 수 있는 아르사케스 군대의 규모도 달라졌다. 트라야누스의 군대를 상대로 대규모 아르사케스 군대가 조직되었다는 증거는 거의 찾아보기 어렵다. 현지 소왕국의 왕들이 독자적으로 흩어진 로마 군대를 상대로 싸웠고 으레 전투가 벌어지면 현지 왕들이 패배했다. 메소포타미아 북부 지방은 상당 부분이 로마인에게 점령당했다. 위치가 불확실한 한 도시에서 사절로 보낸 백부장이 체포되었는데 오히려 그 덕에 도시를 함락할 수 있었다. 그가 감옥에서 달아나 수비대장을 죽이고 그다음에 성문을 활짝 열어 로마군이 안으로 들어올 수 있게 했기 때문이다. 로마군이 승승장구하면서 각 도시들은 계속해서 항복해왔고 그 소식이 로마에 전해지자 원로원은 황제에게 6개의 명예로운 호칭과 개선식을 거행할 수 있는 권리를 부여했다. 황제는 115년 후반에 원로원 투표로 그에게 수여된 호칭인 옵티무스Optimus('최고의')를 가장 좋아했다.[18]

성공의 여신은 로마 편이었고 점점 더 많은 현지 통치자들이 그 사실을 인정했다. 오스로에네의 왕은 파르티아와 로마 양쪽의 분노를 두려워하며 중립적 자세를 취했으나 마침내 트라야누스 편에 서게 되었다. 처음에 협상은 다소 무겁게 진행되었으나 황제가 왕의 잘생긴 어린 아들에게 매혹되면서 순조롭게 되었다. 115년 말에 트라야누스는 안티오크로 돌아왔다. 겨울 동안에도 황제의 임무는 계속되어야 했고 제국 전역에서, 또 전투 지역에서 여러 사절단이 그를 찾아왔다. 이처럼 많은 사람이 집결해 있는 와중에 안티오크 일대에 지진이 발생해 큰 피해를 입었다. 트라야누스는 가까스로 피해를 모면했는데, 신비한 기적의 존재에 이끌려 허물어지는 건물로부터 간신히 빠져나왔다는 소문이 돌았다. 많은 희생자가 발생해 전직 집정관과 기타 유명 인사들이 사망했는데, 일부는 최초의 지진 충격파에 의해 사망했고 다른 사람들은 부상을 당하거나 폐허에 갇혔다가 죽었다. 디오에 따르면 지진 발생 후 며칠 뒤에 잔해 더미를 치우는 과정에서 살아있는 한 여인과 갓난아이를 발견했는데, 아이는 어머니의 모유를 먹고 살아남을 수 있었다고 한다. 반면에 이미 죽은 어머니의 젖을 빨고 있는 아기를 발견한 경우도 있었다고 한다.[19]

116년에 트라야누스는 전년도보다 더 적극적인 활동을 펼쳤다. 그의 휘하의 주요 부대들은 서로 협조하면서 공격 지점에 집결해 대군을 형성했다. 황제는 유프라테스강 하류로 대군을 이끌고 나아갔고, 다른 대군은 티그리스강을 따라갔다. 강변에서 행군했기 때문에 무거운 군수물자들은 배로 수송했다. 로마군은 사전 조립된 부교의 교탑을 활용했다. 트라야누스 군대는 바빌론으로 쳐들어갔으나 아무런 저항도 없었다. 예인선과 다른 배들을 유프라테스강에서 육로로 운송해 다시 티그리스강에 띄웠다. 그는 이제 티그리스강을 따라 서쪽

강둑의 셀레우키아와 동쪽 강둑의 크테시폰으로 진군할 수 있었는데 이번에도 두 도시에서는 아무런 저항이 없었다. 오스로에스 1세는 딸 하나와 아르사케스 왕중왕의 황금 옥좌를 남겨둔 채 크테시폰에 서 달아났고, 로마인들은 그것을 거두어들였다. 로마인들이 이처럼 쉽게 두 도시에 진입할 수 있었던 것은 당시 오스로에스 1세가 경쟁 자인 볼로가이세스 3세를 전복하는 데 몰두해 다른 곳에는 신경 쓸 겨를이 없었다는 것을 암시한다. 이는 과거 크라수스가 셀레우키아 점령 후 협상조건을 제시하겠다고 말하자 코웃음을 치며 그 제안을 경멸하던 파르티아인들의 태도와는 매우 대조적인 것이었다. 아르메 니아 속주 외에, 메소포타미아 속주와 아시리아 속주(정확하게 경계를 정하기 어려운 지역)가 추가로 창설되었다. 로마인들은 이제 잠시 점령 하는 것이 아니라 아주 오래 현지에 머무를 속셈이었다.[20]

트라야누스는 파르티쿠스라는 별호를 취했고 일단의 선단에 올라 티그리스강 하류의 아라비아만으로 내려갔다. 그곳에서도 적의 저항 은 없었고 단지 로마군이 강의 흐름을 잘못 읽어서 참사를 당할 뻔한 일은 있었다. 오랜 세월 마지못해 파르티아 제국의 일부였던 카라케 네는 로마인들을 환영했다. 로마군은 계속 승리를 거두며 뻗어나갔 고 트라야누스는 폼페이우스나 루쿨루스, 또는 다른 어떤 로마 황제 가 달성한 것보다 더 큰 업적을 달성했다. 황제는 인도를 향해 떠나 는 배를 보면서 자신이 너무 늙어 알렉산드로스 대왕의 길을 따라가 지 못하는 것을 한탄하면서 눈물을 흘렸다고 한다. 트라야누스는 그 때 63세였다. 그는 날씨와 관계없이 맨몸으로 행군하면서 전투 중 병 사들과 고난을 함께했으며, 로마 사령관이 마땅히 해야 할 일을 했 다. 그럼에도 불구하고 혹은 그로 인해 황제의 건강은 나빠지기 시작했다. 유명한 마케도니아 정복자에게 경배를 바치기 위해, 그리고 사절단들을 접견하기 위해 그는 바빌론으로 돌아갔다. 그 도시에서 황제는 알렉산드로스 대왕이 숨을 거둔 집을 방문하기도 했다.[21]

그 무렵 일이 잘못되기 시작했다. 아르메니아, 오스로에네, 아디아베네, 메소포타미아 등 새로 점령한 지역에서 반란이 터져 나왔다. 짧은 시간에 너무 많은 땅을 점령했으므로 각 점령지에 남겨둔 주둔군은 아주 적은 병력이었고 반란군에게 학살당하고 말았다. 달아났던 오스로에스 1세도 강력한 기동대를 조직하여 로마군을 상대로 반격에 나섰다. 그 상황은 서기전 130~129년 겨울, 셀레우코스 왕 안티오코스 7세를 상대로 벌어진 사건을 연상케 했다. 당시 왕의 군대는 계속 성공을 거두다가 갑자기 온 사방에서 공격을 받았고 그리하여 승리가 참사로 돌변해버렸던 것이다. 이 두 사건은 파르티아의 전형적인 교전 방식을 보여준다. 그들은 압박을 당할 때는 뒤로 물러서면서 땅을 내준 후에 후방에서 다시 군대를 재편성해 적이 준비가 안 됐을 시간과 장소에서 반격을 가해온다. 116년의 반격이 어느 정도로 사전에 조정되고 계획되었는지는 불분명하다. 세부 사항들이 너무 불확실하여 어떤 것이 우연에 의한 것이고 어떤 것이 의도된 것인지 구분할 수 없기 때문이다. 과거에 셀레우코스 용병들이 그랬던 것처럼 로마인들은 현지 도시들에 지나친 요구를 하고 오만하게 행동했을지도 모른다. 파르티아의 주력 부대가 전진하면서 침략군의 무력에 대한 공포가 줄어들어 적개심이 솟구쳤을 수도 있다.

로마인들에게는 설상가상으로 도나우강과 브리튼 같은 곳에서도 반란이 발생했다는 보고가 들어왔다. 더욱 나쁜 소식은 이집트, 북아프리카의 키레네, 키프로스 등 유대인과 이교도 공동체 사이의 갈등이 지난 시간 계속 격화되다가 마침내 노골적인 전쟁으로 터져 나온 것이었다. 카리스마 넘치는 메시아 같은 지도자가 키레네에 등장했고, 초기 진압이 실패로 돌아가자 반란은 더욱 규모가 커졌다. 양측의 폭력이 더욱 격렬해져서 식인 풍습과 수십만 명의 사상자가 생겼다는 이야기는 과장되었다고 해도 전쟁의 잔인함과 치열함을 반영하고 있었다. 반군이 바빌로니아의 유대인 공동체와, 더 나아가 오스로에스 1세의 정부와 연결되어 있다는 직접적인 증거는 없으나, 그럴 가능성은 충분했다.[22]

반란에 대한 로마의 대응은 가능한 한 재빠르게 반격하는 것이었다. 이것은 비교적 소규모에 보급도 부족한 군대를 이끌고 전장에 나서는 것을 의미하는 위험한 작전이었지만, 반란군이 광범위한 지원을 얻기 전에 그들을 위협할 수 있었다. 한 로마 지휘관은 처음에는 성공을 거두는 듯했으나 결국에는 패배해 죽고 말았다. 그렇지만 니시비스는 재탈환하고, 오스로에네의 주요 도시인 에데사에는 무자비한 공격을 퍼부어 그 왕을 살해하는 등 성공을 거두는 경우가 더 많았다. 로마인들에게 반기를 들었던 셀레우키아는 급습을 당했고 도시의 상당 부분이 불타올랐다. 파르티아의 전쟁 수행은 사전에 조율이 잘 안 되는 단점이 있었다. 경쟁 지휘관들 사이에 마찰이 있었고 때로는 노골적인 싸움도 벌어졌다. 트라야누스의 사절은 그런 불화를 조장하려고 최선을 다했다. 크테시폰에서 트라야누스는 순종적인 현지 귀족들을 모두 집결시킨 가운데 오스로에스 1세의 아들 파르타마스파테스를 왕중왕 겸 로마의 동맹으로 선언했다. "파르티아인에게 왕이 하사되었다"라는 문구가 새겨진 동전이 발행되었는데, 로마인이 그런 동전을 발행한 것은 처음이었다.[23]

116년 후반에 트라야누스는 직접 군대를 이끌고 무역 도시 하트라를 공격했다. 그 부유한 도시는 축성이 강화되어 있었고 인근 지역에서는 보기 드물게 물과 음식이 충분히 있었다. 적의 눈에 띄지 않게 병사 복장을 한 고령의 트라야누스는 그럼에도 불구하고 적의 표적이 되었고 그의 옆에 있던 한 기병대원이 집중 공격을 받아 사망했다. 하트라 공성전은 실패했고 로마군은 퇴각하여 다음 해 봄을 기약하게 되었다. 그러나 그 기약은 실현되지 않았다. 트라야누스의 건강 악화는 점차 파국으로 치달아 심한 뇌중풍을 야기했다. 그의 휘하 부장들 중 한 명이 유대를 통치하기 위해 파견되었고 당시 유대인들은 광범위하게 퍼져 나가던 반란에 가담하지 않았으므로 유대 총독이 행정을 잘 펼친 것으로 보인다. 제국 전역에서 많은 문제들이 발생한 데다 황제가 직접 군대를 지휘하지 못하는 상태였으므로 파르티아 전쟁을 계속 수행하려는 계획은 동력을 상실했다. 트라야누스는 로마 귀국길에 올랐고 117년 여름 소아시아에서 병사했다. 그의 사촌이자 당시 시리아 총독을 맡고 있었고 신임 황제로 선포되기 전에 그의 아들로 입양된 하드리아누스가 후임 황제가 되었다. 이러한 후계 구도가 트라야누스 미망인과 참모들의 사전 공작에 의한 것인지 알 수 없으나, 하드리아누스와 그 지지자들은 황좌를 굳히기 위해 재빨리 움직였다. 최근에 유대 총독으로 임명된 인사를 포함하여 여러 명의 원로급 의원들이 체포되었다. 초기에 하드리아누스는 메소포타미아, 아르메니아, 아시리아의 새 속주들을 모두 포기한다고 선언했다. 트라야누스가 임명한 왕중왕은 자신의 지위에 대해 로마인의 적극적인 지원을 받은 게 아니라 신변만 보호받았다. 그는 파르티아 제국을 다스리는 왕중왕이 아니라 오스로에네 왕국의 왕으로 만족해야 했다. 트라야누스가 점령한 모든 지역에서 로마의 영향력이 사라진 것은 아니었다. 카라케네는 한동안 파르티아로부터 독립하여 로마의 동맹국으로 남았다. 그렇지만 기존 정복 지역들을 포기하고 심지어 저명한 인사들을 체포하여 처형한 조치는 원로원 의원들의 지지를 받지 못했고, 하드리아누스에 대한 원로원의 지속적인 증오의 빌미가 되었다.[24]

트라야누스의 야망이 중도에 꺾였기 때문에 그가 장기적으로 무엇을 의도했는지 그리고 그 목적은 달성 가능한 것이었는지 판단하기는 어렵다. 하드리아누스는 새로운 속주들이 제국에 혜택이기보다는 부담이 된다고 보았고 통치 기간 내내 제국의 변경 문제에 대해 신중한 태도를 취하면서 굳히기 작전을 폈다. 그의 통치기에 공격적인 작전은 벌어지지 않았으며 이와 관련해 제국의 영토를 계속 확장하려 했던 트라야누스가 오히려 이례적이었다는 점을 기억할 필요가 있다. 하드리아누스가 황위에 오를 때의 주변 상황 또한 중요했다. 그가 두 번째 집정관직에 오르는 등 어느 정도 배려를 받은 것은 사실이나 트라야누스의 후계자로 점지된 것은 결코 아니었다. 그가 트라야누스의 아들로 입양되었다는 이야기를 사람들이 의심하는 가운데, 하드리아누스로서는 새 속주들을 지키느라 몇 년을 보내야 한다는 게 별로 매력이 없었다. 게다가 전투에서 패배라도 한다면 그의 명성은 크게 훼손될 터였다. 그처럼 속주들을 포기했기 때문에 해당 지역에 평화와 안정이 비교적 신속하게 회복되었다. 포기한 속주들에서 왕 자리에 오르거나 복위된 자는 종종 로마가 지명한 사람들이었다. 파르티아도 로마의 침공 이후 당연하게도 전쟁을 계속하려는 의사가 없었고, 자신들의 내전에 다시 몰두했다.

이 전쟁을 둘러싼 가장 큰 미스터리는 트라야누스의 동기다. 역사가 디오는 아르메니아 분쟁은 구실에 불과하고 트라야누스가 영광을 얻기 위해 싸웠다고 주장했다. 황제의 현지 도착에 맞추어 그처럼 대군을 집결시켰다는 것은 어느 정도 사전 계획이 있었음을 보여준다. 문제는 이것을 어느 정도로 계획한 것인지, 단순히 군사력을 과시하고 좋은 협상 결과를 얻으려 했던 것인지, 아니면 협상보다는 전쟁의지가 더 높았던 것인지다. 오늘날 학자들은 다른 동기들도 제시한다. 가령 시리아와 소아시아를 외적의 침입으로부터 든든하게 방어하려 했다거나, 넓은 지역을 점령해 극동으로 가는 무역로를 확보하려 했다고 주장하는 것이다. 결론적으로 우리는 아르메니아에서 벌어진 구체적 상황에 대해 아는 것이 별로 없기 때문에, 특히 전쟁에 이르는 과정에서 파르타마시리스와 오스로에스 1세가 취한 조치들을 잘 모르기 때문에, 로마의 관점에서 그것이 얼마나 도발적이었는지 알기가 어렵다. 또한 트라야누스가 처음부터 알렉산드로스 대왕을 따라잡겠다는 꿈에 사로잡혔는지, 아니면 그런 꿈이 단계적으로 무르익었는지도 알기 어렵다. 먼저 로마의 무력을 확대하다 보니 아르메니아를 속주로 만들겠다는 결정이 내려졌고 그다음에는 군사 작전을 아디아베네와 메소포타미아까지 확대하고 마침내 바빌로니아와 바다로까지 밀고 나간 것으로 볼 수도 있다.[25]

트라야누스는 확실히 전쟁과 영광을 좋아했다. 그의 통치기에 다키아 승리가 가장 널리 칭송되었다. 그는 원로원에서 뽑힌 황제의 양자로 제위에 올랐고 율리우스-클라우디우스 가문이나 유서 깊은 귀족 가문과도 전혀 연고가 없었다. 그런 배경 때문에 군사적 성공이 무엇보다도 중요했다. 트라야누스가 분명하게 후계자를 점지하지 않았다는 사실도 시사하는 바가 많다. 그가 동방 원정을 떠났을 때의 나이는 네르바가 황위에 올랐을 때와 같은 나이였다. 트라야누스는 자녀가 없었고 장차 아들을 둘 생각도 없는 것 같았다. 그가 여자보다 미소년에 더 관심이 많다는 소문마저 돌고 있었다. 미소년 편애가 사실인지 아닌지 알 수 없으나 그는 아주 신중하게 행동했고, 그래서 로마의 엘리트들은 이런 취미를 그의 주벽처럼 그리 중요하지 않은 악덕으로 묵과해 버렸다. 반면에 그가 후계자를 지정할 생각이 있었고 그 일을 원로원에 위임하려 했다는 추측 또한 합당치 않다. 오히려 그가 나이든 황제였지만 자신의 죽음을 인정하지 않으려 했고 새로운 승리를 획득함으로써 자신의 전성기를 다시 한번 구가하려 했다고 보는 것도 가능하지만 역시 확신할 수는 없다. 물론 증거를 재구성하여 이와 다른 가설을 제시할 수도 있을 것이다.[26]

학자들은 영광의 추구는 합리적 의사결정과는 양립하지 않는다고 보는 경향이 있다. 그러나 로마의 엘리트들은 영광의 추구를 그 어떤 일 못지않게 명예롭고 합리적인 일이라고 생각했다. 무엇보다도 국가에 대한 봉사에서 최대의 영광이 나온다고 그들은 믿고 있었다. 율리우스 카이사르는 갈리아 원정전이 오로지 공화국의 공동선을 위한 것이었으며, 로마의 이해관계를 보호하려다 보니 점점 더 군사 작전 범위가 넓어졌다고 주장했다. 그와 그의 병사들은 로마의 공동선을 위해 영광을 획득했다는 것이다. 카이사르의 행동이 과연 이런 기준에 부합하는가에 대해서는 사람마다 의견이 다르겠지만, 적어도 이것이 카이사르 군대의 이상이었음은 분명하다. 트라야누스도 동방 원정을 떠났을 때 영광을 추구하려는 의도가 있었을 것이다. 그렇다고 해서 그것이 그의 유일한 관심사였다거나 그의 계획이 상황의 변화와 무관했다는 의미는 아니다. 트라야누스가 다키아 승전을 강조하기는 했지만 다키아는 102년에 독립 왕국으로 남았고 로마의 속주가 된 것은 그로부터 몇 년 뒤 제2차 전쟁이 벌어진 이후의 일이었다. 황제의 야망이 무엇이었든 간에 그는 정복된 영토 내에서의 광범위한 반란과 자신의 건강 악화를 전혀 예상하지 못했다.[27]

이 전쟁에는 한 가지 기이한 후속 사건이 있다. 원로원은 파르티아에 대한 트라야누스의 승리를 표결하여 사후 개선식을 수여하기로 했고 하드리아누스는 로마의 한복판에서 아주 성대하게 개선식을 진행했다. 이전에 죽은 사람의 개선식을 거행한 적이 없었으며, 이제 천상으로 올라가 신이 된 트라야누스의 형상을 수송하는 전차가 관중들의 열렬한 환호 속에서 개선식 행렬에 합류했다. 하드리아누스는 과거에 원로원으로부터 한 번 개선식을 수여받았으나, 그것을 수행하지는 않았다. 그는 제국 내의 여러 속주들을 순행하면서 많은 시간을 보냈고 특히 대규모 수비대가 주둔해 있는 국경의 속주들을 자주 둘러보았다. 군사 장비와 훈련에 큰 관심을 갖고 있던 그는 군대를 사열했고, 작전에 참관했으며, 변경 시설의 건설을 지시했다. 그런 시설들 중 가장 유명한 것이 여러 지역에 건설된 하드리아누스 성벽이었다. 하드리아누스 통치기에 여러 지역에서 전쟁이 발생했다. 아리아노스는 알란족이 사상 처음으로 카파도키아 속주를 침공했을 때 그 속주의 총독이었는데, 알란족을 몰아내 황제의 칭찬을 받았다. 하드리아누스의 통치에 대해 가장 심각한 도전이 발생한 것은, 예루살렘을 로마 식민지로 만들고 이후 70년에 티투스가 파괴한 유대 신전 자리에 유피테르 신의 신전을 짓겠다는 결정을 내렸을 때였다. '별의 아들'(아람어로 '바르 코치바')이라는 별명을 가진 시메온 바르 코시바의 영도 아래, 유대 반군은 큰 진전을 이루었고 몇 년 동안 과거 네로 시절과 마찬가지로 유대에는 독립 유대 국가가 들어섰다. 1개 군단이 전멸하는 등 로마의 병력 손실은 막대했고, 반란을 진압하기 위해 요새화한 마을과 도시를 하나씩 함락시켜 나가는 잔인한 소모전은 몇 년이나 걸렸다. 바로 이 전쟁의 승리 덕분에 원로원은 하드리아누스에게 개선식을 수여한다고 표결했으나 그것은 예상보다 훨씬 소규모로, 주로 선전의 목적으로 거행되었다.[28]

하드리아누스는 훌륭한 통치자로 평가받고 있지만 원로원 의원들의 호감은 얻지 못했다. 그가 자신의 똑똑함을 지나치게 과시하는 데다 미소년 안티누스에 대한 사랑을 노골적으로 표시했고 또 그 소년이 죽었을 때에는 과도하게 슬퍼했기 때문이었다. 자신의 황위 승계와 관련해 사람들의 의심을 받은 적이 있었기 때문에 그는 아주 신중하게 후계자를 미리 지정했다. 그가 첫 번째로 선택한 후계자가 사망하자 그는 또다른 원로원 의원인 안토니누스 피우스를 입양했을 뿐만 아니라 피우스로 하여금 두 명의 젊은 귀족을 양자로 들이게 했다. 마르쿠스 아우렐리우스와 루키우스 베루스가 그 입양자들인데 이로써 두 세대에 걸쳐 후계 문제가 확정지어졌다.● 하드리아누스의 후계 구상은 순조롭게 굴러갔다. 그가 137년에 사망했을 때 안토니누스 피우스가 곧바로 뒤를 이었다. 한 전승에 따르면 그에게 피우스라는 이름이 주어진 것은 그가 '아버지'(하드리아누스)를 신격화하여 명예롭게 해야 한다고 고집함으로써 그렇게 되었다는 것이다(라틴어

● 우리에게 익숙한 이름들이다. 젊은 남자는 어린 시절 여러 번 이름을 바꾸지만 그것은 이 주제에서 중요한 사항은 아니다.

pius는 '효자', '효심이 강한'이라는 뜻을 담고 있다). 피우스는 하드리아누스 사후에 선황을 비판하는 원로원의 강한 제지에도 불구하고 그 이름을 관철시켰다.[29]

안토니누스 피우스는 군사적 경험이 거의 없거나 아예 없었고 심지어 여행이나 전쟁에 대한 취미도 없었다. 제국의 국경은 안토니누스 성벽을 건설하면서 브리튼섬의 북부까지 확장되었으나 그는 이 속주는 물론이고 다른 속주들도 방문한 적이 없었고 대신 속주 총독들에게 현지 문제를 알아서 처리하도록 위임했다. 하드리아누스의 통치기에 파르티아와는 마찰이 없었고 안토니누스 피우스의 시대에도 마찬가지였다. 설혹 마찰이 있다 하더라도 위협과 외교로 해결되었다. 그러나 안토니누스 피우스 시대에 아르메니아 통치가 다시 문제가 되었다. 이 무렵 왕중왕은 볼로가이세스 4세였는데 그는 볼로가이세스 3세에게 도전했다가 실패한 도전자들 중 한 명의 아들이었다. 그는 147년경에 왕위에 올랐는데 그 경위는 알려져 있지 않지만 경쟁자들을 아주 신속하게 제압하고 지역의 소왕국들을 상대로 중앙정부의 통제권을 주장하고 나섰다. 151년에 카라케네를 침공하여 그 왕을 축출했고, 이 승리는 전리품으로 셀레우키아에 가지고 온 헤라클레스 청동상에 비문으로 새겨졌다. 그로부터 10년 뒤 볼로가이세스 4세는 무력을 이용하여 아르메니아 왕좌에 자신이 선택한 인물을 앉혔는데 그 과정에서 로마의 의견을 묻지 않았다.[30]

안토니누스 피우스는 161년에 죽었고 파르티아의 이러한 도전은 그의 두 후계자가 황위에 막 오르던 즈음에 불거져 나왔다. 하드리아누스는 두 후계자의 공동통치를 계획한 것으로 보이며 연장자인 마르쿠스 아우렐리우스는 이것을 존중하여 루키우스 베루스와 함께 황위에 오르는 것을 고집했다. 예전에 두 명의 후계자를 두었을 때에는 음모 혐의로 동생이 재빨리 숙청되는 게 보통이었기 때문에 이것은 혁신적 시도였다. 그러나 형제의 상이한 성격에도 불구하고(아마도 관련 사료는 사실을 과장했을 것이다) 공동통치 제도는 훌륭하게 작동했다. 두 사람은 잘 협조했고 매사에 상호 신뢰를 표시했다.[31]

161년, 파르티아인들은 아르메니아를 점령함으로써 전쟁을 시작했다. 많은 학자들은 이것이 파르티아가 로마를 상대로 전쟁을 시작한 유일한 경우라고 본다. 이는 서기전 40년 로마의 파르티아 침공을 크라수스가 시작한 전쟁의 연속으로 간주하는 것을 의미하는데 실제로는 타당하지 않은 주장이다. 분명한 것은 로마인들이 대규모 전쟁을 치를 준비가 되어 있지 않았기 때문에 적당한 규모의 군대를 편성하여 반격에 나서는 데 시간이 걸렸다. 이러한 사정은 카파도키아와 시리아의 수비대들도 마찬가지였다. 카파도키아 총독은 로마의 방식대로 파르티아의 아르메니아 침공에 강력하게 반발하면서 즉각 철수를 요구했다. 총독은 기껏해야 1개 군단을 중심으로 병력을 이끌고 아르메니아로 진격했는데, 어쩌면 1개 군단이 못 되는 병력을 지휘했을지도 모른다. 왜냐하면 관련 사료에서 그 군대를 가리키는 그리스어가 모호하기 때문이다. 그가 거느린 실제 병력이 어느 정도였든지 간에 총독과 휘하 병사들은 곧 우세한 군대에게 포위당했고 도시의 성벽 속으로 피신해야 했다. 그러나 과거의 파이투스와 마찬가지로 보급품이 충분하지 못했고 포위 공격을 이겨낼 각오도 되어 있지 않았다. 총독은 죽었는데 아마 자살이었을 것이고 휘하 병사들은 학살당했다. 볼로가이세스 4세는 승리를 거둔 후 2세기 만에 처음으로 시리아에 대한 공격을 개시했다. 파르티아군은 격퇴되

있거나 자진 퇴각했지만, 그것은 아르메니아 침공보다 더 로마의 명예와 권위에 모욕적인 일이었으며, 그런 행위에 대해서는 반드시 보복해야 했다.[32]

162년, 루키우스 베루스는 동방으로 가서 로마의 반격 작전과 트라야누스 원정전에 맞먹는 규모의 군대 동원 작업을 감독했다. 이 시기에 대해 기록한 사료는 이전 시기의 전쟁을 다룬 사료들보다 더 빈약하다. 이 사료들이 쓰이던 당시에 활동했던 풍자작가 사모사타의 루키아누스는 그것들이 지나치게 과장되고 산만하기 짝이 없다고 조롱했다. 하지만 자료가 너무 빈약하다 보니 학자들은 사실 기록보다는 오락과 유희가 목적인 작품들에서 정보를 수집하려고 애썼다. 넓게 볼 때 전쟁의 경과는 이전 전쟁과 비슷했다. 베루스는 안티오크 근처에서 대부분의 시간을 보냈다. 한 전승에 따르면 그가 전쟁에는 대리인을 내보내고 자신은 연회를 벌이면서 정부와 희희덕거렸다고 한다. 이것은 전적으로 맞는 이야기는 아닐 것이다. 황제의 임무는 과거에 트라야누스가 그렇게 했던 것처럼 탄원을 들어주고 사절단을 면담하는 것이기 때문이다. 하지만 베루스는 트라야누스처럼 군대 생활에 대해 열광적 취미를 갖고 있지는 않았다.

이전과 마찬가지로 로마군은 하나의 거대한 집단으로 움직인 게 아니라 여러 개의 야전군으로 나누어서 작전을 펼쳤다. 관련 사료에는 사령관들의 이름이 나오는데 그들은 상당한 자율권을 가지고 작전을 펼친 듯하다. 아르메니아와 메소포타미아에서는 승리를 거두었고 로마군의 병력이 늘어나면서 파르티아가 시리아를 다시 침공하는 일은 없었다. 여러 도시들이 항복했거나 포위 공격으로 함락되었는데 니시비스, 에데사, 두라 에우로포스 등이었고 드디어 로마인들은 공격을 계속 밀고 나가 165년에 크테시폰과 셀레우키아를 점령했다. 협상을 거친 후 로마군은 그 도시들에서 철수했다. 두라 에우로포스와 니시비스 같은 도시들은 로마 직할 체제로 들어왔으나 새로운 속주들을 설치하지는 않았고 파르티아인들에게 왕을 임명한다는 얘기도 없었다. 로마의 지배와 패권은 의심할 여지없이 재확인되었으나 그것이 볼로가이세스 4세의 위신에 치명타를 가한 것은 아니었다. 그는 그 후에도 수십 년간 통치를 계속했기 때문이다.[33]

루키우스 베루스는 로마로 돌아와 마르쿠스 아우렐리우스와 함께 개선식을 거행했다. 전쟁의 치명적인 후유증이 전염병의 형태로 제국 전역에 퍼졌는데 오늘날 안토니누스 역병으로 알려진 병이었다. 다른 속주의 수비대로 돌아온 파견병들이 질병 전파의 주범으로 지목되었는데, 그 병은 무역로나 다른 여행자를 통해서도 전파되었다. 번창하는 도시들 사이의 장거리 여행과 상업은 혜택과 함께 위험도 가져왔다. 전염병은 병사들이 셀레우키아의 아폴로 신전을 약탈하면서 처음 발생했다는 소문이 널리 퍼졌지만, 인도와 그 외의 지역에서 더 일찍 창궐했다는 증거가 있다. 그 병의 정체는 밝혀지지 않았다. 종종 천연두일 것이라고 주장되었으나 고대 사료에는 얼굴 흉터에 대한 언급은 없고 동물도 걸렸다는 주장이 나와 있는데 천연두는 동물에게 전염되지 않는다. 홍역을 또다른 후보로 제기하기도 하는데 이러한 질병들은 여러 세기가 지나면서 변이 과정을 거쳤을 것이므로 막연한 추측에 지나지 않는다. 정확한 통계 수치가 없기 때문에 우리는 질병의 파도가 제국을 휩쓴 몇 년간—아마도 파르티아 영토에도 전파되었을 것이다—얼마나 많은 인명이 희생되었는지 알지 못한다. 제국의 총 인구 중 4분의 1 정도가 사망했을 것이라는 추산

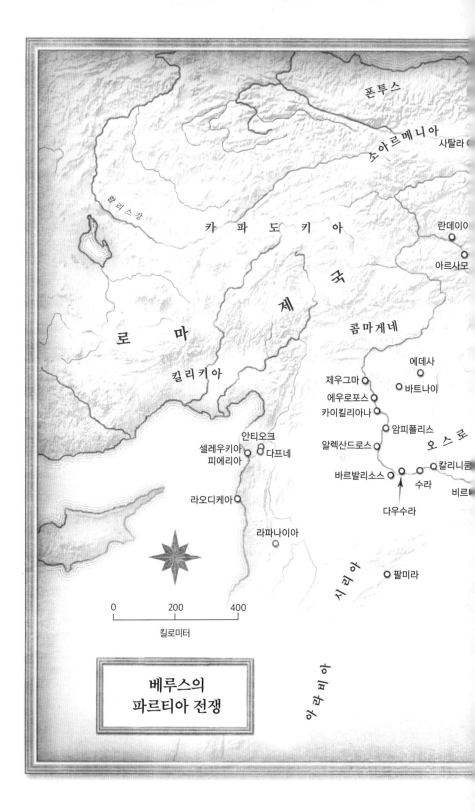

폰투스

소아르메니아

사탈라

할리스강

카 파 도 키 아

란데이아

아르사모

제

국

콤마게네

에데사

로 마

제우그마

바트나이

킬리키아

에우로포스

카이킬리아나

암피폴리스

안티오크

알렉산드로스

오 스 로

셀레우키아
피에리아

다프네

바르발리소스

칼리니쿰

라오디케아

수라

비르

다우수라

라파나이아

시 리 아

팔미라

0   200   400

킬로미터

베루스의
파르티아 전쟁

아 라 비 아

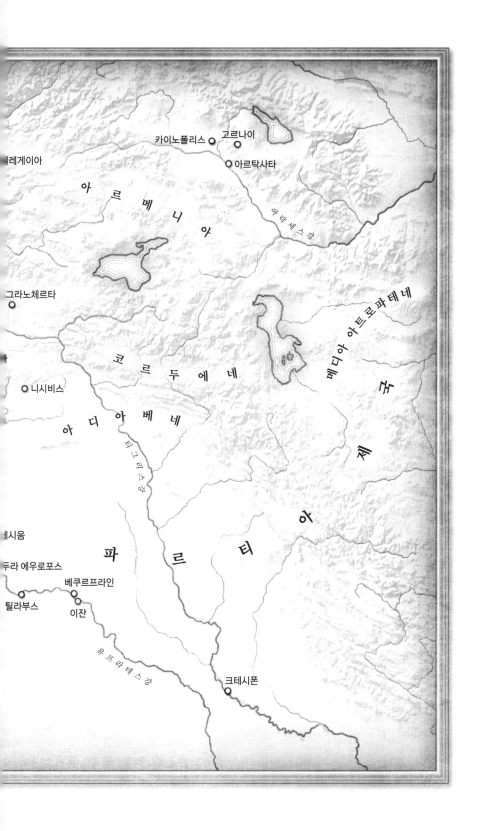

은 상당히 타당해 보인다. 관련 사료들은 그 질병이 인구가 적고 흩어져 있는 농촌 지방보다 인구가 밀집한 도시나 군 기지에서 더 파괴적인 위력을 발휘했다고 기록하고 있다.[34]

　비록 그 경위를 자세히 추적하지는 못한다 할지라도, 안토니누스 역병의 장기적 여파와 이후 세기에 걸친 병의 전파는 분명 심각한 문제였다. 당시에 전염병은 끔찍한 대격변이었고, 이해하기 어려운 방식으로 일부 사람들에게 결정타를 가했다. 이 질병에 대해 가장 좋은 정보를 남긴 의사 갈레노스는 집안의 노예 전원을 이 병으로 잃었다. 그는 두 통치자에게 전염병이 창궐하는 군 진영을 떠나 다른 곳으로 피신하라고 조언했다. 그들이 피난을 가던 길에 루키우스 베루스는 병에 걸려 사망했는데 전염병으로 사망한 것은 아니었다. 당시 그의 나이는 39세였고, 하드리아누스가 첫 번째 후계자로 선택했던 그의 아버지와 비슷한 나이에 사망했다. 평소에 건강하거나 운동 신경이 뛰어난 사람으로 여겨지지 않았던 마르쿠스 아우렐리우스는 살아남아서 그 후 11년을 더 통치했으며, 통치 후반기는 도나우강 건너편의 게르만 부족들을 상대로 하는 무자비한 전투를 감독하며 보냈다. 그의 뒤를 이은 18세의 아들 콤모두스는 이미 공동 통치자였다. 그는 자신이 황족으로 태어난 최초의 황제라고 자랑했지만 그의 통치 기록은 어린 나이에 제위에 오른 사람들이 대개 그렇듯이 별로 신통치 못했다. 12년 뒤 콤모두스는 음모로 인해 목욕하던 중에 자객에게 교살당했다. 원로원은 곧바로 후임 황제를 선출했으나 그 황제는 즉위 3개월 만에 분노에 찬 근위부대 병사들에게 살해당했다. 황제로 선언되었을 때 그가 약속한 보상금을 지불하지 않았기 때문에 그런 보복을 당한 것이었다.[35]

이후 내전이 발생했는데, 네로 사망 직후 벌어진 것과 비슷하게 치열했다. 한 원로원 의원은 로마의 경쟁자를 물리치고 근위부대의 충성을 얻었지만, 제국 전역에서 그는 별로 인기가 없었고 특히 야전군의 지지를 받지 못했다. 그리고 등장한 세 명의 주요 경쟁자들은 판노니아, 시리아, 브리튼의 군사 속주 사령관들이었다. 193년, 판노니아의 군사 속주 사령관 루키우스 셉티미우스 세베루스는 로마를 점령하고 로마 시내에서 황제 참칭자를 처치했다. 그는 브리튼 총독과 권력을 공유하기로 협정을 맺고 이어 동쪽으로 진군해 시리아 총독을 패배시켰다. 시리아 총독은 제국 외의 지역, 오스로에네, 아디아베네, 파르티아 등의 왕국에게 군사적 지원을 요청했다. 그는 동맹 왕국으로부터 소수의 지원군을 얻기는 했지만, 대다수의 왕들은 자칭 황제의 관심이 다른 곳에 가 있는 동안 로마의 영토를 공격할 기회를 잡았다. 195년, 세베루스는 이 왕들을 상대로 싸워서 그들에 대한 로마의 지배권을 재확립했지만 브리튼 총독과 맺은 협정이 깨졌기 때문에 유럽으로 돌아와야 했다. 다시 브리튼 총독을 제압한 후 197년 세베루스는 동방으로 돌아갔다. 그동안 왕중왕 볼로가이세스 5세는 로마의 정치적 분열을 이용할 기회를 엿보았다. 파르티아 군대는 메소포타미아의 동맹국들을 대부분 점령했고(단, 니시비스는 포위 공격을 견뎌냈다), 시리아 속주를 향해 대대적으로 진군했다.[36]

세베루스의 다음 전투는 일정한 형식을 보였다. 그는 최근에 그에게 맞섰던 다른 로마군을 휘하에 받아들였고, 두 부대의 병사들에게 후한 보상을 내려서 자신에게 충성을 바치도록 해 대규모 군대를 거느리게 되었다. (그는 통치 후반에 브리튼 북부에서 전투를 벌였는데 그가 치른 주요 해외 전투는 그의 정치적 경쟁자에게 충성을 바친 지역들에서 치러졌다. 그때마다 세베루스는 승리를 거두었고 속주의 로마군 병사들을 그의 편으로 받아들였다. 내전의 혼란상은 국경의 군사력을 약화시켰고 그 결과 로마의 지배를 회복하기 위해 싸워야 하는 타당한 이유가 생겼다.) 평소와 마찬가지로 이 대군은 하나의 집단으로 작전을 펴는 것이 아니라 여러 갈래의 야전군으로 나뉘어 하급 지휘관들이 통솔했다. 이제 다시 통일된 제국의 위력과 결단 앞에서 겁을 먹은 아르메니아 왕과 오스로에네 왕은 선물과 충성 맹세를 보내왔다. 로마군은 진군하면서 점점 더 힘이 붙었고 세베루스는 과거 트라야누스가 했던 것처럼 유프라테스강 하류로 내려갔다. 바빌론과 대부분 파괴된 셀레우키아가 점령되었고 크테시폰은 주요 전투 후에 마구 약탈되었다. 파르티아 왕 볼로가이세스 5세는 그 전투에서 패배했다. 그리고 베루스의 군대와 마찬가지로 이번에도 로마군은 보급품이 바닥나기 전에, 그리고 현지 주민들의 분노가 반란으로 터져 나오기 전에 현장에서 철수했다. 이번에는 전염병이 로마군을 따라오지 않았다. 트라야누스와 마찬가지로 세베루스는 하트라를 포위 공격했고, 사전 준비가 엉성했던 1차 시도가 실패로 돌아가자 이듬해에 다시 돌아와서 공격했으나 역시 실패했다. 하트라는 늘 로마를 경계하면서 독립을 유지했다.[37]

트라야누스처럼 세베루스는 메소포타미아와 오스로에네에 2대 속주를 신설하여 제국의 판도 안에 편입시켰다. 그렇지만 아르메니아는 동맹 왕국으로 남겨 놓고 속주로 편입시키지 않았으므로 이전의 야망을 그대로 복구한 것은 아니었다. 역사가 디오에 따르면 세베루스는 이 신규 속주들을 가리켜 시리아를 공격으로부터 방어하기 위한 방벽이라고 주장했다. 디오는 그런 주장을 허풍이라고 일갈하며, 속주에 배치한 수비대는 수익은 적은 반면 유지비용이 많이 들고, 속주 근처의 도시들 내에서 벌어지는 분쟁과 갈등에 로마를 개입시킬 뿐만 아니라 파르티아를 도발할 위험이 있다고 지적했다. 디오의 이런 주장은 국경 문제에 대해 로마 엘리트들이 다양한 견해를 갖고 있었음을 보여준다. 그런 의견들 중 어떤 것이 더 타당한지 알기는 어렵다. 디오의 회의적인 견해에도 불구하고, 세베루스가 설정한 국경선은 여러 세기 동안 대체로 유지되어왔기 때문이다. 세베루스가 새로 편성한 2개 군단이 이 '방벽'의 수비대를 맡아 동방에 주둔하고 있던 기존의 부대 숫자를 늘려주었다.[38]

———

이 장에서는 1세기에 걸친 사건들을 다루었다. 이는 부분적으로 로마와 파르티아 사이에 벌어진 세 번의 큰 전쟁이 유사한 양식을 보였고 또 관련 사료들이 불분명했기 때문이다. 아무튼 이로부터 몇 가지 포괄적 결론을 내릴 수 있다. 그 이유가 무엇이었든지 간에 트라야누스는 대규모 군대를 동원해 직접 개입함으로써 파르티아와의 갈등을 해결하겠다고 결정했고, 이런 양상은 이후 직접 군사를 이끌고 원정에 나설 용의가 있는 황제들에 의해 되풀이되었다. 그 결과 로마군은 공화국 시절보다 더 먼 곳으로 원정을 나갔고 거듭하여 크테시폰과 셀레우키아라는 대도시를 점령했다. 이러한 전쟁에서 로마는 때때로 패배했고 그중 어떤 것은 심각한 패배이기도 했으나 대체로 승리를 거두었다. 이 시기에 파르티아 왕들은 제국 깊숙이 진군해오는 로마군을 막아낼 능력이 없었기 때문에 계속해서 제국의 동쪽 오지로 물러나야 했다. 만약 트라야누스의 건강 상태가 양호하여 로마군이 제국 내의 여러 반란을 진압하고 더 나아가 장기적으로 정복된 지역을 계속 통제할 수 있었을지에 관한 문제는 알 수 없다. 이 전쟁들 중 파르티아 제국의 멸망이나 정복을 위한 전쟁은 없었으며, 제국의 판도를 확장하기 위해 상당한 노력이 경주되기는 했지만 로마인의 영토 주장은 제한적인 것이었다.

2세기는 당장은 세력 균형의 추가 로마 쪽으로 기울었거나 적어도 로마 황제들이 자신의 무력을 좀더 적극적으로 행사하고 싶어했음을 시사한다. 그러나 아르사케스 파르티아는 내전의 혼란스러운 시기가 있기는 했지만 여전히 강력한 국가였다. 세 차례의 대전이 눈에 띄기는 하지만, 각 전쟁이 발발하기까지의 중간 시기에는 수십 년에 걸친 평화의 시절이 있었고 대체로 두 제국 사이의 전반적인 구도는 평화 공존이었다. 로마인들은 무한한 제국과 권력을 말하면서 정복을 좋은 것으로 보았지만 그것이 대다수의 황제들에게 최우선적인 관심사는 아니었다. 언제나 그렇듯이 로마 황제와 파르티아 왕중왕은 국내 반란과 변경 문제 등 다른 우선 사항들을 갖고 있었다. 또한 이 시대에 시작된 파괴적인 전염병에 대처해야 하는 문제도 있었다. 3세기는 로마나 파르티아 모두에게 격렬한 변화의 시대가 될 터였다. 디오는 로마 세계가 황금 시대에서 쇠와 녹의 시대로 옮겨갈 것이라고 말했다. 이 시대에 관한 사료들은 빈약하지만 벌어진 일들이 필연적이었다거나, 누구나 예측할 수 있는 일이었다는 등의 인식은 조금도 없었다. 인간은, 그리고 제국은, 지금 이곳을 살아가는 경향이 있다. 그들은 역사의 교훈에도 불구하고 모든 사건들이 지금 이곳의 상황에 따라 벌어진다고 생각했다.[39]

10

왕조들

199-240

원수정은 1세기와 2세기 두 번의 심각한 붕괴 위기를 맞았다. 로마
와 파르티아 사이의 장기간의 평화가 2세기에 더 빈번하게 깨졌지만
항구적 갈등상태가 되기에는 부족했다. 로마인들은 트라야누스 치하
에서 새로운 영토를 얻었다가 잃었고, 마르쿠스 아우렐리우스와 루
키우스 베루스 치하에서 영토를 조금 더 얻었고, 셉티미우스 세베루
스 치하에서 상당히 넓은 땅을 획득했다. 그렇지만 그렇게 획득된 영
토는 파르티아 제국의 일부분에 지나지 않았다. 갈등이 잦아지면서
두 제국이 상대방을 더욱 경계하고 의심했지만 그렇다고 더욱 빈번
한 교전 상태로 이어지지는 않았다. 전면전보다는 철저한 자제를 통
해 얻을 수 있는 것이 양측에게는 더 많았다. 그러나 그 후 수십 년
동안 다른 문제들이 두 제국을 흔들었고, 전과 다른 환경이 조성되었
다. 일련의 황제들과 왕중왕들은 주요 전면전이 더 매력적으로 다가
왔고, 심지어 불가피하다고 판단했다.

211년 2월 4일, 셉티미우스 세베루스는 병에 걸려 에보라쿰(오늘날 영국의 요크)에서 사망했다. 당시 황제는 오늘날의 스코틀랜드 지역에서 힘든 원정전을 3년째 펼치고 있었다. 그에게는 카라칼라와 게타라는 두 아들이 있었는데, 이전에 마르쿠스 아우렐리우스와 루키우스 베루스가 공동통치했던 것처럼 두 아들도 그렇게 하기를 바랐다. 카라칼라는 23세가량 되었고 동생 게타는 한 살 어렸다. 두 형제는 어머니 율리아 돔나와 함께 아버지를 따라 브리튼으로 갔고 현장 경험을 쌓기 위한 일정한 임무가 주어졌다. 세베루스가 임종 당시에 두 아들에게 한 유언은 다소 엄숙한 내용이었다. "너희는 서로를 사랑하라. 군인들을 잘 대해주고 나머지는 무시하라."[1]

형제간의 사랑은 애초에 없었고 1년도 안 되어 카라칼라는 하수인을 시켜 동생을 살해했다. 근위부대의 백부장들이 사정없이 게타를 칼로 찔러댔고, 그의 피가 놀라서 경악하는 율리아 돔나의 몸에 튀었다고 한다. 카라칼라는 게타가 자기 목숨을 노리는 음모를 꾸몄다고 주장하면서 음모자를 처단하는 병사에게는 충성심에 대한 충분한 보상금을 주겠다고 선언했다. 근위부대 병사들은 그 지시를 따랐다. 세베루스가 로마 인근의 알바 롱가에 주둔시킨 제2파르티카 군단의 병사들은 약간의 설득작업이 필요했고 결국 그들도 게타의 살해를 기정사실로 받아들였다. 게타와 함께 음모를 꾸몄다고 의심을 받은 원로원 의원들은 체포되어 처형되었고, 이로써 더 이상 뇌물을 줄 필요 없이 원로원 또한 게타의 죽음을 받아들이도록 할 수 있었다. 죽은 게타는 사후에 유죄 판결을 받았고, 제국 전역에 세워져 있던 게타의 동상이 철거되었으며, 비문에 들어가 있는 이름은 모두 삭제되었다.[2]

카라칼라는 많은 관습을 무시했고 원로원 의원들을 전혀 존중하지 않았다. 카라칼라라는 별명은 그가 갈리아식 혹은 게르만식으로 보이는 화려한 색깔의 두건 달린 망토를 좋아한 데서 나온 것이었다〔카라칼라는 새로운 형식의 망토를 지칭하는데, 황제가 그 망토를 자신이 디자인했다고 주장해 이런 별명이 붙었다〕. 더욱 기괴한 것은 그가 베스타 여신에게 봉사하기 위해 청춘을 바친 귀족 가문 출신의 신녀들 중 한 명을 강간하려 한 사건이다. 그 후 그는 그 신녀와 동료 신녀 세 명이 정절의 맹세를 위반했다며 처형하라고 지시했다. 세 신녀는 모두 생매장되었지만, 카라칼라의 공격을 받았던 신녀는 황제가 여러 차례 시도했어도 자신은 처녀의 몸으로 남았다고 주장했다. 이는 황제가 성적으로 불능이고 건강이 아주 나쁘다는 것을 보여주는 주장이기 때문에 그는 더욱 불같이 화를 냈다. 마르쿠스 아우렐리우스의 아들 콤무두스를 사악하기보다는 우둔한 자라고 평가했던 역사가 디오는 카라칼라에 대해서는 그보다 박하게 평가하여 총명하고 유능하지만 게으르고 화를 잘 내고 위험할 정도로 예측 불가능하며 살인도 마다하지 않는 악질적인 황제라고 말했다. 디오는 이 황제가 한 모든 행위를 아주 부정적인 관점에서 바라보았다. 212년, 카라칼라가 제국 내의 공인된 도시나 공동체에 거주하는 모든 시민들에게 로마 시민권을 확대 부여했기에 속주에 거주하는 대다수 사람들이 법적으로 로마 시민이 되었다. 과거의 시민권에 비하면 다소 권위가 떨어지기는 하지만 그래도 상당한 특혜가 주어지는 신분이었다. 디오는 카라칼라가 이런 조치를 취한 것은 과세 대상을 더 넓히려는 의도였으며 특히 상속세 수입을 늘리려는 것이라고 주장했다.[3]

　대다수의 사료들이 카라칼라에 대해 적대적이라는 점을 감안하더라도, 그의 행동에는 수수께끼 같은 점이 많다. 215년, 그는 이집트를 방문했고 알렉산드리아에 들렸을 때 특정 사건과 관련해 군중을 학살하라는 명령을 내렸다(그 사건이 구체적으로 어떤 것이었는지 사료는 설명하지 않는다). 아르메니아 문제도 긴장상태로 접어들었는데 그 세부 사항은 불분명하다. 카라칼라는 아르메니아 왕에게 로마 방문을 요청했고 왕이 찾아오자 체포했다. 그 직후 그는 오스로에네가 속한 옛 왕국의 일부만 다스리던 에데사 왕도 똑같이 초대했다. 카라칼라는 상당한 증원군을 이끌고 동방의 속주들을 찾아가 기존 현지의 로마 주둔군을 크게 보강했다. 게다가 그는 사전에 조립된 거대한 공성기 두 대도 수송해왔기 때문에 그가 기존 병력을 강화하는 것 이상의 일을 하려 한다는 것을 알 수 있었다. 디오는 로마 황제가 아르사케스 왕중왕의 딸에게 청혼했다가 거절당하자 그것을 빌미로 전쟁을 일으키려 했다고 주장한다. 정보가 다소 부실하고 신빙성이 떨어지는 헤로디아누스는 이와는 대조적으로 그 청혼은 받아들여졌다고 주장했으며, 파르티아 왕실 일행이 결혼을 축하하기 위해 로마를 찾아오자 카라칼라는 연회 중에 그들 대다수를 살해했고 왕중왕을 포함하여 겨우 몇몇 파르티아 중신들만이 목숨을 건지고 도망쳤다고 기록했다. 이 이야기가 떠도는 소문 이상의 것은 되지 못한다 하더라도 로마 황제가 외국의 공주와 결혼하려 했다는 것은 충격적인 것이었다. 이는 자연히 로마인들의 뇌리에 안토니우스와 클레오파트라를 떠올리게 했다(클레오파트라는 적어도 동맹이었고 그의 아내였을 수도 있고 아니었을 수도 있다). 카라칼라는 과거 로마 궁정에서 총애를 받았다가 쫓겨난 철학자의 환송을 요구했고, 또 왕중왕의 궁정으로 피신한 티리다테스(아마도 주변 소왕국의 왕자)도 로마로 보내라고 요구했다. 하지만 이 또한 전쟁을 벌이기에는 아주 궁색한 구실로 보인다.[4]

212년 여름, 카라칼라는 메디아로 진격했다. 대규모 전투가 벌어졌다는 증거는 없는데, 파르티아인들은 내분에 빠져 있었거나 아니면 침략자들에게 대처할 준비가 될 때까지 관찰하며 기다렸을 수도 있다. 카라칼라는 알렉산드로스 대왕을 숭배했고 심지어 보병의 전투 대형을 마케도니아식 밀집 대형으로 꾸리기도 했다. 그는 아르벨라를 점령했을 때 자신이 위대한 정복자의 길을 따라가고 있다고 생각했을 것이다. 그는 또한 사람들을 보내 아르사케스 왕실 무덤을 파헤치고 유골을 흩뿌리도록 해 상징적인 모욕을 가했다. 바빌로니아도 공격했을 수 있는데, 설사 공격했다 하더라도 큰 성과를 거두지는 못했을 것이다. 한 해의 전투 시기가 지나가자 카라칼라는 메소포타미아의 월동 진지로 물러갔다가 봄에 다시 전쟁에 나섰다. 217년 4월 8일, 황제는 당시에 로마 영토였던 카레 근처까지 갔고 달의 신을 모시는 신전을 방문했다. 29세의 황제는 말에서 내려 용변을 보기 위해 신전 뒤의 숲으로 갔다가 근위 병사의 칼에 마구 찔려 몇 분 뒤에 사망했다.[5]

암살자는 왕실 근위대에게 신속하게 살해되었다. 그러나 그는 두 명의 근위대 사령관 중 한 명인 마크리누스가 계획한 음모의 도구일 뿐이었다. 자신을 단죄하는 편지가 행군 중인 황제에게 곧 도착하리라는 사실을 알게 된 마크리누스는 처형을 기다리기보다는 먼저 황제를 암살할 계획을 세웠다. 며칠 기다린 끝에 그는 자신이 황제 암살에 연루된 사실을 의심받지 않는다는 것을 확신하고서 스스로를 황제로 선언했고 주변의 부대원들에게는 두둑한 은사금을 약속했다. 이것은 효력을 발휘했고 그 지역의 군대는 충성을 맹세했다. 그 사실을 알리는 편지가 로마로 발송되었고, 원로원은 그를 인정해줄 수밖에 없었다. 그는 군대를 갖고 있는 반면에 원로원은 없었고 또 황위를 주장하는 다른 도전자도 없었기 때문이다. 마크리누스는 원로원 의원이 아니라 기사 출신이었다. 게다가 전통적인 관점에서 볼 때 더욱 당황스러운 것은 그가 북아프리카의 마우레타니아 출신이라는 점이었다. 그는 그곳의 전통대로 한쪽 귀를 뚫고 그 지역에서 유행하는 귀걸이를 하고 있었다. 원로원이 황제의 근위대를 지휘한다면 황제를 암살하고 자신이 황제 자리에 오를 위험이 있었기 때문에 근위대 사령관은 언제나 기사 계급 출신으로 보임되었다. 당초 근위대 사령관의 임무는 근위대를 통제하는 일로 제한되어 있었으나, 시간이 지남에 따라 황제가 그들을 신뢰하면서 그들에게 행정가 겸 법적 자문관의 지위를 부여해 권력의 범위가 확대되었다. 마크리누스는 무엇보다도 정통한 법률가였고 직접적인 군사적 경험은 거의 없었다.[6]

한편 파르티아의 아르타바누스 4세는 예상되는 카라칼라의 공세에 맞서기 위해 대규모 군대를 소집했다. 전년도의 굴욕을 설욕하고 왕중왕의 지위를 강화할 기회를 엿보며 그는 대군을 이끌고 반격에 나섰고 니시비스 근처에서 며칠에 걸쳐 교전이 벌어졌다. 양측의 피해는 그리 크지 않았다. 어쩌면 그 교전은 탐색전이었을 가능성이 있고 양측은 전면전에 돌입하기 전에 먼저 우위를 점하려고 애썼고 교전 내내 우월한 입장에서 협상하기를 바랐는지도 모른다. 헤로디아누스는 그 교전이 무승부라 했고 디오는 로마군의 패배라고 서술했다. 마크리누스가 파르티아인들에게 2억 세스테르케스를 지불하고 평화의 대가로 포로와 약탈품을 돌려주기로 했기 때문에 디오의 기록이 더 정확한 것일 가능성이 높다.[7]

마크리누스는 이 합의를 승리로 선전했으나 곧 다른 종류의 도전에 직면했다. 당시 카라칼라의 어머니 율리아 돔나는 이미 사망한 상태였지만 그녀의 여동생 율리아 마이사와 마이사의 맏딸이자 과부인 율리아 소아이미아스가 자신의 14세 된 아들이 실제로는 죽은 남편의 자식이 아니라 카라칼라의 사생아라고 주장한 것이다. 그들은 모두 시리아의 에메사에 거주했고 소년은 한때 세베루스가 원로원에 추천했던 남자의 아들이었음에도 불구하고, 가문의 전통 때문인지 아니면 현지 귀족들에게 명예직이었기 때문인지 엘라가발루스 신의 사제로 복무하고 있었다. 에메사 인근에 주둔하던 군단은 율리아 소아이미아스로부터 상당한 선물과 약속을 받은 후 그들의 주장을 확신하고 소년을 황제로 선언했다. 이후에 다른 군단들도 그 선언을 지지했다. 카라칼라는 다른 곳보다 군대에서 우호적으로 기억된 반면 마크리누스는 군대 내에서 별로 알려지지 않은 인물이었고 그의 지도력이 열광적인 호응을 이끌어내지도 못했다. 218년, 두 경쟁자를 지지하는 소규모 군대 사이에서 교전이 벌어졌다. 마크리누스는 그 전투에서 패하여 달아났고 그 후에 살해되었다.[8]

다시 한번 원로원은 군대의 판단을 받아들여 패자를 단죄하고 승자를 칭송했다. 하지만 그것은 암살당한 황제의 사생아라고 주장되는, 전혀 경험 없는 소년을 황제로 승인하는 어처구니없는 조치였다. 소년은 그가 모신 엘라가발루스 신의 이름을 따서 엘라가발루스로 불렸는데, 그가 로마에 도착했을 때 많은 사람들이 놀랐다. 그는 로마의 전통에 대해 전혀 존경심이 없었고 새로 맡게 된 황제의 역할에 대해서는 더욱 흥미가 없었다. 가장 기이한 것은 그가 대중 앞에서 춤추기를 좋아했다는 것이었다. 로마인들이 볼 때 그가 숭배하는 이교도 신의 예식을 거행하면서 익힌 습관인 듯했다. 그는 아주 짧은 시간 내에 일련의 신부들과 결혼을 했다. 두 명은 신녀 출신의 처녀였고 또다른 신부는 북아프리카 여신의 여사제 출신이었다. 그래서 그들의 결합은 두 신성이 육체적으로 맺어진 것이었다. 주요 보직은 새 황제가 성기가 큰 남자를 선호하기 때문에 그것을 기준으로 임명이 이루어졌다는 이상하고 민망한 소문이 돌았다. 후대에 전해지는 자료들은 너무나 기이해서 그게 어느 정도나 진실인지 알기가 어렵다. 하지만 디오 같은 이들이 경악을 금치 못했다는 것은 분명하다. 곧 실권이 다른 곳에 있었음이 드러났고, 율리아 마이사와 그녀의 맏딸은 실권을 두고 서로 다투었으며, 어린 황제에게 영향력이 있는 사람이라면 누구와도 경쟁했다. 그 결과 제국의 중심부가 아주 약해졌다고 사람들은 느끼기 시작했다. 여러 속주의 군단들이 반란을 일으켰고 여러 황제가 즉위했다가 순식간에 살해되었다.[9]

율리아 마이사에게는 역시 과부에다가 아들이 하나 있는 또다른 딸이 있었다. 222년, 이 모녀는 음모를 꾸며서 율리아 소아이미아스와 엘라가발루스를 살해했다. 황제 자리에는 13세의 알렉산데르 세베루스를 옹립하고 그의 태도와 행동을 철저히 감시하여 전통적 기준을 따르도록 했다. 무엇보다도 원로원 의원들을 공손하게 대하도록 교육시켰다. 이것은 로마 엘리트들에게 좋은 인상을 주었고 관련 사료들에서 알렉산데르는 사촌 엘라가발루스보다는 더 우호적으로 기술되었다. 그러나 새 황제는 어느 모로 봐도 괴뢰에 불과했다. 군대 내의 여러 세력은 다루기 어려웠고 특히 근위부대가 까다로웠기 때문에 알렉산데르 세베루스는 군부를 통제하는데 굉장히 애를 먹었다. 로마법 법전을 집대성한 저명한 법률가 울피아누스가 근위대 사

령관으로 임명되었으나 병사들에게 인기가 없었고 알렉산데르는 그가 살해되는 것을 막지 못했다.[10]

로마 정부가 약화되었다는 소식이 온 사방으로 퍼져나갔고 227년에 왕중왕 아르다시르 1세는 자신감에 차서 동방 속주들의 공략에 나섰다. 메소포타미아가 점령되었고 니시비스와 카레도 함락되었고 시리아와 카파도키아에도 대대적으로 진격했을 가능성이 높다. 231년에 이르러 알렉산데르 세베루스는 안티오크로 가서 대규모 병력을 집결시켰고 잃어버린 땅을 일부 회복했다. 다음 해에 로마인은 3개 야전군을 편성하여 공세에 나섰다. 그중 1개 야전군을 황제가 지휘했는데, 그가 너무 신중하여 다른 2개 야전군을 충분히 지원하지 못했다는 이야기가 돌았다. 한 야전군을 패배를 당했다. 이 원정전은 제한적인 성공을 거두었을 뿐인데 황제는 233년 로마로 돌아와 개선식을 거행했다. 알렉산데르는 곧 라인란트의 소요사태를 해결하기 위해 현지로 떠나야 했고, 군부 내의 일부 불만 세력이 반란을 일으키면서 결국 235년에 황제는 살해당했다. 이 음모는 율리우스 베루스 막시미누스가 주도한 것이었고, 다시 한번 원로원 소속도 아니고 황실과의 혈연도 없는 사람이 황제로 선언되었다. 기사 계급 출신인 율리우스 베루스는 셉티미우스 세베루스가 그의 용기와 능력을 알아본 이후에 군대에서 계속해서 승진을 거듭한 인물이었다. 소문에 따르면 그는 판노니아 농부의 아들로 태어났다고 하는데 여기에는 상당한 과장이 끼어들었을 가능성이 있다. 사실이 무엇이든 간에 그는 1세기와 2세기에 기사 계급이 달성할 수 있는 것보다 훨씬 높은 지위에 올라섰다. 그는 살인을 통해 황제가 되었고 충분한 병력이 그를 뒷받침해주는 한에서 황제로 남아 있을 수 있었다.[11]

아르다시르 1세는 내전을 통해 권좌에 오른 또다른 인물로, 224년에 아르타바누스 4세를 살해하고 즉위했다.* 이는 수십 년에 걸쳐 진행된 내전의 최종 결과였는데, 그 경위는 동시대의 로마 제국의 갈등보다 더 추적하기가 어렵다. 아르다시르 1세의 등극은 파르티아 제국의 종식과 이후 페르시아 사산 왕조가 들어섰음을 알리는 분명한 신호탄으로 인식되기는 했지만 많은 것이 베일에 가려져 있다. 사산조 페르시아는 보다 더 중앙집권적이고 강력한 국가로 알려져 있다. 로마사 연구자들이 볼 때, 페르시아의 부상은 3세기의 혼란상을 어느 정도 설명해준다. 로마 황제들이 갑자기 등장하고 갑자기 사라졌고 로마군은 여러 전선에서 자주 패배를 당했다. 이란 역사가들이 볼 때 사산 왕조는 아르사케스 파르티아의 외부인들과 달리 의식적으로 이란 왕조의 귀환을 상징하는 것이었다. 로마 측 사료들은 아르다시르 1세가 알렉산드로스 대왕이 멸망시킨 옛 아케메네스 제국의 모든 땅을 회복할 수 있는 권리를 자신이 갖고 있다고 주장했다고 말한다. 이 점은 1세기 초 티베리우스와의 협상 이래로 전혀 언급되지 않았던 사항이었다. 그러한 주장은 어느 쪽의 관점에서 보든 갑작스럽고 극적인 것으로서 기존의 세력 균형을 근본적으로 바꾸는 것이었다.[12]

진실은 이보다는 훨씬 복잡하고 즉각 대답하기 어려운 여러 질문을 자아낸다. 아르다시르 1세는 그 전에 4세기 반 동안 파르티아 제국을 다스려왔던 아르사케스 왕실과는 전혀 인연이 없는 인물이었다. 아르사케스 왕조에 대한 정보가 아주 빈약한 한 가지 이유는 그

---

* 이전 작품에서 그를 아르타바누스 5세로 칭했지만, 아르사케스 왕조를 정밀히 살펴본 결과 아르타바누스 5세는 통치하지 않았던 것으로 판단되었다.

332

후대인 사산 왕조가 그들의 기억을 철저하게 말살했기 때문이다. 이에 비해 사산 왕조에 대한 전승은 아주 풍부하지만 주로 중세적 형태로 남아 있고, 후대의 왕들이 자신의 필요에 따라 과거를 재구성하면서 때로는 왜곡되거나 미화되기도 했다. 그 결과 사산 왕조의 초창기에 대한 기록은 아주 문제가 많이 남았다. 가령 아르다시르 1세가 누구였는지, 왜 그와 후계 왕들은 사산이라는 왕조 이름을 채택했는지 등의 핵심적 질문에 대한 답변을 얻기가 어렵다. 심지어 사산이 특정 선조를 가졌는지, 그보다 더 넓은 정체성을 갖고 있는지 아니면 신의 이름인지 따위도 불분명하다.

아르다시르 1세의 권력 기반은 페르시스(오늘날 이란의 파르스주)였다. 이곳은 옛 아케메네스 페르시아 제국의 중심지였는데, 페르세폴리스에 남아 있던 거대한 왕궁 단지의 장엄한 유적들이 옛 제국의 위대함을 상기시켜주었다. 알렉산드로스는 서기전 330년에 술에 취해 이 왕궁 단지를 불태워버렸는데, 그것은 아르다시르가 태어나기 500년 전의 일이었다. 이후로 이 지역은 셀레우코스 왕조가 지배했고 그다음은 아르사케스 왕조가 지배했는데 두 왕조 모두 자신들의 언어와 종교를 가진 외부인들이 세운 왕조였다. 그러나 어느 경우든 일상적 행정 업무는 현지 지도자들, 소왕국의 왕들이 담당했다. 어느 시기에 셀레우코스 왕조나 아르사케스 왕조의 왕이 다른 지역 왕들이나 총독들의 군주였던 것과 마찬가지로 한 명의 왕이 페르시스 전역을 다스리는 통치자이자 각 지역 소왕조의 군주로 군림했다. 다른 곳과 페르시스에서도 이 지역의 오래된 언어인 페르시아어가 후대까지 살아남았고, 다른 전통, 양식, 종교도 마찬가지였다. 이 중 어떤 것도 정적인 것은 없었고, 자연스럽게 발전했고, 현 지배자들의 영향을 받았다. 페르시스에서 발행된 동전들은 전통적인 페르시아 모자를 쓴 왕들을 보여주지만, 셀레우코스 왕조와 아르사케스 왕조의 방식을 따라 왕을 신으로 지칭하고 있다. 과거에 아르사케스 왕조에 대한 반란이 페르시스에서도 발생했지만 그 빈도는 다른 지역에 비해서 떨어졌다. 외부인들의 통치에 대해 저항은 고사하고 분개했다는 증거도 별로 없다. 따라서 키루스와 다리우스 시절과 아케메네스 제국의 영광에 대해 어느 정도 자세히 알려졌는지 말하기는 어렵다. 일부 학자들은 아르다시르 1세가 아케메네스 왕조의 영광을 되찾았다고 주장했다는 이야기를 로마의 관찰자들이 지어낸 것이라고 간주한다. 그들은 헤로도토스나 먼 과거의 다른 이야기들에 익숙한 역사의 프리즘을 통해 세상을 이해하려다 보니 그런 이야기를 창작했다는 것이다.13

그리스-로마 사료들은 아르다시르 1세의 출신에 대해 기이한 이야기를 들려준다. 예언에 능한 무명의 가죽 세공사 혹은 신기료 장수인 파팍이라는 자가 있었는데, 그는 자신의 집에서 숙식하는 군인의 아들이 자라서 미래에 영광과 권력을 얻을 것이라고 예언했다고 한다. 파팍은 딸이 없었으므로 그 군인이 자기 아내와 동침하도록 했고, 세월이 흘러 그 아내가 아르다시르를 낳았다(그리스-로마 사료에서는 아르탁사레스). 이 아이가 자라면서 크게 될 싹수를 보이자 파팍과 방문객 군인(가끔 사사누스라는 이름으로 언급됨)은 누가 그를 키울 것인가를 두고서 의논했는데 파팍의 아들로 키우기로 합의했다. 어떤 인물이 장차 크게 될 것이라고 예언하는 것은 고대 문헌에서 흔히 등장하는 일이었다. 이 일화가 페르시아 정식 고문서에 바탕을 둔 것이라는 주장도 있지만, 이는 다소 엉터리에 가깝다. 비록 왜곡되긴 했지만 파바그와 사산이라는 실명을 알아볼 수 있다. 사산 전승에 바탕을 두고 있는 여러 사료들이 이야기를 제시하는 방식은 다양한데, 가장 간명한 것은 파바그의 아들 아르다시르는 실은 사산의 아들이었다는 이야기다. 또다른 전승은 아르다시르의 어머니가 사산의 딸이라고 하는데, 이런 이야기들에는 일관성이 없다.[14]

아르다시르 1세는 비문에서 자신을 파바그 왕의 아들이라고 기록했지만 사산과의 관계에 대해서는 불분명하고 또 사산을 왕이라고 부르지도 않는다. 대신 자신이 사산 가문 출신이라고 묘사한다. 한 전승은 사산을 페르시스의 이스타크르에 있는 조로아스터교 신전의 청지기로 묘사하지만, 또다른 전승은 파바그를 사제로 묘사한다. 그는 아마도 현지인은 아니었을 것이다. 사산이라는 이름은 아르다시르 1세가 즉위한 후에야 페르시스에서 등장하며, 그 후에는 동쪽에서만 등장한다. 최근에는 그가 인도-파르티아 왕조가 다스린 지역의 출신이라는 주장도 나오고 있다. 그 왕조의 통치자들은 아르사케스 사람들이기는 하지만 파르티아를 통치했던 가문의 방계 후손들이었다. 이러한 분열은 파르티아 제국이 만들어진 초창기로 거슬러 올라간다. 아르다시르가 이 동방의 아르사케스 방계 가문의 출신인지는 명확하게 말할 수 없지만, 그는 자신이 오로지 파바그 왕하고만 관계가 있다고 말했다. 그러니 그는 아르사케스 가문 본류의 사람이 아니라 기껏해야 방계의 소가문 출신일 가능성이 높다. 그는 비교적 최근의 다른 왕들과 인척 관계에 있다거나 같은 조상을 가졌다고 언급한 적이 없고, 그가 아르사케스 왕조와 약간이라도 관련이 있었다면 그런 주장을 하지는 않았을 것이다. 아르다시르 1세는 지도력과 전쟁 수행 능력을 갖추고 있었고, 자신의 재능, 행운, 결단력을 바탕으로 출세한 게 틀림없다. 고대 세계의 많은 지도자들이 그런 식으로 출발했으며, 많은 사람들이 실패했고 오로지 소수만이 성공했다. 이렇게 볼 때 그는 왕실 출신이라기보다 하급 귀족 가문의 출신일 가능성이 높다.[15]

파바그는 아들 샤푸르와 함께 이스타크르의 왕이 되었고 부자의 초상을 새긴 동전을 발행했다. 부자는 사병을 모아 현왕을 전복하는 방식으로 그 자리에 올랐을 것이다. 파바그가 실제로 사제였다면 종교적 요소도 있었을 가능성이 높다. 이러한 지역적 권력 갈등은 당시 파르티아 제국 내에서 아르사케스 왕위를 차지하기 위해 벌어진 갈등을 반영하는 것으로서 그리 새로운 것이 아니었다. 비록 극단적인 사례이기는 하지만 바빌로니아의 산적인 아시나이우스와 아닐라이우스 형제도 정부 기관으로부터 공식 인정을 받아냈다. 대부분의 경우 왕중왕은 새 지도자가 충성을 바치겠다고 맹세한다면 낮은 수준에서의 체제 변경을 기꺼이 승인해주었다. 이러한 변화의 기회는 중앙 정부가 약화되는 시기에 더욱 빈번하게 찾아왔다. 2세기 후반과 3세기 초에 두 명 이상의 왕중왕 자리를 노리는 경쟁자가 없던 시절은 아주 드물었다. 아르타바누스 4세의 주요 경쟁자는 볼로가이세스 6세였는데 두 경쟁자 사이의 갈등 때문에 아르타바누스 4세는 카라칼라의 공격에 재빨리 대응할 수가 없었다.[16]

아르다시르 1세는 기존 왕조를 전복하고 페르시스의 다른 지역에서 자신을 지역 통치자로 선언한 듯하다. 그는 후에 자신이 신성한 파바그의 아들이라고 주장했으나 이는 입양에 의한 부자관계였을 가능성이 높다. 거의 같은 시기에 파바그는 최초의 성공을 밑바탕 삼아 다른 이웃 왕조들을 공격하면서 영토를 꾸준히 확장해나갔다. 아르다시르 1세는 파바그와 동일한 방식으로 영토를 확장했는데, 두 사람의 사이가 늘 좋았던 것은 아닌 듯하고, 서로 경쟁하면서 싸우기도 했던 것으로 보인다. 샤푸르가 더 선호되는 후계자로 점지되었으나, 샤푸르와 파바그가 아르다시르에게 패했거나 살해되었을 가능성이 있다. 한 전승에 따르면 샤푸르는 갑작스러운 붕괴 사고로 성벽이 머리 위에 무너져 내리는 바람에 사망했다. 따라서 파바그는 아르다시르를 새 후계자로 지명했거나 아니면 아르다시르에 의해 쫓겨났을 가능성이 있다. 시간이 가면서 3세기 두 번째 10년경에 아르다시르 1세가 페르시스의 거의 모든 지역을 장악하게 된다.

일단 페르시스의 지배권을 획득한 아르다시르 1세는 더 높은 목표를 세우고 더 넓은 지역을 자신의 통제하에 두기로 결심했다. 아마도 아르타바누스 4세가 그를 지역 통치자로 인정하기를 거부했거나, 아니면 아르다시르 1세가 왕중왕을 전복할 기회를 포착했는지도 모른다. 볼로가이세스 6세는 220년대 초부터 기록에서 사라지는데, 자연사했거나 아르타바누스 4세나 아르다시르 1세에 의해 폐위되었을 것이다. 그 후 224년에 아르다시르 1세는 여러 전투 혹은 단 한 번의 큰 전투에서 왕중왕을 물리쳤을 것이다. 얼마 지나지 않아 제작된 암벽 조각은 아르다시르 1세가 긴 창으로 적의 몸통을 깊게 찌르는 장면을 묘사하고 있다. 두 적수는 말을 타고 있고 중기병의 갑옷을 입고 있었다. 또다른 암벽 조각은 아르타바누스 4세의 시신이 아르다시르 1세의 말발굽 밑에서 짓밟히고 있는 모습을 묘사했다. 승리를 거둔 지 2년 후에 아르다시르는 크테시폰을 점령했는데, 그는 이 도시에서—그리고 후대의 사산 왕들 대다수가—왕중왕으로 대관식을 올렸다. 이 도시의 특징적인 점은 아르사케스 파르티아에 의해 건설

되었고, 아케메네스 왕조와는 별로 관계가 없다는 점이었다.[17]

이 갈등은 내전이었고 아르사케스 왕좌가 폭력을 통해 여러 사람의 손을 거쳐 가는 동안에 벌어진 일련의 후계 전쟁 중 가장 마지막 전쟁이었다. 그것이 본토 페르시아인이 파르티아 압제자들을 상대로 벌인 반란이었는지, 또는 이런 역학관계가 얼마나 중요한 역할을 했는지 보여주는 증거는 없다. 또 각각 개별적 공동체들이 그들 나름의 정체성에 대해 어떤 인식이 있었는지도 알려진 것이 거의 없다. 지역별로 종교와 관습의 상당한 변폭이 있었던 것만큼은 분명하다. 아케메네스 페르시아의 조로아스터교는 제국이 알렉산드로스 대왕에게 함락된 후에는 제대로 기능할 수 없었기 때문에 변화해야 했다. 불의 신전은 셀레우코스 왕조와 아르사케스 왕조 시대 내내 중요한 의례 장소였다. 이런 의례 장소들은 어느 정도나 과거의 전통을 철저히 준수했는지, 또 사산 왕조 치하에 등장한 정통 조로아스터교는 어떤 종교였는지 정확하게 말하기가 어렵다. 사산 왕조 아래에서 국가가 후원하는 정통 종교들은 상당히 다양한 사상들이 공존했기 때문에 수정되어야 할 필요가 있었다. 이런 여러 가지 요소들 때문에 4세기 반이 흘러간 시점에서 아르사케스 왕들을 외부인으로 보았는지 아니면 제국 내의 여러 지역, 특히 페르시스에서 진정한 종교의 실천자로 간주되었는지 여부를 알기가 어렵다.

분명한 것은 왕권을 확장하던 초창기 시절에 아르다시르 1세를 위해 싸웠던 사람들 중 소수만이 파르티아인과 뚜렷이 구분되는 페르시아인이었다는 점이다. 아르다시르 1세는 동맹을 더욱 많이 만들었는데, 그중에는 파르티아의 큰 귀족 가문들, 가령 수렌, 카렌, 안데간 등도 있었으며 이 가문들은 모두 제국의 동부에 근거지를 두고 있었다. 그의 최종적 성공이 확실시되자 더 많은 세력이 그에게 합류했다. 동맹자들은 이전 세대의 사람들이 다른 왕위 도전자를 도왔던 것처럼, 그리고 다른 씨족과 현지 집단이 아르타바누스 4세를 위해 싸운 것과 마찬가지로 자신의 가족과 전사들을 데리고 그의 편에서 싸웠다. 아르다시르 1세가 자신을 왕중왕으로 선언했다고 해서 그의 통치가 지속되리라는 보장은 없었고, 그의 후계자가 왕위를 이을 것이라는 보장도 없었다. 기존 왕실의 여러 왕족들이 아직도 제압되지 않은 상태였고, 그중에서도 아르메니아 왕과 그의 가족은 여전히 왕위를 지키고 있었다. 도전은 여전히 남아 있었고, 공개적인 적들이 아르메니아에서 피난처를 찾도록 몰아가기 위해 더 많은 전투가 필요했다. 사산 왕조의 부상이 가져온 가장 큰 역설 중 하나는 아르메니아로 하여금 로마와 동맹을 맺도록 강제했다는 것이다. 또다른 역설은 하트라가 로마 수비대를 기꺼이 받아들이려 했다는 것이다. 과거에 트라야누스와 세베루스가 실패했던 것처럼, 아르다시르 1세도 이 도시를 함락시키려 했다가 실패했다.[18]

4세기 로마 역사가 겸 전직 군 장교인 암미아누스 마르켈리누스는 아르사케스 가문이 언제나 페르시아 통치자로 선호되었다고 주장했다. 그러나 이는 페르시아와 파르티아를 동의어로 여기는 역사가의 시대착오적인 주장으로 치부되어 왔고, 그리스-로마 저술가들은 고전시대에 근거한 가정에 부합하는 이야기들을 지어내는 경향이 있으므로 이를 반영한 것으로 여겨졌다. 그러나 그의 주장에는 일말의 진실이 있다. 왜냐하면 사산 왕조는 그 근원이 아르사케스 왕조로서, 파르티아를 4세기 이상 통치해온 아르사케스 왕조의 방계 가문일 가능성이 있기 때문이다. 넓은 시야로 본다면 현지 소왕국의 왕들 중에 아르사케스의 피가 약간이라도 섞여 있지 않은 통치자는 거의 없었다. 아르사케스 왕실에는 중혼과 하렘의 문화가 있었고, 왕중왕의 딸들은 제국 내 여러 소왕국들과의 관계를 강화하기 위해 혼인동맹에 활용되었다. 여러 세대를 거치는 동안 아르사케스 왕조의 형제들과 친척들은 지역 소왕국의 왕으로 임명되었고, 따라서 아르다시르 1세를 지원한 일부 인사들을 포함하여 많은 사람들이 아무리 희미한 것일지라도 왕실과의 인척관계를 자랑하고 더 나아가 왕위를 주장할 수 있게 된 것이다. 이들이 자신의 정체성을 실제로 어떻게 생각했는지에 대해서는 알기가 어렵다.[19]

아르다시르 1세의 주장은 막연하거나 근거가 없었지만, 그는 이미 권력을 잡고 있었고 이를 공고히 하는 확실한 방법이 있었다. 일찍이 그는 자신과 이름이 같은 한 아들을 페르시스 지역 중 한 곳의 왕으로 임명했고, 나중에는 그를 사카스탄의 왕으로 승격하고 명시적 후계자로 지명했다. 하지만 이 왕자는 실제로는 왕위를 이어받지 못했다. 이런 식으로 친척들을 활용하는 것은 아르사케스 전통 속에 잘 확립되어 있는 절차였다. 왕중왕을 적극 지원한 씨족이나 지도자들에게 후하게 보상하는 것도 그 전통의 일부였다. 아르다시르 1세가 내놓은 선전물 중 일부는 새로운 것이었다. 여러 기념물에서 그는 조로아스터교 판테온의 주신인 아후라 마즈다로부터 자신의 왕중왕 지위를 인정받는 장면을 묘사했다. 아케메네스 왕조의 왕들도 마찬가지로 자신이 이 위대한 주신의 지상 대리인임을 내세웠지만 후대의 파르티아인들은 그렇지 않았으므로 아르다시르의 이런 행보는 전통적 신앙의 부활로 여겨졌다. 그러나 신을 인간의 모습으로 묘사하고, 또 왕중왕과 같은 크기로, 때로는 왕중왕과 거의 같은 복장으로 말을 타는 모습으로 신의 정체를 드러내는 표현 방식은 이전에는 전례가 없는 것이었다. 인간의 모습을 한 신이 왕에게 왕관을 건네주는데 때로는 불의 제단을 가로질러 왕관을 건네주기도 했다. 아케메네스 왕조에서는 이런 묘사를 볼 수 없었다. 이는 가령 승리의 여신 니케가 셀레우코스 왕조의 왕이나 파르티아 왕에게 원형 화환을 건네주는 모습 등을 묘사한 그리스 조각상들에서 영향을 받았을 가능성이 높다.

성공적인 찬탈자가 자신의 등장을 신으로부터 영감을 받고 승인받은 것으로 제시하는 것은 전장에서의 승리보다 더 설득력이 높았다. 불의 신전에서 사제 노릇을 하고 파바그와 사산과 관련이 있다는 이야기는 아르다시르 1세의 등장에 강력한 종교적 요소가 있음을 암시한다. 처음부터 아르다시르 1세는 자신을 사제왕司祭王으로 생각했을 가능성이 높다. 페르시스는 아케메네스 왕조의 중심지였고 옛 종교와 의식의 많은 부분을 그대로 간직했으며 그것이 주민들의 정체성에도 영향을 미쳤다. 이미 500년의 시간이 흐른 점을 감안하면, 아케메네스의 전통들이 상당히 발전하고 변화한 것은 그리 놀라운 일이 아니다. 아르다시르 1세의 실제 근원이 무엇이었든지 간에 그는 당시 페르시스에 널리 퍼진 사상과 신념을 채택했고 그곳 사람들의 지지를 얻을 만한 방식으로 행동했지만, 그것 역시 지역에서 통용되던 종교의 여러 갈래 중 하나만을 대표하는 것이었다. 그것은 왕 자신의 신념이나 핵심 지지자들의 신념을 반영했을 수도 있다. 정치가들은 특히 큰 성공을 거두었을 경우에 자신의 말과 선언을 너무 쉽게 믿어버리는 경향이 있다.

그러나 아르다시르 1세는 페르시스보다 더 넓은 지역에서 사상을 가져왔을 수도 있으므로 좀더 신중하게 살펴봐야 한다. 실제로 등장한 것은 페르시스뿐만 아니라 제국의 동쪽 지역과 인도-파르티아인들 사이에서 널리 통용되었던, 아르사케스 왕조에서 볼 수 없었던 다른 유형의 조로아스터교였을 수도 있다. 돌이켜보면 사산 왕조는 4세기 동안 통치하게 되는데 이는 아르사케스 왕조만큼이나 오래 통치한 것이다. 따라서 224년까지의 시기는 파르티아와 파르티아인이라고 말하고, 그 이후부터는 페르시아와 페르시아인이라고 말하는 것이 하나의 관습이 되었다. 역사학계에서는 아르다시르 1세를 기점으로 종교뿐만 아니라 정부, 문화, 군사행동 등이 모두 과거와 뚜렷하게 단절되었다고 보는 경향이 있다. 확실히 사산 왕조 아래에서 국가의 많은 양상이 아르사케스 파르티아와는 확연히 달랐다. 왕실의 권위는 한결 중앙집권적이 되었고 '국교國敎'의 재가를 받았으며, 언어도 다르고 권력의 상징도 달랐다. 변화는 일어났지만, 몇 세대 동안 증명되지 않은 것들이 있기 때문에 언제, 왜 변화했는지는 알기가 어렵다. 마찬가지로 아르사케스 왕조의 기록들은 너무나 빈약한데 특히 아르다시르 1세가 등장하기 전 한 세기 동안의 자료가 그러하다. 따라서 아르다시르 1세 치하의 일부 혁신들은 한결 오래된 것이었고 아마도 점진적 발전의 결과였을 것으로 짐작된다. 하지만 멸망 전 150년 동안의 파르티아 제국에 대해서는 알려진 게 거의 없어서 제국이 어떻게 운영되었는지도 불확실하다.[20]

아르다시르 1세는 자신이 신의 인정을 받았다고 주장했다. 그가 자신을 혁명가로 내세운 것인지, 아니면 후대의 아르사케스 왕들이 마땅히 그랬어야 했지만 그러지 못했던 왕중왕들이라고 간주한 것인지 여부는 불분명하다. 사산 왕조의 특징인 왕권의 중앙집권화는 강력한 왕중왕이 자신을 내세우는 방식을 반영한 것에 불과했을 수도 있다. 지역 왕들과 그들 밑에 있는 소왕들은 사산 왕조 내내 많은 지역에서 그대로 존속되었다. 사산 왕들은 소왕의 자리에 자신의 친척들을 임명했는데 이는 아르사케스 전통을 그대로 따른 것이었다. 오늘날 학자들에 따르면 사산 왕조는 군사적 측면에서 파르티아보다 훨씬 더 잘 조직되고 기강이 잡혀 있었고, 공성전에서도 더 우수한 능력을 발휘했다. 전투에 임할 때 그들은 과거보다 더 많은 보병을 전장에 투입시켰으나 그래도 주로 중기병에 의존했고—일부는 궁기병, 다른 일부는 재래식 기병—예전에 크게 의존했던 궁기병은 2차적 역할을 했을 뿐이었다. 그리고 사산군대는 전투용 코끼리를 사용했다. 아르사케스 왕조는 코끼리를 주요 전력으로 사용한 적이 없었다. 타키투스는 파이투스가 아르메니아에서 항복한 이후 군단병이 건설한 다리 위로 왕중왕이 코끼리를 타고 왔다고 기록한 적이 있었지만 그럼에도 코끼리는 주요 전력이 아니었다. 이러한 변화는 아르다시르 1세와 그의 후임 왕들이 주도한 군사적 혁명으로부터 온 것이었으나, 그것이 점진적으로 이루어졌을 가능성도 있다. 코르불로의 원정전 이후에 파르티아 군대에 대한 자세한 설명이 없기 때문에 이런 변화는 이미 2세기 대규모 전투에서 진행된 것이 아니었을까 하는 추정도 가능하다.[21]

아르다시르 1세와 후계 왕들이 다스린 제국은 본질적으로 아르사케스 파르티아와 동일한 지역이었다. 아르다시르 1세 같은 강력한 왕들은 제국이 약화된 시절에 빼앗겼던 변경 지대의 땅들을 다시 회복하여 강력한 통제권을 행사할 수 있었다. 그러나 전반적으로 살펴볼 때 제국의 영토는 두 시대(아르사케스와 사산)에 걸쳐서 같은 공동체가 점령한 동일한 땅이었다. 시간이 가면서 개별 왕조들은 바뀌었고, 도시들은 번창하거나 쇠락했고, 공동체들은 더 중요해졌거나 덜 중요해졌다. 사산 왕조의 왕들이 편성한 군대는 아르사케스 파르티아 왕들이 운용한 군대보다 더 동질적이지 않았다. 일부는 왕실 군대였으나 나머지는 용병들, 그리고 지역 왕들과 소왕들과 명문 귀족이 필요에 따라 조직한 파견부대로 구성된 혼합 부대였다. 이런 군대를 동원하고 유지하고 통제하는 원리는 본질적으로 똑같았다. 역사적 기록이 빈약할 때는 어떤 특징적인 변화가 눈에 띄기 마련이지만 연속성 또한 중요하다. 아르사케스 왕초 초창기에 등장했던 카렌이나 수렌 같은 귀족 가문들은 사산 왕조 내내 중요한 세력으로 남았고 일부 가문은 그 시대 이후에도 여전히 강성한 세력이었다. 이 명문 귀족과 사산 왕조 사이에는 통혼이 있었고 왕족으로 인정되는 씨족의 구성원들은 우선권이 부여되어 그들의 백성을 다스렸다. 개별 지도자들은 내전 시기나 후계자 갈등 때 이기는 편을 지원하거나 지원하지 못해 사산 왕조의 호의를 얻거나 얻지 못하면서 부침을 거듭했다. 그러나 일부 귀족 가문이 그처럼 여러 세기 동안 그들의 고유한 영지를 그대로 통제할 수 있었다는 것은 놀라운 일이다.[22]

학자들은 변화의 근본적인 원인을 찾아 사태를 설명하는 데 집중하고 개인들의 역할, 재주, 개성 등은 잘 살펴보지 않는 경향이 있다. 아르다시르 1세의 성격은 알려져 있지 않지만 그가 아주 유능한 전쟁 지도자였고 성인이 된 후에는 한평생 전장에서 시간을 보냈다는 것만큼은 분명하다. 그는 먼저 추종자들을 끌어 모으고, 그다음에는 비록 지역 중심에서 멀리 떨어진 곳이지만 페르시스의 5대 지역 중 한 지역을 점령했다. 그가 어떻게 자신의 영토를 넓혀갔는지 그 구체적 과정은 알기 어렵지만 파바그가 어느 정도 그를 인정하고 지원했을 가능성이 있다. 파바그는 세력을 키우기 위해 싸우는 야심가 중한 명이었다. 아르다시르 1세는 권력 게임을 너무나 잘 조종해 마침내 페르시스 전역을 석권하고 212년경에 파바그와 지명 후계자를 모두 제거했다. 그는 페르시스 지역을 기반으로 계속해서 세력을 확장했고 그가 발행한 동전들에서 그의 호칭은 '왕'에서 '이란인(아리아인)의 왕'으로 변화해나갔다. 그리고 아르타바누스 4세를 패배시키고 크테시폰을 함락하고 대관식을 거행한 이후에는 자신을 '왕중왕'이라고 칭했다.

전투는 계속되었다. 아르다시르 1세는 여전히 여러 경쟁자들을 상대해야 했고, 외적들의 위협도 있었고, 옛 제국의 영토를 가능한 한 많이 회복하여 사산 왕조의 지배권을 만천하에 보여주어야 했다. 로마인을 공격한 것은 새로운 백성들에게 깊은 인상을 심어주고 아르타바누스 4세의 나약함을 폭로하기 위한 힘의 과시였다. 아르타바누스 4세는 조상들의 무덤이 로마인에 의해 훼손되는데도 그냥 두었던 무력한 왕이었다. 로마인들은 검증된 우수한 군인들이었지만 과거에 비해 덜 단합되고 그리 강하지 않은 상태였다. 나이 어린 두 황제가 연속해서 황위에 올랐고 그런 혼란을 틈타서 로마군 내에서는 반란과 기강 해이에 대한 소문이 끊이지 않았다. 메소포타미아를 공격해 여러 요새를 점령하고 또 그 너머 지역으로 진격함으로써 아르다시르 1세는 군사적 영광을 거두었고 보물과 포로라는 전리품을 챙겼다. 초창기 사산 왕들은 이렇게 붙잡아온 포로들을 왕실의 노동력으로 활용했는데 아르다시르 1세 때부터 시작된 관행이었다. 이런 전쟁 포로들 외에 내전으로 인해 로마 제국을 떠나 다른 곳에서 피신처를 찾으려 했던 로마인들도 있었다. 아르다시르 1세의 업적을 칭송하는 암벽 조각들의 품질과 예술성이 높아진 것은 로마 속주로부터 예술 장인들이 사산 제국으로 많이 유입된 덕분이었다.[23]

아르다시르 1세는 전쟁 초기에는 아주 잘 싸워서 알렉산데르 세베루스가 침범해온 사산 왕조의 영토를 지켜냈다. 로마 야전군 중 1개 부대가 패배했든 아니든, 그 전투 이후에 모든 로마군이 철수했고 돌아오지 않았다. 로마군은 크테시폰 근처에도 가지 못한 듯했다. 메소포타미아에서 아르다시르 1세가 올린 성과가 일시적인 것이었다 할지라도 그는 자신이 집권하기 이전에 파르티아가 갖고 있던 땅을 조금도 잃지 않은 것으로 보인다. 결론적으로 그는 로마인에게 맞서서 이전의 어떤 왕보다 제국의 영토를 잘 지켜냈다. 제국의 동부에서 더 많은 성공 사례들이 있었고 그는 두 번의 주요 전쟁을 수행했다. 한 번은 근년에 제국이 잃었던 땅을 다시 찾기 위한 전쟁이었고, 다른 한 번은 박트리아로 쳐들어간 전쟁이었다. 이보다 더 뒤에는 로마의 속주들을 공격한 것도 있었다. 다시 강조하지만, 이것은 제국의 백성들, 특히 귀족들에게 자신의 통치권을 각인시키려는 것이자 인근의 모든 세력에게 중앙 정부에 강인한 새로운 권력이 들어섰음을 알리는 선언이었다.[24]

아르다시르 1세가 가져온 최대의 변화는 아르사케스 왕조를 사산 왕조로 바꾼 것이 아니라 스스로가 아주 강력한 통치자였다는 단순한 사실이었다. 그는 전쟁에서 연속적으로 승리를 거두었고 심각한 패배를 당한 적도 없었다. 행운과 재주가 겸비된 지도자였고 전투 수행 능력이 뛰어나고 승리에 익숙한 추종자들을 거느리고 있었다. 이는 키루스와 다리우스, 미트라다테스 1세와 2세, 그리고 더불어 필리포스와 알렉산드로스 대왕을 닮은 것이었다. 성공은 성공을 불러왔지만 통치권에 너무 밀접하게 연결되어 더 많은 전쟁을 부추겼으며, 이런 지도자들은 전쟁을 중단하고 영토와 권력의 확대를 포기하는 것이 너무나 어려웠다. 나약한 아르사케스 왕중왕이 여러 세대 계속되다가 갑자기 유능하고 공격적인 새로운 통치자가 등장했다. 그가 전통적인 왕실 출신이 아닌 사람으로서 새로운 왕조를 건설했다는 사실은 적어도 단기적인 관점에서는 부차적인 일이었다. 그의 업적은 최초의 아르사케스 왕들처럼 자기 직계만 승계할 수 있는 체제를 창조한 것이었고, 그 체제가 굳건해지기까지는 시간이 걸렸다. 모든 것이 그가 예상한 대로 흘러간 것은 아니었다. 그가 총애했던 후계자 아르다시르는 무슨 이유에서인지 그의 뒤를 잇지 못했고, 대신 240년에 또다른 아들인 샤푸르 1세가 병든 아버지와 함께 공동통치자가 되었다. 어떻게 이런 일이 벌어졌는지는 불분명하지만 샤푸르 1세는 아버지만큼이나 유능하고 강력한 통치자였다. 1년 사이에 아르다시르 1세는 사망했고 샤푸르 1세가 단독 통치하게 되었다.

성공적인 지도자들은 행운이 따르는 경향이 있다. 우리가 이미 살펴본 바와 같이, 술라와 카이사르 같은 로마인들은 자신의 행운을 대놓고 과시했다. 아르다시르 1세는 자신의 재능을 바탕으로 출세했지만 좋은 시기를 만나는 행운도 누렸다. 당시 파르티아에서는 내전이 계속되었기 때문에 야심 찬 사람들이 출세할 수 있는 기회가 많았다. 또한 제국의 인근 국가들이 상대적으로 약세였다는 점도 중요했는데, 특히 로마 제국의 약세는 쉽게 추적해볼 수 있다. 학자들은 소위 '3세기 위기'의 구체적 시기를 규정하는 데 있어서 의견이 엇갈리며, 많은 학자가 그 시기를 대혼란의 수십 년으로 제한하려는 경향이 있다. 카라칼라의 암살 이후 로마 제국은 공화국의 붕괴 이래로 볼 수 없었던 혼란에 휩싸이여 내전의 현실이나 그림자로부터 자유로운 적이 없었다.

셉티미우스 세베루스는 가장 강력한 속주 군대의 사령관이었고 이미 원로원에서 성공한 의원이었기 때문에 내전에서 승리를 거둘 수 있었다. 마크리누스는 이런 자격을 전혀 갖추지 못했고 단지 황제 수행원이나 궁정 종사자의 일원일 뿐이었다. 그는 배후에서 카라칼라 황제의 암살을 조종했고, 비록 단기간이기는 하지만 동방 속주들에 주둔하는 군단 사령관들의 지지를 얻어냈다. 엘라가발루스는 아직 어린아이였을 때 카라칼라의 사생아라는 주장 덕분에 황위에 올랐다. 그 주장은 진위가 의심스러운 것이었고 설사 진짜라 할지라도 로마법에는 그러한 자손의 실질적 상속권은 없었다. 엘라가발루스의 뒤를 이은 황제는 그의 사촌 알렉산데르 세베루스였다. 두 황제는 셉티미우스 세베루스의 처제의 후손들이었다. 이들의 황위 주장은 세베루스 가문과 혈연관계라는 걸 내세운 것이었지만 기껏해야 근거가 빈약한 주장에 지나지 않았다. 두 사촌 형제에 뒤이어 황위에 오른 막시미누스는 그러한 연관성도 아예 없었고, 원로원 의원 가문 출신도 아니었고, 오로지 군대의 지원에만 의존했었다.

이는 앞으로 수십 년간 반복될 양상이었다. 군대의 지원을 얻을 정도로 유능한 사람이라면 누구나 자신을 황제라고 선언할 수 있었다. 때때로 그 군대는 근위부대, 경호부대, 혹은 속주들에 배치된 야전군단 등 다양했다. 원로원이 적극적인 역할을 한 경우는 아주 드물었으며, 군대가 원로원을 지지하지 않을 때에는 성공적인 결단을 내리기가 어려웠다. 이제 원로원 경력이 더 이상 필수적인 자격 요건이 아니었기 때문에 황제가 되기는 전보다 쉬웠고 훨씬 많은 사람에게 기회가 열려 있었다. 마르쿠스 아우렐리우스는 상당수의 기사 계급 출신을 그들의 군사적 능력에 따라 원로원에 진출시켰다. 왜냐하면 전염병으로 인해 원로원 의원들이 상당수 사망한 데다 야전군을 지휘할 수 있는 유능한 인사들을 발탁해야 했기 때문이다. 세베루스도 군장교를 원로원에 많이 진출시켰지만 중요한 사령부는 원로원 의원들이 아니라 기사 계급 출신에게 맡겼다. 그가 새로 설치한 메소포타미아 속주는 기사 계급 출신의 장관이 다스렸고, 그곳에 주둔하게 된 2개의 신설 수비군 또한 기사 계급을 사령관으로 보임했다. 이러한 추세는 계속되었고 더 많은 기사 출신이 속주 군대의 지휘계통에서 고위직을 맡게 되었다.

황제가 되는 것은 전에 비해 쉬워졌지만 온 사방에서 도전자들이 나타났기 때문에 권력 유지는 훨씬 더 어려워졌다. 군대는 이런 상황에서 큰 혜택을 보았다. 병사들은 은사금과 보상금을 받았고 장교들은 그보다 더 큰 보상을 받았다. 군대는 점점 더 자주 킹메이커 역할을 하게 되었다. 누군가가 황제로 선언되었다가 얼마 지나지 않아 다른 쪽에서 더 좋은 조건을 제시했다는 이유로 그를 황제로 밀어준 군대에게 살해당하곤 했다. 많은 개인이 등장했다가 사라졌고, 사라질 때는 폭력적 방법이 동원되었다. 황제의 자의紫衣를 노리는 새로운 도전자가 나타날 때마다 공포를 심어주기 위한 처형과 지지를 얻기 위한 뇌물 제공이 있었다. 황제로서는 군단들의 지원을 얻고 그들의 비위를 맞추는 것이 무엇보다 중요했다. 그렇게 해야 살아남을 수 있었기 때문이다. 그러한 상황은 군대의 기강을 세우고 수준 높은 훈련과 효율성을 유지하는 데에는 도움이 되지 않았다. 로마 군대는 거듭해서 내부 분열을 일으켰으며, 누가 이기든 간에 발생하는 많은 사상자는 군대의 자신감과 집단 경험에 나쁜 영향을 미쳤다.

이런 모든 상황이 아르다시르 1세의 재임기에 시작되었고, 그는 그것으로부터 혜택을 얻었다. 이는 샤푸르 1세에게는 더 큰 기회를 제공했다. 로마인들은 공화국 후기 이후에는 볼 수 없었던 방식으로 아주 취약한 상태에 빠져 있었다. 로마의 영토를 공격하면 성공할 가능성이 높았고 전리품과 영광이 따라올 것이었다. 로마가 오랜 세월 막강한 국가로 보였기 때문에 그 영광은 더욱 찬란했다. 사산인들은 승리를 거두어서 나약한 아르사케스 왕조보다 자신들이 전쟁에서 훨씬 더 강하며 훨씬 더 합법적인 통치자라는 걸 증명했다. 샤푸르 1세의 공격은 반격을 불러왔지만, 로마인들의 지속적인 취약함과 내부 분열로 인해 그들의 반격은 과거 1세기와 2세기에 보여주었던 강력한 힘과 의지, 결단을 보여주지 못했다. 로마는 내전으로 계속 취약해졌고, 그 시기에 파르티아 내전은 사산 왕조를 만들어냈다. 아르다시르 1세와 후계 왕들은 자신의 통치를 합법화하기 위해 외세에 맞선 전쟁을 통한 찬란한 영광을 갈망했다. 그것이 전쟁을 계속하게 만드는 비법이었다.

11

로마 황제가 다시 거짓말했다

240 - 265

샤푸르 1세는 자신이 아버지의 뒤를 이을 후계자임을 증명하고 사산 왕조가 제국을 통치할 자격이 충분하며, 왕의 뜻을 외세의 적과 국내의 정적에게 똑같이 관철시킬 능력이 있음을 보여줄 필요가 있었다. 로마인들이 그렇게 명백히 취약하지 않았다면 새로운 왕중왕은 다른 곳에 주의를 집중했을 것이고, 실제로 다른 여러 국경에서 승리를 거두는 데 몇 년을 보냈다. 로마인들은 허약했음에도 복수에 나서려고 했는데, 개별 황제들이 동방에서 대승하여 자신의 통치를 정당화하려고 했기 때문이다.

샤푸르 1세의 기념물은 여러 사산 왕들이 많이 세웠기 때문에 지금까지 잔존한 것들이 많다. 기념물에 새겨진 문장의 어조는 단호하며 샤푸르 1세의 많은 성과를 거창하게 나열하고 있다. 이는 부분적으로 왕이 이룬 업적의 엄청난 규모를 반영하는 것이지만 자신의 적법성을 증명해야 하는 왕의 의무를 표시한 것이기도 했다. 어느 기념물에서 그는 이렇게 말한다. "나는 아후라 마즈다를 숭배하는 신성한 샤푸르, 아리아인과 비아리아인의 왕중왕, 신의 종족, 아후라 마즈다를 숭배하는 신성한 아르다시르의 아들, 파팍 왕의 손자다. 나는 아리아인 국가의 주인이다." 이처럼 생애 만년에 그는 자신의 업적을 과시하는 칭송비를 남기기로 결정했다. 칭송비의 원문은 오늘날 이란의 나크슈 이 루스탐으로 알려진 조로아스터교 예배당의 벽에 새겨져 있다. 이곳은 고대에 매우 존경받는 성소였고 키루스와 다리우스 같은 위대한 아케메네스 통치자의 석조 무덤이 올려다보이는 인근에 있었다.

샤푸르 1세는 아케메네스 왕조를 언급하지 않는데, 이는 선왕 아르다시르 1세가 알렉산드로스의 도래 이전에 옛 왕조가 다스렸던 영토를 회복하겠다는 뜻을 자랑했다고 기록한 로마 사료와는 대조적이다. 하지만 샤푸르 1세가 아버지와 자신의 승리를 기념하는 바위 조각물에 이어 이곳에 금석문을 세운 것은 결코 우연의 일치가 아니다. 아르사케스 왕조를 대체한 사산조 초창기 왕들은 멸망한 왕조와 일정한 거리를 뒀고 그 기억을 말살했다. 대신 그들은 훨씬 더 먼 과거의 여러 영광과 자신들을 연결시켰다. 그들은 아케메네스 왕조와 훨씬 더 오래된 이란 전승 속의 위대하고 정의롭고 신비로운 왕들을 찬양했지만, 이런 상호 연관성은 노골적이거나 적극적으로 장려된 것은 아니었다. 희미하게 기억되거나 상상된 역사는 숭배 대상이라기보다는 현재의 영광에 배경을 제공하는 것으로도 충분했다. 중요한 것은 현재였고, 샤푸르 1세의 눈부신 권력과 성공이 그의 영광을 높이고 신성한 통치권을 증명하는 기념비였다. 과거든 현재든 그 누구도 샤푸르 1세의 상대가 될 수 없었다. 그리고 그의 사후에 아들이

세웠을 것으로 생각되는 금석문은 미래에 대해서는 말하지 않았다.[1]

샤푸르 1세의 조부는 '단지' 왕이었고, 그의 아버지는 아리아인의 왕중왕으로 칭해졌을 뿐 비아리아인까지 포함하진 않았다. 샤푸르는 아리아인과 비아리아인 모두를 다스리는 왕이었고, 따라서 온 세상의 왕중왕이었다. 이는 무한의 권력을 자랑하던 로마인들의 주장과 비슷했다. 샤푸르 1세는 아후라 마즈다를 숭배하고 특별하게 여겼던 아버지의 적법한 후계자였으며, 아버지와 마찬가지로 신성한 존재였다. 아르다시르와 샤푸르는 모두 신으로 불렸고, 아케메네스 왕들보다는 파르티아와 그리스 통치자를 상기시켰고 두 문명의 전통을 모두 수용했다. 아후라 마즈다는 위대한 최고신으로 다른 모든 신들의 지배자였으며, 선과 진리의 대표였고, 악과 거짓의 대표인 악마 아흐리만을 상대로 싸워 완전한 승리를 거두는 완벽한 신이었다. 지상에서 그의 종인 샤푸르 1세와 그의 아버지는 악과 거짓을 상대로 똑같이 거룩한 싸움을 벌였다.

금석문의 문구는 중기 페르시아어로 예배당 사면의 벽 중 삼면에 새겨졌고, 파르티아어와 그리스어로도 번역되어 있었다. 이 세 가지 언어는 샤푸르 1세의 제국에서 통용되며 주로 귀족들이 사용하던 언어였다. 외국 사절들이 왕중왕을 가까운 곳에서 알현했다면 3개 언어 중 하나를 들었을 것이다. 그들은 이 금석문을 읽으면서 수많은 유명 지역의 왕들의 충실한 지지를 받는 샤푸르 1세의 통치권이 얼마나 강력한지 알았을 것이고 또 제국의 크기와 외적들을 상대로 거둔 많은 승전의 역사도 알았을 것이다. 그런 업적들 중에서 가장 많은 비중을 차지한 최고로 위대한 업적은 로마인을 상대로 거둔 승리였다.[2]

이 사건과 관련하여 현존하는 사료들은 그리스-로마의 것보다 사산 왕조의 것이 내용 면에서 더욱 충실하다. 가장 훌륭한 단일 증거는 이 금석문이며, 실제 벌어진 사건과 가까운 시기에 세워진 다른 기념물들이 그 내용을 뒷받침한다. 심지어 중세 시대의 아랍 전승들에도 이 시기에 대한 정보가 아주 많다. 반면에 로마 측 사료는 유난히 부족하며 사산 사료와 모순되는 것은 물론이고 서로도 모순된다. 일반적인 편견을 뒤집는 것은 매우 즐거운 일이지만, 전반적으로 살펴보더라도 주요 갈등이 벌어진 시기에 관한 증거는 무척 빈약하며 시간적 공백이 크고 해결하기 어려운 문제가 많다. 우리에게 익숙한 로마의 관점보다 사산의 관점을 지지하는 일은 매력적으로 다가오지만, 모든 사료는 똑같이 신중하게 다뤄야 한다. 샤푸르 1세의 기념비와 《신성한 아우구스투스의 업적》 사이에는 종종 유사점이 나타나는데, 두 문헌은 지도자가 사람들에게 어떻게 보이고 기억되고 싶어했는지를 잘 보여준다는 점이다. 아우구스투스의 문헌은 샤푸르의 금석문보다 과장된 부분을 더 쉽게 발견할 수 있는데, 이는 우리가 아우구스투스에 관한 정보를 훨씬 많이 가지고 있기 때문이다. 두 문헌 모두 주인공을 과도하게 칭송하고 있기는 하지만, 비록 선택적일지라도 기본적으로 사실에 입각한 정보를 제공했을 것이다. 아우구스투스의 업적이 위대한 것처럼 샤푸르 1세의 업적도 아주 대단하여 그 어떤 후계자도 필적할 수 없었다.[3]

로마군은 한동안 하트라에 수비대를 배치했고 도시가 함락될 때에도 그곳에 있었다. 하트라 공격은 230년대 말에 재개된 전투의 일부였고 페르시아인이 주도한 것이다. 두라 에우로포스에 있는 한 가옥의 회반죽벽에 새겨진 그라피토(바위, 벽, 도기의 면에 새긴 문자 혹은 그림)

는 239년 4월 20일 페르시아인이 "우리를 덮쳤다"라고 기록하고 있다. 발굴자들은 이 그라피토를 한 민가 바닥에서 발견된 석판 금석문과 연관 지었지만 그 석판은 본래 도시 외곽에 있는 공동묘지의 추모비였을 것이다.●[4] 이 비석은 율리우스 테렌티우스의 것으로 그는 팔미레노룸의 제20군단을 지휘한 천부장이었다. 그는 "전투에서 용맹하고 강인하게 싸웠던 사람"으로 그가 사망한 후에 아내가 이 추모비를 세웠다고 한다.[5]

훌륭하게 보존된 두라 에우로포스의 유적 중에서도 드문 우연의 일치로 율리우스 테렌티우스의 초상은 가장 먼저 발견되었다. 그의 검은 머리카락은 나이를 먹은 흔적으로 서서히 이마 뒤로 벗겨지는 중이었다. 단정하게 수염을 다듬은 테렌티우스는 보병대 장교들과 함께 신들에게 제물을 바치려고 행진하는 모습이다. 그들이 입은 군복은 3세기 로마군의 것인데 몸에 딱 맞았고 바지는 황갈색이었으며 흰색 튜닉에는 긴 소매가 달렸고 발을 완전히 감싸는 부츠를 신었으며 망토를 착용했다. 망토 색깔은 다양했는데 몇몇 소매에는 고리가 달렸고 신분을 구분하는 여러 형태의 휘장을 패용하고 있지만 우리는 그것을 명확하게 구분하지 못한다. 대다수 군인은 수염을 길렀지만 얼굴은 각양각색으로 개성을 뽐내고 있다. 천부장 율리우스 테렌티우스는 라틴어로 이름이 적혀 있고, 보병대 사제이자 모키무스의

● 최초 발굴자들은 돌이 민가의 일부였다고 추정하지만 나는 다른 많은 사람들과 같이 다르게 생각하며, 최근의 재평가는 그 집이 천부장과 그의 가족이 거주했을 가능성이 거의 없다고 본다. 기사 계급이 살기에는 이 민가가 너무 작을 뿐만 아니라 군이 운영한 공창(公娼)으로 확인된 다른 건물과 인접해 있었다. 이미 언급한 것처럼 돌은 민가 벽의 일부가 아니라 엉성하게 쌓아올린 돌무더기인데, 이는 다른 어딘가에서 옮겨왔을 수 있다는 뜻이다. 죽은 자의 무덤과 추모비는 보통 도시 성벽 외곽에 있었다.

아들인 테르메스도 거명되었지만 그리스어로 표기되었다. 이 비문을 살펴볼 정도로 관심이 있는 사람은 두 가지 언어를 어느 정도 읽을 수 있었을 것이다. 두라 에우로포스와 팔미라의 여러 수호신 조각상이 지켜보는 가운데, 기수(다른 사람들보다 체구가 작게 묘사되었는데 분명 계급이 낮기 때문일 것이다)가 보병대 군기를 들고 있고 테렌티우스는 제단의 불꽃에 향을 부은 다음에 세 명의 신에게 제물을 바치고 있다. 이 신들은 팔미라의 신일 수도 있고 238년에 잠시 함께 통치했던 로마의 세 황제였을 수도 있다.[6]

두라 에우로포스에서 로마 제국의 어디에서도 볼 수 없는 가장 풍성한 파피루스 문서가 발굴되었다. 문서 중 다수가 군사 관련 내용이었고 테렌티우스의 부대인 팔미레노룸의 제20군단과 관련된 것이 가장 많았다. 아마도 그 기록은 더 이상 필요 없게 되어 무더기로 버렸을 것이다. 테렌티우스의 이름은 현존하는 문서 어디에도 나타나지 않지만, 239년 5월 27일과 28일의 오전 보고서는 보병대가 천부장이 아니라 군단에서 파견된 선임 백부장의 지휘를 받았다고 기록하고 있다. 백부장을 지휘관대리로 파견한 것은 기사 계급의 장교를 구할 수 없었기에 임시로 취한 조치였다. 그해 초나 혹은 전년도 말에 페르시아의 공격을 받아 테렌티우스가 사망하자 기사 출신의 후임자가 파견될 때까지 백부장을 임시 지휘관으로 보낸 것이었다. 게다가 앞서 언급한 오전 보고서와 비교하면 군 복무를 하는 군인 수가 크게 줄었다는 것을 알 수 있다. 이러한 변화는 여러 이유가 있을 수 있겠지만 그만큼 사상자가 발생했기 때문일 가능성이 높다. 보병대가 몇 년 동안 임시 지휘관에게 맡겨졌다는 건 혼란한 시기에 정상적인 인사 발령이 어려웠다는 뜻이다.[7]

트라야누스가 단기간 점령한 후 로마인들은 루키우스 베루스의 동방 정벌 시기부터 두라 에우로포스를 점령했고, 약 2000명의 주둔군을 유지한 것으로 보인다. 팔미레노룸 부대는 몇 세대를 거쳐 그곳에 주둔했는데 오랜 세월 팔미라와 관계를 형성한 데다 이 도시는 신병을 모집할 가까운 공급처였기 때문이다. 제20군단은 기병대, 보병 백인대, 낙타를 탄 소수의 보조부대로 구성된 혼합 부대였다. 대부분의 기간 동안 그들은 두라 에우로포스에 주둔한 군인의 대략 절반을 차지했다. 초기에는 다른 보조부대가 정기적으로 그들과 함께 주둔했고 3세기에는 군단병으로 구성된 상당 규모의 파견대도 있었다. 이 시기에는 카라칼라의 칙령에 의해 보조부대에 모집된 신병 대다수가 이미 로마 시민이었기 때문에 다른 무엇보다 명성, 급여, 부대 전통에 따른 구분이 컸다.

　팔미레노룸 제20군단의 완전한 병사 명부에는 모든 병사가 본래 이름에 아우렐리우스가 추가되어 기록되었다. (셉티미우스 세베루스는 자신의 정통성을 강화하고자 스스로를 마르쿠스 아우렐리우스의 가문에 입양시켰다. 이는 카라칼라가 제국 인구 대다수에게 시민권과 자신의 이름을 부여할 때 그의 이름이 마르쿠스 아우렐리우스 안토니누스였다는 것에서 알 수 있다.) 대다수 군인은 이제 로마 시민이었고, 두라 에우로포스와 그 외의 광대한 제국의 지역에서 진행된 고고학 연구는 병사들이 사용한 장비들이 서로 다르지 않다는 걸 보여준다. 군단병과 보조부대 병사는 모두 스파타spatha(칼날에 무늬가 새겨진 길고 가느다란 칼), 필룸 투창이 아닌 장창, 동일한 무늬와 장식을 새긴 투구를 착용했다. 갑옷은 쇠사슬 갑옷과 미늘 갑옷이 일반적이었고, 로리카 세그멘타타lorica segmentata(여러 가지 빛깔의 줄무늬를 새긴 갑옷)로 알려진 유명한 판갑은 실제로는 보기 드문 것이었다. 완전 무장한 로마 군인은 누가 봐도 로마 군인임을 금방 알아볼 수 있었지만 소속 부대를 알아보려면 작은 세부 사항들을 살펴봐야 했다.[8]

군인들은 딸린 식구도 많았다. 테렌티우스는 아내인 아우렐리아 아리아가 추모비를 남겼는데, 아리아는 그 이름으로 미루어볼 때 212년에 시민권을 얻은 것으로 보인다. 선임 장교의 다른 부인들과 마찬가지로 그녀도 부임하는 남편을 따라 아이들을 데리고 현지에 갔고 그 외에 집안의 노예와 자유민을 통솔했다. 제국의 다른 여러 지역에서도 볼 수 있듯이 일반적인 보조 요새에는 반드시 지휘관용 관사가 있었다. 이 관사는 폼페이의 다른 웅장한 저택과 비교해도 규모에서 밀리지 않았다. 아우구스투스 시절부터 사병은 장교와 달리 결혼이 불허되었지만 다수가 몰래 결혼했다. 군인들이 원래는 상속 대상자가 아닌 부인과 자식에게 재산과 신분을 물려주는 걸 허용한 황제들 중에는 하드리아누스가 있었고, 셉티미우스 세베루스는 결혼 금지령을 아예 없애거나 크게 완화했다. 따라서 2000명의 군인이 어떤 한 장소에 장기적으로 머무른다는 것은 여자, 아이, 자유민과 노예, 나아가 군대가 소유한 노예까지 포함하여 더 많은 군인 가족들이 각종 훈련을 받으면서 비전투 임무를 수행한다는 것을 의미했다. 그들은 군인에게 상품과 서비스를 판매하여 생계를 유지했다. 두라 에우로포스의 군사 지역은 도시 전 지역의 4분의 1을 약간 넘는 큰 땅을 차지했다.[9]

두라 에우로포스에서 군인과 민간인 간의 관계는 그리 단순하지 않았을 것이다. 부대 주둔은 로마 제국이 일방적으로 강제한 것이었으므로 두라 에우로포스 시민은 부대에 대해 발언권이 없었다. 도시의 일부는 징발 대상이 되어 로마군의 임시 숙소와 관리 시설 및 기타 시설을 제공했고 건물은 분리되었고 거리는 폐쇄되어 군사 지역임을 표시했다. 시간이 흐를수록 로마 군인들은 필요한 시설들을 추가했고 여기에는 작은 원형극장과 공창이 포함되었다. 군인들은 법률상 군사 법정에서만 재판을 받았으며 민간인보다 우선적인 대우를 받았다. 민간인은 영향력이 큰 친구가 없다면 군인들의 특혜를 제지할 수 없었다. 하지만 증거를 살펴보면 완전히 분리된 공동체들이 있는 것이 아니라, 서로 뒤섞여 있는 공동체 속에서 군인들의 존재가 더 눈에 띄었을 뿐이었다. 많은 사람들이 섞여 있는 공동체에서 군인은 민간인들이 한 번쯤 겪게 되는 존재였다.[10]

신전, 제단, 조각상으로 상징되는 다양한 신들 외에도 두라 에우로포스에서 행한 여러 발굴 작업은 로마 지배기에 번성한 유대교 회당을 발굴했다. 회당의 여러 벽들은 그림으로 풍성히 장식되었는데 요단강 건너기 등 성경의 장면들을 묘사한 그림들도 있었다. 분명 이 유대인 공동체는 그림을 금지하는 옛 전통에도 불구하고 인간과 동물을 적극 묘사했다. 이런 장면들에서 유대인 전사들의 장비는 비록 양식화된 형태라고 할지라도 당대 로마군 형태에 영향을 받은 것임을 알 수 있다. 더불어 두라 에우로포스에서 발굴된 것으로 가장 초기 시기의 카리스마파 기독교 교회도 있었다. 그 교회에는 예배실이 있었고 예수가 물위를 걷는 장면을 그린 벽화, 선한 목자의 여러 조각상 등이 있었다. 기독교는 불법적인 종교였으나 그런 금지령은 빈번히 무시되었다. 두라 에우로포스에서 기독교 교회와 유대교 회당은 주둔군 보초병들이 일상적으로 지키는 도시 성벽 가까이에 있었고, 각 종교를 믿는 여러 공동체 사람들이 교회나 회당에 들러 예배

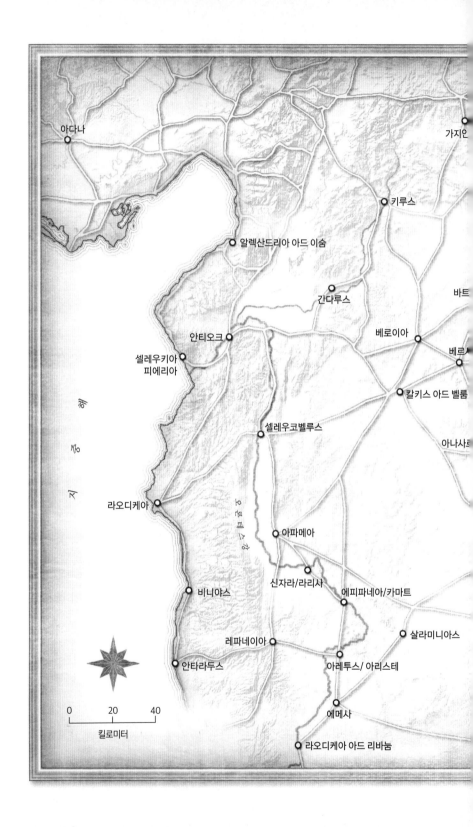

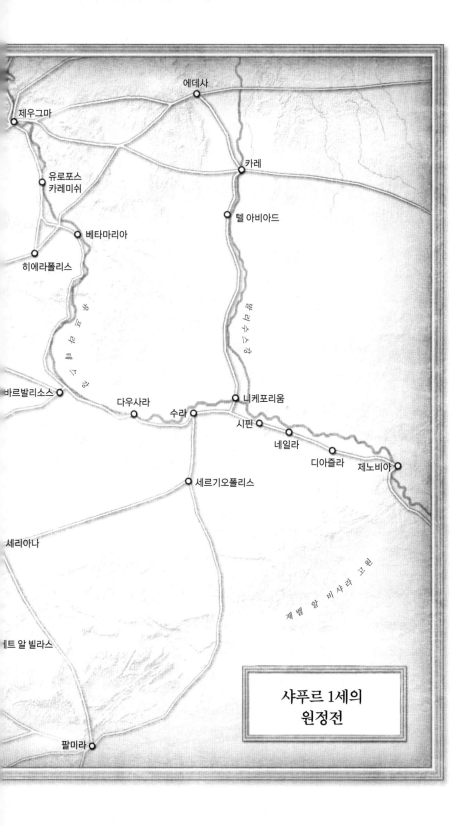

에데사

제우그마

유로포스
카레미쉬

베타마리아

히에라폴리스

카레

텔 아비아드

발
리
수
스
강

바르발리소스

다우사라

수라

니케포리움

시핀

네일라

디아즐라

제노비야

세르기오폴리스

세리아나

제 벨 알 비 샤 라 고 원

네트 알 빌라스

팔미라

유 프 라 테 스 강

샤푸르 1세의
원정전

하는 모습도 쉽게 볼 수 있었다. 갈등이나 의혹이 생길 기미는 전혀 없었고 그들은 그저 도시 생활의 일부였다. 때로는 일부 세력이 다른 세력에게 적대적이었을 수도 있다. 그런 일은 그리스-로마 세계의 많은 도시에서 흔한 것이었고 파르티아의 지배를 받는 셀레우키아에서도 그러했다. 군인들이 지위를 남용하거나 제멋대로 굴 때도 있었다는 내용도 사료에 남아 있다. 그렇다고 해서 그런 일이 일상적으로 벌어졌다는 의미는 아니며, 군인, 민간인, 그리고 집단 내부의 다양한 민족과 신앙이 잘 어울려 지냈을 가능성이 더 크다.[11]

　두라 에우로포스는 로마 제국의 가장 먼 변두리에 있는 주둔군 도시였다. 여러 작은 요새가 있었고 북쪽과 남쪽, 주로 유프라테스강과 그 근처, 그리고 지류인 카부르강에 파견대가 나가 있었다. 팔미레노룸 제20군단은 여러 장소에 병력을 파견했고 부대 소속 병사들의 상당수가 몇 달, 혹은 몇 년 동안 중심 기지를 떠나 파견 근무를 했다. 이것은 두라의 군단병들이 장기간 주력 기지에 파견 나가 있는 것과 똑같았다. 셉티미우스 세베루스, 카라칼라, 그리고 알렉산데르 세베루스가 행한 주요 군사 작전이 있었고 그에 대해 아르다시르 1세는 강력하게 대응했다. 이 몇십 년 동안에, 서기전 1세기 이후 그랬던 것보다 더 넓은 지역에서 더 많은 충돌이 발생했다. 충돌의 세부 사항을 모두 추적하는 것은 불가능하며 특히 소규모 공격이나 소규모 충돌, 즉 239년 두라 에우로포스에서 벌어진 일 같은 사례는 더욱 그러하다. 이 때문에 대규모 군사 작전의 정확한 맥락을 제대로 파악하기가 어렵다. 샤푸르 1세는 힘으로 왕좌를 찬탈한 아버지에게서 자리를 물려받아 새로운 왕조를 시작했다. 두 국왕이 자신의 기념물에서 신성한 정통성을 강조한 여러 이유 중 하나는 그들의 지배가 군사적 성공에 기반한 것이기 때문이었다. 군사적 성공은 곧 신들의 승인을 의미하는 것이었고, 두 왕은 국내외 적을 상대로 심각한 실패를 해서도 안 되고 나약하게 보여서도 안 됐다. 동시에 로마의 여러 황제는 내전이나 쿠데타의 산물이었기 때문에 그들의 통치는 언제나 불안정했다. 디오는 알렉산데르 세베루스의 지휘를 받는 시리아 군대는 자주 반란을 일으켰고 심지어 한 속주 총독을 살해했다고 주장했다. 두라에서 발견된 일상적인 행정 문서는 이 같은 내용을 보여주지는 않지만 몇몇 학자는 이를 암시하고 있다고 주장한다. 빈번한 내전으로 인해 로마 제국의 국력은 더욱 약화되었고 조화로운 국가 행정을 펼치지 못하게 되었으며 인접국과의 외교관계에서 예전보다 대응이 예측 불가능하게 되었다. 이로 인해 샤푸르 1세는 국경 지역에서 압박을 가하고 과거에 상실한 영토를 어느 정도 되찾을 기회를 얻을 수 있었다. 하지만 샤푸르 1세 통치기의 첫 몇 년 동안에 로마의 관심은 다른 곳에 쏠려 있었고, 왕중왕은 그 틈을 타서 다른 도전에 대응할 수 있었다.[12]

이런 상황은 242년부터 243년까지 또다른 로마 황제가 대규모 동방 원정에 오르면서 바뀌었다. 그는 10대의 고르디아누스 3세로 그의 조부와 부친이 막시미누스에 맞서 스스로를 황제라고 칭한 바 있었다. 유의미한 군사적 지원이 전혀 없었던 도전자들과 그 지지자들은 몇 달 만에 목숨을 잃었다. 그러나 238년에 당시 13세였던 고르디아누스는 노년의 두 원로원 의원을 동료로 삼아 함께 황제로 선포되었다. (테렌티우스 벽화가 황제 숭배에 참여한 보병대의 모습을 묘사한 것이라면 그들이 숭배한 것은 이 세 명의 황제였을 것이다.) 두 원로원 의원은 몇 주 만에 근위대에게 살해되었고, 어린 고르디아누스 3세는 단독 황제로 더 노련한 고문들의 지도를 받게 되었다. 대표 고문은 근위대장 티메시테우스였다. 이 고문들은 동방 속주들에서 로마 제국의 무력을 확실히 보여줄 필요가 있지만 우선 황제가 직접 그곳으로 가서 도나우강의 여러 작전을 '관리'해야 한다고 결정했다. 이 원정은 몇 년이 걸렸고 페르시아인을 상대로 한 원정 준비가 착착 진행되었다. 이 정도 규모의 군사 작전을 조직하는 것은 느리고 완만한 과정이었는데, 이미 해당 지역에 있는 물자들을 강화하기 위해서는 더 넓은 지역에서 병력과 보급 물자를 끌어와야 했기 때문이다. 샤푸르 1세는 게르만인을 위시하여 그 경계 너머 고트족에 이르기까지 로마 제국 전역의 여러 세력들이 자신에게 대항하려 한다고 주장했다. 왕중왕의 주장은 게르만 부족과 별개로 고트족을 언급한 최초의 사례였지만, 그가 페르시아 동쪽에 사는 부족의 명칭을 서쪽의 그리스인과 로마인보다 정확하게 이해했는지 여부는 불확실하다.[13]

243년 고르디아누스 3세와 그의 군대는 제우그마에서 유프라테스강을 건넜다. 로마의 메소포타미아 속주 대부분이 페르시아의 수중에 있었던 것으로 보이며 레사이나에서 벌어진 전투는 로마의 승리로 결말이 났다. 샤푸르 1세는 이 전투를 언급하지 않았는데 실패했기 때문에 업적 목록에 빼버렸거나 혹은 그가 작전 현장에 있지 않아 아직 주력군을 데리고 오지 못해서였을 수 있다. 카레와 다른 도시들은 다시 로마가 지배하게 되었다. 이후에 고르디아누스 3세의 초상을 새긴 주화가 니시비스에서 제작되었으며, 이는 페르시아의 점령으로 주화 제작이 중단된 이후에 처음 있는 일이었다. 그와 동시에 로마 조폐국이 싱가라에 설립된 것으로 보이며 다른 여러 공동체들을 현지에 세우기도 했다. 다음 해 로마군은 유프라테스강 하류 쪽을 향해 두라 에우로포스를 지나가는 친숙한 경로로 계속 진군했다.

그 외에는 확실한 것이 거의 없다. 티메시테우스가 이질로 사망하고 필리포스라는 자가 두 명의 근위대장 중 한 명으로 선임됐다. 샤푸르 1세는 아시리아 국경 메시케에서 로마군을 맞아 전투를 벌였고 대승을 거둬 고르디아누스 3세와 로마군 대다수를 전사시켰다고 주장했다. 반면에 로마 사료는 오히려 로마가 승리했는데 그 직후에 일이 잘못되었다고 기록했다. 몇몇 사료는 소년 황제가 낙마하여 다쳤거나 전투 중에 사망했을 것이라고 기록했다. 대다수는 필리포스가 그를 죽였다고 기록했는데 부상으로 쇠약해진 고르디아누스 3세의 숨통을 끊었거나 아니면 직접 살해하고 자신을 황제로 선포했다는 것이다. 모든 것을 종합해볼 때 기초적인 사실은 고르디아누스가 사망했으며 로마군이 겪은 패배 정도와 무관하게 로마군은 대부분의 전력을 온전하게 보존했고 필리포스가 군대의 지지를 받아서 황좌를 차지했다는 것이다. 과거 마크리누스처럼 그는 협상을 통해 50만 데나리우스(200만 세스테르티우스)를 건네주고 평화를 매수했는데 이는 217년에 지급한 액수의 10분의 1이었다.● 다른 여러 조건도 있었을지 모르겠지만 결과는 어쨌든 페르시아와 강화를 맺고 로마군이 물러나는 것이었다. 전술적으로 볼 때 전투는 무승부였을 수도 있고 오히려 로마인에게 유리했을 수도 있지만, 전략적으로는 사산 왕조의 대승이었다. 로마군은 크테시폰이나 다른 대도시에 도달하지도 못했고 한 황제는 죽고 다른 황제는 어쩔 수 없이 강화를 구걸하고 로마

● 이 금액은 샤푸르 1세의 금석문에서 나온 것인데 일부 인사들은 화폐 단위를 로마 데나리우스보다 페르시아 금화나 디나르로 해석한다. 이런 해석이 옳다면 지급 액수는 훨씬 더 커지게 되겠지만 여전히 마크리누스가 약속했던 금액보다는 적다.

로 돌아갔기 때문이다.[14]

샤푸르 1세는 이 눈부신 승리가 자신의 통치권을 확증하는 신의 은총의 또다른 증거라며 한껏 과시했다. 아후라 마즈다는 아르다시르 1세와 그의 아들에게 왕좌를 허락했고 부자는 지상에서 신의 대리자가 되었다. 한 암석 부조는 아르다시르 1세가 탄 말이 아르타바누스 4세의 시신을 짓밟고 있고 아후라 마즈다가 승리한 왕에게 왕관을 넘겨주는 모습을 묘사하고 있다. 아후라 마즈다가 탄 말은 악마 아흐리만의 시신을 밟고 있는데 이 악마는 우주를 혼돈에 빠트리고 거짓으로 진리를 전복시키려 하는 자들의 우두머리였다. 따라서 악을 물리친 세속에서의 승리는 우주적 승리에 비견되는 것이었고, 그리하여 질서, 선, 진리는 지상과 천상에서 승리를 거두었다. 샤푸르 1세의 말 아래 엎드린 고르디아누스 3세를 묘사한 장면의 의도는 아주 분명했다. 아후라 마즈다 신과 그의 적인 악마는 금방 구분할 수 있다는 것이다. 황제를 참칭한 필리포스도 이 그림에 등장하는데 그는 몸을 쭈그리고 무릎을 꿇고서 왕중왕에게 자비를 간청하고 있다. 아우구스투스가 《업적》에서 인도에서 찾아온 탄원자들을 자랑하고 파르티아로부터 로마 군기를 반환받은 것을 대승으로 묘사했다면, 샤푸르 1세는 그에 못지않게 혹은 그 이상으로 자신이 로마인들을 굴복시켰다고 주장할 수 있는 것이었다.[15]

새로운 로마 황제는 역사에 '아랍인 필리포스'로 알려졌는데 기사 계급이었고(그의 정식 이름은 마르쿠스 율리우스 필리포스였다), 다마스쿠스 근처의 소도시 출신이었다. 그는 5년 동안 통치하면서 페르시아와의 강화를 자랑하는 주화를 찍어냈고 나중에는 로마에서 도시 설립 1000주년을 기념하는 웅장한 행사를 개최하기도 했다. 하지만 제국의 국경에는 여러 문제가 있었고 황제 자리를 노리는 자들의 끊임없는 도전이 있었다. 249년, 아랍인 필리포스는 데키우스에게 패하여 살해되었다. 데키우스는 판노니아 출신의 원로원 의원이자 도나우강에서 속주 군단의 지휘를 맡은 장군이었다. 데키우스는 과거의 군사적 영광을 재현하겠다는 욕심으로 트라야누스라는 이름을 썼고 통치 기간 대부분 카르피족과 고트족을 상대로 전투를 벌였다. 251년에 그는 아브리투스 근처 험한 늪지대에서 고트족 군대를 공격했으나 패배했고, 외적과의 전투 중 살해된 최초의 로마 황제라는 불명예를 얻게 되었다.[16]

로마 원수정과는 대조적으로 샤푸르 1세의 통치 체제는 날이 갈수록 강해졌으나 그 세부 사항과 연대표는 다소 모호한 점이 있다. 그와 그의 아버지는 아라비아만 주변 지역에서 무척 많은 활동을 했다. 여러 번 아르사케스 왕조와의 유대가 느슨해지거나 끊겼던 카라케네 왕국은 영구 직할령이 되었다. 더불어 남쪽의 땅도 정복하고 그 너머의 여러 공동체도 왕중왕의 무력에 깊은 인상을 받았다. 동쪽에선 쿠샨 제국이 샤푸르 1세에게 패배했고 권력은 새로운 쿠샨-사산 왕가로 넘어갔다. 샤푸르 1세의 어떤 기념물은 아주 왜소한 모습의 쿠샨인과 로마인이 왕중왕에게 공물을 바치러 온 모습을 묘사했다. 쿠샨인은 코끼리를 가져왔고, 로마인은 황제 전용 특별 마차를 왕중왕에게 바쳤다.[17]

252년경에 샤푸르 1세는 다시 관심을 로마와 제국의 국경으로 돌렸다. 그는 "로마 황제가 다시 거짓말했고 아르메니아에 부당한 짓을 했다"고 말했다. 다른 사료들은 사산 왕조가 아르메니아의 아르사케스 국왕 살해를 획책했음을 시사한다. 샤푸르 1세가 말한 로마 황제의 거짓말은 244년에 체결한 합의를 어기고 아르메니아의 운명에 개입한 것을 가리켰다. 고대 국가들은 자국에게 유리하다고 생각될 때마다 선뜻 전쟁에 나서는 경향이 있었기 때문에 그의 주장이 얼마나 정당했는지는 불분명하다. 왕중왕은 이 시기에 아르메니아와 인접한 이베리아 모두를 지배했거나 적어도 상당한 권력을 행사한 것으로 보인다. 이러한 성공에 이어 그는 대규모 군대를 유프라테스 강까지 이끌고 갔다. 니시비스가 함락되었고, 두라 에우로포스는 전투 없이 페르시아인에게 한동안 점령되었던 것으로 보인다. 이때 점령을 위한 공성전이 벌어졌다는 증거는 없다. 부유한 주민들의 저택은 질서정연한 대피의 흔적을 보였고, 저택 소유주들은 모든 귀중품을 챙겨서 달아났기 때문에 사전에 경고가 있었음을 유추할 수 있다. 트레보니우스 황제는 서쪽 오지로 나아가 국경에서 발생한 문제를 처리하는 중이었고, 로마의 여러 속주에서 또다시 전염병이 돌았다. 로마는 사산 왕조의 공격에 대항하기 위해 가용할 수 있는 모든 병력을 모아서 야전군을 편성했던 것으로 보인다. 샤푸르 1세는 바르발리소스에서 6만 명의 적을 만나 대파했다고 주장했다. 이런 수치는 막대한 적군 병력에 대한 로마인의 주장을 대할 때처럼 동일한 의심을 가지고 살펴봐야 한다. 그러나 분명한 것은 이것이 페르시아의 중요한 승리였다는 것이다.[18]

샤푸르 1세는 자신의 군대가 점령한 도시들의 명칭을 나열했고, 학자들은 도시들이 열거된 순서에 따라 두세 번의 연이은 군사 작전의 경로와, 그에 투입된 부대들의 경로를 재구성했다. 왕중왕의 첫번째 공격은 메소포타미아와 시리아 대부분을 휩쓸었다. 로마 제국에서 로마와 알렉산드리아에 이어 세 번째로 큰 도시였던 안티오크도 페르시아군에게 함락되었다. 민간에 퍼진 소문으로는 타락한 현지의 로마 귀족이 배신을 저지르고 사산 왕궁으로 탈주했다는 것이었다. 또다른 소문은 현지인들이 극장에서 공연을 보다가 기습 공격을 받았다고 주장했다. 공연을 보던 어느 부부 중 아내가 자신이 지금 꿈을 꾸고 있는 것인지 아니면 실제로 페르시아군이 쳐들어온 것인지 모르겠다고 말했다고 한다. 페르시아군은 일방적으로 승기를 잡은 게 아니라 몇 차례 좌절을 겪기도 했다. 전승에 따르면 에메사의 현지 지도자는 주민들을 결집하여 페르시아군의 공격을 몇 차례 물리쳤으나 결국 저항에 실패했고, 정면 공격이나 포위 공격, 혹은 항복에 의해 점령되었다고 한다.[19]

시리아를 함락했지만 샤푸르 1세는 영구 점령에는 관심이 없었다. 도시는 보물과 기타 유용한 자원을 약탈당했고 1만 명이 넘는 사람들이 포로로 붙잡혀갔다. 페르시아군은 전리품을 챙긴 후 곧바로 철수했다. 그들은 막대한 부를 획득했고, 시리아인들은 제국 깊숙한 곳까지 포로로 끌려가 왕중왕을 위해 밭을 갈고 노동하고 공예품을 만드는 여러 공동체에 정착했다. 샤푸르 1세는 선왕처럼 도시를 설립하거나 재건하는 일을 많이 했다. 그가 필리포스와 협상했던 장소 인근은 비샤푸르라는 이름으로 변경되었는데 '샤푸르의 승리'라는 뜻이었다. 이는 하트라 같은 도시 파괴와는 정반대의 측면이었고, 공동체를 파괴하고 재건하는 샤푸르 1세의 능력을 잘 보여주었다.

두라 에우로포스는 얼마 되지 않아 버려졌고 온갖 종류의 낙서 외에 페르시아 점령의 흔적은 거의 남아 있지 않았다. 그 후 로마인들이 돌아왔지만 전과 같은 병력이 온 것은 아니었다. 아마도 민간인 인구가 크게 줄어든 탓으로 보인다. 로마인들이 돌아오고 얼마 지나지 않아 방어시설을 설치하고 옛 그리스풍의 석조 성벽을 강화하는 작업이 진행되었다. 도시의 삼면은 유프라테스강과 깎아지른 절벽이 외침에 충분히 보호를 해줬지만 나머지 서쪽 면은 평야를 향해 열려 있었고 지표면의 석회암 때문에 도랑을 팔 수가 없었다. 로마인들은 고생스럽게 서쪽 성벽을 투척 무기와 파성퇴 공격으로부터 보호하기 위해 흙을 쌓아 비스듬한 사면을 만들었다. 성벽 뒤에 더 많은 흙을 쌓아 성벽을 강화하고 바로 옆에 있는 건물들을 덮어서 은폐했다. 이런 임시방편 조치는 인접한 도로 일부와 유대교 회당과 카리스마파 교회를 덮어서 봉쇄했고, 그 결과 공격으로부터 매우 잘 보호되었다. 이렇게 만들어진 흙더미 꼭대기에 경사로를 만들어서 아군 증원군이 밑바닥에서 요새 꼭대기로 올라오는 것을 쉽게 했다. 하지만 역으로 공격자들이 거리 쪽으로 쇄도하는 것을 도와줄 수도 있었기 때문에 이 작업은 방어자들이 공격자들보다 훨씬 빠르게 도시 내의 요충지를 강화할 수 있다는 자신감의 표현이었다.[20]

256년, 대규모 사산 군대가 두라 에우로포스를 공격했으나 이 사건은 어느 문헌에도 서술되지 않았고 고고학을 통해서만 밝혀졌다. 페르시아군은 도시 외부에 진을 쳤고 공성 보루를 세우기 시작했다. 로마 방어군은 공격용 경사로에 대해 성벽과 탑의 높이를 최대한 높이는 것으로 대응했다. 페르시아군은 로마의 성탑 중 한 곳의 바로 아래에 터널을 팠고, 터널이 완성되자 나무 지지대에 불을 질러 터널의 지붕 부분을 아래로 푹 꺼지게 해 탑의 전면이 허물어지도록 했다. 그리하여 성탑은 전투 수단으로서는 쓸모없게 되었지만 균열이 가지 않았기 때문에 여전히 장벽 역할을 했다. 또다른 터널은 묘지를 조성하기 위해 지표면의 암반층을 파쇄한 부분에서 작업이 시작되었다. 필연적으로 터널 공사는 폐기물을 많이 만들어냈는데, 탁 트인 평원에서 그런 폐기물을 장기간 숨기기는 어려운 일이었다. 로마군은 터널의 방향을 미리 짐작하고 그에 대응하기 위해 반대쪽에서 갱과 갱도를 파들어 갔다. 땅속에서 나는 소리에 귀를 기울이고 예측하는 작업이 밤낮 없이 이어졌고 양측은 서로를 제압하기 위해 애썼다. 결국 로마군이 페르시아 터널로 침입해 공격했고, 일부 병사들은 무장하고 방패를 들었으며 다른 병사들은 비무장 상태로 페르시아군의 터널 작업을 파괴할 도구를 들었다.

적은 로마인들을 기다리는 중이었다. 19명의 로마 군인이 키가 큰 사람은 똑바로 설 수도 없으며 불빛도 거의 없는 터널 공간에서 잔인한 소규모 전투를 벌이다가 전사했다. 한 흥미로운 가설은 페르시아인들이 나프타, 역청, 기타 가연성 물질의 연기를 터널 안으로 흘려 보냈고, 터널보다 더 위에 있는 로마의 갱이 굴뚝 역할을 하며 흘러든 연기를 빨아들여 로마 군인들이 질식사했을 것이라고 주장했다. 로마 병사들이 어떻게 죽었든 페르시아군은 그들의 시신을 산더미처럼 높게 쌓아놓았는데 일종의 방벽 역할을 하게 하려는 뜻도 있었다. 동시에 로마 방어군은 페르시아군 모르게 터널 끝부분을 황급히 봉쇄해 버렸다. 그러자 페르시아군은 터널의 버팀대에 불을 질렀지만 이번에는 그 효과가 그리 크지 않았다. 성벽과 탑은 수십 센티미터 정도 가라앉았지만 무너지지 않았고, 포위 공성이 벌어지기 전에 로마군이 성벽 앞뒤를 흙으로 보강한 덕분에 그대로 유지되었다. 어떤 페르시아인의 해골이 로마인 해골들로부터 그리 멀지 않은 곳에서 발견되었는데, 그가 쓰던 투구는 찌그러져 이었고 너무 낮은 천장으로 인해 그렇게 된 것으로 추정되었다. 그 페르시아인 혹은 다른 누군가가 마치 쇠사슬 갑옷을 벗으려는 것처럼 들어 올리는 동작을 취하고 있었다. 이 남자는 전투 중에 죽었을 수도 있고, 아니면 터널의 지붕을 붕괴시키려고 가연물에 불을 붙이려다가 연기가 흘러들자 터널에서 탈출하지 못하고 질식사했을 수도 있다.[21]

발굴 작업 중 발견된 페르시아인의 공성 보루는 성안으로 들어가는 통로를 뚫을 정도로 강력한 것이 아니었기 때문에 별로 위력을 발휘하지 못했다. 그렇지만 두라 에우로포스는 마침내 함락되었다. 페르시아군은 사다리를 걸어 성벽 안으로 침입해 도시를 함락했을 수도 있는데, 아마도 그 때문에 고고학적 흔적이 남지 않았을 것이다. 아니면 강쪽으로 난 성문으로 침투했을 수도 있는데 그 지역은 자연적인 침식으로 유적이 사라져버려서 발굴하기가 어렵다. 그게 아니라면 방어군이 항복했을 수도 있다. 원인이 무엇이든 그 도시는 버려졌다. 페르시아군은 그곳에 계속 머물지 않기로 했고 방어군과 도시 주민은 모두 도망쳤거나 포로가 되었다. 이 번성하고 활기 넘치는 도시는 다시는 예전 모습을 찾지 못했다. 그로부터 몇 세기가 흘러갔고 가끔 은둔자들이 허물어진 유적 사이에서 고독한 명상을 했지만 시간이 흐르면서 도시는 토사에 파묻히고 사람들의 기억 속에서 잊혔다. 사라진 도시 두라 에우로포스는 1차 세계대전 이후에야 비로소 다시 발견되었다. 영국군 산하의 인도군 병사들이 현지 부족을 상대로 작전을 벌이기 위해 기관총 거치 공간을 굴착하다가 그 도시의 벽화를 발견했던 것이다. 이후 미국과 프랑스 팀이 몇 년에 걸쳐 발굴 작업을 진행하면서 도시의 많은 수수께끼를 밝혀냈다. 최근에도 탐사 작업이 이루어졌으나 애석하게도 시리아 내전이 지속되어 발굴 작업이 중단되었다. ISIS가 지시한 의도적인 파괴와 약탈은 두라 에우로포스의 유적에 다시 한번 커다란 피해를 입혔다.

샤푸르 1세는 두라 에우로포스 점령을 언급했지만 도시 점령의 시기에 대해서는 세부 사항이나 분명한 기록을 남기지 않았다. 오로지 고고학적 발굴만이 페르시아 군대가 활용한 포위 기술의 세련된 방식과, 잘 방비된 요새를 근거로 샤푸르 1세가 거둔 성공을 밝혀내고 있다. 왕중왕의 군대는 효율적이었고 공성전의 규모로 미루어볼 때 대규모 병력이었다. 성벽 돌파에 실패했을 때조차도 집요하게 공성 작전을 계속 했다. 역사가 디오가 로마 군대와 속주에서 탈영병들이 있었음을 언급하고 있으므로 배반하거나 포로로 잡혀간 로마인들 중에서 페르시아군에게 공학 전문가 및 강사 역할을 한 사람들이 있었을 것이다. 공성 기술은 대부분 헬레니즘 시대에 개발되었고, 그 기술을 배우려는 사람들을 위한 그리스어 설명서가 많이 있었기 때문에 이 방법이 사산조가 공성 기술을 습득할 수 있는 유일한 방법은 아니었다. 게다가 인간의 독창성과 능력은 어디에서나 기본적 원칙들을 스스로 알아낼 수 있도록 한다. 공성 기술의 학습이 아르다시르 1세와 샤푸르 1세 통치기에 이루어진 것이든 아니면 장기적 발전을 통해 가능해진 것이든 이 시대의 사산 군대는 상당한 공학적 기술을 보여줬다. 하지만 이것만으로 충분하진 않았고, 갱과 경사로 작업을 잘 조직하고 군인과 역축을 몇 주 혹은 몇 달을 먹일 공급 체계를 원활히 수립하는 것도 작전 성공에서 중요했다. 여기에 단호한 보병대가 필요했고 그들을 지원하는 기병대가 있어야 했다. 기병대는 필요시 말에서 내려 기꺼이 보병과 함께 근접전에서 싸워야 했다. 페르시아 보병대는 성벽의 틈새로 공격해 들어가고 또 로마군의 이동 공격탑에서 퍼부어지는 공격에도 맞서 싸워야 했다. 그런 공격탑은 4세기의 것으로 알려졌으나 그보다 전인 이 당시에도 이미 사용된 것으로 보인다.

로마군이든 페르시아군이든 강력한 방어시설을 갖추고, 잘 정비되고, 보급도 잘 되는 도시를 쉽게 점령할 수 없었다. 하지만 서기전 1세기와 서기 1세기에 로마가 포위 공격을 잘해내고 파르티아가 열세였던 반면에, 이제 3세기에는 양국 간의 차이가 미미하거나 아예 없었다. 페르시아군이 상당한 전력으로 로마 영토에 진격하는 것이 유리하다고 판단해 대규모 전투를 자신 있게 펼친 것은 바로 이런 기술 발전 덕분이었다. 공성전은 가장 결정적이면서도 위험한 전쟁 방식이었다. 파르티아 군대와 비교했을 때 사산조 군대의 전술적 균형은 장기간에 걸쳐서 뚜렷한 변화가 있었다. 과거 파르티아 군대가 사용했던 경무장 궁기병에 의지하는 전술이나, 퇴각하여 적을 지치게 하고 흩어지게 하여 조금씩 고립·괴멸시키는 전술은 그 후 점점 덜 사용했다.

그 대신에 페르시아 군대는 밀집 대형 중기병을 훨씬 더 선호했다. 기병 중 다수가 중무장하고 갑옷 입힌 말을 탔다. 이 병사들은 철갑 기병뿐만 아니라 '빵 굽는 오븐'을 뜻하는 클리바나리clibanarii라고 불리는 병사들도 있었는데, 로마인들이 여름 더위에 무거운 갑옷을 입은 페르시아 병사들을 보고 놀라서 붙여준 이름인 듯하다. 둘 사이의 구분은 불확실하며, 둘 다 적과 근접전을 벌였고, 때로는 화살로 일제 사격을 가해 적의 전력을 약화시킨 후에 전투를 벌였다. 그들의 갑옷, 기술, 투지는 로마 군단병에게도 위협적이었다. 이러한 군대의 수가 늘어났다는 것은 전술적 변화뿐만 아니라 사회적 요소도 작용했음을 의미했다. 이 전사들은 장비 비용을 자력으로 감당해야 했고, 동시에 밀집 대형으로 움직이며 싸우기 위해선 말을 소유하고 있어야 했다. 자연히 지주이거나 귀족만이 그런 장비와 훈련 시간을 감당할 수 있었다. 장거리 무역에서 발생한 수익 덕분에 아르사케스 왕조와 초기 사산 왕조는 이러한 전사 계층의 양성과 발전에 자금을 댈수 있었을 것이다. 장기간에 걸쳐 사산조 군대는 더 많은 수의 전문 군인이나 반전문 군인을 편성했는데, 이들 중 다수는 군주로부터 봉급을 받고 군복무를 했다. 유감스럽게도 이런 중기병이 발전해온 방식이나 시기는 상세히 추적하기가 어렵다.

과거에 관리가 잘 되고 균형 잡힌 로마군은 지휘관이 실수하지 않는 한 파르티아 영토 안으로 마음대로 진군할 수 있었다. 그러나 사산조가 들어서서 왕중왕 군대가 기꺼이 로마 제국과 강대강으로 맞붙으려 한 건 그런 무력함의 극복일 뿐만 아니라 아르사케스 왕조를 타도·대체하려는 결의에서 나온 행동이었다. 철갑기병과 클리바나리는 경무장 궁기병처럼 날렵하게 움직일 수가 없었고 방향 조정도 쉽지 않았다. 이 때문에 그들은 적과 접전을 벌이면 부상을 입지 않고 후퇴하기가 어려웠다. 밀집 대형의 보병대도 상황은 똑같았고, 전투용 코끼리들은 더욱 퇴각하기가 어려웠다. 페르시아 군대는 적을 꼼짝 못하게 하여 분쇄하려고 했지, 과거 파르티아 시절처럼 뒤로 퇴각하면서 적을 괴롭히는 작전은 별로 좋아하지 않았다. 사산조 군대에는 전혀 무장을 하지 않거나 경무장을 한 기병이 여전히 많았는데 이들은 주로 궁기병이었다. 하지만 그들의 역할은 본질적으로 대규모 교전에서 아군을 보조하는 것이었다. 군사 작전에서 그들은 정찰과 급습을 담당하고 빠르게 움직여 적을 기습하여 겁주는 역할을 했는데 18세기와 19세기의 러시아 군대에서 활약한 코사크 기병과 무척 비슷한 전술이었다. 샤푸르 1세의 군대는 이전 시대에는 보지 못했던 여러 가지 방식과 차원으로 전투를 전개했다.

늘 그러했듯이 이런 군사적 발전은 일방적인 과정이 아니라 우위를 점하기 위한 지속적인 경쟁에서 이루어진 것이다. 포위 공성전에서 로마인들은 아군의 공학 기술로 페르시아인들의 독창성에 반격을 가하고자 최선을 다했다. 정규 군단병과 보조부대병이 2세기 말과 3세기에 거의 똑같은 장비를 갖추게 되면서 일부 보병과 기병대는 정강이받이를 착용하는 등 더욱 중장비화되는 경향이 있었다. 트라야누스 황제는 파르티아인과 일부 페르시아 중기병이 사용하는 양손형 창인 콘토스를 갖춘 창기병 혹은 콘타리contarii로 구성된 기병대 날개를 편성했다. 하드리아누스 황제는 최초의 철갑기병 부대를 편성했고, 시간이 가면서 더 많은 철갑기병 부대를 모집했다. 또한 보조부대의 기병대에도 이런 철갑기병들이 있었는데 그들이 전투 대형의 맨 앞에 섰는지 아니면 특정 부대였는지는 불분명하다. 두라 에우로포스의 로마 상점에서는 수리 중인 것으로 보이는 마갑馬甲이 발견되었다. 이런 중무장 추세가 로마 제국에 널리 퍼져 있었는데, 이는 동부 전선의 여러 문제들에 대한 대응책이었을 뿐만 아니라, 파르티아인, 이후 페르시아인이 제기한 도전에 응전하려는 조치이기도 했다. 그 후에 나온 사료에는 로마 보병대가 마름쇠(여러 쇠못을 접합하여 어떻게 떨어지든 한 갈래가 위로 솟을 수 있게 만든 것)를 진지의 참호 앞에 뿌려 공격해오는 페르시아의 중무장 기병대의 발에 타격을 가했다.[22]

세상에 변하지 않는 것은 아무것도 없지만, 로마 제국은 무수한 위기를 마주했기 때문에 아르다시르 1세와 샤푸르 1세가 제기한 도전에 대응할 최선의 상태에 있지 못했다. 253년, 푸블리우스 리키니우스 발레리아누스는 라이티아로 파견되어 황위 도전자에 맞서 싸울 병력을 모집하기로 했다. 그가 라이티아에 도착하기도 전에 도전자는 황제를 상대로 전투에서 승리했고 그를 살해했다. 그러자 발레리아누스는 도전자를 죽이고 자신을 황제라고 선포했다. 이미 60대의 고령이었던 새로운 통치자 발레리아누스는 원로원 의원이었고 최근 몇 년 동안 권력을 장악했던 다른 황제들보다 훨씬 더 전통적인 군주였다. 그는 아들 갈리에누스를 공동통치자로 임명했고 부자 모두 아우구스투스라는 칭호를 썼다. 254년, 발레리아누스는 동쪽으로 갔지만 샤푸르 1세를 본격적으로 상대하기 전에 고트족과 다른 부족들이 흑해 주변과 그리스, 소아시아로 더 넓게 확장하여 벌이는 대규모 습격을 처리하느라 몇 년을 보내야 했다. 갈리에누스는 서쪽에서 분주했다. 이를 볼 때 페르시아의 공격을 막아내는 임무는 속주 총독들과 현지 지도자들에게 맡겼을 확률이 높다. 로마군은 여러 차례 성공을 거두긴 했지만, 그건 샤푸르 1세 군대의 소규모 파견대나 독립적으로 행동하는 동맹군을 상대로 거둔 성과였을 뿐이었다.[23]

259년 말, 발레리아누스는 병력을 인솔하여 동부 전선으로 이동했고 넓은 지역에서 다른 병력들도 소환했다. 대군을 모으고 그들의 보급품을 마련하는 데는 상당한 시간이 걸렸고, 샤푸르 1세가 먼저 움직여 다시 로마인의 손에 들어간 것으로 보이는 니시비스와 카레를 포위했다. 발레리아누스는 이에 대응하여 메소포타미아로 진군했다. 샤푸르 1세는 로마인이 7만 대군을 거느리고 왔다고 주장했고, 이 병력을 제공한 28곳의 국가 혹은 속주를 열거했다. 앞서 언급했듯이 적군의 규모에 대해서는 로마가 주장한 페르시아군의 규모와 마찬가지로 신중하게 검토해야 한다. 7만 병력은 샤푸르 1세가 바르발리소스에서 패배를 안겼다고 했던 6만 명의 로마 군대보다 더 큰 규모였으며, 각 전투에서 로마군이 상당한 규모의 병력을 동원했다는 것만은 분명하다. 그들에게는 수적으로 열세인 상황에서도 전투를 벌여 승리했다는 주장을 하고 싶은 충동이 있었기 때문에 부풀린 적군의 수는 샤푸르 1세의 군대에 관한 정보를 제공한다. 따라서 페르시아 군대의 규모가 6만 명 정도에 이르렀을 가능성이 있지만, 그렇다고 해서 좀더 구체적으로 샤푸르 1세가 3만, 4만, 혹은 5만의 병사를 지휘했는지를 말하기는 어렵다. 두라 에우로포스 외곽의 사산조 군대 야영지는 거대했고 상당한 야전군이 운집해 있었음을 보여준다.[24]

발레리아누스도 자신의 병력이라고 일컬을 만한 숫자 같은 게 있었다면, 로마군의 규모로서는 컸을 테지만 상상할 수 없는 규모는 아니었을 것이다. 과거의 경험으로 미루어볼 때 그런 대군은 두 개 이상의 부대로 나누어 독립적으로 운용하는 것이 더 효율적이었다. 한 곳에 집중된 대규모 로마군이 남긴 전투 기록은 그리 좋지 못했는데, 그런 대군은 다루기도 힘들고 보급도 힘들었기 때문이다. 반면 웅장한 규모로 싸운 몇몇 내전의 경우에는 같은 로마군을 상대로 전술적·조직적 우위를 누릴 수 없으므로 무엇보다도 수적 우위를 확보하려 했다. 따라서 예전의 몇 세기에 비해 내전 시기의 로마인들은 폭력의 강도와 병력의 수에 더 크게 의지했다. 그런 태도는 자연스럽게 외적과 상대하는 군사 작전에도 반영되었을 수 있다.

샤푸르 1세는 큰 전투에 나서서 승리를 거두었다고 주장했지만 그의 설명은 짧은 요약에 불과하다. 다른 여러 사료는 군사 작전이 장기적으로 지속되었음을 시사하며 무수한 소규모 전투와 기동 작전이 있었다고는 하지만 구체적 내용이 없어서 모호하기는 마찬가지다.

어느 시점에 발레리아누스는 페르시아군의 포로가 되었다. 그의 선임 장교와 궁정 신하 대다수도 함께 붙잡혔는데, 아마도 매복 공격에 당했거나 협상 중 적의 배신 행위로 그렇게 되었을 수도 있다. 잇따른 기념물에는 샤푸르 1세가 자신의 말 옆에 서 있는 로마 황제의 손목을 꽉 붙잡은 모습으로 묘사되었다. 발레리아누스가 포로가 된 후에 신속히 살해되었다고 말하는 전승도 있다. 그러나 대다수 사료는 그가 몇 년 동안 외적에게 포로가 된 첫 황제로서 구차하게 살았다고 묘사한다. 몇몇 사료는 샤푸르 1세가 그를 수치스럽게 대우했다고 주장하는데 말에 오를 때마다 로마 황제를 엎드리게 해 그의 등을 발디딤대로 삼았다고 기록했다. 그러다가 발레리아누스가 죽자 시신에서 껍질을 벗겨 붉게 염색한 뒤 전승 기념물로 조로아스터교 신전에 전시했다는 것이다. 특히 기독교 저자들이 그들의 신앙을 크게 박해한 발레리아누스를 별로 좋아하지 않았기 때문에 이 이야기는 풍문이거나 훗날 지어낸 것일 수도 있다.

로마 군대가 전투에서 패배했든 아니든 간에 발레리아누스가 포로로 붙잡히면서 로마군의 추진력은 완전히 사라졌다. 로마군의 패배에 관해서는 전투 사상자나 영구 포로가 된 자, 대규모 파견대 규모 등 자세한 통계 수치가 없다. 남은 군대는 패주하거나 사방으로 흩어졌고, 패전 후 필연적으로 등장하는 황위 찬탈자가 일부 병력 중에서 나왔는데 그가 얼마나 시간이 지난 후에야 등장했는지도 불분명하다. 로마군의 남은 병력이 그 후 재집결하여 몇몇 소소한 승리를 거둔 것으로 보인다. 갈리에누스는 이탈리아 근처의 다른 여러 위협을 처리하느라 너무 바빠서 아버지의 복수를 하거나 몸값을 지불할 여력이 없었다. 당장은 동방 지역에서 로마의 군사력이 산산이 부서졌고 샤푸르 1세는 로마의 동방 속주 깊숙한 곳까지 밀고 들어왔다. 그는 시리아를 통해 카파도키아와 킬리키아까지 진출하면서 그 지방의 도시들을 연이어 점령했다. 약 3세기 전인 서기전 40년에 파르티아 동맹인 퀸투스 라비에누스가 병력을 이끌고 진격했던 것 외에는 파르티아 군대가 이렇게 거침없이 로마 속주로 진격한 적은 없었다.

이전처럼 샤푸르 1세의 군대는 여러 부대로 나뉘어 진군하면서 여러 도시를 점령하고 약탈하고 포로를 붙잡은 뒤 다른 곳으로 이동했다. 그들은 한때 아케메네스 페르시아에 의해 통치되었던 땅을 침략하는 중이었지만 메소포타미아 너머에 있는 곳은 그게 어디가 되었든 영구 점령하려는 의도는 없었다. 메소포타미아에서는 몇몇 로마 요새를 점령했고 다른 요새들은 파괴했다. 샤푸르 1세는 과거 로마 제국이 전쟁에서 국력을 표시한 것과 같은 방식으로 자신의 무력을 과시했지만 영토 확장은 제한적이었다. 그는 세 명의 로마 황제를 물리쳤고 마음먹은 대로 로마 속주들로 진군했으며 적어도 그때까지는 어떤 심각한 패배도 겪지 않았다. 샤푸르 1세가 동맹 공동체들과 더 넓은 지역의 군주들에게 전하는 메시지는 분명했다.

그 메시지는 샤푸르 1세의 백성들에게 더욱 분명하게 전달되었다. 한 유명한 암석 조각에는 로마 황제 고르디아누스 3세의 시신이 짓밟히고, 필리포스는 자비를 구하고, 발레리아누스는 승리한 왕중왕에게 팔이 붙들린 모습이 새겨져 있다. 암각화에는 보통 두 명의 로마 황제만 묘사하는 경우가 흔했지만 샤푸르 1세가 거둔 승리의 규모는 의심할 여지가 없었다. 신들, 특히 아후라 마즈다의 신성한 승인이 분명하게 드러나자 페르시아 제국의 그 누구도 샤푸르 1세의 통치권을 의심하지 않았다. 그가 거둔 여러 승리는 군사적 영광과 실질적인 이득의 측면에서 눈부신 것이었다. 전리품은 그의 충실한 군인들과 특히 귀족들에게 보상으로 주어졌다. 로마의 황금과 은은 거대한 왕실 토건 공사에 자금으로 쓰였고, 1만 명의 포로는 왕이 직접 통제하는 거대한 노동력을 제공했다. 샤푸르 1세는 포로들을 궁전, 다리, 송수교를 건설하고 농업용 관개시설을 개발하고 확장하는 데 투입했다. 이 덕분에 페르시아의 농산물은 물론이고 시간이 가면서 인구와 국부도 엄청나게 증대되었다.

이러한 왕실 사업들은 아르사케스 왕조에서도 장려된 것이지만 사산 왕조의 아르다시르와 샤푸르 통치하에서 훨씬 더 조직적으로 권장되었고 풍부한 시간과 자원 덕분에 더욱 깊이 뿌리내리게 되었다. 왕중왕은 그 결과 더욱 부유해졌고 더 많은 왕실 사업을 집행했으며 더욱 큰 규모의 원정군을 유지하고 주둔 병력에 봉급을 지급하는 데도 여유가 생겼다. 로마 제국의 국경에서 한참 떨어진 곳에 정착한 포로들은 소수의 외국인 집단에 불과했기 때문에 탈주하거나 반란을 일으킬 가능성이 거의 없었다. 결국 그들은 로마 제국 내의 노예들처럼 페르시아인들이 원하는 건 무엇이든 해야 했고, 고대 세상의 승자들은 종종 잔인했다. 한 4세기 사료는 훗날 벌어진 전쟁에서 페르시아군에게 붙잡힌 포로들을 호송하던 한 부대가 뒤에 남긴 죽은 자들과 그들의 흔적에 대해 서술했다. 호송대를 따라잡지 못한 자들은 힘줄이 잘려 불구가 되었고, 그 자리에서 죽도록 방치되었다고 한다.[25]

고대 세계의 성공한 통치자들처럼 샤푸르 1세는 많은 전쟁을 벌여 승리했고, 외부의 적과 내부의 적을 무자비하게 진압했다. 그는 아우구스투스가 통치기에 운이 좋았던 것처럼, 로마 제국이 내전으로 국력이 약해진 시기와 통치기가 겹쳐서 운이 좋았다. 두 사람은 주어진 기회를 최대한 활용하면서 엄청난 성공의 재능을 입증했다. 그들의 성공은 결코 필연적인 것도 아니었고 각 성공은 조금만 관리를 잘못했더라면 얼마든지 실패로 끝날 수 있었다. 그들이 자신의 업적을 거론할 때 과장했다는 점을 감안하더라도 객관적 사실은 여전히 주목할 만하며 결코 당연시해서는 안 된다. 뒤늦은 깨달음은 그들이 해낸 일을 당연하게 여기게 되고, 그래서 그들의 경력이 동시대인에게 얼마나 놀랍고 충격적이었는지를 깨닫지 못하게 만들 수 있다.

샤푸르 1세는 무엇보다도 선왕인 아르다시르 1세가 로마인의 영토 잠식에 대하여 단호히 대응한 국가적 시책을 더욱 강화해야 했다. 페르시아가 로마와의 전투에서 획득한 영토는 많지 않았지만 그래도 승전 결과는 두 제국 간의 세력 균형에 대해 양쪽의 인식을 바꿔놓았다. 그것은 로마인에게 맞설 뿐만 아니라 그들을 상대로 눈부신 승리를 여러 번 거둔 사산조를 새로운 왕조로 굳건히 확인시켜 주었다. 사산 왕조는 향후 몇 세기 동안 가문 밖의 경쟁자에게서 도전을 받지 않았고 설사 그런 시도가 있다 하더라도 격퇴했다. 로마인들은 사산조에게 패전한 일로 고통을 겪었고 동부 속주들에서 발생한 여러 참사는 제국 내부의 혼란을 더욱 부채질했다. 이제 양 제국 사이에 잦은 충돌의 양상이 형성된 듯했다. 로마인들은 그런 실제적·이론적 세력 균형에 불만을 품고 기회가 있을 때마다 그 균형을 유리한 쪽으로 바꾸려 들었다.

12

총명한 여왕과 세계의 복원자

265-282

단호한 사산 제국은 이웃 제국 로마가 나약한 모습을 보이자 성공적인 전쟁을 수행할 기회를 포착하고 그것을 놓치지 않았다. 로마 제국이 혼돈과 내분에 휩싸이고, 심지어 황제가 포로로 붙잡히고 다른 사람들이 모진 굴욕을 당했음에도 제국의 국력은 치명적으로 약화되지는 않았다. 일시적인 위기는 결국 끝날 것이고, 그 여파로 제국이 어떤 형태가 되든 여전히 그 영토는 거대하고 자금과 인력은 상당할 것이었다. 또한 국가 체면을 위해서, 국력이 아직 건재하고 동부의 사산 왕조보다 우월하다는 것을 증명하기 위해서라도—적어도 제국의 시민을 상대로 이런 지위 증명은 아주 중요했다—복수를 원할 것이었다. 그러나 그런 목표를 달성하는 데 얼마나 시간이 걸릴지, 또 사산인들이 단합된 로마 제국에 어떻게 반응할 것인지는 그보다 불확실했다.

샤푸르 1세는 엄청난 성공을 거두어 자신이 강력한 왕중왕임을 증명할 필요성이 줄어들었다. 그는 나이가 들면서 이전처럼 힘을 내지 못했고, 실제로 260년 발레리아누스에게 승리를 거둔 후 몇 년 동안 별로 업적을 올리지 못했다. 선왕이 권력을 얻는 과정에서 능동적인 역할을 했던 왕중왕은 260년에 이미 초로의 50대였고, 어쩌면 더 연로했을지도 모르며, 군대를 이끌고 친정할 생각이 별로 없었다. 이 시기는 일을 벌일 때가 아니라 승리의 전리품을 잘 활용하여 권력을 굳힐 시기였다. 반면에 동부와 남부 국경에서는 적극적인 군사 행동에 나섰을 수도 있는데, 이 지역에서 수행한 영토 확장 사업의 연대는 다소 모호하다. 로마와 페르시아 사이의 적대감은 이후 10년 동안 계속되었지만 이것이 다시 샤푸르 1세의 주된 관심사였다는 구체적 증거는 없다.

이 시기에 관한 로마 사료는 빈약하고 해답보다는 의문을 불러일으킨다. 발리스타(혹은 칼리스투스)라는 장교는 킬리키아와 시리아에서 여러 차례 승리를 거두었다. 발레리아누스 군대의 보급품 조직을 담당했던 고위 참모 장교인 마크리아누스는 그와 동맹을 맺고 어느 시점에 자신의 두 아들을 황제로 선포했는데, 이는 자신이 변변찮고 부적합한 후보라고 느꼈기 때문이었다. 팔미라인이자 로마 시민인 원로원 의원 셉티미우스 오다에나투스도 여러 차례 군사적 성공을 거두었다. 페르시아 군대는 무척 빠르게 멀리까지 추격해왔기 때문에 적지에 들어가 침공 작전을 성공적으로 마치고 물러나는 것은 늘 어려운 일이었다. 페르시아 군대는 여러 파견대로 흩어져 있었고 전투에 지쳐서 고향으로 돌아가고 싶어했지만 동시에 예측 가능한 여러 경로를 따라 전리품을 싣고 포로들을 호송하느라 느리게 움직일 수밖에 없었다. 이 때문에 로마 지휘관들은 공격이나 매복을 위한 시간과 장소를 쉽게 정할 수 있었다. 이제 로마군의 자긍심은 어느 정도 회복되었고, 포로들은 풀려났으며, 약탈된 물자가 회복되었지만 그런 일련의 승리가 전쟁의 전반적인 결과를 바꾸지는 못했다. 과거에 루키우스 베루스와 셉티미우스 세베루스가 크테시폰에서 로마 군대를 퇴각시켰던 것처럼, 페르시아군은 선택적으로 전장에서 물러났고 그들이 당한 패배는 최근에 거둔 여러 승리에 비하면 사소한 것이었다.[1]

발레리아누스가 굴욕적이게도 포로로 잡히자 마크리아누스의 두 아들 외에도 다른 여러 황위 도전자들이 나타났지만, 황좌를 찬탈한 자들은 결국 몇 주 혹은 몇 달 안에 모두 살해되었다. 더 심각한 문제는 포스투무스가 라인 지역, 브리튼섬, 갈리아 대부분, 스페인 일부를 장악했다는 것이었다. 이 지역은 보통 갈리아 제국으로 언급되지만 포스투무스는 자신을 합법적인 로마 황제로 생각했다. 그의 지지자들은 자신을 로마인이라 여겼고, 단지 포스투무스가 갈리에누스의 승인 없이 황제임을 선포했다는 점에서만 분리주의자였다. 적절한 때에 황제에게 인정받기를 바랐던 포스투무스는 갈리에누스를 퇴위시키거나 황제에게 충성하는 지역을 차지하기 위한 공격을 하지 않았다. 두 황제는 국경 너머에서 제기되는 여러 위협을 처리하느라 정신없이 바빴다. 갈리에누스는 아들 중 한 명과 함께 동방에서 유럽으로 건너온 마크리아누스도 상대해야 했다. 부자의 전쟁은 패배와 사망으로 끝났고, 동방에 남아 있었던 또다른 아들은 곧 오다에나투스를 상대하게 되었다. 발리스타의 운명이 어떻게 되었는지 모호하지만 이때 그 역시 죽었을 가능성이 높다.[2]

이 책에서는 지면 관계상 3세기와 그 이후 로마 제국 내부에서 벌어진 무수한 내전, 반란, 살인을 자세하게 다룰 수가 없다. 당시 제국이 얼마나 혼란스럽고 약했는지 개괄적으로만 전할 수 있을 뿐이다. 분명 당시 로마인이 직면한 여러 외부 위협은 심각했다. 아르다시르 1세와 샤푸르 1세는 로마가 오랜 세월 겪어왔던 아르사케스 왕조의 그 누구보다 훨씬 더 강력하고, 단호하고, 유능했다. 3세기에는 라인강과 도나우강 너머에 고트족, 알라마니족, 프랑크족이 나타났다. 많은 학자들은 이 시기가 카리스마 넘치는 군벌들이 나타나면서 소규모 부족이 연합해 더 강력한 힘으로 로마 제국 산하의 부유한 속주들을 침략할 수 있었던 대통합의 시기라고 보았다. 포스트무스의 권력 장악 시도는 이탈리아를 약탈하고 포로와 함께 돌아온 게르만족 습격자들을 상대로 승리한 후에 더욱 노골적으로 드러났다. 후대에 전해지는 사료의 부족에도 불구하고 이 시기에 국경을 접한 여러 속주에서 빈번하게 발생한 야만 부족들의 대규모 공격이 기록되었고, 여러 세대를 거치는 동안 외적의 공격을 우려할 필요가 없었던 공동체들도 갑자기 이러한 현실적 위협에 직면했다. 아테네 지역은 268년에 야만족들의 공격을 받아 일부 오래된 기념물이 파괴되었고 거기서 나온 돌들이 임시 방어시설을 구축하는 데 사용되었다. 이런 식으로 대다수 속주의 도시들이 3세기 동안에 성벽을 새로 세우거나 기존의 성벽을 강화했다.[3]

적어도 로마인의 관점에서 볼 때 이 시대의 혼돈에서 불운은 중요한 역할을 했다. 전염병이 계속해서 제국 전역을 휩쓸었고, 발레리아누스의 군대는 샤푸르 1세와의 충돌 이전에 이미 역병의 창궐로 군사력이 약화되어 군사적 집중과 준비에 방해를 받았다. 대다수 사건들이 로마 황제들의 통제 밖에 있었기에 통치에 애를 먹었다. 하지만 주의가 필요하다. 로마사 전반에 걸쳐, 그리고 더 넓은 고대 세계에서 허약하다는 인식은 외부의 공격을 불러왔고, 성공한 습격은 반격이 없으면 더욱 크고 잦은 공격으로 이어지는 양상을 볼 수 있다. 로마인은 국경 너머의 민족을 지배하려고 할 때 군사적 폭력의 위협, 외교 전술, 매수 작전을 적절히 섞어서 사용했다. 로마 제국의 무력에 금이 가거나 훼손되었을 때 외적들 내부에 세심하게 구축했던 제국에 대한 두려움은 사라졌다. 외적들은 과거 로마가 저지른 폭력의 기억을 되살리면서 군사적 영광을 거둘 기회와, 더 나아가 보복할 기회를 놓치지 않겠다고 결의했다.

로마에 내전이 발생하면서 로마 군대는 평상시에 머물렀던 해외 기지에서 급히 이탈리아로 돌아갔고, 삼엄하게 방비되었던 국경 지역에는 여러 해 동안 주둔군이 없게 되었다. 로마의 외교 전술과 매수 작전은 방치되었거나 적어도 방해받았다. 국경 너머에서 온 전사들은 종종 용병으로 고용되어 황위 도전자를 지원했지만, 이들은 자주 내전의 패자 쪽에 붙는 바람에 제국의 오지에서 오도가도 못하고 발이 묶였다. 국경 전선이 무너지고 족장과 전사들이 자랑스러운 전리품과 영광에 대한 이야기를 가지고 고향으로 돌아가버리자, 로마군은 제국의 압도적 힘에 대한 믿음을 회복하기 위해 상당한 노력을 기울여야 했다. 이는 곧 습격해온 무리를 국경 너머까지 추격하여 그들의 진지를 불태우고 학살하는 것을 의미했다. 이런 보복을 당하자 야만족 전사들과 그 지도자들은 로마와 계속 평화롭게 지내는 게 로마 속주를 공격하는 위험보다 더 낫다고 다시 확신하게 되었다. 이렇게 공포심에 의존하는 예방 조치는 필연적으로 장차 로마가 혼란한 정정으로 취약해 보일 때마다 야만족이 전투를 걸어오는 부작용을 낳았다. 행정 제도의 붕괴는 과거에도 있었는데 특히 마르쿠스 아우렐리우스 시절 도나우강에서 한때 행정이 마비되었다. 3세기에 그런 행정적 실패는 더욱 흔했고 각 지역마다 로마의 국력을 재확인하는 것이 점차 더 어려워졌다.[4]

로마 제국은 셉티미우스 세베루스가 황제가 된 이후 한 세기 동안 큰 변화를 겪었다. 그것은 아우구스투스가 원수정을 창설한 이후 그 어느 때보다 큰 변화였다. 메소포타미아와 오스로에네를 새로운 속주로 창립한 것 외에도 세베루스는 시리아를 시리아 코엘레와 시리아 포이니케로 나눴고, 각 지역에 총독을 임명했다. 브리타니아도 저지 브리타니아와 고지 브리타니아로 나뉘는 등 다른 군사 속주들도 같은 방식으로 개편되었다. 모든 속주 총독은 2개 이상의 군단을 지휘할 수 없었지만, 황제는 제국의 보안을 강화하기 위해 근위대와 기병 경비대를 두 배로 늘렸고 알바 롱가에 1개 군단을 배치했다. 그리하여 이탈리아 내부에서 황제 마음대로 운용할 수 있는 직속 부대의 규모는 속주의 야전군 규모와 비슷해졌다. 이탈리아 내의 병력 대다수는 황제가 속주를 순행할 때마다 동행하면서 대규모 전투를 위한 야전군의 핵심으로 전환되었다. 이런 군부 개혁은 제국의 외부에 실재하거나 혹은 예상되는 위협에 대응하기 위한 것이 아니었다. 진짜 목적은 세베루스와 두 경쟁자가 193년에 그렇게 했던 것처럼 속주 총독이 황제 자리를 노리는 걸 더욱 어렵게 만드는 것이었다. 쿠데타 예방의 측면에서 군부 개혁은 완전히 실패했지만 그래도 그런 조치는 계속되었고 300년이 되자 거의 모든 속주가 더 작은 부대들로 분할되었다. 동시에 군정과 민정의 권한도 분리되었고 더 이상 두 권한이 한 명의 총독의 손에 있지 않게 되었다.

황제들은 속주 총독이 더 적은 수의 군인을 지휘하고, 민간 임명직이 재정과 식량 및 기타 자원에 대한 접근을 통제해 군 지휘관의 야망을 견제할 때 더 안전하다고 믿었다. 3세기와 4세기에 일어난 무수한 황위 찬탈 시도로 인해 이런 군사 개혁에 대한 황제의 믿음은 곧 근거가 없는 것으로 판명되었다. 그럼에도 많은 학자들은 그러한 군사 개혁이 변화하는 상황에 대응하는 합리적 시도라고 진단했지만, 현실은 그렇게 호락호락하지 않았다. 황제에게 가장 위험한 적은 외적이 아니라 로마인들이었다. 발레리아누스는 외적에게 붙잡힌 유일한 황제였고 외적과의 전쟁에서 전사한 데키우스는 극히 예외적인 사례였다. 3세기에 대다수 황제가 다른 로마인들, 즉 궁정에 속한 사람이거나 아니면 황제가 믿고 속주나 군대의 지휘를 맡긴 사람의 손에 죽었다.[5]

이로 인해 신하들에 대한 두려움과 의심을 품는 게 황제에게는 자연스러운 상황이 되었고, 그것은 효율적인 정부 운영에는 도움이 되지 않았다. 이전의 여러 시기와 비교해볼 때 국경 속주들은 훨씬 더 적은 자원이나마 그것을 뜻대로 처리할 수 있는 총독들이 담당하게 되었다. 큰 위협에 대처하는 대규모 군대는 이웃 속주 총독들과 다른 고위 관리와 협력해야만 편성 및 유지할 수 있었는데, 이런 속주 간 협력 행위는 황제의 명시적 칙령이 없다면 의혹의 대상이 되었다. 속주에서 서신을 황제에게 보내고 답신을 받는 일은 시간이 오래 걸렸고 큰 위협에 재빨리 대응하는 걸 어렵게 만들었다. 따라서 황제가 직접 나서서 위협들을 처리해야 하는 일이 잦았다. 하지만 황제는 한 번에 하나의 위기만 처리할 수 있었기 때문에 제국의 운영은 비효율적이 되었다.

아우구스투스 이후 대다수 황제와는 다르게 트라야누스, 루키우스 베루스, 마르쿠스 아우렐리우스, 그리고 셉티미우스 세베루스는 중요한 전쟁을 직접 지휘했다. 3세기에는 황제가 주요 원정에서 친정하는 게 당연한 일이 되었는데, 황제들은 자신이 임명한 지휘관이 지나치게 큰 야심을 가질까 봐 걱정해 그런 책임을 다른 누군가에게 맡기는 걸 꺼렸기 때문이다. 그러나 그것은 전쟁의 위험을 감수해야 하는 문제뿐만 아니라 모든 실패를 황제가 떠안아야 하는 단점이 있었다. 발레리아누스가 갈리에누스를 공동통치자로 임명한 것처럼 동료 황제를 두더라도 어느 정도만 도움이 될 뿐이었다. 포스투무스와 그의 '갈리아 제국'이 성공한 한 가지 이유는 라인 지역에 황제가 있는 것이 훨씬 더 국경 안보를 회복하기 쉬웠기 때문이다. 그러나 당면한 여러 문제를 누군가에게 위임하고 현지에 호의와 명예를 나눠주는 조치는 나름의 부작용이 있었다. 현지 군단들은 현역 황제에게 자신들이 버림받고 있다는 생각이 들 때마다 찬탈자를 지지하는 쪽으로 마음을 바꿨던 것이다.

속주의 행정 구조 변화는 군대의 변화를 가져왔다. 이미 살펴본 것처럼 이런 변화의 한 가지 측면은 점진적으로 원로원 의원을 군 지배권에서 배제하는 것이었다. 3세기 초 원로원 의원은 20세 전후에 군단의 선임 천부장으로 복무하고, 30세 전후에 군단을 책임지는 군단장으로 근무하며, 40세 이후에는 주둔군을 둔 제국 속주의 총독으로 일하는 게 보통이었다. 군부 개혁으로 초급 장교 자리부터 먼저 없어진 것으로 보이는데, 넓은 수장補章을 다는 천부장(기사 계급의 천부장이 좁은 수장을 단 것과 대비되는)은 관련 기록에 더 이상 나타나지 않기 때문이다. 그 위의 고위 장교 자리도 서서히 사라졌다. 3세기 말이 되자 원로원 의원은 군대에서 복무하거나 지휘하지 않게 되었다. 하지만 그들은 민간 요직을 계속 차지했는데 특히 이탈리아와 비군사 속주에서 민정 고위직을 맡았다. 국가 기관인 원로원은 계속 회의를 열었지만 황제가 로마나 교외에서 보내는 시간이 갈수록 줄어들면서 그들이 황제에 미치는 영향력은 감소했다.[6]

이제 군대의 상급 지휘는 기사 계급이 맡게 되었다. 원래 기사 가문 출신이든, 혹은 백부장을 포함해 초급 간부직을 수행하다가 기사 계급으로 올라갔든 그것은 관계가 없었다. 3세기 말에는 기사 계급 출신의 군 간부만이 현실적으로 황제가 되려는 열망을 품을 수 있었다. 이런 주된 변화를 바라보는 긍정적인 관점은 이 모든 것이 절박한 시기에 필요한 조치였다고 여기는 것이다. 원로원 의원들은 제한된 경험과 재능을 보이는 초보 군인에 불과했다. 이제 훨씬 더 강대한 적을 마주한 제국은 지휘관으로 군 경력이 일천한 이들에게 기댈 수 없었고, 야전에서 군을 이끌거나 황제 역할을 할 수 있는 강력한 직업 군인이 필요했다. 하지만 이 시기의 기록은 무수한 패배의 기록으로 채워져 있다. 따라서 위기에 강력한 군인이 필요하다는 논리는, 이 시기에 제국이 과거보다 훨씬 더 많고 심각한 위협에 직면했다는 사실을 방증한다. 기사 계급 지휘관들과 황제들의 강인함과 전문성에도 불구하고 군사적 패배가 많이 발생했다. 그러니 원로원 의원이 군대의 책임자였다면 상황이 더욱 나빠졌을 것이라고 짐작해볼 수 있는 것이다.[7]

사료가 빈약해 3세기 말 로마 군대에서 과거 원로원 의원이 맡던 자리를 채운 기사 계급이 평균적으로 전임자보다 더 경쟁력이 있었는지 여부는 알 수 없으며, 사람의 재능은 판단하기 어려운 분야다.

로마인은 상급 지휘관이 될 장교를 육성하는 공식 체계를 만들지 않았고, 대신 각자 자신의 타고난 능력을 통해 다른 로마인들을 관찰하고 행동으로 배우길 기대했다. 기사 계급으로 받아들여지기 전에 군 경력을 시작하고 황제 가까이에서 복무한 장교들은 '수호자' 지위를 갖게 되었다. 기사 계급에 진입하고 군 고위직에 올라가는 과정에서 능력과 실적이 어느 정도 작용했는지 여부는 불분명하다. 관련 사료가 어떤 인물의 비천한 출신을 강조할 때에는 특히 주의해서 살펴봐야 한다. 왜냐하면 고위직에 오르려면 훌륭한 교육 수준이 필수였기 때문이다. 황제에게 바치는 충성심은 과거보다 훨씬 더 중요했는데 이제 황제의 고위 장교들은 그의 지지자인 동시에 그를 타도하고 대체할지도 모르는 당사자였기 때문이다. 황제의 신임이라는 것은 믿을 만한 게 되지 못했으며, 군사적으로 뚜렷한 성과를 거둔 부하 지휘관은 신임을 받는 만큼이나 의혹의 대상이 될 가능성이 높았다.

'갈리아 제국'은 분열의 가장 분명한 사례였다. 다른 지역 정권들도 여럿 등장했으나 다들 오래 지속되지는 못했다. 부대, 특히 군단의 분열은 서로 다른 경쟁 황제들에게 충성을 바치게 했다. 원수정 하에서 군인의 경력은 여러 단계가 있었고 그 단계를 타고 올라가는 과정에서 종종 장교는 제국의 한쪽 끝에서 다른 쪽 끝으로 발령받기가 일쑤였다. 원로원 의원은 한 번 이상 동일한 속주에서 복무하는 일이 드물었고, 기사 계급도 비슷하게 승진 때마다 근무지를 옮겨 다녔으며, 군단 백부장은 제국 전역 여기저기 흩어진 부대를 돌아다니며 복무했다. 인사 발령 제도가 어떻게 작동하든 경쟁하는 여러 정권의 부상은 그 제도를 혼란에 빠뜨렸다. 세베루스 이후의 황제들은 원로원 의원들에게 점점 더 큰 의심을 품었고 그리하여 천부장과 기타 직책에 지원하는 젊은 귀족(원로원 계급)의 수는 감소했다. 속주 군대에서의 복무는 이제 과거보다 훨씬 더 황위 찬탈과 내전에 휘말릴 위험이 높아졌다. 속주 복무는 빠른 승진의 기회를 제공했지만 소속 군단이 내전에서 패배하면 불명예나 죽음에 처할 큰 위험을 동반했으며, 내전의 승자가 복수심에 불타면 패자의 나머지 가족에게까지 보복할 수도 있었다.

이러한 경력 양상의 변화와 함께 행정 제도와 신병 모집도 변화했다. 1세기부터 3세기 초까지 로마군에 관한 지식의 대부분은 로마군 기지에서 나온 금석문과 유물에 근거한 것이다. 3세기 말이 되면 군사적 금석문은 훨씬 더 희귀해지고 계급, 경력, 부대 명칭, 주둔지 양상 등에 관한 정보는 줄어든다. 이 시기와 그 이후에 구축한 새로운 군사 기지들은 크기가 훨씬 더 작아지고 이전보다 훨씬 더 잘 방비되었고, 계획된 주둔지와 그리 큰 관련이 없어 보이는 방식으로 설계되었다. 과거의 거대한 군단 요새는 사용하지 않았고 대다수가 버려지거나 4세기에 훨씬 더 작은 규모로만 사용되었다. 하드리아누스 성벽의 요새들이 3세기 중엽에 내부 병영들을 재건축하여 숙소 공간을 절반 정도로 줄였다는 증거가 점차 많이 나오고 있다. 4세기에는 군대가 유지하는 영구 기지들은 개별적으로나 집단적으로 훨씬 더 적은 군인을 수용했던 것으로 보인다.

원수정 초기에 존재했던 군단, 보조부대 보병대, 날개부대는 4세기, 심지어 5세기까지도 상당수가 명칭을 유지하고 예전의 전통도 그대로 유지했다. 더 많은 부대가 창설되었고 일부 부대는 단기간만 존재했는데 다른 일부는 여러 세대에 걸쳐 존속했다. 지방 현지에 확립된 여러 기지에서 나온 증거와 파피루스 문서, 그리고 후대에 전해지는 문헌 사료를 종합해보면 군단병과 보조부대병 간의 장비 양식이 거의 표준화되었을 뿐만 아니라 부대 규모도 거의 같아졌다. 셉티미우스 세베루스 시대에 1개 군단은 이론상 5000명 이상의 병력으로 편제되었고 거기에는 많은 전문 병사들과 상당수의 투석부대가 포함되어 있었다. 하지만 그로부터 100년이 지나 1개 군단의 병력은 서류상 1000~1200명 정도였고 이는 보조부대의 보병대와 별반 다르지 않은 규모였다. 로마 군대 전체로 볼 때는 여전히 예전과 비슷한 규모였다. 이론상 예전보다 더 많은 병력이 있었다는 일부 학자들의 주장은 다소 공허하게 들리지만 실제로 더 컸을 수도 있다. 로마군에는 많은 독립부대가 있었고, 부대의 지휘관은 더 많은 임무를 부여받았으며 더 높은 지위와 봉급을 받을 수 있었다. 더 작은 기초부대는 비교적 작은 군대를 유지하려는 목적으로 설계되었음을 의미했다. 4세기에는 두 기초부대를 반영구적으로 함께 '여단'으로 묶는 것이 상당히 흔한 현상이었지만, 여전히 5000명으로 구성된 정규 군단보다는 규모가 훨씬 작았기에 야전부대를 구성하는 데 어려움이 있었다.[8]

3세기 말이 되자 군사 장비는 이전보다 장식적 측면은 사라지고, 투박하지만 실용적인 품질로 대체되었다. 로마 군인은 여전히 장비를 잘 갖췄고, 각 병사는 칼, 갑옷, 방패, 투구, 던지거나 찌르는 데 쓰는 다양한 투척용 창(때로는 무게를 높인 화살)을 갖췄다. 훈련과 규율은 철저히 준수되었다. 여전히 밀집 대형을 갖추고 집단으로 싸우며 지휘 계통상의 명령에 철저히 복종했다. 로마 군인 대다수는 오랜 세월 복무했으나 그 생활의 세부 사항은 그리 분명하지 않다. 징집병 비율이 자원병 비율보다 더 높긴 했어도 그들은 전문적인 직업 군인

으로 잘 훈련되고 능숙한 지휘를 받으면서 군사 작전과 전투에서 무척 유능하게 싸웠다.[9]

군대의 제도와 조직을 강조하다 보면 전투의 인적 요소를 소홀히 하게 된다. 3세기와 그 이후 제국의 많은 속주에 나가 있는 로마 군대는 잠재력을 온전히 실현할 좋은 상황이 아니었다. 일련의 내전 상황은 군대의 훈련과 전투 태세에 지장을 줬다. 원수정 초기보다 실전 경험을 훨씬 더 많이 쌓았다고 해도 이런 경험의 일부는 필연적으로 패배와 반란으로 이어졌고, 상급 장교들이 부추겨 결국 충성을 맹세했던 황제의 죽음으로 결말이 났다. 이런 비상사태가 규율이나 자신감을 향상시킬 가능성도 없었다. 동시에 이미 지어놓은 옛 기지들을 포기하는 것은 곧 특별한 목적을 위해 세워진 숙소, 작업장, 군사병원, 목욕탕, 곡물 저장고와 기타 창고, 훈련장과 마구간마저도 잃는 것을 뜻했다. 여러 도시에서 부대를 민가에 숙박시키는 일―특히 두라 에우로포스 등 여러 장소에서 영구적인 숙소를 준비하지 않고 몇 주나 몇 달을 머무르게 하는 것―은 잘 조직된 군대의 기반을 사라지게 했다. 과거에 그런 기반은 군인들을 훈련시키고, 먹이고, 의복을 제공하고, 보살피는 것은 물론이고, 기병이 타는 말과 역축, 장비를 훌륭한 상태로 유지하게 해주었다.[10]

군대는 제국 예산에서 계속해서 가장 큰 지출 항목이었다. 민간 관료가 이 시기 동안 급증했음에도 불구하고 군부와 비교해 보면 그 수가 적었다. 하드리아누스 시절에는 황제를 위해 일하는 2000여 명 정도의 관리와 서기가 있었다. 3세기 말이 되자 약 3000명으로 늘어났는데 이들이 행정의 효율성을 더 높여주었는지 여부는 그리 명확하지 않다. 황제의 두상, 상징, 그리고 그의 여러 업적과 표어를 새긴 주화의 유통량 역시 늘었는데 이것이 정부 행정의 가장 눈에 띄는 측면이었다. 은화는 1세기와 2세기 동안 은 함유량이 90퍼센트에서 때로는 약 70퍼센트까지 떨어졌고, 3세기에는 황제들이 귀금속의 가치를 더욱 높이면서 2퍼센트 이하로 떨어졌다. 이러한 조치가 가져온 결과를 추적하기에는 자료가 부족하지만 전반적인 추세는 필연적으로 인플레이션을 심화시키는 쪽으로 향했고, 아마도 갑작스럽게 더 악화되었을 것이다. 이집트 파피루스 문서의 증거는 이를 잘 보여준다.[11]

3세기 동안 로마 제국은 과거에 비해 상당히 약해졌고 전반적으로 번영은 덜했다. 그렇다고 해서 이탈리아 본국과 속주에서 정부와 일상생활의 모든 측면이 나빠졌다는 뜻은 아니다. 이 시기에 건설된 거대한 기념물들은 적었지만 과거의 것과 비교해 어느 모로 봐도 웅장하고 훌륭하여 손색이 없었다. 교역 수준은 감소했지만 몇몇 경로와 상품은 거의 영향을 받지 않았고, 일부 도시와 공동체는 번성했다. 이러한 결과는 도시의 위치와 많은 관련이 있었다. 가령 국경 지역에 있거나 내전에 참여한 군대들이 지나가는 경로에 있으면 그렇지 않은 지역보다 고통받을 가능성이 컸다. 일상 행정의 대부분을 속주 공동체에 맡기는 로마의 접근 방법 덕분에 현지 업무의 많은 측면은 누가 로마 황제이든, 그가 무엇을 하든 관계없이 이전과 마찬가지로 계속되었다. 하지만 이런 정상성, 안정성의 흔적은 황제들이 폭력적으로 죽음을 맞이하는 속도, 지속적인 권력투쟁, 싸움에 참여한 군대들을 육성하고 유지하는 비용, 국경에서 패배를 당하고 야만족이 여러 속주까지 깊숙이 침입한 상황을 간과하기 쉽게 만든다. 분명 혼란과 변화의 시기였고 동시대인이 어떻게 생각하고 장차 어떤 일이 벌어질 것이라고 예측했는지 알아내기란 어려운 일이다. 우리가 발레리아누스의 생포 이후 제국 동부에서 발생한 여러 사건을 검토하고 팔미라의 오다에나투스의 경력을 이해하려고 할 때 이런 요소들은 특히 중요한 부분이다.

오다에나투스의 배경과 초기 경력은 알려진 바가 없다. 그가 셉티미우스라고 불린 것은 그의 조상, 특히 부친이나 조부가 카라칼라의 보편적 승인 이전에 셉티미우스 세베루스에게 로마 시민권을 승인받았을 가능성이 높음을 의미한다. 오다에나투스가 팔미라의 주요 귀족 가문 출신이라는 증거는 없고, 그의 고향 도시에는 그런 게 있었을지 몰라도 왕가 혈통이라는 암시는 더더욱 없다. 2세기 말에서 3세기로 들어서면서 여러 팔미라인들이 현지 부대와 다른 부대들을 차례차례 지휘하며 기사 계급의 군사 경력을 거쳐 갔다. 이는 어떻게 오다에나투스가 현지를 방문한 황제들 중 한 사람의 눈에 들어 그 보상으로 원로원 의원으로 승격되었는지를 설명해주는 적절한 경력이다. 260년, 그는 한 시리아 속주의 총독이었고 이 시기에 사용되던 칭호인 둑스dux, 즉 장군으로 불렸다. 따라서 퇴각하는 페르시아인을 거듭 공격하고 바로 다음 해 마크리아누스의 생존한 아들을 물리쳤을 때 그는 로마 부대의 선두에서 임무를 수행하는 로마 총독이었다. 그가 지휘하던 병력에는 그의 고향 도시에서 모집한 보조부대는 물론이고 위기 중에 모집한 병력도 포함되어 있었다.[12]

한 사료에 따르면 로마 황제 갈리에누스는 오다에나투스가 찬탈자를 진압하던 시기 전후에 그를 스트라테고스strategos(지휘관)로 임명하여 보답했다. 그의 실제 직함은 동방 전체의 검열관corrector totius Orientis(혹은 총책임자retor)였으며 사실상 동방 속주들을 관리하는 총독 역할을 부여받았을 가능성이 높다. 모든 학자가 이를 인정하는 것은 아니고 확실하지는 않지만, 오다에나투스는 갈리에누스의 충성스러운 부하였던 것으로 보인다. 이탈리아 황제는 계속 총독들과 다른 장교들을 이 지역에 임명했고, 설혹 그들이 임지에 가서 오다에나투스의 지배를 받게 되더라도 개의치 않아했다. 이런 점에서 포스투무스와 그의 후계자들이 유럽의 서쪽에서 지배했던 별개의 제국과는 그 배치가 완전히 달랐다. 갈리에누스는 절대 동방 속주들로 순행을 가지 않았고, 오다에나투스 마음대로 행동하도록 놔두는 것처럼 보였다. 과거 코르불로처럼, 더 크게는 제국 초기의 아그리파나 게르마니쿠스처럼 한 사람이 여러 속주의 지휘권을 행사하게 된 것이다. 그는 이처럼 상당한 권한과 독립성을 보유하면서 황제의 부하로 남았고, 이것은 속주 크기가 과거보다 작아진 걸 고려하면 여러 중요한 문제에 대한 현실적인 해결책이었다.[13]

　팔미라 사료들과 훗날 나타난 전승, 그리고 차후 발생한 여러 사건은 뭔가 다른 걸 시사하고 있다는 걸 제외하면, 적어도 이것이 로마 측에서 나온 여러 사료에 대한 가장 좋은 해석이다. 다른 견해는 단순히 관점의 차이, 독자의 차이 혹은 뒤늦은 깨달음 때문일 수도 있지만, 팔미라 자체의 수수께끼 같은 특성과도 결부되어 있을 수 있다. 팔미라는 오늘날 시리아 내전에 시달리고 있지만 주목할 만한 또 다른 고고학 현장이다. 로마 제국 초기이던 서기 70년대에 대플리니우스는 팔미라를 로마 제국과 파르티아 제국 사이에 자리잡고 있지만 두 제국과 완전히 다른 나라라고 서술했다. 물리적으로는 로마 속주들과 더 가까웠다. 역사학계의 의견은 팔미라가 티베리우스 통치기에 제국의 일부로 공식 편입되었는지 아니면 그보다 훨씬 후에 그렇게 되었는지 엇갈리고 있지만, 팔미라와 로마 사이의 관계는 밀접했다. 로마 주둔군이 2세기 후반에 그 도시에 있었고, 나중에 식민 도시의 지위를 받아 법적 특권을 누렸다. 이 시기 동안 도시는 수많은 웅장한 기념물과 많은 예술품을 만들어냈는데, 그리스-로마 양식을 독특한 방식으로 재해석한 것들이었다. 더불어 3000개가 넘는 금석문이 팔미라에서 발견되었으며, 이는 로마 통치기 브리튼섬 전체에서 발견된 것보다도 훨씬 많은 수였고 그 내용도 더 방대했다.[14]

팔미라는 사막이나 건조한 스텝 지대로 묘사되는 풍경에서 희귀하고 귀중한 자원인 물 때문에 존재하게 된 도시였다. 주민들은 팔미라를 현지어로 타드모르Tadmor라고 했는데 솔로몬이 세웠다는 그 도시인지 여부는 불확실하지만 정착지로서는 무척 오래된 곳이었다. 오아시스, 여러 샘물, 세심하게 모은 빗물 등으로 물이 충분했기에 도시 주변의 땅에서 경작이 가능했고 더 넓은 지역에서 염소와 양을 기를 수 있었으며 더 나아가 낙타에 의존하는 사람들을 지원할 수 있었다. 그러나 농부, 목축민, 유목민, 심지어 도시 내부의 장인과 상인 중 그 누구도 자력으로 팔미라의 성공을 가져올 정도로 그 숫자가 많거나 부유하지는 않았다. 팔미라의 성공에 대한 가장 좋은 설명은 서로 다른 집단들이 협력을 통해 상호 이익을 얻었다는 것이다. 이는 팔미라의 도시 계획과 기념물에서 알 수 있듯이, 그리스-로마 도시국가와는 무척 다른 사회 구조를 만들어냈을 것이다. 여러 금석문이 여러 부족의 존재를 언급하는데, 19개 정도의 부족이 있었지만 3세기가 되자 그중 일부 하위 집단만 살아남아 4개 정도로 줄어들었다. 팔미라 사회에서는 혈통을 중시해 사람들은 자신이 유명 인사의 아들이라는 걸 자랑했을 뿐만 아니라, 그 인사의 손자 혹은 증손자임을

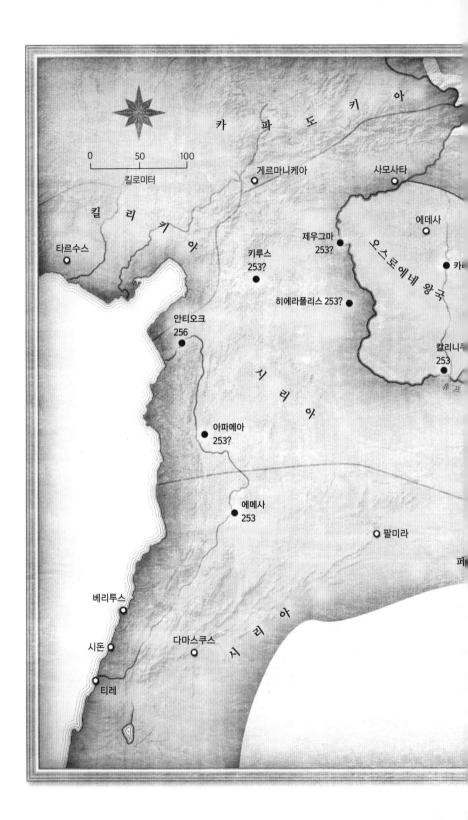

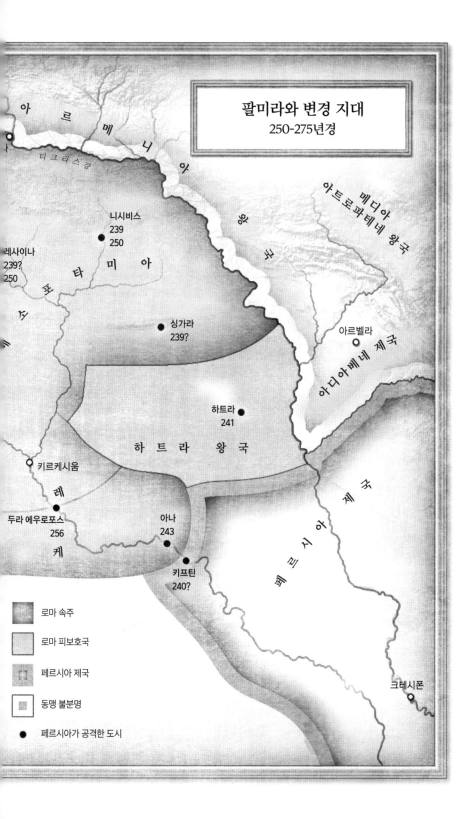

팔미라와 변경 지대
250-275년경

아 르 메 니 아

티그리스강

아르메니아 왕국

아트로파테네 왕국

니시비스
239
250

레사이나
239?
250

메소포타미아

싱가라
239?

아르벨라

아디아베네 제국

하트라
241

하트라 왕국

키르케시움

레

두라 에우로포스
256

케

아나
243

키프틴
240?

페르시아 제국

크테시폰

로마 속주

로마 피보호국

페르시아 제국

동맹 불분명

● 페르시아가 공격한 도시

과시하기도 했다.[15]

팔미라인들은 기억력이 좋았고, 과거의 우정과 호의, 증오는 오래 기억되었다. 하지만 팔미라인의 전반적인 특성은 다른 사람들과 함께 일할 수 있는 협력적인 사람들이라는 것이었다. 부족 체계에 따라 주로 도시에 사는 사람들과 도시의 인근에 사는 농부, 그보다 조금 더 떨어진 곳에 사는 양치기와 염소지기, 훨씬 더 먼 곳에서 낙타를 기르고 여행하는 사람들, 상인과 그 관련자들이 서로 연결되어 공동체를 이루었다. 장거리 무역은 도시와 일부 시민들을 무척 부유하게 만들었지만, 이를 위해서는 사회 대부분의 지지와 참여가 있어야 했고, 실제로 상당수가 참여해 어느 정도 혜택을 보았다. 상인들이 무리를 이루어 교역했는데, 주요 경로를 따라 1년에 한두 번 정도 이동하는 교역 집단 카라반은 주로 낙타를 비롯해 몇천 마리의 역축을 거느렸을 가능성이 크다. 즉 이런 거대한 교역 원정에 참여하지 않은 많은 사람들이 짐승을 길러 생계를 유지했고, 또 원정대에 참여한 사람들 중에도 짐승을 이끌고 보살피는 일을 하는 사람들이 있었다. 일부 시민은 단 한 번도 멀리까지 여행한 적이 없었지만 카라반 사람들의 식량, 입을 옷, 안장, 배낭, 기타 사람이나 짐승에게 필요한 장비를 공급하며 생계를 유지했다. 그다음으로 카라반을 보호할 경비대가 필요했는데 상품, 짐승, 상인이 모두 도적의 유혹적인 표적이 될 수 있었기 때문이다. 카라반의 교역 경로에 사는 유목민들은 가혹한 환경에서도 살아남을 정도로 강인한 사람들이었으므로 약탈도 마다하지 않는 도적이 되기 쉬웠다. 그런 잠재적인 약탈자는 맞서 싸우기보다는 적절히 달래는 게 더 나은 방법이었고, 그래서 카라반은 선물을 주고 경의를 표시함으로써 그들의 지도자의 마음을 샀다. 그렇게 형성된 관계는 여러 세대에 걸쳐 유지되었고 모두가 도움을 받았다. 하지만 많은 경쟁 집단과 지도자가 있었고 그중 어떤 집단과의 합의는 그 집단의 경쟁자 혹은 도전자들에게 적개심을 불러일으키는 경우도 있었다.[16]

팔미라의 금석문 중에는 더 넓은 공동체와 부족들 전부 혹은 일부를 대신하여 대규모 카라반과, 그 카라반을 이끌고 인도하고 호송하고 보호했던 사람들에게 감사를 표시한 것도 있었다. 따라서 의회, 시민, 4개 부족은 막카이오스의 아들이자 오겔로스의 손자, 아게고스의 증손자, 세위라스의 현손인 오겔로스에게 경의를 표시했으며, 그의 "용맹과 용기", 그리고 "여러 유목민을 상대로 그가 벌인 원정"에 따르는 혜택을 칭송했다. 오겔로스는 여러 카라반을 관리·보호했고, 자기 재산을 털어서 공동체에 "탁월함과 영광"을 안겨주었다. 이런 칭송의 언어는 여러 그리스-로마 도시에서 사용했던 것을 그대로 모방한 것이었지만, 그곳의 금석문들이 신관이나 행정장관으로 일했던 사람, 건축 공사나 경기와 축제 개최에 대해 총독이나 황제로부터 호의적인 결정을 이끌어낸 사람을 칭송했던 반면 팔미라인들은 상업에 종사했음에도 군사적 업적을 더 가치 있게 여겼다. 대다수 금석문은 카라반을 보호하는 데 들어간 접대의 세부 사항들은 기록하지 않았다. 한 2세기의 금석문은 로마인 백부장에게 감사를 표하고 있는데, 그가 어떻게 도와주었는지, 그가 그 지역에서 파견대를 지휘한 게 우연이었는지 필연이었는지, 혹은 그가 카라반의 보호를 위해 파견된 호위대 대장이었는지 등에 대해서는 언급하지 않았다.[17]

팔미라인은 카라반의 안전을 보장하는 데 필요하다면 전투도 불사했다. 여러 조각품들은 낙타를 탄 전사들이 잘 무장한 채 함께 여행하면서 곤란한 상황을 처리하는 장면을 묘사하고 있다. 이러한 무장은 싸움 자체를 위한 것이 아니라 카라반의 안전한 통행을 확보하기 위한 것이었고, 병력 규모 면에서 몇백 명, 가끔은 무려 수천 명의 전사가 기꺼이 경비대로 복무했다. 이 호송대는 규모나 의도에서 정규 군대가 아니었고 심지어 민병대도 아니었지만, 카라반에게 도시나 더 넓은 지역의 로마 주둔군보다 더 강력한 보안을 제공해주었다. 중요한 사실은 이런 호송대가 현지 사람들에게 침략자로 보이지 않으면서 제국 너머의 다른 지역으로 여행할 수 있었다는 것이다. 다른 사람들과 잘 어울리는 능력, 비협력보다 협력이 더 유익하다고 남들을 설득시키는 능력 덕분에 팔미라인은 성공을 거두었다. 이들이 얼마나 멀리까지 나갔는지를 살펴보면 그저 놀라울 따름이다. 바빌로니아와 카라케네 외에도 파르티아와 로마의 두 제국과는 무관한 아라비아만의 여러 공동체에 팔미라인이 진출하여 살고 있었다. 팔미라 상인은 이집트의 여러 홍해 항구에서 사업을 했고 통행 허가를 받은 배에 팔미라인을 선장으로 고용해 멀리 인도까지 가는 해상 무역을 했다. 팔미라인 공동체와 유대인 공동체의 관계가 좋았다는 것을 보여주는 여러 흔적이 남아 있는데 상업을 원활하게 운용하려면 광범위한 지역에 흩어진 팔미라인들이 다른 나라 사람들과 협력하는 것이 필수였다. 사산 왕조의 등장은 팔미라인의 이해관계에 어려운 문제를 제기했다. 사산 왕조는 중앙 권력을 더욱 강압적으로 과시했을 뿐만 아니라, 아르다시르 1세와 샤푸르 1세가 벌이는 여러 군사 작전들을 통해 카라케네를 직접 통제하여 아라비아로까지 판도를 확장함으로써 그 지역에 오래 지속돼온 여러 관계를 방해하거나 산산조각 냈기 때문이다. 로마와 페르시아 간의 공공연한 충돌이 벌어지

던 때를 제외하면 이 지역에서 무역은 계속되었지만 그럼에도 팔미라 교역은 방해를 받았다.[18]

이런 방해 요인에도 불구하고 팔미라는 결국 로마 제국에 통합되었고, 도시의 많은 시민과 지도자들은 덕분에 세상에 대한 더 넓은 시야를 갖게 되었다. 게다가 팔미라의 현지 관습, 신념, 관행은 로마 제국의 이익과 크게 상충되지 않는 한 제국으로부터 억압받지 않았다. 도시에서 나온 금석문에서 라틴어는 드물었지만 그리스어는 동부 속주들과 마찬가지로 흔했으며, 사실상 대규모 공공 금석문은 팔미라어와 함께 그리스어로도 새겨졌다. 현지의 로마 주둔군이 갈등이나 혼란을 일으켰다는 흔적은 없고, 팔미라인은 로마 제국을 위해 일했고 기사 계급의 군사 경력을 쌓았다. 이 단계에서 오다에나투스는 팔미라인으로서 원로원에 합류한 유일한 사례였고, 단일 도시에서 이런 인물이 나온 것은 드문 일이었다. 가령 브리튼섬은 로마의 속주로 있는 동안 단 한 명의 원로원 의원도 배출하지 못했다. 260년 이후로 오다에나투스는 먼저 속주 총독이 되었고 이후 갈리에누스가 추가적으로 부여한 권한 덕분에 사회적으로 크게 출세했다. 그는 고향 도시에서 위대한 인물로 널리 칭송되었고, 고향 사람들의 폭넓은 지지를 받았으며, 그러한 인맥은 사회적 경력에 큰 도움을 주었다. 그는 로마 행정장관으로서 고향 도시를 비롯해 많은 다른 공동체와 로마 정규군을 지휘했으며, 여기에 팔미라인을 포함한 동맹군과 징집병을 추가했을 수도 있다. 이런 조치 중 그 어떤 것도 전례가 없거나 비정상적인 것이 아니었지만, 발레리아누스의 군사 작전이 처참하게 실패한 것은 아주 예외적인 상황이었다.

오다에나투스는 자신의 능력을 마음껏 발휘한 것은 물론이고 여러 사태에 직면하여 아주 과감하게 대응했다. 그는 262년경 페르시아에 반격을 가하는 게 적절하다고 판단했다. 이 공격의 세부 사항은 알려진 게 많지 않지만 그는 원정군을 이끌고 크테시폰 근처까지 나아갔다. 그 부대에 소속된 팔미라인은 비교적 소수에 불과했지만, 더 넓은 지역까지 먼 거리를 나아가고 계속 보급을 받는 업무를 그들이 중시하지 않은 것은 아니다. 팔미라 부대의 공격에도 불구하고 크테시폰은 함락되지 않았다. 어쩌면 그 도시를 습격하거나 포위 공격할 의도는 애초부터 없었을지도 모른다. 이 전쟁에서 사산조 대군과 중대한 대치를 했다거나 샤푸르 1세가 직접 전선에 나타났다는 암시는 없다. 아마도 왕중왕과 그의 병력 대부분이 다른 곳에 나가 있었을 것이다. 몇몇 사료는 초기에 오다에나투스가 샤푸르 1세와 협상했고, 페르시아인으로부터 어느 정도 자신의 지위를 인정받으려 했다고 주장한다. 이런 접근 방식은 묵살되었고, 오다에나투스는 결국 전쟁을 일으켰다. 대다수 학자는 이 전쟁을 발레리아누스와 갈리에누스에게 충성을 맹세하기 전의 일로 보지만 외교적 해결을 추구하려는 시도의 일환으로 무력시위를 벌였을 수도 있다.[19]

전투는 몇 년 동안 계속되었고, 오다에나투스와 그의 부하들은 적어도 262년과 267년 사이에 두 번 크테시폰 외곽에 진입했다. 하지만 샤푸르 1세가 로마 여러 속주를 침공했던 원정 규모에 비하면 그리 큰 성공은 아니었다. 사산조의 주요 도시가 함락되었다고는 하나 대규모 전투에서 승리했다는 암시는 전혀 없기 때문이다. 하지만 팔미라인의 공격은 샤푸르 1세에게 당한 참사 이후에 어느 정도 회복된 자신감의 표현이었고, 국경 지역과 그 너머 지역까지 로마인들의 권능을 재주장하려는 시도의 시작이었다. 갈리에누스 황제는 부하

오다에나투스가 거둔 여러 승리의 결과로 '페르시아 정복자'라는 뜻의 페르시쿠스 막시무스라는 칭호를 취하고 로마에서 개선식을 거행했다. 오다에나투스의 특권은 커졌고, 아마도 바빌로니아에 있었을 즈음에 그는 팔미라 왕을 넘어 자신을 왕중왕이라고 칭했고, 이런 칭호를 장남에게까지 부여했다. 이 칭호는 현재까지 전해지는 문서에서 라틴어나 그리스어가 아니라 오로지 팔미라어로만 적혀 있다. 오다에나투스가 생애 내내 통치했던 여러 속주에서는 충실히 갈리에누스의 초상과 제국의 표어를 새긴 동전을 발행했으며 로마 제국 이외의 권위를 암시하지 않았다.[20]

왕중왕 칭호는 명백히 샤푸르 1세에 대한 도전이었지만 오다에나투스가 무엇을 의도했는지 논하기는 무척 어렵다. 그는 로마군이 아무 피해도 받지 않고 바빌로니아를 습격했던 성과에 더해 사산조 군주의 특권을 약화시키려 했을 수도 있다. 하지만 그 공로는 여전히 샤푸르 1세의 모든 업적과 비교했을 때 사소한 것이었고, 오다에나투스의 공격 때문에 누군가 동맹을 바꾸었다는 직접적인 증거는 없다. 그가 샤푸르 1세를 자극하길 바랐더라도 왕중왕이 직접적으로 대치하기 위해 진군하게 만들 정도로 강력한 도전은 아니었다. 다른 어느 지역에서 샤푸르 1세를 바쁘게 했던 일이 무엇이든 간에 왕중왕은 계속 그 일을 추구했다. 오다에나투스가 미래를 생각해 고향 도시 주변, 즉 그가 통제하는 여러 로마 속주와 가장 가까운 사산조의 여러 지역을 점령하여 새로운 제국을 세우려는 꿈을 꾸었을 수도 있다. 이와 관련해 갈리아에 나가 있던 포스투무스의 행동은 이 혼란스러운 시기에 무엇이 가능한지를 보여주었다. 오다에나투스가 그런 계획을 숙고 중이었다면 모든 중요한 측면, 특히 법률 부분에서 로마식이었던 갈리아 제국을 닮은 제국을 바랐는지 혹은 더 규모가 큰 팔미라 제국을 바랐는지는 알 수 없다. 돌이켜보면 늘 그렇듯이 지역 지도자들은 그것의 현실성과는 무관하게 자신만의 야심과 꿈이 있었다. 오다에나투스가 무슨 계획을 품고 있었든지 간에 그 계획은 267년 그가 정치적인 이유나 개인적 원한에 의해 가까운 친척에게 살해당하면서 갑작스럽게 끝나버렸다.

그 후 팔미라에서 이상한 일이 일어났지만, 그것이 오다에나투스의 계획을 반영한 것인지 아니면 그의 죽음을 이용하려는 사람들의 계획이 반영된 것인지 여부는 불분명하다. 그의 첫 번째 아내와의 사이에서 낳은 장남은 이미 사망했다. 그의 차남 셉티미우스 바발라투스는 소년에 불과했고 실제 지배권은 그의 어머니이자 오다에나투스의 두 번째 부인인 제노비아에게 넘어갔다. 그녀가 여왕이자 섭정 역할을 하며 아들을 왕으로 선포한 것은 당연한 일이었다. 과거에 로마 황제들은 후계자 임명 권리를 소수의 동맹 군주에게 허락했지만 제노비아는 이를 무시했다. 그녀는 아들에게 부친이 보유했던 모든 로마 제국 칭호와 지위를 수여했는데, 총독과 장군은 후계자에게 사후 지휘권을 넘길 수 없었기 때문에 이것은 적법한 것이 아니었다. 오로지 군주만이, 즉 지역 왕이나 적어도 로마 황제들만이 그런 허가를 내줄 수 있었다. 갈리에누스는 제노비아의 행동에 제동을 걸 형편이 아니었고, 동방에서 주조된 동전에 충성의 표시로서 계속 그와 그의 차기 후계자들의 이름과 초상이 새겨졌다는 것은 의미심장하다. 하지만 바발라투스 역시 점진적으로 동전 뒷면에 자기 초상을 새겼는데, 그가 아직 로마 황제의 부하였음에도 동료 황제라는 대등한 지위를 주장하기 위함이었다.[21]

이후 여러 사건들이 빠르게 진행되어 갈리에누스는 267년 말 휘하 장군에게 타도당했고 그 장군 역시 전복되어 268년 클라우디우스 2세가 황제로 선포되었다. 고트족을 상대로 승리를 거둔 그는 고티쿠스라는 별명을 얻었고 후대에 전해지는 빈약한 사료에서 호의적으로 기록되었지만 그 또한 270년 역병으로 사망했다. 그의 동생이 재빠르게 그 뒤를 이었지만 역시 재빠르게 살해되었고 아우렐리아누스가 황제 자리에 올랐다. 갈리아 지역의 포스투무스는 거의 같은 시기에 살해당했고 그의 후계자도 같은 운명을 맞이했다. 같은 해 샤푸르 1세는 연로함을 이기지 못하고 쓰러졌고, 그의 아들 중 몇몇이 왕중왕에 올랐다가 단기간에 폐위당했기 때문에 이후 몇 년 동안 사산 제국 귀족들은 후계 문제에 더욱 큰 관심을 가졌다.

제노비아는 이러한 혼란을 틈타 아들이 지배하는 영토를 늘렸고 270년경에 이집트에 병력을 파견하여 점령했다. 전투는 거의 없었지만 대다수 관리, 군대, 광범위한 속주 인구는 침략자의 전력에 압도되어 기꺼이 그들의 지배를 받아들였다. 제노비아는 자신이 아우구스투스에게 흡수당하기 전까지 이집트 왕국을 통치했던 마케도니아 왕조인 프톨레마이오스 왕조의 후손이라고 주장했으며, 셀레우코스 왕조 세 국왕의 부인이었던 유명한 클레오파트라 테아(우리에게 더 잘 알려진 클레오파트라 7세는 아니다)를 조상으로 자랑했다. 제노비아는 세베루스 왕조의 여자들처럼 상당한 영향력을 행사하고 여러 공적 역할을 수행했으나 그들보다 더 뛰어난 면이 있었다. 여왕 자격으로 많은 역할을 한 것은 물론이고 한 여성으로서도 정치 분야에서 드물게 주도적인 역할을 했다. 그리스와 로마 측 사료들은 클레오파트라 7세의 기억에 영향을 받아 제노비아를 호의적으로 보았고 클레오파트라보다 더 인자한 여왕으로 기록했다. 두 여성 모두 여러 언어에 능통하고 학식이 뛰어나며 야심이 넘쳤지만, 클레오파트라가 관능적인 유혹인 여인으로 기억된 반면에 제노비아는 엄격하게 미덕을 지킨 여인으로 기억되었다. 소문에 의하면 그녀는 오로지 아이를 얻을 목적으로만 남편과 성관계를 맺었고, 그 후 자신이 임신했는지 여부를 기다렸다가 실패한 경우에만 남편을 다시 자신의 침대로 들였다고 한다. 그녀는 남자처럼 말을 타고 사냥을 했으며, 검은 눈동자와 거무스름한 피부를 지닌 아름다운 여성이었다고 한다.[22]

이런 이야기가 어디까지 진실인지 판단하는 것은 불가능하다. 제노비아는 널리 낭만적인 허구를 불러일으킨 인물이었다. 시간상으로 아주 오래 전의 인물로서 그녀의 경력을 기록한 금석문과 주화가 없었더라면 신화적 인물로 여겨졌을 수도 있다. 점차 바발라투스는 더욱더 공공연하게 자신을 황제라고 과시했다. 적어도 처음에는 아우렐리아누스 황제에게 마땅히 보여야 할 모든 존경을 바쳤는데 그 목적은 새로운 황제로부터 공식적인 인정을 받기 위함이었다. 아니면 아우렐리아누스를 처치할지도 모르는 후계자로부터 인정을 받아야 했다. 팔미라인이면서 동시에 로마 시민이었던 두 장군이 이집트와 다른 곳에서 팔미라 군대를 지휘한 것으로 보인다. 구체적인 기록이 있지는 않지만 상당히 많은 전사들이 여러 부족에서 모집되었는데 특히 팔미라인과 오랜 관계를 맺고 있는 유목민 부족에게서 많은 병사를 차출해 왔다. 교역 도시의 부 또한 광범위한 지역에서 용병을 모집하게 하는 힘이 되었을 것이지만 확실한 증거는 없다. 상당한 규모의 철갑기병 부대, 그리고 일부 갑옷을 입힌 낙타를 탄 병사들로 구성된 부대 역시 기록에 언급되었지만 기껏해야 몇천 명을 넘지 않앴을 확률이 높다. 어린 바발라투스를 위해 싸우는 군대 대부분은 아마도 로마 속주의 로마군에서 파견된 병사들이었을 것이다.[23]

제노비아가 다른 제국의 권력자와 다르게 행동했다는 암시는 없지만, 그녀는 팔미라에서 자신의 권위를 과시했으며 모든 경우에 아들을 대신하는 존재로서 정체성을 확립했다. 후대의 전승에 따르면 안티오크에서 온 기독교인들은 분쟁이 발생하면 그녀에게 중재를 요청했다고 한다. 그녀는 사모사타 바오로 주교를 선호했는데, 그는 이단적 경향이 있으며 교리 차이로 인해 공동체 대다수에게 인정받지 못했지만 계속해서 교회 건물을 차지하고 헌신적인 추종자 무리의 지원을 받으며 민간 행정장관처럼 행동했던 자였다. 이런 이야기는 나중에 그녀에 관한 기억을 이단과 엮기 위해 날조, 왜곡한 것일 수 있으며 그녀가 유대인이었다는 주장과 마찬가지로 명백히 적대적인 출처에서 나온 것이다. 제노비아가 이집트 내의 여러 유대인 공동체를 보호했다는 증거는 있지만 이는 로마 당국에서도 흔히 있는 중재에 불과한 것이었다. 로마 당국은 원칙적으로는 공명정대했지만 더 중요한 것은 속주에서 평화와 안정을 유지하는 것이었다. 여러 속주들이 팔미라 출신의 어린 황제-왕의 통치를 받게 되었다고 해서 그 어디에서도 극단적인 변화가 일어나지는 않았다.[24]

여러 가지 면에서 팔미라인과 여러 국경 속주의 다른 민족들은 가까운 페르시아 제국 내부의 여러 공동체와 공통된 관심사가 많았지만, 영토 확장은 로마 제국 내의 영토로 국한되었던 것으로 보인다. 이른 시기부터 아르사케스 왕조의 파르티아와 사산 왕조의 페르시아에는 기독교인이 있었고 그들의 수는 샤푸르 1세가 잡아온 포로들로 인해 크게 늘어났다. 아르다시르 1세와 샤푸르 1세는 자신들이 아후라 마즈다와 깊은 관련이 있음을 선포했고 파바그가 한때 신관을 지내기도 했지만, 두 왕중왕은 다른 종교들이 왕조의 통치를 수용하는 한 그들에게 관대하게 대했다. 조로아스터교의 한 성직자 키르디르는 샤푸르 1세의 후계자들 시대에 엄청난 출세를 했고 자신의 업적을 자랑하는 금석문 기둥을 하나 세웠다. 그는 자신이 페르시아 군대가 로마의 여러 속주를 침공할 때 동행하여 안티오크를 넘어 킬리키아까지 나아가서 그곳에 이미 자리잡은 조로아스터교 신도들을 확인했다고 주장했다. 그는 그 신도들을 페르시아로 이송하라는 명령으로부터 지켜주기도 했으며, 그들에게 조로아스터 교인의 바람직한 품행을 가르쳤는데 모두 샤푸르 1세의 명령을 받고 행한 것이라고 강조했다.[25]

하지만 샤푸르 1세는 다른 종교 지도자들에게 호의를 보였다. 그 중 하나가 영지주의 기독교 공동체에서 태어난 마니였다.* 마니는 젊은 시절 좀더 순수한 진리를 깨우치게 되었다고 주장했고 인도에서 한동안 시간을 보내고 여러 곳을 여행한 뒤 새로운 신앙을 전파했고 많은 신도를 모았다. 그는 우주가 빛과 어둠의 투쟁에 휘말려 있고 어둠이 물질세계와 모든 육신에 스며들었으므로 사람들은 각자 순수성과 구원을 위한 투쟁에 나설 필요가 있다고 역설했다. 키르디르는 샤푸르 1세 사후 여러 해 동안 세력이 커졌고 후계자 왕중왕을 설득하여 마니교를 박해할 수 있었다. 마니는 276년에 체포되어 처형되

---

* 영지주의 기독교인들은 2세기에 주류 기독교의 분파로 등장한 다양한 집단이었다. 간단하게 설명해 보자면 그들은 물질세계를 신과 전혀 맞지 않는 이질적인 것으로 보았고 신체를 영혼의 감옥으로 생각했다. 영혼은 신성한 말씀을 통해 영적 각성을 이룰 수 있으며 올바른 가르침을 통해 하늘로 올라갈 수 있다고 믿었다.

었지만 그것이 마니교의 전파를 가로막지는 못했고 로마의 여러 속 주로 퍼져 나가더니 마침내 저 멀리 중국에까지 전파되었다. 역설적 이게도 한 세대 뒤 로마 황제는 마니교 신도의 탄압을 명령했는데, 그는 그들의 관행을 의심했을 뿐만 아니라 그들을 페르시아의 대리 인이자 잠재적인 체제 전복 세력으로 봤기 때문이었다.[26]

기독교인의 처지는—키르디르의 맹렬한 적개심을 유발한 유대 인 및 다른 소수 집단들과 마찬가지로— 로마 제국 내에서 모호했다. 1세기와 2세기에 기독교 박해는 가끔 있는 일로서, 64년에 네로가 로마를 폐허로 만든 대화재의 희생양으로 기독교인들을 삼으면서 시 작되었다. 네로의 이런 술수는 실패했고, 여러 차례의 처형과 불법화 를 선언하는 황제의 칙령에도 불구하고 기독교 신앙은 제국 내에서 계속 퍼져 나갔다. 보통 기독교 박해는 현지 당국의 정정이 불안할 때, 자연 재해나 경제적·사회적 문제가 벌어진 뒤에 비난의 화살을 기독교인들에게 전가하기 위해 이용했다. 기독교 전파 때문에 전통 적인 신들과 여신들의 숭배를 방치했고 그 결과 신들의 분노로 인해 이런 참사가 벌어졌다고 둘러댔다(혹은 다른 사람들이 그렇게 보길 바랐다). 트라야누스는 소플리니우스가 비티니아에서 고집불통인 기독교인 들의 처형을 요청하자 승인했고, 마르쿠스 아우렐리우스는 더욱 직 접적으로 갈리아에서 기독교인의 체포·재판·처형에 관여하기도 했 다. 두 황제 모두 조직적인 종교 탄압 정책을 실시하지는 않았고, 속 주의 총독은 기독교인을 색출하기 위해 나서지 말고 지방 당국의 요 청이 있을 때에만 행동해야 한다는 트라야누스의 견해를 고수하는 듯했다.[27]

3세기의 정국 불안은 변화를 촉발했는데, 어떤 의미에서는 최근에 벌어진 여러 참사의 책임을 누군가에게 전가하려는 욕구의 확대이자 백성의 충성을 강화하려는 황제들의 속셈이기도 했다. 249년 혹은 250년에 데키우스는 제국의 모든 주민이 자신을 위해 공식 제물을 바칠 것을 명령했다. 기독교인은 황제에게 제물을 바치지 않았지만 유대인과 달리 공적으로 인정되지 않았고 세금을 내는 공동체도 아니었기 때문에 제물에 대한 그들의 반응은 개인의 양심과 현지 관리들의 열의에 따라 달라졌다. 일부는 명령에 따르고 자신이 한 일을 잊어버렸고, 일부는 뇌물을 주고 제물을 바치는 의무를 면제받았고, 또다른 일부는 체포되어 구금되거나 처형당했다. 257년, 발레리아누스는 더욱 직접적으로 기독교인을 공격 목표로 삼았고 더 많은 순교자들이 나왔지만, 260년 발레리아누스가 페르시아인에게 생포된 이후에 동료 황제 갈리에누스는 관용의 칙령을 내렸다. 이는 안티오크의 기독교 신자들 사이의 논쟁이 왜 그렇게 공개적이었는지에 대한 이유를 설명해준다. 지난 여러 세대 동안 기독교 박해가 거의 없었기 때문에 대다수 교회 공동체는 무척 공개적으로 그들의 신앙생활을 영위해왔던 것이다. 그렇지만 막상 기독교 박해가 시작되었을 때 로마 당국은 주요 기독교인을 찾아내는 데 거의 어려움을 느끼지 않았다.[28]

훗날 아우렐리아누스는 발행한 주화에서 자신을 "세계의 복구자restitutor orbis"로 선포하고, 자신의 통치권을 지지하는 신으로 "무적의 태양Sol Invictus"을 지목했다. 그렇지만 그는 기독교인이나 다른 소수 집단에게 적대적으로 행동하지는 않았다. 그의 초점은 제국의 정치적 재통합과 안보의 재확립에 있었다. 그는 갈리아에서 황제를 칭한 대규모 게르만족의 습격을 여러 번 물리쳤고, 오늘날에도 여전히 로마에서 볼 수 있는 거대한 도시 성벽의 건축을 명령했다. 그런 다음 그는 제노비아와 바발라투스에게 시선을 돌렸다. 제노비아는 자기 아들을 아우구스투스로 선포하지는 않았지만, 다른 모든 측면에서 아들을 황제로 내세웠다. 또한 그녀는 아우렐리아누스의 이름과 초상이 주화에서 단계적으로 사라지는 동안 자신의 초상을 대신 새겨 넣었다. 이 무렵 팔미라 통제 아래에 있던 이집트는 아우렐리아누스의 제국으로 탈환되었고 이어 황제는 272년에 안티오크로 진군했다. 로마군과 팔미라군 사이에 전투가 벌어졌고 흥미롭게도 제노비아의 중기병들은 거짓 퇴각을 하던 기병대를 쫓다가 탈진하여 기진맥진하게 되었다. 그러자 로마 기병대는 다시 방향을 돌려 탈진한 팔미라 군대를 공격했다. 이는 파르티아 전술, 특히 카레에서 그들이 퇴각하다가 갑자기 회군하여 싸웠던 전술을 연상시켰다. 여러 사료에서 제노비아 휘하 군대의 이질적인 특징을 강조하기 때문에 얼마나 많은 로마 정규부대가 그녀의 아들을 위해 기꺼이 싸웠는지 알기가 어렵다. 아우렐리아누스는 이 전투에서 승리했고, 이후 팔미라로 진군한 두 번째 전투에서도 역시 승리했다.[29]

제노비아는 제국의 경계 너머로 도망치려고 했지만 붙잡혔다. 여러 지도자가 처형되었고 바발라투스는 얼마 지나지 않아 죽었거나 살해당했다. 대다수 사료가 그의 어머니 제노비아가 포로가 되었음을 주장했지만 어떤 전승은 아들과 마찬가지로 처형되었다고 주장한다. 로마로 끌려간 그녀는 아우렐리아누스의 개선식 행렬에서 개선 마차 앞에 서서 몸에 보석을 두르고 황금 족쇄를 찬 채 아주 힘들게 걸어가야 했다. 이후 그녀는 풀려났고 한 원로원 의원과 혼인하여 여러 자식을 두었으며 그들의 후손은 한 세기의 세월이 가면서 로마에서 중요한 귀족 가문이 되었다. 이처럼 제노비아의 이야기는 동방의 여왕이 아닌 로마 귀부인으로서 끝을 맺었고, 그녀가 살았던 복잡한 세상을 잘 보여준다. 분명 아우렐리아누스가 장려한 여러 사료는 그녀가 치열하게 싸웠다가 패배한 전쟁을 속주민이 독립하여 자신들의 제국을 세우려고 한 반란으로 묘사하는 경향이 있고, 많은 학자들이 유사한 관점으로 그 전쟁을 취급하려 한다. 제노비아의 생애는 그런 분위기도 풍기지만, 마찬가지로 로마 내전의 많은 특성도 함께 지니고 있다.[30]

팔미라는 273년에 반란을 일으켰는데, 이 반란은 도시의 경계를 넘어 광범위한 지역으로 퍼지지는 않은 것으로 보이며 빠르게 진압되었다. 여러 사료는 포위 공성전을 언급하고 있지만 우리가 아는한 당시 이 도시에는 높이 올려 쌓은 성벽이 없었다. 장차 이곳은 교역이 제한적으로 이루어지는, 그리 중요하지 않은 부유한 주둔군 도시로 변모할 것이었다. 그로부터 1년도 채 지나지 않아 아우렐리아누스 황제는 갈리아 제국의 최후 통치자를 처치했고, 기존에 포기한 도나우강 너머의 여러 다키아 속주를 제외하고 260년 이전의 로마 제국 영토를 전부 다시 지배하게 되었다. 그의 성공은 놀라웠고 특히 성공을 이룬 속도는 더욱 놀라웠다. 하지만 그런 눈부신 업적도 275년에 일어난 그의 암살을 막지 못했다. 이후 7년 동안 적어도 여섯 명의 도전자들이 황제 자리를 노렸고 모두가 끔찍하게 죽었다. 282년, 황제 카루스는 황위가 안전하게 자리 잡았다고 생각했는지 아니면 자신의 통치권을 정당화하는 영광을 갈망했는지 페르시아를 상대로 중대한 원정에 나섰다. 그는 크테시폰에 도달했고 그곳을 점령했는지는 알 수 없지만 그 직후에 야전에서 사망했다. 사료들은 그가 벼락을 맞았다고 하고, 학자들은 그가 암살자의 칼에 죽었을 것이

라고 추측하는 경향이 있다. 어느 쪽이든 로마군은 동방 지역에서 물러났다.[31]

카루스의 동기가 무엇이었든 간에 그의 군사 작전과 오다에나투스 지휘하에 거둔 이전의 여러 성과는 로마와 파르티아-페르시아 간의 권력 균형이 거의 혹은 전혀 근본적인 변화가 없었다는 사실을 잘 보여준다. 과거 몇십 년간 로마 제국 내에서 벌어진 갈등 때문에 로마인은 사산조를 상대로 국내 자원을 온전하고 효과적으로 사용할 형편이 아니었다. 그럼에도 로마인들은 약간의 영토를 상실했을 뿐이었고 시리아 등 여러 속주에 여러 차례에 걸친 페르시아의 침공으로 참담한 손실을 입었지만 결과적으로 큰 타격이 아니었으며 시간이 가면 자연스럽게 회복될 것이었다. 아르다시르 1세와 샤푸르 1세는 자신의 왕조를 굳게 확립했고 로마인을 상대로 거둔 여러 승리가 왕조의 기반을 공고히 하는 데 크게 이바지했다. 일단 이런 사업이 모두 끝나면, 로마와의 관계를 과거 1~2세기에 유지했던 관계로 되돌리는 게 그들에게 더 이득이 되었다. 하지만 이것은 말하기는 쉽고 행동에 나서기는 어려운 것이었다. 사산조의 성공은 로마인들에게 반드시 복수해야 한다는 열망을 자극했기 때문이다. 새롭게 전쟁이 터질 때마다 양측 모두에게 상처가 남았고, 제대로 성과를 거두지 못한 쪽의 지도자는 무력을 통해 상황을 반드시 시정하겠다고 벼르게 되었다. 따라서 양국의 관계는 원수정 시절보다 전쟁이 훨씬 더 빈번하게 발생하는 양상으로 이어졌다.

13

포위 공격과 원정전

3세기 말-4세기

두 제국은 상대의 명성을 시기했는데 연달아 벌어지는 상호간 군사 행동으로 인해 각자의 국력에 대한 인식이 바뀌었기 때문이다. 이러한 인식 변화는 로마인들과 사산조뿐만 아니라 지역 거주민들 사이에서도 일어났다. 지나간 시간 동안 로마 황제들은 빠르게 부상했다가 갑작스럽게 몰락했다. 따라서 새로운 황제는 자신의 정통성을 간절히 증명하길 바랐고 가장 좋은 방법은 실제로 전쟁을 벌이든 무력을 동원한 외교로 적에게서 복종을 받아내든 뚜렷한 군사적 성과를 남기는 것이었다. 마찬가지로 사산조 군주들도 아르다시르 1세와 샤푸르 1세가 달성한 높은 성공의 기준을 지켜야 할 필요가 있었기 때문에 로마가 제기하는 도발에 강력하게 대응해야 했다. 아우구스투스와 그의 후계자들이 통치하던 시기의 비투쟁적이고 평화로웠던 관계를 다시 되돌릴 이유는 거의 없었다.

샤푸르 1세는 아우렐리아누스가 제노비아 여왕을 제압하던 무렵에 사망했다. 관련 기록이 워낙 빈약하긴 하지만 그는 죽기 전에 이 소식을 들었을 것이고, 심지어 최종적인 팔미라 약탈에 관해서도 알았을 것이다. 많은 전쟁에서 승리를 거두고 30년을 왕중왕으로 지냈으며 아버지 아르다시르 1세의 통치기 대부분 중요한 인물이었던 샤푸르 1세의 죽음은 불확실성이 가득한 분위기를 자아냈다. 사산조는 상대적으로 신생 왕조였고, 아르사케스 왕조 때처럼 왕가가 분열하여 흔히 등장했던 잠재적인 왕위 도전자나 찬탈자가 나타날 기회가 없었다. 그렇지만 역대 왕중왕을 살펴보면 여러 부인을 뒀고 하렘에 있는 여자들에게서 아들을 봤으며 어머니의 나이나 특권에 기초한 엄격한 승계 체계 같은 것도 없었다. 현재의 왕이 사망할 경우에 새로운 통치자를 선택하는 일은 결코 간단한 문제가 아니었다.

270년에 샤푸르 1세의 뒤를 이은 것은 그의 아들 호르미즈드 1세였는데 몇몇 학자는 여전히 그의 즉위 연도를 273년으로 잡고 있다. 새로운 왕중왕은 동쪽에서 군사 행동을 벌였으나 1년도 채 되지 않아 사망했으며, 원인이 사고인지, 전투인지, 질병인지는 미상이다. 만약 그에게 자식이 있었다 해도 무시되었을 것이고, 샤푸르 1세의 또다른 아들인 바흐람 1세(혹은 대체 음역으로는 바라흐란 1세)가 왕좌에 올랐다. 그는 전임자의 권위를 갖추지 못한 것으로 보이며 그리 저명하지 않은 후궁의 자식일 가능성이 높다. 바흐람 1세는 3년 정도 통치하다가 274년에 죽었고 그의 아들이 왕위에 올라 바흐람 2세로 선포되었다. 그는 카루스의 침공을 맞이한 왕중왕이었는데 전쟁을 피하기 위해 로마 제국에게 어느 정도 양보해서 이전에 로마령 메소포타미아에서 빼앗은 영토를 포기했다. 그의 통치기에 제기된 주된 도전은 그의 삼촌(샤푸르 1세의 또다른 아들)이었는데, 그는 동방 속주들에서 상당한 지지를 모아 자신을 쿠샨 왕중왕으로 선포했다. 이 반란은 결국 실패로 돌아갔고 바흐람 2세는 293년에 사망할 때까지 통치했다. 이어 바후남이라는 자가 자칭 왕중왕을 선언하며 나타났다가 갑자기 사라졌고, 얼마 뒤 바흐람 3세(바흐람 1세의 또다른 아들)가 왕위를 계승했다. 하지만 젊은 왕과 그의 지지자들은 귀족 대다수와 소원한 관계였고 못마땅한 신하들에 대한 처형을 남발하여 힘으로 굴복시키려 했다. 그러자 왕위 계승에서 배제됐던 또다른 샤푸르 1세의 아들 나르세스 1세를 지지하는 공개적 반란이 터져 나왔다. 나르세스 1세는 경쟁자를 살해하고 권력 투쟁에서 승리한 것으로 보인다. 그러나 그의 치세 초기에 제작된 한 금석문은 이 단계에서 그가 카렌과 수렌 같은 대규모 씨족의 적극적인 지지를 얻지 못했다고 기록했다.[1]

학자들, 특히 후기 로마 제국을 연구하는 학자들은 사산조의 부상을 아르사케스 파르티아보다 훨씬 더 강력하고 공격적인 새 제국이 등장한 것으로 본다. 하지만 샤푸르 1세 사후 왕중왕들의 짧은 통치기, 내분, 동부 국경에서 발생한 잡다한 문제 등은 실상이 훨씬 복잡하다는 것을 보여준다. 사산 왕조에 들어와 분명 변화가 있었지만 대부분 점진적인 것이었다. 아르다시르 1세와 샤푸르 1세가 개시한 여러 계획들, 예컨대 더 넓은 지역으로의 인구 이주(로마인 포로만 이주 대상인 것은 아니었다), 여러 도시의 설립과 확장 등은 시간이 걸리는 일이었다. 더 넓고 더 효율적인 경작용 관개시설을 대규모로 확장하는 사업도 사정은 마찬가지였다. 이런 계획들은 샤푸르 1세의 후계자들 때에도 계속 추진되었고 시간이 흐르면서 수익을 가져왔다. 그 과정을 추적하거나 발생 시기를 특정하는 것은 불가능하지만 보다 중앙집권화된 행정 국가의 발전 역시 점진적으로 이루어졌다. 이런 것들이 더욱 강한 힘을 지닌 군주에 의해 추진되었는지 아니면 절박하게 권력을 지키려는 무력한 통치자에 의해 추진된 것인지는 불분명하다.

이와 병행하여 조로아스터교와 함께 구조와 계급이 만들어져 민간 행정에 대응하는 성직자 조직이 생겼다. 하지만 이것 또한 그 과정을 추적하거나 시기를 특정할 수가 없다. 성직자 키르디르는 바흐람 왕 중왕들의 통치하에서 자신을 모바드 중의 모바드mobad of mobads, 즉 성직자 중의 성직자라고 선언했다. 분명 왕중왕에 대응하는 개념이었다. 이 시기 동안 그는 마니와 그 신도들, 그리고 다른 소수 종교 집단을 탄압했다. 그의 신분 상승은 왕중왕의 힘의 강세보다는 약세를 반영하는 것이었다. 그러나 나르세스 1세는 이전 왕중왕들보다 키르디르의 영향을 받지 않아서 과거와 같은 종교적 관용을 시행했다.[2]

아르다시르 1세와 샤푸르 1세는 재능 있는 전쟁 지휘자이자 강력한 군주였고 로마 제국이 약해져 분열되었을 때 왕위에 올라 통치하는 행운까지 누렸다. 사산조에서 왕위 승계 과정이 힘든 일이었다면, 로마 제국에는 다른 모든 황제 후보를 배제할 수 있는 왕가가 없어서 더 큰 혼란과 내분을 야기했다. 제국 동부에서 카루스의 뒤를 이은 것은 누메리아누스였는데 1년 정도 제위에 있다가 살해되었고, 디오클레티아누스라는 이름의 장교가 그의 뒤를 이어 황제로 선포되었다. 디오클레티아누스는 일단 황제 자리에 오르자 자신의 편에 서서 전임 황제에 대해 음모를 꾸미고 살해했던 자를 즉시 처형하여 통치권을 더욱 단단하게 굳혔다. 그는 20년 동안 제국을 통치하다가 자발적으로 은퇴했는데 이는 그때까지 제국 역사상 유례가 없는 결정이었다. 그는 4황제제라는 통치 체제를 만들었는데, 한 사람이 통치하는 원수정과는 대조적으로 네 명의 통치자를 두는 방식이었다. 이 체제는 가장 온전한 형태로는 그의 치세 후반 10년 정도밖에 지속하지 못했다. 제국은 이제 행정적 목적에 따라 동방과 서방으로 나뉘었다. 아우구스투스라는 칭호를 받은 정제는 카이사르라는 칭호를 받는 부제의 도움을 받아 각각의 지역을 통치했으므로 각 지역에 두 명의 황제, 제국 전체로는 네 명의 황제가 여러 주요 문제를 동시에 처리할 수 있게 되었다. 이 시기에는 증대된 관료 체제와 권력의 중앙집권화, 더 작은 단위로 세분화된 속주들, 군정과 민정의 분리 등이 신중한 계획 아래 가속화되었다.[3]

디오클레티아누스는 특히 최근 몇 년간 로마사를 연구하는 학자들 사이에서 아우렐리아누스와 다른 황제들의 성과를 공고히 하고 4황제제를 확립하여 제국 내에 상당한 안정과 번영을 이룬 황제로 호평을 받았다. 이러한 평가는 일정 부분 타당하다. 한 세대 이상 아주 혼했던 내전은 이제 덜 흔한 일이 됐다. 정치적 개혁을 통해 더욱 중앙집권화된 정부는 꽤 훌륭하게 돌아갔고 설혹 인플레이션과 물가를 통제하려는 여러 시도가 절반의 성공만 거두었다 하더라도 한동안 과거의 정부가 보였던 것보다 확실히 더 건강해진 모습이었다. 이런 모든 점을 감안하면 제국은 카라칼라 사망 이후 그 어느 때보다도 번영하고 강한 국력을 자랑했고, 그런 만큼 외적의 위협도 더 잘 처리할 수 있게 되었다. 때때로 제기되는 주장처럼 4황제제가 초기 원수정보다 진정 더 효율적인 국가를 창조했는지 여부는 원수정 이래로 많은 변화가 있었기 때문에 판단하기 어려운 문제다. 하지만 3세기 후반과 4세기의 제국이 더욱 견고해졌다는 일반적인 주장은 별로 설득력이 없다. 제위 찬탈과 내전은 과거에 비해서 덜 빈번했지만 그래도 여전히 흔했다. 디오클레티아누스와 세 황제는 로마인 도전자들,

대표적으로 브리타니아에 독자적 정부를 세우고 한동안 갈리아 북부까지 지배했던 카라우시우스 등을 상대하느라 아주 바빴다. 디오클레티아누스가 305년에 은퇴하고 몇 달 지나지 않아 그가 계획했던 승계 과정은 실패로 돌아갔고, 콘스탄티누스가 제국 전역을 온전하게 지배하기까지 무려 20년이 걸렸다.[4]

3세기가 끝나갈 무렵 로마 제국은 여러 세대를 걸쳐 그래왔던 것보다는 덜 약해지고 분열이 적었던 반면에, 사산 제국은 아르다시르 1세와 샤푸르 1세 때만큼 강력하지 못했다. 아르메니아는 다시 한번 두 강대국 사이에서 분쟁의 원인이 되었다. 오랜 세월 그곳은 대체로 사산조가 지배해왔으나 사산 왕조는 그곳에서 예전의 아르사케스 왕조가 다시 부활하는 걸 두려워했다. 로마군들은 아르메니아 왕국의 상당 부분을 차지한 아르사케스 왕조 출신의 현왕을 지원했다. 왕중왕에 오르기 전 아르메니아 왕을 역임했던 나르세스 1세는 296년경에 이 아르사케스 왕을 몰아낸 바 있었다. 디오클레티아누스는 부제 갈레리우스를 아르메니아로 보내 이 문제를 처리하게 했다. 첫 회전은 297년 메소포타미아에서 있었고 로마군이 카레 근처 어딘가에서 벌어진 전투에서 완패했다. 훗날 전해지는 이야기에 따르면, 갈레리우스가 디오클레티아누스에게 이 패전을 보고하자 그는 이런 굴욕적인 패배를 당한 부제에게 공개적인 망신을 주려고 갈레리우스를 마차에서 내리게 해 한참동안 마차 옆에서 달려오게 했다고 한다. 1년 뒤 갈레리우스는 아르메니아에 주둔한 나르세스 1세의 군대를 기습하여 그의 하렘을 포획하고 국고 대부분을 차지하여 이전보다 훨씬 나은 성과를 올렸다. 두 제국 사이에 강화가 맺어졌고 그 조건은 로마인들에게 압도적으로 유리한 것이었다. 로마 제국은 이전에 잃었던 메소포타미아 지역을 회복했고 티그리스강까지 제국의 영향력을 확장했다. 동시에 옛 왕국 상당 부분이 아직 페르시아의 손에 남아 있음에도 불구하고 로마 제국이 추천한 후보가 아르메니아 국왕 자리에 오르도록 개입할 권리도 얻게 되었다.[5]

디오클레티아누스의 통치 시기에 동방의 여러 속주에서 집중적인 토건 사업이 시행되었다. 여러 도시가 방어시설을 갖추거나 강화되었고 요새 연결망이 마련되었다. 이 시대의 여타 군사 시설들과 마찬가지로, 이런 시설들은 규모가 작았지만 높은 성벽을 갖췄고 외벽 앞에 돌출된 탑 덕분에 방어군은 측면에서 공격해오는 외적에게 투척 무기를 쏘거나 던질 수 있었다. 많은 도시가 새로운 가도인 스트라타 디오클레티아나와 가까운 곳에 들어섰고 이 가도는 아랍 유목민 부족들과 왕국들을 마주한 스텝 지대와 사막의 국경 지대에 일종의 저지선이 되었다. 그러나 이것은 관통 불가능한 방어선은 아니었다. 습격자들은 그 가도를 통과할 수 있었지만 사전에 발각될 위험이 있었고, 만약 발각되면 습격이 상부에 보고되어 침투한 적을 물리치거나 적어도 약탈품을 잔뜩 챙기고 돌아가는 적을 방해할 수 있는 병력이 파견되었다.[6]

로마 군대는 고정된 기지가 없는 코미타텐세스comitatenses(이동군)와 고정 기지가 있는 리메타네이limetanei(고정군)로 나뉘었지만, 여전히 기동성은 중요했다. 두 집단은 주로 징집병으로 구성된 직업 군인이었으며, 리메타네이는 영구적인 주둔 기지를 세우고 기지 내부나 근처에 머물렀다. 학자들은 코미타텐세스를 가리켜 기동 야전군mobile field army이라고 불렀는데, 기동성은 체계적인 보급에 크게 의존했으며, 국경으로 이어진 잘 방비된 가도들 덕분에 보급이 원활하게 이

브리타니아이

갈 리 아 이

비 앤 넨 시 스

이 아 니 파 스 히

이탈리아 안노나리아

이탈리아 수부르비카리

판 노

해 북

서 로 마 제 국

지 중 해

4황제제와 로마 속주들
4세기

0   150   300
킬로미터

400년경 버려진 영토들

갈리아주

이탈리아주

일리리아주

동방주

로　마　제　국

동

트라케

흑　해

폰투스

아시아나

안티오크

마케도니아

어리엔스

해

아이깁투스

홍해

루어졌다. 특히 동방에서 코미타텐세스는 도시 주둔군에 합류하기도 했는데 이는 가끔 리메타네이가 야전군에 합류하도록 명령을 받는 것과 비슷한 경우였다. 두 군대는 상호 협력에 지장이 없도록 각종 훈련과 장비를 표준화했다. 여러 속주를 포괄하는 광범위한 지역의 코미타텐세스 혹은 그 인근 여러 속주의 리메타네이를 하나로 통솔하는 추가적인 사령부도 창설되었다. 하지만 두 부대는 계속 분리되었고 한 사령관이 고정군과 이동군 모두를 통솔하는 것은 예외적인 상황에서만 가능했다. 이러한 군부대 조직의 목적은 군사적 유용성보다는 광범위한 지역에서 군인을 잘 통제하여 황위 찬탈을 노리는 고위 장교의 출현을 막으려는 것이었다.[7]

디오클레티아누스는 강력한 군사 전초기지와, 잘 방비되고 주둔된 도시들을 갖추었다는 측면에서 이전 어느 때보다도 동방 국경의 방어를 철저하게 한 황제였다. 299년 조약의 일환으로 페르시아에서 로마 제국으로 향하는 모든 교역은 니시비스를 통과해야 했다. 이로써 로마인은 해외 상품을 통제하고 관세를 매길 수 있었을 뿐만 아니라 첩자가 침투하기 더 어려운 환경을 조성했다. 비슷한 여러 조치가 다른 국경들에서도 시행된 지 오래였는데, 예를 들어 특정 부족은 속주의 특정 출입구만 사용해야 한다는 제약이 있었다. 방어시설과 습격 대상에 관한 정보를 차단하는 데 이런 조치가 얼마나 효과적이었는지는 불분명하지만 그래도 각종 문제에 적절히 대응하겠다는 로마 정부의 의지를 잘 보여준다. 페르시아인들도 이런 방어적인 태도를 어느 정도 갖추고 있었는데, 그들은 전초기지보다 후방의 여러 도시들에 더 의존했다. 전반적으로 로마인과 페르시아인은 4세기에 군사적인 생각과 관행이 상당히 유사했다는 것을 알 수 있다. 양국의 군대는 대규모였고, 근접전을 치를 수 있는 충분한 병력을 보유하고 있었다. 사산 제국에서 전투용 코끼리에 관한 언급은 이 시대에 훨씬 자주 등장한 반면에 로마인의 관심을 끈 것은 빠르게 움직이는 궁병보다는 갑옷을 입은 기병이었다. 아주 유리한 조건에서 싸울 수 있는 상황이 아니라면 그 어느 쪽도 야전에서 확실한 전략적 우위를 점하지 못했다. 그 결과 전면전은 보기 힘들었고 승패도 너무 불확실하여 위험을 감수할 가치가 없었기에, 샤푸르 1세가 로마의 대군을 상대로 거둔 놀라운 승리들은 반복되지 않았다. 대신 전쟁은 이익과 영광의 기회를 제공하는 습격과, 훨씬 더 힘들지만 더 크고 항구적인 이들을 얻을 수 있는 포위 공성전의 형태로 진행되었다.[8]

4세기 첫 10년 동안 페르시아와 로마 사이의 관계에 대해 알려진 것은 별로 없다. 이 시기에 양국 간에 중대한 전쟁이 벌어졌다는 증거도 없지만, 습격은 있었고 때로는 거의 독립적으로 행동하는 각국의 동맹들이 개입된 소규모 전투도 있었다. 나르세스 1세의 뒤는 그의 아들 호르미즈드 2세가 이었고 302년부터 309년까지 통치했다. 호르미즈드 2세가 사망한 뒤 그의 여러 아들 중 하나가 왕중왕이 되었지만 잔인한 성정으로 많은 귀족들의 분노를 샀고 1년도 못 가서 폐위되었다. 그의 자식들은 쿠데타 중에 살해되거나 구금되었지만 호르미즈드라는 이름의 한 아들은 간신히 탈출하여 로마로 피신했다. 쿠데타에 성공한 파벌은 호르미즈드 2세의 어린 아들 샤푸르 2세를 통치자로 내세웠으나 실권은 한동안 섭정에게 있었다.[9]

페르시아 내부의 권력 투쟁은 늘 그렇듯이 남아 있는 문서가 빈약하기 때문에 로마 제국의 권력 투쟁 과정보다 훨씬 더 추적하기가 어렵다. 4황제 중 한 황제의 아들이었던 콘스탄티누스는 원래대로라면 황제 집단에 합류할 수 없었으나 군대에 의해 황제로 선포된 이후 삶의 대부분을 로마인 경쟁자들과 싸우는 데 보냈다. 그는 312년 로마 외곽 밀비우스 다리 전투에서 하느님의 은총으로 승리했다고 주장한 것으로 유명하다. 콘스탄티누스의 오랜 통치기에 기독교는 주기적으로 박해당한 불법 종교에서 벗어나 공개적으로 로마 제국 사회의 일부가 되었고, 황제는 기독교 교리에 큰 관심을 보였다. 콘스탄티누스는 교회를 지을 것을 장려했지만 여러 다른 종교의 신전을 기부하기도 했고 기독교 이외의 전래 신앙들도 전혀 억압하지 않았다. 콘스탄티누스가 기독교를 받아들이기 이전에 신앙심 깊은 기독교도가 얼마나 많았는지, 또 그의 통치기에 그들의 수가 얼마나 늘어났는지 추정할 수 있는 증거는 없다. 콘스탄티누스가 기독교로 개종하는 것은 정치적으로 해롭지 않았고 아마도 유익했을 것이라는 점은 기독교도나 기독교에 동조하는 사람들이 학자들의 추정보다 더 많았을 수도 있다는 것을 의미한다. 다신교 문화에서 많은 사람이 옛 종교를 계속 믿으면서도 기독교 신을 숭배했을 가능성도 크다. 한 사료는 알렉산데르 세베루스가 중요한 신들의 조각상을 모아놓은 곳에 예수의 상을 추가했다고 기록했다.[10]

콘스탄티누스는 말년에 자신이 죽어가고 있음을 깨닫고 기독교 세례를 받았다. 그것은 세례 이후에 죄를 짓는 걸 두려워한 사람들이 죽음 직전에 자주 보여주는 흔한 일이었다. 그가 기독교를 제국의 공식 종교로 삼지 않았다 하더라도, 그러한 변화의 과정은 그의 사망 시기에 이르러 상당히 진척되고 있었다. 때때로 콘스탄티누스는 제국 외부에 사는 기독교인들의 안녕에 대해 우려를 표했는데 그들 대다수는 사산조 통치를 받으며 살고 있었다. 이후에 기독교와 로마 제국 사이의 긴밀한 동일화는 마찰을 일으켰고 페르시아에 사는 기독교인들은 충성심이 의심스럽다는 의혹을 받게 되었다. 콘스탄티누스는 관료들에게 마니교와 조로아스터교 같은 신앙들의 교리를 조사하게 했는데 그런 종교의 신자들이 제국에 어떤 위협이 되는지 알아보기 위한 것이었다. 하지만 이로 인해 조직적인 박해가 일어났다는 증거는 없다.

통치기가 끝나갈 무렵 콘스탄티누스는 페르시아를 상대로 중요한 전쟁을 준비했지만 그곳에 사는 기독교인들을 보호하려는 의도에서 비롯되었을 가능성은 거의 없다. 그 원인이 무엇이었든 간에 가장 중요한 것은, 외적 중 가장 강력한 적을 물리쳐 영광을 얻겠다는 전통적 욕망이었다. 이렇게 얻은 영광은 동포 로마인을 상대로 싸워 얻은 승리보다도 훨씬 더 값진 영광이었다. 한 전승에 따르면 인도에서 한동안 철학자이자 기적의 마법사 행세를 하다가 로마 제국으로 돌아온 메트로도로스라는 사기꾼이 콘스탄티누스를 부추겼다고 한다. 이 사기꾼은 황제에게 여러 보석을 선물로 바치면서 인도의 국왕들이 더 많은 보석을 육로로 로마 황제에게 보냈지만 페르시아인에게 빼앗겼다고 속삭였다는 것이다.[11]

콘스탄티누스의 페르시아 원정 계획과 동기가 무엇이었든 간에 그는 중병에 걸렸고 페르시아 전쟁을 개시하기 전인 337년 5월에 사망했다. 권력은 그의 세 아들(장남은 이미 몇 년 전에 아버지 눈 밖에 나서 처형되었다)과 두 조카에게 돌아갔는데, 조카 중 한 명은 정제나 부제가 아닌 비티니아와 폰투스의 국왕으로 지명되었다. 이러한 조치는 콘스탄티누스의 아들들에게 불만을 야기했고, 그들은 빠르게 두 사촌을 체포해 죽였으며, 실제로 사촌의 젖먹이 아들 둘을 제외한 모든 남자 친척이 살해되었다. 한동안 세 형제가 공동 황제로 통치하다가 340년에 형제들 사이에 내전이 발발하여 차남이 죽었다. 10년 뒤 막내가 휘하 선임 장교들의 음모에 휘말려 살해당했고, 그 후 어느 정도 시간이 흐른 뒤에 삼남인 콘스탄티우스 2세가 서쪽에서 막내를 대체했던 찬탈자를 물리치고서 단독 황제로 올라섰다. 형제 간 살육이 끝나자 콘스탄티우스 2세는 살아남은 사촌의 아들 중 하나를 부제로 키우려고 했지만 생각대로 잘 되지 않았고 354년 사촌의 아들은 충성심이 의심되어 살해되었다. 단독 황제에 오른 지 얼마되지 않아 콘스탄티우스 2세는 남은 사촌의 아들 율리아누스를 355년에 부제로 임명하고 갈리아로 보내 라인강 국경을 보호하게 했다. 이 결정으로 콘스탄티우스 2세는 서방은 율리아누스에게 맡기고 나머지 발칸 지역과, 페르시아와의 충돌이 극심한 동방에 집중할 수 있었다.

샤푸르 2세는 그 어떤 사산조 왕중왕보다(실제로 그 어떤 로마 황제보다도) 긴 세월을 통치했다. 초기에는 실질적인 통치자라기보다 명목상 군주인 어린아이였지만 그래도 309년부터 379년까지 무려 70년을 왕중왕으로 지냈다. 10대 후반이나 20대 초반에 그는 후견인들의 통제를 모두 물리치고 혼자 힘으로 통치하기 시작하면서 야심과 능력을 보여줬다. 그는 사산조의 영향력이 크게 줄어든 아라비아에서 군사 작전을 재개했다. 여러 승리를 거둔 그는 그 지역에서 페르시아의 영향력을 복원했을 뿐만 아니라 더욱 확장했다. 훗날 여러 아랍 사료는 그가 보여줬던 무력과 가혹한 포로 대우 등을 비난하며 "어깨를 부수는 자"라는 별명을 부여했다.

초기 군사 작전에서 성공을 거둔 샤푸르 2세는 이윽고 로마로 주의를 돌렸다. 로마에 파견된 한 사절은 메소포타미아까지 뻗은 아케메네스 왕조 시대의 페르시아 제국 영토 전체가 사산조 소유라는 옛 주장을 다시 꺼내 들었다. 사실상 사절은 자신의 주군이 아르메니아에서 우위를 되찾고 갈레리우스와의 협정으로 잃어버린 메소포타미아 땅을 되찾으려 한다는 것을 암시했다. 이는 사산조의 핵심적인 불만 사항이었는데, 강화 조약은 두 제국 간의 실질적인 권력 균형이 아니라 사산조의 일시적 약세를 반영한 문서에 지나지 않는다고 생각했던 것이다. 그는 이제 페르시아의 힘이 커졌으니 사산조의 진정한 위엄과 힘을 반영해서 조약을 변경해야 한다고 여겼다.

양국 간 외교적 대화는 정중했지만 단호했다. 사산조의 한 서신은 이렇게 시작했다. "나 왕중왕, 별의 동반자, 태양과 달의 형제인 샤푸르는 내 형제 콘스탄티우스에게 안부를 전하노라." 그리고 "나의 사절들이 실망해서 돌아오면" 이듬해 봄에 침공하겠다는 은근한 위협으로 끝을 맺었다. 로마의 답신도 비슷한 내용이었다. "땅과 바다에서 승리를 거둔 영원한 황제, 나 콘스탄티우스는 내 형제 샤푸르에게 안부를 전하노라." 로마 황제는 전혀 겁먹지 않았고, 페르시아인에게 로마인은 때때로 아주 드물게 전투에서 패배하지만 절대로 완전히 굴복하지는 않는다는 걸 상기시켰다. 이런 단호한 어조에도 불구하고 콘스탄티우스 2세는 사절에게 선물을 들려 보내 강화를 희망한다는 뜻을 내비쳤는데, 이렇게 유화적으로 나온 것은 그가 다른 지역에서 여러 문제를 겪고 있어서 페르시아까지 신경쓸 수가 없었기 때문이다.[12]

이 대화는 군사 작전이 소강상태에 들어간 지 몇 년 후인 358년에 이루어졌는데, 두 제국 간 거래에서 이미 확립된 높은 수준의 예의를 잘 보여준다. 그렇다고 해서 어느 쪽이든 필요한 상황에서 덜 공격적이었다는 걸 의미하지는 않는다. 이 특별한 대화가 있기 10년 전에 왕중왕은 로마령 메소포타미아를 향한 대규모 원정을 연달아 지휘했다. 그러나 샤푸르 1세 시절 이후에 그곳 사정은 아주 많이 바뀌었다. 콘스탄티누스와 콘스탄티우스 2세는 디오클레티아누스의 변경 방어 사업을 계속 이어 나갔고 요새 체계와 지원용 가도를 늘리고 속주로 이어지는 주요 가도에 있는 여러 도시의 방어시설을 강화했다. 급하게 대규모 야전군을 동원하여 침략자들과 대치하는 것은 더 이상 로마의 방식이 아니었다. 344년이 되어서야 콘스탄티우스 2세는 직접 군대를 지휘하여 사산조의 침공에 맞섰다. 그 결과 싱가라 인근에서 혼란스러운 교전이 벌어졌고, 처음에는 로마군이 사산군을 물리치고 그들의 진지를 점령하는 등 성과를 냈다. 그러나 어둠이 내리고 더 많은 페르시아군이 도착하자 전황이 바뀌었고 밤 동안 격전이 벌어졌다. 이런 야간 전투는 고대 세계에서 무척 드문 일이었는데 로마군은 크게 패배했다. 전해지는 빈약한 사료들은 양군의 대규모 충돌보다는 예하의 소부대들이 각자 여러 차례 소규모 접전을 벌였음을 암시한다. 콘스탄티우스 2세는 무승부 혹은 신승을 주장했지만 대다수 로마인은 패배로 보았다. 사산조의 평가는 알려지지 않았다. 군사 작전의 맥락에서 볼 때 로마군은 비록 퇴각했지만 콘스탄티우스 2세가 장차 대규모 반격을 포기할 정도로 심각한 타격은 아니었다. 콘스탄티우스 2세는 신중하다는 평판을 얻었으나 동시에 너무 불운하다는 평가도 받았다.[13]

대부분의 경우 적군도 기꺼이 싸울 의향이 있는 상황에서 어느 쪽도 개활지 회전에 나서려 하지 않았다. 양측은 적이 가까이 다가오는 걸 허용했을 때 아군이 기습에 말려들 수 있다는 것을 경험상 잘 알았기에 그것을 경계했다. 대신 샤푸르 2세는 변경의 로마 요새들을 포위 공격하는 일에 집중했다. 싱가라는 어느 시점에 함락되었지만 페르시아인은 그곳을 계속 지킬 수 없었다. 싱가라는 로마의 방어 시설을 갖춘 도시 중 가장 오지에 있었고 가장 많이 노출된 곳이어서 침략자의 위협을 받았을 때 보급품이나 증원군을 보내기 어려웠고, 공격에 취약했다. 그러한 위치가 페르시아인의 관심을 끌었고 어떤 의미에선 유용한 측면도 있었다. 싱가라가 페르시아 군대의 공격을 지연시키면서 다른 요새들이 대비할 수 있는 충분한 시간을 벌어 주었기 때문이다.

니시비스는 로마 속주 내에서 훨씬 더 뒤쪽에 있었다. 적에게 많이 노출된 위치였지만 보급하기는 더 용이했고 자연 환경과 인간의 창의성으로 더 잘 보호되었다. 샤푸르 2세는 무려 세 번이나 니시비스를 공격했지만 매번 실패했다. 그것은 왕중왕의 기량이나 투지가 부족해서가 아니었다. 각 포위 공성전은 엄청난 대군을 동원하여 대규모로 수행되었고 왕중왕이 직접 공격 작전을 지휘했다. 이 전투와 관련된 사료는 빈약하거나 지나치게 과장이 심해 사실과 허구를 분리하기 어려우며 세부 사항, 가령 군사 작전의 날짜마저 확신하기 힘들다. 니시비스는 두 면이 강으로 보호되었는데 페르시아인들은 공성 기구를 실은 배를 성벽에 접근시키거나 홍수를 일으켜 성벽을 무너트리기 위해 댐을 건설해 물길을 돌렸다. 니시비스는 기독교 인구가 많이 살던 도시였고, 신자들과 주교는 적에 맞선 방어군을 열렬히 격려했으며, 심지어 주교는 황제로 오인될 정도로 위엄이 있었다고 한다. 그들은 페르시아 침략자들이 겪는 여러 환경상의 문제가 더 악화되기를 간절히 기도했다. 특히 침략군의 말과 코끼리를 괴롭힌 모기

떼가 홍수로 인해 더욱 창궐했다.[14]

니시비스 점령 실패는 결코 페르시아인의 포위 기술이 형편없어서가 아니었다. 모든 증거에 따르면, 이 시기에 로마군과 페르시아군이 방어시설을 갖춘 도시를 수비하거나 공격할 때 사용하는 전술이나 방법에는 큰 차이가 없었으며, 이는 양국이 군사적으로 얼마나 호적수인지 또 얼마나 서로 비슷한지를 보여주는 또다른 사례다. 과거 로마인은 때때로 도시 점령에 실패했는데, 트라야누스와 세베루스의 하트라 공격이 보여주듯이 진보된 기술이 성공을 보장하지는 않았다. 단지 이제는 대다수 도시가 이전에 비해 훨씬 더 방어시설을 잘 갖추어서 방어군 측이 유리하게 바뀌었을 뿐이었다. 외벽에 구멍을 뚫어도 성공을 보장할 수 없었고, 직접적인 공격은 많은 병사의 목숨을 희생시켰다. 공성전은 얼마든지 실패할 수 있었고 실제로 실패했다. 매번 노역과 전투로 몇 달을 보내다가 별 성과도 거두지 못한 채 전쟁 기간이 끝나갈 무렵, 샤푸르 2세는 그해의 니시비스 포위 공격은 포기하는 게 낫겠다고 판단했다. 페르시아인은 공성전을 위해 대군을 조직, 동원했는데 본질적으로 보급이 원활하지 않았고, 겨울철에 부족한 현지 식량을 빠르게 소비했다. 따라서 상당 기간 한 장소에 머무르는 것은 질병의 위험이 있을 뿐만 아니라 아주 힘든 일이었다. 비슷한 상황에서 로마인도 같은 문제에 직면했고 해결에 어려움을 겪었다. 포위 공격은 두 달, 혹은 석 달 동안 계속될 수도 있었지만 그보다 더 오래 가는 경우는 좀처럼 없었고, 공격자가 이 기간 내에 목표를 달성하지 못하면 철수해야 했다. 방어군은 적의 침공 경로에 있는 작물과 가축을 숨기거나 죽여서 없애는 등 침략군의 보급을 최대한 어렵게 만들었다.[15]

니시비스에 세 차례 공격을 가했던 샤푸르 2세는 수많은 아르사케스와 파르티아 군주들이 그랬던 것처럼 적당한 때에 제국의 북동쪽으로 가서 다른 긴급한 사안을 처리해야 했다. 가장 심각한 위협은 박트리아와 소그디아나(오늘날의 우즈베키스탄)로 밀고 들어온 유목민의 후예인 키오니타이 부족의 침공이었다. 이들은 훈족의 일원으로 보였지만 스텝 지대에선 민족적 정체성이 곧잘 변했고 그곳으로 이주해왔을 때 다른 여러 공동체들을 흡수했을 가능성이 있다. 쿠샨-사산 왕국은 이런 침략자들을 격퇴하려고 했지만 대체로 실패했고 왕국의 국력은 그때마다 심하게 약화되었다. 물론 왕국이 언제 멸망했는지는 정확히 말하기 어렵다. 샤푸르 2세는 훨씬 더 많은 성과를 거두어 키오니타이와 다른 부족들을 굴복시켜 동맹으로 만들었으며, 동맹 부족들은 부족장이 직접 지휘하는 군대를 파견하여 샤푸르 2세가 로마인을 상대로 벌이는 다음 공세에 도움을 주었다.[16]

그다음에 이어지는 사건은 암미아누스 마르켈리누스의 역사서가 남아 있는 덕분에 로마와 동방 인접국들 간의 오랜 투쟁사에서 그 어떤 것보다 잘 알려지게 되었다. 반면에 페르시아 측 사료는 없는 것이나 마찬가지다. 다른 로마 사료들로 보충되긴 했지만 암미아누스의 역사서는 콘스탄티우스 2세, 율리아누스, 샤푸르 2세 간의 외교와 갈등에 대해 많은 세부 사항을 제시하며 자세히 묘사한다. 암미아누스는 자신을 '군인이자 그리스인'이라고 했는데 안티오크 출신일 가능성이 높으며, 군사적 임무를 수행하고 이런 저런 연구를 하느라 제국의 여러 지역을 돌아다녔다. 흥미롭게도 그는 자신의 책을 그리스어가 아닌 라틴어로 썼다.

암미아누스는 본인이 서술한 여러 군사 작전에 직접 참여했으며,

그 때문에 과장이 심한 서술에도 불구하고 다른 자료에서 볼 수 없는 생생한 세부 사항을 제공한다. 이런 정보는 유용하지만 동시에 그가 묘사한 행동이 그 시대에 고유했던 것인지 아니면 다른 시기에도 있었던 관행이었는지 확신할 수가 없기 때문에 실망스럽기도 하다. 다른 사료들과 마찬가지로 그가 몇몇 황제들과 고위 지휘관들을 칭찬하고 혹평할 때는 더욱 주의 깊게 살펴볼 필요가 있다. 별로 정보가 많지 않은 페르시아 적군에 대한 그의 서술은 더욱 호오好惡가 분명하게 드러난다. 그는 과거의 사건들에 대해 아주 관심이 많았고―그의 역사서 중 96년 도미티아누스의 암살부터 그 이후의 세월을 다룬 부분은 인멸되었다―로마 제국과 로마군에 대한 강한 동일시에도 불구하고 역사가로서 공정하려고 했고, 벌어진 사건들을 자신이 어떻게 이해했는지 설명하려고 노력했다. 그는 로마군과 페르시아군이 싸우는 방식과 목표가 놀랄 만큼 서로 비슷하다고 서술했다.[17]

샤푸르 2세가 동쪽에서 돌아오기 전, 로마와의 전쟁 책임자로 임명된 페르시아 사령관은 기습 공격을 계획했지만 페르시아 탈영병들이 로마인들에게 그 소식을 밀고해버리는 바람에 좌절되었다. 그 후 안토니누스라는 한 로마 선임장교가 채무에 시달리고 진급에서 경쟁자들에게 밀려나자 페르시아로 탈주했고, 이때 그는 자신이 수집한 여러 속주의 로마 병력과 배치에 관한 세부 정보를 가지고 갔다. 샤푸르 2세는 그를 환영하고 상을 내렸으며 암미아누스에 따르면 그의 제안에 열렬히 귀를 기울였다. 왕중왕은 니시비스를 점령하려는 시도를 포기하고 다른 경로로 진격하기로 했다. 안토니누스는 왕중왕에게 로마 요새들을 우회하여 로마인들이 가장 예측하지 못할 유프라테스강을 건너면 방비가 허술한 시리아의 여러 속주를 칠 수 있다고 조언했다. 암미아누스는 당시에 동방의 여러 속주에서 선임 지휘관이었던 우르시키누스의 참모로 복무하고 있었는데, 4세기에 새로 생겨난 장교 등급인 기병대장 겸 보병대장magister equitum and peditum per Orientem을 맡고 있었다. 우르시키누스는 충성심에 대한 의혹이 제기되어 보직을 맡지 못하고 있다가 페르시아의 대규모 공세가 전개되자 358년 말에 동방으로 파견되었다. 하지만 군대 지휘권은 또다른 장군과 나누어 가졌는데, 암미아누스는 그를 게으르고 무능하다는 이유로 해임한 바 있었다. 이 처사가 공정했든 아니든 우르시키누스의 의견이 반영되었을 것이고, 두 지휘관은 협력하기 어려운 관계였을 것이다.[18]

처음부터 로마인은 잘못된 발걸음을 내디뎠는데, 샤푸르 2세가 니시비스로 진군할 것이라고 잘못 예상했기 때문이다. 왕중왕은 티그리스강을 따라가며 상당한 기병대를 앞세워 혼란을 조성하고 로마 순찰대가 무슨 일이 일어나고 있는지 파악하기 어렵게 만들었다. 이때 로마 황제가 시골 주민들에게 성벽을 갖춘 여러 도시들로 대피하라고 명령을 내렸기 때문에 난민들이 가도를 가득 채웠다. 우르시키누스와 그의 참모들은 "여덟 살 정도로 보이는 잘생긴 소년이 목걸이를 찬 채 길 한복판에 버려져 울고 있는 걸" 발견했다. 대혼란에 겁이 덜컥 난 어머니가 아이를 길에다 방치한 것이었다. 자신이 부유한 가문 출신이라는 소년의 주장에 암미아누스는 그 아이를 말에 태우고 니시비스로 데려다주었다. 그는 사방에 습격자들이 있다고 생각해 빠르게 말을 몰았고, 도시의 후문에 소년을 내려주고 돌아가 콘스탄티우스 2세가 강력한 방어시설을 조성한 도시 아미다 근처에서 사령관을 만났다. 그 후 암미아누스는 코르두에네의 통치자에게 파견되었다. 그 통치자는 로마 제국에서 교육받아 로마에 호의적이었지만 그의 나라는 거의 페르시아의 영향권에 들어가 있었다. 암미아누스는 그곳에서 환대를 받았고 코르두에네 사람들이 가진 소식을 전해 들었다. 코르두에네 통치자는 페르시아 왕중왕을 멀리서 봤는데 키오니타이 왕과 알바니족 왕 등 여러 동맹 지배자들과 함께 가고 있었다고 말했다.[19]

암미아누스에 따르면 페르시아군은 안토니누스의 조언을 따라 유프라테스강 너머 시리아로 가려고 했지만 물이 너무 깊어서 걸어서 건널 수 없다는 보고가 도착하자 계획을 변경했다. 로마인은 여전히 적의 계획에 대해 확신이 없었고 우르시키누스와 소규모 정찰대는 그들보다 규모가 크고 안토니누스를 대동하고 있던 페르시아 기병대의 기습 공격을 받았다. 생포 직전에 로마군 병사들은 달아나 뿔뿔이 흩어지게 되었다. 암미아누스는 아미다의 피난처에 도착한 몇 안 되는 무리 중 한 명이었고, 안전한 곳에 도착하려고 비좁은 협곡을 따라 서로 밀치는 피난자 무리 속에서 거의 뜬 눈으로 밤을 새웠다. 그는 우르시키니우스와 다른 장교들에게서 떨어졌는데, 지휘관 일행은 멜리테네에 가 있었다. 그로부터 얼마 지나지 않아 샤푸르와 페르시아 주력 부대가 아미다로 진군했다.[20]

아미다는 높은 지대와 티그리스강으로 보호되는 유리한 위치에 있었으며, 계속 물을 공급해주는 샘도 있었다. 포위 공격을 당할 때 주둔군은 규모가 확대되어 7개 군단이 되었는데 일부는 이동군이었고 궁병 부대와 많은 포병대도 있었다. 4세기에 군단 규모가 과거보다 더 작아졌음을 고려한다면 전체 병력은 5000~8000명 정도였을 것이다. 게다가 도시는 광범위한 인근 지역에서 온 민간인들에게 대피처를 제공했는데 암미아누스는 이들이 12만 명 정도라고 기록했다. 피난민들 중 일부는 전투에 참가할 수도 있고 그보다 더 많은 인원은 노동력을 제공할 수도 있었지만, 그들은 모두 식량이 필요했고, 북적이는 가옥과 거리 어딘가에 수용되어야 했으므로 큰 문제였다.[21]

암미아누스는 이 시기 포위 공격이 일련의 뚜렷한 양상을 보였다고 말하는데, 그가 성벽 내부에서 근무했기 때문인지 아미다 공성전을 다른 어떤 포위 공격보다 훨씬 상세하게 설명한다. 페르시아군의 포위 공격은 위협의 수준을 단계적으로 높여가는 방식으로 시작됐다. 아미다에 도착한 샤푸르 2세는 자신의 대군을 보고 로마 수비대가 경악할 것이라고 판단했고, 로마군에게서 유리한 조건으로 항복을 받아낼 생각이었다. 하지만 그것은 방어시설을 훌륭히 갖추고 강력한 주둔군이 배치된 아미다 같은 도시를 공격하는 데 있어 너무 낙관적인 전망이었다. 왕중왕이 도시 책임자를 불러내려고 성벽에 접근했을 때 로마군은 성벽에 배치된 궁병의 공격으로 응답했다. 화살 하나가 샤푸르 2세의 망토를 관통했고, 그는 체면이 좀 손상되기는 했지만 별다른 피해를 입지는 않았다. 다음 날 그는 다시 협상을 시도하기 위해 키오니타이 왕 그룸바테스를 보냈지만 이번에는 화살이 그룸바테스 옆에서 말을 타고 있던 왕자를 죽였다. 일주일간의 애도 기간 동안 왕자의 시신은 장작불에 화장되었고 재는 모아 고향으로 가져갔다. 이 부족의 화장 관습은 죽은 자의 시신을 탁 트인 곳에 내놓고 새들의 먹이가 되게 하는 조로아스터교의 풍장 관습과는 아주 다른 것이었다.

왕중왕이 키오니타이 부족과 다른 동맹들을 전장에 데려온 것은, 이전에 페르시아의 적이었던 자들이 이제는 그에게 충성한다는 걸 보여주어 로마군의 항복을 유도하려는 의도가 있었다. 그렇기 때문에 아미다에 그룹바테스를 사절로 보냈던 것이다. 하지만 왕중왕과 동맹국 왕의 관계는 양방향으로 작용했으며, 왕중왕은 동맹 속국들을 명예롭게 대해야 그들의 호의를 얻을 수 있었다. 이 경우에는 그룹바테스 아들의 죽음에 대한 복수를 의미했다. 암미아누스의 기록에 따르면, 샤푸르 2세는 로마군이 항복하지 않을 경우 아미다를 우회하여 안토니누스의 제안대로 시리아로 진격할 계획이었지만 이제 명예를 위해서라도 아미다를 점령하고 불태워 보복해야 했다. 이는 사실일 수도 있고 아닐 수도 있는데, 왜냐하면 주요 요새를 점령하고 파괴하는 건 그 자체로 하나의 뚜렷한 목표였기 때문이다. 키오니타이 왕자가 로마군의 화살에 전사했기 때문에 페르시아군은 단호한 결단력으로 공성 작전을 계속 수행할 수밖에 없었다.

이틀 동안 주변 지역에서 식량과 보급품을 끌어모은 샤푸르 2세는 전군을 풀어 아미다를 포위하게 했다. 페르시아 보병대는 5열 종대로 편성했고, 중기병과 전투용 코끼리의 지원을 받았으며, 이러한 병력 배치는 아주 은밀하게 진행되었다. 로마군 수비대는 적의 압도적인 수적 우위와 그들의 치열한 결의를 확인했다. 밤 동안 해산한 페르시아군과 동맹군들은 다음 날 정확히 같은 방식으로 대열을 형성했고 진중의 불안한 침묵도 여전했다. 그러다가 그룸바테스가 아마도 희생 제물을 찔렀을 피가 잔뜩 묻은 창을 성벽으로 던졌고, 페르시아 군대는 마침내 전진했다. 우선 그들은 며칠 동안 수비대의 동정을 탐색했고, 공격 대열에 높은 비율의 궁병을 두고 최대한 활용했으며, 로마군도 궁병과 투석병으로 맞대응했다. 페르시아 병사가 성벽에 가까이 접근하면 로마군은 돌과 창을 던졌다. 이런 치열한 공방전은 아미다의 방어가 아주 단단하여 무작정 돌진하면 승산이 없을 것이라는 점을 확인시켜줬다. 샤푸르 2세의 공병들은 공성 보루를 건설하는 작업과 아군의 조립식 공성 기구를 만드는 작업을 시작했다. 아미다는 페르시아군에 맞서 치열하게 저항했지만 지나치게 밀집된 인구 때문에 큰 고통을 겪고 있었다. 이로 인해 전염병이 돌아서 많은 사람이 목숨을 잃고 중환자가 되었고, 열흘 뒤 폭우가 쏟아지면서 병의 전파가 종식되는 듯 보였다.

페르시아군은 점점 더 성벽에 가까이 접근하며 로마군 수비대에 압박을 가했다. 이동식 방패로 보호받는 페르시아 궁병들이 성벽을 공격했고, 이동용 공성탑이 성벽에 도달해 페르시아군의을 지원할 경사로와 공성용 토루를 건설할 공간을 확보했다. 공성탑에는 성벽을 가격할 파성퇴가 탑재되어 있었고, 성벽 가까이에 도달하기 위해서는 안정적인 길이 필요했다. 또한 탑의 높이는 꼭대기에 있는 페르시아 궁병과 경무장한 투석병이 성벽에 있는 로마군 수비대에게 사격을 가할 수 있는 높이였다. 마찬가지로 페르시아 포위군이 세운 인공 언덕은 적의 외벽보다 더 높이 쌓아올려 로마군 수비대가 투척 무기로 공격하는 것을 어렵게 만들었다. 이에 대한 대응으로 로마군은 이전에 두라 에우로포스에서 조성했던 것과 같은 토루를 세웠다. 토루는 일종의 지지대로서 주요 성벽을 보강하는 목적도 있었지만, 적이 세운 것보다 더 높게 올려 투척 무기를 주고받는 공방전에서 우위를 점하려는 뜻도 있었다.

양측은 매일 서로 화살을 날리며 공격했고, 공성 보루를 열심히 조성했다. 이런 공성전에서는 사상자가 비교적 적었고 죽기보다는 다치는 일이 압도적으로 많았지만, 이런 상황이 지속되면서 수적으로 열세인 로마군 수비대의 군사력과 체력은 소진되는 반면에 페르시아 공격자는 교대로 전투에 임하고 물러남으로써 체력을 비축할 수 있었다. 로마군은 전투 초기에 몇 차례 기습적으로 출격했는데, 암미아누스에 따르면 콘스탄티우스 2세의 황위 경쟁자가 갈리아에서 육성한 두 군단을 연고지도 아닌 동방 지역으로 기습 공격을 보냈다가 실패했다고 한다. 이 부대는 코미타텐세스였으며, 라인강 너머의 게르만 부족들을 상대로 공격적인 전투를 많이 벌였기 때문에 동방 전선의 소모적인 포위 공격이 익숙하지 않았고 인내심도 별로 없었다.

공성 보루가 점점 다가오자 아미다 내부에서 탈주하여 페르시아로 건너온 로마 병사들이 지하 통로가 있다는 걸 밀고했고 70여 명의 페르시아 궁병이 그 통로를 이용하여 도시 내부로 침투해 탑 하나를 장악했다. 하지만 로마군도 재빠르게 대응하여 해당 지역을 차단한 뒤 중무장 투석병들에게 맹공을 가하게 해 페르시아 궁병들을 항복시켰다. 주요 성벽의 수비가 약화되기 전에 로마군은 페르시아 궁병들을 모두 살해하거나 포로로 붙잡았다. 이 성과로 로마군 수비대는 고무되었지만 그 직후 페르시아인이 아미다보다 더 작은 규모의 로마 요새들을 쳐부수고 붙잡은 포로들을 성벽 앞에 도열시키며 심리전으로 맞대응하자 로마군 수비대의 사기는 다시 저하되었다. 새로운 승리로 수비대의 사기를 되살리기 위해 갈리아에서 온 두 군단이 어둠을 틈타 성 밖으로 출격했다. 이들의 주된 목적은 페르시아 공성 보루를 파괴하여 적의 전진을 늦추거나 샤푸르 2세를 죽이는 것이었다. 이 중 어떤 것도 달성하지 못했고, 페르시아인에게 큰 피해를 입히고 그들의 진지에 상당한 혼란을 일으켰지만 로마군 쪽도 큰 손실을 입었다. 포위군이 많은 귀족을 포함해 전사자들을 애도하면서 전투는 며칠 동안 소강상태로 들어갔지만, 로마인은 더 이상 출격의 위험을 감당할 수 없다는 결론을 내렸다.

이후 페르시아군은 훨씬 더 성벽 가까이 다가와 공격을 밀어붙였고, 성벽 근처에 경사로와 인공 언덕을 완공하면서 생기는 병력 손실은 감수했다. 이제 페르시아군의 공성탑은 꼭대기에 있는 궁병들이 성벽의 로마군 수비대를 공격할 수 있을 만큼 가까워졌다. 다시 한번 로마군은 자신들이 입은 피해보다 더 큰 피해를 페르시아 포위군에게 안겨주었으나, 장기적으로 보면 수적으로 열세였기 때문에 로마군의 희생이 더 심각했다. 다음 날 페르시아인들은 더욱 성벽에 가까이 다가와 압박을 가해왔다. 왕중왕은 직접 말을 타고 돌아다니며 공격 중인 장병들을 격려했고 병사들은 크게 고무되었다. 하지만 로마군의 대응도 맹렬했고 성벽을 향해 나아가는 페르시아군의 두 공성탑은 수비대의 투석 공격에 산산조각 났다.● 총력을 기울인 첫 페르시아 공격은 단 하루만의 격전으로 격퇴당했다. 로마인들에게는 애석하게도 페르시아 공성탑이 우위를 점하는 걸 막고자 서둘러 세웠던 수비용 토루가 밤사이에 무너져버렸다. 대부분의 흙이 앞쪽으로 떨어져 주요 성벽을 덮어 페르시아인들의 접근을 허용하는 드넓은 경사로가 생기고 말았다. 그래도 로마인은 저항 의지를 보이며 적의 돌격에 맞서기 위해 밀집 대형을 형성했으나 최종 결과는 더 이상 의심할 여지가 없어졌고, 격전이 벌어진 뒤 아미다는 포위 공격 73일 차

● 어느 시점에 로마인은 단일 지렛대 투석기인 오나거(중세엔 망고넬로 알려진 것)를 병기로 추가했다. 이들은 조준하기가 더 힘들었지만 상당한 힘으로 무거운 돌을 날렸다. 흥미로운 것은 암미아누스가 군인들에게 이 투석기가 '전갈'이라는 별명으로 알려져 있었다는 것을 언급하는 대목이다. 이 별명은 이전 시기에 어떤 갑옷이든 관통할 수 있는 화살을 날리는 궁병들에게 적용되던 호칭이었다.

에 페르시아군에게 점령당했다. 암미아누스는 이 혼란에서 간신히 탈출한 로마군 중 한 명이었다.[22]

아미다 함락은 로마인에게 큰 타격이었고 그곳을 요새로 조성하며 방어에 큰 공을 들였던 콘스탄티우스 2세 개인에게도 뼈아픈 일격이었다. 또한 아미다를 구하기는커녕 페르시아 포위군에게 실질적인 타격도 가하지 못하고 구경만 한 꼴이 된 우르시키누스와 그의 동료들도 수치스럽기는 마찬가지였다. 로마군의 토루가 붕괴되지 않았다면 수비군은 계속 버틸 수도 있었을 것이다. 여름이 거의 끝나가고 가을이 다가오자 큰 손실—암미아누스는 대략 3만 명 정도라고 주장했지만 아마 상당한 과장일 것이다—을 본 샤푸르 2세는 군대에게 퇴각 명령을 내렸다. 아미다는 약탈당하고 불에 탔고, 페르시아군이 도시를 떠나기 전에 도시의 방어시설을 파괴했다. 비록 많은 노력과 시간을 들이기는 했지만 명백히 페르시아의 승리였다. 암미아누스는 이 포위 공격 때문에 페르시아인들이 진짜 목표〔유프라테스강 건너 시리아를 공격하는 것〕를 이루지 못하고 전쟁을 마쳤으며, 그해에 다른 어떤 일도 하지 못했다고 주장했다. 사정이 그렇다고 해도 암미아누스는 이번 공성전이 로마의 패배라는 사실은 감추지는 않았다.

360년, 메소포타미아로 돌아온 샤푸르 2세는 처음에 안토니누스가 촉구했던 것처럼 요새들을 우회하여 시리아를 공격하기보다는 여러 요새를 점령하는 데 집중했다. 이러한 계획은 암미아누스가 시사하는 것보다 확실히 더 위험했는데 후방에 주둔군을 남겨두고 장기적인 이득을 제공하는 요새들을 점령해야 했기 때문이다. 페르시아는 특별히 크고 잘 조직된 파성퇴를 사용하여 포위 공격한 끝에 싱가라를 함락했다. 이 공성 도구는 페르시아인이 최근에 공격하여 돌파한 지점을 공략했고, 이는 요새들의 주인이 여러 차례 바뀌었음을 말해주는 것이었다. 성벽에는 대규모 보수 작업 흔적이 남아 있어서 겨냥하기가 쉬웠고, 빠르게 성벽을 뚫고 침입이 가능하게 해주었다. 도시의 생존자들은 모두 붙잡혀서 페르시아에 있는 정착지에 포로로 보내졌다.[23]

포위 공격이 진행되는 동안 로마 제국에서는 아무런 도움도 주지 않았는데 야전군 병력 대다수가 페르시아의 의도를 잘못 판단해 니시비스를 지키고 있었기 때문이다. 샤푸르 2세는 다시 티그리스강 근처에 있는 베자브데로 움직였는데 이곳의 정확한 위치는 알려지지 않았다. 로마군 3개 군단과 얼마간의 궁병대가 주둔한 도시는 익숙한 방식으로 공격을 받았다. 다시 한번 샤푸르 2세는 말을 타고 수비대에게 항복을 권고하기 위해 나섰고 그 과정에서 수비대가 쏜 화살을 간발의 차로 피해 목숨을 건졌다. 이 사건 이후 왕중왕의 사절들은 성벽에 접근할 때마다 싱가라에서 붙잡은 포로를 인간 방패로 썼다. 로마군 수비대는 단호했고, 페르시아군은 전과 똑같이 단계별로 공성전에 나섰다. 먼저 소규모 접전과 일제 사격이 있었고, 그다음엔 공성 기구를 성벽에 밀어붙이기 위한 공성 보루를 세웠다. 결국 성벽에 구멍이 났고 격전 끝에 페르시아 군대가 성 안으로 쇄도했다. 격노한 페르시아 병사들은 잔혹하게 약탈을 자행했다. 이번에 샤푸르 2세는 도시를 계속 점령하기로 하고 주둔군을 두고 페르시아 제국에서 주민을 데려와 포로들을 대신해 그곳에 거주하도록 했다. 두 번째 성과를 거둔 뒤 그는 세 번째 도시를 향해 진격했지만 이번에는 공격에 실패했고 가을이 다가오자 페르시아군은 철수했다.[24]

360년 말, 콘스탄티우스 2세는 여러 위기에서 벗어나 페르시아와의 싸움에 주의를 집중했다. 로마 제국은 아르메니아 국왕이 아르사케스 왕조 혈통임에도 샤푸르 2세와 가까워질 수 있다는 걸 우려했고, 따라서 고귀한 가문 태생의 로마 숙녀를 아르메니아 왕과 혼인시키는 걸 포함해 여러 외교적 공세를 펼쳤다. 이베리아 국왕에게도 충성을 확보하고자 격려와 뇌물을 주었다. 얼마 뒤 로마의 정제는 최근에 전쟁이 벌어졌던 동방 현장을 둘러봤고 아미다가 폐허로 변한 광경을 보고서 눈물을 흘렸다. 페르시아의 새로운 공격을 예측한 로마인들은 여름 내내 대응하려고 기다렸다가 전쟁 기간이 끝나가자 콘스탄티우스 2세가 직접 베자브데를 향해 진군했다. 그곳에 남아 있던 페르시아 수비대는 로마의 통상적인 항복 권고를 일축했고 도열한 로마군을 보고서 그리 대단한 병력이 아니라고 여겼다. 전면적인 포위 공격이 시작되었고 로마군은 한 세기 전 샤푸르 1세가 침공한 후 남겨둔 파성퇴까지 활용해 성벽 돌파 작전에 나섰다. 그러나 로마의 공성전 시도는 실패했고 가을에서 겨울로 접어들자 호우가 내려 공성 보루를 흠뻑 적시는 바람에 콘스탄티우스 2세는 결국 퇴각을 결정했다. 갈리아에서 나쁜 소식이 전해졌는데 율리아누스가 휘하 군대에 의해 정제로 옹립되었다는 것이었다.[25]

361년, 전쟁 시기가 다가오자 콘스탄티우스 2세는 샤푸르 2세가 국경 인근에 또다른 군대를 모으고 있다는 소식을 듣고 동방에서 대기했다. 하지만 페르시아인들은 공격을 준비하다가 결국 해산했는데 암미아누스의 설명에 따르면 전조가 너무 나빠 전쟁을 감당할 수 없었기 때문이었다. 당면한 위협이 사라졌다는 걸 확신하자마자 콘스탄티우스 2세는 사촌의 아들이자 경쟁자인 율리아누스를 향해 군대를 이끌고 이동했다. 하지만 그는 전투를 벌이기도 전에 중병에 걸려 사망했다. 다른 후계자가 없던 콘스탄티우스 2세는 죽음에 이르기 전 마지막 날 율리아누스의 정제 참칭을 승인했고 로마 제국에는 단독 황제만 남게 되었다.²⁶

당시에 서른이었던 율리아누스는 체구가 작고 더부룩한 수염을 기른 별로 매력이 없는 남자였다. 콘스탄티우스 2세와 그 형제들이 율리아누스 가문의 남성 대다수를 제거할 때 그는 어린아이였기에 겨우 목숨을 건질 수 있었고, 기독교적이고 안락한 연금 상태에서 자랐다. 그는 독실한 기독교 신자인 친척들이 무자비하게 자기 가문 사람들을 숙청하는 것을 보고서 크게 분개했고, 처음에는 반감을 숨겼지만 결국 기독교를 맹렬히 거부하게 되었다. 대신 그는 비기독교적인 종교를 믿었다. 그럼에도 그의 행정 구조 재편 계획은 그가 교회 교육으로부터 큰 영향을 받았음을 보여준다. 율리아누스는 어린 시절의 대부분을 겁에 질린 채 남들과 자유로이 대화할 수 없는 상황에서 성장했고, 영리한 사람이었다. 그런 만큼 자신의 생각과 욕구가 늘 옳다고 여기며 독선적인 성향을 지니게 되었고, 선량한 사람이라면 자신의 생각에 동의할 것이라고 믿었다. 놀랍게도 그가 부제로 임명되었을 때인 357년에 스트라스부르에서 벌어진 중요한 전투에서 승리를 거두었고 여러 소규모 전투에서 지휘관 역할을 제대로 수행하여 자신의 군사적 능력이 탁월하고 능숙하다는 걸 증명했다. 암미아누스는 율리아누스를 크게 칭찬했지만—그 이유는 그 역시 비기독교인이었기 때문만은 아니었다—그의 결점들도 알고 있었다. 단독 통치자로 3년도 못 채운 율리아누스였지만 암미아누스의 역사서와 황제 본인이 남긴 막대한 분량의 글이 후세까지 전해지는 덕분에 율리아누스라는 인물은 잘 알려져 있다. 그가 남긴 유산은 논란의 여지가 많아서 균형 잡힌 평가를 내리기 어렵고, 그의 짧은 치세가 로마 제국의 문화, 신념, 구조를 크게 변화시키지 못했다는 점은 종종 망각되기 쉽다. 결국 율리아누스에 관한 기억은 363년에 페르시아를 공격하기로 한 그의 결정에 주로 집중된다.[27]

율리아누스의 진정한 동기는 이전의 다른 많은 황제나 왕의 경우처럼 잘 알 수 없고, 그가 품었던 야심의 규모 또한 불분명하다. 콘스탄티우스 2세는 지난 몇 년 동안 페르시아인에게 여러 요새를 잃은 한심하고 별 볼 일 없는 황제로 비난받았다. 그렇지만 샤푸르 2세가 영구적으로 얻은 이득은 제한적이었으며 299년에 페르시아가 로마에게 잃은 영토와 영향력을 다시 회복하겠다는 야망에도 한참 미치지 못했다. 율리아누스의 원정 계획은 80년 전에 카루스가 시도한 이후 시도되지 않았던, 유프라테스강을 따라 크테시폰까지 진군하는 전통적인 방식으로 진행되었다. 알렉산드로스 대왕의 원대한 계획을 모방하려 한 것도 로마 사회에서는 아주 전통적인 것이었다. 율리아누스는 과거를, 특히 그의 그리스적이고 비기독교적인 이상에 가장 잘 들어맞는 영웅들을 열정적으로 흠모했다. 전쟁 중 어느 지점에서 율리아누스와 그의 동지들은 서기전 146년 카르타고 포위 공격에서 스키피오 아이밀리아누스가 보여준 영웅적인 행위를 의식적으로 흉내 냈다. 이런 연극적인 행동을 한다고 해서 합리적 고려와 계획을 배제한 것은 아니었으며, 어떤 측면에서 이는 로마인 혹은 페르시아인 지휘관이 벌일 수 있는 만족스럽고 감탄스러운 행위의 범위 내에 있는 것이었다. 율리아누스는 다른 많은 로마인이 그러했던 것처럼 제2의 스키피오나 새로운 알렉산드로스 대왕을 꿈꿨을 수도 있지만, 그의 전략은 보다 평범한 원칙에 기초한 것이었거나, 그가 지닌 과거를 향한 낭만적인 시각에 영향을 받은 것이었을 수도 있다. 직접적으로 언급된 것은 아무것도 없지만, 로마로 추방된 호르미즈드(샤푸르의 형제 또는 이복형제)는 율리아누스의 선임 지휘관으로 복무했다. 이 때문에 율리아누스의 목적이 왕중왕을 폐위하고 로마군에서 몇십 년간 복무한 호르미즈드를 그 자리에 앉히려 했다는 추측도 나오고 있다.[28]

후대에 전해지는 사료는 전쟁 시작 전에 나타난 여러 흉조를 집중적으로 기록했는데 여기에는 초반에 건물이나 비축물이 무너져 내려 그 아래 서 있던 군인들이 사망한 사건도 있었다. 원정을 위해 모인 병력은 대규모였고 몇 세대 동안 동방 군사 작전을 위해 모였던 병력보다 더 많았을 것이다. 이 군대의 일원이었던 암미아누스는 전 병력의 숫자를 밝히지는 않았지만 3만 명 규모의 파견대를 언급하고 보급품과 장비를 유프라테스강 상류로 실어 오는 함대를 운영하는 데 대략 2만 명이 필요했다고 주장했다. 훗날 한 사료는 율리아누스가 야전군으로 총 6만 5000명을 동원했다고 전한다. 이런 수치들이 어느 정도 정확한 규모라면 이 원정은 포위할 요새가 없어서 빠른 기동성과 과감성으로 성공을 거두었던 갈리아에서의 군사 작전과는 비교가 안 되는 대규모 작전이었다. 율리아누스는 동방에서 대규모 작전을 계획·실행한 경험이 없었고, 이는 오랫동안 로마에서도 대규모 군사작전이 시도된 적이 없었기 때문에 그의 휘하에 있는 선임 장교들도 마찬가지였다.[29]

정치적 순진함과 미숙함이 드러난 흔적도 있는데 율리아누스가 안티오크 주민을 소외시키고 소책자에서 그들을 조롱하는 것으로 대응한 것이 바로 그런 경우였다. 그는 콘스탄티우스 2세와 권력 투쟁을 벌이던 시기에는 휘하 군인들의 심기를 불편하게 할 것을 우려하여 반反기독교적인 입장을 감췄지만 단독 황제가 되자 기독교를 분명하게 거부했으며 자신만의 이교도주의를 표방했다. 한 세대 전에 콘스탄티누스가 새로운 신앙을 받아들이는 게 정치적으로 타당했다면—그리고 그가 어떤 계산을 했던 간에 그것이 진심이었다면—이제 와서 그것을 버리는 건 정치적으로 그리 설득력이 없었고 위험도 큰 것이었다. 율리아누스 황제의 특이한 종교 사상에 대해 이교도 신자들이 열광적으로 반응하지도 않았다. 그렇다고 해서 황제의 이교도주의가 군대 내 여러 집단의 사기를 떨어트린 것은 아니며, 결국 전쟁이 어떻게 진행되느냐에 따라 결판이 날 것이었다. 여러 면에서 원정전은 율리아누스에게 자신의 능력을 증명하고 외적을 상대로 영광을 얻어 통치권을 강화하는 기회를 제공할 것이었고, 모든 로마인은 승리의 영광에 기꺼이 찬사를 보낼 터였다.[30]

율리아누스는 페르시아를 기습하기를 원했고, 아르메니아 동맹들이 지원하는 별동대가 최근 군사 작전의 주무대였던 메소포타미아에서 양동 작전을 수행하며 위협을 가할 계획이었다. 과거에 로마인이 샤푸르 2세가 공격하리라고 잘못 예측했던 니시비스를 지키고자 병력을 배치했던 것과 마찬가지로 이 작전은 어느 정도 효과가 있었다. 그러는 사이 율리아누스는 유프라테스강을 따라 황량한 두라 에우로포스의 폐허나 강 왼쪽 기슭의 교외 지역을 지나갔고 저 멀리 고르디아누스 3세의 거대한 기념물을 보았다. 처음에는 페르시아군의 저항이 거의 없었지만 이후에 그들은 로마군이 싣고 갈 수 있는 작물이나 다른 유용한 자원을 파괴했다. 이것은 과거 사산조의 공격에 맞서서 로마군이 사용했던 초토화 작전이기도 했다. 성벽을 두른 여러 도시와 요새가 로마군의 진군 경로에 자리 잡고 있었는데, 로마군은 먼저 항복을 요구하고 거부하면 공격의 수위를 높이고 최후의 쇄도 공격으로 끝나는 여러 단계의 공격 방식을 사용했다. 율리아누스는 스키피오를 흉내 냈고 또다른 포위 공격에서는 정찰 중인 그와 소수의 참모가 적의 매복군에 걸려 거의 죽을 뻔하기도 했다. 황제는 휘하 장교들이 그를 보호하기 위해 둘러싸기 전에 페르시아인 병사를 한 명 죽였다고 한다. 율리아누스는 개인적으로 위험을 전혀 두려워하지 않았고—그런 위험은 분명히 불필요하고 심지어 무모한 것이었지만—작전은 전반적으로 성공적이었다. 율리아누스의 포위 공성전이 오래 시간을 끌어서 진군을 지체시킨 경우는 단 한 건도 없었다.[31]

한 달 만에 로마인은 크테시폰에 도달했는데, 이 도시는 지금까지 지나왔던 그 어떤 곳보다 훨씬 더 크고 방비가 잘 된 곳이었다. 이 시점에서 율리아누스의 의사 결정은 동시대인조차 이해하기 어려운 측면이 있었다. 로마군의 주력부대에 합류할 것으로 예상된 동맹군의 양동군대 병력은 전혀 보이지 않았다. 페르시아 병력은 점점 늘어나는 중이었고, 샤푸르 2세가 곧 사산군 주력부대를 이끌고 나타날지도 몰랐다. 또한 페르시아 수비대는 초토화 전술을 계속 이어가고 있었다. 강에서 뻗어 나온 관개시설은 운하의 연결망을 형성했는데, 각 운하는 로마군의 행군을 방해했다. 로마군은 운하를 건너려면 적절한 도하 지점을 찾거나 만들어야 했다. 사산 왕조는 관개시설의 건설을 적극적으로 장려했고 로마군의 진군 경로는 트라야누스, 베루스, 세베루스의 시절보다 훨씬 더 까다로워졌다. 페르시아인들은 댐을 파괴하거나 관개시설을 파괴하여 홍수를 일으켜 로마군의 행군을 더욱 지체시켰다.

고심 끝에 율리아누스는 크테시폰 포위 공격이 비현실적이라고 판단했고 퇴각하기로 결정했다. 그는 기존에 왔던 길로 돌아가는 대신에 티그리스강을 따라 퇴각하라고 명령했다. 그의 보급 함대는 불에 탔는데 바지선과 선적된 물품을 육로를 이용하여 또 다른 큰 강으로 옮기는 게 지나치게 힘든 일이었기 때문이다. 그러자 율리아누스가 마음을 바꿔 퇴각 명령을 철회했지만 이미 너무 늦은 때였다. 이 사건은 로마군의 사기에 심대한 타격을 입혔다. 율리아누스는 이 사건은 물론 다른 여러 사건에서도 휘하 병력의 분위기를 그리 잘 파악하지는 못했고, 역사적으로 진군이 퇴각으로 바뀌었을 때 병사들의 사기는 크게 가라앉는 경향이 있었다. 상당수의 페르시아 병력이 로마군을 위협하기 시작했는데, 그들의 움직임도 로마군과 마찬가지로 관개 운하에 의해 제약을 받았다. 로마군은 과거 이곳으로 진군해왔던 로마군과 마찬가지로 적의 반복 공격을 받으며 퇴각했지만 결국 원하는 곳에 도착해 적의 맹공을 떨쳐낼 수 있었다.

363년 6월 26일, 로마군의 전면과 후면에 연달아 페르시아군의 성가신 공격이 가해졌다. 개인적 용기는 의심할 여지가 없었던 율리아누스는 흉갑을 걸치는 것도 잊은 채 서둘러 말을 타고 달려 적의 공격에 대응했다. 소규모 접전은 말들이 일으킨 흙먼지 때문에 더욱 혼란스러웠고, 전투가 한창일 때 황제는 페르시아 부대의 한 아랍 동맹 병사가 휘두른 창에 옆구리를 맞았다. 황제는 전용 막사로 실려 갔고 어의들이 소환되었지만 상처는 치명적인 것으로 판명되었다. 황제는 그날 밤 늦게 사망했는데, 아주 침착했고 군대의 현재 상황보다는 측근들과 함께 철학에 대해 논했다고 한다.[32]

로마군은 장수를 잃었고 여전히 적대적인 페르시아의 영토 깊숙이

들어와 있었다. 혼란한 때일수록 군대와 제국은 통치자가 필요했기 때문에 약간의 논의와 의견 교환 끝에 보호자 요비아누스라는 자가 황제로 선포되었다. 새 황제는 기독교인이었고 율리아누스가 새롭게 조직한 종교 계획은 즉시 폐기되었다. 대단히 장신이었던 요비아누스는 자신보다 훨씬 작은 율리아누스가 걸쳤던 보라색 망토를 걸쳐야 했는데 너무 어울리지 않아 마치 익살스러운 연극의 한 장면 같았다고 한다. 4세기의 의심 가득한 정치 환경에서 황제용 자의를 따로 마련한다는 건 위험하기 짝이 없는 행동이었기 때문에 또다른 망토를 구할 수는 없었다. 요비아누스는 원정군의 지휘를 맡았고 더 많은 전투가 있었지만 그는 통치권을 안정시키고 싶어했고 또다른 참사를 감수하고 싶지 않았다. 샤푸르 2세는 좋은 기회가 왔다고 느꼈으나 가능성이 반반이라 자신의 우위를 망가뜨릴 수도 있는 결전을 펼치는 것은 요비아누스만큼이나 꺼렸다. 대신 왕중왕은 무력을 통해 얻어낸 것보다 훨씬 더 많은 것을 협상을 통해 얻어냈다. 299년의 상황과는 대조적으로 로마인들이 절박하게 강화를 바라고 있었기에, 요비아누스는 로마가 더 이상 아르메니아에 개입하는 일은 없을 것이라고 약속했다. 그는 또한 싱가라시를 포함한 메소포타미아 지역도 페르시아에게 내줬다. 하지만 무엇보다도 가장 굴욕적이었던 것은 샤푸르 2세에게 세 번의 좌절을 안겼던 도시 니시비스를 페르시아에게 넘긴 것이었다. 대다수가 기독교인이었던 니시비스 주민은 재산을 가지고 도시를 떠나는 게 허락되었다. 하지만 그것은 패전의 비애감과 비통함을 더할 뿐이었다. 요비아누스는 황제가 된 지 몇 달 만에 질병이나 사고로 죽었고, 그 결과 율리아누스가 가장 큰 패전의 비난을 받게 되었다. 그는 페르시아를 공격하여 영광을 얻고자 했지

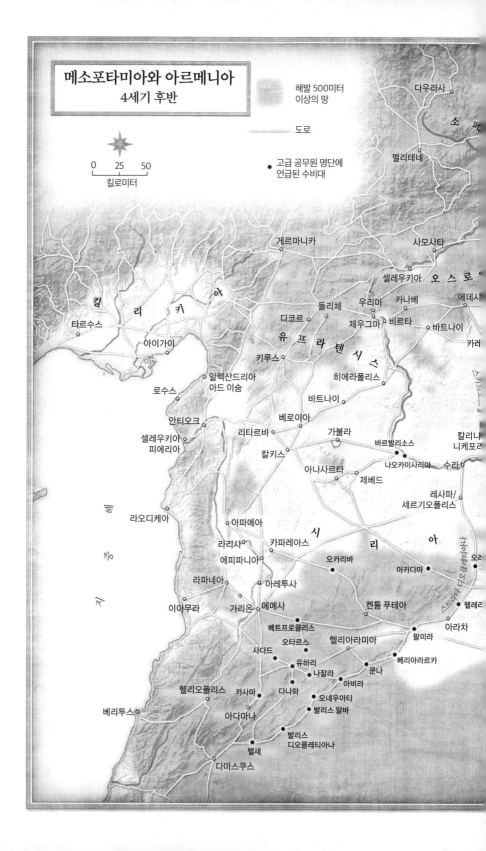

메소포타미아와 아르메니아
4세기 후반

해발 500미터
이상의 땅

도로

고급 공무원 명단에
언급된 수비대

0   25   50
킬로미터

다우라사

소 페

멜리테네

게르마니카

사모사타

셀레우키아   오 스 로

에데사

킬

리

키

아

우리마   카나베

돌리체

비르타

디코르

제우그마

바트나이

타르수스

카러

아이가이

유 프 라 텐 시 스

키루스

히에라폴리스

알렉산드리아
아드 이숨

바트나이

로수스

안티오크

베로이아

셀레우키아
피에리아

리타르바

가불라

칼리니
니케포르

칼키스

바르발리소스

아나사르타

나오카이사리아

수라

제베드

레사파/
세르기오폴리스

라오디케아

아파메아

시

아

리

오

라리사

카파레아스

이
디

에피파니아

오카리바

아카다마

스
트

라파네아

아레투사

헬레

라

이아무라

가리온

에메사

켄툼 푸테아

타

디
오

아라차

베트프로클리스

클

헬리아라미아

팔미라

레

티

오타르스

아

사다드

쿤나

베리아라르카

헬리오폴리스

카사마

유하리

나잘라

아비라

다나하

오네우아타

발리스 알바

지

중

해

베리투스

아다마나

발리스
디오클레티아나

텔세

다마스쿠스

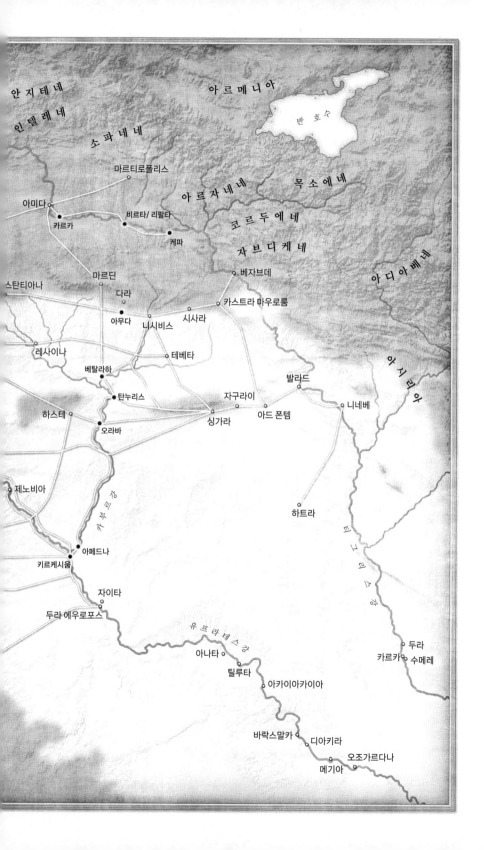

만 처절하게 실패했고 무의미하게 죽었다. 일부 기독교인들은 그의 사망이 기독교 신앙을 거부한 자에게 내려진 벌이라고 했고 기독교 신자였던 휘하 병사가 그에게 치명타를 날렸다는 소문을 퍼뜨리기까지 했다. 암미아누스 같은 이교도들은 악의적 소문을 받아들이지 않았지만 전쟁 결과에 슬퍼하고 괴로워한 것은 마찬가지였다.[33]

율리아누스의 원정은 대참사였다. 그가 사망한 이후 굴욕적인 강화 협상에도 불구하고 실질적으로 사산조에 넘어간 로마 영토는 그리 많지 않았다. 비록 그 지역이 전략적 중요성을 갖고 있다 하더라도 큰 손실은 아니었다. 로마 제국의 국력은 내전이 없는 장기적 휴지 기간에 더 강력해졌지만, 페르시아 영토를 깊숙하게 침공하는 일에 내재한 위험과, 원정에서 확실한 성과를 달성하는 일의 어려움은 이제 명백하게 입증되었다. 그 이후 어떤 로마 황제도 율리아누스를 모방하려고 하지 않았다. 그렇지만 크테시폰과 다른 페르시아 제국의 여러 도시에 도달하는 로마군의 행군 능력은 사산 왕조에게 로마 제국의 무력을 확실히 각인시켰다. 율리아누스를 격퇴하는 것은 그들에게도 쉽지 않은 일이었다. 전쟁의 위험은 더욱 분명해졌지만, 그렇다고 해서 두 제국 간의 불신과 복수의 순환을 깨뜨리는 것이 쉬워진 것은 아니었다. 황제와 왕중왕은 다른 지역의 문제들에 집중하는 동안에도 상대에 대한 경계심을 풀지 않았다.

세상의 두 눈

5세기

4세기 말에는 전쟁을 벌이는 데 드는 비용과 위험이 로마 제국이나 사산 왕조가 얻을 수 있는 이득보다 더 커지는 경향이 있었다. 하지만 국가의 체면과 세간의 인식은 중요한 것이었기에 로마 황제가 다른 모든 나라와 권력에 대해 로마 제국의 우위를 주장하는 것은 필수적인 일이었다. 물론 왕중왕에게도 로마를 포함한 모든 인접국에 대해 우위를 선포하는 것이 극히 중대한 일이었다. 따라서 어떤 강화 조약이든 체결할 때 상당한 주의가 필요했다. 1세기 이상 빈번한 전쟁을 겪은 뒤 협상과 합의를 위한 태도 체계를 만드는 데는 시간이 걸렸지만, 이것은 시간이 가면서 양국의 관계에 여러 중대한 변화를 가져왔다.

암미아누스 마르켈리누스는 363년에 요비아누스와 샤푸르 2세가 협상한 조약이 로마와 페르시아 사이의 30년간의 평화를 선포한 것이라고 거의 지나가듯이 언급했다. 교전 없는 기간을 설정한다는 발상은 무척 오래된 것이었으며 특히 고대 그리스에서 흔히 볼 수 있었다. 때때로 양측은 조약에 따라 행동했고 새로운 전쟁 없이 그 기간을 보냈으며 때로는 공식적인 조약 갱신 없이도 그런 평화가 지속되기도 했다. 하지만 그보다는 합의된 평화 기간이 끝나기도 전에 어느 한쪽이 전투를 재개하는 경우가 더 많았고, 거기에는 언제나 조약의 위반을 정당화하는, 동시대 기준에 부합하는 실질적인 혹은 상상된 이유가 깔려 있었다. 따라서 오랜 평화 기간을 설정한 강화 조약에 동의하더라도 처음부터 이행 불가능하다는 것을 알고 있었고, 그것이 대다수 친선의 주장처럼 외교가 작용하는 방식의 일부였을 뿐이며, 상황이 변화하면 얼마든지 위반해도 됐기 때문에 아무도 크게 우려하지 않았다.[1]

몇 세기 동안, 적어도 포에니 전쟁 시기부터 로마의 태도는 전쟁을 통한 항구적인 결론을 기대하며 달라져왔다. 한니발이 패배했을 때 카르타고는 이후 50년 동안 로마에 매년 전쟁 보상금을 바쳐야 했다. 나중에 카르타고는 잔금을 일시불로 지급하겠다고 했지만 거절당했는데 보상금 자체의 가치보다는 정기적인 지불이 전쟁 패배와 종속을 상기시키는 것이었기 때문이다. 서기전 151년에 보상금 지급이 완료되고 고작 2년 뒤 로마가 제3차 포에니 전쟁을 일으켜 옛 경쟁자를 완전히 파멸시킨 것은 결코 우연이 아니었다.[2]

카르타고는 거대한 규모와 국력, 그리고 카르타고를 상대로 벌인 전쟁의 규모와 비용 면에서 예외적인 사례였다. 다른 많은 패배한 적들은 전후 로마에게 일시불이든 지속적인 지불이든 보상금을 지급해야 했다. 후자는 일정 기간이 아닌 항구적인 복종 의무를 보여주는 경향이 있었는데, 이런 강화 조약의 본질적인 특징이 대등한 국가

간에 있지 않았고, 일시적인 교전 중지를 목적으로 한 것도 아니었기 때문이다. 로마는 승리했고, 교만한 국가를 물리치고 겸손한 나라에게 관용을 베풀면서 다시 한번 천부적인 우위를 증명할 수 있었다. 강화 조건은 로마인이 일방적으로 제시하는 것이었고 완패한 자들의 항복을 관대하게 받아준 것이었으므로 양국의 평화로운 관계에 어떤 제한을 두는 것은 별로 의미가 없었다. 평화 조약은 상대방이 적절하게 복종하는 한 계속될 것이었다. 그러나 불복종의 기미를 보이면 로마인은 필요할 때마다 무력으로 위협하거나 실질적으로 무력을 행사했다. 시간이 얼마나 걸리든 로마인의 승리는 다른 민족이나 국가와의 대립에서 당연한 것이라고 여겨졌다.

외교는 늘 이렇게 로마에게 일방적으로 유리한 조건으로 추진되었다. 그것은 술라가 지방 동맹국 국왕과 왕중왕 사절 사이의 중앙에 앉을 때 분명하게 드러났고, 더 나아가 폼페이우스나 트라야누스가 지방 현지 왕국을 '돌려줄 지' 여부를 결정하기 전에 자신들 앞에 국왕들을 엎드리게 하거나 절을 하게 할 때에도 뚜렷하게 드러났다. 장엄한 장관과 화려한 의식, 특히 군인과 수없이 늘어선 군기들의 행진은 로마의 막강한 힘을 보여주었고, 황제나 로마의 대표자는 드높이 세운 단에 앉아 행렬을 내려다봤다. 상대방에 대한 정중한 태도는 필요성보다는 겸손의 표시였고, 로마인의 위엄에 걸맞은 것이었다. 375년, 발렌티니아누스 황제는 격분한 상태로 게르만 콰디족 사절을 장황하게 질책하다가 뇌졸중을 맞아 사망했다. 황제의 평소 성격상 그런 분노가 다소 과도하게 여겨졌지만, 로마인들은 황제가 야만인에게 그런 식으로 말하는 것을 당연하게 여겼다.[3]

이러한 배경을 염두에 둘 때 로마와 페르시아 사이에 공식적으로 선언된 장기적인 평화의 기간은 아주 인상적인 것이었다. 적어도 아우구스투스 시대 이래로 아르사케스 파르티아와 사산조 페르시아는 로마가 카르타고나 마케도니아와 셀레우코스 왕국처럼 크고 강력해서 전통적인 외교관계를 일방적으로 강요할 수 있는 나라가 아니었다. 로마에서 아우구스투스나 네로가 쌍방 타협한 대對파르티아 협상을 로마 우위의 증명으로 포장할 수 있었던 것은 서로 멀리 떨어진 거리 덕분이었다. 로마 시민이나 제국 내에 살고 있는 시민들은 로마의 국력이 동방 인접국보다 압도적으로 우월한 것은 아니라는 현실에 대해 그리 우려하지 않았다. 로마와 똑같은 태도가 샤푸르 1세의 승리 기념물에서 드러나는데 왕중왕은 자신을 세상 모든 민족의 왕으로 묘사하고, 로마 황제들을 굴욕적인 패배를 당한 주제에 승리했다고 주장하는 거짓말쟁이로 묘사했다. 왕중왕이 볼 때 자신이 전쟁에서 승리하는 것은 세상의 당연한 이치였다. 왕중왕은 로마가 있던 것처럼 자신의 제국 중심부에서 승전의 간단한 메시지만 전하면 되는 것이었다.

363년에 양측이 공식적인 회담에서 만났을 때 그들이 사용한 언어와 허세적 태도는 상당히 교묘했다. 무력을 행사하겠다는 위협과 자국의 군사적 우위에 대한 확신을 드러내는 양측의 주장은 계속되었다. 결국 율리아누스는 크테시폰까지 진군했고 로마군이 위태로운 상황에 있었지만, 암미아누스의 이야기를 믿는다면 로마인들은 여전히 맞대결에서 적을 물리칠 수 있다고 확신했다. 하지만 양측은 서로에게 상당히 정중했으며 평화로운 시기에 협상이 이루어질 때에는 더욱 그러했다. 왕중왕과 로마 황제가 서로를 형제라고 칭한 시기는 불확실하지만, 암미아누스 시절에는 거의 일반화된 호칭이었던 것으로 보이며, 적어도 이전 3세기 말부터 서로를 그렇게 불렀을 것이다.

황제와 왕중왕을 동등하게 묘사하는 것은 전혀 새롭지 않은 일이었지만 역사가 벨레이우스 파테르쿨루스와 유스티누스의 서술 이후 이러한 인식은 점점 더 강해졌다. 한 6세기 사료는 나르세스 1세가 신뢰하는 고문을 299년경 갈레리우스 황제에게 보냈다고 주장한다. 이 사절은 로마와 페르시아 제국을 두 개의 등불에 비유해 사람의 눈과 마찬가지로 "각자 다른 쪽의 광휘로 장식되어야 하며", 상대를 파멸시키려 해서는 안 된다고 말했다. 이러한 이미지는 아마도 진짜였을 것이다. 가령 6세기 말에 왕중왕은 로마 황제에게 서신을 보내 "온 세상은 두 개의 눈, 즉 가장 강력한 로마 왕국과 가장 신중한 페르시아 국가의 왕홀로 환히 밝혀지는" 것이 신의 계획이라고 말했다. 양국 사이에 있는 미개한 부족들은 진압되어야 하고 양국이 인류를 지도·통제해야 한다는 것이었다.[4]

외교의 바퀴는 늘 한쪽 혹은 양쪽에게 편리할 때마다 아첨, 과장, 왜곡, 노골적인 거짓말로 기름칠되었고, 따라서 그런 감언이설은 진지하게 받아들일 필요가 없었다. 하지만 그것은 양국의 평등을 은근히 드러내 보이는 것이기도 했다. 여기에는 부분적으로 아르다시르 1세부터 샤푸르 2세까지 지속된 여러 차례의 격렬한 대규모 전쟁으로 인한 양측의 희생도 영향을 미쳤을 것이다. 그 모든 노력에도 불구하고 두 경쟁국은 명확하게 이익을 본 것이 별로 없었고, 그러는 사이에도 당장의 다른 위협들을 처리해야 했다. 시간이 흐르면서, 특히 율리아누스가 사망한 이후 한 세기 동안 전쟁을 치르는 방식에서 양국은 더욱 서로를 닮아갔고, 군사력과 자원 면에서 훨씬 더 팽팽한 균형을 이루고 있었다.

30년간의 강화 조약은 그 참신함에도 불구하고 고작 6년 만에 깨져버리고 말았다. 과거에 흔히 그랬던 것처럼 양국의 화약고는 아르메니아였다. 샤푸르 2세는 아르메니아 왕국의 대부분을 점령했고 기만전술로 아르사케스 왕을 붙잡아 암미아누스에 따르면 그를 맹인으로 만들고 종내는 고문하여 죽였다. 요비아누스 황제는 아르메니아 국왕을 지원하지 않기로 약속했지만 샤푸르 2세의 행동이 조약 위반인지 여부는 딱히 분명하지 않다. 사건의 세부 사항과 태도를 살펴보면, 페르시아와 로마의 해석은 시작부터 달랐거나 시간이 흐르면서 변화했다. 이러한 태도 변화는 페르시아 영토에서 군대를 빼내는 것이 절박했던 요비아누스의 지휘를 따르지 않은 로마군에게서 더욱 심각하게 나타났다. 하지만 거의 동시에 사산조는 인근 이베리아에 개입하여 로마 동맹이었던 국왕을 폐위시켰는데 그것은 거의 명백하게 강화 협정을 위반한 것이었다. 그 후 아르메니아 국왕의 아들 파파스는 로마 영토로 탈출해 도움을 호소했다.[5]

　당시 로마 제국은 두 형제 발렌티니아누스와 발렌스가 공동통치 중이었는데 요비아누스가 죽었을 때 그의 외아들은 어린아이였기 때문에 아예 황제 후보조차 될 수 없었다. 따라서 발렌티니아누스라는 장교가 364년 2월 26일에 자신을 황제로 선포했고 빠르게 동생 발렌스를 동료 황제로 임명했다. 처음에 두 형제는 서로 다른 곳에서 분주했지만 370년에 발렌스가 안티오크로 와서 본격적인 페르시아 공세를 준비하기 시작했다. 안티오크 전선에서는 전투랄 게 거의 없었는데 한 사료는 협상으로 7년간의 강화가 선포되었다고 주장한다. 아르메니아가 갈등의 중심이 되었고, 로마군은 직접적으로 개입해 페르시아군과 충돌했지만, 실제 전투는 대부분 양측의 동맹들이 벌인 것이었다. 파파스는 아르메니아 일부를 다시 되찾았지만 조약의 정신보다는 조문을 더 중시하여 자신을 왕으로 선포하지 않았고 왕관이나 다른 왕의 상징물 또한 착용하지 않았다. 또다른 로마군 부대에 의한 이베리아 국왕의 복위는 더욱 공개적으로 행해졌다. 샤푸르 2세는 다시 공격을 가했지만 딱히 큰 성과를 거두지는 못했고 양측은 모두 철수하기 전에 한 번 이상의 패배를 당한 것으로 보인다. 이어진 몇 년 동안 아르메니아의 파파스는 자신의 왕국을 통제하고 강력한 인접국들을 달래느라 애를 먹었다. 샤푸르 2세는 초기에 파파스를 자신의 편으로 끌어들이려고 했거나 아니면 암미아누스가 주장한 것처럼 로마인으로 하여금 이 젊은 통치자를 불신하게 만들려 했다. 결국 발렌스는 파파스에 대해 개인적인 원한을 지닌 궁정 신하들의 부추김을 받아 그를 의심하게 되었다. 로마 황실로 소환된 파파스는 간신히 체포를 피하고 도망쳤지만 몇몇 불만을 품은 아르메니아 귀족의 음모에 휘말려 로마군에게 살해되었다.[6]

발렌스는 수레나가 주도한 페르시아의 외교적·군사적 압박도 무시하고 공개적으로 새로운 아르메니아 국왕을 임명했는데, 이는 옛 파르티아 귀족 가문인 수렌이 사산조 아래에서도 계속 번영했음을 상기시켜준다. 동방에서 일전을 벌이려 했던 로마의 군사 작전은 375년에 발렌스의 관심이 발칸 지역으로 옮겨가면서 중단되었고, 황제는 안티오크를 떠나 다시는 돌아오지 못했다. 아르메니아는 로마인이 임명한 국왕에게 도전하는 경쟁자가 나타나면서 또다시 격동에 휘말렸고 사산조의 수렌 가문은 이 경쟁자를 지원하고자 군대를 이끌고 아르메니아로 들어갔다. 전통적으로 당파 정치가 심했던 아르메니아의 귀족들은 점점 더 격하게 사산조에 반대했고 결국 수렌의 지원을 받았던 아르메니아 국왕 후보마저도 수레나에게 등을 돌렸다. 아르메니아 통치는 누구에게든 절대 쉬운 일이 아니었다. 378년에 발렌스는 사절들을 보내 샤푸르 2세와 아르메니아 상황을 논하게 했지만 다른 여러 사건들로 인해 그 일은 좌절되고 말았다.

앞서 이미 말한 것처럼 발렌티니아누스는 375년 11월에 콰디족 족장들을 과도하게 질책하다가 쓰러져 죽었다. 그의 열여섯 된 아들 그라티아누스는 이미 황제로 임명되어 제국에는 세 명의 통치자가 있었다. 그의 아버지가 사망하자 이 숫자는 둘로 줄었으나 유럽 전선의 로마군 장교들이 그라티아누스의 네 살짜리 동생 발렌티니아누스 2세를 황제로 선포하면서 다시 셋으로 돌아갔다. 이것은 적어도 한동안 받아들여졌고 네 살 아이는 성인 고문을 통해 아프리카와 이탈리아를 통치하게 되었으며, 그라티아누스는 서방의 나머지 지역을 담당했고 발렌스는 동방을 맡았다. 후자의 최우선 사항은 도나우강에 도착해 제국 내에 머무를 땅을 요구하고 있는 고트족의 대규모 이민 문제를 해결하는 것이었다. 그들은 훈족의 등장으로 직간접적으로 고향에서 쫓겨나 도나우강 유역까지 온 것이었다. 이 게르만족 부족민들이 로마의 귀중한 신병 자원이 될 수 있을 거라는 조언을 받은 발렌스는 그들의 탄원을 들어줬지만, 몇 달이 지나고 제국으로 고트족을 데려 오는 임무를 맡은 로마군 장교와 민간 관리가 부패와 무능으로 일을 잘못 처리해 고트족의 반란을 야기했다. 376년, 전투가 발발했고 한 로마군 지휘관이 이주민 야영지를 공격하려 했지만 매복 공격을 당해 부대가 괴멸되었다. 1년 뒤 또다른 대규모 로마군이 고트족을 공격했지만 승부를 내지 못하고 물러났다. 378년, 발렌스는 직접 제국 동방의 최정예 부대를 이끌고 고트족을 굴복시켜야겠다며 전투에 나섰다. 뒤이어 378년 8월 9일에 벌어진 아드리아노플 전투는 끔찍한 참사였고 황제는 휘하의 대다수 병력과 함께 전사했다.[7]

379년, 그라티아누스는 장교 테오도시우스를 공동 황제로 임명했고, 고트족을 진압하는 일을 최우선 과제로 삼았다. 고트족 진압은 시간이 걸렸고, 또다른 전투가 로마의 패배로 끝나면서 부족을 반복적으로 공격해 전력을 약화시키는 방향으로 계획이 바뀌었다. 로마인에게는 다행스럽게도 고트족은 방어시설을 갖춘 도시를 점령할 인내심도 기술도 없었다. 부족의 지도자는 한 번 공성을 시도했다가 실패하자 "성벽과 평화를 지킬 것"이라고 선포했다. 고트족은 갈 곳이 없었고 무기한으로 로마 제국과 전쟁을 벌여 승리하는 것은 고사하고 계속 싸울 수 있는 부족민의 숫자 자체가 부족했다. 382년, 양측은 평화에 합의했다. 고트족은 정착할 땅을 받았고 로마를 위해 군인으로 복무하겠다고 맹세했다. 하지만 그들의 군복무는 주로 부족민으로 구성된 파견대에서 부족 지도자의 지휘를 받는 형식으로 이행되었다. 1년 뒤 브리타니아에서 황제를 참칭하는 마그누스 막시무스가 나타났고, 그라티아누스는 휘하 병력 대다수가 참칭자 편에 붙은 이후 얼마 뒤에 사망했다(과거 공화정이나 원수정 시절에 아무 의미 없었던 마그누스 막시무스라는 이름이 '가장 위대한 자'를 뜻한다는 것은, 시대와 문화가 얼마나 변했는지를 잘 보여준다). 387년에 이탈리아는 막시무스의 차지가 되었지만 테오도시우스가 서쪽으로 진군하여 막시무스를 물리치고 처형했다. 상당히 많은 고트족 파견대가 테오도시우스 군대 아래로 들어갔다. 발렌티니아누스 2세는 제국 서방의 책임자가 되었지만 야심 넘치는 선임 장교들의 꼭두각시에 불과했고, 392년 21세의 나이에 자살이나 타살로 사망했다. 이후 또 다른 참칭자가 나타나 황제의 자의를 걸쳤고, 일시적인 휴지기가 끝난 뒤에 테오도시우스는 동방의 여러 속주에서 강력한 군대를 모아 394년 참칭자를 프리기두스강에서 물리쳤다. 다시 한번 고트족은 이 승전에서 뚜렷한 역할을 했다.[8]

테오도시우스는 395년에 사망했고 제국을 두 10대 아들에게 넘겨주었는데 아르카디우스는 동방, 호노리우스는 서방을 책임졌다. 이 몇십 년은 관련 사료가 빈약하고 특히 암미아누스 마르켈리누스가 아드리아노플 전투 여파를 기록한 것으로 그의 역사서를 종결했기 때문에 로마인과 페르시아인의 관계를 추적하는 일은 더욱 어렵다. 379년에 자연사한 샤푸르 2세는 성인이 된 이래로 강력하고 성공적인 사산 왕조의 통치자였고 70년간 왕중왕으로 지냈다. 왕위 승계 과정은 항상 어려웠고 특히 기존의 군주가 그토록 강력하게 오랫동안 통치하면서 더욱 험난한 과정이 되었다. 몇몇 사료는 아르다시르 2세가 샤푸르 2세의 형제였다고 하는데 이는 그가 노인일 때 왕중왕이 되었다는 것을 뜻하기 때문에 가능성이 희박하다. 아마도 그는 샤푸르 2세의 아들이거나 다른 친척이었을 수도 있지만 어쨌든 4년 뒤 귀족들에 의해 폐위되었다. 샤푸르 2세의 아들 샤푸르 3세는 귀족들 사이에서 더 인기 있는 인물이었다. 그는 훗날의 전승에서도 호의적으로 기억되었지만 그의 치세는 폐위된 전임자보다 약간 더 길게 지속되었을 뿐이었다. 그는 육중한 왕중왕 막사가 머리 위로 무너져 내리면서 사망했는데, 사고였는지 고의적 암살이었는지는 알 수 없다. 그 후 지역 국왕에서 왕중왕으로 승격된 바흐람 4세는 11년을 통치하다가 399년에 암살되었다.[9]

이때는 로마인이나 페르시아인 모두에게 혼란스러운 시기였다. 여러 내부적 위협이 있었고, 아르메니아와 떨어진 다른 국경에서 노력과 자원을 투자해야 하는 문제들 외에도 두 제국 간의 경쟁이 있었다. 특히 고트족은 동방을 담당한 황제에게 주요 관심사였지만, 때로는 전쟁 노력을 위해 서방의 여러 속주에서 보낸 병력과 자원을 적극 활용했다. 그럼에도 황제가 동방의 상황을 어느 정도 통제하기까지 6년이 걸렸다. 그 세월 동안 이주민을 상대로 네 번의 주요 전투가 치러졌고 로마인은 세 번 패배하고 네 번째에는 무승부만 기록했다. 로마는 여전히 강력한 국가였고 언젠가는 승리할 것이었으므로, 제국의 국부, 수준 높은 군대, 병참 조직을 효율적으로 활용할 필요가 있었다. 하지만 각종 자원들은 너무 넓은 지역에 산개되어 있었고 언제나 잘 관리되는 것은 아니었다.

이런 여러 요인들은 확실히 마비아 여왕의 등장에 도움을 주었다. 그녀는 시리아와 팔레스타인 남쪽 국경 인근에 사는 여러 아랍 국왕 중 한 명의 과부였다. 이 매력적인 인물에 대해 알려진 바는 거의 없기 때문에 그녀가 갑작스럽게 로마에게 적의를 드러낸 이유도 확실하지 않다. 발렌스가 아리우스파 기독교 신자인 반면에 마비아가 삼위일체의 본질과 관련하여 더 정통파적 시각을 갖고 있었기에 이런 신앙의 문제가 정치적 불만과 연결되었을 수도 있다. 발렌스가 도나우강 일대에 신경 썼던 376년경부터 마비아는 일련의 공격을 시작했다. 직접 군대를 이끌고 싸움에 나섰던 마비아는 로마의 여러 속주를 습격하여 마을과 도시를 약탈했고 로마군을 교묘히 우회하거나 피했다. 이곳은 한동안 거의 전투가 없었던 지역으로 페르시아와의 주요 전선에서 멀리 떨어져 요새들로 구성된 외곽 방어선 너머에 위치해 있어서 방비가 잘 되어 있지 않았다. 결국 로마인들은 마비아를 설득하여 강화 조약을 받아들이게 해 다시 동맹을 맺었다. 평화 협정의 일환으로 정통파 교리를 신봉하는 주교 한 명을 그녀가 다스리는 지역에 파견해 민족의 영적 욕구를 보살피게 했다.[10]

아르메니아를 두고 벌어진 경쟁은 한동안 계속되었으나 그에 대한 세부 사항은 거의 인멸되었다. 387년, 로마와 사산조 페르시아는 아르메니아 왕국을 영구적으로 분할하는 데 합의했고 대략 80퍼센트가 페르시아인들에게 넘어갔다. 나머지 20퍼센트는 잠시 아르사케스 왕조 출신 동맹 국왕이 다스렸지만 결국 로마 제국의 직접적인 관리를 받으며 로마 속주로 편입되었다. 마찬가지로 사산 왕조는 적절한 시기에 현지 국왕을 자기 가문의 일원으로 대체했다. 이베리아는 예상보다 일찍 두 지역으로 분할하는 작업이 재개되었는데 이것은 페르시아가 완전한 지배까지는 아니더라도 당시 이 지역에 더 큰 영향력을 발휘했다는 걸 보여준다. 두 제국 간의 경쟁과 왕국 내부의 경쟁이 가져온 혼란은 몇 년 뒤에 발생하는 여러 사건의 빌미가 되었다. 395년에 대규모 훈족 무리가 캅카스 산길을 따라 나타났는데, 이들은 아틸라의 부족은 아니었지만 일련의 유목민 집단 중 하나였고 두 제국의 변방을 향해 전진해 왔다. 또다른 야만족 무리가 뒤를 따라왔고, 몇 년 뒤에 같은 무리가 되돌아와 아르메니아를 거쳐 로마의 여러 속주와 사산 제국의 지역을 습격했다. 마비아 여왕처럼 그들은 몇 세대에 거쳐 전투가 별로 없었던 지역들을 공격했고 아무 곳이나 돌아다니며 약탈했으며, 수천 명의 포로를 노예로 끌고 갔다. 나중에 한 페르시아 군대가 바빌로니아에서 훈족 일부를 물리쳤을 때 포로들 중 일부는 구출되었고 그중 건강한 사람들은 고향으로 돌아갈 수 있었다. 막대한 물적 피해와 인명 손실이 있었고 이 약탈의 심적 상흔은 무척 오랫동안 지속되었다.[11]

399년, 샤푸르 3세의 아들 야즈드게르드 1세가 왕중왕이 되었다. 그는 장차 강력한 통치자가 될 인물이었고 가능한 한 로마인들과 평화로운 관계를 유지하길 원했다. 처음에 그는 알려지지 않은 인물이었지만 시간이 흐를수록 전쟁을 그리 좋아하지 않는 것으로 판명되었고 이는 로마 제국에 큰 안도감을 주었다. 테오도시우스의 두 아들 중 누구도 자신의 권력을 강력히 주장하지 않았기 때문에 그들이 명목상 최고 권력자로 있는 동안에 실권은 고위 신하들의 손에 넘어갔다. 때로는 동방에서 문관들이 권력을 장악했지만 서방에서는 보통 장군들이 막후 실력자였다. 로마 장군들은 경쟁자의 허를 찌르고 항상 존재하는 내부 참칭자의 위협과 외부에서 발생하는 습격과 침공에 대응하느라 아주 바빴다. 396년에 알라리크가 통솔하는 고트족은 로마 당국의 대우에 불만을 느끼고 약탈을 시작했고, 401년에 이탈리아로 쳐들어와 서방 황제와 그의 고문들에게 큰 문제가 되면서 일련의 권력 투쟁의 중요한 변수가 되었다. 반면에 훈족은 제국을 직접 습격하거나 간접적으로 다른 부족들과 전투를 벌이며 존재감을 드러냈다. 제국 외부의 고트족은 도나우강을 건너 대규모 습격을 시작했고, 405년에 이탈리아 북부에 도착했다. 406년 혹은 405년 12월 31일에 반달족, 수에비족, 알란족 지도자들의 느슨한 연합 세력이 얼어붙은 라인강을 건너왔는데 그들은 로마 제국의 아무런 저항도 받지 않았다.

이론상 제국은 대규모의 잘 훈련받은 군대에 의해 보호되었다. 유명한 문서인 노티티아 디그니타툼Notitia Dignitatum(고위 공무원 명부 혹은 부서별 행정 계획서로, 중세 사본으로 남아 있지만 원래는 이 시기에 작성되었다)에는 로마 제국 정부의 주요 구성 요소가 열거되어 있다. 가장 눈에 띠는 것은 정규군 항목으로 부대와 지휘권 순서가 나열되어 있고, 각 부대는 부대의 방패에 새겨진 휘장으로 표시되었으며, 평소 주둔하는 곳과 리메타네이인지 야전군인지도 표시되어 있다. 이 문서는 군대보다는 민간 행정에서 활용하는 문서인데 그 세부 사항이 놀라울 정도로 인상적이다. 문제는 이렇게 훌륭하게 조직된 대군이 이 시기에, 특히 서방 속주에서는 실제로는 없었다는 것이다. 반달족과 그들의 동맹인 야만족 무리가 409년경 피레네 산맥을 넘었을 때, 노티티아 디그니타툼에 따르면 이베리아반도에 16개의 야전군 부대가 주둔해 있었는데, 아무런 저항도 없었다. 로마군이든 야만족이든 병력의 수는 이 시기와 관련된 자료가 빈약하므로 정확하게 밝혀내기가 어렵지만, 모든 정황 증거는 로마 제국을 침공한 야만족 무리가 그리 방대한 숫자가 아니라는 걸 보여준다. 이 시대에는 1만 혹은 2만 군대도 대군이었을 것이고, 야만족 무리의 규모는 그보다 더 작았을 것이다. 야만족 지도자들은 로마와 문명의 모든 상징을 파괴하는 것이 목적이 아니었다. 그들은 처음에는 약탈을 통해 휘하 전사들을 먹여 살리고자 했지만 결국에는 더 영구적이고 믿을 만한 생활방식을 바라게 되었고, 그것은 로마에게 공식적으로 지위를 인정받고 고용되거나 영구적으로 그들만의 영토를 통제하며 정착하는 것을 의미했다. 둘 다 성취할 수 있다면 이상적이었다. 따라서 야만족 군벌과 군대는 로마의 잠재적인 적인 동시에 동맹이었다.[12]

늘 그렇듯 내전은 항상 존재했고 황제와 그의 고문들에게 초미의 관심사였다. 브리타니아는 급속하게 진행되는 승계 과정에서 최소 세 명의 참칭자를 배출했는데 그중 마지막 인물인 콘스탄티누스 3세〔황제 참칭자로서 콘스탄티누스 대제와는 다른 인물〕는 반달족과 기타 부족들이 라인강을 넘던 시기에 갈리아와 스페인을 침공했다. 이 사건들이 벌어진 순서와 관계를 정확히 파악하는 것은 어려운 일이다. 콘스탄티누스 3세는 군사적 성공을 바탕으로 호노리우스에게 공동 황제로 인정받았고, 또다른 사령관이 반란을 일으켜 콘스탄티누스 3세를 물리쳤으나 그 역시 금세 몰락했다. 이 시기에 그 어떤 황제도 강력하지 않았고 황좌도 안전하지 않았다. 황제의 자의를 찬탈하려고 새로 나선 자이든 테오도시우스 황가의 젊고 나약한 아들이든, 일단 황제 자리는 목숨을 내놓고 올라가야 하는 자리였다. 408년, 호노리우스의 형 아르카디우스가 서른한 살에 죽고 그 뒤를 이어 일곱 살 아들 테오도시우스 2세가 황위에 올랐다. 당연히 고위 행정장관들과 군 지휘관들은 황좌 뒤의 실권자가 되기 위해 서로 다퉜고, 이러한 경쟁은 종종 관련자의 목숨을 빼앗아갔다. 대부분의 결정은 개인적 이익이나 단순히 생존을 위해 내려졌기 때문에 단기적인 결정에 그치고 치밀한 계획에 의해 추진되는 경우는 거의 없었다.

아우렐리아누스 황제는 3세기에 도나우강 동쪽의 여러 다키아 속주를 포기했는데, 제국의 공식적인 존재, 즉 현지 주둔군의 규모는 그 전부터 축소되었다는 여러 징후가 있었다. 5세기 초 브리타니아 여러 속주도 마찬가지로 포기되었다. 전승에 따르면 포기 시점은 410년이었지만 새로 주조된 로마 주화가 이보다 몇 년 전부터 브리튼섬에 도착하지 않았고, 이는 로마 군인과 관리가 봉급을 받지 못했다는 걸 시사한다. 사실상 로마 제국 정부는 이 지역들에서 직접 통치를 포기했지만 해당 지역 주민들은 여전히 자신을 로마 제국과 문명의 구성원이라고 여겼다. 다키아에서나 브리타니아에서나 로마인들은 침략자에 의해 강제 퇴출된 것이 아니었고, 철수—여러 속주에서 군부대나 관리들의 실질적인 퇴장이 동반되었을 수도 있고 아닐 수도 있었다—는 본질적으로 제국 정부가 더 이상 이 지역들을 통제할 능력이나 의지가 없다는 것을 시인하는 것이었다. 뒤에 남은 군인이나 관리가 있었다면 그들은 더 이상 제국 정부에게서 봉급이나 지시를 받지 않았다. 중앙 정부의 허약함과 축소된 세력 판도는 특히 서방 속주들에서 잘 감지되었는데 게르만족 군벌과 그들의 무리가 무시할 수 없는 객관적 현실이 되었기 때문이다. 황제나 그들의 지휘관들이 야만족들을 물리칠 수 없었거나, 같은 로마인이든 다른 야만족 군벌이든 경쟁자들을 상대로 야만족을 활용하려 했던 것도 그들이 존재할 수 있는 이유가 되었다. 때때로 야만족 전투 집단은 로마의 동맹으로 제국의 지역 내에 들어오거나 로마군의 일부로 인정되기도 했고, 또 때로는 그들 자력으로 그런 인정을 받았는데 누구도 그토록 많은 칼날에 맞설 수 없었기 때문이었다. 속주 주민, 특히 현지에서 중요한 대우를 받고 재산과 지위를 지키길 바랐던 지주들은 도망치거나 싸우다 죽는 것보다는 야만족 군벌과 협상하는 게 더 낫다고 판단했다.[13]

야만족 군벌들이 영토를 얻거나 지배하게 됨으로써 여러 속주에 새로운 왕국들이 생겨났다. 갈리아에는 고트족 왕국이 있었고, 스페인에는 반달족 왕국이 있었으며, 이후에는 수에비족이 이끄는 왕국이 생겼고, 나중에는 또다른 고트족 왕들이 나타났다. 429년, 주요 반달족 집단이 스페인을 넘어 북아프리카로 나아갔고 결국 그곳의 대다수 로마 속주를 침략하여 황폐화했다. 많은 경우 이것은 현지에서 제국 정부를 대신해 외세 엘리트들이 권력을 잡는 것을 의미했다. 지역 세금과 다른 추가 부담금은 지역 왕들에게 돌아갔고 로마 황제와 로마군보다는 왕들의 군대를 지원하는 데 쓰였다. 하지만 그들이 정착한 초기에는 현지의 일상생활에 거의 변화가 없었다. 몰수된 땅이 국왕과 그의 충실한 추종자들에게 보상으로 주어지는 걸 제외하고는 로마 법률이 계속 시행되었고 재산권이 존중되었다. 이 모든 사태에 대한 로마 황제와 휘하 장관들의 태도는 속주 귀족들의 그것과 똑같았다. 그들은 이런 지역 국왕들을 무시할 수 없었으므로 받아들여야 했다. 가끔 그들은 야만족 군벌을 상대로 싸워도 될 정도의 무력은 있다고 생각했지만 아예 파멸시킬 수는 없다고 여겼다. 대신 그들은 부족 집단들을 이간질해서 서로 적대시하게 하고, 이들을 최대한 유리하게 활용할 수 있는 거래를 하면서 당면한 위기를 해결하려고 했다. 이미 확고히 자리 잡은 야만족 집단 외에도 국경을 침범하는 다른 야만족 군벌들이 있었다. 특히 훈족은 도나우강의 여러 속주에서 아주 큰 위협이 되었는데, 카리스마 넘치는 무자비한 왕 아틸라는 여러 부족을 복속시키고 야만족 연합을 형성하여 도시들을 점령해 영구히 영토를 차지할 수 있다는 걸 증명했다. 아틸라의 치세에 로마 제국에 대한 위협은 절정에 달했는데, 곧 그는 서쪽으로 눈길을 돌렸다.[14]

로마 황제와 고문관들은 많은 어려운 문제에 직면했고, 그중 일부는 다른 어떤 문제도 생각하기 힘들 정도로 심각했다. 로마인들은 야만족의 집중 공세가 벌어지면 한 주, 한 달, 한 해를 어떻게든 버텨내다 보면 언젠가 예전의 국력을 회복하여 다시 힘을 발휘할 것이라고 믿었다. 로마와 문명은 동의어였고, 로마 제국이 없는 세상은 교양 있는 로마인으로서는 상상하기 어려운 일이었다. 로마 제국의 통치 아래 법치주의, 즉 적어도 엘리트 계층에게는 전반적으로 공정하다고 여겨지는 법률이 있었고, 번영과 안락, 신분과 재산에 관한 권리 보장, 더 넓은 세상으로부터의 폭력에 대한 안전이 있었다. 새로운 야만족 왕들 중 누구도 이에 비견할 만한 매력적인 대안을 제공하지 못했지만 사실상 로마 황제와 똑같은 의무를 가진 현지 황제가 되었고, 따라서 자신이 다스리는 백성들에게 로마 황제에 상응하는 충성, 납세, 군사적 의무를 요구했다.

속주들에는 유의미한 민족주의가 없었고, 로마인 도래 이전의 시대에 대한 기억이 대부분 없었다. 로마가 350년간 지배한 브리타니아는 가장 나중에 정복되었고, 가장 먼저 포기한 지역 중 하나였다. 5세기에 로마 제국을 휩쓴 변화의 바람은 없었고, 20세기 2차 세계대전 이후 유럽 열강을 급히 본국으로 철수시켰던 식민지 독립운동과 비교할 만한 것도 없었다. 지역 주민들, 특히 부자와 귀족은 그들을 보호하고 현지 문제에 관심을 보일 황제를 바랐기 때문에 찬탈자를 지지할 수도 있었다. 그러나 로마인을 외세이자 점령군으로 보고 현지의 자유를 쟁취하기 위해 반란을 일으킨 곳은 단 한 군데도 없었다. 자유가 어떤 의미가 있다면 그것은 공정한 황제들이 통치하는 잘 통제된 사회에서 살아갈 자유였고, 그것은 자연히 로마인이 되는 것을 의미했다. 기독교의 수용은 로마 제국과 그 문명이 특별하고, 진지한 신앙을 전파하고 키우기에 가장 적합하도록 선택되었다는 인식을 강화했다.

로마 제국 내의 어떤 집단도 나라가 무너져 멸망하는 것을 바라지 않았고, 옛 국경 내부에 자리 잡은 야만인 군벌들도 로마 문명의 부와 안전을 누리길 열망했다. 이는 그 집단들이 이런 삶을 가능하게 하는 모든 걸 지키는 데 최선을 다했다는 것을 의미했다. 하지만 제국 외부에 거주하는 부족들은 사정이 달랐고, 다수가 제국을 약탈과 영광을 위해 습격해야 할 사냥감으로 봤다. 아틸라의 적대 행위는 더욱 직접적이었는데 다른 어떤 군벌보다 훨씬 덩치가 큰 포식자였으며 대체로 로마인들을 희생시켜 자신의 제국을 세우려는 의도를 갖고 있었다. 하지만 그는 최근에 자신의 결혼식 때 과음하는 바람에 수면 중에 급사했고, 다른 훈족 지도자들은 그가 행사했던 막강한 권력을 되살리지 못했기에 그들이 제기한 위협은 빠르게 줄어들었다.

400년에 로마 제국은 여전히 부유하고 강력했다. 전성기만큼은 아니지만 사산조 페르시아를 제외한 다른 어떤 인접국과도 비교가 안 될 정도로 큰 나라였다. 로마 제국은 한 황제가 서방 속주를, 다른 황제가 동방 속주를 통치했지만 본질적으로 여전히 하나의 제국이었다. 법률은 어디에서나 같았고, 한 황제의 이름으로 내려진 결정은 다른 황제가 관리하는 속주에서도 그대로 존중되었다. 때로는 의심과 경쟁, 심지어 내전이 일어나기도 했지만, 동방 황제는 서방 황제를 도왔고, 그 반대도 마찬가지였다. 제국은 무척 오래됐고, 확고히 자리 잡았으며 극소수만이 로마가 지배하지 않는 세상을 상상할 수 있었고, 그런 세상을 실제로 갈망하는 자는 훨씬 더 적었다.

하지만 그럼에도 불구하고 5세기가 끝나기도 전에 제국의 서쪽 절반 지역에서 로마의 통치는 종식되었다. 어떻게 이런 일이 벌어졌는지는 여기에서 다루기에는 너무 길고, 왜 그런 일이 일어났는지에 대해서는 논란의 여지가 있으며, 상세하게 논의하기에는 너무 광범위한 주제다. 이보다 더 쉽게 살펴볼 수 있는 것은 로마 제국의 몰락을 예고한 일련의 극적인 순간들이지만, 각 순간의 실제 영향력을 판단하는 것이 언제나 간단한 일은 아니다. 410년, 아드리아노플 전투의 승자의 후예이자 알라리크 치하의 고트족은 호노리우스와의 협상에서 유리한 조건을 이끌어내려 했으나 실패하고 로마시를 약탈했다. 황제는 그곳에 없었는데 이미 한 세기가 훌쩍 넘도록 로마시에는 황제가 거주하지 않았고, 황제가 그곳을 방문하는 것조차 드문 일이었기 때문이다. 로마는 여전히 세상에서 가장 큰 도시였고 수십 만 명에 달하는 주민이 있는 데다가 약탈을 자행한 고트족은 수가 그리 많지 않았기 때문에 약탈과 피해의 규모는 제한적이었다. 하지만 이 소식은 더 넓은 세상에 커다란 충격을 안겼다. 가장 유명한 사건은 이 약탈을 계기로 성 아우구스티누스가 방대한 신학적 역사서 《신의 도시》를 집필하기 시작했다는 것이었다. 이 책에서 아우구스티누스는 충격에 빠진 로마인들을 상대로 기독교 신자들의 진정한 수도는 하늘에 있다고 설명했다. 고트족은 며칠 지나지 않아 도시를 떠났고 그 후 다시 돌아오지 않았다. 그럼에도 불구하고 아우구스티누스가 책을 집필할 필요성을 느꼈다는 것은 그는 물론이고 다른 많은 사람들이 느꼈을 공포의 일부를 드러내준다.[15]

브리타니아에서 로마 제국의 통치가 끝난 일은 어떤 측면에서 제국 시민들의 정서에 그리 큰 영향을 미치지 못했다. 이는 영토와 자원의 상실을 의미했지만 동시에 로마 주둔군과 행정 비용이 필요 없게 되었다는 뜻이기도 했다. 야만족 군벌들이 갈리아와 스페인에 왕국을 세우면서 각 국왕이 통치 지역의 세수를 가져가버리는 바람에 제국의 세입은 결국 감소했다. 군벌들은 동맹일 수는 있었지만 로마 지휘관과 행정관처럼 통제되거나 교체 가능한 대상은 아니었다. 아프리카는 그중에서도 가장 큰 손실이었는데, 그곳에서는 관개가 잘된 넓은 농토에서 막대한 잉여 농산물이 생산되었고 막대한 부와 튼튼한 주민은 여러 세대에 거쳐 로마 군대에 많은 신병을 제공했었다. 이 모든 것이 영구적으로 상실되었고, 반달족 국왕들은 로마 제국을 대신하여 이곳을 통치했다. 상실한 속주들을 되찾으려는 시도는 여러 차례 실패했고, 로마인이 동방과 서방 정부의 자원을 모두 합쳐서 탈환에 나섰을 때에도 역시 실패했다.

서로마 제국의 권력과 부를 그래프로 나타낸다면, 속주 하나를 갑작스럽게 잃을 때마다 급전직하하는 하강국면을 보여줄 것이다. 각 참사 이후 제국의 통치는 그런 대로 평온하게 나아가다가 바로 다음 재앙에 직면했다. 전반적인 궤적은 하향 추세였고, 제국의 국력은 갈수록 약화되었으므로 의미 있는 회복은 없었다. 어떤 의미에서 이러한 현상은 3세기에 여러 문제를 겪은 이후에 지속되어왔지만 5세기가 되자 출발점은 훨씬 더 낮아지고 한 단계씩 내려갈 때마다 그 폭은 더 커졌다. 특히 스틸리코와 아에티우스 같은 유능한 사령관의 지도력 아래 상황은 그런대로 안정세를 회복했으나 그들이 신임을 잃거나 살해되면서 안정 상태도 끝나버렸다. 이후 또다른 장군이 상황을 안정시킬 만한 권력을 획득할 때까지 로마 제국은 계속 약화되었기 때문에, 새로운 인물들은 각자 전보다 더 낮은 위치에서 시작해야 했다. 제국의 부와 경제 기반이 기울면서 행정 조직은 쇠퇴했는데 특히 군대는 더욱 심각했다. 로마군은 부족장과 군벌 지휘 아래에 있는 동맹군 파견대를 점점 더 크게 의지하게 되었다. 노티티아 디그니타툼은 국가 행정이 이상적으로 돌아갔을 경우의 상태를 기록했지만, 이 문서의 문제점은 이미 상당한 전력을 갖추었던 고트족을 포함해 이들 부족의 군대를 전혀 언급하지 않았다는 것이다. 제국 서쪽 절반을 계속 유지한 실력자 중 한 명인 아에티우스는 젊은 시절에 훈족에게 인질로 잡혀간 일이 있었다. 이러한 경험은 그가 훈족 동맹을 고용할 수 있는 이점을 제공했지만, 그의 경험 자체가 이 시대의 위태로운 권력 균형을 상당히 잘 보여주는 것이었다.[16]

이탈리아의 황제들은 보통 천혜의 환경으로 훌륭하게 방어된 북쪽의 라벤나에서 통치했는데 5세기에 제국에 가해진 강력한 공격을 견뎌내지 못하고 영토, 세수, 특권을 잃어버렸다. 439년에 카르타고를 점령하고 북아프리카를 정복한 반달족은 시칠리아를 침공했고, 또다른 로마의 생산적인 속주에서 나오는 세입을 빼앗았다. 동로마 제국과 서로마 제국의 해군과 육군은 연합하여 잃어버린 영토를 되찾으려 했지만 페르시아와의 긴장 등 다른 위협이 발생하여 실질적인 회복 계획에 차질을 빚었다. 442년에 로마 제국은 마지못해 반달 왕국의 존재를 받아들여 협정을 맺었지만 불안정한 로마 정정은 이 관계가 위태롭다는 것을 보여주었다. 455년, 반달족 군대가 이탈리아에 상륙해 황제—혹은 참칭자, 페트로니우스 막시무스를 가리키는데 그는 오래 재위하지 못해 폭넓은 인정을 받지 못했다—를 죽이고 로마에서 고트족이 저질렀던 것보다 훨씬 더 철저한 약탈을 자행했다. 그후 로마 제국은 반달족에게서 아프리카를 되찾으려는 시도를 여러번 했지만 모두 실패로 끝났다. 서로마 제국에서는 황제들의 등장과 몰락이 빠르게 이어졌고, 467년부터 472년까지 5년간 서로마 제국의 황제로 재위했던 안테미우스는 이례적으로 오래 자리를 지킨 경우였다. 그러나 그 역시 휘하 군 사령관이었던 리키메르와의 전투에서 패배한 뒤 처형당했다.[17]

서로마 제국의 마지막 황제는 겨우 1년 재위했을 뿐이었다. 소년 황제는 역설적이게도 로마 건국자의 이름을 따 로물루스로 불렸고 아우구스툴루스('작은 아우구스투스')라는 별명을 얻었다. 꼭두각시에 지나지 않았던 황제는 476년 휘하 군대를 지휘하던 아버지가 살해되자 조용히 폐위되었는데 죽일 가치조차 없다고 생각되었던 것 같다. 로마 군대의 새로운 사령관 오도아케르는 후계 황제를 임명하지 않고 자신이 왕으로 즉위하여 이탈리아를 다스렸는데, 이제 이탈리아를 제외하고는 서로마 제국의 다른 영토가 없었기 때문이었다. 오도아케르의 권위는 군사력에 있었고, 그와 그의 병사 중 일부는 게르만계 스키리족 출신으로 모두 한동안 로마군에서 복무한 경력이 있었다. 껍데기만 남은 로마 제국은 예전처럼 굴러갔고 여전히 원로원 회의가 열렸다. 오도아케르는 자신의 즉위를 굳히기 위해 황제의 상징을 콘스탄티노플에 보냈고, 동로마 황제가 자신의 통치권을 인정해주길 바랐다. 489년에 동고트족(제국 내부에서 나타난 여러 야만족 집단 중 하나) 국왕 테오도리크는 이탈리아를 침공하여 결국 오도아케르를 타도했다. 콘스탄티노플의 제국 정부는 그 공격을 장려했지만, 결과적으로 기존의 왕과 지배 집단을 다른 세력으로 대체한 것에 지나지 않았다.[18]

5세기 말이 되자 이탈리아와 서방 속주들에서 서로마 제국은 과거의 유물이 되었고 동로마 황제는 콘스탄티노플에서 계속 통치했으며, 향후 남은 제국은 1000년은 지속될 것이었다. 5세기 초에 서로마 제국과 동로마 제국 휘하의 지역 정치와 군사 체계 간에는 거의 차이가 없었고 오로지 제국의 운명만 달라졌기 때문에 이에 대한 설명이 필요하다. 동방 속주들은 발렌스 치하에서 나타난 고트족과 훈족의 위협(훈족은 곧 아틸라의 영도 아래 서쪽으로 눈을 돌렸다)으로 고통을 받았지만 항구적인 영토 상실은 서방 속주들보다 훨씬 덜했다. 브리타니아 포기, 다른 유럽 속주들의 상실, 북아프리카와 시칠리아의 상실 등과 견줄 만한 대규모 영토 상실은 동방에서는 전혀 없었다. 500년에도 콘스탄티노플 제국 정부는 100년 전에 소유했던 영토 대부분을 지배했고, 다소 줄어들긴 했지만 이 지역들의 세입, 인력, 자원을 계속 확보할 수 있었다. 사산조 페르시아는 빠르고 광범위한 파괴 능력을 지녔던 아틸라의 군대를 제외하고 그 어떤 서방의 군벌이나 야만족 군대와 비교할 수 없을 정도로 잘 조직되고 강성한 힘을 지닌 군대를 보유하고 있었다. 하지만 페르시아는 더 안정적인 인접국이었고 훨씬 더 예측 가능한 국가였으며 협상과 거래가 더욱 쉬웠다. 5세기 내내 왕중왕들은 사산 제국의 동부와 북부에서 제기되는 여러 위협과 내부 분쟁을 처리하느라 너무 분주하여 로마인을 상대로 이렇다 할 충돌을 시도하지 못했다. 인접한 대국과의 평화는 대체로 양측에 바람직했기에 두 제국 사이의 충돌은 드물고, 설령 있었다 하더라도 단기간에 끝났으며 어느 한쪽이 영토를 크게 얻거나 잃는 일도 없었다.[19]

모든 사람에게 놀랍게도 일곱 살에 즉위한 테오도시우스 2세는 그 누구보다도 오랜 치세를 누렸는데, 450년에 낙마 부상으로 49세에 사망할 때까지 무려 42년간 황제 자리에 있었다. 성인이 되어서도 테오도시우스 2세는 핵심적인 결정을 장관들이나 군 지휘관, 궁정 총신들, 혹은 어머니나 부인이 하도록 내버려 두는 경향이 있었다. 그가 오랜 세월 황제 자리를 지킬 수 있었던 한 가지 이유는 명목상의 대표자 역할에 충실했기 때문이었다. 여러 권력자들이 나타나 한동안 권세를 누렸지만 그들은 늘 현재의 황제를 그대로 두고 그의 이름으로 권력을 행사하고 싶어했다. 권력자 간의 경쟁은 정권을 치명적으로 약화시키지 않았고 그 와중에 많은 일이 성취되었는데, 특히 테오도시우스 법전은 과거의 많은 판결을 잘 수집하여 체계화한 획기적인 문서였다. 페르시아와의 충돌은 테오도시우스 2세 시절인 420년부터 421년까지, 440년부터 441년까지 이렇게 두 번 있었는데 어느 쪽도 크게 패배하거나 막대한 비용을 쓰는 일이 없었고 곧바로 전쟁을 종결하며 상호간 맺은 협정으로 각자가 승리자인 것처럼 보일 수 있었다. 서로마가 멸망하기 전에 서방 황제들을 도우려는 시도는 여러 차례 있었는데 특히 반달족을 제압하기 위한 것이 대표적이다. 하지만 이런 시도들은 페르시아, 더 나중에는 훈족과 맞서야 했기 때문에 중단되고 말았다. 로마 군대는 이 시기에 군사적 임무를 썩 잘 수행하지는 못했는데 무엇보다도 훈족에게 패배를 당한 것이 컸다. 특히 아틸라가 훈족의 유일한 지도자로 부상한 445년 이후에는 여러 차례 패전했다. 로마군은 패배하고, 속주들은 유린되고, 도시들은 점령되었지만 이후 군대는 재편되었고 방어시설이 다시 세워져서 이전보다 군사력이 향상되었다. 지진이 발생하고, 역병이 돌고, 여러 외부 위협이 제기된 440년대는 특히 어려운 시기였다. 제국은 가혹한 공격을 받고 한동안은 파산하기도 하고 군사적으로도 약화되었어도 근본적인 구조가 거의 온전하게 남아 있었기 때문에 여전히 불사조처럼 되살아났다.

테오도시우스 2세는 아들이 없었고 로마군은 결국 고령의 장교 마르키아누스를 황제로 선포했다. 마르키아누스는 457년에 사망했고 지명된 후계자는 없었다. 그의 자리를 이은 건 또다른 50대의 선임 장교 레오였고 그다음으로 474년에 황제가 된 사람은 제노였는데 17년간 통치하다가 이질로 사망했다. 이 세 사람은 모두 황제의 자의를 입었을 때 원숙한 나이였고 상당한 군인 경력이 있었고 나이 들어서 자연사했다. 동방 정부에도 일련의 실패와 패배, 도전이 있었지만 그럼에도 황제들의 연면한 승계 과정은 서방 황제들과 극명한 대조를 이룬다. 테오도시우스 2세의 후계자들 치하에서 황제를 통제하려는 권력자들 간의 경쟁은 더욱 자주 살해, 공공연한 폭력, 내전으로 격화했다. 과거에 흔했던 일련의 참칭자가 나타나는 일은 없었지만 이것도 부분적으로는 어떻게든 살아남으려는 황제들의 행운과 능력 덕분에 가능했다.[20]

　동로마 제국은 지중해 동부 지역에 터를 잡았고, 476년 서로마 제국의 멸망 이후에는 이 동로마 제국이 곧 로마 제국이 되었다. 로마 제국의 중심에는 콘스탄티누스가 세운 새로운 로마인 콘스탄티노플이 있었다. 대단히 웅장하고 아름다운 이 도시에는 수십만 명의 시민들이 거주했고, 절정기 로마보다는 규모가 작았지만 그래도 알렉산드리아와 안티오크에 이어 나머지 도시들을 압도하는 세계 제3도시였다. 시간이 가면서 앞선 두 도시도 콘스탄티노플의 위엄을 따라오지 못했다. 고대 후기의 로마와는 다르게, 5세기부터 황제들은 야전에 나가 친정하며 시간을 보내는 것이 아니라 도시 내부나 근교에서 생활했다. 이는 세베루스 왕조에서 등장해 4황제제에서 확고해진 제국 경영의 양상과는 뚜렷한 대조를 보이는 것이었다. 이제 로마 황제들은 더 이상 전쟁에서 직접 군을 지휘하지 않았고 대신 사령관들에게 군사적 책임을 맡겼다. 이것은 제국군의 지지를 받는 황위 경쟁자를 만들어낼 위험이 있었지만 위임 방식 덕분에 황제는 모든 패전의 위험으로부터 초연해질 수 있었다. 황제가 친정을 하는 것이 아니므로, 여러 사령관들을 야전에 내보내 동시다발적으로 전쟁을 수행할 수도 있었다. 그러나 먼저 충분한 병력과 군사적 자원들이 확보되어야 했다.

황제들은 콘스탄티노플에 거주하면서 이 도시에 오래 전 로마가 지녔던 중대한 지위를 부여했다. 원로원이 있긴 했지만 원수정 초기부터 그래왔던 것처럼 유의미하게 독립적인 기관은 아니었다. 더욱 중요한 것은 제국 궁정과 그 주위에 자리 잡은 견고한 관료 체제였다. 군령장관praetorian prefect은 오래전부터 직접 군대를 지휘하지 않고 5개 군관구에 나가 있는 대리인들을 감독했으며, 이 관구들은 다시 축소된 제국 영토 내의 40여 개의 속주로 세분화되었다. 선임 장관들 중에는 궁정을 운영하고 황실 직속 경호대를 감독하면서 재무, 서신, 법무를 포함한 행정 업무를 처리하는 궁내장관magister officiorum이 중요했다. 모두 합쳐 소규모 군대에 해당하는 민간 관료 집단이 있었고, 분명한 계급과 지위의 상징을 보여주는 군대식 제복을 입었으며, 급여와 권한을 부여받았다. 적어도 명목상으로 궁전의 수장은 황제였고 그의 생활은 복잡한 의전 절차에 둘러싸여 있었다. 공개 석상에서 그는 체계적인 충성과 존경을 받았다. 비단, 보석, 황금 자수, 여러 장식이 정교한 의상에 사용되어 황제와 궁정 신하들의 계급과 신분 차이를 강조했다. 원로원 의원과 동일한 옷차림으로 로마 시내를 산책하던 초대 황제 아우구스투스와 같은 정감 넘치는 황제의 흔적은 더 이상 찾아보기 어려웠다. 특히 외부인이 보기에 의전 절차와 계급 구분은 더욱 엄격하고 복잡했다.[21]

콘스탄티노플은 처음부터 자랑스러운 기독교 도시였고, 기독교 제국을 통치했던 기독교도 황제의 고향이었다. 콘스탄티노플을 장식하는 많은 거대한 건물이 처음부터 교회로 지어졌고, 로마에서 일부 교회가 그랬듯이 기존의 건물을 개축한 것이 아니었다. 콘스탄티누스가 새로운 신앙을 받아들이기 전인 초기부터 일부 주교들은 국가 관료의 화려한 복장과 의식을 받아들이는 경향이 있었으며, 이는 시간이 갈수록 더욱 뚜렷해졌다. 로마 주교의 패권에 대한 주장은 그가 야만족이 통치하는 도시에 살고 있으면 더 이상 유지하기 어려웠기 때문에 실질적으로는 콘스탄티노플 주교가 황제와 그의 가족을 제외하고 교회 전체의 수장 자리에 올랐다. 콘스탄티누스 대제는 교리 문제와 교회 규정에 필요하다면 개입하는 선례를 만들었고, 황제들은 계속해서 이에 따라 행동하면서 자신을 신의 대리인으로 내세워 교회의 위계와 이상적 조화를 이루려고 애썼다. 교리적 문제, 무엇보다도 삼위일체의 본질 문제는 계속 기독교계 내에서 심각한 분열을 일으켰고, 주교들과 사제들뿐만 아니라 사회 전반에도 그런 분열을 조성했다. 그들이 보기에 영혼의 구원은 결국 진리를 제대로 이해하는 것에 달려 있기 때문이었다.

콘스탄티노플 주민은 신앙 문제나 다른 불만사항이 생길 때마다 강한 영향을 받았기 때문에 때로는 변덕스럽고 난폭했다. 원형극장의 파벌들—본래 이륜 전차를 모는 전사 팀을 응원하던 '청색당'과 '녹색당'—은 당파의 이익을 고수하기 위해 어느 한쪽의 편을 들거나 항의하거나 폭동을 일으키면서 훨씬 더 큰 조직으로 성장했다. 1세기에 티베리우스는 제국의 통치가 "늑대의 두 귀를 붙잡고 있는 것과 같다"라고 했는데, 로마 제국의 제도와 사회가 여러 측면에서 크게 변화했음에도 불구하고 5세기와 그 이후 콘스탄티노플의 로마 황제들을 묘사하는 말로서 그보다 더 적합한 말은 없었다. 콘스탄티노플은 제국에 단일한 정치, 행정, 종교의 중심지를 제공했고, 제국 외부에서 가해지는 위협으로부터 아주 안전한 곳이었다. 이미 견고했던 도시의 방어시설은 테오도시우스 2세의 치세에 들어와 더욱 강화되었고, 437년과 447년의 지진 발생 이후 진행된 수리 작업, 아틸라의 위협에 직면한 원형극장 파벌들이 벌인 집단 보강 작업으로 또다시 크게 향상되었다. 트라키아의 국경이 완전하게 안전하지는 못하다고 판명되어 더욱더 방어시설은 강화되었고, 이 도시를 침공하려는 적군이 성공할 가능성은 점점 더 줄어들었다.[22]

　적어도 한동안은 라틴어를 쓰는 다른 속주들과 마찬가지로 예전의 로마 자체도 사라졌다. 로마 제국은 적어도 교육받은 엘리트 계층에 한해서는 이제 압도적으로 그리스어를 사용하는 국가가 되었다. 황제들, 그리고 제국 인구 대다수는 여전히 자신을 로마인으로 생각했기에 '비잔틴'이라는 현대적 용어는 7세기에 벌어지는 아랍의 거대한 정복 사업 이후 여러 중요한 변화가 발생하기 전까지는 적절하지 않았다. 확실히 페르시아인은 그들의 인접국과 경쟁자를 계속 로마인으로 봤고 시간이 흐르면서 페르시아의 많은 사람이 알렉산드로스 대왕조차 로마 황제나 국왕으로 기억하게 되었다. 제국 내부에서 라틴어로 제정된 로마 법률은 계속해서 소송의 기본적 판단 토대가 되었고, 일부 다른 정부 활동과 군사 행정에서도 준거로 활용되었다. 일상생활에서 그리스어가 라틴어를 대신했다면 많은 공식 문서는 여전히 라틴어로 작성되었다. 6세기 말 군사 훈련과 전술에 관한 교범은 그리스어로 작성되었는데 여전히 군대의 구령은 라틴어에서 음역된 그리스어로 하달되었다.[23]

　전통은 중요했다. 로마와 로마인은, 광대한 제국을 확장하고 통치하기 위해 선택받은 특별한 존재였다. 콘스탄티노플이라는 새로운 로마는 진정한 유일신에게 헌신함으로써 더욱 축복받았다. 로마는 문명과 기독교를 올바른 형태로 육성하고 보호했으며, 정당한 법률을 유지하고 질서를 지켜 결과적으로 국가의 번영을 도왔다. 황제, 또는 적어도 황제와 그의 권위에 관한 개념은 제국 경영의 중심에 있었다. 황제는 하느님의 지명을 받아 그 자리에 앉았으며, 통치 체계와 그것을 보호하는 군대에 대가를 지급하고자 세금을 징수했다. 황제와 행정장관과 장군, 주교, 그리고 백성은 모두 로마 제국의 우위를 확신하는 관점에서 세상을 바라봤다. 외부 세계는 모두 야만이었고, 법률이 아예 없거나 설사 있다 하더라도 악법이었고, 드물게 예외는 있어도 거의 미신, 우상 숭배, 이단이 횡행하는 무법천지라고 생각했다. 페르시아는 다른 나라들보다 덜 야만적이고 더 문명화되었지만 여전히 로마보다는 열등한 국가로 인식되었다.

사산조 페르시아인들도 거의 같은 생각을 했다. 자신들이 세상의 중심이었고, 지상에서 벌어지는 진실과 거짓 사이의 분투에서 진실이 이기도록 선도하는 지도자였다. 로마인들은 다른 민족보다 덜 혼란스럽고 원시적이었지만 현저하게 페르시아인들보다 열등했다. 왕중왕은 정의와 올바른 규칙의 화신이었다. 그의 행정장관과 지휘관, 지역 국왕은 마찬가지로 훌륭하고 공정하게 통치한다고 인식되었다. 이들과 함께 성직자와 고위 성직자의 유사한 위계제가 있었는데 수장은 모바드 중의 모바드였다. 최고 성직자의 직위는 영적인 측면에서 왕중왕과 동등해 보였으나, 기독교 주교가 로마 황제와 동등하지 않은 것처럼 실제로는 동등하지 않았다. 그리고 조로아스터교는 통일된 교리가 있는 게 아니라 여러 유형의 교리가 있었다. 사산조 군주들은 자신이 신의 임명을 받았으며 처음부터 성직자 역할을 유지했다는 것을 분명히 했다. 성직자들은 때로는 국가의 대리인처럼 행동했는데 이는 로마 제국의 주교가 하는 행위와 똑같은 것이었다.

페르시아에서 기독교인과 유대인 공동체를 포함한 소수 종교들은 잘 조직화되어 있었고 그들의 공식 지도자들에게는 제국 정부에 세금을 납부하고 왕중왕에 대한 복종을 격려하라는 지시가 내려졌다. 종교 박해는 여러 차례 있었지만 지속적이지는 않았고 주로 종교 지도자를 대상으로 벌어졌을 뿐이었다. 일부 지역에서는 조로아스터교 신들보다는 다양한 전통을 자랑하는 미트라를 숭배하는 경향이 있었고, 이는 예전 아르사케스 왕조의 지배를 받았던 시대에도 그러했다. 사산 제국은 행정, 사법, 재무의 관료제와 함께 조로아스터교 교회도 더욱 발전시켰는데 이것이 얼마나 오래 걸렸는지는 분명하지 않다. 제한된 증거들로 미루어볼 때 4세기 말, 혹은 그보다 약간 이전에 사산조 왕중왕은 그 어떤 아르사케스 전임자들보다 훨씬 더 중앙집권화된 나라를 통치했다. 그는 또한 상당히 많은 상비군을 뒀고, 이 상비군은 전쟁이 발발하면 각 지역의 국왕, 귀족, 동맹이 보낸 파견부대를 보충 받아 더욱 규모가 커졌다. 시간이 가면서 국경의 항구적 주둔군과 방어시설은 제국의 보안을 크게 강화했다.[24]

5세기 말이 되면서 로마 제국과 페르시아 제국은 여러 면에서 서로 비슷해졌다. 두 제국은 단일 군주가 통치했고, 상당한 군대를 유지했으며, 고대 기준으로 유능하고 효과적인 관료 체제를 거느렸다. 두 제국은 내부에 여러 종교 집단이 있었지만 군주가 인정하고 지지하는 국교를 갖고 있었다. 그들이 직면한 어려움도 서로 비슷했다. 제국의 국경은 습격과 침공으로 위협받았고, 종교 조직들 내부에서는 논쟁이 있었고, 행정장관, 장군, 군주와 국가의 종이라고 하는 자들 사이에는 영향력과 권력을 위한 경쟁이 벌어졌다. 왕위 계승은 정기적인 문제였고, 황제나 왕중왕은 군대의 지지를 받는 경쟁자에 의해 살해되거나 도전을 받았다. 페르시아인의 경우 잠재적인 도전자들은 적어도 왕가 일원으로 제한되었지만, 로마 제국은 군대 내의 고위급 장교들 거의 모두가 신망이 출중한 경우 어느 때든 황제를 참칭하고 나설 수 있었다.

어느 쪽의 체계도 완벽하지 않았고, 내란은 계속 발생했다. 두 제국 간의 유사점에도 불구하고 각각은 뚜렷이 다른 사회, 문화, 전통의 산물이었기 때문에 비슷한 부류의 일에 직면한다 하더라도 각자 자신에게 자연스럽게 보이는 방식으로 행동하는 경향이 있었다. 사산조 군주는 콘스탄티노플과 같은 단일 수도를 채택하지 않았고 대신에 지리와 기후에 영향을 받는 전통적인 방식에 따라 두 개 혹은 그 이상의 제국 도시를 옮겨 다니며 지냈다. 가장 비슷한 점들조차 직접적인 모방에서 비롯된 것이 아닐 수 있었다. 가령 지난 여러 세기에 로마인은 동방 궁정의 복잡한 의식과 장려함을 경멸했지만 4황제와 그 이후부터는 그런 화려한 장식을 수용했다. 때로는 한 제국이 다른 제국의 제도, 상징, 사상을 직접 모방했을 가능성이 있지만 대다수의 유사점은 비슷한 상황에 대응하면서 독립적으로 변형되었을 것이다.

왕중왕과 황제는 아주 이른 시기부터 서로를 형제라고 불렀고, 외교관들은 두 제국을 서로를 동등한 나라이자 친구, '세상의 두 눈'이나 '세상을 밝히는 두 등불'이라고 말했다. 이러한 명칭은 시대의 변화를 보여주는 표시였고, 협상을 용이하게 하고 상대의 비위를 맞춰 바람직한 합의를 이끌어내기 위해 사용되었다. 5세기는 로마와 페르시아의 관계가 평화로웠던 시기였고 긴장이 감돌던 때가 드물었으며 설사 충돌이 있더라도 짧고 제한적이었다. 1세기 이후 이토록 오래 평화가 지속되던 때는 없었고 앞으로도 다시는 일어나지 않을 것이었다. 이런 정세는 양국 통치자들에게 편리했기 때문에 지속되었고, 엄청난 위기나 대규모 영광을 원하는 군주로 인해 시험받는 일도 없었다. 두 제국은 많은 긴급한 위협을 처리해야 했기 때문에 상대방보다 우위를 주장하며 싸울 겨를이 없었다.

5세기 초 몇 년 동안 아르카디우스는 자신이 죽게 되면 어린 아들 테오도시우스 2세가 자신의 뒤를 이어 황제가 되는 걸 보장하기 위해 무엇이든 하고자 했다. 빈약한 동시대 사료에서 언급되지 않았지만 훗날 역사가들은 그가 페르시아의 야즈드게르드 1세에게 아들의 후견인이 되어 그를 보호해달라고 호소했다고 기록했다. 왕중왕은 그런 부탁에 동의했지만, 현실적으로는 콘스탄티노플의 왕궁에 사절 한 명을 보내 머무르게 하는 것에 그쳤다. 이전에 많은 아르사케스 왕족이 로마로 와서 머무르기는 했지만 로마 황제의 아들이 페르시아에 건너가서 유학하는 일은 없었다. 그러므로 그들이 어린 로마 황제의 아들이나 그 후 벌어질 여러 사건에서 미치는 영향력은 제한적이었을 것이다. 테오도시우스 2세는 황제 자리에 올라 오랜 세월 재위했는데, 여기에 야즈드게르드 1세가 어느 정도 영향을 발휘했는지 또 피후견인을 어디까지 보호했는지는 알 수 없다. 하지만 페르시아의 약속이 소년 황제의 통치권을 보장하는 데 있어 가장 중대한 요소는 아니었을지라도 그런 요소들 중 하나였다는 점은 분명하다.[25]

420년, 야즈드게르드 1세가 사망하던 무렵에 테오도시우스 2세와 페르시아 간의 짧은 충돌이 있었다. 이는 우연이었을 수도 있고, 전쟁이 그처럼 단기간에 끝난 것은 로마인이 반달족에 대한 원정 계획에 집중하고 있으니 곧 물러날 가능성이 크다는 사산조의 믿음과 더 관련이 있었을 수도 있다. 개별 군주와 그가 다스리는 제국의 관심은 국제 관계에서 중요한 원동력이었다. 형제애와 우정의 언어는 상황에 따라 언제든 위협과 국력의 과시로 바뀔 수 있었다. 그럼에도 불구하고 아르카디우스가 왕중왕에게 호소하고 야즈드게르드 1세가 호의적으로 반응한 일은 두 제국 간의 세력 균형이 동등하게 변화하고 있는 분위기를 암시하는 것이었다.

15

군인, 성벽, 그리고 황금

5세기 말-6세기 초

로마인과 페르시아인은 마지못해 상대를 동등하거나 거의 동등하다고 보게 되었는데, 이는 다른 인접국들에게는 전혀 고려하지 않았던 일이었다. 그러나 동맹국의 지도자들과 민족들은 양국처럼 막강하거나 문명화되지 않았어도 두 제국을 얼마든지 위협할 수 있었다. 두 제국은 길게 뻗은 국경을 보유했고 모든 곳에서 강력한 힘을 발휘할 정도로 자원이 충분하지는 않았다. 언제나 그래왔듯이 크고 작은 야만족 전사 집단들은 황제나 왕중왕의 안정된 통치 아래에서 번영을 누리며 정착하고 싶어했다. 전투에서 기습 공격은 전쟁의 가장 흔한 형태였고, 이것은 중세 시기에도 그러했다. 언제나 그렇듯이 공격이 성공하면 장차 더 크고 많은 공격이 야기되었다.

훈족으로 알려진 다양한 집단만큼 두 제국의 정착민들에게 공포를 안긴 존재는 없었다. 암미아누스는 훈족의 추악함과 야만성을 강조한 수많은 역사가 중 한 명이었지만, 기묘하게도 머리 모양을 바꾸기 위해 아이의 두개골을 단단히 묶어놓던 훈족의 관습을 전혀 언급하지 않았다. 훈족 무덤에서 발견된 유해 중에 비틀어진 두개골 형태가 상당수 발굴되었다. 고대 세계의 많은 유목 민족이 그러하듯 훈족도 그들의 역사를 문자로 남기지 않았기 때문에 보통 외부인으로 묘사된다. 훈족이라는 명칭은 이전 시기의 스키타이인이나 켈트족처럼 폭넓고 자유롭게 사용되었는데 그 때문에 그들의 다양한 정체성과 집단들 사이의 관계를 이해하기가 더 힘들다. 마찬가지로 중국 사료에 언급된 유목민 전사들을 몇 세대 혹은 몇 세기 뒤에 서쪽에 등장한 여러 집단의 훈족과 동일시하려는 시도도 있는데, 이는 흥미롭긴 하지만 상당한 논리의 비약을 안고 있다. 분명한 사실은 훈족에 대해서는 알려진 것이 별로 없고, 언급되고 있는 여러 집단들 중 어느 집단이 어느 정도로 민족적 관점에서 훈족과 관련이 있는지 명확하게 알 수가 없다는 것이다. 아틸라 같은 훈족 지도자들은 고트족과 다른 게르만계 민족들—이들은 대다수가 농업 공동체에 정착했다—을 흡수하여 그들의 군대를 훈족의 군대에 편입시켰다. 훈족 군대는 다양한 민족 출신을 포함했고, 아마도 소수만이 전통적인 유목민 기마궁수의 방식으로 싸웠을 것이다.[1]

키오니타이Chionitae 혹은 '붉은 훈족Red Huns'은 이미 359년 아미다 포위 공격을 논하던 중에 등장했고 그 후 계속 나름의 역할을 수행했다. 때때로 그들은 옛 쿠샨 왕국의 영토를 점령했기 때문에 쿠샨인으로 불리기도 하는데, 이는 다른 민족을 묘사할 때 사용되는 용어의 모호함을 보여주는 명칭이기도 하다. 어느 시점에 에프탈족Hephtalites 혹은 '하얀 훈족White Huns'은 사산조 페르시아의 북동쪽 국경에 나타났다. 한 사료는 그들이 다른 훈족보다 더 밝은 피부를 지녔다고 묘사했는데 여러 훈 민족을 구분하기 위해 이런 용어를 사용한 것이 아니라면 이 설명은 그 이름의 유래를 잘 보여준다. 아무튼 훈족이라는 명칭이 붙은 모든 집단은 유목민 사회에서 출발한 것으로 보이며, 전사들은 말을 타고 빠르게 이동했고, 직접적인 무력 행사 못지않게 기습과 매복 작전도 잘 펼쳤다. 그들은 궁기병이었는데 이는 아르사케스 왕조 초기를 포함한 이전 시기의 사카족 및 다른 부족들의 경우와 같았다. 4세기가 되자 훈족은 특히 강력한 합성활을 사용하는 경향이 있었는데 이 활은 보통 불균형적이었고 전사의 손 위에 있는 활대가 아래의 활대보다 더 길어서 말을 타면서 다루기가 훨씬 쉬웠다. 이 활은 멀리 있는 표적을 겨냥하기보다는 비교적 근거리의 표적을 공격할 목적으로 설계된 것이었다. 전술은 본질적으로 과거에 궁기병이 활용했던 것과 동일했다. 적을 지치게 하고 근접전을 피해 적을 흩어지게 하거나 약화시킨 후에 추격하는 것으로, 본래 스텝 지역의 사람들 사이에서 잘 확립되어 있는 전투 방식이었다. 적절한 상황에서 이 방식은 굉장히 효과적이었고, 기병대의 전략적 기동성은 기습 공격이 적의 영토 깊숙한 곳까지 도달하게 하고 번번이 수비군은 놀라게 하면서 광범위한 지역에 공포를 퍼뜨렸다. 훈족의 지도자들이 정착민을 장악하고 유목민들이 정착민의 생활방식에 적응했을 때조차도 그들은 여전히 같은 방식으로 싸웠다.[2]

이처럼 공격적인 유목민 부족의 위협을 처리하는 데에는 세 가지 방법이 있었다. 첫 번째는 그들에게 뇌물을 주는 것으로, 황금을 보내거나 그들의 지도자가 귀하게 여기는 무언가를 제공하는 것이었다. 이는 일종의 선물이나 어떤 일에 대한 보답으로 제공되었지만, 본질적으로 잉글랜드의 앵글로색슨 왕국이 바이킹이라는 적을 물리기 위해 내던 세금인 데인겔트danegeld나 영세 사업주가 마피아에게 주었던 보호비와 똑같은 것이었다. 일단 이런 뇌물 지급의 원칙이 확립되면 그다음에는 뇌물 제공을 중단하는 것은 아주 어려웠고 실제로 중단하면 지독한 보복적 공격을 받을 가능성이 컸다. 또한 야만족 군벌의 독단적인 뇌물 금액 인상을 막을 길은 전혀 없었고, 그 성격상 다른 지역의 다른 야만족 군벌들도 유사한 거래를 찾아 나서도록 부추길 수 있었다.

두 번째는 군사력으로 잠재적 습격자들을 제압하는 것이었다. 이는 단기적으로는 더 많은 비용이 들어가지만 영광을 얻을 수 있는 더 명예로운 방식이었다. 하지만 훈족을 상대로 결정적인 타격을 입히는 것은 쉬운 일이 아니었고, 그들이 정착했을 때조차도 전보다 더 소란스럽게 싸움을 벌이고 상대방을 파괴시킬 위험이 늘 존재했다. 야만족을 설득하거나 강제로 굴복시킬 수도 있겠으나, 이런 일은 한 번으로 끝나는 게 아니라 장래에 다시 되풀이될 가능성이 컸다. 정착 중이던 야만의 작물을 불태우고 가축을 빼앗으면 그들의 증오에 불을 붙이고 반드시 복수하겠다는 욕구를 불러일으킬 수밖에 없기 때문이다.

마지막으로 습격에 취약한 공동체들을 보호하기 위한 방어시설을 갖춰 요새화하는 선택이 있었다. 이는 침입자가 목표물을 함락한 다음 약탈물을 가지고 돌아가기 어렵게 만들 수 있었다. 이 방안은 또 다른 값비싼 해결책이었는데 방어용 축성은 야만족의 위협이 지속되는 한 유지되어야 하고 거기에 주둔군도 배치해야 했기 때문이다. 모든 취약 지역을 보호하려면 방어시설을 많이 축성해야 했다. 이러한 세 가지 방법 중에 저렴한 것은 없었고, 그 어떤 것도 단독으로 효과를 보장하지 못했다. 역사 전반에 걸쳐 로마인과 파르티아인, 그리고 페르시아인은 세 가지 방법을 단독으로 혹은 공동으로 골고루 활용했다. 보통 한두 가지를 동시에 사용했는데, 어떤 것을 더 중시하는가는 당시 제국의 상황에 따라 달라졌다.

로마 성벽과 국경 체계는 관련 자료가 많지만, 학자들은 축성의 목적이 무엇이고, 또 얼마나 달성되었는지에 대해서 계속 논쟁 중이다. 로마인이 남긴 가장 유명한 군사 기념물인 하드리아누스 성벽은 5세기 말에 이르러 더 이상 제국의 통제하에 있지 않았고, 여러 세대에 걸쳐 온전히 유지되지도 못했다. 라인강과 도나우 강변, 또는 북아프리카에 설치한 요새, 배수로, 방책도 황폐화되기는 마찬가지였지만, 로마 제국이 여전히 통제하고 있는 도나우강 후방 지역의 시설을 보호하려는 노력은 계속되었다. 그곳의 도시들은 견고하게 방어되었는데, 가장 대표적인 도시가 콘스탄티노플이었다. 그럼에도 불구하고 6세기 초에는 제국 수도에서 서쪽으로 65킬로미터 떨어진 곳에 반도의 한쪽 끝에서 다른 쪽 끝까지 뻗은 성벽이 건설되었다. 성벽의 이름은 이것을 세운 황제의 이름을 따서 아나스타시우스 성벽Anastasian Wall으로 명명되었는데, 다른 방어시설처럼 좋은 상태로 보수·유지되고 적절한 주둔군이 배치되고 필요 시 다른 부대의 지원을 받을 때에만 유용했으며, 이는 중앙 정부의 자원과 결의가 있어야만 가능한 일이었다. 5세기 동안 시리아와 아라비아 속주들의 버려진 국경에 있는 요새와 작은 성벽 대다수, 그리고 스트라타 디오클레티아나의 옛 방어선은 아무런 보수 작업 없이 그냥 방치되어 퇴락했다. 이런 군기지들은 대다수가 버려졌고, 나머지도 형식적인 주둔군만 배치되었다.[3]

이와는 대조적으로 페르시아인은 여러 새로운 방어시설을 조성했는데 이는 고고학적 발견을 통해서만 알려졌기에 어떤 군주가 이를 시행했는지, 어떤 순서로 만들어지고 발전했는지는 정확히 알기 어렵다. 그중 가장 눈에 띄는 것은 카스피해 동쪽에 해안부터 산맥까지 무려 195킬로미터에 걸쳐 뻗어 있는 고르간 성벽Gorgan Wall이다. 여러 세기를 거쳐 카스피해의 수심이 상당히 변화했음을 생각하면 5세기에 해안선이 어디에 있었는지 확신할 수 없고, 얼마나 많은 성벽이 바다 밑에 수장되었는지도 알 수 없다. 최근에 이 방어시설을 고고학적으로 탐사한 결과 사산조에서 지은 것임이 분명했고 왕조는 방어시설 건설에 놀라운 지혜가 있었음이 드러났다. 사산조 공병들은 계획된 성벽 구간 대부분을 따라 깊은 배수로를 파는 것으로 작업을 시작한 것으로 보인다. 그런 다음 가장 가까운 강에서 물을 끌어와 배수로를 채워 해자를 구축했다. 땅을 파서 얻은 흙을 이 물과 섞어서 진흙을 만들었고, 이것을 성벽 구간에 짧은 간격으로 세운 화덕을 이용해 벽돌을 완성했다. 각 벽돌의 크기는 가로 40센티미터, 세로 40센티미터, 높이 10센티미터였고, 무게는 대략 20킬로그램이었다. 토대의 흔적은 이제 사라지고 없지만 성벽의 구조 자체는 무척 규칙적이었다. 폭은 2미터, 높이는 적어도 3미터였다. 벽돌 중 극소수만 제자리에 있었는데, 하드리아누스 성벽에 사용된 석재 벽돌들과 마찬가지로 여러 세기를 거치면서 사람들이 훔쳐 가거나 재활용한 걸로 보인다.[4]

페르시아 성벽은 초기 로마 건축물과의 또다른 유사점들도 가지고 있었는데, 성벽 구간에 요새들이 있었고, 그중 30개가 확인되었다. 한 곳에는 지리적·물리적 작업이 이루어져 각각 24개의 방이 있는 6개의 막사 건물이 있었다는 걸 밝혀냈다. 만약 2층 이상의 건물로 지어졌다면 그보다 많은 방이 있었을 것이다. 현장 발굴을 수행한 사람들은 그런 건물이 원래 8개 정도 있었을 것으로 추정한다. 비슷한 규모의 요새에 비슷한 배치를 가진 로마 성벽의 수비대 정보를 토대로 예측해보면 전체 성벽에 주둔한 페르시아 군인의 수는 약 3만 명이었을 것이다. 흥미롭게도 이 숫자가 하드리아누스 성벽의 요새들이 한창 잘 보수·유지되었을 때의 로마군 병력의 수와 비슷하다는 점이다. 그러나 1세기부터 3세기까지 존속했던 로마군 기지와는 다르게, 발굴 조사가 행해진 페르시아 요새는 병사용 숙소만 있고, 그 외에 곡물 저장고, 병원, 사령부, 가옥 등 다른 건물의 흔적이 거의 없거나 아예 없다. 더욱 독특한 것은 발굴 작업팀이 '군사 기지'라고 별칭을 붙인 거대하고 강력한 요새의 구내 공간이었다. 크기가 대략 40만 제곱미터 정도인 이곳은 내부 건물들의 흔적이 전혀 없지만, 그중 한 곳에서 진행된 발굴 작업은 그 안에 무수한 막사를 수용하는 기지가 있었고, 막사 주변에는 배수 작업을 원활하게 하기 위해 파놓은 배수로들이 있었다는 사실을 밝혀냈다.[5]

고르간 성벽은 사산조 군주들이 국경 지역을 안전하게 지키는 일에 노력을 기울인 증거다. 성벽 남쪽에 있는 영토에서 경작이 늘어난 흔적은 그런 방어 노력이 성공했음을 보여준다. 순전히 규모의 측면에서 그 어떤 성벽도 상대가 되지 않지만 그렇다고 해서 고르간 성벽이 아주 독창적인 것은 아니었다. 사산조는 여러 다른 방어선을 구축했고, 특히 좁은 해안 평야를 지키고자 카스피해 서쪽에 방어선을 구축했으며 또한 캅카스 산맥을 통과하는 여러 산길에도 요새를 구축했다. 각 방어시설의 설계와 재료는 상이했다. 어떤 벽은 많은 탑으로 강화되었는데 이는 여태까지 고르간 성벽에서는 볼 수 없는 것이었다. 또다른 구조물은 진흙 벽돌로 지어지다가, 나중에 어느 시점에 돌이나 구운 벽돌로 대체되었다. 이 모든 시설들은 5세기나 6세기 초에 처음 세워진 것으로 보이며 사산조의 뛰어난 공학 기술을 증명한다. 예를 들어 고르간 성벽의 한 취약 지점은 강에 댐을 세워 호수를 조성함으로써 강화되었다.[6]

최근에 이렇게 사산조 국경 방어시설에 관한 정보가 밝혀졌음에도 여전히 많은 수수께끼가 남아 있다. 몇몇은 사소한 것들이다. 고르간 성벽은 맨 위에 통로를 만들 정도로 충분히 폭이 넓었지만 우리는 실제로 그런 통로가 있었는지 여부를 모른다. 이 주제는 하드리아누스 성벽에서도 여전히 논란거리다. 성벽을 따라 자리 잡은 요새들은 아마도 직업 군인으로 구성된 주둔군이 보초를 섰을 것이다. 이는 다른 국경 방어선도 마찬가지였는데, 그중 일부는 보병으로 요새와 성벽 자체의 위병 역할을 맡았고, 상당수는 기병으로 보병 역할을 할 수 있고 말을 타고 싸울 수 있는 능력을 갖춘 군인들이었다. 2세기와 3세기에 하드리아누스 성벽 주둔군의 4분의 1 정도가 기병이었는데, 페르시아와 파르티아가 전통적으로 전쟁에서 기병을 강조했음을 생각하면 페르시아 국경을 따라 주둔하는 기병의 수도 그만큼은 되거나 그 이상일 가능성이 있다. 성벽은 통과 불가능한 장애물이 아니었고 주로 적극적인 방어, 순찰, 외교를 위한 군사적 기지 역할을 했다. 또한 기병은 주둔군이 기동할 수 있는 범위와 대응 속도를 크게 늘렸다.[7]

거대한 '군사 기지'에는 내부 건물이 없었다. 이는 성벽 내에 수용된 인원들이 항구적으로 거주하지는 않았다는 것을 의미한다. 이곳을 연구하는 고고학자들은 요새가 처음에 성벽을 세웠던 사람들의 주거지로 지어졌는지 아니면 노동자를 보호하기 위한 군대 막사용으로 지어졌는지를 궁금해 했다. 또다른 의견은 이 기지들이 성벽 주둔군을 강화하거나 성벽 너머로 군사 행동을 펼칠 때마다 모인 야전군을 위해 활용하던 곳이라는 것이다. 기지들은 초기의 건축 단계나 그 후의 모든 단계에서 활용이 가능했다. 성벽과 성벽을 둘러싸고 있는 탑의 상당한 규모를 고려할 때 이 건물들은 가끔씩만 활용할지라도 오랫동안 사용할 수 있도록 설계되었다. 이 요새는 오늘날의 테헤란에서 그리 멀지 않은 곳에 위치해 있고 4세기 말이나 5세기 초 사산조에 의해 건설된 것으로 추정되는 이라즈 성의 광대하고 높은 담장으로 둘러싸인 벽과 공통점이 많다. 이 성의 외벽은 거의 15미터 높이로 서 있고 심지어 더 높은 단을 제공하는 여러 탑이 있으며 맨 아래는 수백 개의 방이 들어설 정도로 충분한 공간을 확보하고 있다. 약 175만 제곱미터에 달하는 이 건물은 로마의 어떤 군사 기지들보다 훨씬 크며, 실제로 고대 그리스-로마 세계의 다른 비슷한 구조물을 완전히 압도한다. 제국의 중심부에 있는 이라즈 성은 외부적인 위협들에서 멀리 떨어져 있지만 다른 여러 지역으로 이어지는 주요 경로 가까운 곳에 자리 잡고 있다. 왕중왕이 대군을 소환할 때 이곳은 안전하고 널찍한 집결지가 되었다.[8]

이보다 작지만 그럼에도 상당한 규모를 지닌 군사 기지들은 비슷한 목적으로 활용되었다. 기지의 담장을 두른 공간은 지휘관, 군인, 말, 기타 동물을 위한 일종의 '막사 도시'가 되었다. 또한 식량과 사료는 물론 전투 시 대량으로 필요한 화살 등의 장비를 미리 비축해 두는 창고 역할을 했을 수도 있다. 6세기 로마 역사가 프로코피우스는 페르시아 군대가 소집될 때 각 병사들은 화살 하나를 바구니에 두었다가 전쟁이 끝나고 군대가 해산할 때 그 화살을 회수하게 하여 남은 화살로 사상자의 수를 파악했다고 주장했다. 이 시기에 로마 황제와는 대조적으로 왕중왕은 모든 대규모 전쟁을 직접 지휘했고 패배 이후 포로가 된 하렘의 이야기로 미루어볼 때 왕궁의 대다수 인원이 왕중왕을 따라갔던 것으로 보인다. 이런 비전투 인원이 따라왔다는 점과, 말과 여타 동물에게 필요한 공간이 이라즈 성이나 군사 기지들의 내부에 있었다는 점 때문에 전투원의 최대 인원수를 판단하기가 어렵다. 여러 상황에 따라 각 장소는 정원보다 적은 야전군을 집결시키는 기지로 사용되기도 했다.[9]

최근 몇 년간 이 모든 고고학적 증거가 출현하면서 사산 제국과 그 군사 조직에 대한 오랜 가정이 무너졌다. 대체로 이런 가정들은 로마의 사료에 기초한 것이었다. 새로운 고고학적 증거는 그리스-로마 문헌을 포함한 다른 곳의 정보를 더 잘 이해하고 사산 제국의 국력을 훨씬 올바르게 인식할 수 있게 해주었다. 고르간 성벽 같은 국경 방어시설의 거대한 규모와 정교함, 운하와 관개 체계 같은 대규모 토목 공사 계획, 도시와 왕궁 건설에 관한 다수의 증거는 기존에도 존재하기는 했지만 경이로움과 놀라움을 자아냈다. 이는 사산조가 로마 제국과 동등한 기술을 갖고 있었고 대규모 노동력을 동원하여 지휘할 능력이 있었음을 보여준다. 고르간 성벽에서 작업하던 공병들이 운하를 활용한 방식은 흥미로움을 자아냈는데, 그것은 사산조 사람들이 잘 알고 있는 방식이었기 때문이다. 누가 노동력을 제공했는지는 알려져 있지 않기 때문에 이 작업을 주로 민간이 담당했는지, 아니면 첫 주둔군을 형성한 병력들이 수행했는지 여부는 불분명하다.

고르간 성벽 주둔군의 추정치가 다른 국경 시설에도 반영되었다고 가정하면 이는 사산조 왕중왕이 몇 만에 달하는 상비군을 늘 유지했다는 것을 시사한다. 로마 사료에는 그처럼 많은 직업 군인에 관한 직접적인 언급이 없는데, 아마도 로마인들이 이런 지역들에 단 한 번도 도달하지 못했기 때문일 것이다. 다른 국경의 병력을 빼서 서쪽으로 보내는 일은 사산조 군주로서는 무척 위험한 일이었을 것이다. 오히려 국경 공사의 거대한 규모는, 사산조에게(그리고 이전의 파르티아인에게) 로마는 직면한 여러 위협 중 하나에 불과하며 대체로 제일 큰 위협인 경우는 거의 없었음을 보여준다.

전반적으로 학자들은 아르사케스 왕조 때처럼 사산조가 대규모 상비군을 유지하지 않는 대신에 군사 작전마다 필요한 병력을 소집했다고 추정한다. 모집한 군대는 왕중왕 군대, 지역 국왕들이 제공한 파견대(시간이 지나면서 점점 그 수가 줄었다), 대귀족 가문의 사병, 동맹 파견대(종종 동맹 지도자가 지휘하는 형태로 복무) 등이 결합한 형태였을 것으로 보인다. 이 모든 요소들은 5세기와 6세기 군대의 특징이었다. 키오니타이 왕이 아미다에서 샤푸르 2세를 위해 복무했던 것처럼, 훈족으로 보이는 다른 동맹 파견대가 있었다는 증거들도 많이 있다. 수렌, 카렌, 미흐란 같은 페르시아 유명 가문의 명성이 계속되었다는 것도 분명하다. 한때 공식 서신과 문서가 사라졌음에도 어느 정도 남아 있는 점토 인장에는 인장 소유자와 이들 가문의 이름이 새겨져 있다. 훗날 여러 전승은 이 가문들이 거의 모든 고위 행정장관과 군 지휘관을 배출했다고 전한다. 때때로 명문 귀족과는 무관한 어떤 한 개인이나 일족이 더 우세해지는 경우도 있었지만 일반적으로는 기존의 저명한 가문이 서로 경쟁하는 구도였고, 그들은 정부 내에서 영향력을 얻고 지체 높은 역할을 맡아 왕중왕을 섬기려는 노력을 계속했다. 이들은 왕중왕의 도시가 드물게 있는 자신의 중심 영지를 지배했고, 왕중왕의 요청을 받았을 때 상당수의 사병을 제공했다. 대체로 국경에서 발견된 증거는 왕중왕을 섬기는 직업 군인들이 훨씬 더 많았으며, 왕실의 군대 구성이 우리가 생각했던 것보다 더 크고 영구적인 부대로 구성되었다는 것을 보여준다. 6세기에 '불사부대immortals'라고 불리는 정예 기병대 집단이 있었다고 프로코피우스는 언급했다. 이 명칭은 서기전 5세기에 아케메네스 왕들이 선발하여 운영한 1만 명의 정예 보병대를 연상시키는데, 로마인이나 사산인이나 일부러 고대의 일을 떠올렸는지 여부는 알기 어렵다. 직업 군인들로 구성된 또 다른 대규모 파견대가 야전군의 중핵으로 제공되었을 수도 있다.[10]

주요 장군의 참모로 복무하고 직접 페르시아군을 본 프로코피우스를 비롯한 6세기 로마인들은 여전히 사산조 보병대를 대단치 않다고 여겼고, 특히 야전에서 대회전을 벌일 때 그리 강력하지 않다고 생각했다. 왕중왕을 섬기는 훈련을 받은 높은 군기의 페르시아 보병이 있다고 해도 그들은 멀리 떨어진 국경 오지에 주둔군으로 배치되거나 야전군 소속의 소수 보병대로 전보되었다. 5세기 사료에는 전투용 코끼리에 관한 언급이 거의 나오지 않지만 6세기에 다시 등장한다. 이제 기병대가 페르시아 야전군에서 가장 중요한 특징이 됐고, 전장에서 정말로 중요한 것은 밀집 대형이었다. 철갑기병이 아주 중요했고, 경무장 부대는 옆으로 밀려나 보조 역할을 하는 데 그쳤다. 표준적인 기병은 머리부터 발끝까지 갑옷을 착용했고, 적어도 선두에 선 기병은 말에게도 갑옷을 입혔다. 이전 여러 세기의 중기병과 달리 사산조 기병은 무엇보다도 궁병이 많은 비중을 차지했다. 페르시아 기병은 민첩하게 움직이면서 합성활을 들어 무수히 화살을 날리는 것으로 유명했다. 밀집 대형을 갖춘 기병들은 적에게 오래 집중 사격을 가해 적을 피곤하게 만든 다음 적에게 접근하여 자루가 달린 창인 콘토스나 더 빈번하게는 장검이나 묵직한 몽둥이로 공격했다. 병사들의 군기는 중요했고, 부대는 개인보다는 대형을 이루어 행동했고 각 부대는 전열의 위치를 고수하면서 서로 협력했다. 사산조 전술은 세심하고 신중했다. 그들은 자신들이 한낮의 더위에 대처하는 능력이 떨어지고 이른 아침을 먹은 뒤가 적이 가장 허약한 시점이라고 생각했기 때문에 정오쯤에 로마군을 공격하는 것을 선호했다. 사산인은 면밀하게 통제된 공격을 가하기 전에 근접 거리에서 한참을 사격하여 적을 타격하는 것을 1차 목표로 삼았다. 지나치게 빨리, 혹은 무모하게 행동하는 것은 염두에 두지 않았고 특히 추격전에서는 더욱 신중했다.[11]

로마인과 사산인의 전쟁 수행 방식이 비슷해지는 경향은 6세기 들어 더욱 두드러졌다. 전반적으로 로마군은 밀집 대형의 보병대로 구성되었다. 그러나 이들 중 다수가 어느 정도 고정된 주둔군으로 활용되었고, 군사 작전 수행을 위한 군대는 기병대의 비율이 더 높았다. 6세기 말, 황제 마우리키우스가 작성한 군사 교범 《스트라테기콘Strategikon(전략)》에서는 대부분의 군대가 기병과 보병이 적절한 균형을 이룬 부대일 것이라고 예상했지만 야전군은 전적으로 기병으로 구성될 수 있다고 보았다. 전투에서 보병대는 밀집 대형을 구축했고, 보병의 바로 뒤에 있는 기병대는 공격이 진행되는 상황을 살펴보며 필요한 곳에 투입되어 돌파력을 강화했다. 선두의 여러 전열은 커다란 방패와 창을 들고 투구와 흉갑을 착용했지만, 후방의 궁병들은

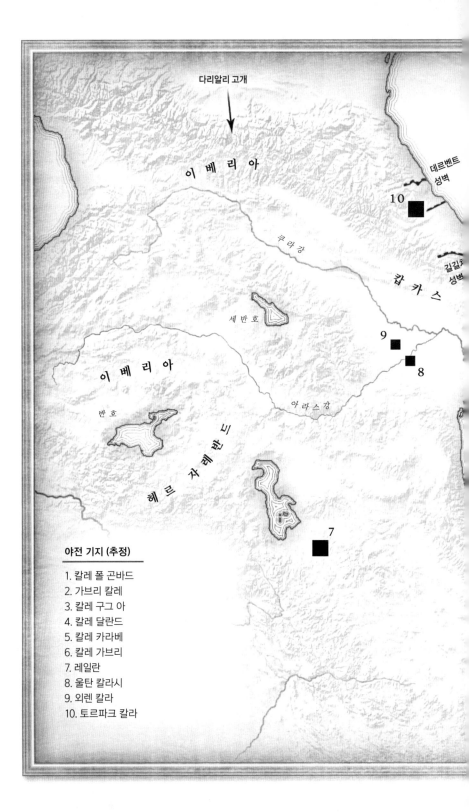

다리알리 고개

이 베 리 아

데르벤트
성벽

10

쿠 라 강

길길?
성벽

캅 카 스

세 반 호

9

8

이 베 리 아

반 호

아 라 스 강

헤 르 자 레 반 니

7

야전 기지 (추정)

1. 칼레 폴 곤바드
2. 가브리 칼레
3. 칼레 구그 아
4. 칼레 달란드
5. 칼레 카라베
6. 칼레 가브리
7. 레일란
8. 울탄 칼라시
9. 외렌 칼라
10. 토르파크 칼라

사산 왕조의 국경 성벽과
야전 기지

카스피해

유라시아

고르간 성벽

1 2

5 3
4

타미셰 성벽

엘부르즈 산맥

6

0   50   100

킬로미터

앞에 있는 전우의 머리 위로 사격을 가했다. 보병의 밀집 대형은 페르시아인을 상대로 하든 다른 적을 상대로 하든 몇몇 전투에서 중대한 역할을 수행했지만, 저돌적인 공격에 나서기보다는 적의 맹공을 견뎌내는 버팀목 역할을 했다. 공격은 주로 기병대가 담당했고 밀집대형으로 싸웠으며, 기병과 기마는 갑옷을 입었다. 전투에는 다양한 무기가 사용되었지만 많은 부대가 최전선 일부 대열의 병사들에게는 합성활을 지급했다. 로마군은 사산조 궁병에 비해 적은 화살을 지참했고 상대만큼 재빠르게 활을 쏘지도 못했지만, 자신의 화살이 더 강력하다고 생각했다. 공격을 하기 전에 먼저 적에게 일제 사격을 가해 적의 저항력을 약화시키는 게 중요했다. 전반적으로, 정도의 문제이기는 해도 로마인은 사산인보다 기습 공격을 중시했다. 양군은 모두 질서정연함과 규율을 강조했는데, 이것은 이론적으로는 타당하지만 실전에서는 성취하기가 훨씬 어려웠다. 페르시아인과 마찬가지로 로마인 역시 동맹국의 파견대를 많이 활용했고, 특히 로마인과 비슷한 방식으로 싸우는 훈족과 다른 부족들의 지원을 많이 받았다.[12]

전술적으로 볼 때 로마군과 사산군은 호각지세로 보이지만 실상을 말하자면 사산군이 약간 더 우위에 있었다. 이는 포위 공성전에서도 마찬가지였으며, 양국의 전투는 탁 트인 들판에서의 대회전보다는 공성전이 훨씬 더 흔했다. 주요 공격은 보병이 해야 했고, 로마 보병대는 중요한 역할을 맡았다. 사산 군대의 경우 많은 기병이 말에서 내려 보병대에 합류했을 수도 있지만, 페르시아 보병대는 들판의 대회전보다 공성전에서 더 공격적인 임무를 맡았고 그럴 능력도 충분했다. 실제로 페르시아 공성 기술이 로마인들의 것보다 더 효과적이긴 했지만, 전투의 승패를 결정할 정도로 우위에 있는 것은 아니었다. 포위 공성전은 노력과 시간이 많이 들어가는 작전이었고, 군수품과 인명의 소모가 클 뿐만 아니라 작전의 성공도 보장되지 않았다. 포위 공성전을 지원했을 양측의 공병에 관해서는 알려진 것이 거의 없다. 로마인은 군사 작전 중에 행군 기지를 설치하는 관행을 오래 전에 버렸고 그래서 후대의 로마군은 조상들보다 땅을 파고 진지를 건설하는 경험이 많지 않았다. 공병은 전문적 병사들이었고 너무나 중요해서 나라에서 직접 모집해 봉급을 지급했다. 공병대의 공사가 잘못되면 공성전은 아주 위태롭게 되었다. 페르시아 제국이 직접 통치하는 남부 사막의 가장자리의 땅에는 배수로와 요새가 길게 뻗어 있었던 것으로 보이지만, 로마 제국과 사산조의 영토가 접하는 곳에는 탄탄한 요새의 방어선이 없었다. 그러나 주둔군을 배치하고 방어시설을 보수·유지해야 하는 강력한 요새 도시들이 있었다.

　어떤 형태로든 안보에는 돈이 많이 들어갔고, 이는 로마 황제와 왕중왕이 다른 어떤 것보다 방어시설과 전쟁에 훨씬 더 많은 비용을 썼다는 사실로 증명된다. 다수의 직업 군인에게는 음식과 장비를 제공할 필요가 있었고, 봉급이든 현물이든 보상도 주어야 했다. 상대를 제압하기 위한 전쟁은 때로는 이득이 됐지만 이 시기에 정복 전쟁은 드물었기 때문에 군대가 자급자족할 수 있는 방법이 제공되지 못했다. 양국의 관료제는 군대를 지원하고자 조세, 통행료, 기타 징수금 등을 걷으려 했으나 여의치 않았기에 군사 자금을 마련하는 일은 더욱 어려웠다. 사산 제국의 귀족들과 다른 지도자들은 왕중왕에게 병사를 한 명 제공할 때마다 보상금을 지급받거나 현지의 세입에서 대가를 챙겼지만, 일부 인사들은 병사를 실제로 내놓지도 않고 수입만 챙겨갔다. 비슷한 공금 유용은 로마 제국에서도 오래 전부터 흔히 있는 일이었다.

　5세기 말, 로마인은 강제로 시행하기 어려웠던 징병제를 포기했고 지원자들 중에서 병사를 선발했다. 훌륭한 신병을 충분히 모집하기 위해서는 군 복무가 매력적으로 느껴져야 했다. 그럼에도 불구하고 일부 부대는 오랫동안 인원 부족이 심각했지만, 로마인들은 페르시아인들과 다르게 실제로 존재하지 않는 명목상 군대의 지휘관이나 병사들에게 봉급을 지불하지는 않았기 때문에 이는 국고 절약의 이점도 제공했다. 리메타네이 중 다수가 시간제 군인과 비슷한 모습이었다는 여러 흔적들이 있다. 파피루스 문서는 이집트에 주둔한 로마군 부대의 병사 다수가 다른 업무에도 종사했음을 보여준다. 로마 제국은 병사들이 다른 수입으로 자신과 가족을 먹여 살리는 걸 허용했으므로 그에 준하여 병사들의 보수를 적게 지급했다. 이 군인들은 현지의 치안 유지나 (별로 발생할 우려가 없는) 전쟁에서 수동적 역할은 할 수 있었지만 야전군으로 통합되기는 어려웠다. 이집트는 제국에서 아주 안정된 곳이었고, 적어도 외적의 대규모 침공 위험이 없는 지역이었다. 따라서 그곳에 주둔 중인 리메타네이를 언제든 작전 개시가 가능한 상태로 유지하는 것은 그리 중요한 일이 아니었다. 이러한 주둔군의 처우는 속주마다, 현지 상황에 따라 달랐을 가능성이 크다.[13]

　상비군은 그 특성상 비용이 많이 들었고, 로마 제국과 사산조가 부유하다고 해도 양국의 자원은 무제한이 아니었다. 우리는 로마인에 대해 훨씬 더 많이 알고 있기 때문에 로마군 내부에서 발생한 부패, 무능, 태만을 쉽게 확인할 수 있다. 그러나 사산조가 이러한 점에서 로마군과 매우 달랐을 거라고 생각할 만한 이유는 없다. 두 제국은 주기적으로 발생하는 내부의 권력 투쟁으로 인해 국력이 고갈되었다. 양국은 대회전에서 무척 효과적인 정교한 군사적 장치를 보유했고 방어시설을 공격하거나 보호하는 데 숙달되었으며 기습 공격을 통해 전쟁을 수행하는 능력도 훌륭했다. 양국의 군대는 고도로 훈련되고, 기강이 잡히고, 명령에 복종하는 핵심적 병사들로 구성되었고, 군사 작전에 필요한 야전군을 제공할 능력이 있었다. 그렇지만 아무리 철저하게 준비를 한다 해도 완벽한 군사 체계를 이룰 수는 없었다. 양군에는 덜 조직적이고 덜 효율적인 부분들도 있었다.

이 시기에 로마 제국이 보유한 총 병력에 대한 추정치는 학자들마다 다르다. 일부 학자는 30만 명이 넘었다고 주장하는데, 이 수치는 1세기와 2세기 초, 동서가 완전 통합된 로마 제국 전체 병력 수에 근접한다. 이런 주장을 하는 학자들은 이 수치가 당시 로마군에 복무했을 법한 병사들에 대한 이론상의 수치라는 것을 인정하지만, 일반적으로 부대가 최대 전력에 가까운 수준이었다고 가정하는 경향이 있다. 이 병력은 정국이 안정된 원수정 시기에도 맞지 않으므로 5세기와 6세기 실정에 비추어보면 더욱 타당하지 않은 수치다. 이 시기의 군대 규모를 그렇게 높게 추정하는 학자들조차도 로마 군인 대다수가 주둔군이나 예비군으로서 일정한 주둔지에서 계속 근무하는 고정군이었다는 것을 인정한다. 실제 전쟁에 투입되는 야전군은 소수였고 1세기나 2세기에 단일한 군사 속주가 전투에 내놓을 수 있는 숫자가 곧 야전군의 최대 숫자라고 봐야 한다. 마우리키우스의 《스트라테기콘》은 1만 5000에서 2만에 이르는 병력을 엄청난 대군으로 간주했다. 역사적으로 볼 때, 가장 큰 규모의 로마군은 당연히 사산인을 상대하는 군대였다. 그럼에도 실제 로마군과 페르시아군 모두 야전에서 이런 병력을 동원하여 싸운 적은 없었다.[14]

일부 오랜 경향은 5세기와 6세기에 더욱 두드러졌다. 아우구스투스와 그의 후계자들이 통치하던 시절에 제국은 두 가지 주요 분쟁을 동시에 처리하기 위한 충분한 자원을 확보하는 데 어려움을 겪었는데, 이는 관련 지역의 바깥에서 상당한 병력과 군수품을 가져와야 한다는 점에서 중요한 의미가 있었다. 결국 3세기의 혼란은 군대의 효율성을 떨어트리고 속주와 그곳 주둔군의 지휘 구조를 크게 변화시키면서 모든 주요 전쟁은 황제가 직접 지휘하도록 만들었다. 여러 황제가 친정을 했지만 갑작스럽게 발생하는 모든 위기에 대처할 만한 병력, 자원, 황제, 또는 가장 희귀한 자원인 신뢰할 만한 지휘관이 있었던 적은 없었다. 376년에 시작된 6년간의 대고트족 전쟁에서 볼 수 있듯이 이제 대외 전쟁에서 빠르게 승리하는 것이 어려웠던 것도 그 이유 중 하나였다. 마찬가지로 여러 세기를 거치면서 아르사케스 왕조와 사산조 군주들은 여러 다른 전선에서 제기되는 위협을 처리하기 위해 로마와의 강화 조약을 자주 시도했다. 부분적으로는 두 제국 사이의 먼 거리가 이런 강화 조약의 체결에 일정한 안전판 역할을 했다. 이는 양국의 군대가 제국의 가장 먼 전선에서 반대쪽의 전선으로 신속히 이동하기 어려웠던 이유도 있었지만, 자원 부족의 문제도 있었다.

5세기와 6세기에 사산조는 고르간 성벽 같은 제국 변경 지역의 방어시설에 많은 투자를 했다. 이는 단기적으로 비용이 많이 들고 장기적으로는 지속적인 유지 비용을 발생시키지만, 잘 구축해놓으면 공격적인 군사 작전의 비용이나 야만족 부족에게 지급해야 할 보조금을 줄일 수 있었다. 외적의 위협을 처리하는 세 방법(뇌물, 전쟁, 축성)은 계속 활용되었고, 결국 세 방법의 균형을 어떻게 시의 적절하게 바꿀 것인가가 중요한 문제였다. 왕중왕의 세수와 자원은 이 시기 동안 크게 늘지 않았고, 인도와 그 너머 지역과의 장거리 교역으로 수익을 확보하려는 상당한 노력이 있었다. 서로마 제국의 멸망이 그러한 상품을 취급하는 시장을 급격히 감소시켰지만 무역에서 나오는 수익은 여전히 컸고 상품의 통제를 위해서 충분히 경쟁할 만한 가치가 있었다. 사료에 따르면 사산조 상인들은 인도 항구에 로마인 상인들이 들어오지 못하게 했다. 두 제국은 아라비아만 주변과 아프리카 동부 해안의 여러 공동체를 지배하기 위해 최선을 다했고, 여러 무역로을 통제하고 최대한의 이익을 얻기 위해 경쟁했다. 6세기에 로마 수도사들은 중국에서 누에를 간신히 밀수해 제국으로 가져오는 데 성공했지만, 누에를 키워 토착 비단을 생산하는 산업을 구축하기까지는 많은 시간이 걸렸다. 비록 많은 노력과 이익이 우선적으로 무역을 담당한 사업가들에게 돌아갔지만, 제국 당국 역시 이 교역으로 이득을 봤다.[15]

두 제국은 부유했지만 그들의 자원은 군사적 야심을 충족시키기에는 부족한 것이었고, 대내외의 위협이 증가하거나 동시에 둘 이상의 위협이 발생하거나 전쟁에서 승리하기 어렵다는 것이 드러날 때마다 엄청난 자금 압박에 시달렸다. 군사적 자금을 대면서 모든 일을 직접 처리하는 것에 대한 한 가지 대안은 국경 너머 여러 동맹에 의존하는 것이었다. 그들을 지원하는 보조금은 직접 전쟁에서 싸우는 비용보다 훨씬 적게 들었지만, 무력하고 변덕스럽고 갑작스럽게 적개심을 드러내는 동맹군을 제대로 통제할 수 없다는 게 문제였다. 로마인과 사산인은 결국 남부 사막 지역에서 아랍 집단의 도움에 크게 의존하게 되었다. 그 덕분에 로마인들은 스트라타 디오클레티아나를 따라나 있는 옛 방어선을 방치할 수 있었던 반면, 사산조는 자기 편에서 일직선의 방어 체제를 유지한 것으로 보인다. 과거에 학자들은 아랍 부족들 간에 존재하는 두 대형 세력, 즉 친사산조인 라흠족과 친로마의 가산족을 언급했지만, 오늘날에 이것은 지나치게 단순화한 분류라는 게 밝혀졌다. 대신에 두 제국은 다른 아랍 부족들을 어느 정도 통제할 수 있는 현지 왕가들에 의지했다. 그렇지만 사산조는 아르메니아 대부분과 이베리아와 조지아 왕국 일부를 병합함으로써 동맹국을 제거했고, 주변 산맥을 통과하는 핵심 경로를 직접 통제하고 위협들을 관리하면서 변경의 방어시설 건설에 신경 썼다. 395년의 사태가 보여주었던 것처럼, 이러한 산길 방어가 실패하면 훈족과 같은 침략자들이 로마와 페르시아의 영토를 공격해올 수 있었다.[16]

5세기와 그 이후까지 이어진 주제는 산간 지역의 방어시설이 두 제국을 모두 보호하기 때문에 로마인들은 이를 유지하기 위해 돈을 내야 한다는 사산조의 주장이었다. 이 주장은 아주 새로운 것은 아니었는데, 몇 세기 전 베스파시아누스는 비슷한 협력을 요청해온 아르사케스 왕조에게 거부 의사를 밝힌 바 있었다. 하지만 이제 아르메니아가 분할되어 두 제국의 국경이 연결되었고 외적의 위협은 양국의 당면 과제가 되었다. 사산조 사절들은 몇 번이고 찾아와 로마 황제에게 기부금을 요구했다. 병력 파견이 언급되었고, 한 사료는 각 제국이 요청이 있으면 완전 무장한 기병 300명을 상대에게 제공한다는 협정을 언급했다. 하지만 이것은 내용이 상당히 결락된 것으로 보이는데 지원 병력의 수가 이상할 정도로 적기 때문이다. 보다 실질적으로 왕중왕은 전선 방어시설의 유지 비용 충당을 위한 황금을 요구했다. 로마인들이 이런 요구를 정기적으로 혹은 해마다 들어주기로 약속한 공식적인 협정이 있었는지에 대해서는 찬반 의견이 나뉜다. 여러 차례 지급된 사실이 기록되어 있고, 양국은 이 사실을 서로 다르게 서술했을 수도 있다. 로마 황제의 경우, 기부금은 세상에서 유일하게 문명화된 다른 제국에게 적합한 규모로 호의와 우호를 나타낸 것이지, 평화의 대가로 경쟁자이자 잠재적인 적에게 공물을 바친 것은 아니었다. 사산조는 당연히 이것을 조공이라 여겼고, 자국 국민들에게 그것을 과시했다. 그들은 로마인들이 여러 다른 문제로 정신없는 때를 틈타서 조공 납부를 강력하게 요구했고, 특히 5세기 아프리카의 반달족을 상대로 한 로마의 원정전이 참패로 끝났을 때 조공 요구는 더욱 거셌다.[17]

사산조는 5세기 동안 많은 문제를 겪었기 때문에 로마의 약세를 언제나 이용할 수 있는 것은 아니었다. 야즈드게르드 1세는 후대의 전승에서 '죄인'이라는 별명이 붙었는데 그 이유는 수렌 가문을 제외하고 제국 내부의 일부 기득권 세력, 특히 고위 성직자와 주요 귀족 가문의 이권을 침해했기 때문이었다. 420년에 그가 사망한 후 그의 뒤를 이을 왕을 결정하는 과정에서 권력 투쟁이 벌어졌다. 한 왕자가 왕중왕으로 선포되었지만 빠르게 살해되었다. 그의 후임은 사산 왕가의 다른 분파 출신이었지만 그 또한 얼마 지나지 않아 전복되었고, 최종적으로 야즈드게르드 1세의 또다른 아들인 바흐람 5세가 왕중왕 자리에 올랐다. 소수 종교 집단을 잘 대우했던 선왕과는 달리 그는 기독교 지도자들을 박해하기 시작했고, 다수의 기독교 신자들이 로마 제국으로 도망쳤다. 그들을 돌려 보내라는 페르시아인의 요구는 거부당했고, 이로 인해 로마가 서방 문제로 골머리를 앓고 있던 시기인 420년부터 421년까지 양국 사이에 단기간의 충돌이 있었다.

양국의 충돌에서 사산조가 몇 차례 승리를 거둔 뒤 평화 협상이 체결되었고 여러 조건 중에는 로마가 카스피해 관문Caspian Gates의 방어시설에 기부금을 제공한다는 조항도 들어 있었다. 페르시아 기독교인들은 귀국해도 체포되지 않을 것이라는 약속을 받고 고향으로 돌아왔고, 그들에 대한 공식적인 의혹은 몇 년 뒤 로마 교회와 분리된 페르시아 교회가 생기면서 크게 해소되었다. 그렇지만 두 교회 사이의 교리적 차이가 점점 더 심해지면서 분열은 더욱 고착화되었다.[18]

바흐람 5세는 더 큰 통제력을 행사하고자 아르메니아인에게 조로아스터교를 강요하려고 했다. 이는 외부인은커녕 아르메니아의 국왕들조차도 달성하지 못한 일이었다. 무리한 강요의 결과는 반란이었고 군사력 행사와 타협으로 어느 정도 안정을 되찾을 때까지 아르메니아의 반란은 계속되었다. 제국 북동부의 에프탈족이었을 것으로 추정되는 '훈족'을 상대로 한 전쟁도 있었다. 바흐람 5세의 아들 야즈드게르드 2세는 438년에 왕위를 이었고 얼마 뒤 반달족 진압에 골몰하던 로마인과의 전쟁을 시작했다. 2년 동안 아주 제한적인 전투만 치른 뒤 한 로마 장군이 사절 자격으로 왕중왕을 찾아왔다. 그는 호위도 거의 거느리지 않은 채 걸어서 오는 등 정중한 태도로 임했고, 그 결과 양국 간의 평화 조약이 체결되었다. 양국은 두 나라의 국경 인근에 새로운 요새를 건설하지 않기로 했고, 또한 남쪽에 있는 상대방의 아랍 동맹국들을 매수하지 않기로 약조했다. 이 협상을 왕중왕이 받아들인 또 다른 이유는 과거에 아버지 바흐람 5세와 싸웠던 훈족과의 충돌이 다시 벌어졌기 때문이었다. 몇 년간의 전투 끝에 훈족은 다시 항복했고, 야즈드게르드 2세는 개종 시도로 인해 아르메니아에서 발생한 새로운 반란의 진압에 전념할 수 있었다. 반란은 451년에 진압되었지만, 훈족이 다시 적대 행위를 시작하고 다른 부족들도 동쪽 영토를 위협하는 바람에 안도할 여유가 없었다. 이때는 아직 고르간 성벽이 건설되지 않았던 시기였는데, 훈족의 느닷없는 침공은 왜 그런 성벽이 필요했는지를 잘 설명해준다. 몇 년 동안 군사 작전이 진행됐지만 결론은 나지 않았고 야즈드게르드 2세는 457년에 사망했다.[19]

죽은 왕중왕의 두 아들은 아버지의 자리를 두고 서로 경쟁했고, 각자 다른 귀족 파벌의 지원을 받았다. 결국 장남이 왕중왕이 되었고 거의 2년을 통치했으나 그 후 동생에게 패배하여 처형당했다. 동생 페로즈는 미흐란 가문의 지원을 받아 왕중왕이 되었는데 시간이 흐르면서 그 가문은 수렌 가문을 대체하면서 정부의 고위직을 독점했다. 페로즈는 알바니아의 반란을 간신히 진압했고 아르메니아 상황이 안정될 것을 기대하며 몇 가지 사안을 양보했지만 유목민 집단, 특히 에프탈족(다른 사료에서는 키다라 훈족이라고 언급)의 도전을 받았다. 이러한 군사 작전에 관한 소문과 보고가 로마인들에게 전해졌지만, 충돌의 세부 사항과 내용을 온전히 이해하지는 못했을 것이다. 469년, 페로즈와 그의 군대는 훈족의 거짓 퇴각에 속아서 대패했다. 프로코피우스에 따르면, 왕중왕은 항복의 표시로 에프탈족 군주 앞에 엎드렸는데 조로아스터교 사제가 왕중왕에게 평소에 떠오르는 해에 자주 절을 했던 것처럼 동틀 때 훈족 왕에게 엎드리는 척해도 된다고 조언했기 때문이었다. 페르시아인의 유명한 잔꾀에 관한 이 이야기가 사실이든 아니든 페로즈는 막대한 양의 황금을 훈족에게 지급했고, 평화를 지키겠다고 맹세했으며, 한 아들을 볼모로 넘겼다.[20]

아르메니아와 조지아에서 다시 한번 반란이 발생했는데, 부분적으로는 현지 귀족 파벌 간의 경쟁 때문에 일어난 것이었다. 반란을 일으킨 자들은 서로 동맹을 맺었지만 그 유대 관계는 허술한 것으로 드러났다. 강력한 진압 작전이 벌어졌고 그 후 조지아인은 항복했지만 아르메니아인을 상대로 한 승리는 저항을 온전히 종결시키지는 못했다. 482년경 페로즈는 다시 에프탈족 쪽으로 시선을 돌렸다. 그는 친정에 나섰고, 훈족 군대의 퇴각이 반드시 두려움의 표시는 아니라는 것을 여전히 이해하지 못했다. 494년에 그는 또다른 매복 작전에 걸려들었는데, 프로코피우스에 따르면 훈족은 깊은 도랑을 파고 나무의 잔가지들로 그곳을 은폐했다고 한다. 왕중왕은 아들들과 많은 귀족과 함께 그 전투에서 사망했다. 이 마지막 군사 작전 이전에 이 지역이 그에게 골칫거리였음을 감안한다면 고르간 성벽을 건설하라고 명령한 사람이 페로즈였을 것으로 보인다. 훈족에 대한 페로즈의 공격은 아마도 이 지역에서 한 곳 이상의 군사 기지에서 시작했을 것이다. 다른 아르사케스인이나 사산인, 혹은 아케메네스의 키루스 대왕처럼 페로즈는 유목민 전사들의 군사적 기량을 과소평가한 대가로 목숨을 잃었다.[21]

페로즈의 동생 발라쉬가 그의 뒤를 이어 왕중왕으로 선포되었다. 그는 에프탈족에게 거액을 주고 평화를 샀고, 아르메니아 반란을 종식시키려고 여러 가지 양보를 했는데, 여기에는 최근 세운 조로아스터교 예배소를 허물고 기독교 신자들에게 종교의 자유를 허락하는 것도 포함되었다. 곧 페로즈의 또 다른 동생이거나 아들이 왕위 도전자로 등장했지만 발라쉬에게 패배했다. 얄궂게도 발라쉬의 승리 뒤에는 과거 아르메니아 반란자들의 도움이 있었다. 488년, 에프탈족에게 인질로 남겨진 페로즈의 장남 카바드 1세는 훈족 동맹들과 반대파 귀족들로 구성된 군대를 이끌고 돌아와 삼촌 발라쉬를 타도했다. 로마 제국의 정치 지도자들이 분열되어 있었던 것처럼 같은 가문 출신이 많은 사산조 종교계도 분열되어 있었다. 그들은 마즈다크교로 알려진 종교적 운동의 부상으로 커다란 위기에 직면했다. 이후 이 신흥 종교에 대한 많은 비난으로 인해 세부 사항은 불분명하고 학자들 사이에서도 많은 논란이 있지만, 새 종교의 지도자인 마즈다크는 자신의 종교가 조로아스터교 신앙의 더 순수하고 개혁된 버전이라고 주장했다. 마즈다크와 그의 추종자들이 아내를 포함해 모든 재산을 공유해야 한다는 믿음을 갖고 있었다는 주장은 어떻게 평가해야 할지 알 수 없지만, 이 종교의 한 가지 중요한 측면은 중요한 가문들이 대대손손 지위를 유지하는 전통적인 계급 제도를 완전히 거부했다는 것이었다. 카바드 1세는 이 운동을 호의적으로 바라보았기 때문에 496년 궁정의 전통적 사고방식을 지닌 인사들에 의해 폐위 및 구금되었다. 그의 동생이 왕중왕으로 지명되었지만 그 자리를 오래 지키지는 못했다. 구금 중이던 카바드 1세는 도망쳤고, 한 이야기에 따르면 그를 충실하게 면회하러 온 한 아내의 모습으로 변장하여 탈출했다고 한다. 아내는 남편의 옷을 입고서 감방에 태연히 앉아 있으면서 최대한 오래 그의 탈출 사실을 숨겨주었다. 그는 에프탈족에게 갔고 그들의 군대를 지원받아 498년에 다시 왕좌를 되찾았다. 곤경에 빠진 왕중왕을 도운 에프탈족은 막대한 대가를 요구했는데, 오랜 세월에 걸친 패배와 내분으로 인해 비어 있는 사산조의 국고는 그런 대가를 제공할 능력이 없었다. 카바드 1세는 로마인에게 사절을 보내 북부 여러 산길의 방어시설에 대해 기부금을 새롭게 내달라고 요구했다.[22]

로마 황제 아나스타시우스 1세는 기부금 제공을 거부하고 대신 돈을 빌려주겠다고 했지만, 그마저도 고문관들이 현명치 못한 일이라고 설득하는 바람에 이루어지지 않았다. 고문관들은 사산조와 에프탈족 사이에 좋은 관계를 보장하는 것이 콘스탄티노플에 이득이 되지 않는다고 보았다. 카바드 1세가 직면한 여러 문제는 아르메니아에서 새롭게 반란이 일어나고, 페르시아 제국의 다른 지역에서 봉기가 발생하면서 더 심각해졌다. 왕중왕은 자신의 권위를 주장해야 했고 무엇보다도 자금 확보가 절실했기 때문에 곧 로마의 여러 속주를 공격하는 쪽으로 마음을 바꾸었다. 과거에는 위협과 제한된 군사 행동으로 로마인에게서 양보를 받아냈는데, 이번에는 더욱 집중적으로 공격을 가해 해당 지역의 많은 도시에서 약탈물을 풍성하게 가져올 생각이었다. 카바드 1세는 먼저 아르메니아 반란자들을 상대로 진군하여 그들을 굴복시켰고, 파견부대를 모집하여 자신의 군대를 강화하는 동시에 인질을 확보하고자 했다. 그는 전쟁의 전리품으로 충분히 보상하겠다고 약속하며 에프탈족에게서 더 많은 병력을 지원받았고, 제국 내부의 다른 반란 집단으로부터 같은 약속을 해 파견부대를 지원받았다. 502년 여름에 그는 전쟁 준비를 완료했고, 원래 아르메니아를 평정하려 했던 원정은 갑작스레 방향을 바꾸어 로마의 아르메니아 속주로 향했다.[23]

로마인은 그런 사태 변화에 미처 준비가 되어 있지 않았다. 단기적인 관점에서 로마인은 카바드 1세가 아르메니아를 공격해올 만큼 강력하지 않다고 생각했다. 더욱 중요하게는 양국 간의 평화가 깨어진 적이 거의 없이 한 세기가 흘러갔으므로 로마인은 그런 상태가 한없이 계속 되리라는 느긋한 마음을 갖고 있었다. 도시 성벽과 다른 방어시설들은 수리도 안 된 채 방치되어 있었고, 주둔군은 다른 곳에 병력이 필요해서였는지 아니면 값비싸고 사소한 사치라고 여겼는지 대폭 감축되었다. 카바드 1세는 로마 제국령 아르메니아에서 두 곳의 주요 도시를 점령했고, 그 과정에서 탈주해온 로마 지휘관의 도움을 받았다. 변절한 장교는 전쟁이 끝나고 로마 귀국을 허락받기 전에 두 명의 페르시아인 부인을 얻었다. 그다음 왕중왕은 서쪽으로 움직이지 않고 곧바로 남쪽으로 향해 아미다를 공격함으로써 다시 한번 로마인의 허를 찔렀고, 또다른 대규모 포위 공격을 가했다. 후대에 전해지는 여러 사료에서 군인에 관한 언급은 거의 없지만 민간인 자원자들은 완강하고 능숙하게 도시를 방어하려고 애썼다. 4세기의 공성전 중에 저지른 치명적인 실수를 반복하지 않기 위해 수비대 측은 페르시아의 공성탑•을 무력화시키고자 땅굴을 활용했다. 하지만 카바드 1세는 단호했고, 여름이 지나고 가을도 저무는 중이라 포위 공격 측의 상황이 갈수록 더 힘들어지고 있음에도 물러나려 하지 않았다. 97일간 엄청난 인명 손실을 겪은 뒤 사산 군대는 아미다를 함락시켰고 도시를 약탈했다. 생존자 대다수는 노예로 끌려갔고, 소수만 남아 왕중왕이 배치한 주둔군을 지원했다. 대승을 거두고 어느 정도 약탈을 자행한 뒤—왕중왕의 어려운 재정 문제를 해결하기에는 턱없이 부족했지만—카바드 1세는 겨울 숙영을 위해 도시에서 물러났다. 그는 자신의 결의를 무척 분명하게 보여주었다.[24]

하지만 아나스타시우스 1세는 여전히 물러서지 않고 주요 야전군에서 대군을 모았는데 율리아누스의 원정 이후 동방에서 가장 큰 규

• 445쪽 참조.

모의 군대였을 것이다. 한 사료는 총 5만 2000명의 병력이라고 했지만, 대다수 학자는 지나치게 높게 잡은 수치라면서 3만에서 4만 사이일 가능성이 더 크다고 보았다. 로마군 총사령관은 임명되지 않았는데, 부분적으로는 그 군대를 단일한 야전군으로 여기지 않았기 때문이고, 또한 황제가 어느 한 장군에게 지나친 권력을 위임하는 걸 꺼렸기 때문이었다. 황제와 어느 정도 동등한 권한을 쥐게 된 몇몇 인물을 살펴보면 그러한 임명의 위험성을 설명하는 데 도움이 된다. 그 중 한 명은 이제는 멸망해버린 서로마 제국 황제의 사위였다. 또다른 사람은 유스티누스 1세로 실제로 아나스타시우스 1세가 518년에 사망하자 곧바로 황제로 선포되었다. 그리고 불과 몇 년 만에 한 장교가 유스티누스 황제의 자의를 차지하고자 반란을 일으켰다가 실패했다. 두 명의 고위직 장교가 눈에 띄는데 그들은 서쪽으로 가지 않은 고트족의 후손이었다. 많은 군 장교처럼 그들은 '야만족'의 후손이었지만, 그렇다고 해서 그들의 능력과 충성도가 특출나게 낮았다거나 높았다는 증거는 없다. 그들 휘하의 병사들 역시 무척 각양각색이었다. 다수의 병사는 훈련이 제대로 되어 있지 않은 것으로 드러났지만, 그것은 광범위한 현상으로 어떤 특정 군대나 민족 집단만 그런 것은 아니었다.[25]

로마인의 반격은 거의 성과를 거두지 못했고, 다양한 부대들의 움직임이 잘 조정되지 않은 데다 때로는 투지마저 결여되어 있었다. 로마군은 아미다 포위 공격을 시작했으나 다른 부대가 위협을 받고 있다는 소식에 포위를 풀고 그 군대를 구하러 갔다. 하지만 현장에 도착해 보니 위협받았던 로마군은 이미 도망친 뒤였다. 아미다 포위 공격이 재개되었지만 성공하지 못했고, 이후 공격자에게 아주 까다로운 니시비스 공성전을 더욱 결연하게 밀어붙쳤지만 아무것도 달성하지 못하는 등 여러 소규모 교전에서 로마군은 패배했다. 여름이 저물어가던 때에 카바드 1세와 그의 주력군이 다시 공격을 시작했지만 이번에 수비 측은 전보다 대비를 잘해놓은 상태였다. 왕중왕은 몇몇 사소한 전투에서 승리를 거두었지만 콘스탄티아, 에데사, 칼리니쿰 같은 주요 도시는 저항이 거세어 함락시키지 못했다. 결국 그는 전쟁의 목적인 전리품을 별로 챙기지 못한 채 그해 말에 공성전에서 물러났다. 아랍 동맹들은 남부 시리아의 로마 속주들을 습격하여 광범위하게 약탈했다. 메소포타미아에서 로마 주력군이 벌이는 작전을 지원하고자 시리아의 로마군 병력이 상당수 그쪽으로 이동하는 바람에 남부 시리아는 방어가 허술했던 것이다. 전쟁은 양측이 바라는 방향으로 흘러가지 않았다.

아나스타시우스 1세는 전쟁 계획을 감독할 총사령관으로 참전 경험보다 행정 경력이 높은 사람을 임명해 상황을 크게 개선시켰다. 총사령관은 유능함을 입증했고 군사 작전에 훨씬 더 큰 목적의식을 부여해 더욱 공격적인 방향으로 전환시켰다. 504년 초, 카바드 1세가 제국 북부의 국경에 가해진 맹공, 아마도 또다른 유목민 집단인 사비르 훈족이 가한 것으로 보이는 공격에 시선을 돌려 진압 작전에 나서면서 로마군의 상황은 더 좋아졌다. 왕중왕과 그의 주력군이 전투 현장에서 사라지자 사산군은 더 이상 메소포타미아에서 대규모 공세를 펼칠 수 없었다. 한 로마군 부대는 아미다로 진군하다가 페르시아 군대를 만나고 뒤로 물러났는데, 궁지에 몰려 오갈 데가 없게 되자 어쩔 수 없이 전투에 임하면서 예상과는 다르게 적을 완패시켰다. 이는 전쟁 중에 로마 야전군이 보여주었던 형편없는 전적과는 크게 다른 모습이었다.

로마군의 아미다 공성전이 다시 시작되었고 페르시아 주둔군은 견고하게 방어했다. 502년에 그 도시가 함락될 때 방어시설에 거의 손상이 없었기 때문에 페르시아군은 버틸 수 있었다. 사산조 공병은 성벽을 허물려는 로마군의 시도를 차단했고, 공격 측이 뚫는 땅굴이 성안으로 연결되기 전에 미리 막았으며, 땅굴에 물을 가득 채워 무용지물로 만들었다. 카바드 1세가 이전에 그렇게 했던 것처럼 로마인은 군사 작전 기간을 한참 넘은 시점까지 포위 공격을 계속했다. 이제 도시의 사면을 완전 봉쇄하면 도시 수비대는 곧 식량이 바닥난다고 확신했다. 그들의 판단은 옳았지만 페르시아인은 항복 협상이 시작되자 허세를 부리면서 자신들의 위태로운 식량 사정을 잘 숨겼다. 그러는 동안 사산조 군대 2만 병력—카바드 1세가 현장에 없는 상태에서 모을 수 있는 최대 전력—이 로마인에 접근했고, 이 증원군은 아미다 도시와 내부의 주둔군, 전쟁의 전반에 대해 다시 협상하길 바랐다. 로마군은 호의의 표시로 아미다에 식량 호송대가 들어가는 것에는 동의했지만, 한편으로 장군 한 명을 다른 곳에 보냈다. 그는 적절한 지점에 매복해 있다가 식량 호송대를 습격하여 괴멸시켰다. 이는 영리한 전략이라기보다는 사산조가 비슷한 행위를 저질렀어도 비난받았을 수치스러운 기만행위였다.

그럼에도 불구하고 아미다는 계속해서 저항했고, 겨울이 다가오자 로마군 다수가 공성전에 지쳐 고향으로 돌아가고 싶어했다. 이때 페르시아 야전군이 다시 공격을 가해 왔고, 포위 공격은 505년 초에 협상으로 끝이 났다. 도시 내부의 사산조 군인 전원은 소유물과 함께 자유롭게 떠나는 게 허락됐고 로마인은 사실상 아미다를 1000파운드의 황금을 주고 사들였다. 도시에 들어갔을 때 로마군은 페르시아 주둔군을 위해 비축된 식량이 기껏해야 한 주 정도 버틸 정도였다는 걸 알고 크게 경악했다.[26]

공격을 계속하기보다는 얼른 전쟁을 끝내기 위해 했던 여러 협상은 체결되기까지 1년이 넘게 걸렸다. 부분적으로는 양국의 전언이 오가는 데 시간이 걸렸기 때문이었다. 두 제국 중 어느 쪽도 대규모 공격을 가하지 않았지만 양국의 아랍 동맹들은 기꺼이 적을 습격했고 때로는 더 안정된 영토까지 공격했다. 메소포타미아에서 아나스타시우스 1세는 새로운 방어시설을 갖춘 주요 도시를 다라에 건설하라고 명령했다. 다라는 로마 속주로 이어지는 주요 도로로서, 니시비스에서 겨우 24킬로미터 떨어진 곳이었다. 이러한 명령은 예전에 했던 합의를 직접적으로 위반하는 것이었다. 하지만 두 제국은 여전히 전쟁 중이었으므로 그것을 별로 중요하게 여기지 않았다. 그러나 그후 사산조는 이를 도발로 여겼고 특히 지휘관과 병력이 그곳에 영구적으로 주둔하자 더욱 괘씸하게 여겼다. 로마 주력 야전군의 보호를 받으며 도시의 건설 작업은 계속되었다. 다른 도시들의 방어시설 역시 수리되고 강화되었다. 카바드 1세는 처음에는 평화 조약의 조건들을 거부했지만 이제 더 이상 대규모 전쟁을 계속할 형편이 되지 못했다. 게다가 전쟁 노력을 가치 있게 할 만한 손쉬운 약탈의 가능성도 거의 없었다. 두 제국은 어떻게든 더 유리한 조건을 확보하려고 애쓰면서 논의를 계속했다.

결국 아나스타시우스 1세는 카바드 1세에게 상당량의 황금을 지급했고 7년간의 평화가 선포되었다. 이 협정은 공식적으로 갱신되지는 않았지만 평화가 무너지기 전까지 근 20년 동안 지켜졌다. 그 이후로 로마와 페르시아 간의 관계는 격렬한 경쟁 관계로 돌입했고, 뒤늦게 아나스타시우스 전쟁으로 알려지게 되는 싸움이 시작되었다. 이 전쟁은 돌이켜 생각하면 놀라울 정도로 평화로웠던 5세기 이후 하나의 전환점이 되었다. 그 뒤에 다가올 전쟁과 비교하면 비교적 짧게 끝났지만 이 전쟁은 양측의 주요 도시 포위 공격, 속임수, 기만행위를 보여줬고 더 나아가 상호 의심의 유산을 남겼다. 세상의 두 눈은 차후 여러 세대에 걸쳐서 서로 조화롭게 살고 교훈적인 관계를 유지하기 위해 고군분투해야 했다.

전쟁과 항구적 평화

518-600

다시 한번, 두 제국 사이의 오랜 평화가 끝나간다는 징후가 보였다. 어느 하나의 요인만으로 이런 일이 생긴 것은 아니었고, 국내 정치, 다른 곳에서의 상황 변화, 지도자와 고문관의 성격이 결합되어 발생한 결과였다. 그렇다고 해서 반드시 잦은 전쟁이 벌어질 것이라는 의미는 아니었지만, 어느 한쪽이 기회를 포착할 때마다 전쟁이 일어날 가능성은 높아졌다. 새로운 전쟁이 일어날 때마다 불만이나 특권을 잃어버렸다는 생각이 강해졌고 이에 패자는 상황을 바로잡을 적절한 기회를 잡고자 했다. 어떤 의미에서 국내 정치가 다른 제국과의 전쟁을 매력적인 것으로 만들고, 통치자의 군대가 다른 전선들에 투입되지 않아 여력이 있을 때마다 로마 황제나 왕중왕은 아무리 일시적인 것일지라도 경쟁자의 약점을 적극 이용하려 들었다.

아나스타시우스 1세는 518년 7월 9일에 사망했다. 그는 아들이 없어서 세 조카에게 호의를 베풀었지만, 그들 중 누구도 후계자로 점찍지 않았다. 대신 막후의 은밀한 권력 투쟁 끝에 황실 근위대 지휘관인 유스티누스가 황제로 선포되었다. 한 사료는 그가 황제를 노리고 있던 다른 이의 매수금을 대신 가지고 가서 자신의 이름으로 장교와 사병을 매수했다고 주장했다. 그의 즉위는 분명 놀라운 일이었지만 모든 것이 큰 충돌 없이 처리되었다. 고령인 60대 후반의 군인이었던 유스티누스는 여러 부분에서 막강한 후계자가 없을 때 대안으로 내세울 수 있는 후보자의 전형이었다.[1]

일부 황제들의 비천한 출신에 관한 이야기는 좀더 신중하게 받아들일 필요가 있다. 그들이 기존의 엘리트 계층 바깥에 있는 사람이라는 점 말고 다른 것도 살펴보아야 한다는 뜻이다. 3세기 이후 제국의 혼란스러운 정치적 상황은 출신을 뛰어넘는 경력 획득을 가능하게 했고, 유스티누스는 가장 눈부신 경력을 쌓은 사람 중 한 명이었다. 라틴어를 쓰는 일리리쿰에서 태어났기 때문에 그는 고등 교육을 받은 사람의 품위와 교양은 결코 얻지 못했지만, 수십 년간 궁정 내부와 그 주변의 근위대에서 복무하면서 갈고 닦은 덕분에 유창한 그리스어를 구사할 수 있게 되었다. 역사가 프로코피우스는 그가 문맹이라 서류에 서명하려면 형판을 가져와 그 모양을 따라 펜을 움직였다고 주장하는데 이는 확실히 중상모략이다. 그가 말년에 손이 떨려서 불안정하게 글씨를 썼을 수는 있다. 유스티누스는 아들이 없었지만 자신을 따라 콘스탄티노플로 따라온 조카 유스티니아누스를 총애했다. 다양한 근위대 부대에서 복무하며 조카는 빠르게 승진했고 삼촌이 못 받은 교육을 훨씬 더 많이 받았다.[2]

어느 시점엔가 유스티누스는 조카 유스티니아누스를 양자로 받아들였고, 조카는 당연히 518년에 삼촌이 황제 자리에 오르는 데 도움을 주었을 것이다. 521년에 양자는 집정관이 되었는데, 이 자리는 고대 공화정의 부활을 상징하는 최고 행정장관직이자 실권은 없는 상징적 자리였으며, 그는 분명 삼촌의 가장 중요한 보좌관이자 명백한 후계자였다. 이 시기에 그는 결혼도 했는데 그가 선택한 신붓감은 그때도 그렇고 지금 기준에서 보아도 놀라운 여자였다. 테오도라는 원형극장에서 서커스를 하던 집안 출신이었다. 원형극장에서는 호화로운 전차 경주와 다른 여흥이 개최되었기에—이 시대엔 검투사 경기는 더 이상 열리지 않았다—그런 행사를 지원할 커다란 업체가 필요했다. 그녀의 아버지는 동물을 관리하는 감독이었는데 테오도라와 그 자매들 역시 무대에서 예인으로 활동했다. 이는 그리 명예로운 직업은 아니었고, 대중 앞에서 노래하고 춤추고 기타 여흥을 보여주는 여자들은 매춘을 겸하는 것으로 널리 인식되었다. 프로코피우스는 테오도라를 혐오했고, 자신의 책 《비사秘史》에서 그녀의 천박한 생애 초창기를 상세하게 전했다. 이 역사가는 필요 이상으로 테오도라의 음탕한 기질을 맹비난했는데 그 예시 중 하나로 사춘기 이전에 돈을 받고 매춘을 한 일을 들었다. 그가 기록한 내용 대부분이 풍문이거나 지어낸 이야기였지만 그녀에게 호의적인 사료조차도 그녀가 과거에 매춘부였음을 인정했다. 하지만 신앙을 갖게 된 이후에는 미덕과 경건함에 주의를 기울여서 기독교도적 경지에 도달했다고 한다. 유스티니아누스가 그녀와 결혼하려면 특별법이 필요했는데 원수정 초기 이후 귀족은 불명예스러운 직업이나 비천한 사회적 지위를 지닌 여자와 결혼하는 것이 금지되었기 때문이었다. 유스티니아누스는 테오도라를 정부가 아닌 부인으로 맞아들였고 나중에 그녀를 황후에 올리고 여러 공적인 역할도 맡게 했다. 아무런 중요한 정치적 연줄이

없는 테오도라에게 그런 역할을 맡겼다는 것은 부부 사이에 깊은 정서적 유대가 있었음을 보여준다.[3]

유스티누스가 조카 유스티니아누스에게 미친 영향력은 처음부터 상당했다. 유스티누스의 부인은 조카와 테오도라와의 결혼을 반대했지만 황제 본인은 상처한 후에 그 결혼에 반대하지 않았다. 프로코피우스는 삼촌과 조카의 치세를 본질적으로 같은 정권으로 봤다. 새로운 황제나 왕중왕의 즉위는 자연스럽게 두 제국 간의 외교적 방문으로 이어졌고, 모두 정교한 의례 절차에 입각하여 행사를 거행했다. 콘스탄티노플을 방문한 사산조 사절단의 접견은 유스티니아누스 치세 중에 상세히 기록되어 후대 사람들은 그 복잡한 절차를 충분히 알 수 있게 됐다. 페르시아 대사와 그의 수행단이 국경을 넘는 순간부터 모든 것이 철저히 의전적으로 통제되었다. 대사는 필수 인원만 데려올 수 있다고 규정되었는데, 이는 사절단을 가장해 기습 공격하는 것을 사전에 방지하기 위해서였다. 페르시아인은 여정의 각 단계마다 환영을 받았고 여러 속주를 거쳐 바다를 건너 콘스탄티노플로 오는 중에 적절한 숙소와 이동 수단을 제공받았다. 수도에 도착한 이후에는 공식적인 환영식으로 외교 절차가 시작되었고 처음으로 황제를 접견했다. 페르시아 대사는 로마의 지배자 앞에 부복해야 했고 예물도 바쳐야 했지만, 이 단계에서는 어떤 논의도 허용되지 않았다. 예절과 의식 외에도 로마 황제는 왕중왕과 그의 가족의 건강을 여러 차례 물었고, 때로는 경험이나 명성으로 알게 된 대사와 고위 페르시아 장교의 안녕을 묻기도 했다. 각 대화의 어조는 두 제국이 현재 평화를 유지하고 있는지 아니면 전쟁 중인지에 따라 달라졌지만 어떤 경우에도 양국은 서로 사절이 오갔을 것으로 추정된다. 외교는 각자의

국력과 위엄을 드러냄으로써 평화를 장려하려는 것이었지만 전쟁 발발의 가능성도 늘 염두에 두었다.[4]

새로 즉위한 통치자는 자연스레 자신의 힘을 과시하는 경향이 있었지만, 아나스타시우스 전쟁을 종결시킨 평화 협정은 유스티누스 치세에 들어와서도 유지되었다. 그 무렵 페르시아와 동맹 관계였던 한 아랍 지도자가 로마 영토를 습격하여 두 선임 로마 장교를 포로로 삼고 다른 포로들도 데려갔다. 그는 왕중왕의 꼭두각시가 아닌 독립적 통치자였다. 로마 제국은 군사적으로 대응하고 잡혀간 장교들의 몸값을 지급하여 데려왔으나, 이것이 양국의 평화를 위반한 것으로 여겨지지는 않았다. 더욱 중대한 관심사는 캅카스의 여러 왕국의 충성심이었다. 아르메니아, 이베리아, 조지아, 라지카 대부분이 흑해 동쪽 해안에 있었고 여러 세대에 걸쳐 사산조의 간접 지배를 받았고 때로는 직접 통치를 받기도 했다. 이 지역들은 로마나 사산조 혹은 현지 국왕에게도 통치가 쉽지 않았고 제국 정부 또한 복속시키는 것이 간단하지 않았다. 페르시아인은 이 지역에 조로아스터교를 전파하는 것이 옳고 현지 주민을 제국에 통합시키는 데 필요한 일이라고 보았기 때문에 여러 차례 시도했지만, 이 때문에 현지의 저항과 반란이 촉발되었다. 이를 진정시키기 위해 온건함과 강압의 전략을 번갈아가며 구사했으나, 지역민들의 분노는 더욱 불타올랐다.[5]

521년 혹은 522년경 라지족 왕이 사망했고, 후계자인 그의 아들은 페르시아 통치를 거부하고 콘스탄티노플로 도망친 후 기독교인이 되고 싶다고 선언했다. 유스티누스는 그를 따뜻하게 환영했고, 세례를 내린 뒤 원로원 의원의 딸과 결혼시키고 필요한 자금과 다른 여러 선물을 하사한 후 고향으로 돌아가게 했다. 카바드 1세는 황제에게 사절을 보내 그러한 새로운 동맹 관계에 대해 항의했고 해당 지역이 오랜 세월 페르시아의 제국 일부였음을 강조했다. 유스티누스는 하느님을 숭배하려는 사람의 진실한 소망을 억누를 수는 없는 일이라고 응답했다. 양국은 이 문제로 전쟁할 생각은 없었지만 관계는 악화되었다. 이즈음 로마 사절들은 북부 지역의 한 훈족 지도자에게 로마와 동맹을 맺고 페르시아를 적대시하도록 설득하려 했다. 하지만 여러 협상 끝에 훈족 지도자는 당초 의도와는 다르게 마음을 바꿔 카바드 1세와 더욱 밀접한 동맹을 유지했다. 로마인들은 이전의 여러 외교적 수단을 잘 활용했고, 페르시아에게 협상 내용을 공개해 문제의 훈족 지도자의 변덕스러운 충성심을 폭로했다. 그러자 사산조는 그 훈족 지도자를 살해했다.[6]

이 무렵 카바드 1세는 이미 노인이었고 장남과 차남을 제치고 막내아들인 호스로 1세에게 왕위를 넘겨줄 생각이었기 때문에 후계 문제를 걱정했다. 525년경 또다른 페르시아 사절단이 콘스탄티노플로 가서 과거에 로마 황제 아르카디우스가 야즈드게르드 1세에게 자신의 어린 아들 테오도시우스 2세를 보호해달라고 요청했던 것과 비슷한 제안을 했다. 카바드 1세는 한 발 더 나아가 유스티누스에게 호스로 1세를 아들로 입양할 것을 제안하고, 로마가 아들의 권리를 지키기 위해 외교적 압박과 필요하다면 자금과 군사력을 이용해줄 것을 호소했다. 유스티누스와 유스티니아누스는 이 제안에 큰 관심을 보였으나, 한 선임 고문관이 그것을 받아들이면 사산조 군주와 그의 후손이 로마 제국의 통치권을 요구할 수도 있다고 경고하자 생각을 바꿨다. 카바드 1세가 정말로 그것을 노렸는지를 보여주는 사료는 없지만 오늘날 역사학자들은 호스로 1세나 다른 사산조 왕족이 실제

로마 황제에 오를 가능성은 거의 없었다고 주장한다. 이는 타당한 주장이지만 당시 로마인들이 그것을 전적으로 불가능하다고 여겼는지 여부는 명확하지 않다. 3세기 이래로 가능성이 거의 없어 보이는 몇몇 인사가 황제가 됐고, 제국은 동서로 나뉘었으며, 서로마 제국은 멸망했고, 동로마 제국은 이전 세대가 전혀 생각하지 못한 방향으로 변화했다. 그러니 왕중왕의 제안에 대해 선임 행정장관들이 보인 경계심은 이해할 만했다. 최소한 그런 요구는 장차 있을 모든 협상에서 페르시아의 추가적 불만 요인이 될 수 있고 심지어 전쟁의 구실도 될 수 있었기 때문이다.

유스티누스는 호스로 1세를 온전한 아들로 입양하는 대신 그보다 낮은 수준에서 "창에 의한" 입양을 제안했다. 이것은 동맹 관계를 더욱 굳건히 하기 위해 부족 국왕들 사이에서 행해지던 의례였다. 창에 의한 양자는 명예직 신분이었으므로, 이 경우 로마인은 황제의 '아들'에게 반드시 해주어야 하는 재정적·군사적 지원은 해주지 않아도 되었다. 여러 차례 협상이 계속되었고 상당한 진전이 있었다. 양국의 고위직 인사들로 구성된 사절단이 제국 국경에서 만났고 호스로 1세는 니시비스 인근에서 대기하며 합의에 필요한 공식적 의식을 다 수행고자 했다. 시간이 지나고 사산조는 로마인들이 제안한 것의 의미를 깨달았고, 왕중왕의 아들을 하찮은 부족의 지도자로 대우한 것을 명백한 모욕으로 받아들였다. 다른 불만들이 불거졌고, 라지 국왕의 이탈이 제기되었으며, 양국의 분위기는 경색되었다. 양국 대표단은 합의 없이 고향으로 돌아갔고 호스로 1세와 카바드 1세는 당연히 불쾌함을 느꼈다.[7]

이즈음 카바드 1세는 캅카스 왕국들을 더 완전하게 지배하려는 노력을 재개하여 다시 한번 조로아스터교를 받아들이라고 강요했다. 이러한 정치적·종교적 압박으로 인해 이베리아 국왕은 유스티누스에게 접근해 페르시아인에 대항할 수 있는 자원을 지원해달라고 요청했다. 로마 황제는 동의했지만 유의미한 방식으로 지원하는 일은 생각보다 어려웠다. 황제는 자신의 병사들을 보내고 싶지 않았고 그의 대리인들은 이베리아인과 함께 싸워줄 훈족 집단을 모집하는 데 애를 먹었다. 이베리아 국왕과 그의 지지자들은 이내 이베리아에서 쫓겨나서 라지카로 피신했다. 페르시아인이 더 많은 성공을 거두면서 라지카를 방어하기 위한 더 많은 노력이 기울어졌지만, 산악 지대에서 전쟁을 수행하는 것은 언제나 어려운 일이었다. 국경에 있는 두 개의 요새에는 로마인이 주둔했지만 보급을 원활히 받을 수 없어 주둔을 포기했고 사산조가 곧바로 이곳을 점령했다. 528년에 더 강력한 로마군 병력이 파견되었지만 본부와 파견대 사이에 지휘권이 나뉘어 있어 아무런 성과도 올리지 못했다. 페르시아인은 이베리아를 통제하게 되었고 라지카의 두 요새도 손에 넣었다.[8]

527년, 유스티누스가 사망하고 유스티니아누스가 황제 자리를 계승했다. 그가 즉위 후 가장 먼저 한 일은 로마 제국령 아르메니아의 방비를 강화하는 것이었고, 이를 위해 새로운 현지 사령부들을 창설하고 더 많은 병력을 배치했다. 그가 즉위한 지 얼마 되지 않아 사산조와 동맹을 맺은 한 아랍 지도자가 로마 제국령 메소포타미아를 여러 차례 습격해왔지만, 평소와 마찬가지로 사산조와는 무관한 독자적 행위였다. 이에 대한 대응으로 국경의 취약한 부분들을 따라 설치된 방어시설을 개축했고, 팔미라를 새롭게 요새 도시로 조성했다. 유스티니아누스의 추종자이자 그의 치세 중에 벌어진 여러 전쟁에서 가장 중요한 군 사령관이었던 벨리사리우스는 다라 남쪽에 새로운 전초 기지를 신설하기 위해 파견되었지만, 페르시아인의 공격을 받고 밀려났다. 카바드 1세는 캅카스 산맥의 산길과 카스피해 동쪽 방어시설을 보강하는 공사비용을 충당할 수 있도록 기부금을 내라고 로마에게 다시 요구해왔다. 그러나 주요 관심사 중 어느 것도 해결되지 않은 채 한동안 협상만 계속되었다. 카바드 1세는 공공연하게 자신이 내건 조건이 충족되지 않으면 로마 제국을 침공하겠다고 위협했다.[9]

530년 6월, 약 4만 명으로 추정되는 페르시아 대군이 국경을 넘어 다라로 진군했다. 벨리사리우스는 적군의 절반 정도 되는 로마군을 거느리고 도시에 주둔해 있었다. 그는 도시 성벽과 가까운 곳에 있는 탁 트인 들판에서 과감히 대회전을 벌이기로 했다. 그의 부대 대다수는 보병이었고, 제대로 훈련도 받지 못한 데다가 실전 경험도 부족했기에 그는 병사들에게 별로 확신이 없었다. 그들은 진지 앞에 일련의 참호를 파서 적의 보병 전열이 함부로 돌격하지 못하도록 했다. 참호에 아군이 건너갈 수 있는 구간을 규칙적으로 마련해놓았고, 중앙 부분에는 역 U 자 모양의 도랑이 앞쪽으로 돌출되어 있었다. 카바드 1세는 80세가 넘은 고령이었으므로 직접 군사 작전에 참가하는 대신 미흐란 가문 출신의 장군에게 군대 지휘권을 위임했다. 하루 동안 사산조 장군이 로마 진지를 면밀히 살펴본 후에 여러 소규모 접전과 한 차례 전투가 벌어졌다. 로마 장교의 한 목욕 시중 노예는 두 명의 페르시아 병사와 맞서 싸우고 그들을 살해했다고 한다. 다음 날 1만 명의 페르시아 보병대가 니시비스에서 사산조 증원군으로 도착했고, 사산조 군대는 열기가 오르는 정오까지 기다렸다가 공격에 나섰다.

다라 전투
530년경

베르살리우스와 헤르모게네스

요한, 게르마누스, 키릴,
도로테우스, 마르켈루스

심마스와 아스칸

로마 참호

페로즈

바레스마나스

불사부대

페르시아 기병

페르시아 보병

로마 기병

로마 보병

파라스

부제스

언덕

가스와 아이간

피트야크세스와 카디세니

양군의 궁병들은 한참 동안 적에게 화살을 퍼부었다. 로마인은 바람이 페르시아 쪽을 향해 강하게 부는 날씨 덕을 봤다. 그 시기에 흔히 그러했던 것처럼 주고받는 공격으로는 승패의 결론이 나지 않았다. 양쪽 병사가 갑옷으로 보호를 잘 받는 데다 사격이 대체로 무척 먼 거리에서 가해졌기 때문이다. 사산조가 백병전을 벌이면서 싸움이 격전으로 비화했고, 주로 동맹인 훈족과 헤룰리족의 지원을 받는 소수의 로마 기병대가 페르시아군의 측면을 강타하면서 결정적 돌파 공격을 감행했다.

어느 쪽이든 보병대는 전투에서 결정적 역할을 하지 못했다. 참호로 보호받는 로마 보병은 기병대를 위한 안전 기지와 전투 후 집결지를 제공하고, 적에게 대량으로 화살과 돌을 날리는 일 외에는 특별히 하는 일이 없었다. 벨리사리우스와 장교들은 수적으로 열세인 기병들을 훌륭히 통솔하며 적의 전선을 돌파하는 곳마다 예비 병력을 투입해 공격의 강도를 높였다. 로마군은 언덕 은신처를 최대한 활용했고 참호를 건너는 경로를 더 잘 알고 있었으므로 곧장 파괴적인 측면 돌격에 착수할 수 있었다. 프로코피우스의 전투 묘사는 때로는 허풍이 심한 중세적 분위기를 풍긴다. 예를 들어 한 로마인 장교(사실은 훈족)가 먼저 왼쪽 전열에 있던 페르시아 지휘관의 기수旗手를 죽이고 곧바로 그 지휘관마저 죽여버렸다는 설명이 그러하다. 페르시아 기병대가 후퇴하자 적의 보병대는 공황 상태가 되어 도망치는 중에 로마군의 공격을 받아 쓰러졌다. 이후 벨리사리우스는 휘하 군인들이 너무 멀리까지 추격하다가 혼란에 빠지는 걸 염려해 다시 본진으로 불러들였다. 그는 로마인이라면 누구나 기억할 만한 사산조와의 전투에서 가장 위대한 승리를 거두었기에 적을 추격하다가 매복 작전

에 걸려들어 쟁취한 것을 모두 잃고 싶지는 않았다.[10]

유스티니아누스에게는 좋은 소식이 하나 더 있었는데 아르마니아에 대한 페르시아의 공격이 격퇴당한 것이었다. 이러한 성공으로 우세한 입장이 된 로마 사절들은 카바드 1세를 찾아가서 다시 평화를 재개하자고 제안했다. 왕중왕은 로마인이 황금을 내야 한다는 기존의 요구를 반복했는데, 다라 전진 기지에서 공격적으로 나오고 있는 로마군을 상대해야 하고, 페르시아 제국의 북부 국경도 지켜야 하기 때문에 군사비가 절실히 필요하다는 것이었다. 531년, 유스티니아누스가 기독교 외의 종교를 탄압하자 사마리아인들이 격렬하게 저항했고 그들 중 일부는 카바드 1세에게 도움을 호소했다. 메소포타미아 남부에서 로마 방어시설의 상태가 허술하다는 아랍 지도자의 말에 넘어간 왕중왕은 당장은 외교를 포기하고 대규모 습격대를 유프라테스강 지역으로 보내 약탈을 통한 자금 조달을 기대했다. 전부 기병이었고 1만 5000명의 사산인과 5000명의 아랍 동맹군으로 구성된 이 페르시아 부대는 지나간 여러 세월 동안 대군이 활용하지 않은 경로를 따라 움직이며 로마군 수비대를 기습할 계획이었다.[11]

하지만 군사 작전의 결과는 실망스러웠고 로마인의 대응은 예상보다 빨랐다. 벨리사리우스는 소규모 군대를 이끌고 황급히 현장에 나타나 적보다 뛰어난 작전을 구사하여 로마 증원군이 도착할 때까지 잘 버티면서 시간을 벌었다. 페르시아 습격대는 물러날 수밖에 없었고 로마군이 전투를 간절히 바라지만 않았다면 군사 작전은 거기서 끝났을 수도 있었다. 프로코피우스는 벨리사리우스가 전투를 이어가길 꺼렸지만 규율이 제대로 잡히지 않은 장병을 통제할 수 없었다고 말했다. 로마군 병사들은 사산인들이 공황상태가 되어 도망치고 있다고 생각하고 복수하고 싶어했다. 그들은 531년 4월 18일 성 금요일에 칼리니쿰에서 적에게 공격을 가했지만 금식으로 굶주린 데다 빠르게 추격하느라 지친 상태였다. 심지어 바람마저 로마군 방향으로 불어 적에게 쏜 화살이 되돌아왔고 페르시아군이 쏘는 화살은 더욱 힘이 붙었다. 사산인은 예비 부대를 훌륭하게 활용하여 로마군의 좌익을 돌파하면서 전열을 무너뜨렸다. 벨리사리우스는 보병대 일부를 결집시켜 밀집 형태를 유지하며 배수진을 쳐서 사산인이 물러날 때까지 버티게 했다. 사산군의 습격이 실패하고 카바드 1세가 바라던 이득은 얻지 못했지만 이 전투로 당시 한창 상승 중이던 로마군의 위세를 크게 꺾어 놓았다. 유스티니아누스는 전투 현장에서 벌어진 일에 대한 진상 조사를 명령했고 벨리사리우스는 콘스탄티노플로 소환되었다. 사산조 지휘관 역시 군사 작전이 끝나자 파면되었다.[12]

로마인들은 협상을 시도했으나 카바드 1세가 오스로에네 공격을 명령하면서 무위로 돌아갔다. 그들은 메소포타미아에서 북쪽으로 진군해오면서 로마 제국령 아르메니아까지 공격했다. 이로 인해 마르티로폴리스에 있는 로마 속주의 요새에 대한 포위 공격이 시작되어 양군 사이에 격전이 벌어졌고, 전투는 겨울까지 계속되었다. 포위 공격은 진전이 없었고, 카바드 1세가 고령으로 사망했다는 소식이 들려오자 페르시아군은 결국 철수했다. 호스로 1세는 로마인들과 싸우는 것보다 두 형이 왕좌에 도전하고 나선 상황에서 자신의 계승권을 확보하는 일이 더 시급했으므로 로마와 평화 논의를 재개하려고 했다. 유스티니아누스는 전쟁을 계속 벌일 의향이 거의 없었지만 새로운 사산조 군주의 약점을 이용해 이득을 볼 생각으로 강화 제의에 곧바로 응하지 않고 시간을 끌며 얼버무렸다. 그러나 얼마 지나지 않아 양측은 3개월간의 정전에 합의했고 이는 더 진지한 회담으로 이어졌다. 정전이 진행되는 동안 카바르 1세가 동원했던 사비르 훈족 집단이 뒤늦게 현장에 도착해 평화 조약 따위는 자신들과 무관한 일이고 빈손으로 돌아갈 수 없다며 로마 속주들을 습격했다. 로마 수비대는 불의의 일격에 속절없이 당했고, 훈족은 광범위한 지역에서 약탈을 벌였다. 그들이 퇴각할 때 소수의 훈족 낙오병들만이 로마 병사들에게 따라잡혀 죽거나 포로로 잡혔다. 조사를 통해 페르시아군은 훈족의 약탈을 공모하지 않았다는 게 밝혀졌고 양국 간의 평화 회담은 계속 진행되었다.[13]

532년, 상당한 흥정과 심경 변화를 거친 뒤에 호스로 1세와 유스티니아누스 사이에 평화 협정이 합의되었다. 로마인은 매년 의무적으로 지급하기보다는 일시불로 110켄테나리아centenaria●의 황금을 기부금으로 지급하기로 했다. 또한 다라에 주둔하고 있는 로마군 지휘관과 병력을 속주 더 깊숙한 곳에 있는 콘스탄티아로 이동시키기로 했다. 양측에서 붙잡은 포로나 인질은 교환되었고, 페르시아군이 라지카에서 점령했던 두 개의 요새를 포함하여 전쟁 중 점령한 거의 모든 요새가 로마에 반환되었다. "고대 기록에는 우리가 서로 형제라고 언급되어 있기 때문에" 황제와 왕중왕 사이의 형제애는 완전히 회복되었으며, 향후 상대가 필요로 하면 도움을 제공하겠다고 약속했다. 협정은 제한된 기간의 친선 관계에 그친 것이 아니라, 영구적인 평화로 선포되었고 양측에서 널리 축하되었다.[14]

양측은 협정에 만족했고 적어도 당분간은 평화를 지키려는 열망이

● 대략 100파운드(45킬로그램) 무게를 나타내는 척도 단위.

간절했다. 호스로 1세는 몹시 필요했던 자금을 지원받았던 그의 백성들을 상대로 로마인으로부터 공물을 받는다는 위엄을 과시할 수 있었다. 호스로 1세는 왕족 내부의 잠재적인 경쟁자들에 맞서 권력을 공고히 하려는 계획의 일환으로 마즈다크교의 종교 운동을 억압하면서 그 지도자와 주요 지지자들을 처형했다. 훗날의 전승은 그의 긴 치세를 황금시대로 기억했는데, 이 시기에 로마 제국 또한 강력하고 공정하게 통치되었으며, 아울러 왕중왕의 권력도 사산 제국 전역에서 더욱 강력해졌다고 한다. 사산조 군대는 양과 질이 모두 향상되면서 하급 귀족과 현지 지주들이 직접 왕실에 고용되어 전쟁 훈련을 받았고, 동서남북에 4개의 상설 사령부가 창설되었다. 이와 유사한 조직 개편으로 행정, 사법, 재정 구조가 개선되어 중앙 통제가 더욱 강화되었다. 학자들은 호스로 1세가 대귀족가문의 권력을 억제했다고 주장했는데 이러한 권력 견제는 과거의 강력한 군주들이 적극 추진했던 것이기도 하다. 공식 문서에 날인된 인장은 고위 군 지휘관 대다수, 특히 4개 사령부의 장군들이 계속 미흐란, 카렌, 수렌 같은 옛 저명한 가문 출신이라는 걸 보여준다. 이 가문들은 여전히 페르시아어와 파르티아어를 함께 사용했고 후대의 왕중왕 치세 때도 계속해서 중요한 지위를 차지했다. 호스로 1세의 명성이 후대에 높아진 것은 다른 여러 시기의 개혁과 훌륭한 관행이 그에게서 비롯되었기 때문이지만, 그가 어떤 변화를 얼마나 일으켰는지 또 그런 변화가 얼마나 깊게 제국에 영향을 미쳤는지 정확히 알기란 무척 어렵다. 그러나 그의 치세가 전성기일 때 제국의 힘이 대단히 강력했다는 주장은 타당한 것이다.[15]

유스티니아누스 역시 대단한 개혁가였고 하드리아누스 이후 제정된 로마 법률과 여러 까다로운 법적 문제에 존경받는 법률가들이 제시한 답변을 정리하도록 명령해 테오도시우스 2세가 진행했던 법전 사업을 더욱 발전시켰다. 그는 또한 훌륭한 건축가였다. 프로코피우스는 국경과 도시의 방어시설을 개선하는 그의 건축 계획에 관한 책을 집필하기도 했다. 가장 유명한 것은 유스티니아누스가 콘스탄티노플에 성소피아 성당의 건설을 의뢰한 것이었다. 이 대성당은 과거에 화재로 파괴된 작은 교회를 대체하기 위해 지어진 것으로, 성당의 거대한 돔—지진으로 파손되어 유스티니아누스 치세 말기에 다시 건축된 부분—은 로마 건축 공학의 가장 뛰어난 업적 중 하나다. 그는 오랜만에 제국을 다시 확장한 황제였고, 서로마 제국의 멸망 이후 잃었던 영토를 수복하여 통치권을 회복했다.[16]

이 모든 일이 즉각 벌어지지 않았고, 필연적인 것도 아니었다. 항구적 평화로 이어지는 여러 협상이 계속되던 532년 초엽에 유스티니아누스의 치세는 갑작스럽게 끝장날 뻔했다. 원형극장의 주요 파벌, 즉 녹색당과 청색당 지지자들은 강력 범죄를 저질러 유죄 판결을 받은 파벌 구성원의 처벌에 대해 항의했는데 이것이 빠르게 정치적 사건으로 돌변하여 소위 니카 폭동Nika riots이 불거져 나왔다(파벌들은 경주에서 응원하는 선수를 '니카'라고 외치며 격려했는데 이는 '승리'라는 뜻으로 니카 폭동의 표어가 되었다). 여러 고위 행정장관들의 해고나 처형을 요구하는 목소리가 있었고, 막후에서 영향력 있는 인물들이 유스티니아누스를 타도하고 그를 대체하는 인물을 찾고 있다는 게 알려졌다. 황실의 근위대 병력으로 니카 폭동을 통제하는 게 불가능해지자 황제는 수도에서 도망칠 계획을 세웠지만 테오도라가 "제국은 좋은 수의"라고 말하자 마음을 돌려 반란 진압에 나섰다고 한다. 유스티니아누스는 도망치지 않고 용감하게 벨리사리우스와 다른 지휘관에게 병사들을 이끌고 도시로 들어오게 했고, 특히 부켈라리이 또는 '부켈럼(로마군이 먹던 비슷킷) 먹는 자'로 불리던 고위 장교들의 정예 기병대도 함께 들어왔다. 이 단련된 전문 군인들은 재빠르게 폭도를 궤멸시켰고, 많은 사람이 죽거나 처형되었다. 처형자들 중에는 정치적 이득을 취하고자 혼란한 상황을 이용하려 했던 일부 인사도 포함되었다. 그리하여 제국의 통치권은 무력으로 회복되었다.[17]

내부 위협과 페르시아와의 새로운 충돌로부터 당분간 안전한 상황을 확보한 유스티니아누스는 533년에 다시 발탁한 벨리사리우스에게 1만 5000명의 군대를 이끌고 아프리카의 반달 왕국을 공격하도록 했다. 5세기에 여러 차례 참사를 겪었던 원정을 생각하면 그가 거둔 성과는 놀라울 정도로 신속했는데 반달족의 국력 대부분이 다른 곳에 집중되어 있을 때 벨리사리우스가 불의의 공격을 가했기 때문이었다. 2년 뒤 유스티니아누스는 이 뛰어난 장군에게 집정관직과 개선식을 하사했다. 벨리사리우스의 개선식에서는 포로로 잡혀 온 반달족 왕이 쇠사슬에 묶인 채 행렬 앞에서 콘스탄티노플 거리를 걸어갔다. 개선식에 전시된 전리품은 본래 예루살렘 유대교 성전이 파괴될 때 로마로 가져왔으나 반달족이 455년에 로마를 약탈할 때 아프리카로 가져간 황금과 장식품을 비롯해 호화로운 것들이었다.

성공에 고무된 유스티니아누스는 이후 벨리사리우스를 시칠리아로 보냈고 그곳도 빠르게 함락되었다. 나중에는 이탈리아를 공격했고, 또다른 원정대가 스페인에 상륙했다. 그 뒤에 전개된 군사 작전들은 예전보다 수행하기가 더 어려웠다. 서고트족이 지배하던 스페인은 일부만 점령된 반면에 이탈리아 대부분은 함락되었지만 이는 처음에는 동고트족, 그다음에는 롬바르드족과 기타 부족들을 상대로 수십 년 동안 싸움을 벌인 끝에 이룬 결과였다. 전쟁에 들어간 인력과 자금은 막대했다. 군대 봉급은 늦게 나오는 일이 빈번했고 그것이 병사들의 사기를 떨어트려 여러 차례 반란을 일으키는 빌미가 되었다. 로마군은 아프리카 방어시설과 주둔군을 돌파하기 위하여 국경 인근의 여러 부족들과 더 많은 전투를 벌였다. 각 지역에서 장기간 지속된 전쟁은 민간인들에게 엄청난 고통을 안겼고, 이탈리아에서조차 주민들은 해방자의 통치를 받는 게 더 좋다는 말을 냉소적으로 받아들였다. 그럼에도 불구하고 유스티니아누스 치세 중 지중해 주변의 대부분 영토는 제국으로 돌아왔고, 로마시 또한 수복되었다. 이러한 과정은 단계적으로 이루어졌고 황제의 야심은 성공을 거둘 때마다 더욱 증대되었다. 잃어버린 영토를 가능한 한 많이 수복한다는 욕구는 처음부터 강력했을 테지만 유스티니아누스가 일관성 있는 계획을 따라서 움직였다는 구체적인 증거는 없다. 이것은 페르시아와의 평화를 이루어서 서쪽에 군사적·재정적 자원을 투입할 수 있었기 때문에 가능한 일이었고 기회주의적인 것이었다.[18]

양국 간의 영구적 평화는 협상하는 데 대략 3년 반 걸렸고 체결 이후에는 겨우 7년 반 지속되었다. 그 전에도 긴장이 있었는데, 사산조와 동맹을 맺은 아랍 지도자들이 로마의 여러 공동체를 습격했으나 양국 간의 협상으로 이 사건이 두 제국 간의 충돌로 비화되지는 않았다. 마찬가지로 두 제국의 동맹국 지도자들 사이의 경쟁이 공공연한 전쟁으로 번졌을 때도 두 제국은 충돌에 직접 관여하지 않았다. 그러나 호스로 1세는 유스티니아누스가 서방에 몰두해 있고, 로마의 동방 속주들의 방어시설이 예전과 다르게 강력하지 않다는 것을 알고 있었다. 게다가 그는 로마 제국령 아르메니아 지도자들로부터 지원 요청을 받았는데, 그들은 더욱 직접적인 통제가 자국에 부과되는 것과 최근의 행정 구역 재편에 따라 아르메니아에 로마 주둔군이 들어오게 된 것을 못마땅하게 여기고 있었다. 왕중왕은 상대 제국의 약점을 간파했고 로마 속주 휘하의 도시들이 지닌 막대한 부를 떠올렸다. '형제' 유스티니아누스와 평화를 유지해야 한다는 매력은 점점 시들해졌다. 그는 여전히 선왕 카바드 1세가 동의했던 에프탈 훈족에 대한 연간 공물을 지급해야 했고, 사산조 군대와 방어시설을 유지하는 비용은 그대로 유지되었다. 비록 호스로 1세가 추진한 개혁 사업 중 일부만 진행 중이었다 하더라도 그 또한 상당한 비용이 들어갔다.[19]

페르시아 외교관들은 호스로 1세가 침공 구실을 찾고 원정을 준비하기 시작하면서 점점 더 공격적으로 나왔다. 유스티니아누스는 '형제'에게 서신을 보내 협정을 위반하지 말라고 강력히 촉구했다. 하지만 아무런 답신도 없었고 540년 5월 호스로 1세는 대군을 이끌고 유프라테스강 상류 쪽으로 올라갔다. 왕중왕은 행군 경로에 있던 가장 강력한 도시들을 무시했는데, 그 도시들은 그의 진군을 방해할 만한 주둔군을 보유하지 못한 것으로 보인다. 그는 수라를 공격했고, 로마 지휘관은 전사했다. 전사자의 이름은 아르사케스로 아르메니아인임을 알 수 있다. 로마 지휘관이 전사했음에도 사산인은 승리를 거두지 못하고 격퇴되었다. 하지만 차후 벌어진 협상에서 페르시아인들은 현지 주교를 속여 도시 안으로 병사들을 들여보내 빠르게 함락시켰다. 도시는 약탈되었고 주민들은 포로로 잡혔지만 인근의 다른 도시 주교가 2켄테나리아를 몸값으로 약속하자 풀려났다. 하지만 이 금액은 결국 지불되지 않았다. 또다른 도시는 2000파운드의 은을 호스로 1세에게 바치고 공격을 모면했다. 로마 사절단이 협상 차 도착했을 때 왕중왕은 황금 10켄테나리아를 준다면 로마 영토에서 완전히 물러나겠다고 제안했다. 그러는 동안에도 그는 베로이아를 약탈했고 그곳 주둔군 일부는 페르시아로 탈주했는데, 이는 당시 수많은 리메타네이가 로마군 복무에 별로 의욕이 없었다는 것을 보여준다.[20]

유스티니아누스는 돈을 주고 평화를 사고 싶지 않았고, 왕중왕은 지중해 해안을 향해 계속 행군해 들어갔다. 안티오크에서 주민들은 6000명의 로마군이 도착한 것에 고무되었고 그곳 지도자들은 공격을 피하려면 10켄테나리아를 내놓으라는 호스로 1세의 요구를 일축했다. 하지만 도시의 허약한 성벽은 최근 발생한 지진으로 더 취약해져 있었고 그들은 페르시아군의 총공격에 강력히 대응할 만한 처지가 못 되었다. 안티오크 시민들은 최선을 다해 저항했지만 빠르게 압도당했다. 로마 정규군은 전투에서 별다른 역할을 해내지 못했고 페르시아군이 성벽을 넘어 몰려올 때 도시 한쪽으로 빠져나갔다. 평시에 안티오크 주민은 수십만 명이었고 많으면 50만 명도 되었으나 상당수가 이미 도망쳤다. 그럼에도 안티오크 약탈로 얻은 포로와 약탈물은 페르시아군이 최근 벌인 여러 전투 중에서 가장 큰 소득을 가져다주었다. 한 교회는 소장 중인 금은보화를 건네주고 온전할 수 있었지만 도시의 나머지 건물들은 전소되거나 파괴되었다.

호스로 1세는 지중해에서 몸을 씻고 제국으로 돌아가기 위한 행군을 시작했다. 그 과정에서 만나는 도시마다 돈을 갈취했으나 어느 곳도 선뜻 저항하려 하지 않았다. 이전에 이미 로마 사절들이 왕중왕을 만나서 캅카스 산길을 보호하는 군인과 방어시설에 들어가는 비용을 명목으로 즉시 50켄테나리아를 지급하고 이후 매년 5켄테나리아를 지급하기로 합의한 바 있었다. 로마 황제의 체면을 살려주기 위해 이 돈을 공물로 선포하지는 않았다. 사산조 군대가 철수하자 협정에 동의한다는 유스티니아누스의 서신이 호스로 1세에게 도착했고 이로써 평화 협정이 체결되어야 했다. 하지만 약탈의 성과에 크게 고무된 왕중왕은 다라를 포위 공격하려는 야욕을 억제하지 못했다. 성벽을 허물려는 페르시아인의 시도는 로마인의 대항 갱도에 의해 좌절되었지만 성 안의 시민들은 호스로 1세에게 공성전을 그만둔다면 1000파운드의 은을 건네줄 의사가 있다고 밝혔다. 그 전투는 그때까지 여러 세대 동안 사산조 왕중왕이 수행했던 군사 작전 중 가장 성공적이고 유익한 것이었다. 왕중왕은 전리품 일부를 사용해 크테시폰 근처에 새로운 도시를 건설했고 전투 중에 붙잡은 포로들을 수용하기 위한 또다른 왕립 도시들도 건설했다. 왕중왕은 새로운 도시를 '베흐 안티오크 호스로'라고 명명했는데, '호스로의 더 나은 안티오크'라는 뜻으로 자신의 업적을 널리 상기시키기 위한 명칭이었다. 후대의 전승은 이 새로운 도시가 크테시폰의 쌍둥이 도시로 설계되었다고 말한다. 이로써 호스로 1세는 절박한 유스티니아누스가 내놓은 좋은 조건의 평화 협상을 걸어찼다.[21]

벨리사리우스는 이탈리아에서 전쟁이 진행 중인 상황에서 소환되어 동방의 지휘권을 부여받았지만, 적은 병력으로 많은 성과를 거두기는 어려웠다. 병력 대다수는 사기가 떨어져 있었고 장교들과 동맹군 지도자는 전투에 협력하거나 명령을 따르는 것을 힘겨워했다. 로마군은 아시리아를 습격해 한 작은 도시를 점령한 후 철수했다. 호스로 1세와 그의 주력군은 현장에 있지 않았기 때문에 로마군의 승리는 더욱 사소한 것이 되었다. 당시 왕중왕은 북쪽에 가 있었고 최근 이베리아를 공격했던 훈족들을 상대로 전쟁할 계획이었다. 실제로 그는 로마와 동맹을 맺은 걸 후회하는 라지카 국왕에게서 도와달라는 호소를 받았다. 라지카는 강력한 중앙 정부에 대해 반감을 갖고 있었는데, 그 지역의 로마 주둔군 지휘관의 무례한 언행으로 반감이 더욱 강화되어 있었다. 페르시아 군대가 라지카로 진군했을 때 현지 국왕은 호스로 1세를 해방자로 맞이했다. 페르시아군은 격전을 벌인 뒤 새로 건설된 도시 페트라의 로마군 주요 기지를 점령했고, 근처에 있던 로마 주둔군은 퇴각했다. 하지만 이 모든 성과에도 불구하고 로마인이 아시리아를 공격했다는 소식이 들려오자 많은 페르시아인, 특히 그 지역에 가족을 둔 사람들 사이에 불만이 생겨났고 페르시아 주력군은 황급히 라지카에서 철수했다.[22]

541년 후반, 이집트에서 전염병이 발생했는데 남부 아프리카의 여러 왕국에서 온 여행객들로 인해 전파된 것이었다. 그 후 몇 달 동안 질병은 로마 제국 전역과 그 너머로 퍼져나갔지만 그에 관한 기록은 남아 있지 않다. 향후 수십 년 동안 많은 지역에서 다시 나타날 이 역병은 프로코피우스와 다른 역사가들이 남긴 기록에 따르면 선線페스트의 한 형태였음이 분명하다. 그렇다고 해서 발진티푸스와 같은 다른 질병이 전파되지 못했다는 의미는 아니다. 유스티니아누스 역병은 14세기 유럽의 흑사병과 자주 비교되었고, 20세기 초 아시아 역병과 함께 역사상 가장 심각한 전염병으로 기록되었다. 모든 학자가 전염병의 피해 규모에 대해 동의하는 것은 아니며, 사망자 수를 측정하고 역병의 광범위한 경제적·사회적 영향을 추적하는 데 필요한 발병 전후의 인구 수준에 관한 상세한 통계가 없기 때문에 확실하게 말할 수 있는 것은 없다. 따라서 해당 역병이 얼마나 큰 영향력이 있었는지, 장기적인 인구 통계에 얼마나 큰 영향을 미쳤는지, 혹은 고대 세계를 강타했던 안토니누스 역병이나 다른 역병과 비교하면 얼마나 큰 손실을 입었는지 등도 명확하게 알기가 어렵다. 분명한 것은 많은 사람들에게 끔찍한 경험이었고, 적어도 인구가 밀집한 도시들의 사망자 수는 치명적일 정도로 높았다. 그러나 병에 걸린 사람들이 모두 죽은 것은 아니었다. 유스티니아누스는 전염병에 걸려 위중한 상태가 되었지만 결국 회복하여 장수했다. 전염병에 의한 사망으로 군대나 행정부가 처참한 손상을 입었다고 볼 수는 없지만, 전염병은 어느 때 어떤 장소이건 노련하고 잘 훈련된 병력을 죽이거나 약화시켜 군사적 상황을 무척 힘들게 만들었다.[23]

542년, 호스로 1세는 또다시 유프라테스강을 건너 공격해왔는데 540년에 약속한 몸값을 지불하지 않은 주교를 처벌하기 위해서였다. 주교의 도시는 배상금으로 교구 내의 보물을 바치라는 압력을 받았지만 돈을 주지 않고 페르시아 군대의 공격을 버텨냈다. 호스로 1세는 이전 군사 작전에서 약탈하지 못한 도시들에 가고 싶어했다. 내심 예루살렘과 그곳의 막대한 부에 눈독 들이고 행군하려 했지만 대규모 로마 야전군을 거느린 벨리사리우스에게 막혔다. 여러 차례 협상이 진행된 뒤 왕중왕은 로마가 길을 열어준다면 그냥 물러나겠다고 합의했지만, 돌아가는 길에 칼리니쿰을 점령하며 또다시 합의—적어도 로마인이 합의라고 이해한 것—를 깼다. 그 도시의 방어시설은 너무 황폐해져서 적의 공격을 막아낼 수 없었기에 금방 함락되었다. 왕중왕은 당시 널리 퍼지고 있던 전염병을 의식해 그 후 페르시아 제국으로 돌아갔다. 그해 늦여름에 유스티니아누스는 일부 남부 전선에 있던 지휘관들에게 사산조 아르메니아로 진군하라고 명령했다. 결국 3만여 명의 로마군이 한 곳에 집결하여 사산조 수비대를 수적으로 완전히 압도했다. 그들은 여러 도시를 점령했고 이런 성공으로 지나치게 자만하여 부주의해졌다. 사산조 군대의 지휘관은 능숙한 매복 작전을 구사해 로마군을 복병이 있는 곳으로 유인하여 대승을 거뒀다.[24]

이듬해 호스로 1세는 다시 공격해왔고, 이번에는 오스로에네 쪽으로 향하다가 에데사를 포위했다. 두 달이 지난 후에도 도시는 여전히 저항했고 왕중왕은 5켄테나리아를 받고 물러났다. 540년의 영광스러운 시절 이후 공세로 인한 수익은 점점 줄어들었기 때문에 호스로 1세는 평화 협상을 통해 이득을 보는 쪽으로 마음을 바꾸었다. 장기간 이어진 협상 끝에 로마인은 일시에 20켄테나리아를 지급하는 데 동의했고, 545년에 5년간의 정전이 선포되었다. 이 합의는 대체로 메소포타미아와 남쪽에 적용되는 것이었지만, 외교 절차에 대해 서술한 한 사료에 따르면 호스로 1세는 다라를 기만전술로 점령하려 했다고 비난받았다. 그는 사절단 일행이 모두 도시에 입성할 수 있을 거라고 기대하며 다라에 파견한 특사의 호위를 강화했으나 호위대는 결국 도시에 입성하지 못했고, 기만작전으로 다라를 점령하려 했던 시도는 실패로 돌아갔다. 이로 인해 정전 협정이 파탄 나거나, 캅카스 산맥에서의 전쟁이 재개될 것으로 보이지는 않았다. 라지카 국왕은 사산조의 점령이 흑해로의 접근을 제한하고 흑해 연안 무역도 크게 줄일 것이기 때문에 그것이 로마인의 통치보다 더 나쁘다고 판단해 캅카스 산맥에서의 전쟁은 일어나지 않았다. 그들은 또한 기독교인으로서 조로아스터교로 개종시키려는 사산조의 포교에 분개해 547년에 반란을 일으켰다.[25]

호스로 1세는 전쟁을 더 넓은 영토를 획득하는 기회로 여겼고 특히 흑해 주변 왕국들 중 일부를 점령하고 싶어했다. 유스티니아누스는 라지카를 지원했는데 페르시아 제국은 그런 조치에 대응하기 위해 미흐란 가문 출신의 장군이 지휘하는 더 많은 병력을 현지로 보냈다. 시간이 흐르면서 로마인들과 그들의 동맹군은 이베리아를 침공해 우위를 점했다. 또다른 페르시아 군대가 해당 지역으로 파견되었지만 역시 대패했다. 페르시아는 여전히 페트라를 점령하고 있고, 라지족 국왕이 이에 대해 유스티니아누스에게 불평하자 황제는 현장 지휘관을 파면하고 다른 지휘관을 보냈다. 일부 인접 공동체는 로마의 존재가 마음에 들지 않아 페르시아 쪽으로 편을 바꾸었고, 로마 제국의 운명은 이리저리 흔들렸다. 551년, 5년의 정전이 끝났고 추가로 5년이 더 연장되었지만 라지카까지 협정이 확장되지는 않았기 때문에 어느 쪽도 영구적인 이득을 얻지 못한 채 전쟁은 계속 격화되었다. 다른 곳에서는 아랍 동맹들이 서로 싸우고 때때로 두 제국을 습격했으며, 두 제국이 멀리 떨어진 아라비아만의 문제까지 관여하면서 제국주의 경쟁이 지역적 야망과 대결을 더욱 부추겼다.

공식적인 평화 협상 과정은 언제나 그렇듯이 장기간 지속됐고 양국은 전반적으로 더 나은 조건을 확보하여 라지카나 다른 곳에서 우위를 점할 수 있길 바랐다. 하지만 유스티니아누스는 여전히 서쪽에서 진행 중인 전쟁들이 많아서 페르시아를 상대로 전력을 다해 전쟁을 벌일 수가 없었고, 호스로 1세도 에프탈족에게 더욱 신경 쓰게 되었다. 결국 561년에서 562년으로 넘어가는 겨울 동안에 두 제국 간 협정이 체결되어 50년의 평화가 선포되었다. 이는 두 제국뿐만 아니라 그들의 아랍 동맹에게까지 구속력이 있었다. 라지카는 로마령으로 인정되었지만, 로마인이 라지카 왕국의 일부라고 생각한 반면 페르시아는 그렇게 생각하지 않은 지역의 소속은 불분명하게 남았다. 사절 교환과 교역을 통제하는 다른 조항 외에도 로마인들이 다라에 최소한의 주둔군만 두겠다고 합의했기 때문에 사산인은 더 이상 다라에 대해 불평하지 않았다. 하지만 그 합의의 핵심은 또다시 로마인이 평화를 샀다는 것이었다. 그들은 매년 3만 금화(500파운드의 금에 해당)를 지급하기로 약속했고, 첫 7년은 즉시 해당 금액을 지급하고 나머지는 일정한 간격으로 분할하여 지급하기로 했다. 유스티니아누스는 또한 이보다 훨씬 더 적은 보조금을 여러 아랍 지도자들에게 지급하기로 했고, 아랍 부족들은 반대급부로 더 이상 로마 영토를 습격하지 않겠다고 약속했다.[26]

호스로 1세는 대체로 이 협정에서 유스티니아누스보다 많은 것을 얻어냈지만 전쟁이 그에게 유리하게 돌아갔을 때에 원했던 만큼은 아니었을 것이다. 동시에 그는 멀리 아라비아만까지 남부 아라비아에서의 영향력을 크게 증대시켰다. 또한 북동부 국경에 있던 에프탈훈족도 격파했다. 이 승리는 반대쪽인 북서쪽 방향에서 에프탈족의 영토에 압박을 가하던 투르크 부족과의 동맹을 통해 달성되었다. 과거에 흔히 그랬던 것처럼, 승리의 안도감은 일시적이었고 570년경에 왕중왕은 제국 국경 주변에 새롭게 등장한 더욱 공격적인 유목민 부족인 서투르크족과 전쟁을 치르게 되었다. 로마인들은 서투르크족과 동맹을 맺고 그들의 공격을 배후 지원했다.

유스티니아누스는 서로 이득이 되는 방어시설을 위한 자금임에도 불구하고 페르시아인들에게 영구적인 지급 책임을 받아들이면서 명성에 타격을 입었다. 이탈리아에서의 전쟁은 계속 격화되었고 다른 정복 사업들도 도전받았다. 발칸 지역의 로마 속주도 심각한 공격을 받았다. 548년 이래로 홀아비인 황제는 이제 80대였고 점점 더 쇠약해졌다. 562년 여름에 그를 암살하려는 음모가 미수에 그쳤고 그 여파로 벨리사리우스는 불명예 조치를 당하고 재산과 사병을 몰수당했다. 이는 실제로 그가 음모에 관여했다기보다는 오래 지속된 그의 명성, 최근 발칸 지역 국경에서 거둔 실망스러운 전과, 고위 장교들 사이에 벌어진 경쟁 때문에 내려진 조치였다. 다른 지휘관들은 565년 원형극장 파벌들이 일으킨 새로운 반란을 제압해야 했고, 이 임무는 철저하면서도 잔혹하게 처리되었다. 유스티니아누스는 그해에 사망했고 후사가 없어서 조카 유스티누스 2세가 황제 자리를 이었다. 황제 사후에 몇 차례 체포와 처형이 있었지만 전반적으로 승계 과정은 순조롭게 진행되었다.[27]

유스티누스 2세는 처음에는 충실히 호스로 1세에게 황금을 보냈지만, 그와 동시에 라지카 근처의 분쟁 영토에 대해 다시 문제를 제기했고 페르시아 아랍 동맹들에게 약속한 보조금 지급을 중단했다. 그의 마음을 돌리려는 여러 차례의 외교적 시도가 실패로 돌아가자, 아랍 집단은 약탈적인 습격을 시작했고, 양측의 아랍 동맹들 사이에도 광범위한 충돌이 발생했다. 569년, 유스티누스 2세는 사산조에 다음 지급분을 지불하지 않았고 투르크족에 사절들을 보내 동맹을 체결하고자 했다. 페르시아령 아르메니아의 주민 다수는 페르시아의 통치와 조로아스터교 전파가 자국에서 재개된 것에 불만을 품고 로마인들에게 도움을 호소했다. 이를 계기로 571년에 반란을 일으켜 수렌 가문 출신의 사산조 총독을 살해했다. 그는 여러 귀족 부인들을 유혹해 문란한 것으로 악명 높았던 인물이었다. 많은 이베리아인 역시 로마 쪽으로 전향했다. 1년 뒤 유스티누스 2세는 대규모 군사 작전이 준비되지 않았음에도 총력전을 벌이기로 결정했다. 사령관 마르키아누스는 황제의 명령을 받아 페르시아 영토를 공격하여 약탈했고, 573년 로마인은 다시 한번 니시비스 점령을 시도했지만 실패했다. 로마군은 사산조의 역공에 패주했고, 사산조 군대는 이 성과를 바탕으로 다라까지 점령했다.

원정전의 실패 소식은 유스티누스 2세에게 정신적 붕괴의 원인으로 여겨졌으며, 한 사료에 따르면 그는 짐승 같은 소리로 아우성쳤다고 한다. 그의 부인이자 테오도라의 조카딸인 아일리아 소피아는 호스로 1세에게 정전을 호소했다. 그녀는 당신 같은 위대한 왕이 무방비 상태의 여자를 상대로 전쟁을 치르는 것은 불명예스러운 일이고, 정전에 응한다면 황금을 지급하겠다고 제안했다. 그리하여 1년간의 정전이 선포되었고, 고위 장교인 티베리우스 2세가 부제이자 공동통치자로 선언되었다. 유스티누스 2세는 5년을 더 살았고 때때로 의식이 또렷하게 돌아오는 순간도 있었지만 회복되지 않을 것임이 분명했기 때문이다. 호스로 1세는 로마 당국에게 설득되어 정전 기간을 3년으로 늘렸지만 협정 내용이 아르메니아와는 무관하다고 주장하며 그곳에서 전쟁을 계속했다. 사산조 대군은 반란을 일으킨 영토를 전부 회복한 후에 로마 속주에 공격을 가했다. 주요 도시를 점령하지 못한 페르시아군은 카파도키아로 갔지만 패배했다. 호스로 1세는 본인의 치중차를 상당수 잃어버렸지만 휘하 병력의 선두에 서서 코끼리를 타고 산맥을 넘었다. 이후에 그는 이전보다 선뜻 협상에 나서려고 했지만 전투는 계속되었고 승패가 매번 바뀌었다.[28]

유스티누스 2세는 결국 578년에 사망했고, 같은 해 티베리우스

2세는 제국의 동부군을 지휘할 새로운 사령관을 임명했는데 그는 바로 나중에 황제 자리에 올라 병법서 《스트라테기콘》을 집필한 마우리키우스였다. 그는 적극적이고 유능한 지휘관이었고 연달아 성과를 냈는데, 579년 호스로 1세가 사망하여 페르시아인이 전쟁할 여력이 없는 상황에도 어느 정도 도움을 받았다. 하지만 옛 협정을 토대로 평화 상태로 돌아가자는 로마인의 호소는 호스로 1세의 아들 호르미즈드 4세가 다라의 양도를 거부하면서 성사되지 못했다. 양국 간의 전쟁은 계속되었고 로마인들은 더 많은 승리를 거두었다. 581년, 마우리키우스는 크테시폰를 함락시키기 위한 공세를 시작했지만 별로 성공을 거두지 못했다. 페르시아인이 에데사를 공격하자 마우리키우스는 되돌아가 그곳을 지켜야 했으므로 크테시폰을 포기할 수밖에 없었다. 그가 군사적 성과를 올리면서 로마의 자신감은 회복되었고 야심은 더 커졌다. 페르시아군이 이듬해 봄에 다시 공격해왔을 때 마우리키우스가 그들을 격퇴했기 때문에 에데사 회군에 따른 실망은 일시적인 것이었다. 이제 티베리우스 2세는 건강이 좋지 못했고 왕조의 미래를 걱정했다. 마우리키우스는 콘스탄티노플로 소환되었고 황제의 딸과 결혼하여 부제로 선포되었다. 티베리우스 2세는 몇 달 뒤 사망했는데, 병사이거나 독살일 수 있었다.[29]

마우리키우스가 제위에 올라 통치를 시작했을 때 43세였고 지난 2세기의 선례를 따라 더 이상 군사 작전에 나서지 않고 콘스탄티노플 내부나 그 인근에서 시간을 보내며 하급자에게 전쟁 지휘를 맡겼다. 대체로 이 작전은 성공했고 로마군은 사산조의 습격에 대항하여 국토를 지키는 수세적 자세에서 벗어나 페르시아 영토를 더 자주 공격했다. 이러한 성공은 부분적으로 호르미즈드 4세가 투르크족과 전쟁 중인 전선으로 최정예 부대와 지휘관을 파견하여 동부 전선을 등한시한 덕분이었다. 성공도 있었고 일부 패배도 있었지만 그 자체로 결정적인 전투는 없었다. 양국 간의 전쟁은 계속되었고 로마인은 사산조의 평화 제안을 거부했다. 더 나은 조건을 확보하기 위한 이러한 결단은 하나의 도박이었는데, 마우리키우스가 물려받은 국고가 모든 전선에 병력을 투입할 수 있을 정도로 충분치 않았기 때문에 어쩔 수 없는 선택이기도 했다. 무엇보다 서방 속주에서 전쟁을 계속하는 동시에 페르시아와 전쟁을 한다는 것은 인력, 자금, 집중력 같은 자원을 다른 국경에서 빼내 와야 한다는 것을 의미했기에 군사적으로도 재정적으로도 아주 벅찬 일이었다. 그 결과 아바르족과 다양한 슬라브족이 국경을 침략해와 발칸 지역에서 로마군은 여러 차례 패배했다. 이 외에도 지난 수십 년에 걸쳐 전염병, 지진, 화재, 기타 자연재해 등이 발생해 교역과 세입에 악영향을 미쳤다. 치세 내내 마우리키우스는 늘 자금이 부족했고 재정 상황을 개선하려는 여러 시도는 그에게 탐욕스럽다는 평판을 안겨주었다. 한 가지 절박한 조치는 군인의 봉급을 줄이는 것이었는데 이로 인해 여러 차례 반란이 일어났고, 특히 동방에서 가장 심각한 반란이 야기되었다. 그곳에서는 심지어 사산조 습격대를 물리쳤음에도 불구하고 한동안 5000여 명의 로마군 부대가 독립적인 군사 행동을 취하기도 했다. 이제 심각한 내전과 황제의 통치에 대한 도전으로 상황이 무르익은 것처럼 보였지만 마우리키우스의 행운과 통치 능력 및 적절한 양보가 내전을 막았고, 결국 반란자들은 다시 황제의 통제 아래 들어오게 되었다.[30]

589년, 마우리키우스는 승전하여 유리한 협정 조건을 확보할 목적으로 최후의 일전을 결심했다. 한 공격은 메소포타미아에서 시작되었고, 다른 공격은 로마령 아르메니아에서 페르시아령 아르메니아로 진격해 들어갔다. 후자는 라지카에서 재개된 반反페르시아 움직임의 지원을 받았는데 페르시아 영토 습격은 이베리아인이 앞장섰다. 호르미즈드 4세는 직접 군사 작전에 나선 것 같지 않지만 이즈음 그의 가장 유능한 장군 바흐람 초빈은 투르크족을 물리쳤고 로마인과 그들의 동맹을 상대하기 위해 현장에 파견되었다. 그는 몇 차례 소소한 성과를 올렸지만 결국에는 로마인과 라지카 동맹들에게 패했다. 왕중왕은 패배 소식에 격노하여 장군을 파면조치하고 공개적으로 모욕했으나 그것은 심각한 실책이었다. 모욕을 당한 장군이 반란을 일으켜 왕중왕을 축출하고 자신이 권력을 잡겠다고 마음먹었기 때문이다.

바흐람 초빈은 사산조 왕가와 혈연이 없었고, 있었다 하더라도 지극히 먼 관계였을 것이다. 그는 아마도 기존의 파르티아 귀족 가문의 사람이었을 확률이 높다. 따라서 아르다시르 1세가 마지막 아르사케스 왕을 살해한 이래 사산조 직계 혈통이 아닌 인물이 최초로 왕중왕으로 선포되었고 자신의 화폐를 주조하기 시작했다. 많은 귀족과 귀족의 사병들이 바흐람 초빈을 위해 모였고 이내 더 많은 귀족이 추가 합류했다. 반면에 호르미즈드 4세를 지지하는 세력은 점점 줄어들었다. 반란군이 크테시폰에 접근하자 고위 궁정 신하들은 왕중왕이 가망 없다고 판단했다. 호르미즈드 4세는 폐위되어 처형되었고 그의 아들 호스로 2세가 왕중왕으로 선포되었으나 바흐람 초빈은 단념하지 않았고 며칠도 되지 않아 양측의 군대가 교전하게 되었다. 젊은 왕중왕에게 충성하는 자들은 완패했고 호스로 2세는 로마 제국으로 달아나 마우리키우스에게 자신을 왕중왕으로 복위시켜달라고 호소했다. 그는 그렇게 해주면 로마의 영토를 넘겨주고 로마 황제의 '아들'이 될 것이며, 양국 사이의 평화 협정은 '죽을 때까지' 유지하겠다고 맹세했다. 마우리키우스는 이에 동의했고 이 소식이 페르시아에 전해지자 많은 귀족들이 찬탈자 대신 호스로 2세 편에 섰다.[31]

로마군의 도움을 받은 호스로 2세는 귀국했고 찬탈자 세력을 비롯한 더 많은 지지자를 결집시켰다. 바흐람 초빈은 군 사령관다운 기질을 보여줬으나 격전 끝에 결국 호스로 2세가 승리했다. 패배한 장군은 투르크족 사이로 대피했지만 돌아올 기약도 없이 곧 살해되었다. 591년, 승리한 호스로 2세는 마우리키우스와 맺은 평화 협정 조건을 확정했고, 로마 황제는 페르시아인 '아들'이 거둔 성공에 기뻐했다. 로마령 아르메니아의 마르티로폴리스와 페르시아령 아르메니아의 다른 영토와 마찬가지로 다라도 로마에게 반환되었고, 이베리아 같은 몇몇 지역은 두 제국 간에 분할되었을 가능성이 크다. 여러 세대에 걸쳐 처음으로 로마인은 평화의 대가를 지급하지 않아도 되었다. 장기간 계속돼온 전쟁은 이미 빠듯한 제국의 재정에 큰 부담을 주었지만 이제 전쟁은 끝났고, 마우리키우스에게는 다른 문제들을 처리할 여유가 생겼다.[32]

돌이켜보면 수십 년에 걸친 전쟁 이후 양쪽이 얻은 것이 거의 없다는 사실은 놀랍다. 로마인은 마지막에 군사적 성공을 거두었지만 주로 바흐람 초빈의 전례 없는 반란 덕분이었다. 전반적으로 로마 제국은 유스티니아누스가 지중해 주변에서 얻은 이득을 지켰고, 사산조와의 평화 협정 이후에는 이전 몇 세기 동안 그랬던 것보다 더 많은 동방의 영토를 보유하게 되었다. 이러한 최근의 이득은 사산조의 희생을 바탕으로 하는 것이었다. 사산조는 투르크족에게도 약간의 영토를 잃었지만, 호스로 2세 치세 중 남쪽 지방에서 얻은 이득은 그대로 지킬 수 있었다. 6세기 막바지에 두 제국은 국경을 접한 어떤 개별 국가나 지도자보다 크고 강력한 모습을 견지했다. 늘 그랬던 것처럼 양국은 여러 위협에 직면해 있었기 때문에 상대방과의 전쟁에 전력을 다할 형편이 되지 못했다. 전반적으로 로마인과 사산인의 전쟁 수행 능력은 서로 비슷했고 어느 쪽도 두드러지는 전략적, 전술적 우위를 점하지 못했다. 각 제국은 꽤 유능한 장교들이 지휘하는 잘 훈련받은 군인을 상당수 동원할 능력이 있었다. 군대와 전투 방식은 매우 유사했고, 적어도 서로 전쟁하는 동안에는 그런 유사점이 더욱 두드러졌다. 마찬가지로 각 제국의 행정 및 재정 체계도 계속 효율적으로 작동해서 군대를 통제하고 전쟁을 지원할 수 있었다.

이러한 제도에는 변화보다 지속성이 더 많았지만 여기에는 강점과 약점이 모두 있었다. 페르시아는 6세기에 접어들면서 끝나갈 때까지 대규모 내전으로 몸살을 앓았다. 로마 제국은 여러 차례 내전의 가능성이 있었지만 본격적인 내전은 면했다. 문화적으로 로마 제국은 크게 변했고 무엇보다도 정체성이 점점 더 기독교화되면서 고대 그리스-로마 문화의 중요성이 줄어들었다. 유스티니아누스는 '이교도' 교육을 금지했고 아테네의 철학학교들을 폐쇄했다. 이러한 박해로 인해 그리스의 학자 무리가 사산조 궁정으로 향했고, 카바드 1세나 그의 아들에게서 진정한 철인왕의 모습을 보길 바랐다. 하지만 호스로 1세가 유스티니아누스와 맺은 협정 중에 그들이 로마 제국으로 도망가 안전하게 살 수 있도록(가르치면서 살 수 있는 것은 아닌) 보장한 조항이 있었기 때문에 그들은 실망했거나 향수병에 시달렸던 것 같다.

그러한 문화적 변화가 실제로 양국의 외교 방식이나 전쟁 수행 방식을 바꾸지는 않았다. 그러나 다른 측면에서 종교는 중요한 정치적 특징이 있었다. 조로아스터교 전파 시도는 아르메니아와 캅카스 왕국들에서 반란을 유발했다. 기독교인으로서(라지카 국왕의 경우 개종자로서) 이 지역 지도자들은 콘스탄티노플의 기독교 황제에게 호소하는 것이 더 손쉽다고 여겼다. 그러나 그것은 간단한 문제가 아니었고, 때로는 정치적 관심사로 인해 기독교 로마 제국에 반대하면서 조로아스터교 페르시아에 도움을 청하기도 했다. 그 중 일부는 기독교 공동체 내부의 지속적인 교리 차이로 인해 발생했는데, 이것은 손쉽게 독립적인 교회 계층제를 만들어내고 정치적·민족적 차이를 강화하는 경향이 있었다. 유스티니아누스는 제국 내부의 이단적 교리들을 특히 가혹하게 억압했지만, 그는 물론이고 다른 황제들도 외부 집단과 동맹을 추구할 때는 훨씬 더 유연하게 대처하는 경향을 보였다.

그렇다고 해서 페르시아 제국 내의 모든 기독교인이 사산조 통치에 불만을 표했던 것은 아니었다. 어느 왕중왕은 더 가혹했고, 어느 왕중왕은 더 관용적이었으며, 이러한 개별적 성격은 그들의 장군, 행정장관, 현지 관리, 조로아스터교 성직자에게도 똑같이 적용되었다. 호스로 2세는 기독교인을 아내로 받아들였고 기독교 집단에 관대했으며 심지어 후대에는 그가 개종했다는 황당한 전승까지 생겨날 정도였다. 박해에 대한 여러 일화는 장기간 지속되었던 호시절에는 별로 눈에 띄지 않고 각종 사료들 속에서 더 눈에 띄는 경향이 있다. 유스티니아누스의 가혹한 박해는 사마리아인의 반란을 야기했고, 유대인, 다신교 공동체, 이단적 공동체도 그런 박해의 여파를 느꼈지만, 사회 전반에 걸쳐서 종교 박해의 긴장 사태는 그리 심각한 것은 아니었다. 마즈다크교 운동이 페르시아에서 일으킨 반란과 격변, 장기간 지속된 심리적 상흔은 컸지만 두 제국이 종교적 위기에 빈번하게 처

했다는 증거는 없다.[33]

전반적으로 6세기가 저무는 시기에 두 제국이 아주 안정되어 있다는 인상을 준다. 두 제국은 여전히 강력하지만 어느 쪽도 상대방을 압도할 정도로 우세하지는 않았다. 단기적으로는 사산조나 로마제국이나 세력 균형을 본질적으로 바꾸지 않아도 필요한 이득을 취하고 동맹들을 확보하고 전투에서 승리하는 데 무리가 없었다. 마우리키우스는 페르시아에서 벌어진 권력 투쟁 덕분에 수십 년간 계속된 사산조의 우세를 역전시켜 로마 제국에게 유리한 상황을 가져왔다. 하지만 호스로 2세가 몇 가지 양보를 하기는 했어도 왕중왕의 권력을 치명적으로 약화시킬 만한 양보는 하지 않았다. 호스로 1세의 540년 침공을 제외하고 사산조가 거둔 어떤 성과도 약탈물과 포로의 측면에서 거대한 이득을 올려주지 못했다. 일시불이든 할부든 로마가 사산조에 제공한 자금은 무척 유용했고 군사 작전을 개시해야 하는 비용이나 위험을 없애주었다. 이 황금은 왕중왕의 궁핍한 재무 상황을 크게 개선시켰지만 오로지 그것 때문에 재무 상황이 좋아진 건아니었다. 로마인이 부담한 비용은 사산조 예산의 일부분일 뿐이었다. 공물을 주고받는 것과 관련한 위신은 전쟁과 협정의 기억만큼이나 각국에 중요했다. 6세기에 공물과 관련된 갈등이 빈번하게 발생했고, 통치자들 사이에서 오가는 형제애의 덕담에도 불구하고 서로더욱 적대적인 태도로 돌변하는 원인이 되었다. 대체로 호스로 2세가 마우리키우스에게 보이는 호의는 상당 기간 유지되었다. 그러나양국 간 경쟁의 오래된 뿌리는 여전히 그대로 남아 있었다.

17

최고조

600-621

로마인과 사산인은 5세기 대부분을 평화롭게 지냈고, 6세기 대부분은 전쟁을 하며 보냈다. 양측의 목표가 제한적이었음에도 불구하고 이러한 일련의 갈등은 치열한 양상을 띠었다. 대체로 전투는 캅카스 산맥 지역의 왕국들, 메소포타미아 국경 지역, 남부 사막 지역에서 벌어졌지만 주로 동맹 지도자들에 의해 대리전으로 수행되었다. 이들이 콘스탄티노플 황제나 왕중왕의 목표에 전적으로 동의하는 경우는 거의 없었다. 호스로 1세는 540년에 지중해의 물로 몸을 씻었고, 마우리키우스는 비록 점령하지는 못했지만 훗날 크테시폰까지 공격할 계획을 세웠다. 어느 쪽도 영구적인 정복을 생각하지는 않았고 대신에 군사적 영광을 얻고, 약탈물을 챙기고, 상대에게 압박을 가하려는 의도로 전투를 벌였다. 잦은 군사 작전만큼 두 제국 지도자 사이를 오간 사절단의 수도 많았다. 그들은 이전의 어느 시기보다 더욱 상대에게 예절을 갖추고 훨씬 더 자주, 더 많이 소통했다. 전쟁이 벌어지기 전에 각종 요구와 위협이 오갔고, 결국 더 약하다고 생각되는 쪽이 협상 과정에서 여러 가지 양보를 하며 합의에 이르렀다. 때로는 전투가 시작되기도 전에 합의가 이루어졌기 때문에 전쟁을 완전히 피하기도 했다.

두 제국은 상대가 강하고 현재로서는 정복을 통한 거대한 영토 획득에 필요한 자국의 군사적 우위가 충분하지 않다는 것을 잘 알고 있었다. 따라서 양국은 자신이 우위를 점하고 있는 경우 이를 강화하고, 약세에 있다고 느끼는 경우 이를 조정하는 것을 목표로 삼았다. 적어도 상대방이 더욱 강대해지는 것보다는 현 상태를 유지하는 것이 훨씬 나았다. 로마인과 사산인은 자국 국경에 있는 동맹 왕국들을 최대한 많이 지배하려고 경쟁했다. 그러나 진정한 의미에서의 통제는 거의 불가능했고 무엇보다도 캅카스 산맥 지역의 왕국들은 정말 다루기가 어려웠다. 전반적으로 각 전쟁과 전쟁에 따른 여러 협정의 결과에 따라 이득은 이쪽이나 저쪽으로 돌아갔고, 어느 한쪽이 더 우세하고 영구적인 이득을 얻는 경우는 별로 없었다. 메소포타미아에서 핵심은 방어시설을 갖춘 도시, 특히 주요 교통로를 장악해 군대·개인·상품의 통행을 관장하는 도시였다. 그러나 로마인과 사산인 중 어느 쪽도 이런 도시를 점령함으로써 세력 균형을 자신에게 유리하게 변경시킬 만한 힘은 없었다. 사산인은 실리를 핵심적인 목표로 삼아 평화를 유지하거나 수락하는 대가로 로마 황제에게 자금을 요구하거나, 로마 영토를 침공하여 강탈하거나, 지불을 거부한 공동체를 약탈함으로써 소득을 올렸다. 카바드 1세와 호스로 1세는 이런 식으로 부를 획득해 군대와 정부의 운영에 도움을 주었다. 하지만 대다수 군사 작전은 신통찮은 수익만 냈을 뿐이었고 로마 황제가 지급하는 보조금은 왕중왕의 재정적 궁핍을 덜어줄 정도로 충분하진 않았다.

전반적으로 6세기에 벌어진 로마인과 사산인의 연속적인 충돌은 양측이 치른 희생에 비해 놀라울 정도로 얻은 게 없었다. 전쟁의 비용은 역병의 여파와 마찬가지로 측정하기 어렵지만 두 제국은 쇠퇴의 흔적을 분명하게 드러냈다. 안티오크는 당대 가장 큰 도시 중 하나였지만 540년 사산조의 약탈에 의해, 그리고 이보다 더 심각한 연쇄적인 지진 피해로 인해 전성기보다 훨씬 초라해졌고 인구도 줄어들었다. 로마 제국은 6세기 동안 큰 수입원을 얻지 못했기 때문에 도나우강과 동부의 국경 외에 아프리카, 이탈리아, 스페인에서 재정복한 영토를 방어하기 위해 투입되는 비용이 큰 부담이었다. 새로운 해외 모험을 감행하기에는 여력이 없었고 전반적으로 황제와 그의 고문들은 원정전을 자제하려는 경향이 강했다. 마우리키우스의 《스트라테기콘》은 전통적인 지휘권과 장기적인 규율 및 훈련을 강조했지만, 동시에 현명한 장군은 명백하게 필요할 때만, 또 아군에게 최대한 많은 이익이 있을 때만 위험을 무릅쓰고 전투에 나서야 한다고 조언했다. 전쟁은 아군의 손실을 줄이고 패배의 위험을 최소화하기 위해 대회전보다는 책략, 기만, 비밀로 승리하는 것이 더 이상적이라고 말했다.[1]

7세기가 시작될 때 어느 제국도 상대를 제압하는 분명하고도 결정적인 우위를 누리지 못했다. 하지만 더 넓은 세상은 변화하는 중이었고, 이는 《스트라테기콘》에서 언급된 적들에 반영되어 있었으며, 각각의 적은 각기 다른 방식으로 대처해야 했다. 가장 유명한 적은 스키타이족과 동족으로 분류된 아바르족과 투르크족이었다(혹은 스키타이족보다는 덜 오래 되었지만 똑같이 모호한 명칭인 훈족으로 불리기도 했다). 그들은 유목민이었고 본래 스텝 지역 출신이었는데 아틸라의 훈족처럼 거대한 영토를 통치하게 되었고 방대한 지역에 정착해서 살았다. 《스트라테기콘》은 그들이 갑옷을 걸치고 때로는 말에게까지 갑옷을 입혔다고 말하지만, 그들은 주로 궁기병을 활용하여 싸웠다. 그들은 빠르게 움직이며 적을 기습하고 적의 가장 약한 지점을 공격했으며 도망치는 자는 누구든 무자비하게 추격하여 죽였다. 민족지학적 탐구 자체는 다양한 민족을 물리치는 방법을 보여주기 위한 군사 교범의 목적이 아니었기 때문에 이 민족들의 여러 행위와 성취는 전략과 전술에만 관심 있는 이 책에서는 별로 다루어지지 않았다. 교범은 그들이 만만찮은 상대라는 걸 인정했고 무엇보다도 그들이 강력한 지도자들 아래 단결되어 있다고 강조했다.[2]

아바르족과 투르크족의 발원지는 페르시아 북부보다 훨씬 더 동쪽에 있었는데 아마도 중국 국경 지역이었을 것이다. 7세기 초 중국은 몇 세기에 걸친 내전과 내부적 혼돈을 정리하고 당唐나라가 들어서서 제국의 지위를 공고히 하고 그 경계를 확장하는 중이었다. 아바르족과 투르크족은 6세기 말에 훨씬 더 서쪽에서 나타났으므로 그들의 이주가 전적으로 이런 중국 국력의 재기로 인한 것이라고 할 수는 없다. 늘 그렇듯 세부 사항은 모호하고, 여러 부족 내부의 경쟁은 물론이고 당나라의 등장으로 인한 외부적 경쟁과 압박에 관한 복잡한 이야기는 막연하게 재구성할 수밖에 없다. 각 집단이 페르시아에 처음 도착했을 때마저도 지극히 불투명하다. 아바르족은 흑해 북쪽에 도착했고, 투르크족은 사산조의 북쪽과 동쪽 국경 지역으로 왔다. 그곳에 이미 거주하고 있던 다양한 훈족은 쫓겨나거나 멸망하거나 흡수되었다.[3]

각 집단은 전쟁 지도자, 칸, 국왕, 혹은 아틸라에 견줄 만한 권력을 지닌 통치자의 지도력을 인정했다. 하지만 투르크족은 곧 동쪽과 서쪽의 칸이 지배하는 2개 집단으로 느슨하게 나뉘었다. 동쪽의 칸들은 중국 당나라의 무력에 직면해 고전했지만 서쪽의 칸들은 사산 제국 옆에 살면서 로마인들과 외교적 접촉을 했으며 때로는 캅카스 산맥에서 군사적으로 충돌하기도 했다. 아바르족은 아틸라가 그랬던 것처럼 서부 유럽으로 밀고 나아갔고 프랑크족과 롬바르드족은 물론 로마인들과도 대결했다. 그들과 함께 혹은 그들보다 앞서서 아바르족 칸의 직접 통치를 받지 않더라도 아바르족 칸의 권위를 인정한 다양한 슬라브족 집단이 등장했다. 이전처럼 로마 제국, 사산 제국, 그리고 당나라의 정착된 공동체는 지도력을 유지하기 위해 영광과 약탈이 필요했던 유목 민족의 군벌들에게 유혹적인 표적이었다. 여기서 변수는 그들을 상대하는 제국의 능력이었고, 그것은 두 제국이 어떤 상황에 놓여 있었는지에 따라 달라졌다. 이 때문에 아바르족과 투르크족의 커다란 성공이 그들이 강해서인지, 그들을 상대하는 제국이 약해서인지, 아니면 둘 다인지 정확하게 파악하기가 어렵다. 적어도 7세기가 시작될 때 분명했던 것은 투르크족은 사산인에게 그리고 아바르족은 로마인에게 큰 문제가 되었다는 것이다.

　이 시대의 여러 혁신 중 일부는 최근에 이주한 유목민 무리에 의해 도입되었다. 《스트라테기콘》은 등자가 로마 기병에게 표준 장비였다고 밝혔는데 당시 로마 기병대는 다양한 민족으로 구성되어 있었다. 등자는 스텝 지대에서 발명된 것처럼 보이며 아바르족이 도착했을 때 서방에 처음 선보인 것 같지만 실제로 로마인과 사산인이 언제 그것을 모방했는지는 분명치 않다. 결국 등자의 활용은 안장의 설계

변경을 가져왔고, 적어도 서기전 3세기부터 활용되었던 네 개의 뿔이 있는 형태의 안장은 뿔이 불필요해졌기 때문에 다른 형태의 안장으로 대체되었다. 등자는 기수가 장애물을 뛰어넘는 것을 돕고 신병이 실용적인 승마 기술을 습득하는 것을 더욱 쉽게 만들어줬다. 등자는 고대의 다양한 기병이 즐겨 감행했던 기습 공격에 필요한 장비는 아니었고, 파르티아인·로마인·사산인 철갑 기병은 등자 없이도 기습 작전을 잘 수행할 수 있었다. 아바르족과 다른 스텝 지역의 부족들은 로마인 및 사산인과 처음 접촉했을 때 등자의 혜택을 봤지만 곧 두 제국이 등자를 도입했으므로 그런 초기의 이득도 사라지고 말았다. 그들의 이점은 모든 유목민 전사가 그러했던 것처럼 그들이 뛰어난 기수이자 궁수이기 때문에 생겨난 것이었다. 등자의 도입이 로마인이나 사산인의 기병 전술을 크게 바꿨다는 흔적은 별로 없다.《스트라테기콘》에서 언급된 유일한 구체적 활용법은, 위생병이 양쪽 등자를 안장의 어느 한쪽으로 가져와서 부상병을 앞뒤로 받쳐주고 위생병과 부상병이 한 발씩 등자에 건 채 말을 달리는 것뿐이었다.[4]

유목민은 또한 새로운 형태의 투석기를 설계하고 운용하는 지식도 가져왔는데, 그것은 몇 세기 전 중국에서 발명한 것이었다. 전통적인 그리스와 로마의 투석기는 비트는 힘으로 운용되었고, 그 힘은 힘줄이나 털로 만든 끈을 꼬아서 와셔[고무나 쇠 따위로 만들어져 너트의 밑에 끼우는 둥글고 얇은 장치]로 고정된 스프링에 힘을 축적한 뒤 그것을 풀어 발사체를 날리는 방식에서 비롯되었다. 이 기계는 생산과 유지가 복잡했고 포함된 금속의 강도가 투석기의 크기를 제한했다. 중국의 발명품은 단순하지만 탁월했고 훨씬 더 큰 투석기를 실용적인 무기로 만들었으며, 날려 보내는 투석도 훨씬 더 큰 것이 사용되었다. 이 투석기는 중세의 명칭인 트레뷰쳇trebuchet으로 더 잘 알려져 있다. 높은 지지대가 중심의 기다란 투척부를 지지했고, 한쪽 끝에는 슬링[무거운 것을 들어 올리는 장치]이 있었는데 이것을 아래쪽으로 당겨 그 위에 발 사물[무거운 돌이나 달군 쇠]을 올려놓았다. 여러 명으로 구성된 발사팀 은 반대쪽 끝에 매인 줄을 붙들고 명령에 따라 최대한 잡아당겨서 슬 링에 놓인 발사물을 높이 던졌다. 훨씬 후에는 평형추가 사용되었는 데 던지는 힘이 훨씬 더 강해졌지만, 초기 형태도 신속하게 제작되 어 방어시설을 충분히 파손시킬 만큼 무거운 돌을 투척할 수 있었다. 이런 장치들 덕분에 아바르족은 성벽 도시들에게 심각한 위협을 안 길 수 있었다. 그들의 투석기는 초기 형태에 비해 설계가 워낙 단순 해서 다른 '부족' 군대도 로마인만큼이나 빠르게 모방했다. 사산조 가 이런 투석기를 활용했다는 것은 명확히 입증되지는 않았지만 사 용했을 가능성이 무척 높다. 등자의 경우도 그랬지만, 새로운 기술 을 처음으로 도입할 때의 이점은 다른 국가들의 신속한 채택으로 빠 르게 사라졌다.[5]

7세기가 시작될 때 로마 제국과 사산 제국은 다른 어떤 세력보다 더 크고 잘 조직되었으며 부유한 국가였다. 중국의 당나라가 두 제 국에 비견될 수 있었지만 사산인과 직접 접촉하는 것은 아니었으므 로 경쟁자가 될 수 없었다. 하지만 아바르족과 투르크족 연합은 강력 했고 과거 다른 부족 집단이 그랬던 것처럼 로마나 사산 왕조의 전면 적인 대응에 맞설 필요가 없었다. 당시 양국은 통치에 어려움을 겪 고 있었는데 특히 로마의 지원을 받아 내전에서 싸워야 했던 호스로 2세가 그러했다. 사산조 페르시아는 한동안 분열된 상태로 남아 있 었다. 제국의 북쪽에 있는 아르메니아에서는 주로 호스로 2세를 지지했던 자들이 반란을 일으켰다. 제국의 남쪽에서는 아랍 지도자들과의 관계를 유지하기가 어려웠는데 특히 호스로 2세가 여러 세대에 걸쳐 사산조에게 우호적이었던 당시의 라흠족 국왕에게 등을 돌리면서 관계가 악화되었다.

게다가 사산 제국 심장부에서는 파벌 싸움이 벌어졌다. 호르미즈드 4세의 두 처남은 과거에 반란을 일으켰으나 이제는 그의 아들 호스로 2세를 위해 내전에서 싸웠고, 처음에는 새로운 왕의 통치하에서 잘 해냈다. 연대가 모호하지만 어느 시점에 호스로 2세는 자신의 출세의 기반이 되었음에도 불구하고 그들을 냉담하게 대하면서 그들이 자신의 아버지인 호르미즈드 4세를 살해했다고 비난했다. 두 명 중 한 명은 처형되었고, 다른 한 명은 탈출해 왕중왕 자리를 노리는 반란을 일으켰다. 그는 페르시아 북부 지방에서 여러 파르티아 가문 사람들을 비롯해 불만이 많던 여러 집단을 결집시켰다. 그가 왕위를 주장할 만한 근거는 불분명했고, 기껏해야 사산조 왕가의 아주 먼 친척이라는 것뿐이었다. 새로 터져 나온 이 내전은 7년간 지속되다가 마침내 601년경 호스로 2세의 승리로 막을 내렸다. 거의 같은 시기에 투르크족도 그들끼리 내전에 돌입했기 때문에 사산 제국의 동부와 북부 국경에 가해지는 위협은 적어도 한동안은 사라졌다.[6]

마우리키우스도 곧 여러 문제에 휘말렸다. 앞서 살펴본 것처럼 그의 정부는 항상 자금이 부족했고 황제는 탐욕스럽다는 평판을 들었다. 한번은 콘스탄티노플에서 식량 부족 때문에 분노한 군중에게 야유와 욕설을 듣기도 했다. 사람들은 그가 위기를 벗어나려는 조치를 취하지 않았을 뿐만 아니라 심지어 위기를 초래했다고 믿고 있었다. 다른 이들은 그가 제멋대로 가족을 고위직에 앉혀서 부를 쌓게 한 것에 분노했다. 그동안 아바르족과 슬라브족은 콘스탄티노플에서 그다지 멀지 않은 흑해 해안과 인근 지역에 출몰해 기습 공격을 일삼았다. 마우리키우스는 더 이상 친정에 나서지는 않았지만 치세 중에 벌어진 전쟁들을 능숙하게 배후 조종했고 군대에서 최선의 관행을 확립하려고 고군분투했다. 이것이 가장 분명하게 드러난 것은 《스트라테기콘》을 직접 집필했거나 집필을 의뢰한 것이었다. 하지만 군 복무 조건의 개선—봉급은 줄였지만 다른 수입을 늘려 병사들에게 보상하는 것—은 계속 분노를 유발했고 심지어 동부에서의 반란이 진압된 후에도 병사들의 불만은 고조되었다. 그럼에도 발칸반도에서 군사 작전을 벌여 여러 성과를 획득했고, 국경의 방어를 재확립할 수 있었다. 아바르족에게는 무력 사용과 매수의 방법을 적절히 사용해 새로운 공격에 나서지 못하도록 했다. 슬라브족을 상대로도 여러 성과가 있었다. 602년 여름이 끝나갈 때 마우리키우스는 야전군에게 도시로 돌아와 겨울 숙영을 하는 대신에 도나우강 북쪽에서 계속 군사 작전을 수행하라고 명령했다. 《스트라테기콘》은 슬라브족을 상대로 싸우는 건 겨울이 제일 좋다고 주장했다. 왜냐하면 그들은 주로 매복 작전을 썼는데 잎이 다 떨어져 나무들이 앙상해지면 은폐 장소가 별로 없어서 그것을 수행하기가 훨씬 어려웠기 때문이다.[7]

실용적인 관점에서 황제의 명령은 타당했다. 슬라브족은 이미 로마군의 연속 공세로 휘청거리는 중이었다. 하지만 군사 작전을 펼치는 중에 일시적 소강상태가 찾아와 장교들과 병사들은 잡념에 빠져들었다. 막사에서 겨울을 보내는 것은 이유가 어찌되었든 유쾌한 전망은 아니었고, 이들의 억눌린 불만은 포카스라는 야심 넘치는 장교에 의해 부추겨져 폭발하고 말았다. 그는 황제로 선포되었고 자신의 지위가 안전하다고 느끼자 휘하 병력을 이끌고 콘스탄티노플로 진군했다. 수도에 남아 있던 마우리키우스가 뜻대로 지휘할 수 있는 병력은 극소수였고, 포카스와 그의 병력이 도착하기 전에 상황을 뒤집을 만한 지원군을 외부에서 불러올 가망이 없었다. 수도 주민 대다수는 황제에게 적대적이거나 무관심했다. 행정장관들을 규합하는 데 애를 먹은 데다가 여러 폭동에 직면한 마우리키우스는 602년 11월, 황족의 옷을 벗어 던지고 가족과 함께 도망치려고 했다. 포카스와 그의 군대가 콘스탄티노플로 입성했을 때 아무도 제지하지 않았고 그는 곧바로 대관식을 거행했다. 마우리키우스와 그의 가족은 보스포루스 해협을 건너 칼케돈으로 가려 했지만 곧 체포되었다. 11월 27일에 폐위된 황제와 그의 아들들은 처형되었고, 참수된 머리는 콘스탄티노플 전역에 효수되었다. 그의 핵심적인 협력자들은 살해되거나 공직에서 쫓겨나거나 강제로 은퇴해야 했다. 또 일부는 본의 아니게 성직자가 되었다. 그 시대에 누군가를 성직자로 만드는 것은 정계에서 축출하는 일반적 수단이었다. 최고위직 중 소수만이 간신히 편을 바꾸어 포카스 측으로 붙을 수 있었다.[8]

포카스는 여러 세대에 걸쳐 최초로 권력을 찬탈한 참칭자였다(많은 이가 황제를 상대로 쿠데타를 일으켰으나 실패했다). 하지만 모두가 그를 받아들인 것은 아니었는데, 동부 국경에 나가 있던 장군 나르세스는 새로운 황제를 인정하지 않았고 휘하 병력도 장군의 입장을 지지했다. 한동안 나르세스는 직접적으로 황위에 도전할 만한 폭넓은 지지나 추진력을 얻지는 못했다. 다른 고위직 인사들은 바람이 어느 쪽으로 부는지 사태를 관망하며 기다렸다. 포카스는 의심 많고 잔혹했으며 정적을 가차 없이 처형했다. 603년, 원형극장 파벌들이 콘스탄티노플에서 폭동을 일으켰고 이후 몇 년 동안 동부의 여러 도시에서 일어난 폭력 사태는 정치적인 성격을 띠었다. 잔인한 포카스는 반항적인 녹색당 지도자를 체포하여 생매장했다. 언젠가, 아마도 605년에 궁정에서 쿠데타 시도가 있었고 이로 인해 또다시 많은 사람들이 처형되었는데 여기에는 마우리키우스의 부인과 딸들, 그리고 생존한 그의 대다수 남녀 친척이 포함되었다.

마우리키우스는 자신의 정권이 무너지고 있을 때, 사산 제국에서 비슷한 반란을 피해 도망친 후 자신의 도움을 받아 권력을 되찾은 '아들' 호스로 2세에게 지원을 요청했다. 마우리키우스는 이제 예전의 빚을 갚아달라고 도움을 요청한 것이었다. 마우리키우스의 실제 아들 중 한 명인 테오도시우스는 사절단과 함께 왕중왕을 알현하고자 동방으로 갔다. 그들이 어디까지 갔는지는 불분명하며 구원 요청 계획은 무위로 돌아갔다. 포카스 정권은 테오도시우스와 사절단의 주요 인물이 붙잡혀 살해되었다고 주장했다. 오랜 관행에 따라 새로운 황제는 사절을 보내 사산조 통치자에게 자신의 즉위를 알리고 호의와 존중의 표시로 적합한 선물을 제공했다. 로마 사절단은 603년 크테시폰에 도착했으나 그곳에서 기존의 잘 확립된 외교 절차는 깡그리 무시되었다. 호스로 2세는 포카스를 정당한 황제로 인정할 수 없다고 주장하며 진짜 황제인 마우리키우스를 살해한 것에 항의하는 퉁명스러운 답신을 보냈다. 포카스의 사절은 구금되었고 마우리키우스를 위한 공식 애도 기간이 선포되었다. 마우리키우스가 예전에 곤궁한 호스로 2세에게 피난처를 제공하고 복위를 위해 군대를 파견했기에 왕중왕은 전쟁을 벌여 새로 들어선 포카스 정권에게 복수하겠다고 선언했다. 그는 한 청년을 데려와 그가 테오도시우스이며 로마

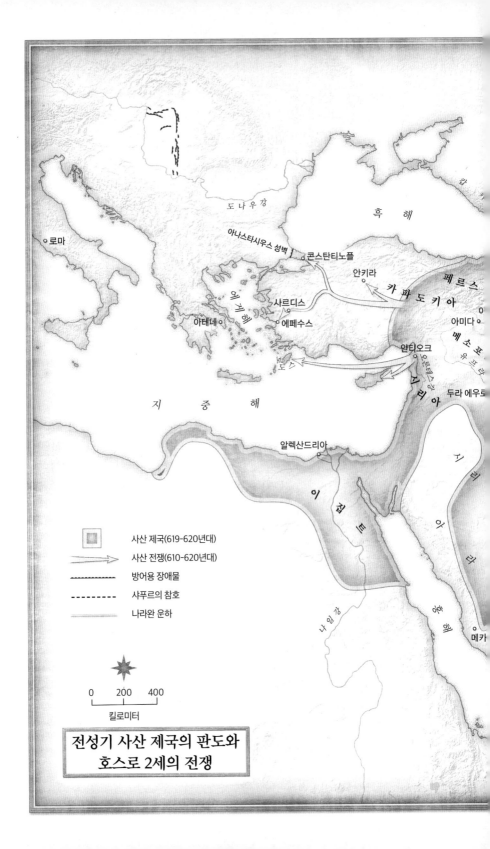

로마

도나우 강

흑 해

아나스타시우스 성벽

콘스탄티노플

안키라

카 파 도 키 아

페 르 스

에 게 해

사르디스

아미다

에페수스

메 소 포

아테네

안티오크

유 프 라

로 데 스

시 리 아

두라 에우로

지 중 해

알렉산드리아

이 집 트

시 나 이

메카

나 일 강

홍 해

사산 제국(619-620년대)

사산 전쟁(610-620년대)

방어용 장애물

샤푸르의 참호

나라완 운하

0   200   400

킬로미터

전성기 사산 제국의 판도와
호스로 2세의 전쟁

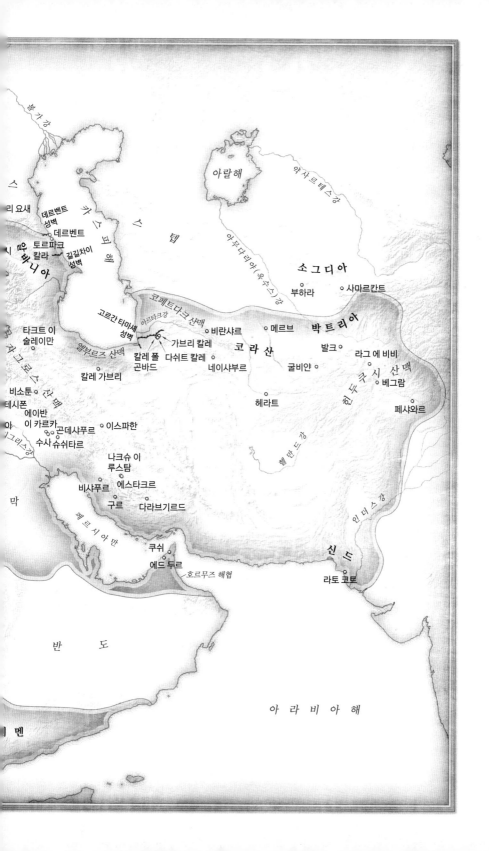

아랄해

볼가강

야사르테스강

스

리요새

데르벤트 성벽

데르벤트

토르파크 칼라 길길차이 성벽

카 스 피 해

스 텝

소 그 디 아

부하라

사마르칸트

아무다리아(옥수스)강

박 트 리 아

고르간 타마셰 성벽

코페트다그 산맥

아르타크강

비란샤르

메르브

발크

라그 에 비비

타크트 이 슐레이만

알부르즈 산맥

칼레 폴

가브리 칼레

다쉬트 칼레

코 라 산

굴비얀

히 두 쿠 시 산 맥

베그람

칼레 가브리

곤바드

네이샤부르

헤라트

페샤와르

비소툰

자 그 로 스 산 맥

테시폰

에이반 이 카르카

곤데샤푸르

이스파한

수사 슈쉬타르

헬 만 드 강

나크슈 이 루스탐

인 더 스 강

비샤푸르

에스타크르

구르

다라브기르드

신 드

페르시아만

쿠쉬

에드 두르

호르무즈 해협

라토 코토

막

반 도

아 라 비 아 해

멘

황제의 옷을 입어야 할 적법한 후계자라고 선포했다. 그 테오도시우스가 대다수 학자들이 추정하는 것처럼 전쟁 구실용으로 내세운 가짜인지 아니면 간신히 도망쳐온 마우리키우스의 진짜 아들인지는 불분명하지만, 그의 존재로 인해 사산 군대는 침략군이 아니라 해방군 행세를 할 수 있었다.[9]

호스로 2세의 복위가 가능했던 것은 마우리키우스의 지원도 있었지만 더불어 사산 제국 내부의 많은 귀족들도 도왔기 때문이었다. 하지만 이들 중 일부는 차후 왕중왕의 적으로 돌아섰다. 로마의 지원에 대한 대가는 일부 영토를 넘겨받고 사산조에게 주는 로마의 보조금을 내지 않아도 되는 협정이었다. 과거에 두 제국의 협정은 약정 기간이 어떻게 되어 있든 일시적으로 끝나는 경우가 많았다. 상황이 자국에 유리하게 돌아가면 상대방에게 위협을 가하거나 무력을 행사하여 더 이득이 되는 쪽으로 새로 협정을 체결할 수 있었다. 호스로 2세가 볼 때 603년의 대내외 상황은 분명 그에게 유리하게 돌아가고 있었다. 그는 내부의 모든 저항을 진압했고, 투르크족이 제기하는 위협은 크게 줄어들었으며, 로마의 정치적 상황은 취약해 보였다. 로마령 아르메니아에서는 기독교인 대다수가 공식적인 제국의 교리와는 다른 교리를 신봉했기 때문에 반발의 기미가 있었다. 포카스는 새로운 황제로 즉위했으나 그에 대한 반대의 목소리가 커지면서 그의 통치가 오래 지속되리라는 확실성이 없었다. 로마의 전쟁 노력은 제국 내부의 이러한 분열로 인해 크게 약화될 가능성이 높았다.

실용적 관점에서 볼 때 이러한 대내외적 상황은 호스로 2세가 로마인을 상대로 전쟁을 벌여 과거의 잘못된 상황을 바로잡을 완벽한 기회였다. 왕중왕은 페르시아에게 유리한 새로운 합의를 로마인들이 받아들일 때까지 전쟁을 계속할 생각이었다. 왕중왕은 이 전쟁으로 마우리키우스에게 여러 양보를 하며 손상되었던 체면을 회복할 수 있고, 전체적으로 사산 제국을 더욱 강하게 만들 수 있다고 보았다. 다른 실용적 관심사들도 있었다. 포카스가 권력을 굳히거나 아니면 더 강력한 참칭자가 그를 대체한다면 오랜 경험으로 보아 콘스탄티노플의 새로운 정권은 사산 제국에 공격을 가하며 영광과 인기를 높이려 할 것이었다. 마우리키우스는 이미 그 정체가 드러난 사람이었고 페르시아와의 기존 관계를 깨트릴 이유가 없었다. 하지만 포카스는 미지의 인물이었다. 그는 취약하면서도 적대적 황제일 가능성이 높았고 특히 호스로 2세가 장차 취약해진다면 분명 치고 나올 가능성이 높았다.

호스로 2세는 왕중왕인 동시에 한 명의 인간이었다. 전해지는 사료가 무척 제한적이어서 그가 전쟁을 일으키려는 동기가 개인적 감정과 치밀한 계산 사이에 어떤 균형이 잡혀 있었는지 정확하게 판단하기가 어렵다. 아무튼 마우리키우스와 그의 가족에게 닥친 운명을 알고서 그가 느꼈던 분노는 진실된 감정일 수도 있고 정치적 허세일 수도 있고 아니면 둘 다였을 수도 있다. 테오도시우스가 마우리키우스의 친아들이라는 주장에 대해서도 왕중왕이 진짜라고 믿었는지, 아니면 아니라는 것을 알면서도 믿어주는 척했는지는 불분명하다. 오랜 세월에 걸쳐 전쟁이 지속되면서 호스로 2세의 생각과 의도가 변화한 것은 거의 확실했다. 그 전쟁은 술라가 아르사케스 국왕의 사절을 만난 뒤로 7세기가 흐르는 동안 벌어졌던 사태와는 전혀 다르게 전개될 것이었지만, 개전 초기에는 아무도 그것을 알지 못했다.

호스로 2세의 전쟁은 지난 세기에 벌어졌던 두 제국 간의 다른 전쟁과 다를 바 없이 시작되었다. 사산 제국의 야전군은 메소포타미아와 아르메니아에서 공격을 가했다. 호스로 2세는 직접 메소포타미아 공격을 이끌었다. 로마의 저항은 단합된 형태는 아니었는데, 당시 로마군 내부에서 포카스의 지휘관이 나르세스와 교전했기 때문이었다. 나르세스는 사산인 편에 서는 걸 거부했지만 그렇다고 그들과 맞서지도 않았다. 포카스 군대의 장군은 호스로 2세의 주력군과 교전했지만 완패하면서 치명상까지 입었다. 이후 이 지역에서 주요 로마 병력이 사산군과의 교전에 적극적으로 나서지 못했고 그럴 만한 능력을 보인 적도 없었다. 왕중왕은 다라를 포위할 병력을 남기고 에데사로 진군했는데 그 도시의 주민들은 자진하여 성문을 열어주었다. 테오도시우스는 이미 그곳에 가 있었거나 사산인과 함께 도착했고, 시민들에게 마우리키우스의 아들로서 환영받았다. 호스로 2세는 로마의 방식으로 그에게 호화로운 즉위식을 열어줬다. 다른 몇몇 도시는 사산인과 그가 함께 있는 걸 확인하고 처음부터 항복하거나 일시적으로 저항한 뒤 항복했다. 또다른 도시는 사산 군대가 침략군이 아니라 그저 로마 내전의 보조부대라는 것을 믿지 못했거나 인정하길 꺼렸다. 그 도시들은 자진하여 개방하지 않았으므로 사산군의 포위 공격을 받았고, 로마 주둔군이 없는 곳에서는 주민들이 힘을 합쳐 단호하게 저항했다. 아바르족과 평화 협정을 맺은 포카스는 또다른 군대를 편성하여 이 지역으로 보냈지만 이들 역시 사산군에게 패했다. 사산군은 현지에서 포위 작전을 계속 수행했다. 초기의 주요 목표는 다라였고 이 도시는 아홉 달을 버티다 604년에 함락되었다.

　로마의 저항은 아르메니아에서는 더 잘 조직되었다. 역습도 있었고 소규모 전투도 벌어졌고 포위 공격 및 다른 전투들도 전개되었다.

이것은 부분적으로 사산 대군에게 손쉬운 경로를 제약했던 바위투성이 지형과, 봄과 여름에만 군사 작전이 가능한 현지의 기후 덕분이었다. 아르메니아에서 처음 저지당한 뒤 사산군은 604년에 공세를 재개했는데 이번에는 전황이 사산군에게 아주 유리하게 돌아갔다. 한 로마 군대는 전투에서 패배했고 그 여파로 로마군과 함께 싸운 많은 아르메니아군이 학살당했다. 처음에 사산군은 겨울이 닥쳐오자 동계 숙영을 위해 그들의 제국으로 돌아갔으나(주로 인접 지역인 아트로파테네로 갔다), 그 후 연승을 거두면서 아르메니아에서 점점 더 많은 요새와 성채를 점령하고 보유했다. 테오도시오폴리스, 사탈라 및 기타 여러 도시가 항복하거나 무력으로 함락되었다.[10]

어떤 로마 군대도 다라를 탈환하거나 메소포타미아에서 주도권을 다시 회복하려고 하지 않았고, 곧 사산조의 공세가 재개되었다. 페르시아는 포위 기술과 집요한 공성 작전으로 현지 도시를 굶주리게 하여 하나둘씩 함락시켰고, 도시 주민들은 불가피한 상황을 받아들이고 항복하거나 그렇지 않으면 무자비한 공격을 받았다. 카레, 키르케시움, 칼리니쿰, 아미다가 사산인에게 넘어갔고, 610년 초가 되자 유프라테스강 동쪽 지역에서 로마인이 지배하는 도시는 단 한 곳도 없게 되었다. 이전의 여러 전쟁과는 다르게, 점령된 도시들에는 주둔군이 배치되어 단단히 수비되었다. 이번에는 약탈과 갈취를 위한 습격이 아니라 장기적으로 그 지역을 점령할 의도였기 때문이다. 일부는 약탈당하고 일부 포로는 재정착을 위해 사산 제국의 오지로 후송되었다. 사산군은 현지에서 물러나지 않았고 대신에 정복한 영토의 지배권을 더욱 확고히 했다. 과거에 모든 공격자들에게 저항했던 에데사 역시 점령되었다. 이 도시는 최후까지 로마의 지배 아래 있었고 심지어 과거에 페르시아인을 우호적으로 받아들인 이후에도 그러했다.

이처럼 사산군이 계속 성공을 거두게 된 이유 중 하나는 포카스 정권이 무너지고 있었기 때문인데, 608년 로마에는 훨씬 더 잘 조직되고 막강한 도전자가 나타났다. 대★헤라클리우스는 북아프리카의 총독이었고, 이 직책은 6세기 유스티니아누스 황제 때 회복된 서방 속주들의 군정과 민정을 총괄하는 높은 직책으로 만들어졌다. 그의 가문은 아르메니아 출신이었고 카파도키아와도 연관이 있었지만, 다양한 민족이 뒤섞인 로마 제국의 귀족 사회에서 그런 것은 별 의미가 없었다. 특히 군대의 고위직에서는 중요하지 않았다. 그는 마우리키우스의 군사 작전에서 유능한 장교로서 존경받을 만한 경력을 쌓았고, 여러 차례 승진한 결과 아프리카 총독까지 오르게 되었다. 휘하여러 속주의 핵심 지도자들로부터 지지를 확보하고 은밀히 속주 외부로 진출한 헤라클리우스는 자신과 동명인 아들이 집정관이 되었음을 선포했다. 황제의 치세가 시작될 때 새로운 황제가 집정관을 겸임하는 것은 전형적인 절차였기에 그 선언은 부자가 자신들의 이름과 초상을 새긴 주화를 주조한 것과 마찬가지로 포카스의 권위에 대한 노골적인 거부였다.[11]

609년, 헤라클리우스 부자에게 충성하는 병력이 이집트를 침공했다. 그곳 주민 대다수가 그들에게 호의적이었고, 주된 저항은 포카스에게 충성하는 지휘관이 주도한 것이었다. 어느 쪽도 아주 많은 병력을 거느린 것처럼 보이지는 않았지만 이는 로마 내전에서 흔한 일이었고, 소규모 전투라고 해서 내전 결과가 덜 결정적인 것도 아니었다. 헤라클리우스 부자는 승리하여 알렉산드리아를 점령했고 정부군의 반격에 맞서 도시를 지켜냈다. 610년, 소↓헤라클리우스는 함대를 이끌고 콘스탄티노플로 쳐들어갔고 10월에 도시에 상륙했다. 짧은 전투를 치르고 난 뒤 포카스의 군대는 무너져 항복하거나 도망쳤으며, 황제는 측근이었던 많은 고문관들과 함께 처형되었다. 소헤라클리우스는 단독 황제로 즉위했다. 그의 아버지는 기록에 나오지 않는데 아마 사망했을 수도 있고, 아니면 너무 나이가 많아서 아무 역할도 하지 못했을 수 있다. 소헤라클리우스는 대략 서른다섯이었고 북아프리카 속주의 부유한 지주의 딸이었던 약혼녀와 즉시 결혼했다. 약혼녀와 헤라클리우스의 어머니는 포카스의 명령으로 수녀원에 인질로 구금되어 있었다. 헤라클리우스처럼 힘들게 싸워서 권력을 차지한 사람일수록 아이를 낳아 왕조를 설립하는 것은 중요한 일이었다. 그해가 저물기 전에 포카스의 동생이 왕좌를 노리고 도전해왔지만 곧 살해되었다. 그렇게 도전자를 처치했다고 해서 다른 도전자가 안 나타나리라는 법은 없었다. 지난 10년 사이에 두 번이나 참칭자가 현황을 타도하고 살해한 적이 있었다.[12]

포카스는 폐위되기 전에 헤라클리우스와 맞서 싸우기 위해 사산조와 전쟁을 치르는 로마군 중 비교적 소수의 병력을 뽑아서 이집트로 보냈다. 그러한 선택은 사산조와의 전쟁에서 더욱 처참한 패배를 당할 위험이 있었고, 전쟁 상황이 좋지 못했기에 이미 나빠지고 있는 그의 명성에 더욱 타격을 입혔다. 게다가 황제 스스로도 야전의 군인들이 얼마나 충성스러울지 확신하지 못했다. 어느 쪽이든 이집트로 보낸 병력은 충분하지 않았고 결국 헤라클리우스와의 내전에서 패배했다. 당시에는 비교적 적은 야전군이 운용되는 시기였고, 따라서 1만 명도 채 되지 않는 병력을 차출한 것조차 시리아와 다른 속주들의 접경에서 사산군과 싸우는 로마군의 병력을 약화시켰다. 더욱 중요한 것은 황제와 그의 고위 지휘관, 행정장관의 주의가 페르시아와의 전쟁에서 이집트의 내전으로 옮겨간 것이었다. 황제들은 자신이 외부 침략자보다 내부의 적의 손에 죽을 가능성이 훨씬 더 높다는 것을 알았으므로 내전에 대비할 수밖에 없었다. 그러나 포카스는 곡예하듯이 모든 위협에 대처하려고 하다가 그 어느 쪽도 제대로 처리하지 못하고 비참한 최후를 맞이했다.

610년, 사산군이 유프라테스강을 건너 8월에 요새 도시 제노비아를 점령했다. 이미 과거의 사례에서 드러났듯이, 일단 국경 지역을 통과하면 사산 침공군의 일은 더욱 쉬워졌다. 10월에는 헤라클리우스가 즉위식을 치르고 며칠 지나지 않은 때에 안티오크가 함락되었고, 아파메아, 에메사를 비롯한 많은 소규모 도시가 10월이 가기 전에 항복했다. 과거 호스로 1세가 지중해에서 몸을 씻은 후 70년이 지나서 사산인들은 다시 이 지역에 돌아왔다. 그의 손자는 할아버지와는 다르게 약탈만 하고 물러날 마음이 없었다. 로마 영토 깊숙한 곳에 도착해 과거 메소포타미아에서 그랬던 것처럼 계속 머무를 계획이었다. 그것은 로마의 취약함과 사산조의 자신감을 보여주는 것이었다. 그는 로마의 동부 속주들을 두 쪽으로 갈라놓았고 그래서 소아시아와 팔레스타인 간의 소통은 바다를 통해서만 가능했다.[13]

헤라클리우스가 황제로서 처음으로 한 조치는 왕중왕과 접촉하는 것이었다. 그는 사산조에 사절단을 보내 포카스를 죽여 마우리키우스의 원수를 갚았으며 자신이 황제로 즉위한 사실을 알렸다. 로마 사절단이 지참한 예물은 평소보다 훨씬 더 호화로웠는데 이는 아르메니아와 시리아에서 로마의 전황이 얼마나 나빴는지를 잘 보여주었다. 자신의 즉위를 인정해달라는 것 외에도 헤라클리우스는 종전 협상을 시작할 수 있기를 기대했다. 이전의 여러 경험에 비추어볼 때 그러한 과정은 드문드문 진행되어 시간이 걸렸다. 현재 페르시아의 군사적 우위를 생각하면 로마 제국이 상당한 양보를 해야 할 것이었지만 그것이 두 제국 간의 전쟁을 끝낼 가장 확실한 방법이었다.

호스로 2세는 헤라클리우스를 황제로 인정하길 거부하며 진정한 황제는 자신이 데리고 있는 테오도시우스이고 어떤 로마 황제든 그 정당성을 인정하는 것은 자신의 권리라고 천명했다.* 호스로 2세는 사실상 자신이 진정한 황제의 결정권자였고 참칭자가 가져온 공물은 선물이 아니라 당연히 바쳐야 하는 것에 불과했다. 자신의 주장을 잘 인식시키고자 왕중왕은 로마 사절들을 처형했다. 과거 포카스의 사절들에게 했던 대우와 비교하더라도 그것은 고대 문화에서조차 끔찍한 행동으로 비치는 행위였다. 또한 세상의 두 눈 사이의 소통을 위해 지난 몇 세기 동안 갖춰온 정교한 외교 절차를 무시하는 것이었다. 과거에 각국은 때로는 상대의 접근을 거부하고 때로는 모호한 대답으로 얼버무렸지만 6세기의 여러 충돌이 벌어지는 내내 소통 창구를 유지했다. 이후 몇 년 동안 두 제국은 사절들의 비참한 운명을 생각하며 대화하지 않았다. 양국이 그동안 운영해오던 경기의 규칙은 너무 갑작스럽게 무너져버렸다.[14]

호스로 2세의 목적은 불분명하다. 휘하 군대가 계속 성과를 거두는 것을 흡족하게 여겼던 그는 자신이 강하고 로마가 약하다는 것을 확신했고, 가까운 미래에 이런 상황이 변할 이유가 없다고 생각했다.

• 이 사건을 보면 과거 호스로 1세의 입양 제안에 유스티누스 황제의 행정장관들이 표명한 우려가 충분이 이해가 된다.

로마 황제든 왕중왕이든 통치자들은 과거에 최대한 자신의 운명을 시험했고, 계속해서 승리하기 위해 노력하면서 궁극적으로 유리한 합의에 도달하고자 했다. 전쟁 초기에 호스로 2세의 야심이 어느 정도였든지 간에 그는 상당한 영토를 확보한 상태였다. 점령한 도시의 주민들이 사산조 통치를 받아들일 수 있도록 그들을 달래려는 노력을 많이 했다. 마우리키우스를 포함한 최근의 황제들은 현지의 여러 주교와 기타 성직자를 콘스탄티노플이 인정하는 정통파 성직자들로 대체했다. 호스로 2세는 이런 결정을 뒤엎었고 대체된 성직자들을 복귀시키거나 주민 대다수와 비슷한 견해를 가진 성직자들로 대체했다. 그가 테오도시우스의 편에 섰다는 것은 그러한 노력에 도움이 됐을 것이고, 따라서 점령된 도시들은 여전히 그들이 로마 제국의 일부라고 믿을 수 있었다. 그러나 이런 것들이 얼마나 강조되었는지 우리가 알 수 있는 증거는 그리 충분하지 않다. 호스로 2세가 자신이 황제로 미는 테오도시우스를 위해 어떤 계획을 세웠는지 혹은 그가 사실상 테오도시우스나 부왕을 두고 간접적으로 통치하는 형태로 로마 제국 전역이나 일부를 손에 넣기를 바랐는지는 알 수 없다. 이는 증거가 부족해서만은 아니다. 호스로 2세가 헤라클리우스의 접근에 경멸감을 표시했을 때 그에게 공개적인 요구를 하지 않았다. 간단히 말해 헤라클리우스는 물론 그 누구도 왕중왕이 바라는 것이 무엇인지, 평화를 얻기 위해 어떻게 해야 하는지 그 방법을 알지 못했다.

611년은 헤라클리우스에게 좋은 시작이 아니었다. 엎친 데 덮친 격으로 4월에 콘스탄티노플이 큰 지진 피해를 입었고 그것은 즉각 하느님의 징벌로 해석되었다. 그때 사산조 군대는 카파도키아 깊숙이 들어와 있었고 그곳 수도 카이사레아를 기습하여 점령했다. 최근 여러 군사 작전과 달리 페르시아인은 다른 요새들을 우회해 왔고, 방어시설을 훌륭하게 갖춘 이 대도시를 점령하고 인근 시골 지역을 습격하기 위한 기지로 활용했다. 사료에 따르면 이 페르시아 군대는 엄청난 대군이 아니었다. 여러 지역을 점령하고 복속시키는 일을 하면서 사산군은 광대한 지역에 병력을 배치하다 보니 각 지역의 병력은 그리 많지 않았다. 그들은 로마인보다 우세했지만 자원은 제한되었기에 모든 곳에 로마군보다 많은 병력을 배치할 수는 없었다.

로마군은 카이사레아를 봉쇄하기 시작했고, 포위 과정이 느리게 진행되긴 했지만 사산군의 습격을 억제했다. 헤라클리우스의 사촌이 시리아의 에메사 근처에서 사산군과 회전을 벌여 격퇴했다는 좋은 소식도 들려왔다. 양쪽 모두 큰 손실을 입었지만 로마의 승리가 매우 드문 상황에서 에메사에서의 승전은 크게 치하되었다. 황제가 직접 전투를 지휘하지 않는다는 오랜 전통을 깨고 헤라클리우스는 콘스탄티노플을 떠나 612년 초봄에 카이사레아를 포위 공격 중인 지휘관과 휘하 병력을 만났다. 그가 콘스탄티노플을 떠난 뒤, 사산군 지휘관과 부하들이 카이사레아 성 밖으로 출격하여 로마군의 포위선을 뚫고 아르메니아로 탈출하자 로마인들은 크게 난감해했다. 헤라클리우스는 포카스의 옛 사위이자 한 정권에서 다른 정권으로 편을 바꾼 소수 인사들 중 한 명이었던 지휘관에게 책임을 전가했다. 황제는 귀국 길에 계속 그 지휘관을 우대하는 척하며 원로원 의원들 앞으로 데려와서 그의 지위와 집안의 사병을 모조리 박탈하고는 앞으로 성직자로 살아갈 것을 명했다.[15]

613년, 헤라클리우스는 군사 작전 중인 부대를 단순 방문하는 것을 넘어 시리아에서 직접 두 야전군을 지휘했다. 두 군대 모두 안티오크 근처에서 사산군과 교전하기 위해 합류했다. 다시 인명 손실이 큰 격전이 벌어졌고, 페르시아 증원군이 도착하자 전세가 바뀌어서 로마군은 후퇴할 수밖에 없었다. 사산군은 계속 압박을 가했고, 로마 군은 계속 물러났다. 헤라클리우스는 과거 로마 내전에서 보여주었던 것과 똑같은 정력과 군사적 재능을 보여줬지만 자신감 넘치고 통솔이 잘 되고 노련한 페르시아군을 막아내기에는 역부족이었다. 사산군은 계속해서 성공을 거두었다. 614년, 사산조 군대는 남쪽으로 나아가 포위 공격 20일 만에 성안으로 쇄도하여 예루살렘을 함락시켰다. 도시를 약탈한 페르시아 군대는 요새를 함락시켰을 때 종종 그랬던 것처럼 폭주했다.

이는 제국 전역의 주민들과 제국 너머 기독교 공동체의 주민들에게 엄청난 충격이었다. 기독교 세계에서 가장 신성한 장소가 이교도 왕의 군인들에게 함락된 것은 과거 고트족이 로마를 약탈했을 때만큼이나 강도 높은 충격이었다. 일부 유물은 포위 공격이 시작되기 전에 보존되었지만 그보다 더 많은 유물이 적의 손에 들어갔고 거기에는 성 십자가 파편도 포함되었다. 이것은 모든 로마인, 특히 황제에게 끔찍하고 굴욕적인 일이었다. 공성전에 대한 공포를 전하는 이야기들이 나돌았고, 그런 소문은 퍼져갈 때마다 점점 더 살이 붙었다. 사산군은 포로 일부를 선별하여 압송하고 나머지는 뒤에 남겨두었다. 곧 사산군은 팔레스타인 해안에 있는 카이사레아 마리티마로 움직였다. 그 여파로 예루살렘 기독교인과 유대인 간에 폭력 사태가 벌어졌고, 차후 몇 년간 많은 속주의 넓은 지역에서 비슷한 폭력 사태가 발생했다. 장기적으로 사산 점령군은 치안 유지라는 실용적인 관점에서 기독교 다수파의 편을 드는 경향을 보였다.[16]

614년 말이 되자 사산군은 더욱 많은 이득을 얻었고, 킬리키아 관문을 통해 남쪽과 북서쪽으로 나아가는 육로를 장악하면서 더 깊이 진군하기 좋은 상황이 되었다. 호스로 2세의 자신감은 드높았고 계속 여러 성과를 내면서 야심은 더욱 커졌다. 그는 협상을 재개할 시도조차 하지 않았는데 장차 군사적 성공으로 얻을 이득이 더욱 커질 거라고 확신했기 때문이다. 반면에 헤라클리우스는 지휘관으로서 상당한 능력을 보였고, 4세기 이후로 어떤 동로마 황제도 그렇게 하지 못했던, 전장에서 목숨을 내놓고 싸우며 고군분투했지만, 여전히 끔찍한 전망만 마주했다. 그의 군대는 여전히 사방에서 밀려나는 중이었다. 로마의 군조직은 군인들이 전사하고, 불구가 되고, 포로로 잡히고, 해산하거나 탈주하는 등 손실이 컸고, 지휘·모병·훈련·배치와 관련된 체계가 무너지면서 상당한 압박을 받고 있었다. 다른 때였으면 국가의 허약한 상태를 틈타서 여러 참칭자들이 나타났을 테지만 아직까지 그런 일은 벌어지지 않았다. 헤라클리우스의 아내는 이전에는 딸을 낳았는데 612년에는 아들 헤라클리우스 콘스탄티누스를 낳았다. 영아는 한 살도 되기 전에 공동황제에 등극했다. 젖먹이 후계자를 데리고 대중 앞에서 행진하는 것은 분명히 자신과 자신의 가족이 미래에도 통치자로 남아 있을 거라고 과시하는 행위였다.

이를 달성하기 위해 헤라클리우스는 전쟁의 흐름을 바꿀 필요가 있었다. 여러 사료에 따르면 헤라클리우스와 그의 참모들은 군사 교범과 과거 군사 작전의 사례를 연구하여 가장 뛰어난 관행을 배우고, 개혁된 로마군이 올바른 방식으로 훈련받고 효과적인 전술을 익히도록 권장했다. 이후 전개된 여러 군사 작전과 《스트라테기콘》의 조언 사이에는 분명 강한 연관성이 있다. 신병 모집 제도는 로마군 재건의 일환으로 혁신되었고, 제국의 자체적인 징집에 더욱 의존했는데 현재 상황에서 외부의 전사를 고용하는 것은 어려웠기 때문이었다. 많은 도시와 구역을 사산군에게 빼앗겨 세입이 크게 줄어든 때에 이러한 개혁 조치는 큰 비용이 들어가는 일이었다. 따라서 군인과 문관의 봉급은 절반으로 줄어들었고, 그마저도 통화 가치가 크게 절하되어 함량 미달의 은화인 헥사그램으로 지급되었다. 헥사그램은 로마 기준으로 볼 때 이전의 주화보다 더 무겁고 조잡하게 주조된 것이었다. 새로운 주화가 은 함량이 낮다면 더 작고 가치 있는 옛 주화보다 더 많은 양을 지급받아야 마땅했다. 그럼에도 이것이 병사들의 불만을 달래는 데 도움이 된 듯했다. 아니면 페르시아의 위협이 워낙 심각하여 병사들이 과도한 분노를 표시하지 못한 것일 수도 있다. 과거에 마우리키우스가 군인 봉급을 줄였을 때와 같은 사회적 불만은 생겨나지 않았다. 제국은 침략자에 대항하고자 모든 국력을 결집하는 데 최선을 다하고 있었고, 때로는 아주 필사적인 상황에 짓눌려 내부 분쟁과 경쟁은 엄두조차 내지 못했다. 예루살렘이 함락된 후 주조된 헥사그램 은화에는 "하느님 로마를 도우소서Deus aduita Romanis"라는 표어가 새겨졌고, 헤라클리우스는 병사들에게 조국과 가족을 지켜야 한다는 요청보다는 기독교 신앙에 기대어 더 많이 호소했다. 그는 이교도 적과 치르는 전투에서 전사하는 것은 순교자의 죽음으로서 천국에서 큰 보상을 받게 될 것이라고 장담했다.[17]

헤라클리우스는 국력을 재건하는 중이었지만 그런 조치들이 즉각적인 효과가 나는 것은 아니었다. 게다가 사산군의 진군은 너무 막강하여 물리칠 수가 없었다. 615년, 샤헨이라는 사산군 장군이 소아시아로 진군하여 보스포루스 해협에 있는 칼케돈까지 밀고 들어와 콘스탄티노플 코앞까지 왔다. 하지만 도시에 들어오지는 못했는데 해협을 건널 배가 없었기 때문이었다. 하지만 이 소식으로 인한 충격은 엄청났다. 고트족, 훈족, 기타 다른 부족들이 과거에 제국의 수도를 위협한 적은 있었지만, 파르티아나 페르시아의 군대가 그토록 깊숙이 로마 영토로 들어온 적은 없었기 때문이다. 호스로 2세는 평화협상의 대가를 구체적으로 요구하지 않았지만 헤라클리우스는 상대방이 어서 조건을 제시하기를 바랐다. 그는 샤헨 사령관과 휘하의 고위 지휘관들에게 선물을 보냈고, 사산조 군인들을 위한 하사품도 보냈다. 헤라클리우스는 직접 사산조 장군과 협상하러 갔다. 그러나 신변의 안전을 위해 배를 사산군에게서 멀찍이 떨어진 해협 앞바다에 계류시켜 놓고 회담에 임했다. 샤헨은 기꺼이 그의 말을 들어주었다. 설혹 양쪽이 최종적으로 평화에 합의하기 전까지 정전과 적대 행위 등으로 협상 과정이 다소 늘어지더라도 결국 이것이 전쟁을 끝내는 확실한 방법이었다. 더 중요한 것은 사산조가 군사적으로 완벽한 우위에 있었고 평화를 간청해야 하는 것은 로마 측이라는 것을 헤라클리우스가 잘 알고 있었다는 점이다.[18]

로마인들은 그런 상황 인식에 따라 행동에 나섰고, 원로원은 헤라클리우스가 아니라 왕중왕에게 서신을 보냈다. 호스로 2세가 여전히 헤라클리우스를 로마 황제로 인정하지 않았기 때문이었다. 서신의 어조는 로마의 옛 원로원은커녕 콘스탄티노플 원로원이 타국 지도자에게 보냈던 그 어떤 서신과도 다른 것으로 간절한 호소가 담겨 있었다. 원로원 의원들은 호스로 2세에게 관용을 호소했고, 마우리키우스와 그의 가족을 살해한 역겨운 포카스를 비난하며 왕중왕의 비위를 맞추려 했다. 헤라클리우스는 이 범죄자를 타도했고, 마지못해 황제가 되었지만 내전으로 인해 신속하게 왕중왕의 승인을 구하는 절차에 나서지 못했다고 설명했다. 이처럼 비굴한 편지는 결국 호스로 2세에게 고위 로마 사절들을 받아들이고 그들을 합당한 대사로 대우하도록 설득하기 위한 것이었다. 양국 간의 의견 차이를 해결하자는 내용은 별로 언급되지 않았다. 테오도시우스는 언급하지 않았지만 마우리키우스와 그의 가족을 언급한 것은, 사산조가 데리고 있는 청년을 마우리키우스의 아들이자 정통성을 갖춘 황제로 인정할 수도 있다는 걸 암시했다. 그것은 헤라클리우스가 치러야 할 대가였다. 헤라클리우스는 전쟁을 끝내기 위해 기꺼이 황좌를 내놓겠다고 시사했기 때문에 그 최종적인 서신이 원로원에서 작성되었다.

샤헨은 왕중왕의 신하였고 그런 문제를 대리로 처리할 권한이 없었기 때문에 지시를 요청하는 보고서를 호스로 2세에게 보냈다. 그러는 사이 소규모 로마 야전군이 페르시아령 아르메니아를 습격했다. 사산조 군대가 아무리 강하더라도 아주 많은 영토를 침략한 터라 모든 곳에서 강력한 군사력을 발휘할 수는 없었다. 샤헨은 이 문제를 처리하라는 왕중왕의 명령을 받고 동쪽으로 갔고 그해 내내 로마군 습격대를 추격했으나 별 소득이 없었다. 로마군은 그 공격으로 얻은 게 거의 없지만 승리 자체가 무척 드문 때에 거둔 작은 성공이었다. 한편 호스로 2세는 원로원 사절들을 받아들이겠다고 말했다. 하지만 사절단이 도착한 후 어떤 협상이 벌어졌는지는 알 수 없고, 그가 갑자기 마음을 바꾼 이유도 분명하지 않다. 로마 사절들은 구금되었고 평화의 전망은 또 한번 사라졌다. 헤라클리우스와 그의 고문들은 여전히 호스로 2세의 속셈이 무엇인지 알지 못했지만 아주 구체적으로 테오도시우스를 인정하라는 제안을 받았기에 왕중왕이 양국의 장기간 공존을 근본적으로 바꾸기를 바란다는 것이 분명해졌다.

투르크족이 호스로 2세의 제국 북동부 지역에 여러 차례 습격을 가한 일은 로마인에게 어느 정도 숨통을 틔워 주었다. 이런 습격은 이전보다 감행하기가 더욱 쉬웠는데 사산조의 훌륭한 지휘관들과 병력 대다수가 소아시아 쪽으로 나아가 로마인과 맞서고 있었기 때문이다. 그 후 몇 년 동안에 대해서는 기록이 전무하다. 사산인은 북동부 지역에서 상황을 수습한 것으로 보이며, 전통적으로 그렇게 해왔던 것처럼 무력 행사, 외교, 매수의 방법을 썼을 가능성이 높다. 투르크족의 습격이 서쪽으로의 진군을 늦추기는 했지만 그리 오래 끌지는 못했다. 결국 이집트가 침공당했고, 619년 알렉산드리아가 사산조에 함락되었다. 이는 로마의 가장 부유한 속주이자 콘스탄티노플 주민을 먹여 살리던 곡창이 사라졌다는 뜻이었다. 사실상 소아시아 대부분은 사산조가 지배했다. 이와 같은 심각한 타격은 과거 곡식과 인력이 풍부한 아프리카를 반달족에게 빼앗기면서 몰락해갔던 서로마 제국이 입은 타격과 비슷한 것이었다. 헤라클리우스는 그리스, 트라키아 일부, 발칸 지역, 에게해 군도, 북아프리카를 통치하고 있었다. 이 무렵 서고트 왕이 스페인의 로마 영토를 정복했고, 이탈리아에도 문제가 생겼다. 로마 제국은 거의 사방에서 후퇴하는 것처럼 보였고 로마 제국이 멸망하지 않을 이유가 없어 보였다. 후대의 전승에 따르면 이때 헤라클리우스는 콘스탄티노플에서 아프리카로 천도할 것을 생각했거나 심지어 천도 준비에 들어갔다고 한다.[19]

이와 대조적으로 호스로 2세는 크게 성공해 통치의 전성기를 구가하는 중이었다. 사산군은 이집트, 팔레스타인, 시리아, 소아시아를 제압했다. 왕중왕은 그 어떤 아르사케스 왕조나 사산조 전임자들보다 많은 영토를 지배했고 사실상 아케메네스 왕들이 권력의 절정기에 다스렸던 모든 영토를 영유했다. 고대 그리스-로마 사료에 따르면 옛 제국을 회복하는 것이 초기 왕중왕들의 목표(혹은 자랑거리이자 유용한 협상 도구)였다. 호스로 2세에 관한 사료들에서는 이런 언급이 없지만 당장 그의 군사적 성공이 그 의도를 잘 말해주었고 평화 협상을 꺼리는 태도는 분명 그가 더 많은 것을 성취하기를 바랐다는 걸 보여준다. 그가 얼마나 더 성취하길 원했는지는 알 수 없지만 로마 제국을 이전에 비교하면 껍데기나 다름없는 상태로 만들어 더는 사산 제국과 대등하지 않은 종속국으로 만들려는 의도는 분명했다. 명백한 증거는 없지만 그는 로마 제국의 멸망을 바랐을 수도 있다. 마우리키우스의 아들이라고 하는 테오도시우스의 운명은 알려진 바가 없는데, 그가 사료에서 완전히 사라져버렸기 때문이다. 그는 죽었을 수도 있다. 고대 세계의 삶에는 위험이 따랐고, 그와 별개로 심각한 전염병이 전파되고 있었다. 테오도시우스에게 무슨 일이 생겼든지 간에 초창기 몇 년을 제외하고 호스로 2세는 자신의 피후견인을 로마 제국 통치자로 세우려는 별다른 노력을 하지 않았다. 이러한 태도는 오래 전 마우리키우스가 그에게 군사적 지원을 보내 복위를 도왔던 것과는 극명하게 대조된다. 그 이유 중 한 가지는 테오도시우스가 로마 제국 내부에서 그다지 큰 지지를 받지 못했기 때문이었다. 우리는 로마군이 사산군에게 극심한 패배를 당하던 시절에 로마의 고위 장교나 관리가 사산조나 사산조가 지원하는 테오도시우스 편에 붙었다는 이야기를 들어본 적이 없다. 외부 관찰자가 볼 때 페르시아가 분명히 이길 것처럼 보였지만 로마 제국은 분열되지 않았다.

호스로 2세의 여러 승리는 아주 놀랍고 전례가 없는 것이었다. 서기전 40년 파르티아인은 여러 로마 속주와 동맹 왕국들의 소규모 영토를 침공했으나, 아주 빠르게 그 영토를 포기하고 물러났다. 그러나 호스로 2세의 군사 작전은 파르티아군보다 더 체계적이었고 로마 국경의 단단한 표면을 돌파했으며 요새 도시들의 규모를 크게 줄였고 속주들을 하나씩 정복해 나갔다. 이 모든 것은 본질적으로 그의 전임 왕들과 똑같은 군사적 자원으로 성취한 것이었다. 호스로 2세는 초기 왕들보다 더 많은 병력을 거느리고 있었던 것으로 보이지는 않으며 그의 군대가 딱히 전술적 혹은 기술적 우위에 있는 것도 아니었다. 그는 훨씬 더 많은 영토를 얻었지만 그곳의 자원을 즉시 활용하여 대규모 병력을 기존 부대에 추가시킨 것도 아니었다. 그의 군사 작전은 사산군이 점령한 예전의 로마 속주들에서 나오는 생산물로 자급자족하는 것이었다. 게다가 그는 각각의 성공을 약진의 토대로 삼았고 그 덕분에 더 많은 승리를 거둘 수 있었다.

이 시기에 사산조 지휘관과 군대가 올린 성과 대부분이 로마의 약한 국력 때문에 가능한 것이었다고 진단하면서 사산군의 군사적 기량을 폄하해서는 안 된다. 여러 세대 동안 두 제국 간의 국력 차이는 미미했고 이것이 602년에 들어서서 획기적으로 변했다는 징후는 전혀 없다. 포카스의 찬탈과 그에 따른 정치적 불안정은 침공의 빌미를 제공했다. 게다가 사산군에게 맞선 군사적 대응은 조직적이지도 않았고 사기마저 결여되어 있었다. 헤라클리우스의 등장은 로마의 국력을 더욱 약화시켰다. 그가 포카스보다 훨씬 더 적극적이고 유능하고 단호한 지도자라 할지라도 무척 형편없는 상태의 제국을 물려받았고 그의 군대는 사산군과 격돌했을 때 무척 불리한 입장에 처해 있었다. 이것은 사산 왕조에게 더 많은 기회를 주었고 결국 로마인들은 국력을 회복하기가 더 어렵게 되었다.

호스로 2세와 그의 군대는 그리 대단치 않은 자원으로 믿기 어려운 성과를 냈다. 그의 야전군은 상대보다 더 나은 상태였지만 엄청난 대군은 아니었다. 모든 새로운 점령지를 지배하고 보호할 수 있을 정도로 빠르게 병력을 증강할 수도 없었다. 야전군의 핵심인 뛰어난 군인을 신속하게 모집하여 훈련시키는 것은 불가능했다. 양국은 이런 문제를 똑같이 겪었다. 당장은 사산조가 사기와 수적 측면에서 명백한 우위에 있었다. 어떤 의미에서는 로마가 사산군을 저지할 국력을 회복하기 전에 로마 제국을 완전히 위축시키거나 멸망시키는 압도적 승리를 쟁취할 수 있는 전면전이었다. 그것은 분명 도박이었지만 과거 여러 제국이 비교적 소규모 군대의 공격에 놀랄 정도로 빠르게 붕괴되기도 했다. 호스로 2세는 그런 잠재적 소득을 생각하면 충분히 모험을 걸어볼 가치가 있다고 생각했다. 왕중왕이 최근에 획득한 여러 군사적 성공은 그의 야욕을 더욱 강화했다. 그는 로마를 상대로 완승을 거두어 지난 몇 세기 동안 이어져온 양국 간의 경쟁을 완전히 끝내고 싶었다.

18

승리와 참사

621 - 632

621년에 이르러 호스로 2세는 과거 아르사케스나 사산조의 어떤 왕
보다도 더 많은 영토를 다스리게 되었다. 그가 알았든 몰랐든 한때
아케메네스 왕조가 통치했던 영토를 거의 회복했고 알렉산드로스 대
왕의 단명한 제국의 땅 대부분을 차지했다. 수세기 동안 로마의 통치
를 받았던 시리아와 이집트는 이제 호스로 2세의 군 사령관들의 통
치를 받았다. 초기 정복 이후 이 지역에서 사산조 통치에 조직적으로
저항한 흔적은 없다. 처음에 점령군은 정복한 주민들에게 별다른 요
구사항 없이 이전처럼 계속 일상생활을 영위하도록 장려했다. 전반
적으로 현지 엘리트층, 즉 귀족과 지주들은 과거 서방 속주의 주민들
이 멀리 떨어진 로마 황제 대신 고트족이나 반달족 지도자의 통치를
받아들였던 것처럼 기꺼이 새로운 권력을 받아들였다. 같은 가문들
이 한 정권에서 다음 정권으로 넘어갔고, 특권적 지위를 유지했으며,
점령 세력이 질서를 유지하고 광범위한 주민을 통제하는 데 도움을

주었다.

전쟁은 분명 매력적인 선택이 아니었다. 현실적인 성공 전망이 없는 데다 맹렬한 보복을 유발할 가능성이 높았기 때문이다. 팍스 로마나가 성행한 초기 몇 세기에 로마는 제국의 대부분 지역을 비무장화했고, 여러 세대에 걸친 내전으로 인해 황제들은 속주 주민들이 쉽게 무장하고 조직화할 수 있는 상황을 허용하는 것을 꺼려했다. 6세기와 7세기에 로마 제국과 사산 제국은 모두 견고해 보였지만, 잘 방어되고 요새화된 구역을 돌파하면 내부는 취약했고 대부분 무방비 상태였다.

이 체계는 적절한 비용으로 제국에 기초적 수준의 안보를 제공했다. 내부의 여러 지역에 상당한 병력을 주둔시키고 필요할 때마다 언제든 교전에 나설 수 있는 상태로 유지하는 것은 엄두도 못 낼 정도로 큰 비용이 들었기 때문이었다. 로마 황제나 왕중왕의 관점에서 더 중요한 것은 그러한 군대의 존재로 인해 향후 잠재적 찬탈자들이 쉽게 군권을 장악하여 내분을 일으킬 가능성이 높아진다는 점이었다. 그런 위험은 외국 군대가 제국의 방어벽을 뚫고 내부에 도달할 수 있는 잠재적 위협보다 훨씬 더 크고 즉각적이었다. 외부에서 침략이 발생하면 적절한 때에 군대를 모아 해당 지역으로 파견해 외적이 약탈을 마치고 물러가기 전에 그들을 쫓아낼 수 있었다. 이 안보 체계는 문제를 처리할 시간이 충분하고, 각 제국이 장기적으로 이용 가능한 막대한 자원으로 침략자를 몰아내거나, 매수나 양보를 통해 용인할 만한 평화를 확보할 수 있을 것으로 기대되었다. 시간은 귀중했고, 국경 지대에서 모든 침공을 막아낼 수 없다면 적의 진군 속도를 지연시켜 귀중한 대응 시간을 확보하는 것이 안보 체계의 목적이었다.

호스로 2세의 로마 원정전은 이러한 체계에 내재한 약점을 들춰냈다. 방어시설을 갖춘 국경 지역은 당초 의도대로 로마인들에게 대응에 나설 시간을 벌어줬다. 그러나 제국의 정치가 분열되어 있어서 그 귀중한 시간을 내부의 권력 투쟁에 주로 허비해버렸다. 몇 년간 사산조가 가한 공격과 실제로 도나우강을 가로질러와 아바르족과 슬라브족이 가한 공격에 대한 로마의 대응은 형편없었고, 군사적 자원도 충분하지 않았다. 이러한 무기력한 대응을 간파한 호스로 2세는 휘하 군대에게 로마의 단단한 외곽 경계만 뚫고 나아가면 된다는 명령을 내렸다. 그는 수년에 걸친 암울하고 소모적인 전쟁도 개의치 않았다. 암미아누스나 프로코피우스와 같은 후대의 역사가가 이 시대에 대해 기록한 것이 있다면 이러한 작전들은 더 잘 이해되었을 것이고, 성벽으로 둘러싸인 도시를 연달아 포위하는 것을 중시하는 초기의 군사 작전에 더 많은 강조점이 주어졌을 것이다. 로마의 약세는 분명 기회를 제공했다. 사산군은 기량과 결의를 발휘해 국경 지역을 점령했고 후속 성과를 내기 위한 길을 닦았다. 호스로 2세의 군대가 로마 제국 내부로 밀려오는 동안 여전히 저항은 있었고 특히 시리아와 팔레스타인의 많은 요새 도시는 점령되는 과정에서 본국 로마인들에게 대응할 시간을 벌어주었다. 하지만 침략자에 대항할 야전군을 모아야 할 때에 로마인들은 다른 관심사에 몰두하여 그렇게 하지 못했다. 곧 시리아와 팔레스타인은 함락되었고, 이집트도 마찬가지였다.

소아시아의 상황은 더욱 복잡했다. 사산군은 남쪽에서 킬리키아 지역 대부분을 점령했고 더 넓은 지역으로 진군했다. 그러나 그들이 물리적으로 얼마나 많은 영토를 점령했는지는 그리 분명하지 않다. 소아시아는 뜨거운 분쟁 지역이었고, 이제 세력 균형은 꾸준히 페르시아에게 더 유리한 방향으로 기울었다. 619년경 니코메디아의 로마 조폐국은 주화 생산을 중단했는데, 사산군에게 점령된 다른 속주들의 조폐국도 따라서 중단했다. 소아시아에는 여전히 로마군이 있었지만 그 규모는 줄어들고 있었다. 발칸 지역에서 아바르족과 슬라브족은 계속해서 로마 제국의 영토 깊숙한 곳까지 습격해왔고 테살로니카를 공격했다. 그러는 사이 슬라브족 해적들은 에게해에서 활개치면서 크레타섬까지 접근해왔다.[1]

헤라클리우스의 제국은 무너지고 있었고, 설상가상으로 아내가 죽는 개인적 비극까지 겪었다. 호스로 2세는 여전히 협상을 거부했기에 황제는 계속 싸울 수밖에 없었다. 621년 말, 황제는 콘스탄티노플 외부로 물러나 몇 달 동안 공세를 계획하고 준비하며 보냈다. 발칸 지역에서는 평화를 사들이고 더 많은 군인을 모집하여 무장시키고 급료를 지급했다. 이 비용의 일부는 교회에서 징발한 은제 그릇과 장식품으로 마련한 것이었다. 622년 4월, 헤라클리우스는 비티니아로 향했고, 그곳에서 야전군을 훈련시켰다. 얼마나 많은 군인을 동원했는지 믿을 만한 수치는 없다. 몇몇 학자는 대략 1만 5000에서 2만 명으로 구성된 군대라고 했는데 불가능한 수치는 아니지만 《스트라테기콘》의 기준으로 볼 때 이례적인 대군이었다. 실제로 이런 병력이 모였을 수도 있고, 아니면 그보다 더 적은 군인을 거느렸을 수도 있다. 사산군은 소아시아와 그 주변 지역에서 전반적으로 상당한 수적 우위에 있었지만, 로마군과 교전할 때마다 반드시 우세한 병력을 유지한 것은 아니었다. 그들은 또한 거의 20년 동안 로마인을 상대로 거둔 여러 승리로 자신감에 차 있었다.[2]

몇 달 간 엄격한 훈련을 시행한 뒤 헤라클리우스는 직접 군대를 이끌고 전쟁에 나섰다. 한 시인 병사는 자신의 검은 군화를 페르시아인의 피로 붉게 물들이겠다고 말했고, 황제는 하느님이 우리 편에 있으며 승리를 허락할 것이라고 장담했다. 헤라클리우스는 40대 후반이었고, 여전히 건강하고 정력적이었으며, 상황이 불리할 때조차 병사들을 지원하며 기습전과 속도전을 강행하는 등 모범을 보였다. 로마군과 함께 싸우는 아랍 보조부대가 사산인 편에 선 다른 아랍 부족민의 정찰대를 죽이거나 생포하면서 초기에 성과가 있었다. 아랍 부족 포로들은 로마군에 합류했고, 헤라클리우스는 계속 이동하면서 로마군을 가로막고 저지하려는 페르시아군의 시도를 노련하게 압도했다. 소규모 접전이 여러 차례 있었지만 로마군이 거의 승리하여 병사들의 사기를 크게 높였다. 이윽고 양군 사이에 전면적인 회전이 벌어졌다. 사산군 지휘관은 복병을 숨겨 뒀지만 헤라클리우스는 그 계획을 간파하고 역 매복 작전을 펼쳤다. 페르시아군이 매복지에서 나와 공격해오자 로마인은 의도적으로 도망쳤고, 추격해오는 페르시아인들을 덫으로 유인하여 완패시켰다. 사산조 주력군은 후퇴했다.[3]

아주 오랜만에 거둔 감격스러운 승리였다. 이 승리로 황제의 위신은 크게 높아졌고 일반 대중은 고무됐으며 회전에 참가한 군인들은 자신감이 생기고 성공의 경험을 쌓을 수 있었다. 황제가 두 번째로 직접 전장에 나서는 것은 하나의 도박이었다. 작전에 실패했더라면 황제의 신뢰성은 크게 손상되었을 것이다. 그러나 전황의 심각성을 고려할 때, 황제의 친정은 평소보다 그리 큰 위험이라 할 수 없었다. 그가 설사 콘스탄티노플에 그대로 머물러 있었더라도 그가 임명한 지휘관들이 패전했다면 황제의 체면도 큰 피해를 입을 것이었기 때문이다. 다른 선택지가 거의 없었으므로, 위험은 감당할 만한 것이었고 헤라클리우스는 훌륭하게 그 일을 해냈다. 그러나 현실적인 측면에서 이 원정전에서 성취한 것은 거의 없었다. 전투는 본질적으로 대규모 습격이었고 영토 회복은 없었으며 사산군이 입은 손실은 미미했다. 그런 작은 성공은 큰 위력이 없는 것이어서, 호스로 2세의 군대가 지닌 광범위한 전략적 우위나 헤라클리우스의 제국이 처한 불안정한 상태에 실질적인 영향을 미치지 못했다. 이 점은 그해가 저물기도 전에 더 뚜렷해졌다. 황제는 새로운 위기를 해결하기 위해 곧 콘스탄티노플로 서둘러 돌아가야 했던 것이다.

아바르족과 그들의 슬라브족 동맹과의 평화는 후자가 또다시 테살로니카를 공격하면서 깨졌다. 황제의 남은 병력 중 정예 부대는 소아시아에 있었기에 그들을 몰아낼 자원은 콘스탄티노플에 존재하지 않았다. 헤라클리우스는 협상과 매수라는 믿을 만한 방법에 기댔다. 623년, 로마 황제와 궁정 신하들이 직접 아바르족 칸이 보낸 사절들과 만나는 회담 자리가 마련되었다. 회담은 콘스탄티노플과 반도를 둘러싼 높은 성벽 사이의 공간에서 열렸다. 헤라클리우스가 대사급 사절을 만나기 위해 기꺼이 그 지역으로 간 것만 봐도 협상에서 그가 얼마나 불리한 위치에 있었는지 짐작할 수 있다. 그러나 회담 직전에 그는 적의 함정에 빠진 것을 알아차렸고, 아바르족 전사 무리가 일행을 포위하기 전에 전속력으로 말을 달려 현장에서 벗어났다. 그는 일부 참모와 함께 탈출했지만 다수의 문관이 현장에서 붙잡혔다.

이러한 굴욕적인 도주에도 불구하고 헤라클리우스는 여전히 아바르족에게서 평화를 사들이려고 필사적이었고, 그들이 저지른 기만행위는 전쟁 중에 충분히 벌어질 수 있는 일로 여겼다. 사실 과거에 로마인이나 사산인도 협상하러 온 적군의 지도자들을 붙잡은 적이 있으니 그런 책략은 그리 놀라운 일이 아니었다. 아바르족 칸은 자신이 유리한 입장이라는 것을 잘 알았고 그래서 군대를 퇴각시키는 대가로 막대한 자금을 뜯어냈다. 해마다 로마인은 그에게 20만 솔리두스 금화(대략 평시에는 2700파운드의 황금인데 임시로 더 가벼운 주화가 주조될 때도 있었다)를 지급해야 했고, 세 명의 주요 인질로 헤라클리우스의 사생아 아들, 그의 조카(마찬가지로 사생아), 한 고관의 아들을 보내야 했다. 과거 유럽 군벌 중에서 이 정도 규모로 로마인에게서 부를 갈취한 사례는 전성기의 아틸라뿐이었다.[4]

헤라클리우스는 시간을 벌어둘 필요가 있었다. 아바르족과 그들의 동맹이 필요한 때에 돌아오리라는 것에는 의심의 여지가 없었기 때문이다. 한동안 그는 사산인에 대한 공세를 자유롭게 재개할 수 있었다. 호스로 2세가 아바르족 칸에게 로마 제국 공격을 독려했다는 암시는 관련 사료들에 전혀 없지만, 몇 년 뒤 양자 간에 외교적 접촉과 느슨한 동맹이 있었던 것은 분명해 보인다. 623년에 헤라클리우스가 소아시아에 남겨둔 군대의 활동에 관한 정보는 전혀 없는데, 이는 사산조 군대가 진군을 재개하여 앙키라까지 밀어붙이는 동안 거의 혹은 전혀 전투가 없었다는 것을 시사한다. 그해 말 페르시아인들은 로도스에 상륙하여 섬과 도시들을 점령했는데 전쟁 중 유일한 해양 지역에서의 군사적 성과였다. 헤라클리우스의 제국은 계속 줄어들었고, 전쟁을 수행할 자원도 감소했다. 사산인이 아바르족을 유용한 동맹으로 여겼던 것처럼, 황제도 서투르크족 칸에게 접근하여 페르시아인과 맞설 계획을 세웠다. 그러한 동맹은 단순히 논의를 시작하고자 해도 로마 사절들이 엄청난 거리를 여행해야 했기 때문에 빠르게 형성될 수 없었다. 그러나 헤라클리우스는 앞을 내다보며 미리 계획을 세웠다. 그는 평소 합리적인 사람이었으므로 이 시기에 그가 선택한 몇 가지 사안은 다소 기이하게 보인다. 622년이나 623년, 그는 조카딸을 새로운 부인으로 삼았다. 많은 백성이 그러한 근친결혼을 혐오했음에도 불구하고 그는 과감하게 단행했다. 황제는 자신이 마음먹은 것은 무엇이든 해나갈 수 있다고 믿었다. 무엇보다도 자신과 로마 제국의 미래가 창창하다는 확신을 일반 대중에게 보여주고 싶었다.[5]

624년 봄, 헤라클리우스는 야전군을 지휘하기 위해 소아시아로 돌아왔다. 그는 왕중왕과 협상하고 싶어했으나 모욕적인 답신을 받았을 뿐이라고 주장했다. 편지에서 호스로 2세는 자신을 "온 세상의 주인이자 왕"이라고 칭했고, 헤라클리우스를 "어리석고 쓸모없는 종"이라고 경시했으며, 기독교의 신마저 막지 못한 자신의 승리를 자랑했다. 그리고 콘스탄티노플은 어차피 함락될 운명이었고 "유대인들로부터 자신을 지켜내지 못했던" 그리스도가 호스로 2세의 공세로부터 로마인을 구원해주지 못할 것이라고 야유했다. 더불어 헤라클리우스는 왕중왕이 허락한 영지에 가족을 데려와 정착할 수 있을 뿐 결코 도망치지 못할 것이라고 덧붙였다.

그의 주장은 노골적이고 비타협적이었으며 603년 이후 협상을 거부해온 태도와 일치하는 것이었다. 하지만 그 어조가 무척 모욕적이라서 대다수 학자는 이 답신이 헤라클리우스와 그의 고문들이 날조했을 것이라고 추정했으며 답신을 곧바로 공개한 점을 추정의 근거로 들었다. 서신에서 드러나는 왕중왕의 지독한 오만함은 황제의 백성들에게 그런 적과 타협할 수 없고, 무엇보다도 전지전능한 하느님의 힘을 감히 부정하는 자는 파멸시켜야 마땅하다는 생각을 심어주었다. 헤라클리우스는 휘하 장병에게 그들이 신을 위해 싸우고 있는 중이며 전사하면 순교자가 될 것이라고 강조했다. 신앙은 위대한 힘이었고 절망적으로 보이는 상황에서 희망을 제공했다. 그러나 호스로 2세는 계속 자신만만하게 나왔다. 첫 군사 작전 이래 624년에 처음으로 왕중왕은 근위부대를 야전에 동원할 계획이었는데 그 목적은 소아시아로 진출해 종국적으로 콘스탄티노플에 도달하는 것이었다.[6]

헤라클리우스는 카파도키아의 카이사레아에서 공세를 펼치기 시작한 후 빠르게 북동쪽으로 진군하여 아르메니아로 나아갔다. 이런 신속한 움직임은 사산군을 놀라게 했고, 황제는 페르시아인이 오랫동안 점령하고 있던 지역 깊숙이 들어가 습격하고 들판을 황폐화했지만 행군을 멈추고 적의 도시를 포위 공격하는 일은 없었다. 이 단계에서 적의 단합된 저항은 없었고 처음 교전이 벌어진 것은 황제가 남쪽을 향해 아트로파테네로 들어갔을 때였다. 여기에서 호스로 2세는 계획된 군사 작전에 필요한 대군을 모으는 중이었고 전혀 싸울 준비가 안 되어 있었다. 이는 상당한 파견대가 아직 왕중왕에게 도착하지 않았고, 로마 사료에서 주장하는 4만 명에 크게 못 미치는 군대를 거느리고 있었음을 시사한다. 전위 부대가 로마군에게 패배한 뒤 호스로 2세는 물러났고, 사산군은 흩어져 로마군의 보급을 막기 위해 들판의 작물을 불태웠다. 처음에 헤라클리우스는 그들을 추격하는 대신 간자크로 갔고 그 도시의 주민들은 항복했다. 그는 휘하 장병에게 며칠간 휴식을 취하게 한 다음 테바르마이스로 나아갔는데 그곳에는 사산조 초창기에 아르다시르 1세가 설립한 제국의 가장 성스러운 조로아스터교 예배소가 있었다. 호스로 2세는 도주하기 전에 많은 신전 보물과 성화聖火 일부를 떠나기 전 안전한 곳으로 옮겼다. 왕중왕이 도망치고 로마군이 포위 공격을 준비하자, 도시 수비대는 곧바로 항복했다. 헤라클리우스는 주민을 해치지 않았지만 신전 단지를 불태워 잿더미로 만들었다. 후대의 발굴 작업은 이러한 파괴 작업이 얼마나 철저했는지 밝혀냈고, 그곳에 보존된 공식 문서에 활용된 수백 개의 점토 인장 저장소를 발굴했다.[7]

로마군은 다시 이동하기 시작했다. 그들은 방어시설을 갖추고 잘 방비된 사산 제국의 국경 지역을 통과한 지 오래였고 따라서 당장은 취약한 사산 내부 지역을 마음껏 활보하며 약탈할 수 있었다. 헤라클리우스의 장병들은 메디아와 아트로파테네를 통과하여 진군했고, 가는 곳마다 약탈을 일삼았지만 별다른 저항을 받지는 않았다. 그는 겨울 동안 로마 영토로 돌아갈 생각이 없었고, 장교들과 작전 회의를 마치고 휘하 병사들에게 휴식과 기도할 시간을 준 다음 캅카스 산맥의 알바니아로 향했다. 현지 통치자 일부는 로마인과의 동맹을 받아들였고, 다른 이들은 위협으로 겨우 승낙을 받아냈지만 그는 겨울 몇 달 동안 휘하 장병들이 충분히 기거할 임시 숙소를 확보할 수 있었다. 부대와 함께 움직이던 포로들을 먹이고 보호하는 게 큰 부담이었기 때문에 그해 말에 황제는 그들을 자유롭게 풀어주어 고향으로 돌아가게 했다.

624년에 헤라클리우스가 행한 작전은 또다른 대규모 습격이었고, 이번에는 훨씬 더 대담하게 장병들을 이끌고 사산 제국 깊숙이 들어가 전투 기간이 끝날 때까지 돌아오지 않았다. 호스로 2세와 지휘관들은 로마군의 예상 밖 움직임에 깜짝 놀랐고 곤경에 빠져 우왕좌왕하다가 겨울이 닥쳐와 군사 작전은 종료되었다. 624년의 작전은 로마인 입장에서 보면 622년 공세보다 훨씬 더 눈부신 성공이었지만,

직접적인 전투를 통해 적을 패배시킨 것이 아니라 강행군과 기동 작전으로 적의 의표를 찔러서 거둔 성과였다. 《스트라테기콘》의 기준대로라면 헤라클리우스의 병력 3분의 2 혹은 그 이상이 보병이었을 것이다. 그렇다면 그의 군대가 보여준 속도전은 군대 자체의 능력이 아니라 엄격한 규율과 영감을 주는 지도력 덕분이었다. 이전에 받았던 훈련은 경험과 자신감과 더불어 수백 킬로미터에 달하는 험준한 산간 지역에서의 강행군으로 더욱 강화되었다. 병사들은 계속해서 진전을 보았기 때문에 성취감으로 더욱 사기가 올랐다. 이번 군사 작전의 성격을 감안할 때 황제는 《스트라테기콘》에서 규정한 '대군'보다 훨씬 더 작은 규모의 군대를 이끌었을 것으로 보인다.

로마군의 공세는 사산군에게 충격을 안겼고, 호스로 2세는 당혹스러워하며 후퇴하는 수모를 겪었다. 헤라클리우스의 장병들은 현지에서 자급자족했으며 현지의 모든 농작물과 가축을 다 먹어치우거나 없애버렸다. 로마군이 여러 사산 공동체에 미친 영향은 끔찍했다. 현지 농업 생산은 큰 지장을 받았고, 로마인이 현지 주민들을 포로로 잡고 몇 달 동안 억류시키는 바람에 현지의 노동력은 격감했다. 하지만 로마군은 병력 수가 비교적 적었고 빠르게 움직였으며, 초토화된 지역은 소규모였고, 대대적인 파괴와 그로 인해 생긴 고난은 본질적으로 국지적인 것이었다. 호스로 2세의 군대가 여태까지 치른 전쟁에서 가한 파괴 행위에 비교하면 로마군이 사산 제국에 가한 손실은 미미했다. 게다가 로마군의 기습은 이제부터 성공하기 더 어려워질 터였는데 사산인들이 헤라클리우스가 어디서 월동하는지 알았고 봄이 되면 어디로 갈지 미리 추측할 수 있었기 때문이다.

왕중왕은 예전의 군 통솔 방식으로 돌아가 현장에서 멀리 떨어져서 감독하며 휘하 지휘관들이 전쟁을 수행하도록 위임했다. 제국 내 다른 지역에서 소환된 3명의 고위 사령관은 각자 휘하의 야전군을 이끌었고, 헤라클리우스와 그의 군대를 궁지에 몰아 괴멸시키려 했다. 하지만 그것은 시간이 걸리는 일이었고 사산군이 정복한 로마 속주들로부터 병력을 끌어와야 했다. 소아시아 정복 완수는 기초적인 자원 수급 문제가 또다시 불거지면서 급선무에서 밀려났다. 호스로 2세는 믿을 만한 병력, 온 사방에서 동시다발적으로 강한 전투력을 발휘하는 부대를 보유한 것은 아니었다. 전쟁 노력에 자금을 대는 일에 부담스러워한 징후도 있었다. 후대의 전승은 왕중왕을 탐욕스럽다고 기억했는데 늘 돈을 긁어모으려 했기 때문이었다. 헤라클리우스가 교회에서 금은보화를 강제로 징발하여 전쟁 비용을 댄 것처럼, 사산인은 정복한 영토의 교회들로부터 재산을 몰수하기 시작했다. 호스로 2세의 군대는 그때까지 제한된 자원으로 엄청난 정복 사업을 해냈다. 하지만 그들은 최종적인 승리를 얻기 위해 지금보다 더 많은 정복을 해야 했다.[8]

현지 전장까지 거리가 상당했으므로 명령을 전달하고, 병력과 자원을 모으고, 전장으로 이동하기까지 사산조의 준비에는 시간이 걸릴 수밖에 없었다. 보스포루스 해협에서 헤라클리우스와 협상했던 장군인 샤헨이 3개 야전군 사령부의 전반적인 작전 지휘를 맡았고 자신의 휘하에는 약 3만 명의 병력을 거느렸다. 산맥과 강으로 형성된 지형에서 먼 거리와 소통의 어려움 때문에 샤헨은 다른 두 부대를 엄격하게 통제할 수가 없었다. 그런 소통 부재 상황은 세 사령관 사이의 경쟁으로 인해 더욱 악화되었다. 그 후 몇 년 동안 세 사령관은 각자 로마 제국의 다른 지역을 침공하면서 대체로 독립적으로 작전을 수행했다.

헤라클리우스는 사산인이 준비되기 전에 먼저 빠르게 움직이며 뜻밖의 방향으로 나아갔다. 625년 초, 그는 페르시아 3군 중 하나를 피하면서 아트로파테네를 급습하기 시작했다. 그러나 휘하 장교 다수가 황제의 무모한 작전에 불만을 품고 있었고, 캅카스 산맥 지역의 왕국들이 보낸 동맹 파견대의 압박으로 인해 황제는 계획을 바꾸고 물러날 수밖에 없었다. 그러자 사산군의 제2군 장군이 병력을 이끌고 그를 추격해와 로마군을 앞질렀고 그들이 지나는 경로를 차단하려 했다. 헤라클리우스는 기습적으로 추격해오는 사산군에게 잇따라 소규모 공격을 가해 그들을 저지하고, 제2군을 우회하여 서둘러 아트로파테네로 돌아갔다. 뒤늦게 페르시아 군대의 2군과 3군이 힘을 합쳐 로마 황제를 뒤쫓았다. 헤라클리우스는 단합된 적의 병력을 두려워하는 척하면서 그들을 계속 유인했다. 그러나 샤헨 휘하의 제1군이 나머지 2군과 3군에 합류하러 오는 중이라는 소식을 듣자, 황제는 그것을 막기 위해 자신을 쫓는 사산군과 과감히 전투를 벌이기로 결정했다.

헤라클리우스는 사산조의 두 군대가 자신의 진지에 접근하게 두고서, 밤이 되자 강행군을 해 진지에서 빠져나갔다. 사산군은 황제가 겁먹고 도망친다고 생각했을 뿐, 로마 전술에 적합한 개활지를 찾아 일부러 떠났다는 점을 파악하지 못했다. 개활지에 다다르자 헤라클리우스는 편리한 언덕 꼭대기에 진을 쳤고, 휘하 장병들을 쉬게 하며 적이 다가오기를 기다렸다. 샤헨의 1군은 이제 하루나 이틀 정도 진군하면 나머지 2개 군과 합류할 만큼 가까이 왔지만 정작 2군과 3군의 사령관들은 그의 도움 없이 승리의 영광을 차지할 기회라고 판단했다. 사산조의 두 군대는 서둘러 황제를 추격했고, 서로 사기가 저하된 로마군을 먼저 붙잡겠다는 생각만 했을 뿐, 로마인이 전투 대열 배치를 마치고 기다리고 있다는 사실은 뒤늦게 발견했을 뿐이었다. 이런 뜻밖의 대응에 불안해진 사산군 사령관들은 황급히 전투 대형을 형성하려 했지만 완패하여 큰 손실을 입었고 한 사령관도 전사했다. 샤헨은 2군과 3군을 지원하기에는 너무 늦게 현장에 도착했고 결국 그도 로마군의 공격을 받게 되자 도망쳤다.

당장 사산군의 세 사령관이 흩어져버리자 헤라클리우스는 거침없이 이동하며 적의 영토를 마음껏 유린했다. 얼마 뒤 사산조 군대는 생존자를 재편하여 북동쪽으로 진군하는 로마 황제를 뒤쫓았다. 헤라클리우스의 캅카스 동맹들 중 다수가 이베리아와 라지카에 있는 고향으로 돌아가자 황제군과의 거리를 좁혀오던 사산군 추격자들은 크게 고무되었다. 양측은 전투 대형을 전개하고 서로 대치했다. 헤라클리우스는 페르시아군이 먼저 공격해오길 바랐지만 사산군은 이전에 패배를 당한 탓에 조심스러웠고 잘 움직이려 하지 않았다. 하루 종일 대치한 양군은 어느 쪽도 전진하지 않고 서로 응시하기만 했다. 날이 어둑해지자 로마군은 아주 자신감 있고 질서정연하게 물러났고 사산군은 감히 뒤쫓지 못했다. 때는 연말에 가까워지고 있었고 헤라클리우스는 적의 영토 깊숙한 곳에서 두 번이나 겨울 숙영을 할 생각이 없었으므로 아르메니아로 향했다. 페르시아군은 거리를 두고 그를 쫓았다. 여러 차례 소규모 접전이 있었으나 로마군의 대열은 동요가 없었다. 결국 헤라클리우스는 로마령 아르메니아(혹은 적어도 호스로 2세의 정복 이전에는 로마령이었던 지역)에 월동 진지를 세웠다.

전투는 겨울철임에도 불구하고 끝나지 않았다. 샤헨은 소환되어 지휘권을 샤흐르바라즈에게 넘겼는데 후자는 남부를 맡고 있던 장군이자 미흐란 가문의 일원이었다. 왕중왕이 유지하던 병력에서 대략 6000명의 정예 기병을 넘겨받은 샤흐르바라즈는 로마군 전열을 습격하기로 했다. 헤라클리우스는 적진의 움직임을 미리 알고 사산조 전위부대의 공격에 대비해 복병을 준비시켰고, 전위부대는 처참한 패배를 당했다. 사료에 따르면 죽음이나 생포를 면한 단 한 명의 사산군 병사가 샤흐르바라즈에게 패전 소식을 보고했다고 한다. 곧 페르시아 주력부대 주변에 로마군이 등장했고 그 보고는 현실로 입증되었다. 그 후 우세한 로마군이 주도하는 일방적인 전투에서 사산조 군대는 괴멸했지만, 사령관은 간신히 피신할 수 있었다. 로마군은 이제 남은 겨울을 무사히 보내게 되었다.

또다시 헤라클리우스와 그의 군대는 먼 길을 행군해왔고 신속한 행군과 예상치 못한 험난한 경로를 택해 사산군을 놀라게 했다. 그들은 연달아 사산조 군대와 대적하여 승리했다. 이러한 승리는 로마 황제와 로마군의 자신감과 군사적 능력을 입증했을 뿐만 아니라 왕중왕의 위신을 크게 훼손시켰기 때문에 로마 제국에게는 아주 좋은 것이었다. 이 전투의 성공은 폭넓은 지역, 특히 거의 모든 인구가 기독교인인 캅카스 산맥의 왕국들에게 페르시아의 우위는 영원하지 않으며 로마인들은 언젠가 다시 돌아온다는 것을 암시했다. 하지만 이것은 여전히 일종의 습격에 불과했고 영토 정복 없이 약탈과 초토화만 거듭했을 뿐이었다. 결국 헤라클리우스는 적대적인 영토에 너무 오래 머무를 수는 없다고 느끼고 겨울 숙영을 위해 로마 제국으로 돌아왔다. 사산군은 그 많은 손실에도 불구하고 여전히 로마군에 비해 수적 우세에 있었고, 곧 자신감도 회복될 터였다. 행운과 군사적 기량 덕분에 로마인은 적대적인 영토에서 살아남았지만 장기적인 관점에서 본다면 결국 병력의 숫자가 중요했기에 군사적으로는 여전히 호스로 2세가 유리했다. 하지만 헤라클리우스는 살아남았고 소아시아 해안과 콘스탄티노플로 진군하려는 사산군을 멈춰 세운 것만으로도 의미 있는 일이었다. 장기적으로 더욱 중요한 것은 서투르크족과 황제 사이의 협상이 잘 진전되고 있다는 것이었다. 황제는 메디아와 아트로파테네에서 상당한 무력을 보여주었고 서투르크 칸은 로마와의 동맹이 장차 쓸모 있겠다는 확신을 갖게 되었다.

호스로 2세는 자신의 제국과 동맹들로부터 대군을 모으면서 전쟁을 단번에 끝내려고 했다. 그는 또한 헤라클리우스가 멀리 군사 작전을 수행하러 떠난 이래 평화 유지의 이점에 의심을 품기 시작한 아바르족과도 어떤 합의에 도달한 듯했다. 다가오는 여름에 그들은 콘스탄티노플을 향해 공동으로 공격하기로 합의했다. 그전에 먼저 사산조의 2개 야전군을 보내 헤라클리우스의 군대를 괴멸시켜 콘스탄티노플 공격을 방해하지 못하게 할 계획이었다.[9]

헤라클리우스는 예상보다 더 빠르게 월동 진지를 떠나 사산조 군대가 추격을 시작하기 전에 상당한 거리를 확보했다. 로마군은 아미다를 지나 메소포타미아로 진군했다가 다시 돌아와 무력을 과시하면서 추격자들의 속도를 늦췄다. 페르시아군은 사모사타의 다리를 파괴했지만 헤라클리우스와 휘하 장병은 북쪽 산악지대에서 겨울에 쌓인 눈이 녹아 물이 불기 전에 유프라테스강을 걸어서 건넜다. 샤흐르바라즈가 그들을 추격해왔고, 강변에서 로마군이 적군을 격퇴하려는 시도는 처음에는 실패했지만 마침내 잘 결집하고 조직을 갖추어 격퇴할 수 있었다. 헤라클리우스는 영웅적인 모습으로 전투에 임했다고 한다. 자신을 공격한 한 거구의 페르시아 병사를 물리친 뒤 다리 뒤쪽에서 계속 추격했고, 당황한 적군은 개구리처럼 물로 뛰어들었다. 샤흐르바라즈는 교전을 포기했고, 로마군이 다른 곳으로 떠나는 걸 지켜보기만 했다. 한동안 안전을 확보한 헤라클리우스는 휘하 병력 일부를 콘스탄티노플에 보내 그곳의 주둔군을 강화했다.

다시 한번 헤라클리우스와 그의 군대는 살아남았지만, 그들은 사산군 주력부대와 교전할 정도의 군사력은 되지 못했다. 사산군 주력부대는 곧 소아시아로 밀고 나아가 6월에 칼케돈 해안에 도착했다. 샤흐르바라즈는 주력군의 책임자였지만 막강한 군사력에도 불구하고 이용할 수 있는 배는 작은 보트 몇 척뿐이어서 아바르족과 동맹부족들이 콘스탄티노플에 접근하는 것을 그냥 지켜볼 수밖에 없었다. 아바르족과 동맹군은 도시를 포위 공격해 함락시킨 후 약탈할 계획이었다. 칸은 매우 큰 군대를 지휘했는데 로마 사료들은 대략 8만 명으로 추정했다. 콘스탄티노플은 막강한 방어시설을 갖췄지만 성벽은 내륙으로 5.6킬로미터나 뻗어서 너무 길었고, 1만 2000명의 수비병은 동원 가능한 민간인 자원자들로 간신히 충당되었다. 따라서 로마인은 성벽의 모든 곳에서 강력하게 대응할 수는 없었다. 아바르족은 공성탑, 공성받침대, 투석기 등의 무기를 활용했다. 그들의 군대는 사산군만큼 공성 기술이 뛰어나지 않더라도 잘 조직되었고 장비도 훌륭했다. 늘 그렇듯 로마인은 협상을 바랐고 포위 공격이 진행되는 내내 사절들이 오갔지만 회담은 성과를 올리지 못했다.[10]

626년 7월 29일, 아바르족은 도시 성벽에 더욱 가까워졌고 성벽 앞에서 대군의 열병식을 거행하면서 로마인에게 저항은 헛수고라는 걸 보여주려고 했다. 공격은 이틀 뒤에 내륙 쪽 성벽 전체를 대상으

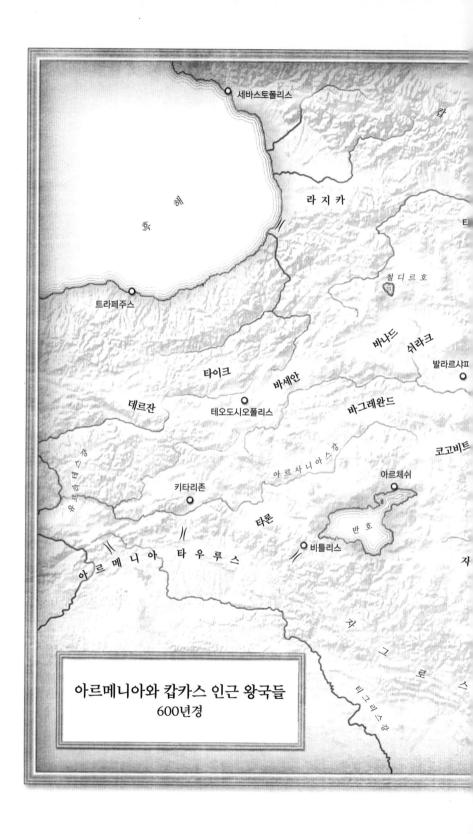

세바스토폴리스

칼

라 지 카

티

칌 디 르 호

바나드

쉬라크

발라르샤ㅍ

해

흑

라페주스

타이크

바세안

데르잔

테오도시오플리스

바그레완드

코고비트

아르체쉬

키타리존

타론

반 호

자

아르메니아 타 우 루 스

비틀리스

그

로

스

아르메니아와 캅카스 인근 왕국들
600년경

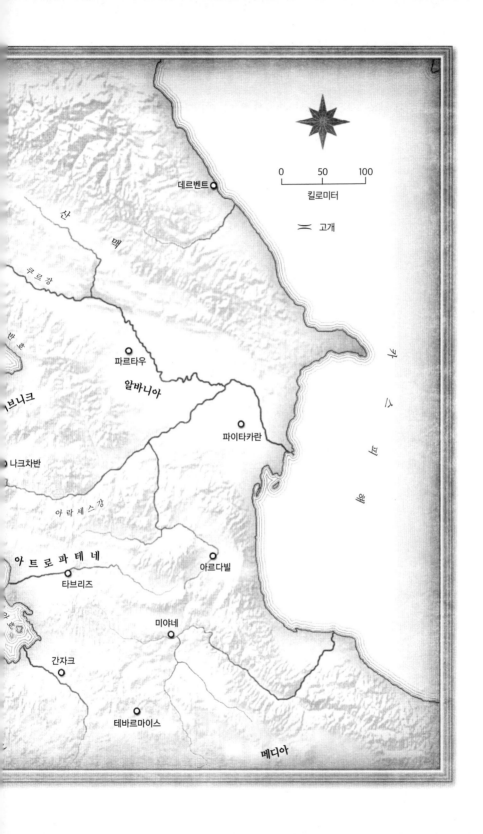

데르벤트

산
맥

쿠르 강

파르타우

알바니아

브니크

나크차반

파이타카란

아락세스 강

아 트 로 파 테 네

타브리즈

아르다빌

미야네

간자크

테바르마이스

메디아

카
스
피
해

0   50   100
킬로미터

〉〈 고개

로 시작되었고, 수비병을 지치게 하면서 성벽의 취약한 부분을 알아내고자 했다. 나중에 많은 슬라브족 전사가 배에 타고 방비가 허술한 바다 쪽 성벽을 위협하기 시작했고, 로마 전함이 접근하지 못하는 수심이 얕은 곳만 돌아다녔다. 로마 대표단은 칸을 만나러 갔는데, 칸은 세 명의 사산조 대사를 옆에 앉혀 놓고 서 있는 로마 대표들과 대화를 나눴다. 페르시아 사절들은 불행하게도 배를 타고 보스포루스 해협을 건너 돌아가던 중에 로마 전함에게 붙잡혔고, 한 명은 즉시 참수되고, 다른 대사는 양손이 잘렸다. 불구가 된 대사는 다른 대사의 수급을 목에 건 채로 아바르족 칸에게 다시 보내졌다. 이후 로마인은 또 다른 대사를 작은 배에 태우고 가서 사산조 군대가 점거한 해안 앞바다에서 보란 듯이 그를 처형했다. 그런 끔찍하고 야만적인 행위는 수비군의 결의를 보여주는 것이었지만 공격자를 겁먹게 하지 못하고 오히려 격노하게 만들었다. 칸은 자신의 손님들을 그처럼 야만적으로 대한 것에 공식적으로 항의했다.

포위는 계속되었고 공격의 강도는 공성 보루가 완성되면서 강화되었지만 성벽의 수비군은 항복하지 않고 계속 버텼다. 그들은 신의 보호를 받고 있다는 굳건한 믿음과 성모 마리아의 은총에 힘을 얻었고, 그녀에게 그들 대신 그리스도에게 탄원해달라고 간절히 기도를 올렸다. 바다에서 로마 해군은 병력을 수송하던 적의 배들을 전소시키거나 침몰시키며 큰 성공을 거두었다. 침몰한 배들은 보스포루스 해협을 건너 포위 공격에 합류하려 했던 페르시아 부대였는지, 아니면 슬라브족 부족민이 도시를 공격하기 위해 건너려 했던 것인지는 분명하지 않다. 포위 공격은 계속되었고, 잠시 공격이 멈추었을 때 아바르족 군대와 사산군은 수비자들을 제압하기 위해 서로 훤히 보이는 데서 열병식을 거행하며 막강한 군사력을 과시했다. 아바르족과 슬라브족은 그 후 대공세를 펼쳤으나 성공하지 못하고 격퇴되었다.

8월 8일, 칸은 휘하 군대를 뒤로 물리기 시작했다. 그가 시도한 모든 공격은 실패했고, 도시 주위에 밀집 대형으로 장기간 머무르면서 대군을 충분히 먹여 살릴 수도 없었다. 그는 로마군에게 감히 추격할 생각을 하지 말라고 경고하고 천천히 후퇴하면서 교회와 다른 건물에 불을 질렀고, 대부분의 공성 장비를 포함하여 들고 갈 수 없는 모든 것을 불태웠다. 얼마 뒤 사산조 군대 역시 칼케돈에서 물러났다. 마침내 포위 공격이 끝났다는 걸 확신한 콘스탄티노플 주민들은 해방을 기념하는 의식을 거행했고 도시의 수호자 성모 마리아에게 특별한 감사 표시를 했다. 그 전투는 성모 마리아 숭배가 크게 진작되는 결정적 순간이 되었다.

호스로 2세의 원대한 공세는 거의 성공 직전에 와 있는 것 같았지만 결국 실패로 돌아갔다. 샤헨은 또다른 군대를 이끌고 헤라클리우스를 추격했다. 콘스탄티노플 주둔군을 증원하기 위해 수천 명을 파견하는 바람에 전력이 약해진 동방의 로마군은 계속 후퇴했다. 그들보다 대규모인 사산군을 간신히 피하며 나아갔고 몇 차례 소규모 접전에서 승리를 거두기도 했다. 그러다가 결국 대규모 전투가 벌어져서 로마군이 승리했고, 그들은 도망치는 적을 추격하여 큰 손실을 입혔다. 샤헨은 도망쳤지만 한 사료에 따르면 완전히 낙담하여 곧 사망했다고 한다. 호스로 2세는 공공연하게 자신의 실패를 사령관 탓으로 돌렸으며 또다른 사료에서는 그 사령관을 처형했다고 한다. 왕중왕에게는 더 안 좋은 소식이 들려왔는데 서투르크족이 그의 제국에 대한 대규모 습격을 시작했다는 것이었다. 그들은 수비대가 대폭 축소된 국경선을 쉽게 넘어와 알바니아와 아트로파테네를 불과 칼로 유린했다. 호스로 2세는 사절들을 보내 침략자들을 매수하여 숨을 돌리려 했으나 그들로부터 냉담한 답을 받았을 뿐이었다. 칸은 로마 황제의 동맹이었고 자신을 "북부의 왕이자 온 세상의 주인"이라 칭하며 호스로 2세를 일개 지역의 총독에 불과한 자로 일컬었다. 페르시아가 굴복하지 않으면 칸은 페르시아인들이 로마 제국을 초토화한 것처럼 그들의 땅을 황폐하게 만들 것이라고 단언했다. 호스로 2세는 과거의 동맹 관계, 무력, 보복 조치 등으로 위협하며 이에 대응했다. 그는 계속 헤라클리우스를 "거세된 자"라 부르며 황제의 존재를 일축했다. 한 해가 저물면서 투르크족은 겨울 숙영을 위해 물러났지만 유예 기간은 일시적이었다.[11]

후대의 아랍 전승은 호스로 2세가 여러 계획들이 온 사방에서 무너지기 시작하자 점점 압제적이고 남들을 의심하는 사람으로 변해갔다고 묘사했다. 가장 큰 규모의 야전군을 지휘하는 샤흐르바라즈를 불신했고, 그를 처형하라는 비밀 서신을 보냈다. 장군은 서신 내용을 알게 되었고—몇몇 버전에서는 헤라클리우스가 중간에 가로채서 보내주었다—이에 대응하여 휘하 고위 장교 다수를 처형하라는 내용으로 서신을 변조했다. 그는 이 편지를 장교들에게 보여주면서 왕중왕 대신 자신을 지지하도록 유도했고, 계속 헤라클리우스와 비밀리에 접촉했으며, 전쟁에 나서는 걸 자제했다. 분명 샤흐르바라즈와 그의 부대는 이듬해 내내 군사 작전을 거의 혹은 전혀 펼치지 않았다. 일부 학자는 이 편지 이야기를 후대의 공상적 창작으로 보고 있고, 적어도 어느 정도 윤색이 되었다고 본다. 진실이 무엇이든 간에 호스로 2세는 이 시점부터 그의 장군을 믿을 수 없게 되었다.[12]

627년, 투르크족이 다시 돌아와 카스피해 서쪽 데르벤트 성벽을 빠르게 침략했고 성벽이 막고 있던 고개를 통과해 맹렬한 공격을 해왔다. 사산조는 그들을 막을 수 있는 병력이 충분하지 않았다. 헤라클리우스는 이 무렵 라지카로 갔고 큰 어려움 없이 그곳에 주둔하고 있던 허약한 페르시아 군대를 몰아냈다. 그런 다음 이베리아 수도 티플리스 외곽에 있는 투르크족과 만나기로 한 장소로 진군했다. 그곳에서 로마 황제는 투르크족 칸을 만났다. 두 사람은 포옹했고, 적어도 한 로마 사료에 따르면 이 야만족 군벌은 헤라클리우스 앞에 부복했고 이를 본 그의 휘하 군대도 전부 그를 따라 부복했다. 하지만 그런 친선의 태도는 일방적인 것은 아니었다. 헤라클리우스 또한 자신의 왕관을 벗어서 칸의 머리 위에 올려줬고 칸에게 황제의 예복을 내주고 투르크족 전통에 입각하여 제작된 진주 귀걸이도 증정했다. 둘 사이의 동맹은 혼인을 통해 더욱 굳건해졌는데 헤라클리우스가 자신의 딸을 칸에게 주겠다고 맹세했던 것이다. 딸은 현장에 없었으므로 한동안 예비 신랑은 초상화로 만족해야 했지만, 2년 안에 그녀는 칸에게 가는 것으로 합의되었다. 로마 황제가 자기 딸을 강력한 야만족 군벌과 기꺼이 혼인시키려고 하는 전례 없는 일은 당시에 로마가 살아남기 위해 얼마나 필사적으로 몸부림쳤는지를 상기시켜준다. 몇만 명에 이르는 투르크족 전사의 도움을 확보함으로써 마침내 전세는 로마에게 유리한 국면으로 바뀌었다.[13]

새로 동맹을 맺은 로마와 투르크족 군대가 아주 강성했음에도 불구하고 티플리스의 사산군 수비대는 겁을 먹지 않았다. 로마-투르크족 연합군은 도시를 포위했지만 곧바로 점령하지는 못했고 한참 뒤에야 함락시킬 수 있었다. 대신 투르크족은 주변 영토를 유린했는데,

약탈은 투르크족이 특히 잘 하는 일이었다. 여름이 끝나가자 칸은 잠시 있다가 겨울을 나기 위해 고향으로 돌아갔다. 그 사이 헤라클리우스는 로마군을 이끌고 남쪽으로 나아가 메소포타미아로 갔다. 그곳은 비록 불편하기는 하지만 겨울 몇 달 동안 들판에서 군대가 머무를 수 있는 장소였다. 황제가 자그로스 산맥을 건너 티그리스강을 향해 나아가는 동안 일부 투르크족 예비 부대가 그와 함께 했을 수도 있는데 이에 대해서는 사료들의 주장이 엇갈린다. 627년 12월, 한 사산조 군대가 약탈 중인 로마군과 정면으로 맞서고자 했고, 헤라클리우스는 페르시아군을 자신이 유리한 곳으로 유인한 다음에 공격했다. 짙은 아침 안개로 로마군의 기습이 더 효과적이었지만 양군의 전투는 치열했다. 결과적으로 사산조 장군과 대다수 고위 장교가 전사했고, 장군 없는 페르시아 군대는 할 수 없이 밤사이에 물러났다.[14]

과거에 마우리키우스는 크테시폰을 공격하려다가 중도에 그만두었지만 이제 헤라클리우스는 사산 제국의 가장 큰 도시를 향해 행군해 들어갔다. 가는 길에 호스로 2세가 가장 아끼는 궁전인 다스타게르드가 있었고, 왕중왕은 최근 몇 달을 그곳에서 보냈다. 12월 23일, 왕중왕은 하인들에게 가능한 한 많은 보물과 중요한 물건을 코끼리, 낙타, 노새의 등에 싣게 했다. 하루 뒤 왕중왕과 그의 가족은 하인들에게 뒤따라오라는 명령을 내리고 슬그머니 빠져나갔다. 크테시폰에 도착하자 왕중왕은 필사적으로 방어시설을 건설하기 시작했고 사방에서 병력을 불러들였다.

다스타게르드에 도착한 헤라클리우스는 호스로 2세가 빠져나간 걸 알게 됐지만, 왕중왕의 황급한 대피에도 불구하고 엄청난 양의 사치품이 남아 있었다. 온갖 비단과 화려한 물건들 외에도 예전의 군사 작전에서 빼앗은 300개의 로마 군기가 있었다. 황제는 잠시 이동을 멈추고 지친 군인들을 쉬게 했다. 이 시기에 로마군은 왕궁 경내에 사냥감으로 쓰려고 모은 동물들을 모조리 도축하여 식량으로 썼다. 로마 사절은 두 제국 간의 전통적인 전쟁 양상을 충실히 따르며 왕중왕을 찾아가서 양국이 이미 충분히 고통을 겪은 마당에 더 많은 전투와 파괴를 자행하는 것보다는 평화를 논의해야 한다고 촉구했다. "불이 모든 것을 삼켜버리기 전에 끄도록 합시다." 그러나 호스로 2세는 제안을 거부했고, 최대한 많은 병력을 소환하려고 애썼으며, 심지어 왕가와 귀족 가문에서도 병사들을 징집했다. 그의 관리들은 병력을 확보하기 위해 무자비한 방법을 동원했고 급료와 장비에 쓸 자금도 조달했다. 그러나 전쟁이 페르시아인의 우위를 주장하고 상대방의 양보를 요구하는 것이 아니라 로마 제국을 파멸시키려 하는 게 분명해지자 전쟁에 대한 열의도 시들해졌다.[15]

사산군의 고위 장교와 궁정 관리는 음모를 꾸몄고, 호스로 2세의 아들 중 한 명인 카바드가 여기에 적극적으로 참여했다. 그들은 헤라클리우스에게 접근해 걸림돌인 현재의 왕중왕을 제거할 수 있다면 평화적인 해결을 원하는지 알고 싶어했다. 로마군은 이제 크테시폰에 더 가까이 나아가려 하지 않았고 대신 광범위한 지역을 약탈하고 있었으며, 특히 왕가와 연결된 곳들을 주된 약탈 목표로 삼았다. 한 순찰대가 사산조의 사절들을 붙잡아 황제에게 데려갔고, 그들을 환대한 황제는 걸림돌이 제거되면 평화 회담에 응하겠다고 약속했다. 사산조 사절은 크테시폰으로 돌아왔고, 음모 가담자들은 곧장 행동에 나서서 호스로 2세를 체포했다. 카바드 2세는 628년 2월 25일 왕중왕 자리에 등극했다. 사흘 뒤 새로운 군주의 형제들은 잠재적 경쟁자로 판단되어 처형되었다. 호스로 2세는 폐위된 왕을 살해하는 전통적이고 명예로운 방식에 따라 화살로 처형되었다.[16]

호스로 2세는 모든 사산인—아르사케스 왕조를 포함하여—통치자 중에서 가장 놀라운 통치자였다. 젊은 시절 강제로 추방되었다가 로마의 지원을 받아 내전에서 승리했고 경쟁자를 모두 물리치고 자신의 지위를 단단하게 확립했다. 그것이 은인 마우리키우스에 대한 의분인지 혹은 그럴 듯한 구실이었는지는 알 수 없으나, 호스로 2세는 예전의 동맹인 마우리키우스가 찬탈자 손에 피살당하자 로마와의 전쟁에 나섰다. 개전의 이유가 무엇이었든 호스로 2세는 훌륭하게 해냈고 숙적 로마를 완전히 끝장내려고 했다. 그는 거의 성공할 뻔했지만 벌여놓은 일에 비해 자원이 너무 부족했다. 로마인들은 그 틈에 기회를 얻었고 헤라클리우스의 재능과 휘하 군인들이 수행한 강행군과 전투는 로마 제국을 멸망에서 구해냈다. 아바르족이 콘스탄티노플 함락에 실패한 지 겨우 1년 반 뒤에 사산 제국의 판도를 최대 규모로 확장했던 왕중왕은 타도되었고, 그가 저지른 여러 범죄로 유죄 판결을 받아 처형되었다.

헤라클리우스와 휘하 장병은 음모 가담자들이 거사에 나서기 전에 철수했고, 두 달 정도 지난 후 그들이 성공하여 회담을 바란다는 소식을 듣게 되었다. 그러나 전쟁은 끝나지 않았고, 협정의 세부 사항, 특히 정복된 로마 영토를 얼마나 돌려줄 수 있는지를 합의하는 데 오랜 시간이 필요했다. 헤라클리우스는 새로운 정권에게 충분한 기회를 주고자 했고, 최종 합의에서 약속한 모든 걸 이행하려면 먼저 새로운 왕중왕이 충분한 지배력을 확립해야 했다. 카바드 2세가 보낸 서신은 헤라클리우스를 형제로 언급했고, 공식적으로 그의 아버지가 파괴한 외교적 규범을 복원했다. 하지만 이런 조치는 이전의 협상 시도 과정에서 페르시아에 구금된 로마 사절들을 구하기에는 너무 늦은 것이었다. 사절들 중 한 명은 질병으로 사망했고, 남은 생존자들은 호스로 2세 통치 말기에 그의 명령으로 살해되었다.[17]

결국 강화 조건이 합의되었고, 카바드 2세는 사산조에 정복된 로마 속주들, 아직 구금 중인 모든 포로, 예루살렘에서 강탈한 성유물을 돌려주기로 약속했다. 하지만 새 왕중왕이 샤흐르바라즈와 그의 군대에게 정복된 영토에서 물러나라고 명령했을 때 장군은 따르지 않았다. 장군은 아마도 자신의 지위는 물론이고 목숨도 보호하고자 했을 것이다. 하지만 그가 지난 몇 년 동안 헤라클리우스와의 비밀리에 소통했는지는 알 수 없으므로 그의 동기를 정확하게 파악하기는 힘들다. 아무튼 크테시폰 궁정에서 샤흐르바라즈에게 명령을 강요할 방법은 없었고, 설사 있다 하더라도 그것을 찾기 전에 카바드 2세는 사망했다. 사인은 당시 창궐한 역병인 듯했다. 어린아이였던 그의 아들 아르다시르 3세는 628년 가을에 왕중왕으로 선포되었지만 샤흐르바라즈는 복종할 생각이 없었고 크테시폰으로 진군하여 새 정권에 충성하는 병력을 격파했다. 아르다시르 3세는 그를 지지하는 핵심 인물들과 함께 처형되었고 샤흐르바라즈는 630년 4월 왕중왕에 즉위했다. 그는 왕가 사람이 아니면서 왕좌에 오른 두 번째 인물이 되었다. 하지만 그는 몇 달 만에 살해되었는데 호스로 2세의 조카가 귀족들의 광범위한 지지를 얻어 반격해왔기 때문이었다. 628년에 호스로 2세의 아들들이 전부 살해되는 바람에 남자 후계자가 없었고, 따라서 딸인 보란이 제국을 다스리는 최초의 여성 군주가 되면서 지금까지 이어져온 남성 후계 전통이 깨졌다. 하지만 그녀는 즉위 1년 만에 자연사했다. 그녀의 자매가 뒤를 이었지만 오래 가지 못했고, 그다음에 왕좌를 차지한 세 명의 남자도 마찬가지로 단명했다. 그들은 겨우 주화를 발행할 정도로만 왕위에서 버틸 수 있었다. 632년이 되어서야 호스로 2세의 손자 야즈드게르드 3세가 즉위하여 어느 정도 제국에 정치적 안정을 가져왔다.[18]

이런 혼란과 내부적 소동으로 사산인은 로마와의 투쟁을 재개할 형편이 못 되었고 평화 협정 이행에도 시간이 걸렸다. 샤흐르바라즈는 로마인과 좋은 관계를 유지했고 로마인의 동의를 받아 쿠데타를 벌였으며 직접적인 군사적 원조도 얻었다. 그는 정복된 영토에 남아 있는 사산군 부대에게 철수를 명령했고 짧은 치세 동안 성유물도 로마제국에 돌려줬다. 대체로 사산 주둔군은 철수 명령에 복종했고 현지 공동체들은 예전처럼 다시 로마에 충성했지만 몇 차례 전투도 있었다. 에데사는 로마군의 포위 공격을 당한 후에야 비로소 그곳에 주둔한 사산조 군대가 철수에 합의했다. 그 도시의 재점령은 유대인 인구와 다른 부역자들의 학살로 이어졌다. 그러나 한 유대인이 탈출해 헤라클리우스에게 그 소식을 전했고 황제는 학살을 중단하라고 명령했다. 사산조에서 돌아온 성유물들은 우선 콘스탄티노플로 보내졌고, 630년 3월까지 그곳에 보관되었다. 헤라클리우스는 그해 3월에 그 성유물들을 지참하여 예루살렘으로 갔다. 황제는 화려한 왕실 행렬에 둘러싸여 말을 타고 입성하는 것이 아니라, 겸손하게 두 발로 걸어 들어가 유물들을 원래의 장소에 반납했다. 세상은 다시 자연스러운 상태로 돌아가는 것처럼 보였다.[19]

호스로 2세가 로마인을 상대로 벌인 전쟁은 이전의 로마인과 사산인(혹은 파르티아인) 사이의 충돌과는 성격이 다른 것이었다. 25년 이상 두 제국은 그 어느 때보다도 광범위한 지역을 대상으로 전례가 없을 정도로 치열하게 싸웠다. 주된 이유는 호스로 2세의 큰 야심 때문이었다. 로마의 방어 구역이 함락되고 제국의 여러 속주들이 정복되면서 그는 오랫동안 바랐던, 거대한 제국을 완성할 기회가 마침내 왔다고 생각했다. 그러나 헤라클리우스가 로마인의 항전 의식을 불태우며 반격에 나서자 고작 몇 년 만에 사산 제국은 온 사방에서 붕괴하기 시작했다. 이런 불의의 패배와 대규모 전쟁의 군사적·재정적 부담이 결합되어 호스로 2세는 갑작스럽게 무너졌다. 왕중왕은 아바르족과 협동 작전을 펼치며 626년 완승에 가장 가까이 다가가 있었다. 그러자 로마인들은 투르크족과 동맹을 맺어 전세를 유리하게 전환시켰다. 두 제국 모두 자력으로 상대를 패배시킬 수 없었기 때문에 이러한 부족 연합이 전쟁 결과에 중대한 영향을 미쳤다. 호스로 2세는 전쟁이 진행되던 여러 단계에서 협상을 통해 무척 호의적인 조건으로 평화 협정을 손쉽게 맺을 수 있었고, 물 밑 협상조차 할 의향이 없었다. 헤라클리우스는 자신의 제국이 얼마나 파멸에 가까워졌는지 잘 알고 있었기에 상황이 자신에게 유리하게 역전되었을 때 훨씬 미흡한 조건이라도 개의치 않고 평화 협정을 체결하려 했다.

이것은 사산인과 로마인 사이의 마지막 전쟁이 될 것이었지만, 당시에는 누구도 예상하지 못했다. 두 제국은 이전에도 내전과 불안정한 시기가 있었지만 회복했고, 그들의 국력과 번영은 예전에 비해 많이 축소되었지만 그래도 여전히 강력한 제국이었다. 630년, 두 제국은 다시 서로에 대해 훌륭한 세력 균형을 유지했다. 아틸라 사후 훈족 연합이 무너졌던 것처럼, 서투르크족 연합이 갑자기 붕괴되었을 때 사산인은 크게 고무되었다. 투르크족의 붕괴는 멀리 동쪽에서 당나라 군대가 거둔 여러 승리로 시작되었다. 당나라는 많은 투르크족 전사가 사산인과의 전투 때문에 서쪽으로 동원되었다는 걸 알고서 곧바로 군사적 행동에 나섰다. 전투에서 여러 번 패배하자 투르크족 지도부는 신임을 잃게 되었다. 그들 사이의 단합은 한 세대가 넘는 세월에 걸쳐서 붕괴되었고, 캅카스 산맥 지역 왕국들과 사산 제국에 당면한 위협도 사라졌다. 투르크족 칸과 헤라클리우스 딸 사이의 계획된 혼인도 무효가 됐다.

두 제국은 그토록 오래 지속되고 희생도 큰 전쟁의 시련에서 회복하기 시작했다. 그렇지만 어느 쪽도 이전만큼 강력하지는 않았다. 로마는 이탈리아에서 물러났고 스페인에 있던 모든 땅을 잃었으며 발칸 지역의 국경도 여러 번 침공 받았다. 이제 타지에서 오래 곤경을 겪은 포로들이 로마 제국으로 돌아오면서 동방 지역에서 회복된 속주들의 행정도 복원해야 했다. 전쟁은 제국의 경제적인 삶을 파괴했고 인구를 뿌리째 뽑아버렸다. 설상가상으로 역병도 여러 차례 발생했다. 사산인은 내부 권력 투쟁으로 분열되었고, 항상 그렇듯 이런 투쟁은 광대한 제국, 특히 주변부 여러 지역에 대한 중앙 통제를 느슨하게 만드는 경향이 있었다. 양국은 장차 사태를 수습하고 국력을 재건할 시간이 필요했다. 하지만 그럴 시간이 없었다.

19

그날이 오면
모든 신자가 크게 기뻐하리라

632-700

호스로 2세가 로마와 벌인 전쟁은 그 강도와 기간, 그리고 그로 인한 참혹한 파괴의 측면에서 이전 두 제국 간 벌어진 모든 충돌을 능가했다. 사산조가 초기 20여 년 동안 거둔 눈부신 성공에도 불구하고 이 전쟁은 호스로 2세의 패배, 그리고 본질적으로 전쟁 발발 이전의 두 제국의 국경으로 원상회복한다는 합의로 종결되었다. 호스로 2세는 이 내용이 확정되기 전에 이미 처형되었는데, 전세가 역전되어 자금과 인력의 부담을 더 이상 견딜 수 없게 되자 암살당했다. 그의 아들 카바드 2세는 로마인과 협상을 시작하며 모든 주요 공세를 멈췄지만 샤흐르바라즈가 권력을 쥐고 나서야 협정이 확정되었으며 합의 이행 과정도 진행되었다. 샤흐르바라즈가 몇 달 만에 암살당했다고 해서 두 제국 간 전쟁이 재점화되지는 않았지만 그 일로 영토와 포로 반환 과정이 상당히 지연되었을 것이다. 이후로도 한동안 사산조 영토에 여러 로마 부대가 주둔했던 것으로 보이지만 뒤따른 권력 투쟁에서 그들이 적극적인 역할을 했다는 암시는 없다. 잇따른 여러 정권이 그들의 지배권을 주장하는 것은 고사하고 어떻게든 지위를 확립하느라 여념이 없었기 때문이다.

전쟁의 최종적 패자인 사산 제국은 약자의 입장에 있었다. 샤흐르바라즈는 단기간에 끝나기는 했지만 사산 왕가 출신이 아니면서 왕중왕으로 선포된 세 번째 사람이었다. 호스로 2세의 딸 보란이 그의 뒤를 이었지만 제국에 여성 통치의 전통이 없었기 때문에 그녀의 지위는 고위 신하들에게는 명목상 최고위자보다 조금 나은 정도였다. 그렇다고 해도 그녀는 치세 중 주조한 주화에는 그 모습이 새겨졌다. 여왕으로서 통치 기간이 더욱 짧았던 그녀의 자매 아자르메두흐트의 이름을 새긴 동전도 있는데, 이 주화는 그 이름과는 다르게 남성 통치자의 초상을 보여준다. 그녀를 일부러 남자로 묘사하려 했을 가능성은 별로 없다. 그 동전은 새로 들어선 정권에 의해 빠르게 대체된 다른 통치자의 주화였고, 주화의 제조 과정에서 초상을 바꾸기보다는 이름을 바꾸는 것이 훨씬 더 쉬웠기 때문이다.[1]

이런 단명한 통치자들과 그들의 정권에 관해 알려진 것은 거의 없다. 대체로 제국 어딘가에는 왕좌를 노리는 사람이 보통 한 명 이상 있었지만 이 시기에 참칭자와 정통 통치자 간의 차이는 거의 없었다. 제국 전역, 특히 주변부 지역들은 거의 중앙 정부에서 독립한 것처럼 보였고, 현지 수준에서 권한을 행사하는 지역 지도자들에 의해 통제됐다. 강력한 왕중왕이 등장해 얼마간 지속되었다면 그가 제국의 이전 지역들 중 상당 부분 혹은 거의 전부의 지배권을 확고히 굳혔을 것이다. 우선은 대규모 전쟁의 영향에서 회복하는 게 중요한 문제였고 현지와 중앙 당국은 모두 그 방향으로 최선을 다했다. 헤라클리우스

626

의 군대가 624년에 파괴했던 조로아스터교 예배소는 곧 재건되었고 신성한 불도 다시 켜졌다. 페르시아 제국의 주민 대다수는 내심 특정 지배자들의 자격을 그리 확신하지 못했어도 여전히 그들의 전통, 신앙, 법률, 그리고 사산 왕가 출신의 왕중왕이 통치해야 한다는 신념을 굳게 믿었다. 사산조 백성들이 세상에 대해 광범위한 환멸을 느끼거나 변화를 갈구했다는 실제적 징후는 없다.[2]

로마 제국의 내부 상황도 그와 비슷했다. 헤라클리우스는 한동안 심각한 내부 도전이 없었기에 더욱 안전하다는 이점이 있었다. 그는 또한 승자로서 전쟁을 마쳤고 장기간 전쟁에 투입된 비용이 승리의 소득보다 훨씬 더 컸지만 그래도 승리는 제국 내부의 사기를 드높이는 데 큰 도움을 줬다. 일부 손해는 가시적으로 나타났다. 도시들이 입은 손상, 농업과 교역의 붕괴, 영토를 점령한 사산조에 의해 장기간 대체된 정부 조직 등은 분명한 피해였다. 또한 초기에 연전연패를 당하면서 로마 제국의 평판도 크게 타격을 입었다. 과거 3세기에 제노비아의 군대는 이집트를 침공했는데 그것이 내전의 일부로 기억되었는지 아니면 팔미라에 의한 외세 침공으로 기억되었는지는 분명치 않다. 이후로 로마 속주는 가끔 폭발하듯 터져나오는 내전을 제외하면 비교적 안전했다. 시리아와 팔레스타인은 이집트보다 외적에 더 많이 노출된 터라 그들의 구역 일부는 몇몇 대규모 습격을 포함하여 많은 습격을 당했다. 여러 세기가 흐르는 동안 몇 번이고 여러 도시가 함락되었고, 상당수의 주민이 포로로 페르시아에 압송되어 강제 노동에 투입되었으며, 사산인이든 부족 동맹이든 훈족이든 외적은 이 지역 일대에서 광범위하게 약탈을 벌였다. 민간인 인구는 항상 그랬던 것처럼 이런 상황에서 가장 큰 고통을 겪었다. 호스로 2세가 벌인 전쟁 이전까지 그들은 계속 등장하는 외적의 정복 대상은 아니었다. 장기적으로 로마 황제는 침략자들을 강제로 떠나게 하고 제국의 행정을 복원했지만 외적이 수년간 제국의 속주를 점령하는 것까지 막지는 못했다.[3]

　로마 제국은 여전히 강대했지만 이전보다 무력했고, 제국이 맹렬한 공격에 취약하다는 것은 호스로 2세가 거둔 눈부신 여러 성과로 분명해졌다. 많은 기독교인이 패배와 실패를 사회나 개인에 대한 신의 처벌로 여기는 경향이 있었다. 더 나아가 성공은 신의 승인을 의미하는 것이었다. 이런 정서는 사람들이 올바른 행동을 한다면 참사를 피할 수 있었을 것이라는 믿음을 손쉽게 만들어냈고, 지상에서 신의 대리인인 콘스탄티노플 황제가 이끄는 나라의 단단한 국력을 거부감 없이 받아들이게 했다. 따라서 포카스는 수많은 패배에 대하여 비난을 받았고, 헤라클리우스는 재능이 뛰어난 것 못지않게 종교적으로 독실했기에 최종적인 승자가 된 것이라고 여겨졌다. 기독교인들은 또한 세상이 어느 날 종말을 맞이할 것이고, 죄와 그 결과를 깨끗이 씻어낸 더 나은 완벽한 세상으로 대체될 것이라고 믿었다. 설혹 콘스탄티노플을 통치의 중심으로 삼는다 해도 지상에서 문명과 신앙의 봉화인 로마 제국이 영원히 지속된다고 볼 수는 없고 언젠가 세상의 종말이 닥쳐올 것이라고 생각했다. 따라서 제국에서 벌어진 참사는 자연적인 것이든 전쟁으로 인한 것이든 세상의 종말을 예고하는 징후이거나 아니면 앞으로 견뎌야 할 고난으로 보았다. 그러한 종말론은 이 시대에 기독교인의 전유물은 아니었고 조로아스터교 교인을 포함하여 다른 신앙을 믿는 신자들에게서도 나타났다. 이 시기는 불확실한 시절이었고 특히 주기적으로 발생하는 역병 때문에 불확실성이 더욱 깊게 각인되었다. 많은 사람들이 현재의 세상이 종말론적 최후를 맞이하게 될 것이고 그런 대격변이 자신들의 생전에 벌어질 것으로 믿었다. 반대로 더 많은 사람들이 자기 생전에 그런 일은 벌어지지 않을 것이며 앞으로 몇 년, 혹은 몇 세대 동안 지금과 똑같은 상황이 계속될 것이라고 보았다.[4]

헤라클리우스는 파멸 직전의 상황에서 제국을 되살렸고, 잃었던 모든 영토를 수복하고, 약탈당한 성유물들을 예루살렘에 돌려보냈다. 사산조의 일시적 점령은 기독교 내부의 교리 분열을 더욱 심화시켰고 몇몇 지역에서는 유대인이 외적과 내통—실제이든 혹은 상상이든—했다는 의심이 널리 퍼져서, 기독교인 공동체와 유대인 공동체 사이에 긴장이 크게 고조되었다. 공동체 내부의 분열과 공동체 간의 갈등은 많은 로마 속주에서 장기간 지속된 특징이었고, 현재의 빈번한 폭력은 이례적으로 좋지 않은 현상이었지만 제국의 안정성에 큰 위협을 제기할 만큼 심각한 것은 아니었다. 콘스탄티노플은 여전히 교리 문제에 대해 자신의 주장을 관철하려는 욕구가 강했고, 헤라클리우스는 몇몇 지역에서 더욱 대담하게 행동에 나섰다. 632년 그는 아프리카 속주들에서 일부 혹은 모든 유대인 인구에게 강제 세례를 받으라고 명령했는데 그 명령의 의도와 시행에 관한 세부 사항과 규모는 잘 알려져 있지 않다. 그러나 중앙 정부가 달성할 수 있는 것에는 한계가 있었고, 특히 정부의 단속 자원이 빈약하면 명령은 잘 이행되지 않았다. 헤라클리우스는 소규모 야전군으로 전쟁에서 승리했고 그들에게 제때 봉급을 주지 못하는 문제로 어려움을 겪었다. 제국이 활용할 수 있는 총 병력의 추정치는 5만에서 10만 명이었고, 그 중 대다수는 속주의 주둔군으로 묶여 있었다. 이전 시기보다 더 적은 수의 군대였지만 여전히 보급품을 공급하고 봉급을 주기에는 상당히 많은 병력이었다. 이런 자금은 정규 세입으로 충당해야 했는데 세수는 즉시 전쟁 이전 수준으로 회복할 수가 없었다. 봉급은 자주 지급이 미뤄진 것으로 보이고 재정적 부담 때문에 제국이 군대의 규모를 늘릴 능력은 거의 혹은 전혀 없었다.[5]

로마인과 사산인은 이제 서로 평화를 유지하기로 했지만 그렇다고 해서 더 이상 전투가 없었던 것은 아니었다. 사산인은 내전을 겪었고, 두 제국에는 또 다른 국경과 다른 적이 있었다. 보통 아랍인 혹은 사라센인으로 묘사되는 전사 무리가 두 제국 영토에 빈번히 출몰했다. 이런 습격은 전혀 새로운 일이 아니었다. 때때로 그러한 무리는 두 제국 중 하나의 동맹군으로 왔고, 때로는 독립적으로 활동하곤 했다. 로마인과 사산인은 과거에 방어시설을 갖춘 국경선을 설정하고 이런 부류의 공격을 억제하거나 패퇴시키는 주둔군을 배치하는 데 많은 노력을 기울였다. 군사적으로 습격자들의 침입을 미리 막는 것은 거의 불가능했지만, 약탈품을 가득 싣고 고향으로 돌아가는 그들을 따라잡을 수 있었고 이들을 패배시키면 다른 습격자들에 대한 억지 효과가 있었다. 우리가 앞에서 살펴본 것처럼 두 제국은 아랍 부족들의 지도자들을 동맹으로 얻기 위해 여러 모로 노력했다. 그런 부족들의 이해관계와 세력을 장려하여 다른 아랍 부족들을 억제하고 상대방 제국의 동맹들이 시도하는 반격을 물리쳐주기를 바랐다. 게다가 아랍 부족의 지도자들은 각 제국에 야전군으로 복무할 상당수의 전사를 제공했다. 아랍인들은 헤라클리우스의 원정과 사산조의 원정에서 정찰병과 습격자로 뛰어난 면모를 보였고, 필요 시에 주요 전선에 직접 투입되어 중요한 역할을 했다.[6]

로마인과 사산인은 공식적으로 지배하는 속주들 너머 멀리까지 외교와 개입 작전을 펼치면서 제국 경영의 더 큰 그림을 그려나갔다. 아랍 부족과 동맹을 맺으려 한 것도 그런 큰 그림의 일환이었다. 6세기 동안 이런 외교적 활동은 아라비아만과 아프리카 서쪽 해안까지 멀리 퍼져 나갔다. 오늘날 예멘 땅에 위치했던 어느 강력한 왕국은 왕가 사람들과 엘리트들이 통치했는데 이들이 어느 시점에 유대교로 개종했다. 사산인과 동맹 관계인 이 왕국은 똑같이 강력하고 세련된 에티오피아의 기독교 왕국 악숨의 공격을 받았다. 악숨은 로마의 지지와 일부 전쟁 자금까지 제공받았다. 침공은 성공했지만 지휘를 맡은 장군이 악숨 국왕과 갈라서고 독자적인 정권을 세웠다. 이 사건은 대제국들이 개입했음에도 불구하고 어느 쪽도 사건을 통제하지 못한다는 걸 상기시켜주었다. 지역 지도자들은 절대 두 제국의 단순한 졸병이 아니었고, 독립적 주체였던 것이다. 향신료 무역과 동방과의 광범위한 해상 무역에서 얻은 많은 수익은 이 지역을 지배하는 정권에게 자금을 제공했고, 이것이 로마인이 개입하게 된 동기 중 하나였다.[7]

외부 원조와 지지는 동맹 지도자들과 국가들 사이의 경쟁을 격화시켰다. 하지만 이런 경쟁이 왕중왕이나 콘스탄티노플 황제의 목적에 반드시 부합하는 것은 아니었다. 마찬가지로 각 제국 국경에 더욱 가까운 동맹 지도자들은 제국의 명령에 맹목적으로 복종하는 부하가 아니었다. 마우리키우스는 모호한 상황에서 자프니드 국왕을 공격했다. 자프니드는 흔히 가산으로 알려진 여러 부족으로 구성된 집단인데, 헤라클리우스 시대에는 전반적으로 다시 로마와 노선을 함께한 것으로 보인다. 호스로 2세는 라흠 왕조의 마지막 국왕을 처형한 후에 그곳을 직접 통치했다. 아라비아만 연안의 영토를 물리적으로 점

령하고 현지 지도자들보다 사산 제국 관리를 통해 통치하는 중앙집
권적 경향은 지속되었지만, 필연적으로 사산조의 관리들은 해당 지
역 족장들을 상대해야 했다. 이 시점까지 광범위한 지역에 있는 아랍
공동체들의 가장 큰 집단은 각 제국이 지원하는 왕가 혈통이 이끄는
집단이었다. 훈족, 게르만 부족, 특히 아바르족과 투르크족의 군벌들
과는 달리, 그 어떤 아랍 지도자도 여러 집단을 합쳐 대규모 집단을
형성하지는 못했다. 이곳은 드문드문 사람이 거주하는 지역이었고
외부에서 대규모 정착민들이 이주해올 만한 곳도 아니었다.[8]

　로마인(그리고 많은 후대 민족)은 아랍인을 유목민 집단으로 보는 경향
이 있었다. 가축 떼와 천막을 가지고 다니는 목축민, 상인, 습격자 등
어떤 지역에 나타났다가 다시 이동하는 유랑 집단은 정착민과는 무
척 달랐다. 이러한 집단은 분명 아랍인이었지만 그렇다고 해서 그들
이 고대 세계의 유일한 아랍인은 아니었고, 단지 고대 그리스-로마
사료들이 가장 주목할 만한 아랍인이었을 뿐이다. 아랍어를 쓰는 많
은 사람이 여러 정적인 공동체에 살았고, 그런 공동체는 토질이 좋고
급수가 원활하여 변두리 땅을 경작해 가치 있는 수확물을 거둬들일
수 있는 곳이라면 어디에든 존재했다. 체계화된 정부가 있는 마을과
도시가 있었고, 어떤 경우에는 이들이 무리를 지어 더욱 큰 왕국이
되었으며 주로 두 제국의 영토와는 어느 정도 거리가 떨어진 곳에 있
었다. 아랍인 중에는 농부는 물론이고 목축민도 있었고, 상인과 장인
도 있었는데 이들은 유목민이 아니지만 사업을 위해 멀리 여행에 나
서기도 했다.

　유목민과 정착민은 서로 배타적이지 않았고 관례와 전통에 따라
소통했는데, 때로는 서로 갈등하기도 했지만 그보다 자주 상호 이익

을 위해 행동했다. 아랍어 사용자라는 의미에서 상당수의 아랍인 공동체가 로마 제국 하의 팔레스타인, 시리아와 그 너머 사산 제국의 여러 도시들에 자리잡고 있었다. 아주 오래 전부터 이러한 아랍 공동체들이 있었고 여러 세기가 흐를수록 더욱 늘어나기만 했다. 아랍인은 로마 황제와 왕중왕의 백성이었을 뿐만 아니라 제국 이외의 지역에서 온 외부 민족과 집단을 대표했다. 다수가 기독교인이었고 일부는 유대교 신자였다. 그들은 이방인은 아니었지만 그렇다고 해서 단합되어 있지도 않았다. 외부인(로마인과 사산인)만이 그들을 모두 아랍인으로 분류했다. 한때 대플리니우스가 언급한 것처럼 두 제국 사이에 위치했던 팔미라는 여러 속주를 여러 공동체와 연결시켰고 또 멀리 떨어진 곳과의 교역도 중개하는 중대한 역할을 수행했다. 하지만 이미 오래 전에 팔미라는 로마 주둔군 도시와 다를 바 없는 상태로 격하되었고, 그런 연결 관계는 더 소규모가 되어 더 넓은 지역으로 퍼져 나갔다.

로마인과 사산인이 외부에서 바라본 것처럼 아랍인은 통합되지도 않았고 다른 부족민들이 그랬던 것처럼 카리스마 넘치는 지도자가 나타나 그 아래 단결될 가능성도 적었다. 몇몇 공동체는 때로 적대적으로 나왔고, 그런 태도에 대해서는 통상적인 방식대로 위협, 매수, 외교, 직접적인 폭력 행사 등으로 응대했다. 더 나은 방식은 적대적인 지도자나 무리가 또다른 지도자나 무리를 설득해 그들을 반대하도록 하는 것이었다. 아랍인은 주된 적수로 인식되지 않았고 따라서 《스트라테기콘》은 외적을 다루는 부분에서 아예 아랍인을 거론하지도 않았다. 그렇다고 해서 로마인이 오랜 세월 접촉해오며 적수로 알았던 아랍인에 대해 아무것도 알아낸 게 없다는 뜻은 아니었다. 벨리

프랑크족

아 바 르 칸 국

아퀴텐

서고트족
톨레도

롬바르드족

코스탄티노플

동 로 마 제

가즈와트 윕
마스트
63

탕헤르

시칠리아섬

사르데냐섬

크레타섬

카르타고

카이라완
스베이틀라   670
647

트리폴리
647

이   슬   람   제   국

바르카
644

알렉산드리아

푸스타트
바

가다미스

파잔

이 집

마 쿠
동골라

알 로

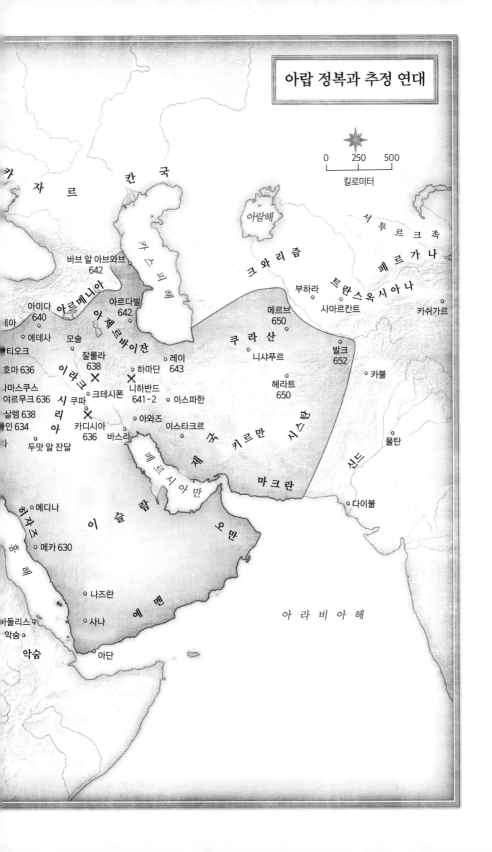

아랍 정복과 추정 연대

0   250   500
킬로미터

카 자 르   칸 국

아랄해

서 투 르 크 족

페 르 가 나

크 와 리 즘

트 란 스 옥 시 아 나

카 스 피 해

바브 알 아브와브
642

부하라

사마르칸트

카쉬가르

아미다
640

아르메니아

아르다빌
642

메르브
650

에데사

아제르바이잔

모술

쿠 라 산

니샤푸르

발크
652

티오크

잘룰라
638

레이
643

카불

호마 636

이 라 크

하마단

헤라트
650

마스쿠스

크테시폰

니하반드
641-2

이스파한

야르무크 636

시 쿠 파

아와즈

이스타크르

키 르 만

시 스 탄

물탄

살렘 638

리

카디시아
636

바스라

신 드

인 634

아 이

두맛 알 잔달

페 르 시 아 만

마 크 란

다이불

메디나

이 슬 람

오 만

헤 자 즈

메카 630

나즈란

예 멘

아 라 비 아 해

홍 해

사나

아돌리스

악숨

악숨

아단

사리우스는 페르시아의 아랍 동맹이 종교 축제를 정기적으로 기념한다는 걸 알고서 그에 입각하여 전략적인 결정을 내렸다. 그들은 축제기간 몇 달 동안은 전장에 나서지 않은 풍습이 있었다. 로마인이 겪은 아랍 지도자들은 습격자였고, 빠르게 움직이며 정규군보다 훨씬 쉽게 사막을 횡단했다. 그들은 사납고, 야만적이었지만 성을 포위 공격하는 기술이나 욕구가 없었고 진지를 고수하지도 못했다. 그들의 공격이 아무리 무시무시하더라도 견뎌내야 했다. 어느 이야기에 따르면, 한 이교도 아랍 지도자가 포로로 붙잡은 4백 명의 처녀를 희생시키라는 명령을 내렸다고 한다. 아무리 야만적이라 할지라도 아랍인들은 정착된 속주들을 점령하겠다고 위협하는 정복자는 아니었고, 포로를 잡았다 하더라도 몸값을 내면 기꺼이 풀어주는 약탈자였다.⁹

아랍 공동체들의 관점에서 볼 때 로마와 사산의 두 제국은 잘 알려진 대상이었고 멀리 떨어져 있었으며 각자의 상황에 따라 위협적 존재, 잠재적 우방, 사업 기회로 보였다. 몇몇 아랍 부족은 두 제국 중 하나를 상대로 싸우거나 그들의 군대에서 복무했다. 많은 아랍인들이 유목민을 위한 초원을 찾거나 교역을 위해 제국을 방문했고, 때로는 교역을 하려고 찾아온 제국 사람들과도 만났다. 아랍인 부족들은 그들의 공동체 문제에 두 제국이 여러 세대에 걸쳐 개입한 결과를 크든 작든 일정하게 느끼고 있었다. 그들은 어떤 의미로 광범위한 로마와 페르시아 경제권의 일부였고 또 두 제국으로부터 나름 보호를 받았다. 잇따라 발생한 역병은 도시화된 제국의 심장부를 유린했지만 그보다 더 작고 산재한 아랍 공동체들 사이에서는 그리 쉽게 퍼지지 못했다. 아랍 거주민은 페르시아의 손길을 훨씬 더 직접적으로 체감했는데 사산인이 그곳에서 군사 작전을 벌이고 해당 지역 대부분을 흡수하는 데 최선을 다했기 때문이었다. 사산인들은 더 가까이 있었고, 공격적이었으며 그 결과 멀리 떨어진 로마인보다 훨씬 더 아랍족들 사이에서 분노의 대상이 되었다.

이 여러 세기 동안 아라비아의 도시와 부족의 역사에 관한 사료가 빈약하여 해당 지역의 발전상을 자세히 추적하기가 어렵다. 아랍인 집단과 지도자는 두 대국 중 어느 하나, 혹은 둘 다에 관련되었을 때 그리스-로마 사료에서 나타나는 경향이 있다. 예언자 무함마드의 등장은 아라비아를 훨씬 넘어서는 지역에까지 심대한 변화를 가져왔지만 우리가 바라는 만큼 사료 부족의 상황을 개선해주지는 않는다. 초창기 이슬람교 사료들, 무엇보다 《쿠란》은 신자를 고무시키고 가르치기 위해 집필된 것이지 역사학자의 호기심을 충족시키기 위해 기록된 것이 아니었다. 무함마드의 삶, 경력, 그의 뒤를 이은 칼리프들의 등장에 관한 역사서들은 사건이 발생하고 몇 세기 뒤에 기록되었으며 시간의 흐름, 그리고 작성자가 살던 시대의 정치적, 종교적 논쟁으로부터 영향을 받은 것들이었다. 우리 주제에 관한 많은 고대 그리스-로마 사료처럼 이슬람쪽 사료들은 흔히 모호하고 세부 사항은 믿을 수 없으며 과장이 심하다. 그 사료들은 사건들의 전반적인 진행 결과 추적할 수 있게 해주지만, 동시에 연대순과 여러 세부 사항에 대해 많은 의문을 남긴다. 이 때문에 당시에 실제로 어떤 일이 벌어졌는지 파악하는 게 아주 어렵다. 따라서 이 시대를 역사적으로 재구성하는 데에는 많은 추측이 끼어들게 되며, 확실하게 단정할 수 있는 것은 별로 없다.[10]

무함마드는 570년경에 태어났는데 몇몇 학자는 정확한 시기가 그보다 약간 전이며, 552년까지 거슬러 올라갈 수 있다고 주장한다. 그와 그의 가족은 메카 태생이며 그곳에서 살았고, 이 도시는 광범위한 지역에서 많은 도시가 그러했듯 상업에 종사했다. 한 유력한 전승은 무함마드가 상인이었고 그의 집에서 가장 가까운 시리아까지 약 960킬로미터 떨어진 곳을 방문하는 등 여러 장거리 여행을 떠났다고 말한다. 또 다른 전승은 그가 양치기였다고 주장하는데 이 둘 모두 사실일 것이다. 메카에는 유명한 성소가 있었고, 후발이라는 신을 섬겼던 것으로 보이는데 다른 곳에서 순례자들을 끌어들였다. 그 도시의 정부는 강력하고 안정적이어서 교역과 상업적 번영을 촉진하는데 도움을 줬다. 그러나 메카와 그 지도자들은 본질적으로 외부 세계보다는 현지에서만 중요한 존재들이었다.[11]

610년경 무함마드는 고향 도시에서 설교를 시작했고, 천사 가브리엘을 만나서 받은 여러 차례의 계시로 자신의 메시지가 생겨났다고 설명했다. 그는 오로지 하나의 신만 있다고 가르쳤고, 꾸준히 늘어나는 추종자 무리를 상대로 유일신을 찬미하고 숭배하는 방식을 전했다. 622년이 되자 메카 당국과 마찰이 생겼고 무함마드와 그의 공동체는 메카를 떠나 약 320킬로미터 떨어진 메디나(당시 야트립이라 불렀다)로 옮겨가서 그곳에 정착했다. 이것을 가리켜 헤지라(천도)라고 하는데 결국 이때가 이슬람력의 원년이 되었다. 주변에는 여전히 여러 적들이 위협하고 있었고, 무함마드와 그의 추종자들은 그들을 상대로 싸웠으며 소규모 접전을 벌이고 진지와 마을을 습격했다. 그들은 대부분 승리했고 무함마드 추종자로 구성된 군대는 계속 늘어났다. 그에 맞서 싸웠던 자들은 패배했지만 항복한 개인과 민족은 동등한 구성원으로 받아들여졌다. 마침내 그는 메카로 진군할 만큼 강해졌고 메카 전투에서 그곳 지도자들을 격퇴하고 그들이 보호하던 성소

를 628년 혹은 그보다 한두 해 뒤에 파괴했다.[12]

전사 무리의 선두에는 다른 지도자들이 있었는데, 일부는 나중에 이슬람교 전설에서 거짓 예언자로 불렸다. 이들은 종교적 주장을 하면서 자신의 지도력을 키웠을 수도 있다. 즉, 로마인이나 사산인을 상대로 벌인 몇몇 초창기 습격은 이런 종교적 집단에 의해 수행되었을 것이다. 그게 아니라면 그들은 무함마드 공동체의 일원이라기보다는 그저 보통의 기회주의적인 습격의 사례였을 것이다. 두 제국이 상대방 및 그 주요 동맹들과 싸우는 데 집중하면서 주요 병력을 빼가는 바람에 다른 곳의 방어는 도외시될 수밖에 없었다. 두 제국 간의 전쟁 직후도 어수선한 시기였는데 로마인이 전쟁 중 잃은 영토를 재점령하기 시작하고 사산인도 권력 갈등이 벌어져 내부적으로 분쟁이 일어났다. 629년, 한 로마 야전군은 무함마드 추종자인 아랍인 무리를 가로막고 격퇴했다. 하지만 아랍인이 그처럼 실패하는 경우는 드물었고, 630년 아라비아의 여러 대도시와 대규모 집단이 무함마드와 동맹을 맺었다. 이내 그의 경쟁자 대다수가 패배하거나 그에게 합류하게 되었다. 일부는 온전히 신자 공동체(움마)의 일원이 됐으며 다른 이들은 항복하고 공물을 바쳤다.[13]

이전의 적들이 다가오는 군사 작전에서 중요한 역할을 했다. 다른 종교를 믿는 전사들이 한동안 무슬림 지휘부 아래에서 복무했고, 그들에게 전리품을 공정하게 나눠주는 규정도 마련되었다. 일신교를 믿는 신자들은 기독교인이든 유대교도이든—혹은 유일신이 다른 모든 신들보다 우월하다고 믿는 다른 종교의 신자들이든—선뜻 무슬림 사회에 받아들여졌다. 로마인과 사산인 간에 큰 충돌이 벌어지는 동안 무함마드와 그의 추종자들은 로마에 더 동조했다. 《쿠란》은 로마가 패배했다가 "몇 년 안에" 결국 승리할 것이며 "그날이 오면 모든 신자가 크게 기뻐하리라"고 예언했다. 이는 헤라클리우스가 호스로 2세와의 전쟁 초기에 참사를 겪다가 최종적으로 승리한 사건을 가리키는 것으로 여겨진다. 사산인은 로마인보다 더 큰 위협이었으나 다신교도였다. 사산조의 조로아스터교는 고도로 구조화되고 구분이 엄격한 사회를 지지하는 종교였기에 무함마드가 창건한 훨씬 더 평등한 공동체와 직접적인 대조를 이뤘다. 반면 로마인은 설혹 신앙을 잘못 이해했을지라도 진정한 유일신을 숭배했다. 후대 이슬람 전설은 헤라클리우스를 우호적으로 묘사하는 경향이 있고, 심지어 그가 남몰래 무함마드와 그의 메시지를 인정했지만 백성들과 그런 믿음을 공유하지 못했다고 주장하기도 했다.[14]

로마인에 동조하고 사산인을 적대하는 태도는 거기까지였고 무함마드가 632년에 사망하기 전부터 두 제국에 대한 무슬림의 공격이 시작되었다. 일부 동맹국은 그 순간을 아랍 공동체에서 벗어날 적기로 판단했고, 아랍인들 내부에서 분란이 계속되다가 마침내 최초의 칼리프가 무슬림 세계의 지배권을 완전히 장악했다. 칼리프의 지휘 아래 아랍인의 진군은 가속화됐고 거대한 두 제국을 동시에 공격했다. 하지만 그것은 거대한 전사 무리의 대규모 침공은 아니었다. 초기에 무함마드는 때로 몇백 명에 불과한 병사를 통솔했다. 이제 아랍 군대는 수천명의 병력을 거느렸고, 동시에 여러 곳에 출전할 수 있었다. 그들은 모두가 기병은 아니었고, 낙타를 탄 베두인 유목민과 여러 도시와 다른 정착 공동체에서 동원한 보병이 혼합된 군대였다. 갑옷은 드물었고 장비는 가벼웠으며 빠른 기동력과 기습전이 그들의 특징이었다. 이 시기에 나타난 여러 아랍 지휘관은 이례적으로 재능

이 있었다. 아랍군은 성과를 거둘 때마다 자신감이 생겼고 결속력도 더 끈끈해졌다.[15]

그들을 상대하는 로마인은 비교적 소수였고 초기 교전들은 규모가 약간 커진 소규모 접전과 다를 바 없었다. 과거에 그랬던 것처럼 로마인과 사산인은 이이제이以夷制夷의 방침을 채택해 아랍인 적을 물리치는 데 아랍 동맹들에게 의지했다. 왜냐하면 그들이 아랍인 적을 추격해 싸울 수 있는 능력이 가장 좋았고, 두 제국이 활용할 수 있는 정규군은 소수였기 때문이다. 후대 이슬람 전승은 아랍 공격자들을 상대하고자 배치된 로마인과 사산인의 군대가 대규모였다고 말하지만, 그와는 정반대로 수적으로 아주 열세였다고 주장하는 고대 그리스-로마 사료들도 있으니 그 둘을 나란히 놓고 봐야 한다. 아랍 군대가 종종 수적 열세였을 가능성도 있지만, 후대 사료들이 주장하는 것처럼 그렇게 심한 열세는 아니었을 것이다. 그렇다 해도 아랍 군대는 로마인과 사산인을 상대로 전투를 벌이면 대부분 승리했다. 이 덕분에 그들은 로마 속주의 영토 깊숙이 들어가 습격할 수 있었고, 더 많은 약탈품을 챙겼고, 이슬람교에 더 많은 전사를 끌어들일 수 있었다.

로마인들이 아랍군의 습격이 큰 문제로 변하고 있다는 걸 깨닫는 데는 어느 정도 시간이 걸렸다. 깨달았을 때에도 헤라클리우스는 자원이 부족했고, 그 지역으로 파견할 수 있는 병력이 없었으며, 있다고 하더라도 병사들에게 필요한 보급품을 대고 봉급을 지급하는 것도 녹록치 않았다. 황제가 아프리카 주둔군에게 동쪽으로 이동하라는 명령을 내렸을 때, 현지 고위 주교의 지원을 받는 총독은 주둔지에서도 군대가 필요하다고 생각했기 때문에 명령을 거부했다. 636년 로마인들은 시리아와 인근 속주들, 제국의 예비군에서 기동성 높은 부대를 모아 상당한 규모의 야전군을 편성했다. 헤라클리우스는 나이와 건강 문제로 직접 지휘를 맡지는 않았지만, 아랍인과의 전쟁을 사산 제국과의 전쟁만큼 중대하게 보지 않았던 이유도 컸다. 그는 전투 현장에서 멀리 떨어져서 원격 지휘했다. 그는 호스로 2세와의 전쟁 때와는 다르게 이번에는 장병들에게 영적인 호소를 하지 않았다. 로마군의 병력에 대해서는 믿을 만한 수치가 나와 있는 게 없다. 《스트라테기콘》을 다시 한번 참고한다면, 로마군의 최대 규모를 1만 5000에서 2만 명 정도로 볼 수 있다. 그러나 로마군은 실제로 이보다 크게 적었을 수 있으며 로마 정규군 중에는 아랍 동맹들과 아르메니아 파견대가 포함되어 있었다. 이들은 함께 훈련받을 시간이 거의 없었기에 헤라클리우스가 페르시아와의 전쟁 후기에 이끌었던 군대보다 훨씬 훈련이 덜 되어 있었다. 멀리서 지휘하는 황제와 현지 사령관, 이렇게 두 개로 분열된 지휘권은 사태를 더 악화했고, 어떤 경우에는 현지에 나가 있는 장군의 충성심에 의문이 제기되기도 했다. 이것은 전쟁이 끝난 후에 황제에게 쏟아질 지도 모르는 비난을 돌리고자 일부러 지어낸 이야기라는 설명도 있다.

무슬림 군대는 상대보다 수는 적었지만 함께 전투했던 병사들로 구성되어 있었다. 636년 7월 골란 고원의 동쪽 야르무크 근처에서 양측은 서로 교전했다. 로마군은 전투를 최후의 수단으로 여겼고, 압도적으로 유리할 때만 전투를 벌였으며 회전 대신에 기습과 매복을 활용하여 적을 탈진·소모시키려 했다. 아랍군도 비슷한 방식으로 싸웠고, 따라서 교전은 연속적인 빠른 진군과 소규모 접전 형태로 몇 주 동안 지속되었다. 이 시기에 아랍 지휘관들은 로마 지휘관들보다

한 수 앞서 생각했고 상대의 허를 찌르는 방식으로 전투에서 승리했다. 결국 로마인들은 완패했고 그들의 군대는 괴멸되거나 흩어졌다. 로마 제국이 이 지역에서 수년 동안 어느 정도 규모와 자질을 갖춘 야전군을 재결집할 가망은 없었고, 따라서 이 전투와 초기 교전의 패배는 사실상 시리아, 팔레스타인, 메소포타미아 어디에서든 로마인이 아랍인에게 군사적으로 대항할 수 없게 만들었다. 여전히 현지에 로마 주둔군이 있었지만 대군이나 정예병은 아니었고 방어에 나설 군사적 권한과 능력을 갖춘 지휘관이 현장에 있지도 않았다. 헤라클리우스는 소아시아로 물러나 그곳에 새로운 국경선을 만들기 시작했다. 소아시아 남쪽의 여러 속주들은 각자의 상황에 맡겨졌다.[16]

이 지역들은 과거 사산조가 점령했던 시기를 아직 생생하게 기억하고 있었고, 다시 한번 도시들은 새로운 침략자에게 저항할지 아니면 타협할지를 선택해야 했다. 일부는 아랍인이 더는 과거만큼 포위에 나서지 않을 것이고 잠시 위협을 하다가 겨울이 닥쳐오면 떠날 것으로 생각하고 아랍인에게 저항했다. 하지만 그들은 잘못 판단했다. 홈스(이전에는 에메사)는 636~637년 겨울 내내 버티다 협상에 나섰고, 그들의 목숨, 재산, 법률, 그리고 기독교 신앙의 자유를 보장하는 협정 내용을 문서로 작성했다. 그 대가는 11만 금화였다. 다른 도시들도 아랍 군대가 합의를 존중한다는 것을 알고 비슷한 협정을 맺었다. 시리아의 칼키스는 한 해 동안 휴전하기로 협상했는데 그 기간 내에 로마군의 구원이 없다면 항복하겠다고 약속했다. 아랍인은 도시가 내세운 조건을 존중했고 한 해 동안 공격을 멈췄으며 열두 달이 지나자 도시는 약속대로 항복했다. 예루살렘은 더 오래 버텼지만 2년간의 봉쇄 끝에 638년에 결국 아랍군에게 굴복했다. 아랍 군대는 이제 훨씬 더 잘 조직되고 더욱 단호했으며 장기간 한 곳에 머무를 수 있었지만, 최후의 수단이라면 모를까, 잘 방비된 도시에 직접 공격을 가하는 것은 여전히 하지 않으려 했다. 해안에 있는 카이사레아 마리티마는 641년이 되어서야 함락되었는데, 그 이유는 위치 덕분에 바다를 통해 보급품을 받기가 쉬웠기 때문이다. 도시가 완강하게 저항하자 아랍군은 할 수 없이 강제 함락시켜야 했고, 그 결과 탈출하지 못한 도시의 병사들과 자발적으로 수비에 나섰던 시민 7000명은 모두 처형되었다.[17]

아랍인의 정복에는 유혈 참사가 없지 않았고, 때로는 고대 전쟁에서 흔히 있었던 각종 야만적 행위가 드러났다. 그들이 저항을 받지 않은 것도 아니었다. 처음부터 로마의 대응은 잘 조직되지 않았고 군사력도 열세였지만 모든 사료는 로마군 기동대가 치열하게 싸웠고 간단히 항복하지 않았다고 전한다. 마찬가지로 현지의 도시 지도자들은 어떤 선택을 해야 할지 신중하게 고려했다. 그들은 침략자를 반기지 않았지만 아랍족이 강성한 군대라는 현실을 받아들였고, 시간이 흐르면서 아랍인들이 단순한 습격자가 아님을 깨달았다. 과거 아랍 상인들과의 오랜 접촉이 있었고, 현지 공동체에는 많은 아랍어 사용자들이 있었기 때문에 이 새로운 정복자들이 어떤 면에서는 사산인보다 더 친숙하게 느껴지기도 했다. 그런 친숙함 못지않게 중요한 것은 기꺼이 협상에 나서고 항복을 받아들이려는 아랍 지휘관들의 유연한 모습이었다. 이는 과거에 예언자 무함마드가 군사 작전에서 보여줬던 모습 그대로였다. 그들 역시 과거 현지 공동체와 빈번하게 접촉한 덕분에 친근함을 느꼈고, 특히 내륙 도시들과의 친밀도는 더욱 높았다.

아랍인들이 볼 때, '책(성서)의 사람들'인 기독교인과 유대인 공동체와의 협상은 훨씬 더 쉬웠다. 이 단계에서 이 집단들은 무슬림에 대해 뿌리 깊은 증오심이 없었고, 무슬림들도 마찬가지로 그들에 대한 증오가 없었다. 사산인도 대개 정복한 속주 공동체들의 신앙을 존중했지만 아랍인은 정복 과정에서 타 종교에 대한 존중을 더 쉽고 자연스럽게 드러내 보였다. 콘스탄티노플에서 선포한 교리와 다른 교리를 믿었던 기독교인 집단은 아랍인에게 항복하기 더 쉬웠을 수도 있겠지만, 대체로 현지의 모든 집단이 저항이 무망하다는 걸 받아들였다. 교회의 신앙생활은 계속되었다. 주교들은 공인으로 남아 교구 공동체 내부에서 계속 영향력을 행사했다. 예루살렘에 들어간 아랍인은 한때 헤롯 성전이 있던 부지에 작은 예배소를 지었다. 그러나 그 후 그 자리에 교회가 들어서지 않은 것으로 보아 계속 공터로 남아 있었던 듯하다. 성묘 교회는 여전히 이 도시에서 가장 뛰어난 기독교 유적지로 남았다. 무슬림 운동의 현재 지도자인 칼리프 우마르는 얼마 뒤 이 도시를 방문하여 세심하게 경의를 표했다. 이는 무함마드의 가르침이 시작될 때부터 예루살렘과 더 나아가 유대인 및 기독교인의 전통을 향한 존중과 크게 관련되어 있었지만, 또한 정치적으로도 적절한 행동이었다. 아랍 점령군은 정복된 민족이 항복하고 합의된 공물을 바치는 한 그들에게 종교적 자유를 부여하여 소외감을 느끼지 않게 했다.[18]

시리아, 팔레스타인, 그리고 메소포타미아가 무슬림 군대에 넘어가는 동안 사산조 영토의 거대한 부분도 함께 함락되었다. 로마인들과 마찬가지로 사산인도 저항했고, 운용 가능한 병력을 동원하여 현지에 파견했다. 하지만 그들의 전쟁 노력은 이미 파탄 난 제국의 내부 분열로 인해 더욱 지장을 받았다. 야즈드게르드 3세는 632년 수도 크테시폰이 아니라 페르시스에서 즉위해야 했는데 이는 그의 지지자들이 몇 년 뒤까지 크테시폰을 안정적으로 장악하지 못했기 때문이었다. 아랍인과의 초기 전투는 소규모였고 사산인은 전반적으로 자주 패했지만 그래도 소수의 성과를 냈다. 얼마 뒤 페르시아인은 상당한 야전군을 모았지만, 638년 1월 카디시아에서 패산敗散했다. 이전투는 야르무크 전투에 못지않게 아랍 군대의 중대한 승리였다. 크테시폰과 주변 다른 왕국 도시들은 640년 무슬림들이 오늘날의 이라크 대부분을 침공하면서 역시 함락되었다. 그곳 공동체들은 과거 로마 속주들의 공동체들처럼 반응했다. 결사 항전하는 곳은 극소수였고, 거의 모두가 협상에 나섰다. 야즈드게르드 3세는 함락되기 전에 크테시폰을 탈출했지만 이후 아랍군의 추격을 뿌리치기 위해 치중차 대부분을 버렸다. 그는 제국 더욱 깊은 곳으로 물러나서 왕가의 옛 중심지로 갔다. 이후 몇 년 동안 그는 제국의 나머지 영토를 지키기 위해 병력을 규합하는 데 최선을 다하면서 잃어버린 영토를 되찾으려 했지만 대세의 도도한 흐름을 되돌릴 수 없었다.[19]

아랍 군대는 계속 전진했다. 640년에 이집트를 침공한 아랍군은 다른 곳에서와 마찬가지로 초기에는 로마 주둔군의 저항을 받았고, 이후 몇 차례의 격전 끝에 로마군이 완패하고 속주 단위의 조직적인 저항이 중단되었으며, 아랍 침략자들은 각 공동체와 개별적으로 협상했다. 알렉산드리아가 함락되었고, 몇 년 뒤 로마 함대가 이 거대한 도시를 탈환했지만 그곳을 계속 지키지는 못했다. 동방 제국의 거대한 곡창 지대이자 세입의 주된 원천인 이집트는 영원히 로마인의 손에서 떨어져 나갔다. 아르메니아에서 아랍군이 초기에 펼친 여러 공세는 실패했지만, 소아시아에 대한 아랍군의 습격은 규모가 점점 더 커졌고 더욱 빈번해졌다. 때때로 아랍군은 로마 영토에서 겨울을 보낼 정도로 자신감이 충만했다. 동시에 사산 제국은 점점 더 많은 영토를 아랍군에게 빼앗겼다. 메디나는 이집트와 거의 같은 시기에 점령되었고, 페르시스는 640년대 말에 함락되었다. 야즈드게르드 3세는 훨씬 더 동쪽으로 도망쳤지만, 평판이 너무 나빠진 나머지 현지 귀족들이 지원하는 관리들의 도전을 받았다. 650년에 또다시 전투에서 패한 그는 이듬해에 살해되었다. 일설에 따르면 그를 살해한 자는 그 사람이 왕중왕인지조차 몰랐다고 한다. 이집트에서 아랍 군대는 아프리카 해안 지역을 따라 서쪽으로 밀고 나아가는 한편 지중해에 도달하고자 여러 함대를 만들었다. 지중해의 섬들은 습격을 받았고, 일부는 침략을 받아 황폐해졌다. 654년, 아랍인은 콘스탄티노플을 목표로 일련의 대규모 공격을 개시했다.[20]

이 무렵 사산 제국은 더 이상 존재하지 않았다. 야즈드게르드 3세의 아들들이 중국唐으로 도망쳐와 아랍인을 물리칠 수 있도록 도와달라고 요청했다. 장남은 중국 황제에게 사산조 군주로 인정받았지만, 그가 지배할 수 있는 영역은 시스탄 근방의 '페르시아 지역 사령부'라고 불리는 작은 지역뿐이었다. 그를 새긴 한 조각상은 "페로즈, 페르시아 국왕, 의롭고 용감한 대장군, 페르시아 총사령관"이라고 선포했다. 그가 죽자 아들이 그의 뒤를 이었고, 사산 왕조 혈통은 한동안 계속 이어졌다. 이름 뿐인 왕중왕은 가신들과 함께 중국 장군으로 일했고, 언젠가 잃어버린 제국을 되찾으려는 꿈을 꾸었다. 710년, 사산인 왕자 '보니 프린스 찰리'는 실제로 영토의 회복을 노렸지만 실패했다. 고국에 대한 기억은 오래 지속되었지만 중국에 사는 페르시아 추방자와 왕족 공동체는 세월이 흘러감에 따라 중국인과는 다른 집단이라는 정체성만 남게 되었다. 그들의 옛 제국에서 아랍군에 대한 저항은 사산 왕가의 추방에도 불구하고 계속되었지만, 국지적이고 분열된 저항에 지나지 않았다. 일부 지도자는 장기간 싸워 여러 번 승리를 거두기도 했지만 다른 지도자들은 무슬림들과 협상했다. 카스피해 근방 방어를 책임지던 자들은 아랍인과 거래하여 공물을 바치지 않는 대신에 취약한 국경을 지켜주는 것으로 합의했다. 파르티아 일족 대다수가 결국 새로운 지배자와 타협했고, 칼리프에게 충성하는 반대 급부로 그들이 가진 땅과 지위를 계속 유지할 수 있었다. 그들은 과거에도 이미 아르사케스 왕조에서 사산 왕가로 충성의 대상을 바꾼 적이 있었다. 하지만 그것은 본질적으로 제국이 똑같은 상태에서 한 왕가에서 다른 왕가로 넘어간 것뿐이었다. 아르사케스 1세가 망해가는 셀레우코스 왕국의 터전 위에 새로운 제국을 세우고 8세기가 넘게 흘러간 지금, 아주 다른 형태의 제국(아랍인의 칼리프 제국)이 그 모습을 드러냈다.[21]

그 무렵 로마 제국은 존속하고 있었지만 옛 모습의 희미한 그림자 같은 껍데기뿐이었다. 7세기 말 아랍 군대는 아프리카 속주의 남아 있는 지역들을 모두 함락했다. 이 지역들은 처음에는 아랍군에 저항하다가 제압되었고 이후 각 공동체가 각자 저항하다가 패하거나 침략자와 협상하는(가장 흔한 경우) 양상이 반복되었다. 아랍군은 인근 베르베르족 집단과는 더욱 길고 힘든 싸움을 벌였다. 그 부족은 지난 여러 세대 동안 높은 결의로 싸우며 로마인과 반달족에게서 독립을 주장해 왔었다. 로마 황제들은 콘스탄티노플에서 계속 통치했고 1453년 오스만투르크에게 함락될 때까지 제국은 존속될 예정이었지만 7세기 말에 이르러 제국이 지배하는 영토는 초라한 자투리땅으로 줄어들었다. 소아시아 대부분과 아르메니아는 한동안 로마인의 통치 아래 남아 있었다. 그러나 이 지역들도 지중해 여러 섬들처럼 아랍의 공격에 취약했다. 키프로스는 7세기에 두 번 아랍군의 침략을 받아 약탈당했고, 주민 대다수가 노예로 끌려갔다. 발칸 지역에는 여전히 로마군이 주둔하고 있었고 나중에 불가르족이 합류해 계속 출몰하는 아랍군을 저지하는 데 최선을 다했다. 중세 기준으로 볼 때 로마 황제는 꽤 크고 상당히 부유한 왕국의 수장이었지만 그래도 많은 왕국 중 하나에 불과했다.[22]

7세기에 일어난 변화는 세계 역사상 가장 큰 혁명 중 하나였다. 돌이켜보면, 모든 것은 믿기 힘들 정도로 빠르게 일어났다. 로마는 10년 조금 넘는 기간에 팔레스타인, 시리아, 이집트를 상실했고, 거의 비슷한 속도로 사산 제국 전체도 붕괴했다. 이 시대에 관한 사료가 부족해 구체적으로 어떤 일이 벌어졌는지 상세히 추적하기가 어렵다. 그러한 격변을 겪은 사람들의 입장에서 볼 때 10년 혹은 15년은 결코 짧은 세월이 아니었다. 이 전쟁은 고대 세계의 많은 전쟁들에 비해 아주 빠르게 결말이 났지만, 최근 호스로 2세의 맹공에 로마 방비가 무너졌던 것이나 승리가 눈앞에 있었던 상황에서 왕중왕의 제국이 갑작스럽게 붕괴한 일과 비슷한 점도 있었다. 사실 '빠르다'라는 것은 상대적인 것이다. 아랍인처럼 사산인도 단기간에 광대한 영토를 점령했지만 그 결과를 얻기 위해 많이 싸워야 했다. 그렇지만 두 제국이나 이후 그들을 타도했던 무슬림 군대나 엄청난 대규모 병력을 야전에 배치한 것은 아니었다. 소규모 군대가 이 중요한 전쟁들을 결정지었다.

아랍군이 가져온 혁명의 규모를 생각하면 어떻게 이런 일이 일어났고, 왜 일어났는지 살펴보는 것은 아주 흥미롭지만 그 문제는 묻기는 쉽고 대답하기는 여간 어려운 것이 아니다. 로마인과 사산인은 상호간에 진을 빼며 결과적으로 무익한 대규모 전쟁을 벌인 직후에 아랍군의 새로운 위협에 직면하여 무척 애를 먹었다. 두 제국은 지쳤고, 인적 자원과 군수품은 공급이 부족했으며 게다가 사산인은 정치적으로 분열되어 있었다. 두 제국은 처음에는 아랍인의 도전을 심각하게 여기지 않았고 그들의 잠재력을 크게 경시했다. 두 제국 간의 충돌에 비하면 아랍인의 침공은 사활을 건 투쟁으로 보이지 않았다. 상호 간의 싸움에 익숙하고 아바르족, 투르크족, 그들 이전의 훈족과 같은 여러 집단이 제기하는 위협을 잘 알고 있었지만, 로마인과 사산인은 남쪽 방향에서 올라온 이런 대규모 도전은 처음이었다. 아랍인들은 그들을 놀라게 했고 더욱이 다른 부족들처럼 돈을 받고 물러가거나 내부적으로 쉽게 분열되지도 않았다. 두 제국은 새로운 상황에 적응하고자 애썼고, 몇몇 소소한 성과를 거두며 이 문제에 더 많은 자원을 배치하기도 했지만 신속하게 대처하지는 못했다. 이러한 결과의 일부는 그들 사이에 벌어진 최근 전쟁의 후유증도 있었고, 느린 대응 자체가 장기적 쇠퇴의 징후이기도 했다.[23]

로마인과 사산인의 여러 약점과 실수도 분명 제국 쇠망의 이유 중 하나였다. 하지만 여기서는 어느 한쪽이 왜 패배했는지보다 다른 쪽이 승리한 이유를 묻는 게 더 중요하다. 과거에 여러 갑작스러운 혁명이 있었다. 예를 들어 초기 아케메네스 국왕들은 반란을 일으켜 한 세대 만에 자신들에게 속해 있던 제국을 장악했다. 변방에서 일어나 그리스 전체를 장악한 알렉산드로스의 마케도니아인들도 이런 점에서 유사하다. 아틸라 같은 군벌은 이질적이고 당파적인 여러 부족을 통합했고 단기간에 거대한 영토를 침략하여 이탈리아와 콘스탄티노플 황제들에게서 공물을 갈취했다. 아케메네스 제국은 오래 지속된 반면에, 알렉산드로스의 제국은 그의 죽음 이후 분열되었고, 아틸라의 단명한 정권은 심지어 그보다 더 빠르게 무너졌다. 무함마드가 등장하고 그의 추종자들은 매우 다른 메시지를 전파하여 세상의 3대 신앙 중 하나가 될 종교를 확립했다. 하지만 아랍 군대에 복무했던 전사들이 전부 무슬림이었던 것은 아니고, 특히 초창기에는 무슬림 비율이 낮았다. 그러한 비무슬림들은 승리하는 쪽에 동맹이나 친척 관계로 합류하여 약탈품을 챙기는 것이 목적이었다. 그럼에도 불구하고 아랍 군대의 핵심 병력과 지휘관 전원은 이슬람교를 믿었고, 이것은 기존의 야만족 군벌이 제공한 것과는 다른 단합된 목적의식을 정복 사업에 제공했다.

아랍 군대와 그들의 지휘관들은 무척 자질이 뛰어났다. 초기에 이들 군대에는 로마인과 사산인을 위해 싸웠던 병사들이 포함되었을 가능성이 크고, 특히 최근의 여러 전쟁에 참가한 이들이 많았을 것이다. 이는 그 병사들이 두 제국의 군인이 어떻게 싸우는지 무척 잘 알았다는 뜻이었다. 그들은 또한 제국의 많은 지역들을 직접 가보았기 때문에 그 지역에 접근하는 최적의 경로를 알았으며 현지 지형에 대해 아주 밝았다. 연승의 경험을 통해 얻은 자신감과 추진력으로 아랍 군대는 대단한 강군이 되었다. 무함마드가 남긴 또다른 중요한 메시지는 병사 각자가 자신의 삶을 이끄는 법과 다른 사람을 대우하는 법에 관한 것이다. 이는 칼리프의 영도 아래, 몇백 혹은 몇천 킬로미터 이상을 떨어져 군사 작전을 수행하는 개별 아랍인 장군들에게 행동의 일관성을 부여했다. 모든 고대 문화에서 그런 것처럼 무자비함은 때로는 타당했고, 단단히 결심한 적과는 어떤 희생을 치르더라도 치열하게 싸워야 했다. 하지만 상대방을 죽이는 것보다는 굴복시키는 게 더 나았고, 그들이 기꺼이 무슬림 공동체에 합류한다면 가장 좋겠지만 그것이 필수적 사항은 아니었다.

7세기에 등장한 아랍 제국은 압도적으로 비무슬림으로 구성되었고 한동안 이런 상태를 유지했다. 이슬람교로의 개종은 점진적이었고 절대 보편적인 것이 아니었다. 기독교인과 유대인은 여러 세대 동안 그들의 신앙을 계속 유지했고, 그들이 제국에 복종하고 공물을 제공하거나 혹은 드문 일이지만 군대에 복무하는 한 독자적 신앙을 지키는 것이 허용되었다. 일부 조로아스터교 신자들은 무슬림의 점령에 맹렬히 저항했으나 결국에는 근절되었다. 하지만 그곳에서조차 많은 사람들이 수용의 길을 선택했고 자신의 신앙과 관행을 따르는 것을 허용받았으며 몇몇 조로아스터교 예배당도 그대로 운영되었다. 파르티아인 일족들은 옛부터 내려오던 세습 영지에서 무척 오랫동안 강력한 세력으로 남았으며 그들 나름의 전통적인 페르시아 종교를 보존했다. 점진적인 과정을 통해 더 많은 엘리트층과 광범위한 인구가 이슬람교로 개종했다.

아랍군의 정복과 그로 인해 등장한 왕국들 이야기는 여기에서 서술하기에는 너무 큰 주제다. 하지만 이러한 여러 변화를 로마인과 사산인의 패배 때문이라고 보기보다는 아랍인의 승리가 가져온 결과물로 보는 것이 가장 좋다. 그러한 대규모 성과는 기존 세력들이 아무리 취약했다 하더라도 그리 간단하게 이룰 수 있는 것이 아니다. 아랍 군대의 확산은 헤라클리우스를 누가 계승할 것인지를 두고 발생한 로마 제국의 내분으로 인해 더욱 촉진되었는데, 그가 첫 혼인에서 얻은 아들이 요절하자 질녀와 결혼하여 낳은 자식들의 계승 자격에 대한 의심이 불거졌던 것이다. 그리하여 10여 년 정도, 로마의 전쟁 노력은 내분 때문에 전보다 더 약해졌다. 이러한 자중지란은 이슬람 세력이 북아프리카를 정복하는 과업을 더욱 수월하게 해줬다. 그러나 아랍권의 확장 정책도 결국에는 수십 년에 걸친 격렬한 내분 과정에 의해 제동이 걸렸다. 그들은 무슬림 공동체와 미래에 대한 예언자의 전망을 어떻게 잘 실현할 것인지 하는 문제를 두고 치열하게 싸웠다. 이 내분은 결국 이후의 역사를 근본적으로 바꾸어놓는 시아파와 수니파의 분열로 이어졌다. 이러한 권력 승계를 둘러싼 내분은 로마인에게 어느 정도 숨 돌릴 틈을 줬지만 이미 상실한 영토 중 어떤 것도 되찾을 수는 없었다. 이 무렵에 로마 제국은 자원 결핍과 능력 부족으로 인해 영토를 회복하는 데 한계가 있었기 때문에 부분적으로 제국이 성공을 거두더라도 지속적인 영향을 미칠 수는 없었다. 시간이 가면서 이슬람 제국의 아랍 왕조들은 이란 출신이 세운 다른 왕조와 특히 투르크족과 같은 외부인이 세운 왕조에 의해 밀려났다. 그러나 한동안 칼리프들은 아르사케스 왕조나 사산조가 지배했던 것보다 더 큰 영토를 지배하게 되었다. 이와는 대조적으로 헤라클리우스 이후 로마 황제들—아랍인은 그들을 계속 로마인이라고 불렀다—은 아랍인에게 악당이자 적으로 인식되었다. 기독교인, 무슬림, 유대인 사이의 적의와 증오는 점점 커져 갔다. 여러 세기가 흘러가면서 종교 간 경쟁은 흔하고 더욱 맹렬해질 터였다.[24]

그 전에도, 무슬림 아랍인들이 페르시아와 로마 제국의 동방 지역 대부분을 정복하고, 과거에 유스티니아누스의 군대가 해낸 것보다 더 많은 스페인 지역을 차지함으로써 세계의 정치적 지형을 크게 바꾸어 놓았다. 이러한 아랍인의 침략이 발생했을 때 두 제국은 이미 국력의 전성기를 지난 상태였고, 더 직접적으로는 호스로 2세가 시작한 몇십 년에 걸친 양국 간의 총력전이 지속되면서 제국의 국력이 고갈된 상태였다. 이 틈을 탄 아랍인의 성공은 눈부신 것이었다. 아랍인의 승리는 강대한 제국이 더 약한 국가들을 상대로 거둔 게 아니었고, 병력 수나 국부와 기술로 거둔 승리도 아니었다. 시간이 흐르면서 아랍인들이 자신만의 제국을 창조하면서 그들은 로마인과 사산인이 과거에 보유한 제국의 이점을 일부 누리기 시작했지만 정복 초창기부터 그랬던 것은 아니었다. 단순히 국부, 영토, 인력을 보유하는 것만으로는 충분치 않았고, 그것을 효과적으로 활용하는 게 더 중요했다. 로마인이나 사산인이나 630년 이후 몇십 년 동안 최고 전성기를 누리지 못했다. 일반적으로 말해서 성공은 다른 성공을 장려하는 법이다. 아랍 군대가 초기에 거둔 여러 승리는 계속 지속되었고 더욱 큰 성과를 내도록 자신감의 연료를 공급했다. 로마인들이 항상 전쟁에서 강조했듯이 우연이 큰 역할을 했고, 이 모든 일이 필연적인 것이었다고 보는 것은 잘못된 견해다. 로마나 아르사케스 왕조의 부상이 순조롭고 당연하지 않았던 것처럼 아랍인의 정복 활동도 쉽지 않았다. 훌륭한 지도자의 지휘를 받고 동기부여가 탁월한 노련하고 운 좋은 군대가 치열하게 싸웠기 때문에 전쟁에서 승리할 수 있었다.

로마와 페르시아 간의 여러 전쟁과 고대의 기준에 비추어볼 때, 아랍의 정복 활동은 유난히 잔인한 것은 아니었다. 습격은 본래 야만적인 경향이 있었고, 살인, 강간, 유괴와 같은 잔혹 행위는 모든 전쟁에서 흔한 것이었다. 도시 함락은 보통 더 큰 학살로 이어졌다. 하지만 대학살과 파괴는 없었는데 승자가 정복한 영토의 부와 번영으로 이득을 얻고자 했기 때문이었다. 이는 서로마 제국을 침략했던 군벌들의 의도와 같은 것이며, 같은 맥락으로 한창 정복에 몰두하던 시기의 로마인, 아르사케스 왕조, 사산조도 그런 이득을 노렸다. 아랍인에 의한 점령은 견딜 수 없을 정도로 압제적인 경우가 좀처럼 없었고, 이것은 5세기 이후 유럽에서 벌어진 상황과 흡사했다. 대체로 이전 로마 제국과 페르시아 제국의 영토였던 지역에서 일상생활은 거의 변하지 않았고 특히 아랍의 점령 초기에는 더욱 안정적이었다. 세금과 공물은 새로 들어선 아랍 당국에 지불했지만 일상생활은 대부분 예전처럼 계속되었고 무엇보다 신앙과 공공 예배는 보장되어, 종교적 변화가 점진적으로 진행되었기 때문이다. 더불어 아랍인의 정착이 어느 정도 진행되기도 했는데, 이는 새로운 공동체를 위한 토지 몰수가 있었음을 뜻하는 것이지만 몰수 규모는 제한적이었다.

무슬림 아랍인이 그토록 빠르게 광대한 제국을 구축할 수 있었던 주된 이유 중 하나는 그들이 적어도 초창기엔 새로 정복한 지역의 백성들에게 별로 요구한 게 없었기 때문이었다. 과거 로마인, 파르티아인, 페르시아인도 이와 같은 유화적 조치를 취했고, 더 작은 규모로는 서방 로마 제국을 분할했던 군벌들도 마찬가지였다. 무슬림 아랍인들은 중앙 정부의 통치에 오랜 세월 익숙해진 공동체들을 접수했다. 그 중앙 당국은 보통 멀리 떨어져 있었고 현지 공동체들은 비무장 상태로 지낸 지가 오래되었으며 전쟁은 제국 당국이 조직한 군대가 수행했고 원칙적으로 그들의 주거지에서 멀리 떨어진 곳에서 벌어졌다. 이런 중앙 정부가 사라지고 가까운 미래에 돌아올 가능성이 거의 없거나 전혀 없었기에 현지의 민간인들은 정복자의 군사력에 저항할 생각을 하지 않았고 따라서 침략자를 자연스럽게 새로운 상급자로 인정했다.

양측에는 실용적인 생각이 있었다. 아랍 군대는 순전히 무력으로 방대한 인구를 제압하기에는 숫자가 부족했고, 따라서 종속된 인구를 잘 대우하는 게 합리적이었다. 정복된 주민도 정복자의 요구에 순응하기만 하면 전과 마찬가지로 일상생활의 자유를 그대로 누릴 수 있었다. 이러한 방식은 서방에서 고트족, 반달족을 비롯한 다른 군벌들이 취한 것이었고 그 이유는 지금의 아랍인의 경우와 똑같았다. 이 것은 지나친 단순화일지 모르지만, 아랍인이 침략한 영토에서 살아남은 기존 문화와 사회 기반 시설은 야만족이 침입한 유럽 지역에 비해 더 많이 살아남았다. 이는 어느 정도 문화적 배경도 작용했는데 적어도 처음에 아랍인은 그들의 새로운 백성과 상당한 공통점을 갖고 있었기 때문이다. 중요한 것은 그들이 신앙으로 통합된 훨씬 더 크고 더욱 일관성 있는 새로운 정권을 대표했으며, 정치적으로 볼 때에도 서방의 그 어떤 세력보다 예전 로마 제국과 사산 제국의 속주들을 더 많이 결합시켰다는 것이었다. 대다수 지역은 더 오래된 문명적 전통의 일부였고, 그런 전통 대부분은 그리스인과 로마인보다 시대적으로 앞서는 것이었다. 그런 측면에서 중세의 암흑 시대는 유럽 기독교 왕국들에 비해 이슬람 세계에서는 덜 암울했다. 그 덕분에 무슬림 세계에서 옛 지식은 보존되고 새로운 사상이 개발되었다.

로마와 파르티아-페르시아 간 경쟁은 전자가 축소되어 이전 국력의 희미한 그림자가 되어버리고 후자가 완전히 사라짐으로써 끝이 났다. 중세가 되기 전에 고대의 마지막 대전쟁으로 보는 양자 간 최후의 전쟁은 양국의 국력을 고갈시켰고 그 틈을 타서 아랍군은 불과 몇 년 사이에 그들을 상대로 승리를 거두었다. 거의 8세기에 이르던 경쟁은 끝이 났고, 세상의 두 등불 혹은 두 눈은 더 이상 빛나지 않게 되었다.

결론

아랍의 정복은 4세기 넘게 이어진 로마인과 사산인 간의 경쟁을 끝냈고, 아르사케스 왕조의 파르티아인까지 포함한다면 거의 7세기에 가까운 경쟁을 종결시켰다. 정치적으로도 엄청난 변화가 발생했다. 이탈리아와 서방 속주들을 상실한 이후에도 동방의 로마 제국은 거대한 국가였다. 경제적으로나 군사적으로나 그 어떤 인접국보다 강했으며 설혹 과거보다 격차가 훨씬 줄어들었다고 해도 사산조 페르시아와의 차이는 컸다. 마찬가지로 사산인은 로마인을 제외하면 국경 지역의 그 어떤 민족보다 더 많은 영토와 부를 자랑했다. 그런 내재적인 이점이 있다고 해서 전장에서의 승리는 물론 전쟁에서의 승리가 보장되는 것은 아니었다. 하지만 대국은 영구적이고 또 치명적인 방식으로 타격을 가할 수 있는 대상은 아니었다.

이처럼 국력이 지속된 듯한 인상에도 불구하고 아랍인의 정복 활동은 사산조를 완전히 멸망시켰고 로마 제국을 과거의 희미한 그림자로 만들어 버렸다. 그들은 이 모든 것을 고작 몇십 년이라는 아주 짧은 시간 안에 해냈다. 이러한 빠른 붕괴는 부분적으로 타이밍이 작용했다. 호스로 2세의 전쟁으로 탈진한 두 제국은 아랍이 공격해왔을 때에 특히 취약한 상태에 있었다. 사산인은 패배를 극복하려고 애쓰는 한편 지독한 내분에 시달렸고, 로마인은 그들의 승리가 굴욕적인 패배와 참사를 오래 겪은 뒤에야 다가와서 별 감흥이 없었다. 호스로 2세의 군대는 먼저 로마 제국 대부분을 침략하면서 눈부신 성공을 거두었고, 뒤이어 그만큼 급격한 패배를 겪으며 전쟁의 대가를 치렀다. 이 마지막 충돌에서 두 제국의 일진일퇴는 좀 더 심각하고 장기적인 취약성을 드러냈다. 먼저 두 제국은 그들의 자원을 온전히 활용할 수가 없었다. 페르시아인은 승리를 거머쥘 뻔했고 로마인은 실제로 승리했지만 각각 아바르족, 투르크족과 동맹을 맺었기에 가능한 일이었다. 그러한 동맹으로 인해 과거에 맺었던 비슷한 동맹보다 훨씬 더 극적으로 어느 한쪽에 유리한 균형 변화가 발생했다.

대체로 두 제국 간 세력 균형은 7세기가 시작될 때 막상막하하였지만—늘 그래왔고, 특히 서로마 제국의 붕괴 이후로는 더욱 그러했지만—양측은 국력의 절정기에서 내리막길을 걸은 지 이미 오래였다. 거듭된 내전과 내부 권력 투쟁은 두 제국의 오래된 문제였고 때로는 몇십 년, 심지어 여러 세대에 거쳐 억제되기도 했지만 화산처럼 언제든 갑작스럽게 터져나올 수 있었다. 게다가 6세기 초 이래로 두 제국은 과거보다 더욱 자주 싸웠고 때로는 거대하고 강력한 부족 집단을 적으로 맞이했다. 로마인이나 사산인에게 이런 전쟁 중 어느 것도 득 되는 일은 좀처럼 없었고, 적어도 전쟁 비용을 건질 수 있을 정도의 소득도 발생하지 않았다. 이 시기를 연구하는 일부 전문가는 동의하지 않을 테지만 두 제국의 권력과 효율에서 장기적인 쇠퇴가 있었다고 볼 수밖에 없다. 호스로 1세와 유스티니아누스 같은 강력한 통치자는 나약하고 불안정한 군주보다 실적이 나았기 때문에 이러한 통치자를 연구하는 사람들은 두 제국의 국력을 실제보다 과대 평가하는 경향이 있다.

양국의 인구와 부를 감안할 때 로마인과 페르시아인의 군대는 소규모였고, 야전군에 적합한 양질의 병사라는 측면으로 보자면 더욱 그러했다. 두 제국은 사실상 직업 군인, 사회의 특정하고 한정된 계층에서 선발하고 장기간 훈련시킨 병력에 의지했다. 이 때문에 빠르게 병력 수를 늘릴 수가 없었고, 따라서 양국은 군대의 규모를 확대해야 할 때마다 제국 외부에서 전사를 고용해왔다. 물론 이러한 전사들이 충분히 쓸모 있고 또 통제 가능한 병력이라고 생각했다. 용병들은 대체로 자발적으로 고용되어 고용주에게 충성했지만 그렇다고 해서 충성이 늘 보장된 것은 아니었다. 두 제국 간의 전쟁에서 군대 조직은 꽤 훌륭히 작동했지만 동시에 그 외의 적들에 대항하기에 충분한 조직은 아니었다. 이는 오랜 기간 문제였지만 특히 7세기에는 더욱 악화된 것으로 보인다. 따라서 전쟁 결과가 좋지 않으면 각 제국은 군사력을 재건하는 데 훨씬 더 오랜 시간을 들여야 했다.

로마인과 파르티아인, 그리고 사산인은 역사상 오랜 기간 동안 서로 경쟁했다. 어느 쪽도 상대를 파멸시키거나 영구히 점령해 지방 세력으로 격하시키지 못했다. 많은 충돌 중에 각 제국은 방어시설, 주둔군, 야전군, 군수품에 막대한 비용을 들였다. 대부분의 기간에 로마인이나 파르티아-사산인이 배치한 대규모 군대는 오로지 상대방 제국과 싸우기 위해 편성된 군대였다. 그렇게 오랜 세월 동안 막대한 노력, 자원이 지출되고 상당한 피도 흘렸지만 얻은 것은 그에 비해 너무나 보잘것없었다.

이는 두 대국 간 경쟁이 시간이 흐를수록 양국을 피폐하게 만드는 부담이었음을 보여준다. 다른 적들을 상대한 전쟁에 내부 권력 투쟁도 있었고 이 모든 일에 드는 비용도 상당했기 때문에 오로지 사산조와의 전쟁만이 쇠망의 이유라고 할 수는 없다. 내전은 승패 여부와는 무관하게 거기에 소요되는 비용을 감당해야 했고, 그것은 불안정한 로마 황제나 왕중왕이 다른 모든 문제보다도 권력 유지를 최우선시하는 국가 체계를 운영하도록 유도했기 때문에 특히 해로웠다. 또한 사회 내부에는 다른 여러 문제들도 있었다. 특히 2세기부터 계속 세상을 휩쓸던 자연 재해와 연달아 발생한 역병이 경제 활동에 미친 악영향도 심각했다. 정확하게 그 파급 효과를 측정하기는 어렵지만, 이 모든 것이 두 제국을 약화시켰고, 설혹 두 제국이 상대방과 지속적인 평화를 유지했다 하더라도 이런 사태들은 여전히 발생했을 것이다.

문제의 핵심은 로마인과 파르티아-사산인 간의 경쟁이 장기적으로 양측에 손상을 입히고, 그들의 국력을 서서히 무너뜨리는(반드시 핵심적이지는 않다고 하더라도) 역할을 해 아랍인의 정복과 같은 도전에 제대로 맞서지 못하게 했다는 것이다. 호스로 2세의 대규모 전쟁 직후 제국은 허약한 상태에 있었고, 바로 이 순간을 틈타서 아랍인들이 새로운 신앙의 기치 아래 똘똘 뭉쳐서 두 제국을 치고 나왔다. 과거의 사례까지 살펴보면 6세기에 벌어진 잦은 충돌도 양국에 피해를 입혔고, 영구적인 이득은 거의 없이 자원만 집어삼켰다. 또한 그러한 외부 상황이 아랍 공동체들의 사회적·정치적 구조에 영향을 주어 그들의 통합을 자극했을 수도 있다. 특히 5세기 이래로 사산인과 로마인의 좋았던 관계를 생각하면 이러한 주장은 어디까지 거슬러 올라갈 수 있을까? 7세기에 양국은 상대방을 파멸시키지 못한다는 게 명백히 드러났다. 그 모든 사태의 결말에 이르러 페르시아 제국은 멸망하여 하나의 추억이 되었고 로마 제국은 영구적으로 심각하게 규모가 축소되었다. 장기적인 관점에서 볼 때 양국 간의 경쟁은 헛된 일이었고 심지어 자해 행위였다.

같은 논리로 100세까지 산 사람이 110세까지 살지 못했다고 해서 실패했다고 할 수는 없으므로 두 제국의 쇠퇴를 실패라고 간주하는 것에는 주의가 필요하다. 두 제국 간의 장기간 경쟁은 그 자체로 중요하고 동시에 두 제국의 장수를 증명한다. 서기전 1세기 초 로마인과의 첫 만남과 1세기 말에 있었던 격렬한 충돌 이후 파르티아인은 224년까지 계속 제국을 유지했고, 사산 왕가는 영토적으로 파르티아인과 똑같은 지역에 자리잡은 제국을 400년 이상 지배했다. 같은 시기에 로마 공화국은 원수정으로 변했고, 3세기에 크게 변화했으며 나중에는 동로마와 서로마로 나뉘었고 후자가 붕괴되고 나서도 동로마 제국은 1000년 가까이 존속했다.

이 중 어떤 것도 당연하게 여겨서는 안 된다. 3세기 동안 많은 변화가 있었지만 그에 못지않게 지속성도 있었기에 동로마와 서로마는 분명 같은 제국이었다. 로마 문명의 성공은 우리에게 친숙하지만, 일반 대중의 인식 속에서 콘스탄티노플 황제들의 통치는 그다지 친숙하지도 않고 대다수 사람이 로마인을 생각할 때 떠올리는 것과는 다르다고 해도 말이다. 아르사케스 왕조의 페르시아는 4세기 반 동안 거대한 제국을 지배했고 그중 후반의 3세기 동안은 로마와 경쟁했다. 사산조의 전체 역사는 로마인을 경쟁자로 상정하면서 진행되었고, 제국은 왕중왕이 내리는 결정에서 항상 존재하는 요인이었다.

서로 비슷한 규모의 제국으로서 이 두 제국처럼 오래 존속한 경우는 거의 없다. 7세기라는 장구한 세월 동안에 로마 제국과 파르티아-사산 제국은 각자 상당한 인구에 안정, 번영, 엄청난 규모의 장거리 교역, 법치를 제공했고 고대 세계에서 보기 드물 정도로 문화적 교양을 장려했다. 7세기 동안에 장기간의 내전과 종교적 탄압과 여타 압제들이 발생하여 상당히 지속적으로 사회적 불평등을 안겼다 해도 그것이 이 모든 선순환을 변화시키지 못했다. 두 제국은 이례적으로 오랜 세월 동안 아주 고도로 성공한 대국이었다.

이 책의 주제는 두 제국 간의 경쟁이었고, 이제 황급히 두 나라의 이득과 희생에 대한 판단을 내리기 전에 무엇이 경쟁의 성패에 달려 있었는지 고려할 가치가 있다. 불과 몇 년 사이에 알렉산드로스 대왕은 로마의 동방 속주가 될 지역은 물론이고 후대에 들어와 아르사케스 왕조와 사산인이 다스릴 땅마저 정복했다. 대왕에게 함락되지 않은 지역은 몇 곳 되지 않았다. 그는 숨을 거둘 당시에도 아라비아만으로 밀고 들어갈 계획을 세우고 있었다. 캅카스 산맥 지역의 왕국들을 향한 대왕의 태도는 덜 명확한데 그 시점까지 해당 지역에 거의 관심을 보이지 않았던 것이다. 결국 아랍 군대는 알렉산드로스의 제국 대부분을 점령했지만 더 오랜 시간이 걸렸고 그 지역들은 이내 여러 왕국들로 분열되기 시작했다.

알렉산드로스 개인에 대해 품는 감정과는 별개로, 대왕은 그 점령 속도와 방대한 규모의 성공으로 그리스인과 로마인을 모두 매료시켰다. 로마인들의 경우 지중해 동부 지역에서 군사 작전을 전개할 때 오래 전 마케도니아 국왕이 해냈던 믿기지 않는 모험을 의식하지 않을 수 없었다. 사람들은 어떤 것에 익숙해지면 너무 쉽게 그 대상의 특별한 점을 잊어버리게 된다. 칭기즈칸의 몽골군은 알렉산드로스 대왕만큼 빠르게 많은 영토를(심지어 그 이상일 수도 있다) 정복했지만, 인류 역사에서 어느 누구도 대왕처럼 대규모 성공을 거두고, 그의 제국의 짧은 수명만큼 단일 국가로서 오래 지속시킨 경우도 없었다. 가령 히틀러의 바르바로사 작전은 나치군과 동맹국들이 단기간에 먼 거리를 행군하여 소련에 엄청난 사상자를 안겨주었지만 그로부터 4년도 채 되지 않아 소련의 적군赤軍에게 베를린을 점령당했다. 역사를 통틀어 여러 제국이 융성하고 쇠퇴했으며 때로는 붕괴가 빠르게 일어났지만 오로지 알렉산드로스만이 아케메네스 페르시아 같은 대국을 그토록 빠르게 정복했다. 제국은 시간이 흐르면서 약해지고 분열하거나 붕괴하는 일이 더 빈번했다.

로마인들은 알렉산드로스를 모델로 삼고 영감의 원천으로 여겼는데 시인들은 자주 그를 언급했다. 크라수스, 안토니우스, 아우구스투스, 가이우스 카이사르, 트라야누스, 카라칼라, 율리아누스, 그리고 많은 다른 로마 지도자들이 알렉산드로스 대왕에 비유되었고 때로는 그들 스스로가 그런 비유를 하기도 했다. 이들 중 그 누구도 대왕과 비슷한 규모로 동방에서 승리를 거두지 못했고, 특히 누구도 파르티아 혹은 후대 사산조 페르시아를 정복하지 못했다. 그들 중 누군가 진정으로 알렉산드로스를 모방하길 바랐거나 혹은 적극적으로 동쪽의 페르시아 제국을 타도하려고 했는지 여부는 알 수 없다.

크라수스의 파르티아 원정은 작전 초기에 참사로 끝났기 때문에 그 목적이 무엇이었는지 불확실하다. 파르티아의 내전에 개입한다는 명분으로 시작된 그 원정은 진행 과정에서 성격이 다른 어떤 것으로 확 바뀌고 말았다. 아르사케스 제국 전부 혹은 대부분을 완전 정복하는 것에는 미치지 못한다 하더라도 여러 가지 목적 중 일부는 무척 야심 찬 것이었다. 다소 의심스럽긴 하지만, 크라수스가 셀레우키아에 도착하여 강화 조건을 일방적으로 요구할 것이라고 장담했다는 이야기가 전해진다. 이것은 그가 파르티아의 파멸보다는 패배를 노렸으며 로마에 유리한 협정을 강요했을 것이라는 점을 시사한다. 파르티아에 대한 승전은 분명 그에게 개인적인 영광은 물론이고 엄청난 이익까지 안겨줄 것이었다. 서기전 36년의 안토니우스 원정도 지나치게 빨리 실패해버려서 그가 당초 생각한 목적이 무엇인지 알 수 없지만 현지 국왕들을 굴복시키고 자신이 바라던 후보자들을 그 자리에 앉히는 걸 목표했던 것으로 보인다. 이후 '알렉산드리아의 기증'에서 그는 클레오파트라와의 사이에서 낳은 아들에게 파르티아를 줬다. 그것은 여러 측면에서 기괴한 일화인데 실제로 행하려 했던 것은 아닌 것으로 보인다. 그렇다고 해도 자신의 아들을 파르티아 국왕으로 삼았다는 것은 파르티아가 아르사케스 왕조의 땅이 아니라 자신의 어린 아들이 통치하는 동맹국으로 존재하는 그런 이상적인 세상을 꿈꾸었음을 시사한다.

2세기에 트라야누스는 동방 군사 작전이 틀어지기 전까지만 해도 과거의 크라수스나 안토니우스보다 더 큰 성공을 거두었다. 그는 아르메니아, 메소포타미아, 아시리아에 속주들을 세웠다. 이 아시리아 속주의 정확한 크기는 알 수 없지만 여전히 나머지 많은 땅들이 왕중왕의 통치를 받고 있었다. 트라야누스는 이 왕중왕마저도 자신이 지명하는 사람이 되어야 한다는 꿈을 꾸었다. 루키우스 베루스는 약간의 영토를 얻었고, 셉티미우스 세베루스는 그보다 더 많은 영토를 얻어 메소포타미아 속주를 창설했다. 두 황제 모두 크테시폰으로 진군했으나, 비교적 빠르게 성공을 거두어 로마의 평화 조건을 파르티아인에게 일방적으로 부과한 다음에 그 지역에서 물러났다. 두 황제가 제한된 영토적 이득 이상의 것을 바랐다는 징후는 전혀 보이지 않는다. 이들이 펼친 군사 작전 중 어떤 것도 한때 로마가 카르타고를 파멸시켰던 것처럼—그 후 로마는 한 세대가 흐르기도 전에 카르타고의 폐허에 로마 식민지를 건설했다—파르티아 제국을 파멸시키려는 시도는 없었다.

실제로 로마인이 진지하게 파르티아를 정복할 계획을 세웠다는 징후는 거의 없다. 율리우스 카이사르는 예외인데, 그가 계획했으나 불발로 끝난 파르티아 원정은 막대한 규모였기 때문이다. 그 역시 파르티아 원정전을 3년 정도로 잡고 있었는데, 그 계획 안에는 도나우강 지역에서 다키아인을 상대로 군사 작전을 벌이는 계획도 포함되어 있었다. 전투 기간을 볼 때 그는 왕중왕을 굴복시키거나 아니면 로마인과 카이사르에 더 우호적인 사람으로 왕중왕을 교체하는 것을 목표로 했음을 알 수 있다. 하지만 카이사르가 3년 안에 파르티아를 정복할 것을 기대했다면, 갈리아 정복에 10년 걸린 자가 파르티아 지리에는 아주 무지했음을 보여주는 것이다.[1]

그런 무지—얼마나 잘 교육받았든 간에 카이사르뿐만 아니라 모든 로마 엘리트가 보인 무지—는 학자들이 다들 수긍하는 사안이다. 학자들은 로마 지도자들이 정밀하게 계획하는 능력이 그리 뛰어나지 않았다고 주장한다. 제국 너머에 있는 땅에 대한 한정적이고 혼란스럽고 잘못된 인식이 영토 팽창과 영광의 이념이 결합하여 로마의 의사 결정에 큰 영향을 미쳤다. 그러니 그들의 파르티아 원정 계획은 현대적 기준으로 보면 당연히 조잡하게 보이는 것이다. 로마 시대와 현대를 비교한다는 것은 너무 인위적일지 모른다. 20세기 후반과

21세기 초의 세상보다, 18세기나 19세기 국가와 제국을 로마 제국과 비교하는 것이 더 유익할 수 있다.

결론적으로 말해서 그런 비교의 관점은 로마인들의 사고방식, 행동 방식, 그리고 로마군 등에 대한 논의를 유익한 방식으로 전개하게 해주지만, 신빙성이 좀 부족하며 극단적으로 밀어붙이면 더 믿을 수가 없게 된다. 군사 작전에서 로마군은 제국의 국경 너머 지역에서도 경로를 잘 찾아냈다. 우리는 알렉산드로스와 고대 그리스 왕국들이 이후 파르티아가 된 땅의 지리 정보를 방대하게 남겼음을 기억해야 한다. 시간이 흐르면서 군사 작전들이 동일한 지역에서 여러 번 벌어졌으므로 그 지역에 대한 지리 정보가 더 많이 습득되었다.[2]

이렇게 말한다고 해서 정보 수집을 할 때 전혀 실수가 없었고 군대가 전혀 길을 잃지 않았다는 뜻은 아니다. 전쟁은 복잡한 사업이고 많은 게 잘못될 수 있으며, 그것은 현대의 많은 여행자들이 온갖 상세한 지도의 혜택에도 불구하고 길을 잃는 것과 마찬가지다. 고대 사료를 합리적으로 독해하고 군대가 실제로 어떤 일을 해냈는지 꼼꼼하게 검토해보면 로마인—그리고 같은 맥락에서 파르티아인과 사산인도—이 작전을 계획하고, 보급품을 준비하고, 대군을 상당히 먼 지역까지 움직이는 능력을 갖고 있었다는 게 분명해진다. 그들은 또한 지리에 대해 폭넓게 알고 있었고, 특히 잠재적 동맹과 적에 관한 중대한 정치적 지리는 더 잘 파악하고 있었다. 현대인들이 고대인들의 능력을 얕잡아보는 것이 합리적인 행동이며 실용적인 방식이라고 생각하는 것은 좀처럼 정당화하기 힘들다.

시인들의 열정적 수사와 공식 문서의 허세가 어떤 문제에 관한 로마인의 생각을 전부 대변한다고 보아서는 안 된다. 이것은 현대 지도자들과 국가의 선동을 문자 그대로 이해해서는 안 되는 것과 똑같은 이치다. 인간의 인생관은 좀처럼 단순한 법이 없다. 로마인은 분명 정복과, 그 과정에서 생기는 이득과 영광이 훌륭하고 가치 있다고 생각했다. 그들은 정복을 통해 제국을 세웠고, 정복이 로마를 이롭게 했기에 그것이 과연 도덕적으로 정당한 일인지 진지하게 의문을 품는 일은 단 한 번도 없었다. 영광과 평판은 귀족 개인에게 중요했고 황제에게는 더욱 소중했다. 승자처럼 보이는 것은 모든 황제에게 필수적인 일이었다.

이는 아주 중대한 관심사였지만 유일한 동기는 아니었고 전쟁, 영광, 제국에 관한 견해도 그리 단순한 게 아니었다. 황제는 그가 다스리는 제국이 막강하여 아무도 감히 저항할 수 없었기에 승자 겸 영광스러운 지도자가 될 수 있었다. 로마의 무력에 기초한 평화는 완벽히 받아들여졌고 실제로 전쟁을 할 필요가 없었다. 오로지 심각한 도발, 즉 로마를 존중하지 않고 무시하는 행위, 혹은 실제적으로 패배를 당해 보복이 필요한 경우에만 전쟁을 했다. 그리하여 공화정 시대나 그 이후에도 공격적인 전쟁과 확장 정책은 일관되게 추진된 것이 아니었다. 어떤 때는 그런 전쟁이 흔했지만 어떤 때는 흔하지 않았다. 로마인은 영토 병합의 기회를 적극적으로 만들려 하지 않았고, 새로운 전쟁을 벌일 기회가 생긴다고 해서 매번 덥석 붙잡지도 않았다. 아우구스투스 치하에서 폭발적인 영토 확장을 이뤄낸 뒤 원수정 시대에 들어서자 정복 전쟁은 드물었다. 군사적 영광을 차지하겠다는 욕구는 다른 고려 사항들에 밀릴 수 있었고 실제로 밀렸다.

설사 어떤 로마 지도자가 파르티아나 페르시아 정복을 진지하게 생각했다 하더라도 그들이 그것을 성취하기 위해 한 일은 놀라울 정도로 적었다. 평화와 안정이 길게 지속된 시기가 있었고, 이때 제국 전역에서 자원을 끌어와 총력전에 나설 수도 있었겠지만 그런 일은 벌어지지 않았다. 고르디아누스 3세와 발레리아누스가 파르티아를 치기 위해 로마 제국의 민족 대부분을 끌고 왔다고 자랑한 샤푸르 1세의 허풍은 선전으로서는 이해할 만했지만 사실과는 전혀 달랐다. 따라서 로마인이 동쪽 이웃의 멸망을 바랐던 것으로 보인다면, 우리는 그 시도를 하기에는 상황이 좋지 않았고 실패를 반복해야 했다는 결론을 내려야 한다. 그러니까 다른 국경에서의 위협이든, 내부 안정에 대한 우려이든, 그런 사업에 들어가는 인력과 자금이든, 다른 관심사들이 적절한 환경의 조성을 방해한 것이었다.

상대방의 전쟁 억제력 문제도 있었다. 로마인은 아르사케스인과 사산인 모두가 막강한 적이며 그들의 제국이 광대하여 쉽게 침략할 수 없다는 걸 이내 깨달았다. 율리우스 카이사르는 동방 전쟁을 무척 신중하게 계획했다고 하는데, 이는 카레 전투가 (후대의 다른 전투들이 그러했듯이) 심각한 손실과 패배를 안겼기에 파르티아 원정에 나서기 전에 그들에 대해 좀더 많이 알아야 했다. 어떤 자랑과 선전을 하든 간에 로마인—혹은 대다수 로마인, 특히 엘리트층—이 이런 부정적 요인을 미리 알아차리지 못했다면 아주 이상했을 것이었다. 모든 것을 고려할 때 파르티아-페르시아를 정복하고자 하는 바람은 절대 로마 지휘관들에게 최우선 사항은 아니었다, 라고 결론 내리는 게 훨씬 더 간단하다.[3]

우리가 지닌 사료의 특징 때문에 파르티아인(그리고 그 뒤에 나타난 사산인)의 야심은 필연적으로 로마인의 그것보다 연구하기가 더 어렵다. 전쟁에 대한 그들의 태도와 지리 지식 같은 실용적 측면을 평가하는 것은 더 어렵다. 호스로 2세의 전쟁을 제외하면 그 어떤 왕중왕도 이탈리아나 서방은커녕 콘스탄티노플조차 위협하지 못했고, 로마 제국을 멸망시키려는 시도조차 하지 못했다. 적어도 고대 그리스와 로마 사료들에 따르면, 몇몇 아르사케스 왕조와 사산 왕조 군주는 옛 아케메네스 제국의 소유권을 주장했다. 바빌로니아—그 소속 도시들 및 그리스어, 아람어, 유대어를 말하던 인구와 함께—는 주변 땅들보다 시리아와 공통점이 더 많았다. 따라서 바빌로니아는 따로 떨어져 별개 지역으로 있는 것보다 같은 왕국에 소속되는 게 더 자연스럽게 보일 수도 있었다. 바빌로니아는 아케메네스 왕조와 셀레우코스 왕조(그리고 훗날 아랍인) 시대에 명목적으로는 그 왕조에 통합되었지만, 실은 그 각각의 시기 내내 왕조로부터 분리되어 있었다. 서기전 41~40년, 파르티아 군대는 시리아와 팔레스타인을 침공했지만 몇 년 안에 축출되었다. 어떤 파르티아 군대나 사산 군대도 7세기 호스로 2세의 전쟁 때까지 그곳을 점령하려는 진지한 시도를 하지 못했다. 마찬가지로 트라야누스 황제를 예외적 경우라 하여 배제한다면 로마인은 바빌로니아를 항구적으로 점령하려는 시도를 단 한 번도 하지 않았다.

양측의 목적은 제한적이었다. 그들은 상대방 제국을 파멸시키는 게 아니라, 전쟁을 끝내는 평화 협정으로 이득을 보고 우위를 획득하는 것이 목적이었다. 이런 이득의 일부는 영토에 관한 것이었다. 2세기에 로마 국경은 메소포타미아까지 뻗어나갔고 티그리스강은 물론이고 유프라테스강까지 밀고 나아갔다. 어떤 의미에서 이것을 아르사케스 왕조, 그리고 그 뒤를 이은 사산조에 대한 도발로 본 역사가 카시우스 디오의 견해는 옳았지만, 그것이 로마 속주를 위한 방어벽이었다는 세베루스의 주장도 어느 정도 일리가 있다. 이 지역에서 로마군 주둔은 양국 간 경쟁이 끝날 때까지 유지되었고, 주둔이 중단된 적은 얼마 되지 않았다.

충돌은 이 지역에서 양측의 비교적 사소한 불평사항과 관련이 있었다. 율리아누스의 사망 이후 요비아누스가 샤푸르 2세와 맺은 평화 협정은 비난받았는데, 다른 여러 양보 사항들과 함께 핵심 두 도시인 니시비스와 싱가라를 사산조에게 넘겨주었기 때문이다. 훗날 다라는 사산인에게 주요 논쟁 사항이 되었는데 그중 대표적인 것이 로마 지휘관과 휘하 부대가 그곳에 주둔해야 하는지 아니면 그보다 멀리 떨어진 곳에서 주둔해야 하는지 여부였다. 양국의 국경 지역을 따라 세력 균형을 바꾸기 위해 군사적 위협이 가해졌고, 전쟁도 벌어졌다. 하지만 실질적인 이익은 국지적인 것 이상이 되지 못했다. 특히 사산인은 침략을 수익성 있는 사업이자 공격적인 협상 카드로 봤다. 어느 쪽도 영토를 장기간 점령하고 고수하기 위해 상대의 영토를 공격하려 하지 않았지만, 핵심적 국경 도시들은 예외였다.

아르메니아를 두고 펼치는 양국 간 경쟁은 다른 모든 분쟁보다 일찍부터 시작되어 오래 지속되었으며, 특히 후대 몇 세기 동안 캅카스 산맥 지역의 인근 왕국들에까지 확대되었다. 하지만 많은 측면에서 이 경쟁은 동일한 기본 양상을 따라갔다. 메소포타미아와 더불어 아르메니아는 한 제국의 영토에서 다른 제국의 영토로 이동하는 군대들에게 최적의 경유지였다. 이 지역은 경쟁자를 치러 가는 통로가 될 수 있고 반대로 적군이 공격을 가해 오는 경로가 될 수도 있었다. 어느 쪽이 되었든 아르메니아에 적대적인 통치자가 들어서는 건 위협적이었기 때문에 제국에 우호적인 지배자를 앉히는 것이 좋았다. 로마인과 파르티아인(그리고 이후 사산인)은 모두 아르메니아 사태에 자주 개입했는데 왕국의 변덕스러운 정치 상황이 그것을 부추겼다. 때때로 이런 개입은 두 제국군 사이의 직접적인 충돌로 이어지기도 했다. 그 외에 아르메니아보다 덜 심각하긴 해도 다른 국경들도 두 제국 사이의 광범위한 전쟁으로 확대되기도 했다.

이런 한정된 목표 의식은 아르메니아와 캅카스 산맥 지역에서 가장 뚜렷했다. 양 제국에 안보는 가장 중요한 문제였다. 안보 유지는 보통 상대방보다 우위에 있는 걸 뜻했는데 그래야 경쟁자가 대결을 단념할 것이고, 설사 대결이 벌어진다 하더라도 패배할 것이기에 안보가 보장되는 것이었다. 양국은 이런 군사적 우위와 안보를 통치, 동맹, 그리고 국경의 강력한 군사력 유지 등의 방법을 다양하게 활용하며 추구해왔다. 양국은 늘 상대방과 경쟁했는데, 어느 한쪽이 지나치게 우세하면 다른 쪽이 위협을 받을 가능성이 컸기 때문이었다. 어느 쪽도 상대방과 경쟁하는 동안 모든 자원을 쏟아부을 여력이 없었다. 아르메니아 군주와 귀족 사이에 지속되는 불확실한 경쟁의 요소들이 더해졌고, 이베리아, 라지카, 그리고 다른 인접국에서도 그런 경쟁 상황은 마찬가지였다. 두 제국 간 경쟁은 여러 왕국 내에서 발생하는 끝없는 우위 경쟁의 일부분일 뿐이었다. 현지 왕국들의 야심은 로마와 파르티아-페르시아 간 경쟁으로 격화되었고, 결국 아이들 싸움이 어른 싸움이 되는 것처럼 두 강대국 사이의 적대적 관계로 비화하는 게 보통이었다. 심지어 두 제국이 아르메니아를 정복하고 분할했을 때조차도 이런 현지 왕국들 사이의 경쟁을 끝내지 못했다.

로마 황제가 동쪽으로 친정을 나가기로 했을 때 엄청난 대군이 집결하기도 했으나 실질적인 전투는 대부분 소규모로 진행되었다. 로마의 대군은 여러 개의 부대로 나뉘어 운용되는 경향이 있었다. 군사 작전은 주로 기동 작전이었고, 7세기 내내, 특히 마지막 몇 세기 동안 습격은 적을 압박하는 가장 흔한 방법이었다. 6세기가 두 강대국 사이의 충돌이 가장 흔하게 벌어지던 때이긴 하지만, 동시에 양국의 절제된 목적이 가장 분명하게 드러나던 때이기도 했다.

파르티아인과 사산인은 막강한 적이었고 무척 효과적인 야전군을 운영했지만, 그래도 로마인은 필요하다면 전술적 혹은 전략적 수준에서 대규모 정복전을 감행했다. 크라수스의 카레 전투는 안토니우스의 메디아 원정처럼 실패작이었고 두 원정전의 중간 시점에 벤티디우스는 두 파르티아 군대를 상대로 완승을 거뒀다. 분명 우뚝 서서 단검으로 제국을 일구어낸 군단병은 파르티아 궁기병과는 아주 다른 방식으로 싸웠다. 궁기병은 아무런 피해도 입지 않는 적당히 떨어진 거리에서 상대를 공격하는 방식으로 싸웠다. 그렇다고 해서 로마인의 전술 체계가 파르티아군의 상대가 되지 않았다는 뜻은 아니다. 결국 군단병이나 궁기병이나 단독으로 싸우지는 못했고 다른 부대의 지원을 받으며 싸웠다. 따라서 양국의 전투 상황은 그리 간단한 게 아니었다.

로마인, 파르티아-페르시아인 사이의 충돌은 지속적인 적응과 혁신의 이야기였다. 양측은 상대에게서 배웠고, 승리의 가능성을 자국에게 유리하게 돌리려 했다. 파르티아인은 균형 잡히고 철저하게 무장한 로마군을 상대하기가 무척 까다롭다는 것을 차츰 깨달았다. 시간이 흐르면서 양측은 더욱더 비슷해졌고 6세기와 7세기의 양국 군대의 차이는 미미했으며 전반적인 전투 방식보다는 전투의 세부 사항이 더 중요한 문제가 되었다.

전술적으로 양측은 일진일퇴하며 이점을 누렸고, 어느 쪽도 오랜 세월 결정적인 우위를 점하지는 못했다. 양측은 서로 잘 방어된 도시를 공격하는 공성전을 주고받았고 그리하여 사산인은 로마인만큼 공성 기술에 능숙해졌다. 대체로 정복된 영토는 손쉽게 아군 영토로 통합되었다. 메소포타미아가 로마의 통치에 장기간 저항했다는 흔적은 없는데, 이는 전쟁이나 협정으로 사산조 페르시아에 점령된 도시들이 새로운 현실에 저항하기보다는 순순히 받아들인 것과 비슷한 양상이었다. 몇몇 경우는 새로운 주민들이 도시에 들어왔기 때문에 더 즉각적으로 그런 현실을 수용했다. 116년, 바빌로니아에서 트라야누스에게 대항해 반란들이 벌어지기는 했지만 그렇다고 해서 바빌로니아 같은 지역들이 로마의 통치를 완전 거부했다는 뜻은 아니었다.

로마인들이 이 지역들을 완전 정복하지 못한 것은 전술적, 전략적 능력과는 무관하다. 그보다는 이 지역 정복 사업이 너무 엄청난 일이라는 것이 더 큰 원인이었다. 파르티아-사산 제국의 상당 부분을 점령하는 것은 엄청난 수의 대군을 동원하여 장기간 전쟁을 수행하고 그 후에는 장기간 점령해야 하는 일이어서 좀처럼 감당하기가 어려웠다. 트라야누스는 완전 정복을 시도했지만 너무 고령이어서 지속적으로 밀고 나갈 수 없었다. 물론 그가 건강이 안 좋아서 정복을 포기했는지 아니면 정복을 포기하는 바람에 건강이 나빠졌는지는 알 수가 없다. 트라야누스 이후 그 누구도 완전 정복을 시도한 적이 없었다. 그 이유로 원정 사업이 지나치게 비용이 많이 들고 힘든 일이라고 결론 났기 때문일 수도 있고, 아니면 가까운 미래에는 비현실적인 일이라고 판단했기 때문일 수도 있고, 이도 아니면 기대 수익이 예상보다 적어서 위험과 비용을 감당할 만하지 않다고 결론 내렸기 때문일 수도 있다(이것이 가장 가능성이 높다). 그리하여 한정적인 목적으로 수행된 제한전이 벌어졌고 교전 중에도 게임의 규칙을 숙지했고 상대를 극단으로 밀어붙이려 하지 않았다.

비록 규모와 목적이 제한적이기는 했지만 양국 사이에 많은 전쟁이 있었고, 관련 사료에서도 중요하게 취급되었지만, 우리의 예상보다는 드물게 일어났다. 1세기는 거의 평화가 지속되던 시기였고 유일한 예외가 아르메니아에서 네로 황제가 벌인 전쟁이었다. 이 전쟁은 무척 제한적이었고, 빈번한 협상으로 자주 중단되었으며, 아르메니아 자체에 국한된 것이었다. 2세기에는 로마인이 시작한 두 번의 군사 작전과 파르티아인이 시작한 한 번의 군사 작전으로 더 큰 충돌이 있었다. 하지만 90년에 걸쳐 지속된 평화에 비교하면 고작 10년 정도의 싸움일 뿐이었다.

3세기와 4세기에 두 제국 간의 전쟁은 훨씬 더 흔한 일이 되었고, 5세기에는 전쟁이 실제로 무척 드물었으며, 그 이후로는 자주 발생했다. 전반적인 양상은 본질적으로 평화로운 공존이 오랜 기간 이어지고 때때로 그런 공존이 무너지는 형태였다. 우연이든 각자의 속셈이든 로마의 내부 혼란의 부작용이든, 사산조는 아르사케스 왕조보다 훨씬 더 많은 충돌의 무대가 되었다. 호스로 2세 시대까지 사산인은 영광과 이득을 추구했고 로마 속주들과 맞닿아 있는 국경들의 진지를 잘 보존하거나 개선하려고 했다. 그들은 로마 제국과의 관계를 이 정도의 소강 상태로 유지하는 데 만족했다.

중요한 것은 정복conquest이 아니라 우세한 지위dominance였다. 우위는 사람들의 인식과 많은 관련이 있다. 7세기 내내 두 제국은 자국의 국력을 입증할 필요를 느꼈고, 그들이 강력한 국가라고 생각했으며,

다른 나라들도 그렇게 인식해주길 바랐다. 그런 인식은 공화정 시기 로마 엘리트층과 이후 황제들에게 중요한 일이었고, 똑같이 왕중왕 에게도 중요했다. 그러나 양국 주위에는 언제나 구경꾼이 많았고 그 들의 의견은 각자 생각에 따라 제각각이었다.

최초의 구경꾼은 제국 외부나 국경 인근에 사는 여러 민족이었다. 이들에게는 제국이 막강하여 적보다는 우방이 되는 게 훨씬 낫다는 확신을 심어줄 필요가 있었다. 이론상으로 말하면 우세한 지위는 모 두를 순응하게 만들었고, 경쟁자 제국으로 하여금 대립을 추구하고 동맹과 속주 주민의 비위를 맞추는 일을 단념시켰다. 이 구경꾼들에 게 깊은 인상을 남기려면 상당한 군사력을 보유하고, 기꺼이 그런 힘 을 쓸 수 있는 것처럼 보이며, 그 증거로 전쟁을 때때로 수행하여 승 리를 거두어야 했다.

두 번째 구경꾼은 제국의 주민들이었고, 특히 정치적으로 중요한 계층은 엘리트들이었다. 통치자는 자신이 훌륭하고 강력한 지도자 이며, 제국 주민들에게 그들이 세상에서 가장 위대한 제국의 구성원 이라는 걸 납득시킬 필요가 있었다. 대체로 이런 관중 대다수는 무력 충돌의 현장에서 아주 멀리 떨어진 곳에 살았으며, 그 때문에 정부는 전투의 성과를 과장하고 상당히 공정한 평화 협정이나 심지어 여러 양보를 해준 협정을 일종의 승리로 과대 포장할 수 있었다.

전반적으로 이런 과정은 두 제국 모두에 작용했고, 통치자들은 그 덕분에 여러 내부 위협에서 어느 정도 안전을 확보하면서 다른 제국 과의 무리한 충돌을 피할 수 있었다. 7세기 내내 엄포와 무력의 과시 는 상존했고, 각 제국은 외교 서신을 교환할 때조차 자국의 압도적인 우위를 선포하려고 열을 올렸다. 양측은 게임의 규칙을 알았고, 상대방에게 대응할 때에도 자제할 줄 알았다. 동시에 로마 황제와 왕중왕은 각자 자신이 강하고, 상대와 그의 제국이 약하고 미미하다는 걸 백성들에게 장담했고, 이게 먹히지 않는다면 전쟁으로 증명할 필요가 있었다.

국력을 계속 과시해야 하는 양국 관계는 상징 조작을 중요하게 여겼다. 그리하여 그런 목적을 위한 것이 아니라면 별로 중요하지도 않았을 법한 국경이나 접전지의 사소한 장소들을 특별히 중요하게 여겼다. 그런 곳들과는 별개로 아르메니아는 중요했는데 영토 자체가 크고 특정 경로들을 따라 한 제국에서 다른 제국으로 이동할 수 있는 경유지였기 때문이다. 이론적으로 두 제국은 이 지역이 경쟁자의 지배를 받는 지역이 되기보다는 자국의 지배를 받는 지역으로 남는 걸 선호했는데, 그렇게 해야 가장 인접한 속주들을 안전하게 지키고, 아르메니아를 활용하여 공격하는 선택도 할 수 있었기 때문이다. 네로 황제의 협정은 양측의 일시적 만족을 위해 체결된 인위적인 것이었으나 그래도 한 세대 동안 평화를 유지시켜주었다. 그 협정은 거의 10년에 걸쳐 때로는 산발적이고, 때로는 격렬한 싸움으로 얻어진 것이었는데, 그런 싸움은 늘 규모에서 제한적이었고 문제 해결을 위한 빈번한 협상이 있었다. 국력이 강하다는 인식을 주려다 보니 계속 도전을 걸어야 했고, 그것이 아르메니아 사례처럼 실제 전쟁으로 이어졌던 것이다.

이런 전쟁에서 챙길 수 있는 이득은 보통 아주 작았지만 그렇다고 해서 그 이득이 중요하지 않은 것은 아니었다. 일련의 실패는 더 나쁜 조짐으로 이어질 수 있었다. 경쟁국은 상대방의 허약한 상태를 노려서 더 큰 이점을 노릴 수 있고 그러면 지고 있는 쪽의 지도자의 신망은 크게 위태롭게 되어 갑작스러운 불행을 불러올 수 있었다. 황제나 왕중왕이 군사 작전에 개인적으로 개입하는 것은 양날의 검이었다. 성공하면 군주의 위엄을 크게 높일 수 있으나 반대로 성공하지 못할 경우에는 모든 비난이 군주에게 돌아오는 것이다. 두 제국 간 세력 균형은 일반적으로 꽤 대등했다. 로마인은 이런 경쟁이 진행되는 동안 상대 제국보다 더 많은 영토를 점령하고 고수했지만 그로부터 더 큰 이득을 올리지는 못했다. 대다수 전쟁에서 양국은 성공과 실패를 겪었고 두 제국 간의 관계를 사소하게 재조정하는 걸로 끝났다. 본질적으로 양국의 전쟁은 하나의 경기였고, 광범위하게 이해되고 지켜지는 규칙들을 따랐으며 한쪽이 지난 번보다 더 잘할 수 있는 기회를 포착할 때마다 새로운 경기가 벌어졌다.

기회는 종종 다른 제국이 또다른 국경에서 심각한 군사적 문제에 직면했을 때 생겨났고, 내부 격변이 일어나는 시기에는 더욱 침공의 욕구를 부추겼다. 결국 두 제국이 안정적이고 성공적인 상태를 유지한다면 서로 전쟁에 돌입할 가능성이 상당히 줄어들었다. 그에 반해 어느 한쪽이나 혹은 양쪽이 내전으로 분열되거나 먼 곳에서 벌어진 전투에서 대패를 당하면 로마인과 파르티아인(혹은 페르시아인)이 서로 전쟁을 벌일 가능성이 훨씬 높아졌다. 두 제국 간 장기적인 평화는 더 오래 평화를 권장하고, 반대로 전쟁 발발은 더욱 전쟁을 자극하는 경향이 있었는데 특히 한쪽이 다른 한쪽의 우위에 관한 인식을 깨트릴 정도로 훌륭한 전쟁 성과를 낼 때마다 더욱 전쟁을 계속하려는 경향이 있었다. 3세기와 4세기, 그리고 6세기와 7세기에는 항상 새로운 충돌을 일으킬 만한 새로운 구실이 있었다. 다른 때에는 모욕과 수치는 반드시 보복당했고, 단순한 경쟁보다는 더욱 큰 위기가 있어야 전쟁이 발생했다. 두 제국이 모두 허약한 상태에 있다고 해서 그것이 평화를 보장해주는 것은 아니었다. 황제나 왕중왕이 서로 상대방이 더 약하다고 판단하여 이때야말로 자신의 지위를 강화시키고 영광을 얻어야 할 때라고 느낄 수도 있었기 때문이다.

두 제국 간에 벌어진 전쟁들은 비용이 많이 들었고 상당한 이득을 볼 정도로 엄청난 승리는 가끔 있을 뿐이었다. 동시에 충분한 군사력을 유지하고 국경 지역들에서 동맹 국왕들과 지도자들과의 동맹을 확보하는 일에도 엄청난 황금과 자원이 들어갔다. 양국이 계속 진행되는 경쟁과 우위의 주장을 그만 둔 흔적은 전혀 없었다. 그런 일은 고대 세상에서 이례적으로 가능성이 별로 없는 것이었고, 실제로 인류사 대부분에서도 그러했다. 두 제국의 군대는 상대와 맞서는 목적 하나만으로 존재하지는 않았는데, 다른 적들도 많았기 때문이다. 후기 로마 제국을 연구하는 많은 학자가 주장하는 것처럼 사산조의 등장으로 3세기에 위협의 규모가 근본적으로 변하는 일은 없었다. 어떤 고대 사료도 로마 제국과 로마군이 '새로운' 위협에 대응하기 위해 개혁을 했어야 마땅하다고 주장하지 않았고, 아르다시르 1세와 샤푸르 1세 이후 사산인이 항상 공격적이고 성공적이었다고도 말하지 않았다. 로마 제국과 군대는 분명 변했지만 원인은 다른 곳에서 찾아야 하고, 로마군이 대규모 전쟁에 더욱 잘 조직되었다는 의견은 극도로 주의하며 다뤄야 한다. 제국 세입 중 군사비 비중은 늘어나는 데 비하여 더 효과적이거나 규모가 큰 군대를 얻지 못했을 수도 있다. 상비군에 지급하는 자금은 로마인에게 항상 값비쌌고, 파르티아인과 사산인의 군사적 준비도 마찬가지로 고비용이었다.

하지만 두 제국의 통치자들은 상대와 관련된 국력을 유지하는 데에는 기꺼이 비용을 부담했고, 실제로 그들이 접촉한 다른 민족들과 소규모로 싸울 때도 그런 태도를 유지했다. 일부 통치자는 상대 제국과의 싸움으로 자기 입지를 강화했고 반대로 어떤 통치자들은 신망을 잃기도 했다. 그러나 대다수 통치자들은 더 적은 이득을 얻거나 더 적은 손실을 입었다. 두 제국은 상대방을 훌륭하고 가치 있는 적수로 생각했고 실제로도 그러했다. 상대 제국은 또한 다른 어떤 나라보다도 훨씬 크고 일관성 있는 나라였기에 많은 군벌이나 족장보다 협상하기가 더 쉬웠다. 두 제국 간 합의된 협정은, 사소한 변화에도 곧바로 적대 행위로 돌변하는 군벌/족장과의 협정보다 훨씬 오래 존중될 가능성이 컸다. 그렇다고 해도 국내 관심사는 황제와 왕중왕이 내리는 결정에서 중요한 역할을 했다. 따라서 상대 제국과의 관계는 상대방과는 무관한 순전히 국내적인 문제로 인해 갑자기 변할 수 있었다.

특히 후반기에는 각자 상대 제국을 다소 만만하게 바라보는 흔적이 나타났다. 따라서 카바드 1세나 호스로 1세는 로마인이 다른 곳에 몰두하고 있으면 위협을 가하거나 실제로 전쟁을 수행함으로써 현재의 세력 균형을 자신에게 유리하게 조정해보려는—혹은 빠르게 이득을 보려는—욕심을 갖게 되었다. 로마인도 같은 방식으로 행동했는데 예를 들어 사산인이 북부와 동부 국경에서 여러 문제를 겪고 있다는 걸 알았을 때 사산조 공격에 나섰던 것이다. 각 경우에 그들은 상황을 읽고 단기적으로 유리하다고 판단해 이를 최대한 이용하려고 했지만, 제한적 전쟁을 많은 세대에 걸쳐 해온 결과 설령 상황이 잘못되더라도 지나치게 끔찍한 일은 벌어지지 않을 거라고 믿게 되었다. 최악의 경우 그들은 위신에 타격을 입을 수 있었고, 자국에 불리한 협정에 동의해야 했다. 하지만 그런 손실은 또다시 상황이 그들에게 유리하게 변할 때까지 당분간만 지키면 되는 것이었다.

제한전과 제한된 목표는 두 제국이 충돌하는 위험을 줄여주었다. 그것은 대부분 그들 사이의 좋은 관계를 조성하는 데 도움을 주었고, 특히 로마인이 일반적으로 더 안전하다고 느끼고 국력을 굳이 과시할 필요가 없는 원수정 시절에는 충돌의 위험이 적었다. 이는 후대에 들어와서도 마찬가지였는데 단지 그런 관계가 오래 지속되지는 않았다는 점만 다르다. 평화, 즉 각 제국의 군사력에 바탕을 둔 상호 경계의 평화가 보통이었고 전쟁은 가끔 벌어지는 일이었다. 몇 세기 동안 두 제국은 모두 번성했고, 각자가 추진했던 안정된 국정으로 혜택을 보았으며, 그중에서도 대표적인 혜택은 평화가 무역을 권장했다는 것이었다. 때때로 이런 관계는 붕괴되었고 언제나 한 전쟁이 또다른 전쟁으로 이어지는 위험이 있었다. 그리하여 충돌은 3세기에 이르러 일상사까지는 아니더라도 다반사가 되었다. 4세기에도 일부 그러했고, 6세기 초부터 사산조가 멸망할 때까지도 마찬가지였다. 적대 행위는 무척 빠르게 습관이 될 수 있었고 양측으로 하여금 상대방의 어떤 행위도 의심스럽게 바라보게 했으며 기꺼이 반격할 필요성을 느끼게 했다. 그렇다고 해도 전쟁은 오랫동안 국경 지역들에 집중되었고, 항상 소규모인 것은 아니었지만 그 목적은 언제나 제한적이었다.

경쟁 관계의 종말에 가까워지면서 호스로 2세는 협상을 거부함으로써 게임의 규칙을 깼다. 그가 거둔 군사적 성공으로 왕중왕 본인을 포함하여 페르시아 사람들이 생각했던 것보다 로마인이 훨씬 허약한 것으로 드러났기 때문이다. 따라서 왕중왕은 완승을 거둘 가능성이 충분하다고 보았다. 그것은 오판이었지만, 예전 왕중왕들이 전쟁을 계속하려 했던 결정과 크게 다른 것은 아니었다. 그들은 멈추었으면 더 유리했을 법한 지점을 지나쳐 계속 승리를 추구했다(물론 선왕들의 야심은 호스로 2세만큼 큰 것은 아니었다). 계속되는 경쟁, 빈번한 무력의 과시, 때로는 실제로 벌어지는 국지전 등으로 인해 양국 어느 쪽도 이득을 보지 못하는 아주 심각한 충돌이 벌어질 수 있었다.

하지만 몇 세기 동안 이런 정치 체계는 나름대로 효과가 있었다. 두 공격적인 제국은 상대와 함께 살았고, 늘 허세를 부리고 때로는 싸우기도 했지만 어디까지나 상호 간 용인된 게임의 규칙, 즉 제약 내에서 싸웠다. 제약은 전면전은커녕 상대를 파멸시키려는 영구적인 전쟁마저 가로막았다. 비록 완벽하지는 않았지만 그 체계는 고대 세상에서 나타난 다른 어떤 관계와도 달랐고, 제국 그 자체처럼 언젠가 끝이 나더라도 무척 오랫동안 성공적으로 작동했다. 양국은 새로운 정복 사업을 벌이지 않아도 번영했다. 두 제국은 강력한 군사력을 유지했고, 이런 군사력은 방어시설, 재정 지원, 동맹 등으로 뒷받침되었다. 황제와 왕중왕은 전쟁에서 강력한 존재로 인식되어야 했으므로 그런 자원들을 동원하는 것은 당연한 일이었다. 동맹군 군대들은 전쟁 억지력으로 작용했고, 양국의 정치 체계는 상대방의 공격을 미리 단념시키려는 힘의 과시를 밑바탕으로 삼았다. 황제나 왕중왕은 강력한 존재라는 인식에 균열이 인지되면 전쟁을 재개할 위험이 있었고, 결국 여러 위험을 가져왔다. 왜냐하면 전쟁에서의 대패는 그런 겉으로 보이는 체면을 더욱 손상시키기 때문이었다. 그 결과 두 제국은 허세를 부리면서 경쟁했고 때로는 치열한 전쟁을 하다가 용납할 만한 세력 균형이 이루어졌다고 생각하면 싸움을 그만두었다. 상대 제국—그리고 국경 지대의 소왕국들—에 대한 무력 과시로 평화를 유지하는 것은, 양국의 재정과 자원에 그리 과도한 부담을 주지 않았다.

경쟁 기간이 아주 길고 두 제국의 존속 기간 또한 길었기 때문에, 양국 간 경쟁이 당연시되어서 그것이 결국 두 제국에게 지속 불가능한 부담이 되었다는 것은 망각되었다. 이를 더 장기적인 관점에서 보면 두 제국이 얼마나 자주 충돌이라는 대안보다 경계하는 평화의 균형 상태를 선호했는지 발견하고서 깜짝 놀라게 된다. 이 모든 것이 양쪽 지도자들이 이성적으로 행동하고 무엇이 가장 큰 관심사에 있는지 판단하며 그것을 성취하려고 했다는 느낌을 준다. 이러한 해석은 고대 이념과 사상을 지나치게 단순화시켜 바라보는 관점과는 크게 배치되는 것이다. 이렇게 말한다고 해서 개인들이 때로는 영광을 얻고자 하는 욕구나 두려움과 야심 때문에 행동에 나서기도 한다는 사실을 부정하려는 것은 아니다. 다른 시대와 문화에서도 지도자들은 개인적으로 영광과 야심을 갖고 있었다. 분명 이 긴 이야기 중에는 개인적 감정도 있고 이기적 계산도 있다. 감정과 계산은 어느 시대에나 존재하는 것이었다. 때때로 '합리적' 계산도 세상의 본질과 적국의 성격을 제대로 파악하지 못한 그릇된 믿음에서 출발하기도 한다. 이것은 다시 한번 황제, 군주, 그리고 다른 역사의 주역들도 불완전한 인간이라는 걸 말해준다. 어떤 황제나 왕중왕은 더 유능하고 더 운이 좋았던 반면에 다른 사람들은 그렇지 못했다. 로마인들은 인간에게는 행운이라는 게 있다고 믿었다.

그들의 결점과 장점이 무엇이든 두 제국은 몇 세기 동안 살아남았고 번성했다. 지도자들의 재능과 행동으로 이득을 보든 손해를 보든—보통은 둘 다 보았다—로마인과 파르티아인과 페르시아인은 아주 긴 세월을 공존해왔다. 양측은 기꺼이 경쟁에 제약을 두려 했고, 이는 그들이 이뤄낸 성공에 크게 기여했다. 두 제국이 경쟁으로 이득을 보고 그로 인해 성공과 장수를 누렸다는 것을 증명하기는 어렵지만, 반대로 경쟁이 두 제국을 허약하게 만든 주된 원인이었다고 말하기도 어려운 듯하다.

왕중왕과 황제

아르사케스 왕조 계보

서기전 약 247-211(217? 214?)	아르사케스 1세
서기전 약 211(217? 214?)-191	아르사케스 2세
서기전 약 191-176?	프리아파티오스
서기전 176-168	단명한 왕중왕?
서기전 약 168-164	프라아테스 1세
서기전 약 165/4-132	미트라다테스 1세
서기전 약 132-127	프라아테스 2세
서기전 약 127	단명한 왕중왕?
서기전 약 127-124	아르타바누스 1세
서기전 약 121-91	미트라다테스 2세
서기전 약 91-87	고타르제스?
서기전 약 90-80	오로데스 1세
서기전 약 80	미상
서기전 약 80-70	미상
서기전 약 93/2-69/8	시나트로케스
서기전 약 70-57	프라테스 3세
서기전 약 57-54	미트라다테스 3세
서기전 약 57-38	오로데스 2세
서기전 약 38-2	프라아테스 4세

서기전 약 29-26	티리다테스 1세 (경쟁자로서)
서기전 약 2-서기 4	프라아타케스/무사
약 6	오로데스 3세
약 8-12	보노네스 1세
약 10-38	아르타바누스 2세
약 35-36	티리다테스 2세 (경쟁자로서)
약 40-47	바르다네스 1세
약 40-51	고타르제스 2세
약 51	보노네스 2세
약 50-79	볼로가이세스 1세
약 55-58	바르다네스의 아들 (경쟁자로서)
약 75-110	파코로스 2세
약 80-82	아르타바누스 3세
약 105-147	볼로가이세스 3세
약 109-129	오스로에스 1세 (경쟁자 혹은 동료로서?)
약 116	파르타마스파테스 (트라야누스가 즉위시킴)
약 129-140	미트라다테스 4세 (경쟁자로서)
약 147-191	볼로가이세스 4세
약 191-208	볼로가이세스 5세
약 208-228?(223? 224?)	볼로가이세스 6세
약 213-224	아르타바누스 4세

사산 왕조

224-240	아르다시르 1세

240-270?	샤푸르 1세
270-271	호르미즈드 1세
271-274	바흐람 1세
274-293	바흐람 2세
293	바흐람 3세
293-302	나르세스 1세
302-309	호르미즈드 2세
309-379	샤푸르 2세
379-383	아르다시르 2세
383-388	샤푸르 3세
388-399	바흐람 4세
399-420	야즈드게르드 1세
420-438	바흐람 5세
438-457	야즈드게르드 2세
457-459?	호르미즈드 3세
459-484	페로즈
484-488	발라쉬
488-496	카바드 1세
496-498	자마습
498-531	카바드 1세 (망명에서 돌아옴)
531-579	호스로 1세
579-590	호르미즈드 4세
590	호스로 2세
590-591	바흐람 초빈

591-628	호스로 2세 (망명에서 돌아옴)
628	카바드 2세
628-630 (629?)	아르다시르 3세
630	샤흐르바라즈
630	호스로 3세
630-631	여왕 보란
632-651	야즈드게르드 3세

로마 황제

서기전 31-서기 14	아우구스투스
14-37	티베리우스
37-41	칼리굴라
41-54	클라우디우스
54-68	네로
68-69	갈바
69	오토
69	비텔리우스
70-79	베스파시아누스
79-81	티투스
81-96	도미티아누스
96-98	네르바
98-117	트라야누스
117-138	하드리아누스
138-161	안토니누스 피우스

161-180	마르쿠스 아우렐리우스
161-167	루키우스 베루스 (공동 황제)
180-192	콤모두스
193	페르티낙스
193-211	셉티미우스 세베루스
211-217	카라칼라
211	게타 (공동 황제)
217-218	마크리누스
218-222	엘라가발루스
222-235	세베루스 알렉산데르
235-238	막시미누스 트라쿠스
238-244	고르디아누스 3세
244-249	아랍인 필리포스
249-251	데키우스
251-253	갈루스
253-260	발레리아누스
253-268	갈리에누스 (공동 황제)
268-270	클라우디우스 2세
270-275	아우렐리아누스
275-276	타키투스
276-282	프로부스
282-283	카루스
283-284	카리누스와 누메리아누스
284-305	디오클레티아누스

286-305	막시미아누스 (공동 황제)
293-305	콘스탄티우스와 갈레리우스 (부제)
306-337	콘스탄티누스
337-340	콘스탄티누스 2세
337-350	콘스탄스 (공동 황제)
337-361	콘스탄티우스 2세 (공동 황제)
351-353	갈루스 (공동 황제)
355-363	율리아누스 (처음에는 공동 황제)
363-364	요비아누스
364-375	발렌티니아누스
364-378	발렌스 (공동 황제)
375-383	그라티아누스
379-395	테오도시우스
395-408	동방 아르카디우스
395-423	서방 호노리우스
408-450	동방 테오도시우스 2세
425-455	서방 발렌티니아누스 3세
450-457	동방 마르키아누스
455	서방 페트로니우스 막시무스
455-457	서방 아비투스
457-474	동방 레오
457-461	서방 마요리아누스
467-472	서방 안테미우스
473-474	서방 글리케리우스

연표

서기전 323	알렉산드로스 대왕 사망하다
서기전 305	셀레우코스 1세가 셀레우코스 제국을 건설하다
서기전 280년대	파르니족이 마르기아나의 셀레우코스 속주를 습격했지만 셀레우코스 왕조에 게 패하다
서기전 264-241	로마와 카르타고 사이 제1차 포에니 전쟁 발발하다
서기전 약 250	박트리아와 파르티아의 셀레우코스 속주들에서 총독들이 독립적인 정권을 세우는 반란이 발생하다
서기전 248-247	아르사케스 1세가 파르니족에게 권력을 얻다
서기전 239 혹은 238	아르사케스 1세가 파르티아를 공격해 통치자 안드라고라스를 타도하다: 그는 히르카니아를 정복하기 시작하고 자신을 지배자로 칭하다
서기전 235	셀레우코스 2세가 아르사케스 1세와 충돌하고 패배하다
서기전 218-201	로마와 카르타고 사이에 제2차 포에니 전쟁이 발발하다
서기전 192-189	로마인과 안티오코스 3세가 통치하는 셀레우코스 왕국 간 전쟁이 발발하다
서기전 189	로마인이 마그네시아 전투에서 안티오코스 3세를 격파하다
서기전 187	안티오코스가 자신의 제국 동부에서 지배권을 회복하기 위한 원정을 준비하지만 시작하기 전에 사망하다

서기전 약 158-155	파르티아의 미트라다테스 1세가 메디아를 정복하다
서기전 149-146	로마와 카르타고 사이 제3차 포에니 전쟁이 발발하다
서기전 146	카르타고가 완파되고 로마인은 코린트를 약탈하다
서기전 약 141	미트라다테스 1세의 군대가 메소포타미아를 침공하다
서기전 133	페르가몬 국왕 아탈루스 3세가 사망하고 로마인에게 자신의 왕국을 유산으로 넘기다; 로마에서 발생한 정치적 폭력으로 인해 호민관 티베리우스 셈프로니우스 그라쿠스와 일부 지지자들이 살해당하다
서기전 130	셀레우코스 국왕 안티오코스 7세가 메소포타미아, 바빌로니아, 메디아, 엘리마이스를 재정복하다
서기전 129	로마 아시아 속주 창설; 파르티아의 프라아테스 2세가 안티오코스 7세를 격퇴하다
서기전 128/127	프라아테스 2세가 사카족과 다른 유목민들에게 패배하고 살해당하다
서기전 123	파르티아의 아르타바누스 1세가 유목민들에게 치명상을 입다
서기전 121	티베리우스의 동생 가이우스 셈프로니우스 그라쿠스가 로마에서 발생한 대규모 폭력 사태에서 지지자들과 함께 살해당하다
서기전 약 115	중국 사절이 최초로 파르티아를 방문하다
서기전 104-100	가이우스 마리우스가 모든 선례를 어기고 5년 연속 집정관으로 선출되다
서기전 96, 94, 또는 92	술라가 카파도키아에서 미트라다테스 2세의 사절을 만나다

서기전 63-62	카틸리네가 이끈 쿠데타 미수가 로마 내전으로 이어지다
서기전 58-57	파르티아의 프라아테스 3세가 두 아들 미트라다테스 3세와 오로데스 2세가 공모한 음모에 의해 살해되다; 곧 형제끼리 싸우기 시작하다
서기전 55	폼페이우스와 크라수스가 두 번째로 집정관에 오르다; 폼페이우스는 히스파니아의 모든 속주와 현지 군대를 손에 넣고, 크라수스는 시리아를 할당받고 그해 말 로마에서 떠나다
서기전 54	오로데스 2세가 형제 미트라다테스 3세를 상대로 승리하고 그를 처형하다; 크라수스가 오로데스 2세를 상대로 원정을 시작하고 유프라테스강을 건너다; 여러 도시가 항복하거나 점령되다; 현지 총독이 패배하다
서기전 53	크라수스가 카레에서 수레나가 지휘하는 파르티아군에게 패배하다; 크라수스는 직후 살해당하고 휘하 장병 대다수가 죽거나 붙잡히다; 그의 재무관 카시우스는 시리아로 탈출하다; 아르메니아가 전쟁에서 철수하고 파르티아와 동맹을 맺다; 수레나가 오로데스 2세에 의해 처형되다; 정치적 폭력으로 로마에서 선거를 치르지 못하다
서기전 52	폼페이우스가 동료도 없이 세 번째로 집정관에 오르다; 그가 무력으로 로마에서 질서를 회복하다; 파르티아인과 동맹들로 구성된 여러 소규모 집단이 시리아를 습격하다

698

의해 폐위되다

서기전 37	안토니우스가 이탈리아로 가서 옥타비아누스와 협상하다
서기전 36	안토니우스가 아르메니아를 통해 메디아로 나아가는 대규모 원정을 이끌다; 처음 성공을 거둔 뒤 그의 포위 공격과 행낭 대열이 파괴되다; 그가 프라스파를 점령하거나 파르티아인과 메디아인을 결전으로 끌어들이는 데 실패하다; 퇴각 도중 그의 군대는 반복 공격을 당해 큰 손실을 입다
서기전 34	안토니우스가 아르메니아로 진군하여 국왕을 폐위시키고 체포하다; 그가 알렉산드리아로 돌아와 분할령을 내려 동방 대부분을 클레오파트라와의 사이에서 낳은 자식들에게 수여하다
서기전 31 – 30	안토니우스와 옥타비아누스의 사이가 틀어져 내전으로 이어지다; 안토니우스가 악티움에서 패배하다; 그와 클레오파트라는 자살하다
서기전 약 31	프라아테스 4세가 티리다테스의 도전을 받고 간신히 그를 물리치다; 티리다테스는 로마 제국에서 도피처를 찾고 아우구스투스의 보호를 받다
서기전 약 26 – 25	티리다테스가 프라아테스 4세를 타도하려는 또다른 시도에 나서다; 그는 셀레우키아에서 화폐를 주조하고 자신을 '로마인의 친구'로 칭하지만 결국 패배하다
서기전 20	아우구스투스가 시리아를 방문하다; 파르티아인과의 협상이 평화 선언으로 이어지다; 평화 선언의 일환으

로 파르티아인은 로마 전쟁 포로와 독수리 군기, 기타 군기를 돌려주는 데 동의하다; 이 시점 혹은 나중에 프라아테스 4세는 선물 중 하나로 여자 노예 무사를 받게 되고, 그녀는 왕중왕의 총애를 받아 아내가 되다

출하다

소포타미아에서 패배하다

540	호스로 1세가 대규모 원정에 나서 로마 시리아를 침공하고 안티오크를 약탈하다
541	로마인이 페르시아 영토를 습격하지만 성과를 내지 못하다; 유스티니아누스 역병이 처음으로 발생하고 빠르게 전파되다
542	호스로 1세가 로마 영토로 다시 원정에 나서다
543	호스로 1세가 다시 공격을 가하다; 에데사 점령에 실패하지만 떠나기 전 돈을 갈취하다
545	5년간의 정전이 선포되다
547-549	로마인과 페르시아인 모두가 라지카에서 벌어진 전쟁에 참가하다; 이 일이 다른 곳에서의 전면전으로 번지지는 않다
551	정전이 연장되지만 다음 10년 동안 라지카에서 전투가 계속되다
약552	수도사들이 로마 제국으로 누에를 밀수하다
562	로마인과 페르시아인이 50년간의 평화에 합의하다
약568	서투르크족 사절단이 콘스탄티노플에 도착, 이들은 페르시아 국경의 주력 부대가 되다
569	유스티누스 2세가 협정에서 합의된 페르시아에 대한 보조금 지급을 거부하다
약570	호스로 1세가 서투르크족과의 전쟁에 나서다
약570	무함마드 탄생하다(이보다 이전에 태어났을 수도 있다)
571	페르시아령 아르메니아에서 반란이 발생하다
572	유스티누스 2세가 공개적으로 페르시아인과의 전쟁에

나서다

이 반란군을 지원하다; 샤흐르바라즈의 재위는 단기간에 끝나고 로마인과 페르시아인 간 평화가 확정되고 페르시아 군대는 점령지에서 물러나다

630   헤라클리우스가 성십자가 파편과 다른 유물을 예루살렘에 돌려놓다; 무함마드와 추종자들이 메카를 점하다; 많은 도시가 그들에게 전향하거나 점령되다

약632   무함마드 사망하다

632-633   로마 영토에 대한 아랍인 습격의 수가 점점 더 늘어나다; 헤라클리우스가 아프리카에서 동부 국경으로 병력을 옮길 것을 지시하지만 현지 총독이 명령을 거부하다

634   무함마드의 추종자들이 로마인과 페르시아인의 영토에 습격을 가하다

636   아랍인이 야르무크 전투에서 로마인을 상대로 결정적인 승리를 거두다

638   이슬람교도가 카디시야 전투에서 사산인에게 대승을 거두다; 예루살렘이 아랍인에게 항복하다

640-642   아랍 군대가 이집트를 침공하여 알렉산드리아를 점령하다

641   아랍인이 카이사레아 마리타마를 무력으로 점령하다; 다른 병력들이 북아프리카의 트리폴리타니아를 점령하다

645   알렉산드리아를 탈환하려는 로마 함대의 시도가 아랍인에 의해 저지되다

감사의 말

이 책을 쓰겠다는 생각은 몇 년 전에 했는데, 부분적으로는 다른 책들이 이 주제에 관해 몇몇 이야기를 떠올리게 했고, 선뜻 대답할 수 없는 많은 의문을 제기했기 때문이었다. 파르티아인과 페르시아인은 개별적으로 다뤄지는 경향이 있었고, 페르시아와 로마의 관계에 대한 연구는 제한된 시기에만 집중하거나 무척 개략적이어서 포괄적인 서술만 하고 있었다. 그 어떤 연구자도 양국의 경쟁을 전반적인 관점에서 자세하게 살펴본 사람은 없었지만, 나는 이것이 로마인과 그들의 가장 강력한 인접국 사이의 독특한 관계를 이해하는 최선의 방법이라고 생각한다.

주제는 광범위하고, 언제나 그렇듯이 수많은 학자들의 책, 논문, 생각 덕분에 나는 이 책을 쓸 수 있었다. 특히 이 주제는 내가 잘 알지 못하는 일부 시기를 다루었기 때문에 더욱 그러했다. 나는 이란(페르시아) 연구에는 전문 지식이 없고, 일부 관련 사료들의 원어는 전혀 읽지 못하며, 학문적 배경도 주로 고대 그리스와 로마 자료에 바탕을 두었다. 이 분야와 다른 주제들에서 학자들이 보여준 학식은 정말 경이롭다. 권말의 주는 독자를 이런 훌륭한 저술로 안내할 것이고, 인용된 서목은 다른 책과 논문들도 제공하고 있다. 이 책을 쓰는 동안 내게 많은 정보를 알려주고 영감을 준 여러 학자들에게 진심으로 사의를 표한다.

이 책 대부분은 코로나 19가 세계적으로 유행해 봉쇄와 여행 제한이 벌어진 시기에 집필되었다. 나는 런던의 고전연구협회 도서관 직원들에게도 감사하다는 말을 전하고 싶다. 그들은 필요할 때마다 장서에 접근할 수 있게 해주었다.

나는 또한 원고의 일부 혹은 전체를 읽고 많은 유용한 논평을 해준 가족과 친구들에게 감사드린다. 케빈 파월은 언제나 그렇듯 철저히 분석해주었는데, 이런 오랜 기간을 다룬 책에서는 특히 유용했다. 도로시 킹은 상당히 많은 발상을 잘 듣고서, 고대 세계의 여러 측면에 대해 날카롭고 박식한 논평을 해주었다. 제프리 그레이트렉스는 자주 올바른 방향을 제시해줬다. 그의 저술은 이 책의 참고 문헌으로 빈번히 언급되는데 내가 해당 주제를 깊이 이해하는 데 그가 미친 영향을 보여준다. 또한 책을 집필하던 말기에, 세계적인 전염병으로 2년 동안 연기되었던, 미국 해병대 대학의 고대 세계 전술에 관한 회의에 참가할 수 있었다. 그 회의에 제출된 논문들, 그곳에 모인 사람들과의 토론, 격식에 매이지 않는 대화는 이 책의 집필에 하나의 보약처럼 작용했다. 뿐만 아니라 몇몇 발상을 다시 살펴보게 하고 예리한 통찰을 얻게 해주었다. 이 모든 사람들께 정말 감사드린다.

로마 제국과 페르시아 제국의 700년 역사

제국empire이라는 개념은 오랫동안 그 의미를 정확하게 규정하기가 어려웠다. 시간이 흘러가면서 이 개념에 이념의 흔적이 끼어들었을 뿐만 아니라, 여러 가지 시간적·물질적·정치적·문화적·경제적 의미들이 추가로 부가되었기 때문이다. 일반적으로 제국은 군사적 정복을 통해 문화적으로나 민족적으로나 다양한 여러 나라에 정치적 권력을 행사하면서 그들을 무력으로 복종시키는 거대 국가를 말한다. 역사상 제국은 끝없이 왔다가 갔고 지나간 역사는 곧 제국의 역사라고 해도 과언이 아니다.

제국은 육상 제국, 해양 제국, 정신 제국, 문화 제국 등 다양한 형태가 있으나 가장 먼저 시작된 것은 육상 제국이고 일반적으로 로마 제국이 그 대표적 사례다. 육상 제국은 전제적이고 착취적인 경향을 보이는 반면에 해양제국은 상업적이고 자유주의적인 경향을 보이는데 후자는 대영제국이 대표적 사례다. 정신 제국은 중세에 막강한 힘을 떨쳤던 교황청 제국이 있었고 그 구조와 운영 방식은 오늘날까지도 그대로 유지되고 있다. 문화 제국은 오늘날의 팍스 아메리카나를 보면 잘 이해가 되는데 대영제국이 결국 이것의 예고편이었다는 말이 나오고 있다. 오늘날 영어가 전 세계를 석권한 현상만 살펴보아도 이런 주장이 금방 이해될 것이다. 하지만 미국을 제국이 아니라고 강변하면서, 엠파이어empire(제국)라기보다 엄파이어umpire(심판)에 가깝다고 주장하는 견해도 있다.

이처럼 지나간 세계사를 제국의 역사로 파악하게 되면 로마 제국 이전에 있었던 거대 국가들, 가령 파라오의 이집트, 사르곤의 우르, 아수르바니팔의 아시리아, 호스로 2세의 페르시아, 페리클레스의 도시 국가 아테네도 모두 제국의 범주에 들어간다. 그러나 제국이 가장 본격적인 모습을 갖추고 후대에 지속적인 영향을 미친 것은 아무래도 로마 제국을 들어야 한다. 왜냐하면 로마는 육상, 해양, 정신, 문화의 네 면모를 모두 갖춘 종합판 제국이기 때문이다. 제국은 저 혼자 있기보다는 다른 제국과 비교할 때 그 모습이 더욱 분명하게 드러난다. 파랑을 빨강과 대비시키면 그 차이가 금방 드러나는 것과 같은 이치다. 그리하여 로마 제국의 본질은 동시대 제국이었던 파르티아 제국(아르사케스 왕조)과 사산 제국(두 제국을 통틀어 페르시아라 하며 오늘날의 이란에 해당)을 상호 비교해볼 때 더욱 분명하게 드러난다. 파르티아는 서기전 1세기 초에 로마인과 처음 조우한 이래에 224년까지 계속 제국을 유지했고, 페르시아의 사산 왕가는 파르티아인과 똑같은 영토를 아르사케스 왕조로부터 이어받아 그 후 400년 이상 지배했다. 따라서 현대판 로마 제국인 미국과, 페르시아 제국의 후예인 이란 사이에서 오늘날 벌어지고 있는 반목과 갈등은 이미 오래 전에 예고되어 있었던 셈이다.

로마 제국은 서기전 1세기 후반에 과거 500년에 걸친 공화국 시절을 청산하고 아우구스투스의 원수정이 들어선 이래 기존의 서유럽 전역과 북아프리카, 그리고 소아시아 지역을 석권한 힘을 바탕으로 꾸준히 동방으로 밀고 나아가 인도까지 점령하여 명실상부한 세계 제국을 건설하려는 이상을 갖고 있었다. 불후의 명성을 원하는 로마의 영웅들은 모두 이런 원대한 이상을 달성하고 싶어했다. 따라서 알렉산드로스 대왕의 위대한 정복 사업을 모방하는 것은 로마 사회 내에서 아주 오래된 전통으로 자리 잡았다. 술라 이래, 크라수스, 카이사르, 안토니우스, 트라야누스, 베루스, 세베루스, 콘스탄티누스, 율리아누스 같은 로마 영웅들이 자신과 제국의 영광을 위해 파르티아 정벌을 계속 꿈꾸었다. 그러나 파르티아 제국 또한 서쪽으로 뻗어나가 세계 제국을 형성하려는 똑같은 꿈을 갖고 있었다. 소아시아와 메소포타미아는 두 제국의 야망과 무력이 부딪치는 거대한 투쟁의 장이 되었다.

양국은 투쟁을 전개하는 과정에서 서로 멀리 떨어져 있는 거리, 병력 동원, 군사비 조달의 문제 때문에 상대방을 완전히 섬멸하는 전면전은 불가능하다고 생각했다. 과거 냉전 시대의 미국과 소련을 연상해보면 이런 불가근不可近, 불가원不可遠의 상황이 금방 이해될 것이다. 그래서 로마와 페르시아 두 제국은 전쟁을 하더라도 국지전에 그쳤고 적당한 때에 타협을 보고 서로 강화 조약을 맺고 후퇴했다. 이처럼 두 제국의 갈등은 상대방의 완전 정복이 아니라 상대방에 대한 비교 우위를 점하려는 것이 되었다. 그렇지만 자국 백성들에게 승리의 인상을 심어줄 필요가 있었다. 따라서 양국의 전쟁은 '실제'보다는 '인식'을 심기 위한 전쟁이 되었다. 이것이 이 책에서 다루는 두 제국 사이의 여러 전쟁에서 발견되는 공통적인 양상이다.

7세기 동안 두 제국은 서로 비슷한 통치 방식을 보였다. 광대무변한 제국을 경영하는 데에는 무엇보다도 무력이 절대적인 수단이었다. 그러나 무력은 양날의 칼이어서 정부에게 유리한가 하면 불리한 것이기도 했다. 대규모 야전군을 거느린 사령관은 언제든지 본국의 정부를 향해 반역의 깃발을 들 수가 있었다. 술라가 그랬고 카이사르가 그랬고 후대의 여러 야전 사령관이 그러했다. 이런 내부 갈등에 더해 지방 토호의 반란과 야만족의 침입이 그치지를 않았다. 제국 내 토호들의 반란은 결국 세금과 관련된 문제였고 제국 바깥의 야만족들은 그들이 정주할 땅을 제국에 요구하며 전쟁을 걸어왔다. 로마 제국은 고트족, 게르만족, 훈족, 반달족의 침략을 받았고, 페르시아 제국은 아바르족, 슬라브족, 훈족, 투르크족의 침략에 맞서 싸워야 했다.

로마 제국은 1세기와 2~3세기의 전성기를 지나 4세기에 중흥조 콘스탄티누스의 등장으로 국력을 어느 정도 회복하다가 그가 콘스탄티노플로 수도를 이전하면서 동로마 제국과 서로마 제국으로 나뉘었다. 서로마 제국은 476년에 용병대장 오도아케르에 의해 멸망했고 그로부터 13년 뒤인 483년에 동고트 왕 테오도리크가 이탈리아를 쳐들어와 오도아케르를 전복시키고 새로운 이탈리아 왕으로 등극했다. 동로마 제국은 그보다 1000년 더 존속하다가 1453년에 오스만투르크 제국에 의해 멸망했다. 페르시아 사산 제국은 내부의 반란과 외부 야만족의 침입에 시달리다가 638년에 아라비아 반도에서 일어난 아랍족에게 멸망당했다. 아랍족은 그 이전에도 이미 페르시아 제국의 용병으로 전투에 참가하며 전투력을 다져온 민족이었다. 페르시아 제국의 멸망은 로마 제국이 게르만족이나 고트족을 용병으로 쓰다가 결국 그들에게 멸망당한 것과 비슷한 사례였다. 두 제국의 흥망성쇠는 제국의 역설을 잘 보여준다. 제국의 판도가 커질수록 방어해야 할 국경도 많아졌고, 제국이 부유해질수록 국경 인근의 미정착 주민들에게는 매혹적인 공격 목표가 되었다. 왕실 구성원들이 늘어나면서 내부 권력 투쟁의 고질적 빌미가 되었고, 야전에 나가 있는 사령관들이 많을수록 황위 도전자 혹은 찬탈자 후보도 많아졌다. 결국 성공이 실패의 어머니가 되는 것이다.

고대 세계에서 야만족을 상대하는 방법은 세 가지였다. 첫 번째는 뇌물을 주는 것이다. 협박을 당해 금품을 빼앗겨본 사람은 잘 알겠지만 이것은 일시 미봉책에 지나지 않는다. 상대가 뜯어간 돈이 다 떨어질 때까지만 유효한 방식이다. 두 번째는 무력대결이다. 이것은 인명과 재산의 손실이 너무 커서 선뜻 손이 나가지 않는 방식이다. 패전이라도 당하면 복구비용에 뇌물까지 주어야 하니 이중고에 시달리게 된다. 세 번째는 축성築城이다. 축성은 군사상 방어목적으로 요충지에 설치하는 방어시설을 통틀어서 지칭한다. 돈을 주지도 않고 싸우지도 않으면서 방어만 하는 방법이다. 로마 제국과 페르시아 제국은 이 세 가지를 따로 또 같이 사용했으나 결국 패망을 모면하지는 못했다.

제국이 게르만족 등 외부 민족을 응대하는 가장 좋은 방법은 거대한 영토를 원래부터 자기 소유인 것처럼 고집하지 않는 것이다. 지나간 수천 년간의 역사는 평화 공존보다는 무력 대결이 더 우세했고, 훨씬 후대인 19세기에 제국주의는 식민주의라는 새로운 외피를 쓰고서 더욱 정교하게 발전해왔다. 그 제국주의와 식민주의가 오늘날에 와서는 교묘하게 결합하여 무력이 아닌 경제와 문화로 타국을 지배하는 신新식민주의의 형태로 진화하고 있는 중이다.

제국 운영에 필수적인 세 도구는 군대, 외교, 현지 엘리트인데, 앞의 둘은 제국 정부가 주도하는 것이지만, 현지 엘리트의 복종은 외교를 통해 때로는 뇌물이나 무력을 써서 확보해야 하는 것이었다. 그리하여 지방 엘리트는 힘을 축적해 지방 토호로 성장하고 더 나아가서는 중앙 정부가 허약해지면 정부의 자리를 노리는 강력한 경쟁자로 등장했다. 일찍이 1세기에 티베리우스는 제국의 통치가 "늑대의 두 귀를 붙잡고 있는 것과 같다"라고 했는데, 통치자는 늑대(대내외의 온갖 적들)에게 잡아먹히지 않기 위해 아주 단단하게 국정의 키를 틀어쥐어야 한다는 뜻이었다. 이 말은 로마 황제뿐만 아니라 아르사케스 왕중왕에게도 그대로 해당되었다. 로마에서나 파르티아에서나 불안정하고 내전이 벌어지는 기간이 오래될수록 통치자의 역할은 더욱 수행하기가 힘들어졌다. 로마 제국과 파르티아 제국이 여러 측면에서 크게 발전했음에도 불구하고 정치의 불안정한 본질이 달라지지 않은 것은 원래 권력이라는 것 자체가 발화성 높은 물질인 까닭이다.

왕위 계승도 정치적 불안을 부추기는 요인이었다. 페르시아 제국은 왕가 내에 왕자들이 너무 많아서 선왕이 사망하면 그 후에는 반드시 형제간 골육상쟁이 벌어졌다. 이것을 우려한 선왕은 생시에 로마 제국의 도움을 받아 자기가 편애하는 아들을 왕위에 올리려 했다가 좌절을 겪기도 했다. 얼마나 걱정이 되었으면 사산조의 왕중왕이 로마 황제에게, 혹은 정반대로 로마 황제가 왕중왕에게 자기 자식의 즉위를 보장해달라고 호소까지 했을까. 가령 로마 황제 아르카디우스는 왕중왕 야즈드게르드 1세에게 자신의 어린 아들 테오도시우스 2세를 보호해달라고 제안했고, 후대의 왕중왕 카바드 1세는 거기서 한발 더 나아가 유스티누스에게 호스로 1세를 황제의 아들로 입양해 달라고 제안했다.

　로마와 페르시아 두 제국이 정부를 운영해나가는 방식은 동일했으나 그런 유사점에도 불구하고 각각은 뚜렷이 다른 사회, 다른 문화, 다른 전통을 갖고 있었다. 따라서 똑같은 일을 겪는다 하더라도 자신에게 가장 자연스러운 방식으로 행동했다. 사산조 군주는 콘스탄티노플과 대등한 단일 수도를 채택하지 않았고, 그 대신 지리와 기후에 영향을 받은 전통적인 방식으로 제국 내의 여러 도시를 순행했다. 로마인은 동방 궁정의 복잡한 의식과 장려함을 경멸했지만 4황제제 이후부터는 그런 화려한 장식을 받아들였다. 제국의 진행 과정은 결국 본국인에 의한 제국 운영-외부 세력의 지원-외부 세력의 득세-제국 중심부의 공동화空洞化-변경 세력의 침공-멸망의 과정을 거쳐 갔다.

　이러한 제국의 운명에 대해서는 이미 14세기 이슬람 역사가 이븐 할둔이 정교하게 진단한 사례가 있다. 그는《역사서설》(1379)이라는 책에서 14세기 이전 서부 이슬람권의 부침승강과 흥망성쇠를 거듭했던 여러 제국들, 가령 칼리프 제국, 우마이야 제국, 압바스 제국 등을 검토한 끝에, 제국의 주기를 거시적 관점으로 설명했다. 먼저 강력한 연대의식을 가진 외부 유목민 혹은 농민 세력이 왕권을 장악하고 제국을 건설하면, 그 제국의 보호 아래 도시가 형성되고 도시 문명이 탄생한다. 지배 집단은 도시 안에서 거대한 건축물을 짓고 상인, 기술자, 학자들을 보호하면서 도시를 더욱 발전시키지만, 곧 도회 문명이 가져다주는 사치와 안일에 길들여지고, 제국의 통치를 외부의 주변 세력에 의존하게 된다. 그러면 제국의 내부나 외부에서 더 강력한 연대의식을 가진 집단에 의해서 무너지고 이와 함께 제국도 쇠퇴하여 붕괴의 길을 걷게 된다. 이븐 할둔의 제국 흥망성쇠론은 이 책에서 다루어진 로마 제국과 페르시아 제국에도 그대로 적용해볼 수 있다.

로마 제국은 처음부터 갈리아인, 스페인인, 북아프리카인, 소아시아인 등 여러 민족의 도움을 받아 제국을 운영해왔다. 그 과정에서 로마에 의존하는 외부 세력들은 제국 내 여러 속주에서 권력을 획득했고, 이어 힘을 얻은 세력이 그 힘을 사용하려고 하면서 중심과 변방 사이에 갈등이 생겨났고, 마침내 변방의 야만족들, 가령 게르만족, 훈족, 고트족이 제국의 경계를 침략하여 제국을 멸망시켰다. 이러한 사정은 페르시아의 사산 왕조도 마찬가지였다. 그들은 제국의 영토를 지키기 위해 때로는 아바르족, 슬라브족과 협력했고, 때로는 아랍족 전사를 동원해 로마 제국과 전쟁을 벌였다. 아랍 통치자들은 훈족과 게르만족, 특히 아바르족과 투르크족의 군벌들과는 달리 7세기가 될 때까지 여러 집단을 규합해 대규모 집단을 형성하지는 못했다. 아라비아 반도는 드문드문 사람이 거주하는 지역이었고 외부에서 대규모로 이주해올 곳도 되지 못했다. 그러다가 마침내 아랍족이 사산 왕조를 타도하고 그 자리에 칼리프 제국을 세웠다. 이 아랍족도 어느 날 갑자기 생겨난 것이 아니라 두 제국의 쟁패 중에 용병으로 참여하여 무력을 축적하다가 아라비아 반도에서 등장한 예언자 무함마드가 창시한 새로운 종교의 힘을 얻어 위대한 정복 사업을 해낼 수 있게 되었다.

이슬람교가 정권을 강화시킨 힘이었다면 유사 사례는 이미 3세기 전에 로마 제국에서도 있었다. 기독교의 수용은 로마 제국의 정부 조직을 강화했을 뿐만 아니라 가장 자유로운 삶에 적합한 정부라는 인식을 강화시켰다. 기독교는 로마와 그 문명, 그리고 그들의 제국이 진정한 신앙을 퍼뜨리고 육성하기에 적합한 제국이라고 가르쳤다. 사실 자유는 공정한 황제들이 통치하는 사회 속의 안정된 삶을 전제로 하는 것인데, 기독교 덕분에 로마 제국은 그런 자유를 옹호하는 제국이라는 믿음을 널리 퍼뜨릴 수 있었다. 페르시아의 조로아스터교도 정부를 뒷받침하는 세력이었으나 이 종교는 기독교만큼 끈질긴 전파력을 갖추지 못해 페르시아 이외의 지역에서는 큰 힘을 발휘하지 못했다.

이상이 이 책의 전반적 개요를 훑어본 것인데 책 안에 많은 흥미로운 일화가 함께 제시되어 있으므로, 읽어 나가기에 부담이 없다. 일반적으로 거시사는 미시사보다 쓰기가 쉽다고 하는데 실제로는 정반대이다. 중요한 사건들과 수치들만 나열하면 도시의 관광 안내 지도처럼 되어버리고 정반대로 너무 자세하면 오락용 통속소설이 되고 만다. 700년의 방대한 역사를 한 권으로 요약하는 것은 선택과 집중을 잘해 부분을 가지고 전체를 보여주는 서술 솜씨에 달려 있다. 이 책은 부분과 전체, 세부와 개요 사이에서 적절한 균형을 잡으면서 두 제국의 역사를 요령 있게 제시한다. 또한 긴 이야기의 흐름 속에서 독자가 연대나 사건을 금방 파악할 수 있도록 책의 뒤에 연도별 사건 일지와 왕조의 역대 군주표를 제시해 전반적 흐름을 볼 수 있게 해놓았다. 역사 분야에 관심이 많은 독자라면 이 책에 얼마나 많은 공력이 들어갔는지 금방 알아볼 것이라 생각한다.

이종인

주

서론

1. 로마 제국과 그 성격에 대한 전반적 문제에 대한 해설은 다음을 참고하라. A. Goldsworthy, *Pax Romana: War, Peace and Conquest in the Roman World*(2016), 63-86는 갈리아의 카이사르에 대하여 논의하고 있다.

2. 독일의 민족성 정립에서 타키투스의 《게르마니아》가 끼친 영향에 대해서는 다음 자료를 보라. C.Krebs, *A Most Dangerous Book: Tacitus's Germania from the Roman Empire to the Third Reich*(2011).

3. 파르티아의 전신인 셀레우코스 왕조를 기준으로 한 추정치는 G. Aperghis, *The Seleukid Royal Economy: The Finances and Financial Administration of the Seleukid Empire* (2004), 35-58에 나온다. 이 책의 56쪽에 나오는 차트는 각 지역의 인구를 추정하는 두 가지 시스템을 종합하고 있다. 파르티아-사산 왕조의 지배 아래에 있었던 지역들은 각각의 경우에 950~1200만 명과 1175~1400만 명 정도를 추정한다. 이 지역들이 후대의 제국 영토 범위에 딱 들어맞는 것은 아니다. 예를 들어 인구가 조밀한 메소포타미아의 상당 지역이 이 기간 동안 대부분 로마 제국의 지배 아래에 있었다. 고대 세계의 인구 추정은 좀더 신중하게 보아야 한다.

4. 서양인들의 아시아인에 대한 인식을 논의한 최근의 가장 영향력 높은 연구서 중 하나는 E. Said, *Orientalism*(1978)이다. 이 책이 인용되는 방식에 대해서는 저자인 사이드조차 놀라워한다고 한다. 이 책의 2003년판 서문과 1995년판 후기를 참조하라. 사이드 책의 주제는 주로 19세기와 20세기에 관한 것이다. 그가 집중 조명한 조건들, 특히 이 시기에 식민 열강들이 식민지를 경제적·군사적으로 지배한 현상은 로마 제국과 파르티아-사산 제국의 관계에서는 적용되지 않는다. 고대사 학자들은 모든 것을 서구의(혹은 로마의) 관점에서 바라보는 시각의 위험성을 감지하고 이제 그런 시각을 피하려고 최선을 다하고 있다. 예컨대 다음을 참조하라. D. Kennedy, 'Parthia and Rome: Eastern Perspectives', in *The Roman Army in the East*, Journal of Roman Archaeology Supplementary Series no. 18, ed. D. Kennedy (1996), 67-90, 특히 67-69도 보라. 어떤 사람들은 심지어 포스트 식민주의 연구 방식을 고대사 연구에 적용하려고 하는데, 이것은 아주 위험한 작업이다.

5. 이 논의에 대한 타당한 분석과 적절한 개관을 위해서는 G. Greatrex, 'Roman Frontiers and Foreign Policy in the East', in *Aspects of the Roman East: Papers in Honour of Professor Fergus Millar FBA*, ed. R. Alston (2007), 103-173을 보라.

1 펠릭스

1. 전문을 보려면 Plutarch, *Sulla* 5. 3-6을 보라. Livy, *Pers*, 70은 파르티아 사절이 로마인과의 친선을 위해 술라를 찾아왔다고 간략하게 서술하고 있다. Rufuss Festus, *Breviarum* 15도 같은 내용으로 서술했다. Justin, *Epitome* 38. 1.1-5. 9는 카파도키아 배경을 다루고 있으나 술라나 파르티아 사절은 언급하지 않는다. Velleius Paterclus 2.24.3은 술라가 먼저 파르티아인들과 외교적 접촉을 했다고 서술한다. 그러나 기이하게도 이 사료는 그 일을 몇 년 뒤의 일로 기록하고 있다.

2. 전반적인 설명은 N. Debevoise, *A Political History of Parthia* (1938), 46-47을 보라. 만남의 연대를 확정하는 복잡한 문제를 포함하는 보다 자세한 논의는 다음을 참조하라. Sherwin-White, 'Ariobarzanes, Mithridates, and Sulla,' *Classical Quarterly* 27 (1977): 173-183; A. Sherwin-White, *Roman Foreign Policy in the East 168 bc to ad 1* (1983), 218-220; A. Keaveney, 'Roman Treaties with Parthia Circa 95-Circa 64 BC', *American Journal of Philology* 102 (1981): 195-212, esp. 195-199; A. Keaveney, 'Sulla's Cilician Command: The Evidence of Apollinaris Sidonius', Historia 54 (1995): 29-36; A. Keaveney, 'The King and the War-Lords: Romano-Parthian Relations Circa 64-53 BC', *American Journal of Philology* 103 (1982): 412-428. 그 후의 관계에 대해서는 T. Corey Brennan, 'Sulla's Career in the Nineties: Some Reconsiderations', *Chiron* 22 (1992): 103-158을 보라. 술라와 오로바주스가 서로 만난 시기를 확정하는 문제는 카파도키아의 복잡한 후계자 확정 연대와 술라의 법무관 역임 시기를 어느 때로 잡느냐에 따라 달라진다. 둘 다 복잡한 문제여서 현재의 증거만으로는 해결하기가 어렵다.

3. 술라의 청소년기와 그 맥락에 대해서는 A. Keaveney, *Sulla: The Last Republican*, 2nd ed. (2005), 11-21을 보라.

4. A. Lintott, *The Constitution of the Roman Republic* (1999), 135-136. 이 책은 로마 공화정의 재무관의 수가 해마다 12명씩 늘어났는데 술라가 독재관에 재임하면서 그 숫자를 20명으로 늘렸다고 주장한다. 술라에 대해서는 Plutarch, *Sulla* 3-4; Sallust, *Jugurthine War* 105. 1-113. 6에 나와 있다.

5. 플루타르코스에 따르면, 로마 유권자들이 술라가 토목건축관이 되기를 바랐으므로 법무관 자리를 그에게 주지 않으려 했다는 게 술라의 주장이다. *Sulla* 5.1-2. 그러나 술라에게 적대적인 사료는 술라가 그로부터 1년 후에 뇌물을 주고서 법무관 자리에 올랐다고 비난한다.

6. Corey Brennan(1992), 137-144는 행정관 후보에게 가해지는 압력을 기술하고 있다.

7. 행정관의 정회에 대해서는 Lintott (1999), 113-114를 보라. 이 시기의 로마의 정치 제도 개관에 대해서는 Goldsworthy (2016), 21-35을 보라.

8. 가용 인력에 대해서는 Sherwin-White (1983), 9-10; P. Brunt, *Italian Manpower 225 bc-ad 14* (1971)을 보라.

9. Sherwin-White (1983), 11-15, 52-55는 로마가 서부 지중해 지역에 집중하고 있음을 강

조한다.

10. 이에 대한 논의는 S. Dyson, *The Creation of the Roman Frontier* (1985)를 보라.

11. 군복무의 요구와 가용 인력에 대해서는 N. Rosenstein, *Rome and the Mediterranean 290 to 146 bc: The Imperial Republic* (2012), 94-96, 112-116; N. Rosenstein, 'Marriage and Manpower in the Hannibalic War: *Assidui, Proletarii* and Livy 24. 18. 7-8', *Historia* 51 (2002): 163-191을 보라. 정복과 그 전반적 영향에 대해서는 Goldsworthy (2016), 37-61을 보라.

12. J. Ma, 'Peer Polity Interaction in the Hellenistic Age', *Past and Present* 180 (2003): 9-39.

13. Goldsworthy (2016), 133-145를 보라.

14. 사절 크나이우스 옥타비우스의 살해에 대해서는 Polybius 31. 2. 1-11, 11. 1-3; Appian, *Syrian Wars* 46을 보라.

15. 유산에 대해서는 Strabo, *Geog.* 13. 4. 2, Justin, *Epitome* 36. 4. 5, 전체적인 토론에 대해서는 Sherwin-White (1983), 80-84를 보라. 로마의 정치적 폭력에 대해서는 A. Lintott in *The Cambridge Ancient History* (hereafter *CAH2*), vol. 9, *The Last Age of the Roman Republic 146-43 bc*, eds. J. Crook, A. Lintott, & E. Rawson (1994), 61-77을 보라.

16. 아시아의 전쟁과 속주의 확립에 대해서는 Sherwin-White (1983), 84-92를 보라.

17. Dyson (1985), 161-164; human sacrifice, Plutarch *Moralia* 284 A-C.

18. 동맹국 전쟁에 대한 개관에 대해서는 E. Gabba in *CAH2* 9:104-128을 보라.

19. Plutarch, *Sulla* 5. 7-7. 1.

20. 이 사건들의 개관에 대해서는 R. Seager in *CAH2* 9:165-181을 보라.

2 왕중왕

1. N. Debevoise, *A Political History of Parthia*(1938)는 파르티아 역사를 연구하는 데 있어서 좋은 출발점이 된다. 또한 A. Bivar, 'The Political History of Iran Under the Arsacids', in *The Cambridge History of Iran*, vol. 3, part 1, ed. E. Yarshater (1983), 21-99, and S. Hauser, 'The Arsacids (Parthians)', in *The Oxford Handbook of Ancient Iran*, ed. D. Potts (2013), 728-750을 보라. 아케메네스 왕조에 대해서는 L. Llewellyn-Jones, *Persians: The Age of the Great Kings* (2022)를 보라.

2. Tablet 330 in Sachs-Hunger Collection, translation from A. Kuhrt, *Persian Empire: A Corpus of Sources from the Achaemenid Period*, 2 vols. (2007), 447-448, cited with discussion in P. Briant, *Darius in the Shadow of Alexander*, trans. J. Todd (2015), 60-64. 마케도니아의 점령이 조로아스터교에 미친 영향에 대해서는 S. Eddy, *The King Is Dead: Studies in the Near Eastern Resistance to Hellenism 334-31 bc* (1961), esp. 3-80을 보라.

3. 이 문제에 대한 훌륭한 논의는 D. Engels, 'Middle Eastern "Feudalism" and Seleucid Dissolution', in *Seleucid Dissolution: The Sinking of the Anchor*, ed. K. Erikson & G. Ramsay (2011), 19-36을 보라. 일반적인 설명은 E. Bickerman, 'The Seleucid Period', in Yarshater (1983), 3-20, and R. Strootman, 'The Seleucid Empire Between Orientalism and Hellenocentrism: Writing the History of Iran in the Third and Second Centuries BCE', *Nāme-ye Irān-e Bāstān: The International Journal of Ancient Iranian Studies* 11, no. 1-2 (2011/2012): 17-35를 보라.

4. V. Sarkhosh Curtis, 'The Iranian Revival in the Parthian Period', in *The Age of the Parthians*, eds. V. Sarkhosh Curtis & S. Stewart (2007), 7-25, esp. 7-8; N. Overtoom, *Reign of Arrows: The Rise of the Parthian Empire in the Hellenistic Middle East* (2020), 75-85.

5. Overtoom (2020), 79-80.

6. 이름에 대해서는 V. Sarkhosh Curtis & A. Magub, *Rivalling Rome: Parthian Coins and Culture* (2020)를 보라. 왕조의 시작에 관련된 사료는 Arrian, Parthica Frag. 30 = Photius, *Bibliographica* 58, and Justin, *Epitome* 41. 1. 10-12, 5. 1-10을 보라. 아리아노스가 언급한 두 형제 중 한 명이 허구일 가능성에 대해서는 E. Dabrowa, 'The Arsacids and Their State', in *Altertum und Gegenwart*, eds. R. Rollinger et al. (2012), 21-52, esp. 26-27을 보라.

7. 다음을 참고. Sarkhosh Curtis (2007), 7-9; J. Gaslain, 'Some Aspects of Political History: Early Arsacid Kings and the Seleucids', in *The Parthian and Early Sasanian Empires: Adaptation and Expansion*, eds. V. Sarkhosh Curtis et al. (2016), 3-7, esp. 3-5. 일부 이란인들과 비교했을 때 파르티아인의 차이점에 대해서는 Eddy (1961), 81-92를 보라.

8. Overtoom (2020), 89-90, 94-107, 특히 101-102를 보라. 셀레우코스 2세의 생포에 관한 증거는 J. Nabel, 'The Seleucids Imprisoned: Arsacid-Roman Hostage Submission and Its Hellenistic Precedents', in *Arsacids, Romans, and Local Elites: Cross-Cultural Interactions of the Parthian Empire*, eds. J. Schlude & B. Rubin (2017), 25-50, esp. 26-28을 보라. 안티오코스 3세의 작전에 관한 주요 서술은 Polybius 10. 27. 1-31. 13 and 49. 1-15, 11. 39. 1-16을 보라 박트리아의 후속 작전에 대해서는 Overtoom (2020), 107-130을 함께 참고하라.

9. Overtoom (2020), 131-173은 제한된 증거를 상세히 분석하고 있다.

10. 작전과 그 후유증에 대해서는 Justin, *Epitome* 36. 1. 1-6, 38. 9. 1-10; Overtoom (2020), 176-188을 보라. 인실의 전반적 상황에 대해서는 Nabel(2017)을 보라.

11. Sarkhosh Curtis (2007), 8-11; J. Lerner, 'Mithridates I and the Parthian Archer', in Schlude & Rubin (2017), 1-24.

12. Justin, *Epitome* 38. 10. 1-39. 1; Josephus, *Jewish Antiquities* (hereafter *AJ*) 13. 236-239; Diodorus Siculus 34/35. 1, 16, 17. 1-2; with Overtoom (2020), 191-215.

13. Overtoom (2020), 228-245; 'The Power Transition Crisis of the 160s-130s BCE and the Formation of the Parthian Empire', *Journal of Ancient History* 7 (2019): 111-155.

14. Sarkhosh Curtis(2007), 12-13. 아케메네스 왕조의 기억에 대한 자세한 논의는 M. Rahim Shayegan, *Arsacids and Sasanians: Political Ideology in Post-Hellenic and Late Antique Persia* (2011), esp. 228-247 on the title 'king of kings'.

15. Bivar (1983), 41-45.

3 전쟁과 소문

1. 다음 자료들에 자세한 논의가 이루어져 있다. Sherwin-White (1983), 102-158; accessible biographies of Mithridates VI are P. Matyszak, *Mithridates the Great: Rome's Indomitable Enemy* (2008), and A. Mayor, *The Poison King: The Life and Legend of Mithridates, Rome's Deadliest Enemy* (2010).

2. Plutarch, *Lucullus* 11. 1 for 'kicking the enemy in the guts'.

3. 전쟁에 대해서는 Sherwin-White (1983), 159-185을 보라. 로마인과 파르티아인의 협상에 대해서는 Keaveney (1981), 195-212, esp. 199-202; J. Schlude, *Rome, Parthia, and the Politics of Peace: Origins of War in the Ancient Middle East* (2020), 29-41을 보라. "사절이라고 하기에는 너무 많다"는 문장은 Plutarch, *Lucullus* 27. 4에서 인용.

4. 폼페이우스의 전반기 생애에 대해서는 P. Greenhalgh, *Pompey: The Roman Alexander* (1980) and R. Seager, *Pompey the Great* (2nd ed., 2002), 1-39를 보라.

5. 폼페이우스의 동방 활동에 대해서는 Sherwin-White (1983), 186-234; Seager (2002), 53-62를 보라.

6. Dio 37. 5. 4-5; Plutarch, *Pompey* 36. 2; 더 넓은 지역의 혼란스러운 상황에 대해서는 P. Edwell, 'The Euphrates as a Boundary Between Rome and Parthia in the Late Republic and Early Empire', *Antichthon* 47 (2013): 191-206를 보라.

7. Keaveney (1981), 204-212; Keaveney (1982), 412-428; Schlude (2020), 42-59.

8. Plutarch, *Pompey* 38. 2; Dio 37. 6. 1-2.

9. Plutarch, Lucullus 30. 2-31, 1; 이 시대의 변경에 대해서는 S. Dyson, *The Creation of the Roman Frontier* (1985)를 보라. 특히 122-171은 갈리아 국경에 대해 잘 나와 있다.

10. Sherwin-White (1983), 271-279; Schlude (2020), 60-62; Keaveney (1982), 412-417; on Ptolemy, see A. Goldsworthy, *Antony and Cleopatra* (2010), 78-80, 96-104.

11. 크라수스의 부와 재산에 대한 견해는 Plutarch, *Crassus* 2. 1-8을 보라. 그의 생애에 대해서는 A. Ward, *Marcus Crassus and the Late Roman Republic* (1977), 46-82를 보라.

12. 대규모 십자가 처형에 대해서는 Ward (1977), 83-98과 함께 Apian, *Civil Wars* 1. 14.

120을 참조하라.

13. Ward (1977), 273-285.

14. Debevoise, (1938), 75-78; Bivar (1983), 48-49; with Dio 39. 56. 2; Justin, *Epitome* 42. 4. 1.

15. Plutarch, Crassus 16. 3-5. 다른 사료와 논의에 대해서는 A. Simpson, 'The Departure of Crassus for Parthia', *Transactions and Proceedings of the American Philological Association* 69 (1938): 532- 541을 보라. 최근의 간략한 논의는 Schlude (2020), 62-65에 나와 있다.

16. 동시대의 견해에 대해서는 Cicero, Ad Atticum 4.13과 De divinatione 1. 29-30을 보라.

17. G. Sampson, *The Defeat of Rome: Crassus, Carrhae and the Invasion of the East* (2008), 94-95, 101-106. 이 책은 근본적으로 파르티아에 내전이 벌어졌기 때문에 크라수스는 파르티아 전쟁을 결심하게 되었다고 주장한다.

18. 전쟁의 영향, 특히 에우리피데스의 《바카에》가 플루타르코스에게 미친 영향에 대해서는 D. Braund, 'Dionysiac Tragedy in Plutarch, Crassus', *Classical Quarterly* 43 (1993): 468-474, and A. Zadorojniy, 'Tragic and Epic in Plutarch's Crassus', *Hermes* 125 (1997): 169-182를 보라.

19. Plutarch, *Crassus* 17. 4, 20. 1, 25. 2.

20. 폼페이우스의 사례와 대조해볼 것. 서기전 49년 나이 든 폼페이우스는 병사들의 훈련 과정에 직접 참여하여 같이 훈련을 받았다. Plutarch, *Pompey* 64. 1-2; on the 54 BC campaign, see Plutarch, *Crassus* 17. 1-4, with Sherwin-White (1983), 281-284.

21. Plutarch, Crassus 17. 4-8; Dio 40. 13.3; 킬리키아에 부임한 키케로는 전임자 총독이 예사 도시들에게 겨울 동안 병사들을 민간 가옥에 숙식시키라고 지시를 내렸다는 것을 발견했다. 그랬다가 그 전임자는 그 의무를 취소해 주는 대신 그에 상당하는 돈을 내라고 요구했다.; Cicero, Ad Att. 5.21; 이 시대의 속주 정부에 대해서는 Goldsworthy(2016), 107-132가 기본적 정보를 제공한다.

4 전투

1. Plutarch, *Crassus* 19. 1-3, with Sherwin-White (1983), 284-287; Schlude (2020), 65-67.

2. Plutarch, *Crassus* 18. 1-2; Dio 40. 16. 1-3.

3. 파르티아 군대에 대해서는 Dio 15, 1-6을 보라. Kennedy(1996), 67-90과 특히 83-84, 그리고 M. Mielczarek, *Cataphracti and Clibinarii: Studies in the Heavy Armoured Cavalry of the Ancient World* (1993); and Overtoom (2020), 37-52에 유익한 논평이 있다.

4. 안장의 개발에 대해서는 P. Sidnell, *Warhorse*(2007), 20-21, 35, 85를 참고할 것. 이러

한 유형에서 파생된 로마의 안장의 자세한 재구성에 대해서는 P. Connolly, 'The Roman Saddle', in *Roman Military Equipment: The Accoutrements of War*, ed. M. Dawson (1987), 7-27을 보라.

5. 다음을 참고. M. Olbrycht, 'Arsacid Iran and the Nomads of Central Asia - Ways of Cultural Transfer', in *Complexity of Interaction Along the Eurasian Steppe Zone in the First Millennium CE*, eds. J. Bremmann & M. Schmauder (2015), 333-390, esp. 369-374.

6. Plutarch, *Crassus* 21. 6-7. 27. 1-2; Justin, *Epitome* 41. 2. 5; Josephus, *AJ* 17. 23, with N. Overtoom, 'The Parthians' Unique Mode of Warfare: A Tradition of Parthian Militarism and the Battle of Carrhae', *Anabasis* 8 (2017): 97-122, esp. 97; Caesar, Bellum Gallicum(추후 BG) 6.13은 갈리아의 평민을 '사실상 노예'로 취급하고 있다.

7. Plutarch, *Crassus* 21. 1-5. 이 자료는 오로데스 2세가 크라수스의 위협을 가볍게 여기지 않았으며, 수레나가 상당한의 힘과 능력을 갖추었다고 기록했다. 카레에는 단지 1만 명의 파르티아 병사들만 출전했다는 주장이 있는데 이에 대해서는 Sherwin-White (1983), 287-288, n. 44; Kennedy (1996), 84; Bivar (1983), 52-53; A. Goldsworthy, *The Roman Army at War 100 bc-ad 200* (1996), 187을 참조하라. Sampson(2008), 112-113은 파르티아의 전략을 다루고 있고 Overtoom(2017), 109, n.62는 파르티아군에 대한 비판을 가하고 있다.

8. Plutarch, *Crassus* 19. 3-6; Dio 40. 17. 1-19. 4; Caesar, *BG* 1. 39-41.

9. Plutarch, *Crassus* 21. 1-7; Dio 40. 20. 1-21. 1.

10. Plutarch, *Crassus* 31. 7은 이 전쟁에서 2만 명이 죽고 1만 명이 포로로 붙잡혔다고 주장한다. 이 숫자는 수비대 병사들도 포함하는데 여기에 더하여 전쟁터에서 살아남아 시리아로 가서 소규모 부대를 재편성한 병력도 있었다(Appian, *Civil Wars*[hereafter *BC*] 2. 18). 로마군 1만 명이 시리아로 도망쳤다고 한다. 앞에서 이미 말한 바와 같이, 수레나의 군대에 대해서는 총 병력 수가 제시되어 있지 않다. 단지 Velleius Paterculus 2.46.4가 다소 과장되게 "무수히 많은 기병대 병력"이라고 말했을 뿐이다. 로마인들은 여러 해 동안 힘든 전쟁을 성공적으로 이끌었기 때문에 그것이 병사들을 단련시켰다고 느낀 듯하다. Caesar, *BG* 8.8. 이 시기에 해외 원정에 나선 로마 군단의 다양한 병력 규모에 대해서는 Goldsworthy (1996), 22-23을 보라. 카시우스와 그가 재무관직에 취임한 시기에 대해서는 J. Linderski, 'Two Quaestorships', *Classical Philology* 70 (1975): 35-38을 보라.

11. Plutarch, *Crassus* 23. 1-4.

12. Plutarch, *Crassus* 23. 4-6. 전투에 관한 디오의 서술은 더 짧고 플루타르코스가 서술한 사건 순서와도 다르다. Dio 40. 21.2-3은 푸블리우스 크라수스가 공격의 주도권을 잡았고, 소규모 파르티아인 부대를 보자 로마군의 일부를 내보내어 전투하게 했다고 주장한다. 아마도 이러한 서술은 전투의 사건들을 압축한 결과일 것이다. 그러나 전반적으로 볼 때 플루타르

코스의 서술이 좀더 그럴 듯하다.

13. Plutarch, *Crassus* 23. 6. Dio 40. 21.2는 파르티아인이 숲속에도 숨었고, 땅속의 움푹 팬 곳에도 숨었다고 서술한다. 하지만 이 지역에서는 숲이 별로 없으므로 숲속 매복은 가능성이 별로 없고, 후자(땅속 웅덩이에 숨은 것)가 좀더 그럴 듯하다.

14. Plutarch, *Crassus* 23. 7-24.4. 루쿨루스는 아르메니아의 중무장 기병을 조우했으나, 기병과 군단병을 적절히 혼용함으로써 우월한 전략을 써서 그들을 패주시켰다. Plutarch, *Lucullus* 28. 2-4. 그러나 아르메니아인들은 다수의 궁기병을 전투에 투입하지 않은 듯하고 또 중기병, 궁기병, 파르티아인 병사들을 동시에 동원하지 않았다.

15. J. Latham & W. Patterson, *Saracen Archery: A Mameluk Work, c. 1368* (1970), 142. 보병 대 기병 전투의 논의는 Goldsworthy (1996), 228-235를 보라.

16. Caesar, *Bellum Civile* 3. 53, with Goldsworthy (1996), 185-186.

17. Plutarch, *Crassus* 24. 5-25. 1, with Overtoom (2017), 99-101.

18. Plutarch, *Crassus* 25. 2-3; Publius in Gaul, 그리고 Caesar, BG 1. 52를 참고. 여기서 그는 기병대를 지휘했다. 그는 군단 예하 대대의 제3 공격선이 전진하도록 명령을 내렸고 (2.34, 3.7-11), 군단의 파견부대 지휘를 맡아서 독립 지휘관으로 전투를 벌였다(3.20-27). 이 시대에 보조부대로 참여한 갈리아 기병에 대해서는 L. Pernet, 'Fighting for Caesar: The Archaeology and History of Gallic Auxiliaries in the 2nd-1st Centuries BC', in *Julius Caesar's Battle for Gaul: New Archaeological Perspectives*, eds. A. Fitzpatrick & C. Haselgrove (2019), 79-196을 보라.

19. Plutarch, *Crassus* 26. 1-3.

20. Plutarch, *Crassus* 25. 3-12.

21. Plutarch, *Crassus* 26. 1-6.

22. Plutarch, *Crassus* 27. 1-2; Dio 40. 22, 1-5. 패전을 당한 장군의 적절한 행동에 대해서는 N. Rosenstein, *Imperatores Victi* (1990), 114-151, and Goldsworthy (1996), 163-165를 보라.

23. Plutarch, *Crassus* 27. 1-2; Dio 40. 24. 1-3. 파르티아인들은 화살이 부족했고 많은 경우에 활시위가 끊어졌다. 이 전투는 그 어떤 기준으로 보더라도 긴 전투였다.

24. Plutarch, *Crassus* 27. 3-8; Dio 40. 25. 1-2.

25. Plutarch, *Crassus* 28. 1-29. 1; Dio 40. 25. 3-5.

26. Plutarch, *Crassus* 29. 1-31. 6; Dio 40. 26. 1-27. 4.

27. Plutarch, *Crassus* 33. 1-4; Dio 40.27.3; cf. Appian, *Mithridatic Wars* 21. 이들 자료는 로마인에게 가해진 처벌을 언급하고 있다. 마케도니아의 에우리피데스에 대해서는 W. Ridgway, 'Euripides in Macedon', *Classical Quarterly* 20 (1926): 1-19; S. Scullion, 'Euripides and Macedon, or the Silence of the Frogs,' *Classical Quarterly* 53 (2003): 389-400을 보라.

28. Plutarch, *Crassus* 32. 1-5.

29. Appian, *BC* 2.18은 1만명 이하의 병사들이 시리아에서 소집되었다고 주장하고, Dio 40.28은 그 속주에는 총독이나 수비대가 사실상 없었다고 기록했다.

30. 아라우시오에서 8만 명의 병사와 4만 명의 하인과 노예가 죽거나 부상당했다는 이야기는 Livy *Periochae* 67(Valerius Antias를 인용)에서 확인할 수 있다. Appian, *Mithridatic Wars* 89는 서기전 67년 젤라에서의 병력 손실에 대하여 전반적 수치를 제공하지 않는다. 그러나 사망자들 중에는 24명의 천부장(4개 군단의 천부장 전원)과 150명의 백부장(2.5개 군단의 장교들에 해당하는 수치)이 포함되었다. 카이사르는 서기전 54~53년 겨울에 군단의 15개 대대와 보조 부대가 전사하게 했다. Caesar, *BG* 5. 26-37. 카레 전투 이후의 중요성에 대해서는 S. Mattern, 'The Defeat of Crassus and the Just War', *Classical World* 96 (2003): 387-396을 보라.

31. 이 시기의 폼페이우스의 경력과 정치적 맥락에 대해서는 R. Seager, *Pompey the Great: A Political Biography* (2nd ed., 2002), 125-151을 보라.

32. Lucan, *Pharsalia* 1. 125-126.

33. 당시 속주 총독 임명 건에 대해서는 D. Stockton, *Cicero: A Political Biography* (1971), esp. 225-226을 보라. 총독 임명의 구체적 논의에 대해서는 A. Marshall, 'The *Lex Pompeia de provinciis* (52 BC), 그리고 Cicero's *Imperium* in 51-50 BC: Constitutional Aspects,' in *Aufstieg und Niedergang der römischen Welt* I.1 (1972), 887-921을 보라.

34. 키케로가 킬리키아에서 총독으로 재임한 시기에 대해서는 Stockton (1971), 227-253, 그리고 Goldsworthy (2016), 107-130을 보라.

35. Dio 40. 28. 1-29. 3; Cicero, *Ad Familiares* 2. 10. 2, 15. 1. 2, 3. 1, 4. 7; *Ad Atticum* 5. 18. 1-2, 20. 3, 21. 2. 전반적 상황에 대해서는 Kennedy (1996), 67-90, esp. 77-79; Sherwin-White (1983), 292-297을 보라.

36. Cicero, *Ad Atticum* 5. 20-21; *Ad Familiares* 2. 10, 15. 4; Dio 40. 30. 1-2.

5 침공

1. Plutarch, *Caesar* 32에 따르면 율리우스 카이사르는 저 유명한 라틴어 문장 iacta alea est(주사위는 던져졌다) 대신에 그리스 시인 메난드로스의 시구 aneristho kubos를 그리스어 그대로 인용했다고 한다. 이 일화의 다른 버전은 Suetonius, *Caesar* 31-32; Appian, *bc* 2. 35를 보라.

2. Envoy to Orodes II, Caesar, *Civil War* 3. 82; Dio 41. 55, 42. 2; Lucan, *Pharsalia* 2. 633, 637. 파르티아로 달아날 것을 고려한 폼페이우스에 대한 기록은 Plutarch, *Pompey* 76. 4; Quintilian 3. 8. 33; Appian, *bc* 2. 83; Dio 42. 2. 5; Velleius Paterculus 2. 53. 1; Florus 2. 13, 51을 보라. 이 시대의 동방의 개관에 대해서는 Debevoise (1938), 104-108; A. Sherwin-White (1983), 289-302; Schlude (2020), 76-84를 보라.

3. Cicero, *Ad Familiares* 12. 19 = Shackleton Bailey (hereafter SB) 205, and *Ad Atticum* 14. 9; mentioning Pacorus, Dio 47. 27; Appian, *bc* 4. 58-59.

4. Cicero, *Ad Familiares* 15. 1 (SB 104), 2. 3 (SB 105). 서기전 41~40년의 안토니우스에 대해서는 Josephus, *AJ* 14. 314-316, and 14. 301-312 (Loeb 번역에서 인용), 그리고 논의를 위해 J. Osgood, *Caesar's Legacy: Civil War and the Emergence of the Roman Empire* (2006), 105-106을 보라.

5. Plutarch, *Antony* 26-27; Appian, *bc* 5. 1, 8-9; Dio 48. 24. 2; Josephus *AJ* 15. 89.

6. 파코루스에 대해서는 Debevoise (1938), 104 and fn. 43을 보라.

7. 카이사르의 동방 원정 계획에 대해서는 Debevoise (1938), 104, 그리고 fn. 43을 보라.

8. Dio 48. 24. 4-25. 1, 26. 5; R. Syme, *The Roman Revolution* (1960), 223. 원정전과 그 맥락에 대한 논의는 Kennedy (1996), 67-90, esp. 77-81; Osgood (2006), 185, 225-228을 보라.

9. Josephus, *AJ* 14. 330-376; *Jewish War* 1. 248-279; with Osgood (2006), 185-186; E. Schürer, G. Vermes, & F. Millar, *The History of the Jewish People in the Age of Jesus Christ* (1973), 1:278-286.

10. 이 시대에 관해서는 Goldsworthy (2010), 261-281를 보라.

11. J. Seaver, 'Publius Ventidius: Neglected Roman Military Hero', *Classical Journal* 47 (1952): 275-280, 300.

12. Dio 48. 39. 2-41. 6, 49. 19. 1-20. 5; Plutarch, *Antony* 34; Aulus Gellius, *Attic Nights* 15. 4; Frontinus, *Strat.* 1. 1. 6, 2. 2. 5, 2. 5. 36-37; with Sherwin-White (1983), 303-306; Debevoise (1938), 114-120.

13. Justin, *Epitome* 42. 11-16, 5. 1; Dio 49. 23; Plutarch, *Crassus* 33; *Antony* 37.

14. Mattern (2003), 387-396, esp. 392.

15. 이베리아인들에 대한 작전은 Sherwin-White (1983), 307-308을 보라. 이 하급 장교는 푸블리우스 칸디디우스 크라수스인데 마르쿠스 리키니우스 크라수스의 친척은 아니었다. 안토니우스의 원정전을 위해 동원된 군대에 관해서는 Plutarch, *Antony* 37; Appian, *bc* 2. 110; Velleius Paterculus 2. 82. 1-2을 보라. 논의에 관해서는 P. Brunt, *Italian Manpower 225 bc-ad 14* (1971), 503-504; Sherwin-White (1983), 311, fn. 37. L. Keppie, 'Mark Antony's Legions', in *Legions and Veterans: Roman Army Papers 1971-2000* (2000), 75-96을 보라.

16. Suetonius, *Divine Julius* 44. 3.

17. Dio 49. 25. 1-3; Plutarch, *Antony* 38; Strabo, *Geog.* 11. 13. 3-4; Frontinus, *Strat.* 1. 1. 6; with Sherwin-White (1983), 308-311, and Pelling in *CAH2*, vol. 10, *The Augustan Empire 43 bc-ad 69*, eds. A. Bowman, E. Champlin, & A. Lintott, A. (1996), 32. 이 원정전에 대한 아주 다른 해석은 K. Jones, 'Marcus Antonius' Median War and the

Dynastic Politics of the Near East', in Schlude & Rubin (2017), 51-63을 보라.

18. Plutarch, *Antony* 38; Dio 49. 25. 3; Sherwin-White (1983), 311-315. 치중차의 느린 속도에 대해서는 Goldsworthy (1996), 287-296을 보라.

19. Plutarch, *Antony* 38; Dio 49. 25. 3-26. 1.

20. Plutarch, *Antony* 39; Dio 49. 26. 1-27. 1. 병사들 중 10분의 1만 처형한 사건에 대해서는 C. Goldberg, 'Decimation in the Roman Republic', *Classical Journal* 111 (2015-2016): 141-164를 보라.

21. Plutarch, *Antony* 40-42; Dio 49. 27. 2-28. 1.

22. Plutarch, *Antony* 42-43; Dio 49. 29. 1.

23. Plutarch, *Antony* 44-45; Dio 49. 29. 2-4.

24. Plutarch, *Antony* 45.

25. Velleius Paterculus 2. 82. 2; Plutarch, *Antony* 46-48.

26. 인명 손실에 대해서는 Plutarch, *Antony* 49-51; Velleius Paterculus 2. 82. 3; Dio 49. 31. 1-3, 그리고 Sherwin-White (1983), 320-321을 보라. Livy *Pers.* 130은 아르메니아를 통과하여 행군하던 중에 '폭풍우'를 만나 8000명이 죽었다고 기록했다. 그러나 전체 사상자의 수치는 제시하지 않았다. 리비우스는 안토니우스가 겨울 동안 클레오파트라와 시간을 보내려고 그런 무리한 행군을 명령했다고 비난한다.

27. Plutarch, *Antony* 36, 52-53; Dio 49. 33. 1-3, 39. 1-40. 2; with Jones (2017), 58-59.

28. 기증에 관해서는 다음을 보라. Plutarch, *Antony* 54; Dio 49. 41. 1-6; with Pelling in *CAH2* 10:40-41; Osgood (2006), 338-339; M. Grant, *Cleopatra* (1971), 162-175; J. Bingen, *Hellenistic Egypt: Monarchy, Society, Economy, Culture* (2007), 78-79; G. Hölbl, *A History of the Ptolemaic Empire*, trans. T. Saavedra (2001), 244-245; 서기전 31~30년 전쟁에 대한 최신 연구는 다음을 보라. B. Strauss, *The War That Made the Roman Empire: Antony, Cleopatra and Octavian at Actium* (2022).

6 독수리와 왕자

1. 아우구스투스의 경력에 관해서는 A. Goldsworthy, *Augustus: From Revolutionary to Emperor; First Emperor of Rome* (2014)를 보라. 이 자료는 이 주제를 다루는 방대한 문헌에 대해 길잡이 역할도 한다.

2. Suetonius, *Augustus* 29; P. Zanker, *The Power of Images in the Age of Augustus*, trans. A. Shapiro (1988). 이 책자는 아우구스투스의 공식적 이미지를 알아보는 좋은 출발점이 된다.

3. Dio 69. 6. 3.

4. 티리다테스에 관해 Dio 51. 18. 2-3, 53. 33. 2; Justin, *Epitome* 42. 5. 6-9를 보라. 티리다테스 관련 사료들은 혼란스럽고 서로 모순된다. 특히 연대가 그러하다. 따라서 다음에 나

오는 연대는 추정치이다. 자세한 논의를 위해서는 Debevoise (1938), 136-140, Sherwin-White (1983), 322-323; and Bivar (1983), 65-66을 보라.

5. 하렘의 살해에 대해서는 sadore of Charax, *Parthian Way-Stations* 1을 보라. 문헌에 언급된 네 명의 왕비/아내의 연대는 서기전 21~20년경이다. 다음을 보라. E. Minns, 'Parchments of the Parthian Period from Avroman in Kurdistan', *Journal of Hellenic Studies* 35 (1915): 22-65.

6. Horace, *Odes* 3. 5. 2-12 (Loeb 번역 및 약간 수정); Horace, *Odes* 1. 2. 22, 51-52, 3. 6. 9-12; Propertius 3. 4 참조. 전쟁이 아우구스투스의 공식 이미지에 미친 영향과 파르티아인, 브리타니아인, 인도인을 공격하는 행위의 대중적 지지에 대해서는 J. Rich, 'Augustus, War, and Peace', in *The Representation and Perception of Roman Imperial Power: Proceedings of the Third Workshop of the International Network, Impact of Empire (Roman Empire, c. 200 bc-ad 476)*, eds. L. de Blois et al. (2003), 329-357; J. Edmondson, ed., *Augustus* (2009), 137-164, esp. 143-148을 보라. 이 문제에 대한 시인의 의견이 어느 정도 일반 여론에 영향을 미쳤는지에 대해서는 Schlude (2020), 92-102; and S. Mattern, *Rome and the Enemy: Imperial Strategy in the Principate* (1999), 186-188을 보라. 포로들을 언급하면서 일부는 중국으로 들어갔다는 낭만적 이론에 대해서는 H. Dubs, 'An Ancient Military Contact Between Romans and Chinese', *American Journal of Philology* 62 (1941): 322-330, and 'A Roman City in Ancient China: A Reply to Professor Carmann', *Journal of Asian Studies* 22 (1962): 135-136을 보라.

7. L. Keppie, 'Legions in the East from Augustus to Trajan', in Freeman & Kennedy (1986), 2:411-429; S. Mitchell, 'Legio VII and the Garrison of Augustan Galatia', *Classical Quarterly* 26 (1976): 298-308.

8. 왕국의 군대에 대해서는 D. Saddington, 'Client Kings' Armies Under Augustus: The Case of Herod', in *Herod and Augustus: Papers Presented at the IJS Conference, 21st-23rd June 2005*, eds. D. Jacobson & N. Kokkinos (2009), 303-323을 보라.

9. Dio 51. 16. 2. 이 사료에 의하면, 아우구스투스가 메디아 아트로파테네에는 왕자를 돌려주었지만, 아르메니아의 유사한 요청은 거부했다. 그들이 로마인을 죽였기 때문이었다.

10. Josephus, *AJ* 15. 18-19; *Jewish War* 1. 284; with J. Schlude & J. Overman, 'Herod the Great: A Near Eastern Case Study in Roman-Parthian Politics', in Schlude & Rubin (2017), 93-110, esp. 99-105; and in general E. Gruen, 'Herod, Rome, and the Diaspora', in Jacobson & Kokkinos (2009), 13-27.

11. 10개 군단이 집결했지만 곧 여러 부대로 분할되었다. 10개 군단이 함께 움직이기에는 너무 번거로웠기 때문이다. Velleius Paterculus 2.11. 유럽에서 전쟁하는 것보다 파르티아를 상대로 전쟁하는 것이 더 어려운 문제는 다음을 보라. Sherwin-White(1983), 328-334.

12. Dio 54. 9. 1-6; with B. Levick, *Tiberius the Politician* (1999), 24-27; R. Seager,

Tiberius (2nd ed., 2005), 13-14.

13. Dio 54. 8. 1-3; Velleius Paterculus 2. 100. 1; Livy, *Pers.* 141; Suetonius, *Augustus* 21. 3; with Sherwin-White (1983), 323-326; and Debevoise (1938), 140-141.

14. Res *Gestae* 29; 영예의 수여에 대해서는 다음을 보라. J. Rich, 'The Parthian Honours', *Papers of the British School at Rome* 66 (1998): 71-128; with Gruen in *CAH2* 10:159-160; and C. Rose, 'The Parthians in Augustan Rome', *American Journal of Archaeology* 109 (2005): 21-75.

15. {For the Forum and Temple of Mars Ultor, see} T. Luce, 'Livy, Augustus, and the Forum Augustum', in Edmondson (2009), 399- 415.

16. Rose (2005), 22-26; Rich (1998), 97-115를 보라.

17. 무사에 대해서는 Josephus, *AJ* 18. 39-43을 보라. 내용은 소문을 전달한 것이고 왜곡되어 있다. 다음을 함께 참조. J. Bigwood, 'Queen Mousa, Mother and Wife(?) of King Phaatakes of Parthia: A Re-evaluation of the Evidence', *Mouseion* 3.4 (2004): 35-70; E. Strugnell, 'Thea Musa, Roman Queen of Parthia', *Iranica Antiqua* 43 (2008): 275-298; L. Gregoratti, 'Parthian Women in Flavius Josephus', in *Jüdisch-hellenistische Literatur in ihrem interkulturellen Kontext*, ed. M. Hirschberger (2012), 183-192, esp. 184-186; and J. Schlude & B. Rubin, 'Finding Common Ground: Roman-Parthian Embassies in the Julio- Claudian Period', in Schlude & Rubin (2017), 65-91, esp. 72-78. 요세푸스가 묘사한 여성과 동전에 새겨진 여성이 동일인이라고 추정되고 있으나 정확한 것은 알 수가 없다. 그들은 실제로는 모녀 관계일 수도 있다. 형제간 결혼은 모자간 결혼보다 훨씬 더 흔했다.

18. *Res Gestae* 32. 4-5; Velleius Paterculus 2. 94. 4; Justin 42. 5. 12; Strabo, *Geog.* 6. 4. 2, 16. 1. 28; Tacitus, *Annals* 2. 1; Suetonius, *Augustus* 21. 3; with Schlude (2020), 100-101; and J. Allen, *Hostages and Hostage-Taking in the Roman Empire* (2006), 84-87.

19. Allen (2006), esp. 52-55; on the Ara Pacis, see Rose (2005), 36- 44, modifying earlier view in B. Rose, '"Princes" and Barbarians on the Ara Pacis', *American Journal of Archaeology* 94 (1990): 453-467.

20. Josephus, *AJ* 18. 42-43. 이 사료는 어머니와 아들은 연인이라고 기록했으나 결혼에 대해서는 언급하지 않았다. 티베리우스에 대해서는 G. Bowersock, 'Augustus and the East: The Problem of Succession', in *Caesar Augustus: Seven Aspects*, eds. F. Millar & E. Segal (1990), 169-188을 보라.

21. Dio 55. 10. 17-21, 55. 10A. 3-9; Josephus, *AJ* 18. 39-43; Tacitus, *Annals* 2. 4; *Res Gestae* 27; Ovid, *Ars Amatoria* 1. 177-229; Velleius Paterculus 2. 101. 1-3; with F. Romer, 'Caius' Military Diplomacy in the East', *Transactions of the American Philological Association* 109 (1979): 199-214.

22. Velleius Paterculus 2. 102. 1-3; Dio 55. 10a. 5-10; Suetonius, *Augustus* 65. 1-2; Tacitus, *Annals* 1. 3; Strabo, *Geog.* 11. 14. 6.
23. Josephus, AJ 18. 43; Res Gestae 32. 아마도 프라아타케스를 언급한 것으로 보인다.

7 두 위대한 제국 사이에서

1. 주요 줄거리는 Tacitus, *Annals* 2. 1-3; with Debevoise (1938), 151-153을 보라.. Suetonius, *Tiberius* 16은 파르티아 사절이 티베리우스에게 파견되었으나 그는 당시 게르마니아 변경 지대에 원정을 나가 있었다고 기록했다. Tacitus, *Annals* 2. 1-3과 Josephus, *AJ* 18. 45-50은 보노네스가 로마에서 인질 생활을 했기 때문에 인기가 없었다는 유사한 주장을 했다. 아르타바누스의 출신에 대해서는 M. Olbrycht, 'The Genealogy of Artabanos II (AD 8/9-39/40), King of Parthia', *Miscellanea Anthropologica et Sociologica* 15 (2014): 92-97을 보라.

2. Tacitus, *Annals* 2. 4, 56-58, 68; Suetonius, *Tiberius* 49. 2; *Caius* 1-2. 피소의 재판과 원로원 포고령 문헌에 대한 완벽한 논의는 M. Griffin, 'Review of W. Eck, A. Caballos, & F. Fernandez, *Das Senatus Consultum de Cn. Piso Patre*', *Journal of Roman Studies* 87 (1997): 249-263에 나와 있다.

3. Tacitus, *Annals* 1.11. 제국을 현재의 경계 안에서 유지하는 것이 좋다고 조언했다. 냉소적인 타키투스는 이것이 공포 때문인지 시샘 때문인지 모르겠다고 의아해한다.

4. U. Ellerbrock, *The Parthians: The Forgotten Empire* (2021), 49-50; L. Gregoratti, 'The Importance of the Mint of Seleucis on the Tigris for Arsacid History: Artabanus and the Greek Parthian Cities', *Mesopotamia* 47 (2012): 129-136, esp. 130-133.

5. 이 이야기와 관련해서 Josephus, *AJ* 18. 310-379. 374는 셀레우키아에 공동체 간의 긴장이 조성되어 있었다고 기록했다. Bivar(1983), 69-74. 500명의 기수와 함께 나타난 유대인 신사에 대해서는 Josephus, *AJ* 17. 23-27을 보라. 로마 제국 내의 도적 떼에 대해서는 다음을 보라. R. MacMullen, *Enemies of the Roman Order* (1966), 192-212, 255-268; B. Shaw, 'Bandits in the Roman Empire', *Past & Present* 105 (1984): 3-52; T. Grünewald, *Bandits in the Roman Empire: Myth and Reality*, J. Drinkwater 번역 (2004); C. Fuhrmann, *Policing the Roman Empire: Soldiers, Administration and Public Order* (2012); Goldsworthy (2016), 217-244.

6. Suetonius, *Tiberius* 25.1. 아르사케스 왕과 귀족의 관계에 대해서는 E. Dabrowa, 'The Parthian Aristocracy: Its Social Position and Political Activity', *Parthica* 25 (2013): 53-62를 보라.

7. Tacitus, *Annals* 6. 31 36; with R. Ash, 'An Exemplary Conflict: Tacitus' Parthian Battle Narrative ("Annals" 6. 34-35)', *Phoenix* 53 (1999): 114-135; Debevoise (1938), 156-159.

8. Tacitus, *Annals* 6. 36-37, 41-44; Gregoratti (2012), 129-136; E. Dabrowa, 'Parthian-Armenian Relations from the 2nd Century BCE to the Second Half of the 1st Century CE', *Electrum* 28 (2021): 41-57, esp. 50-51. 더 일반적인 혼인으로 인한 인맥과 정치에 대해서는 L. Fabian, 'Bridging the Divide: Marriage Politics Across the Caucasus', *Electrum* 28 (2021): 221-244를 보라.

9. Josephus, *AJ* 18. 101-105.

10. Tacitus, *Annals* 11. 8-10; Debevoise (1938), 166-171; Bivar (1983), 74-75; E. Keitel, 'The Role of Parthia and Armenia in Tacitus Annals 11 and 12', *American Journal of Philology* 99 (1978): 462-473; E. Dabrowa, 'Tacitus on the Parthians', *Electrum* 24 (2017): 171-189. 제우그마 근처의 마을들에 대한 습격은 Philostratus, *Life of Apollonius* 1. 31, 37을 보라.

11. Tacitus, *Annals* 2. 42, 11. 8; A. Gowing, 'Tacitus and the Client Kings', *Transactions of the American Philological Association* 120 (1990): 315-331; and F. Millar, *The Roman Near East* (1993), 52-53.

12. Tacitus, *Annals* 11. 10, 12. 10-14; with Debevoise (1938), 172-174.

13. Tacitus, *Annals* 12. 44-47; Josephus, *AJ* 20. 73-96; with Debevoise (1938), 174-177.

14. Tacitus, *Annals* 12. 50-51.

15. Tacitus, *Annals* 13. 6-8, 34-35; B. Isaac, *The Limits of Empire* (1992), 24-25; E. Wheeler, 'The Laxity of the Syrian Legions', in Kennedy (1996), 229-276. 이 자료들은 동방의 전투력이 빈약한 군단의 전형은 사실에 입각한 것이 아니며 군사 훈련 내용은 정상적이었다고 주장한다. 코르불로의 경력에 대해서는 A. Goldsworthy, *In the Name of Rome* (2003), 263-289를 보라.

16. Tacitus, *Annals* 13. 9.

17. Tacitus, *Annals* 13. 34, 36; Frontinus, *Strat.* 4. 1. 21, 28.

18. Tacitus, *Annals* 13. 37-39.

19. Tacitus, *Annals* 13. 39-41; Dio 52. 19. 1-20. 1.

20. Frontinus, *Strat.* 2. 9. 5; Tacitus, *Annals* 13. 41, 14. 23-25.

21. Tacitus, *Annals* 14. 23-26; with A. Barrett, 'Annals 14. 26 and the Armenian Settlement of AD 60', *Classical Quarterly* 29 (1979): 465-469.

22. Tacitus, *Annals* 15. 1-6.

23. Tacitus, *Annals* 15. 7-8.

24. Tacitus, *Annals* 15. 9.

25. Tacitus, *Annals* 15. 9-17.

26. Tacitus, Annals 15. 17-18, 24-29; 원정전의 분석에 대해서는 B. Warmington, *Nero: Reality and Legend* (1969), 85-100; J. Drinkwater, *Nero: Emperor and Court* (2019),

131–152; L. Gregoratti, 'Corbulo Versus Vologaeses: A Game of Chess for Armenia', *Electrum* 24 (2017): 107–121을 보라.

27. Tacitus, *Annals* 15. 29–31; Dio 52. 23. 1–6, 53. 1–7.1; Pliny, *Natural History* (hereafter *NH*) 30. 6.

28. Schlude(2020), 127–134에서 다루어진 논의를 참고할 것.

29. In general see J. Coulston, 'Roman, Parthian and Sassanid Tactical Developments', in Freeman & Kennedy (1986), 2:59–75.

30. Tacitus, *Annals* 2. 56.

31. Suetonius, *Vespasian* 6; Tacitus, *Histories* 4. 51.

32. Dio 52. 17. 5–6.

8 상업에 능숙한 사람들

1. 1개 군단 내의 백부장 수는 군단 내 제1대대의 크기와 조직에 달려 있었다. 이론적으로는 59명 혹은 60명의 백부장이 있었고 군단 기병대를 맡은 백부장이 더 있었다. 그래서 서기 2세기 초입에 약 1800명의 백부장이 있었을 것으로 보인다. 그리고 보조부대에도 이와 비슷한 혹은 좀 더 많은 백부장이 있었을 것이다. 또 로마의 근위대, 도시 대대, 자경대에도 백부장이 있었다. 함대에도 백부장들이 있었는데 이들은 그 어떤 크기의 함선도 지휘할 수 있었다. 백부장의 지위와 배경에 대해서는 Goldsworthy (1996), 13–15; and J. Wintjes, 'Field Officers: Principate', in *The Encyclopedia of the Roman Army*, vol. 2, ed. Y. le Bohec (2015), 399–402를 보라.

2. 정보 수집에 대해서는 N. Austin & B. Rankov, *Exploratio: Military and Political Intelligence in the Roman World from the Second Punic War to the Battle of Adrianople* (1995), 21–22, 102–107; B. Rankov, 'The Governor's Men: The *Officium Consularis*', in A. Goldsworthy & I. Haynes, *The Roman Army as a Community in Peace and War*, Journal of Roman Archaeology Supplementary Series no. 34 (1999), 15–34를 보라.

3. Josephus, *Jewish War* 7. 224 (Loeb 번역)에서 인용.

4. Josephus, *Jewish War* 7. 219–243에서 이 일화의 전체 내용을 확인하라.

5. 황제와 총독 사이의 의사소통에 관한 논의는 D. Potter, 'Emperors, Their Borders and Their Neighbours: The Scope of Imperial *Mandata*', in Kennedy (1996), 49–66을 보라. 로마의 변경에 대한 일반적 논의는 Goldsworthy (2016), 309–384를 보라.

6. M. Bishop, '*Praesidium*: Social, Military, and Logistical Aspects of the Roman Army's Provincial Distribution During the Early Principate,' in Goldsworthy & Haynes (1999), 111–118.

7. Greatrex (2007), 103–173, esp. 104–116.

8. Josephus, *AJ* 18. 312–313; Matthew 2. 1; Philostratus, *Life of Apollonius of Tyana* 19–40; *Life of Saint Thomas*.

9. 전반적으로 참고할 만한 자료는 다음과 같다. R. McLaughlin, *The Roman Empire and the Silk Routes: The Ancient World Economy and the Empires of Parthia, Central Asia and Han China* (2019); R. McLaughlin, *The Roman Empire and the Indian Ocean: The Ancient World Economy and the Kingdoms of Africa, Arabia and India* (2014); S. Lieu & G. Mikkelsen, eds. *Silk Road Studies*, vol. 18, *Between Rome and China: History, Religions and Material Culture of the Silk Road* (2016). 군사 감시와 이집트에 대해서는 다음을 보라. D. Nappo & A. Zerbini, 'Trade and Taxation in the Egyptian Desert', in *Frontiers in the Roman World: Proceedings of the Ninth Workshop of the International Network Impact of Empire (Durham, 16-19 April 2009)*, eds. O. Hekster & T. Kaizer (2011), 61–77, esp. 72–24; see also V. Maxfield, 'Ostraca and the Roman Army in the Eastern Desert', in *Documenting the Roman Army: Essays in Honour of Margaret Roxan*, ed. J. Wilkes (2003), 153–173, esp. 154–156, 164–167.

10. G. Young, *Rome's Eastern Trade: International Commerce and Imperial Policy, 31 bc-ad 305* (2001), 90–186; M. Fitzpatrick, 'Provincializing Rome: The Indian Ocean Trade Network and Roman Imperialism', *Journal of World History* 22 (2011): 27–54. 전반적인 맥락과 해운의 유리한 점에 대해 설명하고 있다.

11. Young (2001), 47–50, 66–69, 165–166, 210–212.

12. McLaughlin (2019), 1–11.

13. McLaughlin (2019), 29–73; D. Leslie & K. Gardiner, 'Chinese Knowledge of Western Asia During the Han', *T'oung Pao* 68 (1982): 254–308; W. Tao, 'Parthia in China: A Re-examination of the Historical Records', in Sarkhosh Curtis & Stewart (2007), 87–104; and J. Thorley, 'The Silk Trade Between China and the Roman Empire at Its Height, Circa AD 90–130', *Greece and Rome* 18 (1971): 71–80.

14. Sima Qian, *Shiji* 123. 3172. 3; Tao (2007), 89–95.

15. Thorley (1971), 특히 73–76을 보라. Bivar (1983), 191–209; Ptolemy, *Geog.* 1. 11. 6–7; Young (2001), 190–191. 인도에 대해서는 R. Tomber, 'Pots, Coins and Trinkets in Rome's Trade with the East', in *Rome Beyond Its Frontiers: Imports, Attitudes and Practices*, Journal of Roman Archaeology Supplementary Series no. 95, ed. P. Wells (2013), 87–104; C. Whittaker, 'Indian Trade Within the Roman Imperial Network,' in *Rome and Its Frontiers: The Dynamics of Empire* (2004), 163–180; Pliny, *NH* 12. 84를 보라.

16. Pliny, *NH* 6. 26, 12. 41.

17. See Young (2001), 201–207; Fitzpatrick (2011), 31–35.

18. 전반적인 맥락은 Fitzpatrick(2011)에서 탐구되어 있다.

19. Reweaving silk: Pliny, *NH* 6. 20; with McLaughlin (2019), 6-8, 42-46; and in general Thorley (1971), 75-79.

20. J. Ferguson, 'China and Rome', *Aufstieg und Niedergang der römischen Welt*, II.9 (1978), 581-603; J. Thorley, 'The Development of Trade Between the Roman Empire and the East Under Augustus', *Greece and Rome* 16 (1969): 209-223; and Young (2001), esp. 27-89, 187-200; Tao (2007), 99-100. 사변적 논의는 McLaughlin(2019), 192-198을 보라.

21. McLaughlin (2019), 49-56.

22. Young (2001), 201-220; Fitzpatrick (2011), 35-42.

23. E.g., Thorley (1971), 75-76, 79.

24. 제국의 경제 전반에 대해서는 P. Temin, 'The Economy of the Early Roman Empire', *Journal of Economic Perspectives* 20 (2006): 133-151을 보라.

25. Debevoise (1938), xlii, 119, 204; Ellerbrock (2021), 140-143.

26. J. Amussen, 'Christians in Iran', in Yarshater (1983), 924-927; R. Emmerick, 'Buddhism Among Iranian Peoples', in Yarshater (1983), 949-964.

27. Ellerbrock (2021), 261-263.

9 영광과 눈물

1. Tacitus, *Histories* 1.4; 네 황제의 해에 대한 이야기는 K. Wellesley, *The Year of the Four Emperors* (3rd ed., 2000)를 보라. 법률에 대해서는 M. Griffin in *CAH2*, vol. 11, *The High Empire ad 70-192*, eds. A. Bowman, P. Garnsey, & D. Rathbone, (2000), 10, 11-12를 보라.

2. B. Levick, *Vespasian* (2nd ed., 2020), 4-15; Suetonius, *Vespasian* 4. 3.

3. Bivar (1983), 86-87; Debevoise (1938), 213-219; Ellerbrook(2021), 59-62는 일련의 주화의 분석들을 요약한다.

4. 가족에 대해서는 J. Bennett, *Trajan: Optimus Princeps* (1997), 11-19를 보라. 파르티아인과의 마찰과 이 시기에 대한 전반적인 내용은 Pliny, *Pan*. 14; Aurelius Victor, *Caes.* 9. 12; with Schlude (2020), 140-155, esp. 146-147을 확인하라.

5. Dio 66. 19. 3b-c; Tacitus, *Histories* 1. 2; Suetonius, *Nero* 57. 2. 도미티아누스에 대해서는 Schlude(2020), 149-150을 보라.

6. 동방의 변경 지역에 대해서는 다음을 참조. E. Wheeler, 'The Army and the *Limes* in the East', in *A Companion to the Roman Army*, ed. P. Erdkamp (2007), 234-266; E. Dabrowa, 'The Frontier in Syria in the First Century AD', in Freeman & Kennedy (1986), 1:93-108, esp. 98-99.

7. Wheeler (2007), 243.

8. Josephus, *Jewish War* 7. 244-251; Suetonius, *Domitian* 2. 2; Dio 65 (66. 15. 3); Dacia, Dio 67. 6. 1-7. 4.

9. 이 시기에 대해서는 J. Grainger, *Nerva and the Roman Succession Crisis of ad 96-99* (2003); Bennett (1997), 42-52를 보라.

10. 플리니우스가 비티니아 총독 시절에 황제에게 쓴 편지들은 그의 서간집 제10권으로 간행되었다. 플리니우스는 현직에 있을 때 사망했기 때문에 이 편지들의 발간은 트라야누스 황제의 승인 아래 이루어졌을 것이다. 황제는 그 편지들을 총독의 모범적 행동과 황제에 대한 충성심의 모범으로 널리 알리려는 뜻이 있었을 것이다. 다음을 참고. A. Sherwin-White, *The Letters of Pliny: A Historical and Social Commentary* (1966), 526-555.

11. 이 원정전과 그 기념에 대한 좋은 개관은 Bennett(1997), 85-103, 148-160을 보라.

12. 병합의 복잡한 문제들에 관한 논의는 P. Freeman, 'The Annexation of Arabia and Imperial Grand Strategy', in Kennedy (1996), 91-118을 보라.

13. J. Thorley, 'The Roman Empire and the Kushans', *Greece and Rome* 26 (1979): 181-190.

14. F. Lepper, *Trajan's Parthian War* (1948)는 관련 사료의 부족에도 불구하고 파르티아와의 갈등에 관한 여러 문제들을 완벽하게 논의하고 있다. 또한 Bennett (1997), 183-193과 B. Levick, 'Pliny in Bithynia-and What Followed', *Greece and Rome* 26 (1979): 119-131도 보라. 0

15. Dio 68. 17. 1-18. 1, 23. 1-2.

16. Dio 68. 18. 2, 19. 1-20. 4; with Bennett (1997), 192-195.

17. Lepper (1948), 46-48, 136-148; Bennett (1997), 194-196; Arrian, *Parthica* 5. 85, 87 에서 논의되었다. Parthica의 파편들을 잘 수집하여 번역해놓은 자료는 Lepper(1948), 225-253를 보라.

18. S. James, 'Of Colossal Camps and a New Roman Battlefield: Remote Sensing, Archival Archaeology and the "Conflict Landscape" of Dura-Europos, Syria', in *Understanding Roman Frontiers*, eds. D. Breeze & I. Oltean (2015), 328-345; Dio 68. 22. 3. 제국의 호칭과 인사말은 Lepper(1948), 31-53을 보라.

19. Dio 68. 21. 1-3, 24. 1-25. 6; with S. Ross, *Roman Edessa: Politics and Culture on the Eastern Fringes of the Roman Empire, 114-242 CE* (2001), 30-34.

20. Dio 68. 26. 1-4, 26. 4, 27. 1-28. 3.

21. Dio 68. 28. 4-30. 1.

22. 유대인 반란에 대한 최근의 완벽한 검토서는 W. Horbury, *The Jewish War Under Trajan and Hadrian*(2014), 164-277; Dio 68. 33.1에 나와 있다.

23. Dio 68. 30. 1-3, 75. 9. 6; Lepper (1948), 88-96; Bennett (1997), 199-201; Schlude

(2020), 161-162; Debevoise (1938), 234-239.

24. Dio 68. 31. 1-4, 33. 1-3, 69. 1. 1-2. 6; A. Birley, *Hadrian: The Restless Emperor* (1997), 75-84; Bennett (1997), 201-204.

25. Dio 68. 17. 1; 논의를 위해 Lepper (1948), 158-213; Schlude (2020), 162-165; B. Campbell, 'War and Diplomacy: Rome and Parthia, 31 BC-AD 235', in *War and Society in the Roman World*, eds. J. Rich & G. Shipley (1993), 213-240, esp. 234-238을 보라.

26. Dio 68. 6. 1-7. 5.

27. Mattern(1999)은 대외 관계의 맥락 속에서 로마 국력의 영광과 이미지를 완벽하게 검토했다.

28. Dio 69. 2. 3; J. Lander, 'Did Hadrian Abandon Arabia?', in Freeman & Kennedy (1986), 2:447-453. 하드리아누스에 대한 전반적 자료는 Birley (1997); 유대인 반란에 대해서는 Horbury (2014), 278-428을 보라.

29. Birley (1997), 289-297; SHA, *Antoninus Pius* 2. 3-6.

30. D. Potter, 'The Inscriptions on the Bronze Herakles from Mesene: Vologeses IV's War with Roman and the Date of Tacitus' "Annales"', *Zeitschrift für Papyrologie und Epigraphik* 88 (1991): 277-290.

31. M. Bishop, *Lucius Verus and the Roman Defence of the East* (2018), 61-81; P. Edwell, *Rome and Persia at War: Imperial Competition and Contact 193-363 CE* (2021), 42-46.

32. 총독의 운명을 다룬 여러 버전들에 대해 Lucian, *How to Write History* 25-26은 조롱하고 있다. 그러나 이 문헌은 실제로 어떤 일이 벌어졌는지에 대해서는 분명하게 밝히지 않는다. 논의를 위해 N. Hodgson, 'The End of the Ninth Legion', *Britannia* 52 (2021): 97-118, 특히 102와. K. Juntunen, 'Ancient Elegeia: Battlefield or Roman Outpost? From Written Sources to Archaeological Evidence', in *Proceedings of the 24th International Limes Congress, Serbia, 2018* (forthcoming) 인용을 보라.

33. 이 갈등을 재구성한 가장 좋은 시도는 Bishop(2018), 83-115이다.

34. R. Duncan-Jones, 'The Impact of the Antonine Plague', *Journal of Roman Archaeology* 9 (1996): 108-138; R. Flemming, 'Galen and the Plague', in *Galen's Treatise* Περὶ Ἀλυπίας *(de indolentia) in Context: A Tale of Resilience*, ed. C. Petit (2019), 219-244. 개선식과 그 후유증에 대해서 Bishop(2018), 117-125를 보라.

35. Galen, *Ind.* 2. 6-7. 마르쿠스 아우렐리우스에 대해서는 다음을 보라. A. Birley, *Marcus Aurelius: A Biography* (rev. ed., 1987), esp. 140-210.

36. 자세한 이야기에 대해서는 A. Birley, *Septimius Severus: The African Emperor* (1999), 89-120을 보라. 동방의 변경에 대해서는 Edwell (2021), 46-48; Schlude (2020), 167-168; M. Gradoni, 'The Parthian Campaigns of Septimius Severus: Causes, and Roles

in Dynastic Legitimation', in *The Roman Empire During the Severan Dynasty: Case Studies in History, Art, Architecture, Economy and Literature*, ed. E. De Sena (2013), 3-23을 보라.

37. Dio 75. 1. 1-2. 3, 76. 9. 1-13. 하트라 공성전의 여러 양상에 대해서는 D. Campbell, 'What Happened at Hatra?: The Problem of the Severan Siege Operations', in Freeman and Kennedy (1986), 1:51- 58; and D. Kennedy, '"European" Soldiers and the Severan Siege of Hatra', in Freeman and Kennedy (1986), 2:397-409를 보라.

38. Dio 75. 3. 2-3.

39. Dio 72. 36. 4.

10 왕조들

1. Dio 77. 15. 2-4, 17. 4; Herodian 3. 14. 1-3, 15. 1-3; SHA, *Severus* 19. 14.

2. Dio 78. 2. 1-3. 3; Herodian 4. 4. 1-3-5. 7; SHA, *Caracalla* 2. 5-11; *Geta* 6. 1-2.

3. Dio 78. 15. 2-7, 17. 3-4. 카라칼라의 통치 방식에 관한 논의를 위해 D. Potter, *The Roman Empire at Bay* (2004), 140-146, 그리고 G. Fowden in *CAH2*, vol. 12, *The Crisis of Empire ad 193-337*, eds. A. Bowman, A. Cameron, & P. Garnsey (2005), 545-547을 참조하라. 카라칼라가 청원을 들어주는 구체적 방식의 사례는 *SEG* 17. 759; 논의를 위해서는 W. Williams, 'Caracalla and Rhetoricians: A Note of the *Cognitio de Gobairienis*', *Latomus* 33 (1974): 663-667을 보라. 베스타 신녀의 처녀 주장은 Dio 78. 16. 1-3에 나와 있다. 시민권의 확대는 Dio 78. 9. 5; SHA, *Caracalla* 5. 8; A. Sherwin-White, *The Roman Citizenship* (1973), 275-287, 380-394; Potter (2004), 138-139를 보라.

4. Dio 78. 18. 1, 19. 1-2, 20. 1-21. 1, 22. 1-23. 2, 79. 1. 1. 3. 3; Herodian 4. 7. 3-7, 8. 6-11. 9; SHA, *Caracalla* 6. 1-6. 구체적 논의를 위해서는 Potter (2004), 141-144; Millar (1993), 142-146; B. Campbell in *CAH2*, 12:18-19를 보라.

5. 작전에 대해서는 Debevoise(1938), 263-266; Schlude(2020), 170-171를 보라.

6. SHA, *Caracalla* 6. 5-7. 1; Dio 79. 4. 1-6. 5, 11. 1-21. 5; Herodian 4. 12. 1-15. 9, 5. 1. 1-2. 6; SHA, *Macrinus* 2. 1-4; with Potter (2004), 145-147.

7. Herodian 4. 15. 4; Dio 79. 26. 2-27. 3.

8. Dio79. 30. 7.1-4, 11. 1-21. 3; Herodian 3.2. 1-5.1; 논의를 위해서는 Millar (1993), 119-120, 145-147, 300-309; Potter (2004), 148-152를 보라.

9. Dio 80. 7. 1-4, 11. 1-21. 3; Herodian 5. 5. 6-7. 2; SHA, *Elagabalus* 3. 4-5, 4. 1-2, 6. 78. 3, 15. 6, 18. 3; Potter (2004), 153-157. 엘라가발루스의 최신 분석에 대해서는 H. Sidebottom, *The Mad Emperor: Heliogabalus and the Decadence of Rome* (2022)를 보라.

10. Dio 80. 17. 2-21. 3, 81. 4. 2-5. 2; Herodian 5. 7. 1-8. 10, 6. 1. 4-10; SHA, *Elagabalus* 13. 1-17. 3. 통치에 대한 논의는 다음을 보라. R. Syme, *Emperors and Biography: Studies in the Historia Augusta* (1971), 146-162; Potter (2004), 158-166; and Campbell in *CAH2*, 12:22-27.

11. Dio 80. 4, 1-2; Herodian 6. 2. 1-7. 6; Zonaras 12. 15. 막시미누스에 대해서는 Syme (1971), 179-193; Herodian 6. 8. 1-8; SHA, *Maximinus* 2. 1-5. 1 on Maximinus and 'humble origins'를 보라. 알렉산데르의 살해에 대해서는 Herodian 6. 9. 1-8; SHA, *Maximinus* 7. 1-6를 보라.

12. Dio 80. 3. 1-2, 4. 1-2; Herodian 6. 2. 1-2, 6-7.

13. R. Frye in Yarshater (1983), 116-124; T. Daryaee, 'Ardaxšīr and the Sasanians' Rise to Power', *Anabasis* 1 (2010): 236-255; M. Olbrycht, 'Dynastic Connections in the Arsacid Empire and the Origins of the House of Sasan', in Sarkhosh Curtis et al. (2016), 23-35.

14. Agathius 2.27. 1-5; Syncellus, 440, 11-441, 2. 이 두 사료는 다음 책에 번역되어 있다. M. Dodgeon & S. Lieu, *The Roman Eastern Frontier and the Persian Wars*, vol. 1, *ad 226-363* (1991), 9-10. 또한 A. Gariboldi, 'The Birth of the Sasanian Monarchy in Western Sources', in Sarkhosh Curtis et al. (2016), 47-52도 보라.

15. Olbrycht (2016), 23-28.

16. Olbrycht (2016), 27-28, 30-31.

17. 이 시대의 암석 부조의 연대, 순서, 상징 등 여러 문제들에 대해서는 다음을 보라. E. Shavarebi, 'Historical Aspects, Iconographical Factors, Numismatic Issues, Technical Elements: How to Obtain a Convincing Chronology for the Rock Reliefs of Ardashir I', *Anabasis* 5 (2014): 108-122; P. Callieri, 'Cultural Contacts Between Rome and Persia at the Time of Ardashir I (c. AD 224-240)', in *Sasanian Persia: Between Rome and the Steppes of Eurasia*, ed. E. Sauer (2017), 221-238.

18. Olbrycht (2016), 30-31.

19. Ammianus Marcellinus 23. 6,6; Gariboldi(2016), 50은 가치 없는 사료라고 일축했으나 Oblbrycht(2016), 31은 그럴 듯한 사료라고 평가했다.

20. Olbrycht (2016), 27-32.

21. T. Daryaee, 'From Terror to Tactical Usage: Elephants in the Parthia-Sasanian Period', in Sarkhosh Curtis et al. (2016), 36-41. 볼로가이세스 1세가 코끼를 탄 사실은 Tacitus, *Annals* 15.15에 나와 있다.

22. 사산조의 왕들과 파르티아 귀족 가문들 사이의 관계를 자세히 논한 자료는 P. Pourshariati, *The Decline and Fall of the Sasanian Empire: The Sasanian-Parthian Confederacy and the Arab Conquest of Iran* (2008), 특히 33-82를 보라.

23. Callieri (2017), 221–238.

24. 238년경에 페르시아가 로마 속주들을 공격한 것에 관한 자료들은 다음을 보라. Dodgeon & Lieu(1991), 32–33.

11 로마 황제가 다시 거짓말하다

1. 이 금석문의 관련된 부분은 신성한 샤푸르가 달성한 업적(res gestae divi Saporis)으로 알려진 그리스어 버전인데 편리하게도 Dodgeon & Lieu (1991): 2. 1. 3, 2. 3, 3- 1. 4., 2. 6에 번역되어 있고, 34쪽에도 인용되어 있다. 온전한 내용은 P. Huyse, *Die Dreisprachige Inschift Sabuhrs I. an Der Ka'ba-I Zardust (SKZ)*, 2 vols. (1999)을 보라.

2. M. Canepa, *The Two Eyes of the Earth: Art and Ritual of Kingship Between Rome and Sasanian Iran* (2009)의 54–55는 이란과 비이란의 차이점을 논의한다.

3. 합리적인 경고를 보려면 Edwell (2021), 76을 보라.

4. 사료들에 관해서는 Dodgeon & Lieu (1991), 32–33: 1. 4. 4-5, 1. 5. 1을 보라. 고고학에 관해서는 S. Hause & Lieu & D. Tucker, 'The Final Onslaught: The Sasanian Siege of Hatra', *Zeitschrift für Orient-Archäologie* 2 (2009): 106–139를 보라.

5. 공격에 관해서는 *SEG* 7 (1934), 743b, 17–19행을 보라. 테렌티우스에게 바친 추모비에 관해서는 *AE* (1948), 124를 보라.

6. S. James, *The Roman Military Base at Dura-Europos, Syria: An Archaeological Visualization* (2019), 3, 63, 85, 254, 230을 참고. 그는 추모비가 발견된 가옥에서 나왔을 가능성이 낮다고 지적했다. 이전 해석에 관해서는 C. Welles, 'The Epitaph of Julius Terentius', *Harvard Theological Review* 34, no. 2 (1941): 79–102를 보라. 장비와 군복에 관해서는 S. James, *Excavations at Dura-Europos 1928-1937: Final Report VII-the Arms and Armour and Other Military Equipment* (2004), 62–65.

7. Fink, *RMR* 50, 194, n. 11; also in Dodgeon & Lieu (1991), 328–331, esp. 331, n. 4; with James (2019), 241–242, 245–250.

8. Fink, *RMR* 1; 장비에 대해서는 M. Bishop & J. Coulston, *Roman Military Equipment from the Punic Wars to the Fall of Rome* (2nd ed., 2006), 128–198; and James (2004), esp. 242–254를 보라.

9. 이런 주장은 James (2019), 250–258에 아주 잘 나타나 있다.

10. 대조적인 견해를 보려면 다음 자료를 참조. N. Pollard, 'The Roman Army as "Total Institution" in the Near East?: Dura-Europos as a Case Study' in Kennedy (1996), 211–227; N. Pollard, *Soldiers, Cities and Civilians in Roman Syria* (2000). 더불어 P. Edwell, *Between Rome and Persia: The Middle Euphrates, Mesopotamia and Palmyra Under Roman Control* (2008), 115–148도 보라.

11. J. Chi & S. Heath, eds. *Edge of Empires: Pagans, Jews, and Christians at Roman*

Dura-Europos (2012)에 모아놓은 논문들은 도시의 혼합적인 집단에 관해 훌륭한 해설을 제공한다.

12. Edwell (2008), 63-87, 135-139.

13. Dodgeon & Lieu (1991) 2. 1. 1-3. 4는 고르디아누스의 페르시아 원정과 그 여파에 관한 사료들을 모아뒀다. 토론에 관해서라면 Edwell (2021), 74-81을 보라. 6-9행에서 샤푸르의 명문은 고르디아누스의 군대와 패배를 묘사한다.

14. 샤푸르 1세에게 지급한 돈에 관해서는 T. Pékary, 'Le "tribute" aux Perses et les finances de Philippe l'Arabe', *Syria* 38 (1961): 275-283; 그리고 J. Guey, 'Autour des Res Gestae Divi Saporis I: Deniers (d'or) et (de compte) anciens', *Syria* 38 (1961): 261-274를 보라.

15. 암석 부조에 관해 전반적으로 알고자 한다면 M. Canepa, 'Sasanian Rock Reliefs', in Potts (2013), 856-877; Canepa (2009), 53-68을 보라.

16. 이 황제들에 관한 개요는 J. Drinkwater in *CAH²* 12:33-39에 나와 있다.

17. Edwell (2021), 67-70; Canepa (2009), 71-75; Canepa (2013), 866-870.

18. 사료들에 관해서는 Dodgeon & Lieu (1991) 3. 1. 1.-2. 5를 보라. 샤푸르의 이야기는 10-19행에 있다. 두라 유로포스에 관해서는 Edwell (2008), 91, 235 n. 131, 그리고 James (2004), 23-24를 보라.

19. Edwell (2021), 90-97. 페르시아인의 공격을 극장 관중에게 경고한 여배우에 관한 이야기는 Ammianus Marcellinus 23. 5. 3를 보라.

20. James (2004), 24-25, 30-31.

21. 포위 공격에 관해서는 James (2004), 31-39, 그리고 S. James, 'Stratagems, Combat and "Chemical Warfare" in the Siege Mines at Dura-Europos', *American Journal of Archaeology* 115 (2011): 69-101를 보라.

22. James (2004), 69-70, 129-134. 전반적인 내용에 관해서는 Mielczarek (1993), 특히 41-67, 73-85를 보라.

23. 발레리아누스에 관해서는 Drinkwater in *CAH²*, 12:41-44를 보라.

24. 군사 작전에 관한 사료들은 Dodgeon & Lieu (1991) 3. 2. 6-4. 2에 있고, 샤푸르의 이야기는 19-37행에 있다. 토론에 관해서는 Edwell (2021), 100-107을 보라.

25. Canepa (2013), 865-873. 불구가 되고 버려진 포로들에 관해서는 Ammianus Marcellinus 19. 6. 2를 보라.

12 총명한 여왕과 세계의 복원자

1. 사료들에 관해서는 Dodgeon & Lieu (1991) 3. 3. 4-4를 보라. 자세한 논의는 Edwell (2021), 112-114를 보라.

2. Drinkwater in *CAH2*, 12:44-48을 참고.

3. 더욱 넓은 시기와 다양한 해석에 관해서는 Potter (2004), 217-298; A. Goldsworthy, *The Fall of the West (How Rome Fell)* (2009), 86-153; 특히 M. Kulikowski, *The Triumph of Empire: The Roman World from Hadrian to Constantine* (2016), 98-193을 보라.

4. Goldsworthy (2016), 309-384.

5. Potter (2004)와 Kulikowski (2016) 모두 이 시기에 발생한 많은 변화를 향상으로 보는 경향이 있다. B. Campbell in *CAH²*, 12:110-127도 보라.

6. 이 시대 원로원 의원 경력에 관한 훌륭한 조사는 I. Mennen, *Power and Status in the Roman Empire* (2011), 49-81에 나와 있다.

7. Mennen (2011), 193-246.

8. P. Southern & K. Dixon, *The Late On Roman equipment, Army* (1996)은 훌륭한 개요를 제공한다.

9. 장비에 관해서는 Bishop & Coulston (2006), 149-232를 보라.

10. E. Sauer et al., 'Innovation and Stagnation: Military Infrastructure and Shifting Balance of Power Between Rome and Persia', in Sauer (2019), 241-267; O. Hekster & N. Zair, *Rome and Its Empire* (2008), 31-44.

11. Potter (2004), 137-139, 172, 272-273; M. Corbier in *CAH2*, 12:327-439.

12. M. Sommer, *Palmyra: A History* (2017), 120, 145-148.

13. 다른 견해들에 관해서는 다음 자료를 보라. S. Swain, 'Greek into Palmyrene: Odaenathus as "Corrector Totius Orientis"', *Zeitschrift für Papyrologie und Epigraphik* 99 (1993): 157-164; with D. Potter, 'Palmyra and Rome: Odaenathus' Titulature and the Use of *Imperium Maius*', *Zeitschrift für Papyrologie und Epigraphik* 113 (1996): 271-285.

14. Pliny, *NH* 5. 88; with I. Richmond, 'Palmyra Under the Aegis of Rome', *Journal of Roman Studies* 53 (1963): 43-54; M. Galikowski, 'Palmyra as a Trading Centre', *British Institute for the Study of Iraq* 56 (1994): 27-33; Sommer (2017), 53-91.

15. Sommer (2017), 91-105; with E. Seland, *Ships of the Desert and Ships of the Sea: Palmyra in the World Trade of the First Three Centuries CE* (2016), esp. 10-25.

16. E. Seland, 'Ancient Trading Networks and New Institutional Economics: The Case of Palmyra', in *Antike Wirtschaft und ihre kulturelle Prägung - The Cultural Shaping of the Ancient Economy*, eds. K. Droß-Krüpe, S. Föllinger & K. Ruffing (2016), 223-234; Seland, *Ships* (2016), 28-61, esp. 75-88.

17. *IGLS* 17. 1. 241; with Seland, *Ships* (2016), 64-74.

18. K. Schörle, 'Palmyrene Merchant Networks and Economic Integration into Competitive Markets', in *Sinews of Empire*, eds. H. Teigan & E. Seland (2017), 147-154.

19. 사료들에 관해서는 Dodgeon & Lieu (1991) 4. 1. 1-4.4를 보라.

20. *CISem.* 2. 3946; with Potter (1996), 272-274.

21. Sommer (2017), 139-169. 더불어 사료는 Dodgeon & Lieu (1991) 4. 5.1-11. 5를 보라.

22. 전기에 관해서는 P. Southern, *Empress Zenobia: Palmyra's Rebel Queen* (2008); R. Winsbury, *Zenobia of Palmyra: History, Myth and the Neo-classical Imagination* (2012)를 보라. 그리고 제노비아의 더욱 간단한 이력은 Potter (2004), 266-272를 보라.

23. 철갑 기병에 관해서는 Festus, *Brev.* 24; Zosimus 1. 50. 2-4, 53. 1-3을 보라.

24. F. Millar, 'Paul of Samosata, Zenobia, and Aurelian: The Church, Local Culture and Political Allegiance in Third Century Syria', in *Rome, the Greek World and the East*, vol. 3, *The Greek World, the Jews and the East*, eds. H. Cotton & G. Rogers (2006), 243-273. 유대교 회당 피난처의 권리를 보호하는 법에 관해서는 265쪽 각주 146을 보라.

25. Dodgeon & Lieu (1991) 3. 3. 3.

26. Potter (2004), 302-314.

27. Goldsworthy (2009), 95-99; M. Edwards in *CAH2* 12:573-588.

28. Potter (2004), 241-244, 254-255; G. Clarke in *CAH2* 12:625-647.

29. 상세한 전기에 관해서는 A. Watson, *Aurelian and the Third Century* (1999)를 보라.

30. Dodgeon & Lieu (1991) 4. 8-11. 1.

31. 이후 팔미라에 관해서는 E. Intagliata, *Palmyra After Zenobia: AD 273-750* (2018), 카루스에 관해서는 Dodgeon & Lieu (1991) 5. 1. 6-2. 1을 보라.

13 포위 공격과 원정전

1. 이에 대한 논의는 Frye (1983), 127-132를 보라.

2. J. Duchesne-Guillemin in Yarshater (1983), 874-886.

3. 전반적으로 살펴보려면 S. Williams, *Diocletian and the Roman Recovery* (1985); 그리고 T. Barnes, *The New Empire of Diocletian* (1982)를 보라.

4. Potter (2004), 280-290, 294-298.

5. 사료들에 관해서는 Dodgeon & Lieu (1991) 5. 2. 3-5. 2를 보라. 논의에 관해서는 Edwell (2021), 220-226, 238-252를 보라.

6. Edwell (2021), 226-238; Isaac (1992), 161-218. 분석과 훌륭한 사진은 D. Kennedy & D. Riley, *Rome's Desert Frontier from the Air* (1990)을 보라. 다른 국경의 맥락에서 이 지역 국경의 방어시설에 관해 알아보려면 D. Breeze, *The Frontiers of Imperial Rome* (2011), 118-132를 보라.

7. 이 시기 군대에 관한 훌륭한 조사는 Southern & Dixon (1996)에 나와 있다.

8. Tacitus, *Germania* 41; 다른 국경들의 여러 속주로 통하는 입구에 관한 제약에 관해서는 Dio 72. 11. 2-3을 보라.

9. Frye (1983), 131-132.

10. 콘스탄티누스에 관한 문헌은 방대하지만 훌륭한 출발점은 D. Potter, *Constantine the Emperor* (2013); Potter (2004), 340-439; SHA, *Severus* 29. 2이다.

11. 기독교, 그리고 로마와 페르시아의 관계에서 종교가 맡았던 역할에 관해서는 Edwell (2021), 259-291을 보라. 사기꾼 메트로도로스가 한 주장에 관해서는 Ammianus Marcellinus 25. 4. 23; Credenus, *Chronicle* I, 516, 12-517, 15를 보라.

12. 서신과 사절 교환에 관해서는 Ammianus Marcellinus 17. 5. 3-15를 보라.

13. 싱가라 전투에 관해서는 Edwell (2021), 305-309; 관련 사료들은 Dodgeon & Lieu (1991) 7.3.4를 보라.

14. Dodgeon & Lieu (1991) 7. 4. 1-6. 4; Edwell (2021), 296-315.

15. 이 시대 포위에 관한 뛰어난 분석은 J. Levithan, *Roman Siege Warfare* (2013), 170-204에 나와 있다.

16. 사료들에 관해서는 Dodgeon & Lieu (1991) 7. 1. 3, 4. 5-5. 1, 5. 5을 보라. 사산-쿠샨 왕조의 종말에 관해서는 Bivar (1983), 209-213을 보라.

17. J. Matthews, *The Roman Empire of Ammianus Marcellinus* (1989); J. Matthews, 'The Origin of Ammianus', *Classical Quarterly* 44 (1994): 252-269; and T. Barnes, *Ammianus Marcellinus and the Representation of Historical Reality* (1998), 1-10.

18. Ammianus Marcellinus 17. 5. 1-3, 14. 3, 18. 5. 5-6. 5, 17-18; with Edwell (2021), 315-320.

19. Ammianus Marcellinus 18. 6. 5-7. 3.

20. Ammianus Marcellinus 18. 7. 3-8. 14.

21. Ammianus Marcellinus 18. 9. 1-4, 19. 2. 14; 포위에 관한 상세한 분석에 관해서는 Levithan (2013), 187-195와 Edwell (2021), 320-326를 보라.

22. 포위에 관한 서술은 Ammianus Marcellinus 19. 1. 1-9. 9를 보라. 자세한 논의는 R. Blockley, 'Ammianus Marcellinus on the Persian Invasion of AD 369', *Phoenix* 42 (1988): 244-260을 보라.

23. Ammianus Marcellinus 20. 6. 1-8.

24. Ammianus Marcellinus 20. 7. 1-17.

25. Ammianus Marcellinus 20. 11. 1-31과 Edwell (2021), 326-334. 더 광범위한 군사 작전에 관해서는 R. Seager, 'Perceptions of Eastern Frontier Policy in Ammianus, Libanius and Julian', *Classical Quarterly* 47 (1997): 253-268, 특히 253-262를 보라.

26. Ammianus Marcellinus 21. 6. 6-7. 7.

27. 율리아누스의 신앙에 관해서는 G. Bowersock, *Julian the Apostate* (1978), 12-20, 61-65; Potter (2004), 496-499, 508-509; and G. Fowden, 'Julian, Philosopher and Reformer of Polytheism' in *CAH2*, vol. 13, *The Late Empire*, eds. A. Cameron & P.

Garnsey (1998), 543-548을 보라. 전반적으로는 A. Murdoch, *The Last Pagan: Julian the Apostate and the Death of the Ancient World* (2003)를 보라.

28. Edwell (2021), 212-233; C. Fonara, 'Julian's Persian Expedition in Ammianus and Zosimus', *Journal of Hellenic Studies* 111 (1991): 1-15. 과거와 율리아누스의 관계에 대해서는 J. Lendon, Soldiers and Ghosts: A History of Battle in Classical Antiquity (2005), 290-309를 보라.

29. 군사 작전에 관한 사료들에 관해서는 Dodgeon & Lieu (1991), 231-274를 보라. 주된 서술에 관해서는 Ammianus Marcellinus 21. 12. 1-25. 8.18. 자세한 논의에 관해서는 Matthews (1989), 130-179와 Edwell (2021) 354-384를 보라. 군대 인원에 관해서는 Ammianus Marcellinus 23. 3. 5, 24. 7. 4, 25. 7. 2 그리고 Zosimus 3. 13을 보라.

30. Ammianus Marcellinus 22. 9. 1-10. 7.

31. 율리아누스가 포위 중에 보인 행동에 관한 논의는 Lendon (2005), 292-300과 Levithan (2013), 196-204에 나와 있다.

32. Ammianus Marcellinus 25. 3. 1-23과 Potter (2004), 518. 시기에 관해서는 N. Lenski, *The Failure of Empire: Valens and the Roman State in the Fourth Century AD* (2002), 14를 보라.

33. 니시비스와 다른 영토 이양에 관해서는 Ammianus Marcellinus 25. 9. 1-13을 보라.

14 세상의 두 눈

1. Ammianus Marcellinus 25. 7. 14.

2. 카르타고 배상금에 관해서는 Polybius 15. 18. 1-8; Livy 30. 37. 1-6을 보라.

3. Ammianus Marcellinus 30. 6. 1-6.

4. Dodgeon & Lieu (1991) 5. 4. 2; 그리고 Theophylact Simonat(t)a 4. 11. 2-3 (Whitby 번역)처럼 Peter Patricius, 'Fragment 13'은 번역하여 인용했다.

5. G. Greatrex & N. Lieu, *The Roman Eastern Frontier and the Persian Wars*, vol. 2, *AD 363-630* (2002), 21-30에서 여러 사료를 확인하라.

6. 사료에 관해서는 n. 5를 보라. 특히 Ammianus Marcellinus 27. 12. 1-18, 30. 1. 1-2. 5를 확인하라.

7. 서술에 관해서는 Goldsworthy (2009), 245-263을 보라. 더욱 많은 세부 사항에 관해서는 Lenski (2002); P. Heather, *Goths and Romans 332-489* (1991); P. Heather, *The Goths* (1996); H. Wolfram, *The Roman Empire and Its Germanic Peoples*, T. Dunlap 번역 (1997); M. Kulikowski, *Rome's Gothic Wars* (2007); T. Burns, *Barbarians Within the Gates of Rome: A Study of Roman Military Policy and the Barbarians, ca. 375- 425 ad* (1994)를 보라.

8. 명명법에 관해서는 B. Salway, 'What's in a Name? A Survey of Roman Onamastic

Practice from c. 700 BC to AD 700', *Journal of Roman Studies* 84 (1994):124-145를 보라.

9. Frye (1983), 140-143.

10. 사료에 관해서는 Greatrex & Lieu (2002), 14-15와 G. Bowersock, 'Mavia, Queen of the Saracens', in Studien zur antiken Sozialgeschichte: Festschrift Friedrich Vittinghoff, eds. W. Eck, H. Galstere, & H. Wolff (1980) 477-495를 보라. 마비아의 정체성과 후대 전승에서 거론한 제노비아와의 유사점에 관한 논의는 J. Monferrer-Sala, '"New Skin for Old Stories": Queens Zenobia and Māwiya, and Christian Arab Groups in the Eastern Frontier During the 3rd-4th Centuries CE', in *Mapping Knowledge: Cross-Pollination in Late Antiquity and the Middle Ages*, eds. C. Burnett & P. Mantas-Espana (2014), 71-98에 나와 있다.

11. 사료에 관해서는 Greatrex & Lieu (2002), 17-19와 G. Greatrex & M. Greatrex, 'The Hunnic Invasion of the East of 395 and the Fortress of Ziatha,' *Byzantion* 69 (1999): 65-75를 보라.

12. 이 시기에 관해서는 Goldsworthy (2009), 285-313; P. Heather, *The Fall of the Roman Empire: A New History* (2005), 특히 191-299를 보라.

13. 브리튼섬에 관해서는 Goldsworthy (2009), 335-352를 보라.

14. 더 많은 세부 사항은 Heather (2005), 300-348; and C. Kelly, *Attila the Hun: Barbarian Terror and the Fall of the Roman Empire* (2008)에 나와 있다.

15. Heather (2005), 191-250. 로마의 몰락 원인에 관한 의문에 관해서도 전반적으로 해당 부분을 보라. B. Ward-Perkins, *The Fall of Rome and the End of Civilization* (2005)도 확인하라.

16. 아에티우스의 경력과 그 맥락에 관해서는 I. Hughes, *Aetius: Attila's Nemesis* (2012)를 보라.

17. Heather (2005), 300-304, 385-407.

18. Goldsworthy (2009), 363-369.

19. 동방과 서방의 다른 운명에 관한 훌륭한 조사는 P. Heather, *Rome Resurgent: War and Empire in the Age of Justinian* (2018), 19-68을 보라.

20. 이 시기에 관해서는 다음을 보라. A. Lee in *CAH²:*, vol. 14, *Late Antiquity: Empire and Successors AD 425-600*, eds. A. Cameron, B. Ward-Perkins, & M. Whitby (2000), 33-52.

21. 정부 구조에 관한 상세한 소개는 A. Jones, *The Later Roman Empire: 284-602* (1964), 321-606에 나와 있다. 콘스탄티노플에 관해서는 B. Croke, 'Justinian's Constantinople', in *The Cambridge Companion to the Age of Justinian*, eds. M. Maas (2005), 60-86을 보라.

22. Suetonius, Tiberius 25. 1. 신앙과 분열에 관해서는 P. Allen in *CAH²* 14:811-834를 보라. 성벽을 수리한 원형극장 파벌에 관해서는 Kelly (2008), 102-103을 보라.

23. 교범에 관해서는 G. Dennis 번역, *Maurice's Strategikon: Handbook of Byzantine Military Strategy* (1984)를 보라.

24. 종교에 관해서는 Duchesne-Guillemin (1983), 874-906, 그리고 N. Miri, 'Sasanian Administration and Sealing Practices' in Potts (2013), 909-991을 보라. 국왕과 사제의 관계에 관해서는 L. Patterson, 'Minority Religions in the Sasanian Empire: Suppression, Integration and Relations with Rome', in Sauer (2017), 181-198을 보라.

25. 사료에 관해서는 Greatrex & Lieu (2002), 32-33을 보라. G. Greatrex & J. Bardill, 'Antiochus the "Praepositus": A Persian Eunuch at the Court of Theodosius II', *Dumbarton Oaks Papers* 50 (1996): 171-197도 함께 보라.

15 군인, 성벽, 그리고 황금

1. Ammianus 31. 2. 1-12; 그리고 E. Thompson, *The Huns*, rev. and ed. P. Heather (1996), 56-59도 보라. 훈족의 출현에 관해서는 O. Maenchen-Helfen, *The World of the Huns: Studies in Their History and Culture* (1973), 358-375를 보라. 특히 사료들에 관해서는 D. Balogh, eds. *Hunnic Peoples in Central and South Asia: Sources for Their Origins and History* (2020).

2. 에프탈족에 관해서는 Procopius, *Wars* 1. 3. 1-2를 보라.

3. 아나스타시우스 성벽에 관해서는 다음을 보라. J. Crow, 'Recent Research on the Anastasian Wall in Thrace and Late Antique Linear Barriers Around the Black Sea', in *Roman Frontier Studies 2009: Proceedings of the XXI International Congress of Roman Frontier Studies (Limes Congress) Held at Newcastle upon Tyne in August 2009*, eds. N. Hodgson, P. Bidwell, & J. Schachtmann (2017), 131-138. 스트라타 디오클레티아나에 관해서는 다음을 보라. P. Casey, 'Justinian, the Limetanei, and Arab-Byzantine Relations in the Sixth Century', *Journal of Roman Archaeology* 9 (1996): 214- 222; A. Lewin, 'The New Frontiers of Late Antiquity in the Near East from Diocletian to Justinian', in Hekster & Kaizer (2011), 234-263; I. Arce, 'Transformation Patterns of Roman Forts in the Limes Arabicus from Severan to Tetrarchic and Justinianic Periods', in Hodgson, Bidwell, & Schachtmann (2017), 121-130; and S. Thomas Parker, 'New Research on the Roman Frontier in Arabia', in Hodgson, Bidwell, & Schachtmann (2017), 139-144.

4. E. Sauer et al., *Persia's Imperial Power in Late Antiquity: The Great Wall of Gorgan and the Frontier Landscapes of Sasanian Iran* (2013). 사산조 국경 방어시설에 관해 전반적으로 알고 싶다면 A. Aliev et al., 'The Gilchilchay Defensive Long Wall: New

Investigations', *Ancient East and West* 5 (2006): 143-177; and M. Labbaf-Khaniki, 'Long Wall of Asia: The Backbone of Asian Defensive Landscape', in *Proceedings of the 10th International Congress on the Archaeology of the ancient Near East*, eds. R. Salisbury, F. Höflmayer, T. Bürge, & R. Salisbury (2018), 2:113-121. Not released until after this book was complete. E. Sauer, J. Nokandeh, & H. O. Rekavandi, eds. *Ancient Arms Race: Antiquity's Largest Fortresses and Sasanian Military Networks of Northern Iran*, 2 vols. (2022)를 보라. 이 주제에 관한 최신 연구를 제시한다.

5. H. O. Rekavandi et al., 'The Archaeology of Sasanian Frontier Troops: Recent Fieldwork on Frontier Walls in Northern Iran', in Hodgson, Bidwell, & Schachtmann (2017), 145-150, 특히 146-147. 하드리아누스 성벽에 관한 소개는 N. Hodgson, *Hadrian's Wall: Archaeology and History at the Limit of Rome's Empire* (2017); and A. Goldsworthy, *Hadrian's Wall* (2018)을 보라.

6. D. Lawrence & T. Wilkinson, 'The Northern and Western Borderlands of the Sasanian Empire: Contextualising the Roman/Byzantine and Sasanian Frontier', in Sauer (2019), 99-125.

7. M. Corby, 'Hadrian's Wall and the Defence of North Britain', *Archaeologia Aeliana series* 5, vol. 39 (2010): 9-13를 보라.

8. 다음 자료를 보라. M. Nemati, M. Mousavinia, & E. Sauer, 'Largest Ancient Fortress of South-West Asia and the Western World?: Recent Fieldwork at Sasanian Qaleh Iraj at Pishva, Iran', *Journal of the British Institute of Persian Studies* 58 (2020): 190-220. E. Sauer & J. Nokandeh, 'Forts and Megafortresses, Natural and Artificial Barriers: The Grand Strategy of the Sasanian Empire', in *Proceedings of the International Congress of Young Archaeologists 2015*, eds. M. Kharanaghi, M. Khanipour, & R. Naseri (2018), 236-256도 보라.

9. Procopius, *Wars* 1. 18. 51-53.

10. Pourshariati (2008), 특히 59-83, 98-101. 불사신에 관해서는 Procopius, *Wars* 1. 14. 31, 44-45를 보라. 최근 고고학적 발견에서 전반적으로 군대에 관해 알고자 한다면 G. Greatrex, *Rome and Persia at War: 502-532* (1998), 52-59; and Sauer et al. (2019), 241-267을 보라.

11. Maurice, *Strategikon* 9. 1.

12. Dennis (1984)는 번역된 글을 제공한다. Procopius, *Wars* 1. 18. 33-34에는 로마와 페르시아 궁술 간 차이에 관해 나와 있다. Greatrex (1998), 31-40도 보라.

13. Pourshariati (2008), 88-94. 이 시기 로마군에 관해서는 W. Treadgold, *Byzantium and Its Army: 284-1081* (1995), 43-64, 87-98을 보라. 리메타네이에 관해서는 Jones (1964), 659-663을 보라.

14. Greatrex (1998), 33.

15. Procopius, *Wars* 1. 20. 1-12, 8. 17. 전반적으로는 McLaughlin (2014), 특히 D. Whitehouse & A. Williamson, 'Sasanian Maritime Trade', *Iran* 11 (1973): 29-49, 그리고 C. Morely, 'The Arabian Frontier: A Keystone of the Sasanian Empire', in Sauer (2019), 268-283; J. Howard-Johnston, 'The India Trade in Late Antiquity', in Sauer (2019), 284-304를 보라.

16. 논의에 관해서는 G. Fisher, *Between Empires: Arabs, Romans and Sasanians in Late Antiquity* (2011)를 보라.

17. 예를 들어 다음 자료를 보라. Z. Rubin, 'Diplomacy and War in the Relations Between Byzantium and the Sassanids in the Fifth Century AD', in Freeman & Kennedy (1986), 2:677-695; and R. Blockley, 'Subsidies and Diplomacy: Rome and Persia in Late Antiquity', *Phoenix* 39 (1985): 62-74. 군인에 대한 약속에 관해서는 Joshua Stylites 8을 확인하라.

18. Pourshariati (2008), 59-70; Frye (1983), 143-152; L. Patterson, 'Minority Religions in the Sasanian Empire: Suppression, Integration and Relations with Rome', in Sauer (2019), 181-198, esp. 187-193.

19. Procopius *Wars* 1. 2. 11-13. Greatrex & Lieu (2002), 36-43에 다른 사료들이 있다. 북동부에서 사산조가 겪던 여러 문제의 맥락에 관해서는 D. Potts, 'Sasanian Iran and Its Northeastern Frontier: Offense, Defense, and Diplomatic Entente', in *Empires and Exchanges in Eurasian Late Antiquity: Rome, China, Iran, and the Steppe, ca. 250-750*, eds. N. di Cosmo & M. Maas (2018), 287-301을 보라.

20. Procopius, *Wars* 1. 3. 1-22, 계책에 관해서는 17-22를 보라. Pourshariati (2008), 70-75.

21. Procopius, *Wars* 1.4. 1-35. 고르간 성벽 건설에 관해서는 Rekavandi et al. (2017), 145를 보라.

22. Frye (1983), 149-152; Yarshater in Yarshater (1983), 991-1024; Pourshariati (2008), 82-83; 카바드의 감옥 탈출에 관한 버전은 Procopius, *Wars* 1. 6. 1-9에 나와 있다.

23. 아나스타시우스 전쟁에 관해서는 Greatrex & Lieu (2002), 62-81을 보라. 사료들에 관해서는 Greatrex (1998), 72-119를 보라. 내가 서술에서 크게 인용한 서사와 분석, 그리고 아나스타시우스에게 주어진 조언에 관해서는 Procopius, *Wars* 1. 7. 1-2를 보라.

24. 아미다 관련 서술에서 로마 군인의 결여에 관해서는 Greatrex (1998), 84를 보라.

25. Joshua Stylites 54는 가장 많은 수치를 제시한다. 논의에 관해서는 Greatrex (1998), 96을 보라. 지휘관들에 관해서는 Procopius, *Wars* 1. 8. 1-3을 보라.

26. 로마인의 기만행위는 Joshua Stylites 80에서 확인하라. 아미다에 남은 식량에 로마인이 놀랐던 내용은 Procopius, *Wars* 1. 9. 20-23에서 확인할 수 있다.

16 전쟁과 항구적 평화

1. Malalas 410-411.

2. Procopius, *Secret History* 2. 6. 5세기 고트족 국왕 테오도리크에 관한 비슷한 이야기가 있는데 익명으로 쓰인 Valesianus 79를 보라.

3. Procopius, *Secret History* 2. 9. 1-30; with A. Cameron in *CAH2*, 14:64.

4. Constantine VII Porphyrogenitus, *De Ceremoniis* 89-90 (398-410), Greatrex & Lieu (2002), 124-128에 번역되어 있다. 논의를 함께 보려면 Heather (2018), 211-212를 참조하라.

5. Greatrex (1998), 139-159.

6. 사료들은 Greatrex & Lieu (2002), 79-80, 82를 보라.

7. 사료들은 Greatrex & Lieu (2002), 81을 보라. 주요 이야기는 Procopius, *Wars* 1. 11. 1-30을 보라. 논의는 Greatrex (1998), 134-138, 그리고 Heather (2018), 91-93을 보라. 후자는 카바드 1세의 요청을 거부한 것은 유스티누스와 유스티니아누스가 의도적으로 도발한 것이라고 생각한다.

8. 사료들은 Greatrex & Lieu (2002), 82와 Greatrex (1998), 139-147을 보라.

9. 사료들은 Greatrex & Lieu (2002), 83-88; Greatrex (1998), 148-165를 보라.

10. Procopius, *Wars* 1. 13. 12-14. 55와 Greatrex (1998), 168-185; I. Hughes, *Belisarius: The Last Roman General* (2009), 53-59. 그리고 분석에 관해서는 J. Haldon, *The Byzantine Wars: Battles and Campaigns of the Byzantine Era* (2001), 28-35를 보라.

11. Greatrex (1998), 185-192.

12. Procopius, *Wars* 1. 16. 1-18. 56; with Greatrex (1998), 193-212.

13. Malalas 472-473; Procopius, *Wars* 1. 21. 28.

14. Malalas 18. 44; with Greatrex (1998), 213-221.

15. 더 전통적인 관점에 관해서는 Frye (1983), 153-162; T. Daryaee, *Sasanian Persia: The Rise and Fall of an Empire* (2007), 28-30을 보라. 더불어 미묘한 차이가 있는 평가를 보려면 Pourshariati (2008), 특히 83-118을 보라. 후기 사산조 시대에서 주로 나온 증거를 활용하는 군대 훈련에 관한 언급은 K. Farrokh, *The Armies of Ancient Persia: The Sasanians* (2014), 80-100에 나와 있다.

16. Maas (2005)에서 제시한 여러 논문은 다양한 주제를 무척 훌륭하게 소개하는데 특히 C. Humphress, 'Law and Legal Practice in the Age of Justinian', 161-184를 보라. 또한 A. Lee, *From Rome to Byzantium AD 363-565: The Transformation of Ancient Rome* (2013), 241-300도 보라.

17. Procopius, *Wars* 11. 24; *Secret History* 12. 12; Heather (2018), 109-114, P. Stephenson, *New Rome: The Roman Empire in the East ad 395-700* (2021), 196-198.

18. 전반적인 설명에 관해서는 Hughes (2009), 70-182, 202-230; Heather (2018), 269-302;

A. Lee, 'The Empire at War', in Maas (2005), 113-133; W. Pohl, 'Justinian and the Barbarian Kingdoms', in Maas (2005), 448-476을 보라.

19. 사료에 관해서는 Greatrex & Lieu (2002), 97-103을 보라.

20. 서신에 관해서는 Procopius, *Wars* 2. 4. 14-26, 군사 작전 전반에 관해서는 2. 4. 1-14. 7를 보라. 다른 사료들은 Greatrex & Lieu (2002), 103-108을 보라.

21. Tabari 1. 898/157-158에 나온 훨씬 후대의 아랍 전승은 안티오크에서 끌고 온 포로들이 여러 거리에 지은 새로운 집을 받았으며 모든 면에서 예전에 살던 가옥과 똑같았다고 주장했다.

22. Procopius, *Wars* 2. 14. 8-19. 49.

23. Procopius, *Wars* 2. 22. 1-23. 21; P. Holden, 'Mediterranean Plague in the Age of Justinian', in Maas (2005), 134-160은 해당 주제에 관한 광대한 문헌에 관한 훌륭한 조사다. 영향력에 관해 다른 견해들은 S. Pamuk & M. Shatzmiller, 'Plagues, Wages and Economic Change in the Islamic Middle East, 700-1500', *Journal of Economic History* 74, no. 1 (2014): 196-229; with L. Mordechai et al., 'The Justinianic Plague: An Inconsequential Pandemic?', *Proceedings of the National Academy of Sciences of the United States of America* 51 (2019): 25546-25554를 보라.

24. Procopius, *Wars* 2. 20. 1-21. 34, 24. 1-25. 35. 그리고 Greatrex & Lieu (2002), 109-112에서 다른 사료들을 보라.

25. Procopius, *Wars* 2. 26. 1-30. 48; with Greatrex & Lieu (2002), 113- 118.

26. Greatrex & Lieu (2002), 1 18-133; 더불어 메난데르에서 체결된 협정에 관해서는 Frag. 6. 314-397, pp. 132-133을 보라.

28. 사료들에 관해서는 다음을 참조하라. Greatrex & Lieu (2002), 135-150; Stephenson (2021), 220-222; Frye (1983), 158-160; Whitby in *CAH2*, 14:91-94.

29. Greatrex & Lieu (2002), 151-166; Whitby in *CAH2*, 14:95-98.

30. 사료들에 관해서는 Greatrex & Lieu (2002), 167-175; Whitby in CAH² 14:99-104를 보라. 전반적으로는 M. Whitby, *The Emperor Maurice and His Historian Theophylact on Persian and Balkan Warfare* (1993), 276-304를 보라.

31. Frye (1983), 62-166; Pourshariati (2008), 118-130은 바흐람을 미흐란 가문 출신으로 본다.

32. Stephenson (2021), 226-228.

33. Frye (1983), 161-162.

17 최고조

1. Stephenson (2021), 234. 더욱 세부적인 내용은 L. Mordechai, 'Antioch in the Sixth Century: Resilience or Vulnerability?' in *Environment and Society in the Long Later*

Antiquity, eds. A. Izdebski & M. Mulryan (2018), 25-41을 보라.

2. Strategikon 11. 2. 이 시기 군사적 상황에 관한 유용한 조사는 A. Sarantis, 'Waging War in Late Antiquity', in *War and Warfare in Late Antiquity*, eds. A. Sarantis & N. Christie (2013), 1-98을 보라.

3. 초기에 로마인이 아바르족과 접촉한 것에 관해서는 Heather (2018), 284-287을 보라. 전반적인 내용에 관해서는 Whitby (1988), 80-89, 109-137을 확인하라. 투르크족에 관해서는 A. von Gabain, in Yarshater (1983), 613-624; K. Rezakhani, 'From the Kushans to Western Turks', in *King of the Seven Climes: A History of the Ancient Iranian World (3000 BCE-651 CE)*, ed. T. Daryaee (2017), 199-226을 보라.

4. *Strategikon* 1. 2, 2. 9.

5. D. Kagay, 'The Traction Trebuchet: A Triumph of Four Civilizations', *Viator* 31 (2000): 433-486. 약간 다른 관점을 보고 싶다면 L. Petersen, *Siege Warfare and Military Organization in the Successor States (400-800 ad): Byzantium, the West and Islam* (2013), 406-424를 참조하라.

6. Frye (1983), 165-167; Pourshariati (2008), 130-140.

7. *Strategikon* 11. 4. 마우리키우스가 겪은 곤경은 Whitby in *CAH²* 14:99-108을 보라.

8. 더 자세한 사항은 Stephenson (2021), 236-238; J. Howard-Johnston, *The Last Great War of Antiquity* (2021), 8-18을 보라.

10. 사료들은 Greatrex & Lieu (2002), 184-187에서 확인하라. 상세한 논의는 Howard-Johnston (2021), 22-36을 보라.

11. W. Kaegi, *Heraclius Emperor of Byzantium* (2003), 19-48; Howard-Johnston (2021), 39-48.

12. Kaegi (2003), 48-57; Howard-Johnston (2021), 49-71.

13. Greatrex & Lieu (2002), 187-189.

14. Kaegi (2003), 58-68; Howard-Johnston (2021), 72-81.

15. Kaegi (2003), 67-72; Howard-Johnston (2021), 80-85.

16. Greatrex & Lieu (2002), 189-193; Kaegi (2003), 73-83; Howard-Johnston (2021), 87-102.

17. Kaegi (2003), 87-91; J. Howard-Johnston, 'The Official History of Heralius' Persian Campaigns', in *The Roman and Byzantine Army in the East*, ed. E. Dabrowa (1994), 57-87, esp. 84.

18. 협상에 관해서는 Greatrex & Lieu (2002), 193-195; Kaegi (2003), 83-86; Howard-Johnston (2021), 103-120을 보라.

19. 아프리카로 수도를 옮기는 계획에 관해서는 Kaegi (2008), 88을 보라. 전쟁 경과와 이집트 함락에 관해서는 Greatrex & Lieu (2002), 195-197; Kaegi (2003), 91-99; Howard-

Johnston (2021), 113-133을 보라.

18 승리와 참사

1. Howard-Johnston (2021), 205-206, 211, fn. 69.
2. Kaegi (2003), 100-112; Howard-Johnston (2021), 192-195.
3. 이 군사 작전에 관한 사료들은 Greatrex & Lieu (2002), 198-199를 보라. 군사 작전의 설명과 분석에 관해서는 Kaegi (2003), 112-118과 Howard-Johnston (2021), 196-200을 확인하라. 이들은 가장 상세하고 설득력 있게 전쟁을 재현했기에 나는 보통 그들의 분석을 따랐다. 하지만 사료들은 각자의 동기와 전술적인 사고는커녕 세부 사항과 연대순에도 종종 확신은 불가능하다는 것을 보여준다.
4. Kaegi (2003), 118-121; Howard-Johnston (2021), 200-213.
5. Kaegi (2003), 106-107, 260-261; Stephenson (2021), 241-242.
6. Kaegi (2003), 122-124; Howard-Johnston (2021), 215-217.
7. 군사 작전에 관해서는 Greatrex & Lieu (2002), 200-202와 Kaegi (2003), 125-128; Howard-Johnston (2021), 217-229를 보라. 신전에 관해서는 D. Huff, 'The Functional Layout of the Fire Sanctuary at Takht-I Sulaiman', in *Current Research in Sasanian Archaeology, Art and History*, eds. D. Kennt & P. Luft (2008), 1-13을 보라.
8. 군사 작전의 두 번째 해에 관해서는 다음을 보라. Greatrex & Lieu (2002), 202-205; with Kaegi (2003), 129-132; Howard-Johnston (2021), 229-245.
9. 사료들, 서술, 그리고 분석에 관해서는 Greatrex & Lieu (2002), 205- 209; with Kaegi (2003), 133-141; Howard-Johnston (2021), 246-268을 보라.
10. 포위 공격에 관해서는 Howard-Johnston (2021), 268-284를 보라.
11. 전쟁 마지막 단계에 관한 사료들은 Greatrex & Lieu (2002), 209-225에 나와 있다.
12. Kaegi (2003), 148-151은 이야기를 기본적으로 신뢰할 수 있다고 보지만, Howard-Johnston (2021), 267-268은 로마의 허위 정보였을 것이라고 생각한다. 샤흐르바라즈와 그의 배경에 관해서는 Pourshariati (2008), 142-146을 보라.
13. Howard-Johnston (2021), 295-303.
14. 최후의 군사 작전에 관해서는 Kaegi (2003), 156-174; Howard-Johnston (2021), 304-314를 보라.
15. 호스로의 말년에 관해서는 J. Howard Johnson, 'Pride and Fall: Khusro II and His Regime, 626-628', in *La Persia e Bisanzio: Atti dei Convegni Lincei 2002*, ed. G. Gnoli (2003), 93-113에 나와 있다.
16. Howard-Johnston (2021), 314-320; Pourshariati (2008), 153-160.
17. 협상들에 관해서는 Greatrex & Lieu (2002), 226-228; Kaegi (2003), 174-180; Howard-Johnston (2021), 321-328을 보라.

18. Frye (1983), 170-172; Kaegi (2003), 180-191; Howard-Johnston (2021), 336-346.

19. Kaegi (2003), 201-207; Howard-Johnston (2021), 346-359.

19 그날이 오면 모든 신자가 크게 기뻐하리라

1. T. Daryaee, *Sasanian Persia: The Rise and Fall of an Empire* (2007), 35-36.

2. 전반적인 내용에 관해서는 M. Ghodrat-Dizaji, 'Disintegration of Sasanian Hegemony over Northern Iran (AD 623-643)', *Iranica Antiqua* 46 (2011): 315-329를 보라. 헤라클리우스가 파괴한 조로아스터교 예배당 재건에 관해서는 320-321을 보라.

3. 제국의 상태, 그리고 페르시아와의 전쟁과 아랍 침공 사이 세월에 헤라클리우스가 보여준 행위에 관해서는 Kaegi (2003), 192-228을 보라.

4. 6세기 초에 발생한 두려움에 관해서는 Greatrex (1998), 5-7, 43; S. Shoemaker, *The Apocalypse of Empire: Imperial Eschatology in Late Antiquity and Early Islam* (2018), esp. 64-89를 보라.

5. 강제 세례에 관해서는 Kaegi (2003), 91; W. Kaegi, *Muslim Expansion and Byzantine Collapse in North Africa* (2010), 84-85를 보라. 이 시기 로마군 규모에 관한 논의는 W. Kaegi, *Byzantium and the Early Islamic Conquests* (1992), 39-43에 나와 있다.

6. Kaegi (1992), 52-59.

7. 전반적인 내용은 L. Conrad in *CAH²*, 14:678-700; R. Hoyland, *In God's Path: The Arab Conquests and the Creation of an Islamic Empire* (2013), 8-30, 특히 21-27을 보라.

8. Fisher (2011); and G. Fisher & P. Wood, 'Writing the History of the "Persian Arabs": The Pre-Islamic Perspective on the "Nasrids" of al-Hirah', *Iranian Studies* 49 (2016): 247-290.

9. 벨리사리우스가 아랍 축제를 인지했다는 내용은 Procopius, *Wars* 2. 16. 1-19를 보라. 사료들에 관해서는 Greatrex & Lieu (2002), 86을 보라. 529년 처녀들을 희생시켰다는 추정에 관해서는 Greatrex (1998), 152를 보라.

10. 무함마드의 삶과 그의 세상에 관한 사료들과 그런 사료들에 접근하는 법에 관한 최신 논의는 S. Anthony, *Muhammad and the Empires of Faith* (2020)와 F. Donner, 'The Background to Islam', in Maas (2005), 510-533을 보라.

11. Anthony (2020), 59-82.

12. Hoyland (2013), 36-39.

13. Donner (2005), 526; Kaegi (1992), 68-74.

14. 초기 이슬람 군대의 혼성 요소에 관해서는 Hoyland (2013), 56-65를 보라. 페르시아와의 투쟁에서 로마에 대한 명백한 동정에 관해서는 Qur'an 30. 2-4를 확인하라. 헤라클리우스에 관한 긍정적인 전승은 N. El-Cheikh, 'Muhammad and Heraclius: A Study in Legitimacy', *Studia Islamica* 89 (1999): 5-21을 확인하라.

15. 초기 군사 작전과 연대표의 많은 문제에 관해서는 Hoyland (2013), 31-55를 보라. Kaegi (1992), 79-111은 로마인과의 충돌에 더 많은 강조점을 두었다.

16. 야르무크 군사 작전에 관해서는 Kaegi (1992), 112-146; Haldon (2001), 56-66을 보라. 동쪽으로 병력을 보내라는 명령을 아프리카 총독이 거부한 일에 관해서는 Kaegi (2003), 233-234를 보라.

17. 전반적인 내용은 Kaegi (1992), 147-180, 칼키스에 관해서는 159, 그리고 Hoyland (2013), 46-49도 참고할 것.

18. Hoyland (2013), 47-48.

19. Daryaee (2009), 37-38; Hoyland (2013), 49-54; Pourshariati (2008), 161-181, esp. 213-220; Hoyland (2013), 82-91.

20. 이집트에 관해서는 Hoyland (2013), 66-78을 보라.

21. Frye (1983), 172-177; Daryaee (2009), 37-38; and Pourshariati (2008), esp. 260-318.

22. 아랍인의 아프리카 정복에 관해서는 Kaegi (2010)을 확인하고, 이 시기 초 권력 균형에 관해서는 특히 92-115를 보라. Hoyland (2013), 78-81, 90-93도 함께 보라.

23. 두 제국이 전후 나약한 모습을 보인 것을 강조한 견해는 G. Bowersock, *Empires in Collision in Late Antiquity* (2012), 55-77에 나온다. 또한 Kaegi (1992), 236-287도 보라.

24. 헤라클리우스와 계승 문제, 그리고 이 시대 군사 작전들에 관해서는 Stephenson (2021), 256-273을 보라.

결론

1. Plutarch, *Caesar* 58은 카이사르의 계획이 파르티아인을 격파한 후 유럽을 경유하여 돌아오면서 스키타이인, 게르만인, 기타 다양한 민족을 정복하고 라인강을 건너 갈리아로 들어가는 것이었다고 주장했다. 당대에 가장 가까운 시기를 살았던 키케로나 다른 누군가가 남긴 글에서 이에 대해 아무런 언급이 없는 것을 보면 그럴 가능성은 거의 없다. 하지만 그 이야기에 조금이라도 진실이 있다면 그것은 관련자들이 지리적 거리에 대한 이해가 형편없었음을 뒷받침한다는 것이다. 카이사르는 파르티아 원정 계획에 따라 자신이 부재하는 3년 동안 제국을 운영할 행정장관들을 임명했고, 우리는 이에 대해서 잘 알고 있다.

2. 지도 문제와 지리에 대한 이해에 관한 온전한 논의 내용은 Greatrex (2007), 103-173, 특히 130-142를 보라.

3. Suetonius, *Julius Caesar* 44. 3.

참고문헌

Crook, J., Lintott, A., & Rawson, E., eds. *The Cambridge Ancient History*. Vol. 9, *The Last Age of the Roman Republic 146–43 bc* (1994)

Bowman, A., Champlin, E., & Lintott, A., eds. *The Cambridge Ancient History*. Vol. 10, *The Augustan Empire 43 bc–ad 69* (1996)

Bowman, A., Garnsey, P., & Rathbone, D., eds. *The Cambridge Ancient History*. Vol. 11, *The High Empire ad 70–192* (2000)

Bowman, A., Cameron, A., & Garnsey, P., eds. *The Cambridge Ancient History*. Vol. 12. *The Crisis of Empire ad 193–337* (2005)

Cameron, A., & Garnsey, P., eds. *The Cambridge Ancient History*. Vol. 13, *The Late Empire* (1998)

Cameron, A., Ward-Perkins, B., & Whitby, M., eds. *The Cambridge Ancient History*. Vol. 14, *Late Antiquity: Empire and Successors ad 425–600* (2000)

Yarshater, E., ed. *The Cambridge History of Iran*. Vol. 3 (1–2), *The Seleucid, Parthian and Sasanian Periods* (1983)

Aliev, A., Gadjiev, M., Gaither, M., Kohl, P., Magomedov, R., & Aliev, I. 'The Gilchilchay Defensive Long Wall: New Investigations'. *Ancient East and West* 5 (2006): 143–177

Allen, J. *Hostages and Hostage-Taking in the Roman Empire* (2006)

Anthony, S. *Muhammad and the Empires of Faith* (2020)

Aperghis, G. *The Seleukid Economy: The Finances and Financial Administration of the Seleukid Empire* (2004)

Arce, I. 'Transformation Patterns of Roman Forts in the Limes Arabicus from Severan to Tetrarchic and Justinianic Periods'. In Hodgson, Bidwell, & Schachtmann (2017), 121–130

Ash, R. 'An Exemplary Conflict: Tacitus' Parthian Battle Narrative (Annals 6. 34–35)'. *Phoenix* 53 (1999): 114–135

Austin, N., & Rankov, B. *Exploratio: Military and Political Intelligence in the Roman World from the Second Punic War to the Battle of Adrianople* (1995)

Balogh, D., ed. *Hunnic Peoples in Central and South Asia: Sources for Their Origins and*

History (2020)

Barnes, T. *Ammianus Marcellinus and the Representation of Historical Reality* (1998)

_____, *The New Empire of Diocletian and Constantine* (1982)

Bennett, J. *Trajan: Optimus Princeps* (1997)

Bigwood, J. 'Queen Mousa, Mother and Wife(?) of King Phaatakes of Parthia: A Reevaluation of the Evidence'. *Mouseion* 3.4 (2004): 35-70

Bingen, J. *Hellenistic Egypt: Monarchy, Society, Economy, Culture* (2007)

Birley, A. *Hadrian: The Restless Emperor* (1997)

_____, *Marcus Aurelius: A Biography* (rev. ed., 1987)

_____, *Septimius Severus: The African Emperor* (1999)

Bishop, M. '*Praesidium*: Social, Military, and Logistical Aspects of the Roman Army's Provincial Distribution During the Early Principate'. In Goldsworthy & Haynes (1999), 111-118

Bishop, M., & Coulston, J. *Roman Military Equipment from the Punic Wars to the Fall of Rome* (2nd ed., 2006)

Blockley, R. 'Ammianus Marcellinus on the Persian Invasion of AD 369'. *Phoenix* 42 (1988): 244-260

_____, 'Subsidies and Diplomacy: Rome and Persia in Late Antiquity'. *Phoenix* 39 (1985): 62-74

Bowersock, G. 'Augustus and the East: The Problem of Succession'. In *Caesar Augustus: Seven Aspects*, edited by F. Millar & E. Segal, 169- 188 (1990)

_____, *Empires in Collision in Late Antiquity* (2012)

_____, *Julian the Apostate* (1978)

_____, 'Mavia, Queen of the Saracens'. In *Studien zur antiken Sozialgeschichte: Festschrift Friedrich Vittinghoff*, edited by W. Eck, H. Galstere, & H. Wolff, 477-495 (1980)

Braund, D. 'Dionysiac Tragedy in Plutarch, Crassus'. *Classical Quarterly* 43 (1993): 468-474

Breeze, D. *The Frontiers of Imperial Rome* (2011)

Brunt, P. *Italian Manpower 225 bc-ad 14* (1971)

Burns, T. *Barbarians Within the Gates of Rome: A Study of Roman Military Policy and the Barbarians, ca. 375-425 ad* (1994)

Callieri, P. 'Cultural Contacts Between Rome and Persia at the Time of Ardashir I (c. AD 224-240)'. In Sauer (2017), 221-238

Campbell, B. 'War and Diplomacy: Rome and Parthia, 31 BC-AD 235'. In *War and*

Society in the Roman World, edited by J. Rich & G. Shipley, 213–240 (1993)

Campbell, D. 'What Happened at Hatra?: The Problem of the Severan Siege Operations'. In Freeman and Kennedy (1986), 1:51–58

Canepa, M. 'Sasanian Rock Reliefs'. In Potts (2013), 856–877

_____, *The Two Eyes of the Earth: Art and Ritual of Kingship Between Rome and Sasanian Iran* (2009)

Casey, P. 'Justinian, the Limetanei, and Arab-Byzantine Relations in the Sixth century'. *Journal of Roman Archaeology* 9 (1996): 214–222

Chi, J., & Heath, S., eds. *Edge of Empires: Pagans, Jews, and Christians at Roman Dura-Europos* (2012)

Connolly, P. 'The Roman Saddle'. In *Roman Military Equipment: The Accoutrements of War*, edited by M. Dawson, 7–27 (1987)

Corby, M. 'Hadrian's Wall and the Defence of North Britain'. *Archaeologia Aeliana*, series 5, vol. 39 (2010): 9–13

Corey Brennan, T. 'Sulla's Career in the Nineties: Some Reconsiderations'. *Chiron* 22 (1992): 103–158

Coulston, J. 'Roman, Parthian and Sassanid Tactical Developments'. In Freeman & Kennedy, (1986), 2:59–75

Croke, B. 'Justinian's Constantinople'. In Maas (2005), 60–86

Crow, J. 'Recent Research on the Anastasian Wall in Thrace and Late Antique Linear Barriers Around the Black Sea'. In Hodgson, Bidwell, & Schachtmann (2017), 131–138

Dabrowa, E. 'The Arsacids and Their State'. In *Altertum und Gegenwart*, edited by R. Rollinger et al., 21–52 (2012)

_____, 'The Frontier in Syria in the First Century AD'. In Freeman & Kennedy (1986), 1:93–108

_____, 'The Parthian Aristocracy: Its Social Position and Political Activity'. *Parthica* 25 (2013): 53–62

_____, 'Parthian-Armenian Relations from the 2nd Century BCE to the Second Half of the 1st Century CE'. *Electrum* 28 (2021): 41–57

_____, 'Tacitus on the Parthians'. *Electrum* 24 (2017): 171–189

Daryaee, T. 'From Terror to Tactical Usage: Elephants in the Parthia-Sasanian Period', in Sarkhosh Curtis et al. (2016), 36–41

_____, *Sasanian Persia: The Rise and Fall of an Empire* (2013)

Debevoise, N. *A Political History of Parthia* (1938)

Dennis, G., trans. *Maurice's Strategikon: Handbook of Byzantine Military Strategy* (1984)

Dodgeon, M., & Lieu, S. *The Roman Eastern Frontier and the Persian Wars*. Vol. 1, *ad 226–363* (1991)

Donner, F. 'The Background to Islam'. In Maas (2005), 510–533

Drinkwater, J. *Nero: Emperor and Court* (2019)

Dubs, H. 'An Ancient Military Contact Between Romans and Chinese'. *American Journal of Philology* 62 (1941): 322–330

_____, 'A Roman City in Ancient China: A Reply to Professor Carmann'. *Journal of Asian Studies* 22 (1962): 135–136

Duncan-Jones, R. 'The Impact of the Antonine Plague'. *Journal of Roman Archaeology* 9 (1996): 108–138

Dyson, S. *The Creation of the Roman Frontier* (1985)

Eddy, S. *The King Is Dead: Studies in the Near Eastern Resistance to Hellenism 334–31 bc* (1961)

Edwell, P. *Between Rome and Persia: The Middle Euphrates, Mesopotamia and Palmyra Under Roman Control* (2008)

_____, 'The Euphrates as a Boundary Between Rome and Parthia in the Late Republic and Early Empire'. *Antichthon* 47 (2013): 191–206

_____, *Rome and Persia at War: Imperial Competition and Contact 193–363 CE* (2021)

El-Cheikh, N. 'Muhammad and Heraclius: A Study in Legitimacy'. *Studia Islamica* 89 (1999): 5–21

Ellerbrock, U. *The Parthians: The Forgotten Empire* (2021)

Engels, D. 'Middle Eastern "Feudalism" and Seleucid Dissolution'. In *Seleucid Dissolution: The Sinking of the Anchor*, edited by K. Erikson & G. Ramsay, 19–36 (2011)

Fabian, L. 'Bridging the Divide: Marriage Politics Across the Caucasus'. *Electrum* 28 (2021): 221–244

Farrokh, K. *The Armies of Ancient Persia: The Sasanians* (2014)

Ferguson, J. 'China and Rome'. In *Aufstieg und Niedergang der römischen Welt*, II.9, 581–603 (1978)

Fisher, G. *Between Empires: Arabs, Romans and Sasanians in Late Antiquity* (2011)

Fisher, G., & Wood, P. 'Writing the History of the "Persian Arabs": The Pre-Islamic Perspective on the "Nasrids" of al-Hirah'. *Iranian Studies* 49 (2016): 247–290

Fitzpatrick, M. 'Provincializing Rome: The Indian Ocean Trade Network and Roman Imperialism'. *Journal of World History* 22 (2011)

Flemming, R. 'Galen and the Plague'. In *Galen's Treatise* Περὶ Ἀλυπίας *(de indolentia) in Context: A Tale of Resilience*, edited by C. Petit, 219–244 (2019)

Fonara, C. 'Julian's Persian Expedition in Ammianus and Zosimus'. *Journal of Hellenic Studies* 111 (1991): 1-15

Freeman, P. 'The Annexation of Arabia and Imperial Grand Strategy'. In Kennedy (1996), 91-118

Freeman, P., & Kennedy, D., eds. *The Defence of the Roman and Byzantine East*. 2 vols. (1986)

Fuhrmann, C. *Policing the Roman Empire: Soldiers, Administration and Public Order* (2012)

Galikowski, M. 'Palmyra as a Trading Centre'. *British Institute for the Study of Iraq* 56 (1994): 27-33

Gariboldi, A. 'The Birth of the Sasanian Monarchy in Western Sources'. In Sarkhosh Curtis, et al. (2016), 47-52

Gaslain, J. 'Some Aspects of Political History: Early Arsacid Kings and the Seleucids'. In Sarkhosh Curtis et al. (2016), 3-7

Ghodrat-Dizaji, M. 'Disintegration of Sasanian Hegemony over Northern Iran (AD 623-643). *Iranica Antiqua* 46 (2011): 315-329

Goldberg, C. 'Decimation in the Roman Republic'. *Classical Journal* 111 (2015-2016): 141-164

Goldsworthy, A. *Antony and Cleopatra* (2010)

_____, *Augustus: From Revolutionary to Emperor; First Emperor of Rome* (2014)

_____, *The Fall of the West* (*How Rome Fell*) (2009)

_____, *In the Name of Rome* (2003)

_____, *Pax Romana: War, Peace and Conquest in the Roman World* (2016)

_____, *The Roman Army at War: 100 bc-ad 200* (1996)

Goldsworthy, A., & Haynes, I. *The Roman Army as a Community in Peace and War*. Journal of Roman Archaeology Supplementary Series no. 34 (1999)

Gowing, A. 'Tacitus and the Client Kings'. *Transactions of the American Philological Association* 120 (1990): 315-331

Gradoni, M. 'The Parthian Campaigns of Septimius Severus: Causes, and Roles in Dynastic Legitimation'. In *The Roman Empire During the Severan Dynasty: Case Studies in History, Art, Architecture, Economy and Literature*, edited by E. De Sena, 3-23 (2013)

Grainger, J. *Nerva and the Roman Succession Crisis of ad 96-99* (2003)

Grant, M. *Cleopatra* (1971)

Greatrex, G. 'Roman Frontiers and Foreign Policy in the East'. In *Aspects of the Roman*

East: Papers in Honour of Professor Fergus Millar FBA, edited by R. Alston, 103-173 (2007)

_____, *Rome and Persia at War: 502-532* (1998)

Greatrex, G., & Bardill, J. 'Antiochus the "Praepositus": A Persian Eunuch at the Court of Theodosius II'. *Dumbarton Oaks Papers* 50 (1996): 171-197

Greatrex, G., & Greatrex, M. 'The Hunnic Invasion of the East of 395 and the Fortress of Ziatha.' *Byzantion* 69 (1999): 65-75

Greatrex, G., & Lieu, N. *The Roman Eastern Frontier and the Persian Wars.* Vol. 2, *ad 363-630* (2002)

Greenhalgh, P. *Pompey: The Roman Alexander* (1980)

Gregoratti, L. 'Corbulo Versus Vologaeses: A Game of Chess for Armenia'. *Electrum* 24 (2017): 107-121

_____, 'The Importance of the Mint of Seleucis on the Tigris for Arsacid History: Artabanus and the Greek Parthian Cities'. *Mesopotamia* 47 (2012): 129-136

_____, 'Parthian Women in Flavius Josephus'. In *Jüdisch-hellenistische Literatur in ihrem interkulturellen Kontext*, edited by M. Hirschberger, 183-192 (2012)

Griffin, M. 'Review of W. Eck, A. Caballos, & F. Fernandez, *Das Senatus Consultum de Cn. Piso Patre'. Journal of Roman Studies* 87 (1997): 249-263

Gruen, E. 'Herod, Rome, and the Diaspora'. In Jacobson & Kokkinos (2009), 13-27

Grünewald, T. *Bandits in the Roman Empire: Myth and Reality.* Translated by J. Drinkwater (2004)

Guey, J. 'Autour des Res Gestae Divi Saporis 1: Deniers (d'or) et (de compte) anciens'. *Syria* 38 (1961): 261-274

Haldon, J. *The Byzantine Wars: Battles and Campaigns of the Byzantine Era* (2001)

Hause, S., & Tucker, D. 'The Final Onslaught: The Sasanian Siege of Hatra'. *Zeitschrift für Orient-Archäologie* 2 (2009): 106-139

Heather, P. *The Fall of the Roman Empire: A New History* (2005)

_____, *The Goths* (1996)

_____, *Goths and Romans: 332-489* (1991)

_____, *Rome Resurgent: War and Empire in the Age of Justinian* (2018)

Hekster, O., & Zair, N. *Rome and Its Empire* (2008)

Hodgson, N. 'The End of the Ninth Legion'. *Britannia* 52 (2021): 97-118

_____, *Hadrian's Wall: Archaeology and History at the Limit of Rome's Empire* (2017)

Hodgson, N., Bidwell, P., & Schachtmann, J., eds. *Roman Frontier Studies 2009: Proceedings of the XXI International Congress of Roman Frontier Studies (Limes*

Congress) Held at Newcastle upon Tyne in August 2009 (2017)

Hölbl, G. *A History of the Ptolemaic Empire.* Translated by T. Saavedra (2001)

Holden, P. 'Mediterranean Plague in the Age of Justinian'. In Maas (2005), 134–160

Horbury, W. *The Jewish War under Trajan and Hadrian* (2014)

Howard-Johnston, J. 'The India Trade in Late Antiquity'. In Sauer (2019), 284–304

―――― , *The Last Great War of Antiquity* (2021)

―――― , 'The Official History of Heralius' Persian Campaigns'. In *The Roman and Byzantine Army in the East*, edited by E. Dabrowa, 57–87 (1994)

―――― , 'Pride and Fall: Khusro II and His Regime, 626–628'. In *La Persia e Bisanzio: Atti dei Convegni Lincei 2002*, edited by G. Gnoli, 93–113 (2003)

Hoyland, R. *In God's Path: The Arab Conquests and the Creation of an Islamic Empire* (2013)

Huff, D. 'The Functional Layout of the Fire Sanctuary at Takht-I Sulaiman'. In *Current Research in Sasanian Archaeology, Art and History*, edited by D. Kennt & P. Luft, 1–13 (2008)

Hughes, I. *Belisarius: The Last Roman General* (2009)

Humphress, C. 'Law and Legal Practice in the Age of Justinian'. In Maas (2005), 161–184

Huyse, P. *Die Dreisprachige Inschrift Sabuhrs I. an Der Ka'ba-I Zardust (SKZ).* 2 vols. (1999)

Intagliata, E. *Palmyra After Zenobia: ad 273–750* (2018)

Isaac, B. *The Limits of Empire* (rev. ed. 1992)

Jacobson, D., & Kokkinos, N., eds. *Herod and Augustus: Papers Presented at the IJS Conference, 21st–23rd June 2005* (2009)

James, S. *Excavations at Dura-Europos 1928–1937: Final Report VII – the Arms and Armour and Other Military Equipment* (2004)

―――― , 'Of Colossal Camps and a New Roman Battlefield: Remote Sensing, Archival Archaeology and the "Conflict Landscape" of Dura–Europos, Syria'. In *Understanding Roman Frontiers*, edited by D. Breeze & I. Oltean, 328–345 (2015)

―――― , *The Roman Military Base at Dura-Europos, Syria: An Archaeological Visualization* (2019)

―――― , 'Stratagems, Combat and "Chemical Warfare" in the Siege Mines at Dura–Europos'. *American Journal of Archaeology* 115 (2011): 69–101

Jones, A. *The Later Roman Empire: 284–602* (1964)

Jones, K. 'Marcus Antonius' Median War and the Dynastic Politics of the Near East'. In Schlude & Rubin (2017), 51–63

Juntunen, K. 'Ancient Elegeia: Battlefield or Roman Outpost? From Written Sources to Archaeological Evidence'. In *Proceedings of the 24th International Limes Congress, Serbia, 2018* (forthcoming)

Kaegi, W. *Byzantium and the Early Islamic Conquests* (1992)

_____, *Heraclius Emperor of Byzantium* (2003)

_____, *Muslim Expansion and Byzantine Collapse in North Africa* (2010)

Kagay, D. 'The Traction Trebuchet: A Triumph of Four Civilizations'. *Viator* 31 (2000): 433–486

Keaveney, A. 'The King and the War-Lords: Romano-Parthian Relations Circa 64–53 BC'. *American Journal of Philology* 103 (1982): 412–428

_____, 'Roman Treaties with Parthia Circa 95–Circa 64 BC'. *American Journal of Philology* 102 (1981): 195–212

_____, *Sulla: The Last Republican* (2nd ed., 2005)

_____, 'Sulla's Cilician Command: The Evidence of Apollinaris Sidonius'. *Historia* 54 (1995): 29–36

Keitel, E. 'The Role of Parthia and Armenia in Tacitus Annals 11 and 12'. *American Journal of Philology* 99 (1978): 462–473

Kelly, C. *Attila the Hun: Barbarian Terror and the Fall of the Roman Empire* (2008)

Kennedy, D. '"European" Soldiers and the Severan Siege of Hatra'. In Freeman & Kennedy, (1986), 2:397–409

_____, ed. *The Roman Army in the East.* Journal of Roman Archaeology Supplementary Series no. 18 (1996)

Kennedy, D., & Riley, D. *Rome's Desert Frontier from the Air* (1990)

Keppie, L. *Legions and Veterans: Roman Army Papers 1971–2000* (2000)

_____, 'Legions in the East from Augustus to Trajan'. In Freeman & Kennedy (1986), 2:411–429

Krebs, C. *A Most Dangerous Book: Tacitus's Germania from the Roman Empire to the Third Reich* (2011)

Kuhrt, A. *Persian Empire: A Corpus of Sources from the Achaemenid Period.* 2 vols. (2007)

Kulikowski, M. *Rome's Gothic Wars* (2007)

_____, *The Triumph of Empire: The Roman World from Hadrian to Constantine* (2016)

Labbaf-Khaniki, M. 'Long Wall of Asia: The Backbone of Asian Defensive Landscape'. In vol. 2 of *Proceedings of the 10th International Congress on the Archaeology of the Ancient Near East*, edited by R. Salisbury, F. Höflmayer, & T. Bürge, 113–121 (2018)

Lander, J. 'Did Hadrian Abandon Arabia?'. In Freeman & Kennedy (1986), 2:447–453

Latham, J., & Patterson, W. *Saracen Archery: A Mameluk Work, c. 1368* (1970)

Lawrence, D., & Wilkinson, T. 'The Northern and Western Borderlands of the Sasanian Empire: Contextualising the Roman/Byzantine and Sasanian Frontier'. In Sauer (2019), 99–125

Lee, A. 'The Empire at War'. In Maas (2005), 113–133

———, *From Rome to Byzantium ad 363–565: The Transformation of Ancient Rome* (2013)

Lendon, J. *Soldiers and Ghosts: A History of Battle in Classical Antiquity* (2005)

Lenski, N. *The Failure of Empire: Valens and the Roman State in the Fourth Century ad* (2002)

Lepper, F. *Trajan's Parthian War* (1948)

Lerner, J. 'Mithridates I and the Parthian archer'. In Schlude & Rubin (2017), 1–24

Leslie, D., & Gardiner, K. 'Chinese Knowledge of Western Asia During the Han'. *T'oung Pao* 68 (1982): 254–308

Levick, B. 'Pliny in Bithynia – and What Followed'. *Greece and Rome* 26 (1979): 119–131

———, *Tiberius the Politician* (1999)

———, *Vespasian* (2nd ed., 2020)

Levithan, J. *Roman Siege Warfare* (2013)

Lewin, A. 'The New Frontiers of Late Antiquity in the Near East from Diocletian to Justinian'. In *Frontiers in the Roman World*, edited by O. Hekster & T. Kaizer, 234–263 (2011)

Lieu, S., & Mikkelsen, G., eds. *Silk Road Studies*. Vol. 18, *Between Rome and China: History, Religions and Material Culture of the Silk Road* (2016)

Linderski, J. 'Two Quaestorships'. *Classical Philology* 70 (1975): 35–38

Lintott, A. *The Constitution of the Roman Republic* (1999)

Llewellyn-Jones, L. *Persians: The Age of the Great Kings* (2022)

Luce, T. 'Livy, Augustus, and the Forum Augustum'. In *Augustus*, edited by J. Edmondson, 399–415 (2009)

Ma, J. 'Peer Polity Interaction in the Hellenistic Age'. *Past and Present* 180 (2003): 9–39

Maas, M., ed. *The Cambridge Companion to the Age of Justinian* (2005)

MacMullen, R. *Enemies of the Roman Order* (1966)

Maenchen-Helfen, O. *The World of the Huns: Studies in Their History and Culture* (1973)

Marshall, A. 'The *Lex Pompeia de provinciis* (52 BC) and Cicero's *Imperium* in 51–50 BC: Constitutional Aspects'. In *Aufstieg und Niedergang der römischen Welt*, I.1, 887–921 (1972)

Mattern, S. 'The Defeat of Crassus and the Just War'. *Classical World* 96 (2003): 387–396

———, *Rome and the Enemy: Imperial Strategy in the Principate* (1999)

Matthews, J. 'The Origin of Ammianus'. *Classical Quarterly* 44 (1994): 252–269

———, *The Roman Empire of Ammianus Marcellinus* (1989)

Matyszak, P. *Mithridates the Great: Rome's Indomitable Enemy* (2008)

Maxfield, V. 'Ostraca and the Roman Army in the Eastern Desert'. In *Documenting the Roman Army: Essays in honour of Margaret Roxan*, edited by J. Wilkes, 153–173 (2003)

Mayor, A. *The Poison King: The Life and Legend of Mithridates, Rome's Deadliest Enemy* (2010)

McLaughlin, R. *The Roman Empire and the Indian Ocean: The Ancient World Economy and the Kingdoms of Africa, Arabia and India* (2014)

———, *The Roman Empire and the Silk Routes: The Ancient World Economy and the Empires of Parthia, Central Asia and Han China* (2019)

Mennen, I. *Power and Status in the Roman Empire* (2011)

Mielczarek, M. *Cataphracti and Clibinarii: Studies in the Heavy Armoured Cavalry of the Ancient World* (1993)

Millar, F. 'Paul of Samosata, Zenobia, and Aurelian: The Church, Local Culture and Political Allegiance in Third Century Syria'. In F. Millar, *Rome, the Greek World and the East*. Vol. 3, *The Greek World, the Jews and the East*, edited by H. Cotton & G. Rogers, 243–273 (2006)

———, *The Roman Near East* (1993)

Minns, E. 'Parchments of the Parthian Period from Avroman in Kurdistan'. *Journal of Hellenic Studies* 35 (1915): 22–65

Mitchell, S. 'Legio VII and the Garrison of Augustan Galatia'. *Classical Quarterly* 26 (1976), 298–308

Monferrer-Sala, J. '"New Skin for Old Stories": Queens Zenobia and Māwiya, and Christian Arab Groups in the Eastern Frontier During the 3rd–4th centuries CE'. In *Mapping Knowledge: Cross-Pollination in Late Antiquity and the Middle Ages*, edited by C. Burnett & P. Mantas-Espana, 71–98 (2014)

Mordechai, L. 'Antioch in the Sixth Century: Resilience or Vulnerability?'. In *Environment and Society in the Long Later Antiquity*, edited by A. Izdebski & M. Mulryan, 25–41 (2018)

Mordechai, L., Eisenberg, M., Newfield, T., Izdebski, A., Kay, J., & Poinar, H. 'The Justinianic Plague: An Inconsequential Pandemic?'. *Proceedings of the National Academy of Sciences of the United States of America* 51 (2019): 25546–25554

Morely, C. 'The Arabian Frontier: A Keystone of the Sasanian Empire'. In Sauer (2019), 268–283

Murdoch, A. *The Last Pagan: Julian the Apostate and the Death of the Ancient World* (2003)

Nabel, J. 'The Seleucids Imprisoned: Arsacid-Roman Hostage Submission and Its Hellenistic Precedents'. In Schlude & Rubin (2017), 25–50

Nappo, D., & Zerbini, A. 'Trade and Taxation in the Egyptian Desert'. In *Frontiers in the Roman World: Proceedings of the Ninth Workshop of the International Network Impact of Empire (Durham, 16–19 April 2009)*, edited by O. Hekster & T. Kaizer, 61–77 (2011)

Nemati, M., Mousavinia, M., & Sauer, E. 'Largest Ancient Fortress of South-West Asia and the Western World?': Recent Fieldwork at Sasanian Qaleh Iraj at Pishva, Iran'. *Journal of the British Institute of Persian Studies* 58 (2020): 190–220

Olbrycht, M. 'Arsacid Iran and the Nomads of Central Asia – Ways of Cultural Transfer'. In *Complexity of Interaction Along the Eurasian Steppe Zone in the First Millennium CE*, edited by J. Bremmann & M. Schmauder, 333–390 (2015)

———, 'Dynastic Connections in the Arsacid Empire and the Origins of the House of Sasan'. In Sarkhosh Curtis et al. (2016), 23–35

———, 'The Genealogy of Artabanos II (AD 8/9–39/40), King of Parthia'. *Miscellanea Anthropologica et Sociologica* 15 (2014): 92–97

Osgood, J. *Caesar's Legacy: Civil War and the Emergence of the Roman Empire* (2006)

Overtoom, N. 'The Parthians' Unique Mode of Warfare: A Tradition of Parthian Militarism and the Battle of Carrhae'. *Anabasis* 8 (2017): 97–122

———, 'The Power Transition Crisis of the 160s–130s BCE and the Formation of the Parthian Empire'. *Journal of Ancient History* 7 (2019): 111–155

———, *Reign of Arrows: The Rise of the Parthian Empire in the Hellenistic Middle East* (2020)

Pamuk, S., & Shatzmiller, M. 'Plagues, Wages and Economic Change in the Islamic Middle East, 700–1500'. *Journal of Economic History* 74, no. 1 (2014): 196–229

Patterson, L. 'Minority Religions in the Sasanian Empire: Suppression, Integration and Relations with Rome'. In Sauer (2019), 181–198

Pékary, T. 'Le "tribut" aux Perses et les finances de Philippe l'Arabe'. *Syria* 38 (1961): 275–283

Pernet, L. 'Fighting for Caesar: The Archaeology and History of Gallic Auxiliaries in the 2nd–1st Centuries BC'. In *Julius Caesar's Battle for Gaul: New Archaeological Perspectives*, edited by A. Fitzpatrick & C. Haselgrove, 179–196 (2019)

Petersen, L. *Siege Warfare and Military Organization in the Successor States (400-800 ad): Byzantium, the West and Islam* (2013)

Pohl, W. 'Justinian and the Barbarian Kingdoms'. In Maas (2005), 448-476

Pollard, N. 'The Roman Army as "Total Institution" in the Near East?: Dura-Europos as a Case Study'. In Kennedy (1996), 211-227

———, *Soldiers, Cities and Civilians in Roman Syria* (2000)

Potter, D. *Constantine the Emperor* (2013)

———, 'Emperors, Their Borders and Their Neighbours: The Scope of Imperial *Mandata*'. In Kennedy (1996), 49-66

———, 'The Inscriptions on the Bronze Herakles from Mesene: Vologeses IV's War with Roman and the Date of Tacitus' "Annales"'. *Zeitschrift für Papyrologie und Epigraphik* 88 (1991): 277-290

———, 'Palmyra and Rome: Odaenathus' Titulature and the Use of *Imperium Maius*'. *Zeitschrift für Papyrologie und Epigraphik* 113 (1996): 271-285

———, *The Roman Empire at Bay* (2004)

Potts, D., ed. *The Oxford Handbook of Ancient Iran* (2013)

———, 'Sasanian Iran and Its Northeastern Frontier: Offense, Defense, and Diplomatic Entente'. In *Empires and Exchanges in Eurasian Late Antiquity: Rome, China, Iran, and the Steppe, ca. 250-750*, edited by N. di Cosmo & M. Maas, 287-301 (2018)

Pourshariati, P. *The Decline and Fall of the Sasanian Empire: The Sasanian- Parthian Confederacy and the Arab Conquest of Iran* (2008)

R. Fink, Roman Military Records on Papyrus (1971)

Rahim Shayegan, M. *Arsacids and Sasanians: Political Ideology in Post- Hellenic and Late Antique Persia* (2011)

Rankov, B. 'The Governor's Men: The *Officium Consularis*'. In Goldsworthy & Haynes (1999), 15-34

Rekavandi, H. O., Sauer, E., Wilkinson, T., & Nokahdeh, J. 'The Archaeology of Sasanian Frontier Troops: Recent Fieldwork on Frontier Walls in Northern Iran'. In Hodgson, Bidwell, & Schachtmann (2017), 145-150

Rezakhani, K. 'From the Kushans to Western Turks'. In *King of the Seven Climes: A History of the Ancient Iranian World (3000 BCE-651 CE)*, edited by T. Daryaee, 199-226 (2017)

Rich, J. 'Augustus, War, and Peace'. In *The Representation and Perception of Roman Imperial Power: Proceedings of the Third Workshop of the International Network, Impact of Empire (Roman Empire, c. 200 bc-*

ad 476), edited by L. de Blois, P. Erdkamp, O. Hekster, G. de Kleijn, & S. Mols, 329–357 (2003)

_____. 'The Parthian Honours'. *Papers of the British School at Rome* 66 (1998): 71–128

Richmond, I. 'Palmyra Under the Aegis of Rome'. *Journal of Roman Studies* 53 (1963): 43–54

Ridgway, W. 'Euripides in Macedon'. *Classical Quarterly* 20 (1926): 1–19

Romer, F. 'Caius' Military Diplomacy in the East'. *Transactions of the American Philological Association* 109 (1979): 199–214

Rose, C. 'The Parthians in Augustan Rome'. *American Journal of Archaeology* 109 (2005): 21–75

_____. '"Princes" and Barbarians on the Ara Pacis'. *American Journal of Archaeology* 94 (1990): 453–467

Rosenstein, N. *Imperatores Victi* (1990)

_____. 'Marriage and Manpower in the Hannibalic War: *Assidui, Proletarii* and Livy 24. 18. 7–8'. *Historia* 51 (2002): 163–191

_____. *Rome and the Mediterranean 290 to 146 bc: The Imperial Republic* (2012)

Ross, S. *Roman Edessa: Politics and Culture on the Eastern Fringes of the Roman Empire, 114–242 CE* (2001)

Rubin, Z. 'Diplomacy and War in the Relations Between Byzantium and the Sassanids in the Fifth Century AD'. In Freeman & Kennedy (1986), 2:677–695

Saddington, D. 'Client Kings' Armies Under Augustus: The Case of Herod'. In Jacobson & Kokkinos (2009), 303–323

Said, E. *Orientalism* (1978)

Salway, B. 'What's in a Name? A Survey of Roman Onamastic Practice from c. 700 BC to AD 700'. *Journal of Roman Studies* 84 (1994): 124–145

Sampson, G. *The Defeat of Rome: Crassus, Carrhae and the Invasion of the East* (2008)

Sarantis, A. 'Waging War in Late Antiquity'. In *War and Warfare in Late Antiquity*, edited by A. Sarantis & N. Christie, 1–98 (2013)

Sarkhosh Curtis, V. 'The Iranian Revival in the Parthian Period'. In Sarkhosh Curtis & Stewart (2007), 7–25

Sarkhosh Curtis, V., & Magub, A. *Rivalling Rome: Parthian Coins and Culture* (2020)

Sarkhosh Curtis, V., Pendleton, E., Alram, M., & Daryaee, T., eds. *The Parthian and Early Sasanian Empires: Adaptation and Expansion* (2016)

Sarkhosh Curtis, V., & Stewart, S., eds. *The Age of the Parthians* (2007)

Sauer, E., ed. *Sasanian Persia: Between Rome and the Steppes of Eurasia* (2019)

Sauer, E., & Nokandeh, J. 'Forts and Megafortresses, Natural and Artificial Barriers: The Grand Strategy of the Sasanian Empire'. In *Proceedings of the International Congress of Young Archaeologists 2015*, edited by M. Kharanaghi, M. Khanipour, & R. Naseri, 236–256 (2018)

Sauer, E., Nokandeh, J., Pitskhelauri, K., & Rekavandi, H. O. 'Innovation and Stagnation: Military Infrastructure and Shifting Balance of Power Between Rome and Persia'. In Sauer (2019), 241–267

Sauer, E., Nokandeh, J., & Rekavandi, H. O., eds. *Ancient Arms Race: Antiquity's Largest Fortresses and Sasanian Military Networks of Northern Iran*. 2 vols. (2022)

Sauer, E., Rekavandi, H. O., Wilkinson, T., & Nokandeh, J. *Persia's Imperial Power in Late Antiquity: The Great Wall of Gorgān and the Frontier Landscapes of Sasanian Iran* (2013)

Schlude, J. *Rome, Parthia, and the Politics of Peace: Origins of War in the Ancient Middle East* (2020)

Schlude, J., & Overman, J. 'Herod the Great: A Near Eastern Case Study in Roman–Parthian Politics'. In Schlude & Rubin (2017), 93–110

Schlude, J., & Rubin, B., eds. *Arsacids, Romans, and Local Elites: Cross- Cultural Interactions of the Parthian Empire* (2017)

Schlude, J., & Rubin, B. 'Finding Common Ground: Roman–Parthian Embassies in the Julio–Claudian Period'. In Schlude & Rubin (2017), 65–91

Schörle, K. 'Palmyrene Merchant Networks and Economic Integration into Competitive Markets'. In *Sinews of Empire*, edited by H. Teigan & E. Seland, 147–154 (2017)

Schürer, E., Vermes, G., & Millar, F. *The History of the Jewish People in the Age of Jesus Christ*. Vol. 1 (1973)

Scullion, S. 'Euripides and Macedon, or the Silence of the Frogs'. *Classical Quarterly* 53 (2003): 389–400

Seager, R. 'Perceptions of Eastern Frontier Policy in Ammianus, Libanius and Julian'. *Classical Quarterly* 47 (1997): 253–268

_____, *Pompey the Great* (2nd ed., 2002)

_____, *Tiberius* (2nd ed., 2005)

Seaver, J. 'Publius Ventidius: Neglected Roman Military Hero'. *Classical Journal* 47 (1952): 275–280

Seland, E. 'Ancient Trading Networks and New Institutional Economics:
The Case of Palmyra'. In *Antike Wirtschaft und ihre kulturelle Prägung - The Cultural Shaping of the Ancient Economy*, edited by K. Droß-Krüpe, S. Föllinger, & K. Ruffing,

223–234 (2016)

—————, *Ships of the Desert and Ships of the Sea: Palmyra in the World Trade of the First Three Centuries CE* (2016)

Shavarebi, E. 'Historical Aspects, Iconographical Factors, Numismatic Issues, Technical Elements: How to Obtain a Convincing Chronology for the Rock Reliefs of Ardashir I'. *Anabasis* 5 (2014): 108–122

Shaw, B. 'Bandits in the Roman Empire'. *Past & Present* 105 (1984)

Sherwin-White, A. 'Ariobarzanes, Mithridates, and Sulla'. *Classical Quarterly* 27 (1977): 173–183

—————, *The Letters of Pliny: A Historical and Social Commentary* (1966)

—————, *The Roman Citizenship* (1973)

—————, *Roman Foreign Policy in the East: 168 bc to ad 1* (1983)

Shoemaker, S. *The Apocalypse of Empire: Imperial Eschatology in Late Antiquity and Early Islam* (2018)

Sidebottom, H. *The Mad Emperor: Heliogabalus and the Decadence of Rome* (2022)

Sidnell, P. *Warhorse* (2007)

Simpson, A. 'The Departure of Crassus for Parthia'. *Transactions and Proceedings of the American Philological Association* 69 (1938): 532–541

Sommer, M. *Palmyra: A History* (2017)

Southern, P. *Empress Zenobia: Palmyra's Rebel Queen* (2008)

Southern, P., & Dixon, K. *The Late Roman Army* (1996)

Stephenson, P. *New Rome: The Roman Empire in the East ad 395–700* (2021)

Stockton, D. *Cicero: A Political Biography* (1971)

Strauss, B. *The War That Made the Roman Empire: Antony, Cleopatra and Octavian at Actium* (2022)

Strootman, R. 'The Seleucid Empire Between Orientalism and Hellenocentrism: Writing the History of Iran in the Third and Second Centuries BCE'. *Nāme-ye Irān-e Bāstān: The International Journal of Ancient Iranian Studies* 11, no. 1–2 (2011/2012): 17–35

Strugnell, E. 'Thea Musa, Roman Queen of Parthia'. *Iranica Antiqua* 43 (2008): 275–298

Swain, S. 'Greek into Palmyrene: Odaenathus as "Corrector Totius Orientis"'. *Zeitschrift für Papyrologie und Epigraphik* 99 (1993): 157–164

Syme, R. *Emperors and Biography: Studies in the Historia Augusta* (1971)

—————, *The Roman Revolution* (1960)

Tao, W. 'Parthia in China: A Re-examination of the Historical Records'. In Sarkhosh Curtis & Stewart (2007), 87–104

Temin, P. 'The Economy of the Early Roman Empire'. *Journal of Economic Perspectives* 20 (2006): 133-151

Thomas Parker, S. 'New Research on the Roman Frontier in Arabia'. In Hodgson, Bidwell, & Schachtmann (2017), 139-144

Thompson, E. *The Huns*. Revised and edited by P. Heather (1996)

Thorley, J. 'The Development of Trade Between the Roman Empire and the East Under Augustus'. *Greece and Rome* 16 (1969): 209- 223

_____, 'The Roman Empire and the Kushans'. *Greece and Rome* 26 (1979): 181-190

_____, 'The Silk Trade Between China and the Roman Empire at Its Height, Circa AD 90-130'. *Greece and Rome* 18 (1971): 71-80

Tomber, R. 'Pots, Coins and Trinkets in Rome's Trade with the East'. In *Rome Beyond Its Frontiers: Imports, Attitudes and Practices*. Journal of Roman Archaeology Supplementary Series no. 95, edited by P. Wells, 87-104 (2013)

Treadgold, W. *Byzantium and Its Army: 284-1081* (1995)

Ward, A. *Marcus Crassus and the Late Roman Republic* (1977)

Ward-Perkins, B. *The Fall of Rome and the End of Civilization* (2005)

Warmington, B. *Nero: Reality and Legend* (1969)

Watson, A. *Aurelian and the Third Century* (1999)

Welles, C. 'The Epitaph of Julius Terentius'. *Harvard Theological Review* 34, no. 2 (1941): 79-102

Wellesley, K. *The Year of the Four Emperors* (3rd ed., 2000)

Wheeler, E. 'The Army and the *Limes* in the East'. In *A Companion to the Roman Army*, edited by P. Erdkamp, 234-266 (2007)

_____, 'The Laxity of the Syrian Legions'. In Kennedy (1996), 229-276

Whitby, M. *The Emperor Maurice and His Historian Theophylact on Persian and Balkan Warfare* (1993)

Whitehouse, D., & Williamson, A. 'Sasanian Maritime Trade'. *Iran* 11 (1973): 29-49

Whittaker, C. 'Indian Trade Within the Roman Imperial Network'. In *Rome and Its Frontiers: The Dynamics of Empire* (2004), 163-180

Williams, S. *Diocletian and the Roman Recovery* (1985)

Williams, W. 'Caracalla and Rhetoricians: A Note of the *Cognitio de Gohairienis*'. *Latomus* 33 (1974): 663-667

Winsbury, R. *Zenobia of Palmyra: History, Myth and the Neo-classical Imagination* (2012)

Wintjes, J. 'Field Officers: Principate'. In *The Encyclopedia of the Roman Army*. Vol. 2, edited by Y. le Bohec, 399-402 (2015)

Wolfram, H. *The Roman Empire and Its Germanic Peoples*. Translated by T. Dunlap (1997)

Young, G. *Rome's Eastern Trade: International Commerce and Imperial Policy, 31 bc–ad 305* (2001)

Zadorojniy, A. 'Tragic and Epic in Plutarch's Crassus'. *Hermes* 125 (1997): 169–182

Zanker, P. *The Power of Images in the Age of Augustus*. Translated by A. Shapiro (1988)

도판 출처

포룸: Author's photo.

술라: © José Luiz Bernardes Ribeiro / CC BY-SA 4.0, Wikimedia Commons.

궁기병: © The Trustees of the British Museum.

로마의 군단병: Author's photo.

마갑: Yale University Art Gallery / Wikimedia Commons.

사르마티아 중기병: Author's photo.

크라수스: Following Hadrian / Wikimedia Commons.

오로데스 2세: Bequest of Joseph H. Durkee, 1898 / The Met Museum.

안토니우스와 클레오파트라: Gift of Martin A. Ryerson / Art Institute Chicago.

아라 파키스: Author's photo.

마르스 울토르의 신전: Author's photo.

테아 무사: Classical Numismatic Group, Inc. / Wikimedia Commons.

파르티아 왕자: imageBROKER / Alamy Stock Photo.

트라야누스 장군: Author's photo.

로마군: Author's photo.

헤라클레스: Found in the Forum Boarium (Rome), 15th century / Wikimedia Commons.

근위대원: Author's photo.

세베루스 아치, 세베루스 아치의 부조: Author's photo.

피루자바드 석벽: © Livius.Org / Jona Lendering.

피루자바드 승리 장면: © Livius.Org / Jona Lendering.

로마 기병대원의 묘비: Author's photo.

나크슈 이 루스탐 부조에 묘사된 아르다시르 1세의 대관식: Artaban V. Vers 230 / Wikimedia Commons.

크테시폰 왕궁: Lebrecht Music & Arts / Alamy Stock Photo.

두라 에우로포스: Heretiq / Wikimedia Commons.

두라 에우로포스에서 발견된 벽화: Yale University Art Gallery.

다바브게르드의 암석 부조: B.O'Kane / Alamy Stock Photo.

파리 카메오: Marie-Lan Nguyen / Wikimedia Commons.

나크슈 이 루스탐 암석 부조: Diego Delso / Wikimedia Commons.

베네치아에서 발견된 네 명의 황제: Izzet Keribar/Getty Images.

갈레리우스 아치에 묘사된 장면: Nino Barbieri/Wikimedia Commons.

팔미라 신들: Rama/Wikimedia Commons.

요르단의 카스르 바시르의 로마 전초기지: Christopher Sprake/Shutterstock.

헤라클리우스의 주화: Classical Numismatic Group/Wikimedia Commons.

타크 이 부스탄의 조각: Suzuki Kaku/Alamy Stock Photo.

하기아 소피아의 돔: A.Savin/Wikimedia Commons.

사산조 최전방 전초기지: semakokal/Getty Images.

테오도시우스 성벽: Matyas Rehak/Alamy Stock Photo.

예루살렘: joe daniel price/Getty Images.

찾아보기

이탤릭체로 표시된 쪽수는 지도 쪽수이다.

로마와 페르시아

700년의 대결

1판 1쇄 2025년 1월 17일

지은이 | 에이드리언 골즈워디
옮긴이 | 이종인

펴낸이 | 류종필
편집 | 이은진, 이정우, 권준
경영지원 | 홍정민
표지 디자인 | 석운디자인
본문 디자인 | 이미연

펴낸곳 | (주)도서출판 책과함께
　　　　주소 (04022) 서울시 마포구 동교로 70 소와소빌딩 2층
　　　　전화 (02) 335-1982
　　　　팩스 (02) 335-1316
　　　　전자우편 prpub@daum.net
　　　　블로그 blog.naver.com/prpub
　　　　등록 2003년 4월 3일 제2003-000392호

ISBN 979-11-94263-23-4 03900